Understanding by Design

거꾸로 생각하는 교육  즈

『거꾸로 생각하는 교육과정 개발』에서 제안하는 교육과정 설계 방식은 Backward Design 방식이다. 이 설계 방식은 '바라는 결과 확인하기', '수용 가능한 증거 결정하기', '학습 경험과 수업 계획하기'의 3단계를 통해 이루어진다는 것이다. 기존의 방식에서 보면 이러한 방식은 두 번째 단계와 세 번째 단계의 순서가 역전되어 있다. 왜 순서를 바꿔야 하는지, 어떤 방식이 더 좋은지, 기존 방식과는 어떻게 차이가 나는지 등이 이 책의 핵심적인 내용이다.

이 시리즈는 대학에서 교육과정과 수업, 평가를 전공하는 학부생, 대학원생, 교수, 현장 교사 등이 보다 쉽게 내용을 이해하고, 실제에 적용할 수 있도록 '이론편'과 '핸드북', '워크북'을 제공한다.

1

국배판변형 | 반양장 | 448면 | 18,000원

**거꾸로 생각하는
교육과정 개발(이론편)**
– 교과의 진정한 이해를 위한
백워드 설계의 이해 –

G. Wiggins · J. McTighe 공저
강현석 · 유제순 · 이지은 · 김필성 공역

2

국배판변형 | 반양장 | 288면 | 15,000원

**거꾸로 생각하는
교육과정 개발**
– 핸드북 –

J. McTighe & G. Wiggins 공저
강현석 · 이원희 · 박영무 · 최호성 ·
박창언 · 경북대학교 교육연구과정연구팀 공역

3

국배판변형 | 반양장 | 320면 | 15,000원

**거꾸로 생각하는
교육과정 개발**
– 교사연수를 위한 워크북 –

J. McTighe & G. Wiggins 공저
강현석 · 이원희 · 박영무 · 최호성 ·
박창언 · 경북대학교 교육연구과정연구팀 공역

Understanding by Design
(expanded 2nd ed.)

거꾸로 생각하는 교육과정 개발
-교과의 진정한 이해를 위한 백워드 설계의 이해-

Grant Wiggins & Jay McTighe 공저

강현석 · 유제순 · 이지은 · 김필성 공역

학지사

Understanding by Design: Expanded 2nd Edition

by Grant Wiggins and Jay McTighe

Korean Translation Copyright © **2008** by Hakjisa Publisher
This translation is arranged with the Association for
Supervision and Curriculum Development (ASCD).

Copyright © 2005 by the Association for Supervision and Curriculum Development (ASCD).

All rights reserved.

본 저작물의 한국어판 저작권은
the Association for Supervision and Curriculum Development.와의
독점계약으로 학지사가 소유합니다.
신 저작권법에 의해 한국 내에서 보호를 받는 저작물이므로
무단전재와 무단복제를 금합니다.

| 역자 서문 |

이 책은 Wiggins와 McTighe가 2005년에 제2판으로 출간한 『Understanding by Design』을 우리말로 옮긴 것이다. 제목으로만 보면 어느 분야의 주제를 다루고 있는지를 한눈에 알아보기에 힘든 책이다. 그러나 책의 내용을 살펴보면 제목을 왜 그렇게 정하였는지 쉽게 이해할 수 있다. 한마디로 말하면 어떻게 교육과정을 설계해야 학습자들이 진정한 이해에 도달하게 되는지를 역설하고 있다. 책명을 직역하면 '설계를 통한 이해' 혹은 '설계에 의한 이해'를 말한다. 약간 풀어서 말해 보면 교과의 진정한 이해를 위한 교육과정 개발 방식에 대한 내용이다.

이 책에서 제안하는 새로운 교육과정 설계 방식은 Backward Design 방식이다. 이 방식은 여러 가지 의미로 풀이할 수 있다. 역방향 설계, 후방위 설계, 역으로 생각하는 설계 방식, 거꾸로 하는 설계 방식, 역행 설계, 백워드 디자인 등등이 그것이다. 특히 UbD로 사용할 경우에는 '이해기반 설계' 로도 불린다. 여러 가지 말로 표현할 수 있는 이 설계 방식의 핵심은 3단계를 통해 이루어지는 방식에 있다. 첫째, 바라는 결과 확인하기, 둘째 수용 가능한 증거 결정하기, 셋째 학습 경험과 수업 계획하기가 그것이다. 이러한 방식은 기존의 방식에서 보면 둘째 단계와 셋째 단계가 그 순서가 역전되어 있다. 왜 순서를 바꿔야 하는지, 이러한 방식에서 무엇이 좋은지, 기존 방식과는 어떻게 차이가 나는지 등등이 이 책에서 주장하는 핵심적인 내용이다.

이 책은 2판으로서, 일찍이 저자들이 1998년에 동일한 제목으로 1판을 이미 출간한 적이 있다. 이번 2판은 1판의 내용을 새롭게 보완·확장하여 한층 정선된 내용으로 구성하였다.

이 책은 전체적으로 본문만 13개 장에 걸쳐 이루어져 있으며, 용어 해설 등이 실려 있어서 책의 내용을 토대로 독자가 이해하는 데 많은 도움을 제공하고 있다. 총 13개 장이지만, 크게 구분해 보면

5개 부분으로 구성되어 있다. 첫째 부분은 이 책의 설계 방식에 대한 전반적인 설명(제1장)과 핵심적인 부분으로서 이해에 대한 설명 부분(제2장)이다. 둘째 부분은 첫 번째 단계인 목표에 대한 부분(제3장에서 제6장까지)이며, 셋째 부분은 평가에 대한 부분(제7장과 제8장)이다. 넷째 부분은 학습 경험과 수업 부분(제9장과 제10장)이며, 다섯째 부분은 전반적인 설계 과정과 설계 방식에 대한 이해와 오해 부분(제11장에서 제13장까지)을 다루고 있다.

우선 도입 부분에서는 이 책을 활용하는 방법에 대해 상세하게 안내를 하고 있다. 따라서 우선 이 책을 읽기 전에 독자들은 책의 전체적인 내용을 소개하는 이 부분을 먼저 읽어 볼 것을 권한다.

다음으로 제1장은 백워드 설계에 대한 전체적인 개요적 설명을 제공한다. 제2장은 이 설계 방식의 궁극적인 목표인 '이해를 제대로 이해하는' 부분이다. 여기에서는 이해의 본질로서 유의미 추론, 전이 가능성, 명사로서의 이해에 대해서 설명하고 있다. 이것은 기존에 우리가 알고 있는 이해에 대한 시야를 넓혀 줄 수 있을 것으로 기대된다. 제3장은 설계의 목표를 보다 명료하게 설명하는 부분이다. 설정된 목표에 대한 이해, 빅 아이디어, 본질적인 탐구 질문, 지식과 기능, 기준(standards)과의 관련성 등이 논의된다. 제4장에서는 본격적으로 이해에 대한 여섯 가지 측면을 소개하고 있다. 제5장은 이해에 이르는 관문으로 본질적 질문으로서 핵심적 탐구 질문에 대한 내용을 논의한다. 제6장에서는 이해를 좀 더 정교하게 파악하고 있는데, 포괄적인 이해와 제한적인 이해, 심층적인 이해와 피상적 이해의 특징과 차이점에 대한 논의를 전개한다. 제7장에서는 변화된 설계 방식에 맞게 설계자의 변화된 역할, 즉 평가자로의 역할을 집중적으로 소개하고 있다. 제8장은 평가의 준거와 타당도의 문제를 다루고 있다. 제9장은 학습 계획의 문제를, 제10장은 수업 계획의 문제를 논의하고 있다.

제11장에서는 전체적인 설계 과정에 대한 점검과 기존 설계 방식과의 차이점에 주목하고 있다. 제12장은 교육과정의 틀로서 UbD의 전체적인 모습에 대하여 조망한다. 마지막으로 제13장에서는 본 설계 방식에 대한 진정한 이해와 오해의 문제를 논의하면서 독자에게 주의를 당부한다.

이 책에서 겨냥하는 설계의 수준은 일차적으로 '단원 설계'에 초점을 맞추고 있다. 원 저자들은 기존 교실 수업의 문제점을 개선할 수 있는 획기적인 방안을 제안함으로써 이론적으로나 실제적으로 국제적인 차원에서 중요한 주목을 받고 있다. 역자들은 독자들이 이 역서를 통하여 새로운 설계방식이 지니는 가치나 중요성을 발견하고 현장에 적용해 볼 것을 기대한다.

이 책은 대학에서 교육과정과 수업, 평가를 전공하는 학부생, 대학원생, 교수, 전문가, 현장 교사들에게 매우 유익하다. 특히 이 책은 여러 권이 하나로 합본된 시리즈 형태로 구성되어 있다. 현장 교사들이나 전문가들이 이 책의 내용을 보다 쉽게 이해하고 실제에 적용하기 쉽게 핸드북과 워크북이 동시에 제공된다. 따라서 독자들은 책의 내용을 이해할 때 연도순으로 보면 1999년 핸드북 → 2004년 워크북 → 2005년 제2판으로 읽어 보는 것이 좋다. 그런데 내용의 이해를 위해서는 2005년 제2판 → 1999년 핸드북 → 2004년 워크북의 순서로 읽는 것도 좋다.

　이 책은 몇 개 대학의 교수들과 경북대학교 교육과정연구팀이 공동으로 2년간에 걸쳐서 작업하였다. 이 분야에 아직도 식견이 모자라고 전문성도 짧아 많은 오역이 있을 것으로 예상한다. 그리고 저자들의 만연체 진술방식과 그들 언어 문화에 대한 피상적 이해로 인해 더욱더 많은 오역이 있을 것으로 자인한다. 이것은 전적으로 역자들의 잘못이다. 독자 여러분의 많은 지적을 기대한다. 장차 여러 지적을 반영하여 보다 완성도 높은 모습으로 다시 한번 독자들에게 다가가고자 한다. 역자들은 이 책의 초벌 작업 부분을 가지고 대학원 수업과 현장 교사 연수 시에 사용해 본 적이 있으며, 그 효과도 경험해 보았다. 그리고 수업에서 이 책을 같이 읽고 좋은 의견을 내준 수강생들에게 감사의 말을 전한다. 그리고 현직 연수 시에 관심과 호응을 보내 준 수많은 현장 교사의 관심에 감사를 드린다. 보다 긴 호흡으로 면밀하게 작업하여 완성도 높은 역서를 출간해야 함에도 불구하고 작업을 이렇게 서두르게 된 것은 현장에서 핸드북과 워크북을 기다리는 교사들의 기대도 한몫을 했다고 자위해 본다.

　오늘날 교육과정-수업-평가 영역에서의 연계성 문제, 그리고 이 분야에 대한 교사 전문성에 대한 기대와 교사의 역할이 강조되는 시점에서 이 책은 매우 중요한 역할을 할 것으로 기대한다. 그리고 교사 양성이나 연수를 보다 획기적으로 하는 데에도 크게 기여할 것으로 본다. 이 소중한 책이 세상에 나오게 된 데에는 출판계 사정이 어려움에도 불구하고 교육에 대한 애정으로 작업을 허락해 주신 학지사 사장님과 관계 직원 여러분의 노고가 크다. 그분들에게 감사의 말씀을 전한다. 이 보잘것없는 역서가 학교 교육과정 개발과 교실 수업 변화에 조그마한 촉매제가 되기를 소망해 본다.

2008년

대표 역자 강현석

| 증쇄에 부쳐 |

이 역서는 2008년에 첫 선을 보인지 2021년 현재 기준으로 여덟 차례에 걸쳐서 출간되었다.

그간 독자들의 많은 사랑을 받으면서 이해중심의 백워드 교육과정 설계 분야에서 학교 현장의 개선에 노력을 경주해 왔다. 그간 많은 시간이 흐르면서도 번역투의 표현으로 가독성에 큰 진전을 보이지 못하였다. 이번에 보다 과감한 작업을 통하여 많은 부분을 독자들이 읽기 쉽게 수정하였다. 이 과정에서 역서의 제목과 역자가 다소 변경되었다. 동시에 첫 출간 당시에 공역자로 참가했던 많은 분 중에서 대부분(이원희, 허영식, 이자현, 최윤경)이 교직을 떠났으며, 보다 현실감 있는 작업을 위하여 초등교육 분야, 중등교육 분야, 고등교육 분야로 역자진을 보강·재구성하여 작업을 진행하였다. 이 자리를 빌어 당초 첫 출간 당시의 공역자들께 이번 출간의 공역자 자리를 사양해 주신 것에 대해 감사한 마음을 표한다. 이번에 나오는 역서가 이전 역서보다 한결 쉽게 이해되고 많은 도움이 되기를 바라는 마음이 간절하다.

2021년 8월

대표 역자 강현석

| 저자 서문 |

『Understanding by Design(UbD)』의 첫 번째 독자를 위하여, 교육자로서 믿고 행하는 많은 것을 확신시켜 줄 수 있는 일련의 아이디어와 실제들로 여러분을 초대한다. 우리가 지금까지 시도해 온 것은 학습 설계에 관하여 최상의 실제가 무엇인지에 관해 고민하는 것이었다. 그러나 우리는 여러분이 계획하고 가르치며 평가하는 것과 관련된 습관에 대해 숙고하고 재음미해 보도록 할 것이다. 독자를 위해 제시된 자료는 '교육자로서 당신의 전문적인 세계를 튼튼하게 하고', 지금까지 안이하고 편하게 생각해 온 습관에 대해 적극적으로 재고하게 한다. 여러분이 가지고 있는 관심과 수준의 정도에 상관없이 『Understanding by Design』의 아이디어는 더욱 일관되고 효과적인 학습을 창조하는 데 있어서 여러분의 능력을 향상시킬 것이다. 여러분이 대학 신입생이든, 교원이든지 간에 상관없이 말이다.

『Understanding by Design』의 초판에 친숙한 독자들은 2판 내용의 목차를 검토해 보고 당황해 하지는 않을 것이다. 우리는 우리 자신, 우리의 스태프, ASCD(장학과 교육과정개발협의회) 지원 Training Cadre(훈련 핵심그룹)의 많은 사람 그리고 전 세계의 많은 교육자가 6년 동안 지속적으로 연구하고 개발한 것에 기초하여 교재를 처음부터 끝까지 자세히 검토하였다. 지난 6년 동안 우리와 함께 일해 왔던 실천가들의 놀라운 연구가 없었다면 이 작업은 가능하지 않았을 것이다. 실천가들은 '그래서 지금 어떤 변화를 만들고 있나요?'라고 늘 묻는다. 그 대답은 간단하다. 우리는 수차례 UbD 템플릿, UbD의 기본 용어, 많은 워크시트 그리고 몇 개의 빅 아이디어를 수정하였다. 이 일은 사용자들로부터의 피드백, 관찰 그리고 개선을 위한 깊은 열정에 기초한 작업이었다.

초판 이후, 새로운 아이디어를 얻기 위해 연구할 때마다 8개 국가와 미국 50개 주에 있는 수많은

K-16 교육자들과 함께 작업을 하였다. 물론 조금 더 친숙한 이해를 갈망하는 독자를 위해서였다. 또한 이것은 우리를 위한 작업이기도 하였다. 무엇보다 이해를 위한 교수의 작업이 더욱 깊이 있게 다루기, 계속적으로 본질적 질문을 제시하기, 다시 생각해 보기와 관련한 매우 중요한 것이라는 점이다. 그래서 UbD에 대한 이해를 어렵게 만든 부분에 대해서는 약간 송구한 마음이 들지만, 우리가 주장하는 것을 실천에 옮겨 보려는 노력에 대하여는 인정을 받고 싶다. 우리는 설계와 이해를 더 잘 이해하기 위해서 지속적으로 노력해 왔다.

2판에서 주요하게 변화된 것과 강조된 것을 설명하면 다음과 같다.

- 단원 설계를 위한 UbD 템플릿은 구조적인 토대를 제공한다. 템플릿은 이해를 위한 설계의 도구로서 실제적인 도움이 될 뿐만 아니라, 우리들의 계획하는 습관을 개선하는 데 중요한 역할을 한다.

- UbD 템플릿은 형식과 내용의 통합뿐만 아니라, 전반적인 조망과 느낌에서 사용자에게 좀 더 친숙하게 개정되었다. 후속되는 본질적 질문에 지속적으로 답함으로써 개선이 가능하였다. 즉, 제안된 요소는 최종 결과물이 포함하는 것과 관련되어 있는가? 아니면 단지 더 나은 설계로 가는 과정일 뿐인가? 템플릿에서의 모든 변화와 정련된 개선 사항은 앞의 첫 번째 질문에 대한 긍정적인 답변에서 나온다. 즉, 템플릿은 요소들을 조율하고 일치시켜 가면서 최종 설계의 형식을 나타낸다[UbD가 진행되면서 그 주요 과정의 모든 움직임이 전개되는데, 여기에서 설계자는 설계의 요소를 보다 분명하고 신중하게 숙고할 수 있도록 도움을 받는다. 이 모든 과정은 UbD 워크북에서 워크시트와 설계 도구로 개발되었다(McTighe & Wiggins, 2004)].

- 우리는 실제적으로, 그리고 개념적으로 이해(understanding)의 의미를 몹시 예리하게 다루어 왔다. 이해라는 용어는 이해를 위한 작업이 대체 무엇인지를 잘 설명하는 아이러니 같은 것이며, 그것은 끊임없이 빅 아이디어를 재고(rethinking)하는 것이다. 바라는 이해를(즉, 완전한 문장의 일반화로서) 어떻게 형성하는지에 대해 더욱 구체적인 지침을 제공하였고, 전이(transfer) 목표를 더욱 강조하였다(왜냐하면 이해의 필수적인 지표는 새로운 상황과 도전에 학습을 전이시키는 능력이지, 단지 회상하는 것과는 다른 것이기 때문이다).

- 우리는 무엇이 본질적인 질문인지 아닌지에 대해 더욱 주의 깊은 논의와 토론을 하였다. 이것은 개정판의 제5장(본질적 질문: 이해에 이르는 관문)에서 자세히 다룰 것이다. 왜 그런가? 우리가 근본적으로 중요하다고 생각하는 것과 널리 만연된 실제 사이에는 항상 불일치하는 것이 많이 있기 때문이다. 그 논의는 다음과 같은 일련의 본질적인 질문들에 의해 틀이 잡힐 수 있다. 본질적인 질문은 영속적이고 범교과서적이어야 하는가? 혹은 단원 목표를 성취하는 데 사용되는 더욱

구체적이고 본질적인 질문이 있을 수 있는가? 본질적인 질문은 철학적이고 개방적이어야 하는가? 혹은 구체적인 특정한 이해를 환기시키고 가리킬 수 있는가? 혹은 가리켜야만 하는가? 요컨대, 본질적이라는 것은 무엇을 의미하는가? 그리고 무엇이어야 하는가? 그것은 우리의 전체 삶을 살아가는 것과 생각하는 것의 측면에서 본질적인 것을 의미하는가? 전문가로서 사물을 보는 관점에서 본질적이라는 것인가? 혹은 성공적인 교수 측면에서 본질적인 것인가? 인문학계 사람들은 첫 번째 관점을 좋아하는 경향을 보인다. 과학계의 사람들은 두 번째 관점을 선호하는 경향을 보인다. 초등학생이나 기초적인 기술 과정을 가르치는 사람들은 세 번째 관점을 좋아하는 경향을 보인다. 우리의 궁극적인 대답은 '네, 세 가지 모두입니다!'다. 그래서 이 새로운 장은 원래 정리되지 못한 문제를 더욱 분명히 정리하기 위한 시도가 된다.

• UbD 템플릿의 3단계에서 창의적인 두음문자인 WHERE에 TO를 첨가하여 WHERETO라는 두음문자를 만들었다. 수업 계획에서 중요하다고 본 두 가지 아이디어를 존중하기 위해 이러한 작업을 하였다. 그것은 맞춤형 수업과 계열성을 갖춘 조직이다. T의 추가는 수업을 계획할 때의 중요한 문제—최대의 효과를 위한 개별화 수업—에 대한 상식뿐만 아니라 2년간의 연구 프로젝트의 결과를 반영한 것이다. 그리고 두 가지 이유 때문에 O가 추가되었다. 이번 개정판에서는 UbD 용어에서 제시된 설계의 큰 그림—교육과정 프레임워크—에 대해 소개한다. 초판에서 우리는 '나선형 교육과정'에 관한 일반적인 조직에 대해 논의하였다. 우리는 스토리로서 단원에 관하여 그것을 논의하였다. 그러나 단원 설계를 더욱 명료하게 하는 것과 단원을 구성하는 방법은 코스와 프로그램에 따라 조직되는 것이다. 단원의 흐름과 코스 및 프로그램의 흐름은 구별지을 필요가 있는 것처럼 보였다. 그래서 단원을 가로지르는 개별적인 계열성을 고려하는 동안, 단원 내의 계열성을 유용하게 논의해 보도록 하는 것이 O의 역할이다. 그리고 두 번째 이유는 두음문자를 더 쉽게 기억하기 위해서다. O가 추가됨으로써, 설계가 계획에서 'Whereto(어디로)?'를 의미한다는 것을 잘 나타낼 것이다.

• 우리는 초판에서 피상적으로 다루었던 토픽을 찾아내어 이해(필수적인 마음의 습관)를 위한 교수의 섹션을 삭제하거나 최소화하였다. 우리의 의도는 늘 이해라는 목표의 핵심 요소를 논의하는 것이었고, 이해를 위해 어떻게 설계할 것인지 고민하였다. 이해를 위한 교수는 개별적이고 철저하게 다루어야 한다. 우리는 초판의 후반부에 나오는 몇 개의 장은 우리의 의도를 분명하게 나타내는 데 적합하지 않다고 보았다.

• 학년 수준과 교과를 넘어서서 이 책이 목표로 하는 대상(target audience)에 포함되지 않았던 초등학교 교원들과 대학 교수들이 널리 이 책을 활용하였다는 멋진 사실을 고려하여 더 많은 예를 제시하였다. 사례와 교재에서 제시된 것처럼 이 책의 원본 초판은 초등학년 고학년부터 고등학

교(4~12학년)까지를 대상으로 하였다(되돌아보면, 이 책의 독자를 한정할 필요는 없었다. '이해를 위한 설계'가 K-12 시스템의 상위 학년에서만 큰 반향을 일으킬 것이라고 생각하였기 때문에, 좋은 예들을 위해 대학 교수와는 충분한 작업을 하지 않았다). 그러나 원래 제시된 사례의 한계에도 불구하고, 기쁘게도 우리의 논의는 모든 수준의 교육자들의 관심을 불러일으킨 것으로 보인다.

K-16 스펙트럼의 양쪽 끝에 있는 독자들은 우리의 관심사에 대해 알 것이다. 그들은 우리가 여러 학교급의 수준에서 교원들과 함께한 많은 워크숍에서 다루었던 실례들이 이 책에서 더욱 자세히 보여 주고 있다는 것을 발견할 것이다. 그러나 아쉽게도, 각각의 아이디어를 위한 학년과 교과에 특수한 사례를 포함하는 것은 불가능한 것이었다. 그러한 교재는 읽기에 부적당한 것일지도 모른다. 그래서 실례를 더욱 폭넓게 제시하고 있지만 독자에게 그 실례가 멀리 떨어져 있는 것처럼 보인다면, 이 책을 읽으면서 개방된 마음과 상상력을 가지기 바란다. 추가된 학년과 교과별 특수한 사례는 이 작업을 제공하고 있는 웹사이트(http://ubdexchange.org)에 들어가면 더욱 자세하게 알 수 있다.

차 례

서 론

목적을 염두에 두고 시작한다는 것은
당신이 도착해야 할 지점이 어디인지를 분명히 이해하고 출발한다는 것을 의미한다.
그것은 당신이 어디를 향해 나아가고 있는지를 안다는 것을 의미하고,
그래서 당신은 지금 어디에 있는지를 더 잘 이해하게 되고, 그 결과 항상 정도를 갈 수 있게 된다.
-Stephen R. Covey,
『성공한 사람들의 7가지 습관들(*The Seven Habits of Highly Effective People*)』, 1989, p. 98

이 과정은 내게 놀라움을 가져다 주었다.
나와 학생들이 UbD의 과정에 있는 시간이 매우 유익하였다.
모든 것은 아주 편안하였고, 나는 자신감에 찼으며, 학생들은 매우 흥미있어 하였다.
학생들은 우리가 하고 있는 일의 핵심이 무엇인지를 알아차리는 것 같았다.
나는 학생들이 목표를 감지한 것으로 생각한다.
목표는 늘 완전하고 분명한 형태로 드러나지는 않는다.
나는 학생들이 무엇을 알고 있고, 무엇을 모르고 있으며,
내가 해야 하는 것이 무엇인지를 알게 되었다. 얼마나 자유로운 것인가!
-UbD 사용에 대한 교사의 반성과 숙고-

　　다음에 제시된 네 개의 사례(vignettes)가 이해, 교육과정 설계, 그리고 평가에 대해 무엇을 제안하고 있는지를 고려해 보라. 두 가지는 진짜 있었던 일이고, 나머지 두 가지는 익숙한 실제를 각색한 것이다.

① '이해'에 관한 워크숍에서 있었던 이야기인데, 노련한 고등학교 영어 교사가 고등학교 학생이었을 때의 경험에 대해 다음과 같은 반성을 학습일지에 기록하였다.

　　나의 머리는 한쪽 귀로 들어와서는(시험을 친 후에는) 다른 쪽 귀로 나가 버리는 자료의 정거장이라는 느낌이 들었다. 매우 쉽게 기억을 잘 할 수 있었던 나는 졸업생 대표가 되었다. 그러나 점수에 대해 별로 걱정하지 않는 일부 다른 학생들보다 내 자신이 어떤 내용을 잘 이해하고 있지 못했다는 것이 곤혹스럽고 당황스러웠다.

② 매년 가을 2주 동안 모든 3학년 학생은 사과 단원(a unit on apples)을 공부하기 시작하였다. 그들은 토픽에 관련된 다양한 활동에 참여한다. 언어과에서 학생들은 Johnny Appleseed에 대해 읽고, 그 이야기를 묘사한 영사 슬라이드를 본다. 학생들은 사과를 포함하는 창의적인 이야기를 각자 지어 보고, 템페라 물감을 사용해서 이야기를 그림으로 그려 본다. 미술 수업에서 학생들은 가까이 있는 사과나무에서 나뭇잎을 모으고, 3학년 교실 옆 복도 게시판에 걸려 있는 거대한 나뭇잎 찍기 콜라주를 만든다. 음악 교사는 학생들에게 사과에 대한 노래를 가르친다. 과학 수업에서는 학생들이 다른 형태의 사과의 특성을 세밀히 관찰하고 기술하기 위해 그들의 감각을 사용한다. 수학 수업에서는 교사가 모든 3학년이 먹을 만큼 충분한 양의 사과 소스를 만들기 위해 비율을 증가시키는 방법을 설명한다.

　　이 단원에서 가장 흥미가 있는 부분은 지방에 있는 사과 과수원으로 현지 견학을 떠나는 것인데, 그곳에서 학생들은 사과로 술을 만드는 과정을 견학한다. 이 단원에서 최고 절정에 달하는 단원 활동은 3학년 사과 축제다. 이 축제에서 부모는 사과 복장을 입고, 학생은 다양한 장소에서 여러 가지 활동(사과 소스 만들기, 사과 단어 검색 대회에 참가하기, 사과 게임, 사과와 관련된 낱말 문제를 포함하는 수학 능력 답지 완성하기)을 돌아가며 경험해 보는 축하파티가 열린다. 모든 사람이 구내식당 종업원이 준비한 달콤한 사과를 즐기는 동안 사과 이야기가 선정된 학생들이 자신의 사과 이야기를 낭독하는 것으로 축제를 마무리한다.

③ NAEP(전국학업성취도평가) 수학평가에 관한 검사문항에서 정답을 쓰게끔 하는 개방적 단서로서, 8학년 학생에게 다음과 같은 질문을 제시하였다.

'만약 한 대의 버스가 36명의 병사를 태운다고 가정해 볼 때 1,128명의 병사를 수송하려면 얼마나 많은 버스가 필요한가?' 8학년의 3분의 1은 다음과 같이 대답하였다. '31대와 나머지 12명'(Schoenfeld, 1988: 84).

④ 늦은 4월에 공황 상태가 시작되었다. 세계사를 가르치는 교사는 학기가 끝날 때까지 매일 평균 40쪽씩 학습하지 못한다면 그 교재를 마무리할 수 없을 것이라고 예상하였다. 유감스럽게도 그는 학생들이 공부했던 세계사 토픽과 관련된 최근의 국제적인 사건에 대한 토의, 투표, 모의 UN 논쟁처럼 시간이 많이 드는 활동과 라틴 아메리카에 대한 짧은 단원은 제외한 채 가르치기로 결정하였다. 교육부에서 실시하는 마지막 시험을 준비하기 위해서는 빨리 진도를 나갈 수 있는 강의 모드로 전환할 수밖에 없다.

이러한 각각의 사례는 이해와 설계에서 몇 가지 곤란한 양상을 드러낸다(즉, 홀수 사례는 실제 사례이고, 짝수 사례는 일반적으로 실제 있을 법한 것을 제시한 것이다).

고등학교 영어 교사의 반성과 숙고는 일반적으로 우리에게 친숙한 사실이다. 전통적인 측정 방법(코스 평점, 총 GPA)이 성공을 보장하고 증명한다는 사실에도 불구하고, '훌륭한' 학생조차도 항상 학습한 내용에 대해 깊이 이해하지는 못한다. 그녀의 경우, 시험이 항상 교과서와 교실 수업에서 제시하는 것을 회상(recall)하는 데 주로 초점을 두고 있었다. 그녀는 보다 깊이 있는 이해를 요구하는 평가는 거의 없었다고 하였다.

사과에 관한 가상 단원은 활동 중심 교육과정이라는 친숙한 장면을 보여 준다. 즉, 학생들이 다양한 실제 활동에 참여하는 것이다. 이 경우, 단원은 주제 중심으로 조직되고, 간학문적인 연결(통합)이 있을 수 있다. 그러나 활동의 가치에 대한 질문이 제기된다. 교수(teaching)의 목적이 무엇인가? 단원에서 개발되어야 할 빅 아이디어와 중요한 기능은 무엇인가? 학생들은 학습목표가 무엇인지 이해하고 있는가? 단원에서의 학습 증거(예를 들어, 나뭇잎 찍기 콜라주, 창의적인 작문 스토리, 완성형 단어 검색)는 어느 정도까지 가치 있는 내용 기준을 반영하는가? 여기에서 어떤 이해가 만들어지고 지속될 것인가?

NAEP 수학 검사 항목은 이해의 또 다른 측면을 나타내거나 그러한 이해에 대한 결핍 정도를 의미한다. 학생들이 정확하게 계산하였다 하더라도 그들은 문제의 의미를 파악하지 못하였고, 32대 버스라는 정답에 도달하기 위해 자신들이 알고 있는 것을 어떻게 사용하였는지 분명하게 이해한 사람은 거의 없었다. 학생들은 수학 책과 워크시트에서 상황적 맥락이 없는 연습문제를 해결할 수는 있지만, 실제 세계에 적용하는 상황에서 수학을 활용할 기회는 없었는가? 우리는 '나머지 12'라고 대답한 학생들이 정말로 나눗셈과 나눗셈의 사용을 이해한다고 결론을 내릴 수 있는가?

교재를 '전부 다루어야 한다.'는 압력에 시달리는 세계사 교사의 고군분투하는 마음에 거의 모든 교사는 공감할 것이다. 그러한 도전은 최근 몇 년 동안에 교육과정에 요구되는 추가적인 내용(예를 들어, 컴퓨터 연구와 약물중독 방지 교육)과 외부에서 보는 시험에서 요구되는 내용 뿐만 아니라, 과학이나 역사 같은 분야에서의 지식의 증가로 더욱 악화되고 있다. 그러나 가장 나쁜 것은 진도빼기(coverage) 학습 — 우선순위, 바라는 결과, 학습자의 요구와 흥미, 적절한 평가 증거를 고려하지 않고 교과서로만 학습을 진행하는 것 — 이다. 핵심 아이디어와 그러한 아이디어를 연계시켜 주는 관련성을 실제로 학습해 보는, 즉 함께 활동하고, 놀이를 하면서, 조사하고, 사용해 보는 기회를 갖지 못하는 학습을 한다면, 학생들은 이해는 훨씬 적게 하면서 무엇을 위해서 그것을 기억하려고 하는가? 그러한 접근은 아마 '가르쳐라, 검사하라, 그리고 최고가 된다는 희망을 가져라.'로 명명될지도 모른다.

설계의 쌍둥이 과실: 설계에서 저지르는 두 가지 오류

흥미롭게도 우리는 사과 단원의 사례와 세계사 수업에서 일어난 비슷한 일반적인 문제를 겪고 있다고 생각한다. 두 수업에서 일어난 것이 분명히 다르게 보일지라도 말이다. 초등학교 교실에서 학생들은 수많은 실제적인 활동을 하고 있고, 역사 수업에서 교사는 학생들에게 강의를 하고 있지만, 두 경우 모두 분명한 지적 목표를 드러내지는 못하고 있다. 우리는 이 두 가지 문제를 학교에서의 전형적인 수업설계에 있어서 '쌍둥이 과실(twin sins)'이라고 부른다. 그것은 활동에 초점을 두는 교수와 진도빼기(coverage)에 초점을 두는 피상적 교수다. 두 경우 모두 **효과적인** 학습의 중심에 놓인 핵심 질문에 적절한 답을 제공하지는 못한다. 여기에서 중요한 것은 무엇인가? 요점은 무엇인가? 이러한 경험은 학습자인 나로 하여금 어떻게 의무를 충족시킬 수 있게 해 주는가? 간단히 말해서, 이 두 가지 경우가 갖는 문제는 교수를 안내하는 명백한 빅 아이디어가 없다는 점과 학습을 담보할 수 있는 계획이 없다는 점이다.

이 책은 무엇에 관한 것인가

제목에서 알 수 있듯이, 이 책은 중요한 아이디어에 대한 이해를 개발하고 심화하는 데 초점이 맞추어진 좋은 설계―교육과정, 평가, 수업―에 관한 것이다. 이 책 전체를 통해서 그리고 다양한 관점에서 이 책의 핵심 내용을 고려하기 위해서는 다음과 같은 질문을 할 수 있다. 우리는 많은 학생이 그들이 학습하도록 요구받은 것을 정말로 이해하는지를 어떻게 알 수 있는가? '그것을 이해한' 학생들은 이미 능력이 있고 사리분별이 뛰어난 학습자라서 운 좋게 이해하였을 것이다. 우리의 계획이 경험이 적은 사람들, 능력은 많지만 동기가 없는 사람들, 능력이 적은 사람들, 다양한 흥미와 스타일을 가진 사람들 모두에게 지적인 영향력을 미치기 위해서는 무엇을 수반해야만 하는가?

그러한 질문에 답하기 위해서, 우리는 확실히 설계의 목적을 조사해야만 한다. 우리의 경우는 설계의 목적은 바로 이해다. 그렇다면 학생들이 단지 받아들여서 회상하는 것과는 반대로, 이해하기를 원한다고 할 때, 그 말의 의미는 무엇인가? 학생들이 의미는 이해하지 못하고 많은 중요한 사실을 아는 것이 어떻게 가능한가? 그리고 반대로 또 다른 학생은 사실에 대한 많은 실수를 어떻게 저지를 수 있는가? 과제를 모두 해결하지 못하였음에도 불구하고 핵심 아이디어를 이해한다는 것이 가능한가? 그래서 이 책이 학생들이 빅 아이디어를 탐구하는 데 참여하도록 교육과정을 설계하는 것에 관한 것이지만, 이것은 이해를 더 잘 이해하기 위한 시도이면서, 특히 평가의 목적을 위한 것이다.

여러분이 알다시피, 우리는 이해라는 것이 무엇인지, 이해를 위해 어떻게 설계할 것인지, 학생들의 학습에서 이해의 증거를 어떻게 발견할 것인지에 대한 유용한 방법은 이해가 다양한 측면을 가지고 있다는 것을 아는 것이라고 제안한다. 매일 사용하는 언어란 다양한 의미를 함축하고 있기 때문에 그것들을 분명히 할 필요가 있다. 예를 들어, '그는 프랑스 화가를 이해하지 못한다.'라고 말하는 것과 '그녀는 주요한 문서가 의미하는 것을 이해하지 못한다.'라고 말하는 것의 차이점에 대해 생각해 보라. 우리는 다양한 종류의 이해가 있음을 분명히 할 필요가 있다. 이해는 단일의 목표(goal)가 아니라 일련의 상호 관계―여섯 가지 상이한 전이의 측면―를 갖는 능력이며, 이해를 위한 교육에서는 보다 신중하게 이해의 여섯 가지 측면 모두를 개발하려고 노력해야 한다.

이러한 두 가지의 목적―'좋은 설계'로 불리는 것이 무엇인지를 탐구하면서 '학생 이해'로 불리는 목표를 명확히 하는 것―은 교수의 실제에서 수많은 중요한 질문을 만들어 낸다. 내용 숙달과 이해 모두를 만족시키기 위한 최고의 설계 방법은 무엇인가? 만약 우리가 사용하는 교과서가 맥락에서 벗어난 많은 양의 지식을 다룬다면, 우리는 이해의 목표를 어떻게 성취할 것인가? 내용 기준과 고부담 검사(high-stakes test)에서 이해를 위한 교수는 얼마나 현실적인 가능성이 있는가? 우리는 이러한 질문에 답하기 위해서 이 책에서 다음과 같은 내용들을 다룬다.

- 학생들을 탐구에 참여시키기 위해 설계된 교육과정과 수업에 관한 접근을 제안한다. 학습의 전이를 촉진시킬 것을 제안한다. 단편적인 사실과 기능을 이해하도록 학생들을 돕는 개념적 틀을 제공할 것을 제안한다. 내용의 빅 아이디어를 심층적으로 학습할 것을 제안한다.
- 학생의 이해, 지식, 기능의 정도를 적절히 평가하기 위한 방법을 탐구한다.
- 예측할 수 있는 학생의 오해가 교육과정, 평가, 수업의 설계에서 어떤 문제를 야기하는지를 살펴본다.
- 학생의 세련된 이해를 방해하는 공통 교육과정, 평가, 수업의 실제를 탐구하고, 이해와 관련된 목표를 희생하지 않고 기준을 충족하도록 우리를 도와주는, 계획에 관한 백워드 설계 접근을 탐구한다.
- 이해의 여섯 가지 측면의 이론을 제시하고, 교육과정, 평가 그리고 교수에 대해 이론적이고 실제적으로 함축된 의미를 탐구한다.
- 학생의 이해를 강조하는 교육과정과 평가의 설계를 도와주는 단원 템플릿을 제시한다.
- 개별 단원이 빅 아이디어, 본질적 질문, 핵심 평가 과제를 중심으로 구성된 코스 및 프로그램의 더 크고 일관성 있는 프레임워크에 어떻게 내포되어야 하는지를 보여 준다.
- 교육과정과 평가의 설계에서 질 관리를 위한 일련의 설계 기준을 제안한다.
- 검색할 수 있는 인터넷 자료를 통해 교육과정 설계를 전 세계적으로 공유함으로써, 설계자들은 힘들이지 않고 더욱 훌륭하게 작업할 필요가 있다는 점을 주장한다.

이 책의 독자

이 책은 학생 이해를 향상시키는 것과 목표를 성취하기 위한 더욱 효과적인 교육과정과 평가를 설계하는 데 관심이 있는 교육자, 초보자나 숙련자를 위한 것이다. 이 책은 모든 수준의 교사(초등에서 대학까지), 교과 전문가, 평가 전문가, 교사양성 교육 담당자와 현직 교사 연수 담당자, 단위학교 경영자, 중앙부처의 행정가, 장학사 등을 독자로서 상정하고 있다. 우리는 이 책을 통해 모든 학교교육 수준의 많은 사례를 제공하지만, 한 번 만으로 어떤 독자를 만족시킬 만큼 그 사례가 충분하지는 않다. 관심 있는 독자들은 모든 교과의 더 많은 사례를 UbD 전문성 개발 워크북(McTighe & Wiggins, 2004)과 UbD 웹사이트(http://ubdexchange.org)에서 찾아볼 수 있다.

핵심 용어

몇 개의 전문 용어가 정리되어 있다. 우리는 이해를 위한 교육에서 강조되어야만 하는 빅 아이디 어에 대해 많이 다루었다. 빅 아이디어는 단편적인 사실과 기능에 의미와 관련성을 부여하는 개념, 주제, 그리고 이슈와 같은 것이다. 몇 가지 사례를 제시해 본다.

- 적응
- 형태와 기능이 시스템에 어떻게 관련되어 있는가?
- 수학에서의 분배적 속성(이것을 통해 우리는 '동일한' 수를 산출하기 위해 분류나 배치, 그리고 하위 분류나 배치의 모든 수를 사용할 수 있다.)
- 유용한 모델 발견으로서 문제 해결
- 정의(justice)를 정의하는 데 대한 도전
- 작가 혹은 화자로서 목적과 청중에 초점을 맞추어야 할 필요성에 대한 것

이해를 위한 교육에서 주요한 도전은 빅 아이디어를 강조하는 것이고, 그런 빅 아이디어가 학습의 우선순위를 정하는 방법을 보여 주는 것이며, 학생들이 내용의 모든 '것(stuff)'의 의미를 제대로 알 게 해주는 빅 아이디어의 가치를 이해하도록 돕는 것이다.

개혁에 관여하는 교육자들은 **교육과정과 평가**라는 단어가 이 용어를 사용하는 사람만큼이나 많은 의미를 가지고 있다는 것을 알고 있다. 이 책에서 **교육과정**은 **바라는 결과**, 즉 내용 기준과 수행 기준 (주에서 결정되었거나 지역에서 개발된)에서 도출되는 학습을 위한 명세적인 청사진을 가리킨다. 교육 과정은 (외부의 기준과 지역의 목표에서 나온) 내용을 가지고, 효과적이고 매력적인 교수와 학습을 하기 위한 계획 속에서 이 내용을 구체화하는 것이다. 그래서 교육과정은 토픽 목록, 주요 사실과 기능('입 력된 정보들')의 목록 그 이상이 된다. 교육과정은 학생들이 바라는 결과를 성취하도록 적절한 학습활 동과 평가를 제시하고, 바라는 학생 수행의 '결과'를 어떻게 성취할 것인지에 대한 지도(map)다.

교육과정이라는 단어의 어원은 다음과 같은 것을 제시하고 암시한다. 즉, **교육과정**(curriculum)은 '달려야 할 혹은 학습되어야 할' 특정한 '코스'로서, 그것은 바라는 종착점(end point)이다. 그러므 로 교육과정은 전통적인 프로그램 안내 그 이상이다. 토픽과 자료를 입안하는 것을 넘어서서, 목표 성취를 위해 사용될 경험, 과제, 평가를 가장 적절하게 구체화하는 것이다. 다시 말하면, 최고의 교 육과정(그리고 실러버스)은 단순히 피상적으로 학습되는 것이 아니라 바라는 학습의 관점에서 쓰인 것이다. 그것은 학습자가 성취했어야 하는 것, 성취할 필요가 있는 것, 교사가 추구하는 결과를 성취

할 필요가 있는 것을 말한다. 이를 요약하면, 내용과 활동의 목록이 아닌, 바라는 결과와 그것을 성취하는 데 필요한 수단이다.

평가(assessment)[1]란 바라는 결과가 성취되는 범위와 어느 정도로 성취하였는지를 결정하는 행동을 의미한다. 평가는 그러한 결과들이 주 내용 기준이나 지역 교육과정의 목표든지 간에 바라는 결과에 충족할 만한 증거를 수집하는 다양한 방법을 신중하게 사용하기 위한 포괄적 용어다. 우리가 추구하는 수집된 증거에는 여러 시간에 걸쳐 수집된 학생들의 자기평가뿐만 아니라 관찰과 대화, 전통적 퀴즈와 검사, 수행 과제와 프로젝트 등이 포함된다. 사정(assessment)은 평가(evaluation)보다는 학습자 중심 용어고, 두 용어가 동의어로 간주되지는 않는다. 사정은 목표를 충족시키고 개선할 수 있도록 하는 기준에 대해 피드백을 주고 사용하는 것이다. 평가는 더욱 총괄적이고 자격과 관련된 것이다. 다시 말하면, 우리가 피드백을 부여하는 모든 것에 등급-평가-을 매길 필요는 없다. 사실 우리 논의의 핵심 전제는 형성평가, 수행평가에 더 많은 주의를 기울이면서 지속적인 평가의 여러 방법을 통해서만이 이해가 개발될 수 있고 촉진될 수 있다는 것이다.

바라는 결과(desired results)란 종종 의도한 성과, 성취 목표 혹은 수행 기준으로 불린다. 이 네 가지 용어는 모두 우리의 초점을 투입에서 산출로 이동시키는 것을 의미한다. 그것은 학생이 졸업하면서 알고, 행하고, 이해할 수 있어야만 하는 것으로서, 수행과 결과라는 용어로 표현되는 것이다. 바라는 결과는 우리에게 다음과 같은 내용을 상기시킨다. 만약 우리가 달성하고자 하는 목표에 도달하기 어렵다는 피드백 결과를 접한다면 '지도자'로서 우리의 설계와 수행을 조절해야만 한다.

이해(understanding)라는 말은 우리가 항상 그것에 목적을 두고 있다는 사실에도 불구하고 복잡하고 혼란스러운 목표(target)로 판명된다. 이해라는 단어는 당연히 명료화하고 정교화할 만한 가치가 있다. 이 책의 나머지 부분에서 이 문제에 도전한다. 지금은 그 용어에 대한 처음의 정의를 고려해 본다. 이해한다는 것은 연결을 만드는 것이고, 우리 지식을 사물에 대한 의미 구성을 하게 하는 무엇인가로 묶는 것이다(그러나 우리는 이해 없이 불분명하고 단절되어 있거나 유용하지 못한 사실을 알고 있을지도 모른다). 그러나 이 말은 정신적 행동이 아니라 실제로 행하는 것을 암시한다. Bloom(1956)이 적용과 종합을 논하면서 「교육목표분류학(Taxonomy)」에서 말한 것처럼, 수행 능력은 이해의 중심에 놓여 있는 것이다. 이해한다는 것은 우리가 이해한 것을 맥락 속에서 효과적이고 현명하게 활용하는 것, 즉 전이할 수 있는 것이다. 이해한다는 것은 사실적인 과제를 가지고 특정 상황에서 관련된 지식과 기능을 효과적으로 적용하는 것이다. 이해하였다는 것은 우리가 알고 있는 것을 전이할 능력

---

1) 이 책에서 논의되는 평가는 assessment의 개념에 가깝다. 원서에서는 사정이라고 하지 않고 평가라는 용어로 통일하여 사용하고 있다. 단, assessment와 evaluation의 개념 차이를 설명하는 이 단락에서는 자세한 설명을 위해 원서에 나와 있는 영어를 제시한다. -역자 주

이 있다는 증거를 보여 주는 것을 의미한다. 또 이해하고 있을 때, 우리는 단지 회상과 '제한적 관련 짓기 혹은 단순한 끼워넣기식(plugging in)'에 기초한 경직되고 공식적인 앎이 아닌, 유창하고 유연한 앎을 갖게 된다.

이런 성취의 결과—명사로서의 이해—에 대해 말할 때, 우리는 특별한 (종종 어렵게 얻은) 통찰을 기술하고 있는 것이다. 예를 들어, 우리는 우주가 확장되고 있다는 것에 대한 과학자들의 현재 이해에 대하여 말하며 혹은 그들이 쓴 책의 의미에 대해 특권적인 논평자로서가 아니라 저자의 포스트모던적인 이해에 대해 이야기한다. 교수에서의 큰 도전—이해를 회상을 위한 단지 간단한 진술로 감소시키지 않고—은 그러한 정교한 성인 이해가 학생 이해가 될 수 있도록 하는 것이다. 학생이 참 이해를 얻었을 때, 우리는 그들이 '정말로 그것을 이해하였다.'고 말한다. 설계자와 지도자인 우리의 도움을 받으면서 그들은 '결국 이해하게 된다'.

그러나 몇 년 동안 교육과정 안내 지침은 이해를 통해 목표를 형성하는 것에 대해 논의하였다. Bloom(1956)은 이해라는 단어가 너무 모호해서 교수 목표와 평가를 위한 기초로 사용할 수 없다고 논하였다. 그래서 『교육목표분류학』을 저술한 것이다. 그러나 중요한 개념적 구분은 여전히 존재하고 우리의 생각을 요구한다. 즉, 그것은 '아는 것(knowing)'과 '이해하는 것(understanding)'의 차이점이다. 이런 구분을 이론과 실제에서 명확히 하는 것은 쉬운 일이 아니다. 우리는 이 책에서 다음과 같은 사실에 주의를 기울여야 한다고 제안한다. 서로 다른 종류의 이해가 있고, 지식과 기능이 자동적으로 이해를 이끌지 못하며, 학생 오해는 우리가 아는 것보다 더 큰 문제다. 그러므로 이해에 대한 평가는 전통적인 검사에서는 확보할 수 없는 다른 차원의 증거들을 요구한다.

이 책에서 다루는 것과 다루지 않는 것

① UbD(Understanding by Design)는 처방적인(prescriptive) 프로그램이 아니다. 이것은 이해를 목표로 삼는 설계의 특성에 대해 보다 의도적으로, 신중하게 생각하는 한 가지 방법이다. 이 책은 따라야 할 단계별 지침을 제안하기보다는 오히려 UbD의 개념적 틀, 여러 출발점, 설계 템플릿, 다양한 도구와 방법, 수반되는 일련의 설계 기준을 제공한다. 교육과정의 내용에 대한 우선순위가 빅 아이디어와 선택된 토픽에 대한 중요한 수행 과제에 중심을 두어야 한다는 사실을 제외하고는, 우리는 교육과정의 내용이 무엇이 되어야 하는지에 관해서는 구체적인 안내 지침을 제공하지는 않는다. 우리가 제공하는 것은 학생들이 더욱 잘 이해(주로 바라는 결과)하도록 어떤 교육과정을 설계하거나 재설계하기 위한 방법이다.

② UbD는 교육철학이 아니며, 단일의 교수 시스템(pedagogical system)이나 접근에 관한 신념을 요구하는 것도 아니다. 우리는 학생 이해의 목표와 관련된 교육적 설계 문제를 다루는 방법에 관한 지침을 제공한다. 여기서 우리는 여러분이 받아들여야 하는 '빅 아이디어'에 대해 상술한다. 우리는 여러분(혹은 설정된 기준이)이 목표로 삼는 중요한 아이디어의 이해를 성취할 방법에 관한 설계 과제에 초점을 맞추도록 돕는다(다양한 교과에서 빅 아이디어의 많은 사례를 제공한다). 그러므로 이 책이 다른 프로그램이나 접근법과 경쟁하는 것으로 보아서는 안 된다. 사실, 이해에 대해 제안된 관점과 백워드 설계 과정은 교과과정별 문제 중심 학습(Problem-Based Learning Across the Curriculum; Stepien & Gallagher, 1997), Socrates식 세미나, 4MAT (McCarthy, 1981), 학습의 차원(Dimensions of Learning; Marzano & Pickering, 1997), 내용 기준을 진술하기 위한 교수, 핵심 지식, 유능한 교사(the Skillful Teacher; Saphier & Gower, 1997), 그리고 '이해를 위한 교수'(Teaching for Understanding; Wiske, 1998; Blythe & Associates, 1998) 등의 하버드 대학교 교육대학원 Project Zero 팀의 모든 저명한 교육적 이니셔티브(educational initiatives)와 양립할 수 있다. 지난 5년 동안 대학 교수, 몬테소리 교사, 국제바칼로레아(IB) 학교의 교육자, 연립학교(Coalition of Essential Schools Philosophy) 등은 설계를 개선하기 위해 백워드 설계를 사용해 왔다.

③ 이 책은 계획(planning)에 대한 강력한 접근방식을 제시한다. 다양한 교수 접근이 학생 이해를 개발하고 심화할 수 있다는 것을 믿고 있으나 교수 전략에 대해서는 거의 다루지 않는다. 특별한 테크닉에 관계없이 의도적이고 효과적인 수업을 이끄는 교사들은 자주 '계획-수정-교수-평가-반성-조절'의 순환을 따른다고 생각한다. 재설계에 대한 정보가 반드시 학생의 과제 분석과 사전 평가에서 도출될 것이기 때문에 이것은 주목할 만하다.

④ 이 책은 주로 교육과정의 단원(개별 단시수업이나 폭넓은 프로그램과는 대조적으로) 설계에 초점을 맞추었다. 개별 단원이 프로그램과 코스(제12장에서 다루어지듯이)의 폭넓은 맥락에 기초해야 한다고 강하게 주장할지라도, 우리는 우리의 관심을 더욱 핵심적이고 교사 호의적인 단원 설계 (unit design)에 의도적으로 제한시키고 있다. 몇 년간 수많은 교사와 함께 연구하면서 우리는 단원이 이러한 설계 과정을 위해 편하고 실제적인 출발점을 제공한다는 사실을 알게 되었다. UbD 접근을 매일의 단시수업 계획 시스템에 적용하는 것이 당연한 것처럼 보일지라도, 우리는 그렇게 하지 않았다. 개개의 단시수업은 너무 짧아서 빅 아이디어의 심층적 개발, 본질적 질문의 탐구, 진정한 적용(authentic application)을 고려할 수 없다. 다시 말하면, 하나의 단시수업은 복잡한 목표를 충족시키기에는 너무나 짧은 시간 틀을 제공한다. 물론 단시수업 계획은 논리적으로 단원 계획에서 나와야만 한다. 단시수업은 전형적으로 더 큰 단원과 코스 설계에

따라 정보가 제공될 때 더욱 의도적이고 일관적이게 된다.

⑤ 심층적 이해를 위한 교수는 학교교육의 중요한 목적 중 하나에 불과하다. 우리는 모든 교수와 평가가 언제나 깊이 있고 세련된 이해를 향해 연결되어야 한다고 제안하는 것이 아니다. 이것이 실행될 만한 그럴듯한 것이 아니거나 바람직한 것이 아닐 때 거기에는 분명히 어떤 상황이 있다. 즉, 알파벳 학습, 자판을 두드리는 것과 같은 어떤 기능적 능력을 요구하는 것 혹은 심층적 이해를 요구하지 않는 외국어 기초 능력 개발하기 등이 바로 그런 경우다. 어떤 경우에는 학생의 발달 수준에 따라 어느 정도까지의 개념화가 적당할지를 결정할 것이다. 또 다른 경우에는 코스나 프로그램의 목표가 심층적 이해를 더욱 작게 만들거나, 심층적인 이해와 관련이 없는 목표로 만들 것이다. 때로는 '친숙성(familiarity)'이 어떤 시점의 어떤 토픽을 위해서는 적절하고 충분한 목표가 된다. 모든 것을 심층적으로 다루어야 할 시간도 없고 그럴 필요도 없다. 그리고 더 큰 의미를 전달하는 것이 목표일 때 그것은 역효과가 될지도 모른다. 그래서 이 책은 학생들의 심층적인 이해를 개발하려 한다면 UbD의 아이디어와 과정을 적용해 보는 것이 필요하다는 전제를 가지고 쓰여졌다.

유용한 주의 사항과 코멘트

우리는 세 가지 주의 사항을 제시한다. 이것은 이해를 위해 계획하고 가르치려는 독자를 위한 것이다.

첫째, 교육자들은 학생들이 배우는 것을 정말로 이해하도록 하기 위해 단순한 피상적 학습을 넘어서기를 원한다고 종종 말하지만, 여러분은 이전에 여러분이 이해하는 데 효과적이라고 생각했던 교수가 실제로는 그렇지 않았다는 것을 발견할지도 모른다. 여러분은 학생들이 무엇을 분명히 이해하지 못하였는지에 관해서조차 분명히 알지 못한다는 것을 발견할지도 모른다. 사실 우리는 이해를 상술하는 것이 얼마나 어려운 일인지, 이해가 평가에서 어떻게 다루어지는지, 학생의 과제를 계획하고 가르치고 평가하는 중에 이해와 관련된 목표를 못 보고 놓칠 수 있다는 것에 관해 다소 혼동스러워할 거라고 예상하고 있다.

둘째, 많은 교수요목(course of study)이 기능(읽기, 대수학, 체육, 초급 스페인어와 같은)에 중점을 두고 있으나 교사-설계자들은 이 책을 읽은 후 다음과 같은 것을 알게 될 것이다. 실제로 핵심 기능을 유창하게-즉, 기능을 현명하게 사용하는 방법을 이해하는 것 같이-학습하기 위해서는 보다 신중한 주의를 요구하는 본질적이고도 필수적인 빅 아이디어가 있다는 것을 알게 될 것이다. 예를 들어,

문해력 개발에서 빅 아이디어는 텍스트의 의미가 텍스트 속에 있는 것이 아니라 글 속의 숨은 뜻, 즉 행간에 있고, 능동적인 독자와 텍스트 사이의 상호 작용 속에 있다는 것이다. 학생들에게 이것을 이해시킨다는 것은 매우 어려운 문제다. 이해를 위해서는 단편적인 독서 전략에 중점을 두기보다는 매우 다른 설계를 요구하며, 그것은 서로 다른 교수 문제를 나타내는 점이다. 중요한 핵심이 되는 도전은 독서가 단지 해독(decoding)하는 것이라고 믿는 오해를 학생들이 극복하도록 도와주는 것이고, 해독만으로는 의미를 생성하지 못할 때 학생들이 무엇을 해야 할 것인지를 알도록 도와주는 것이다.

셋째, 많은 교사가 이해를 위한 설계가 설정된 내용 기준과 주 검사(state testing)에 모순되는 것이라고 믿고 있지만, 여러분이 이 책을 전부 읽고 나면 이것은 잘못된 생각이라는 점을 알게 될 것이다. 대부분의 주 기준은 이해해야 하는 빅 아이디어를 식별하거나, 적어도 암시한다. 11학년 사회과의 오하이오 주 기준과 물리학의 캘리포니아 기준으로부터 다음과 같은 사례를 고려해 보자.

미국 헌법 조항에 관련된 핵심적인 대법원 결정을 밝힌다(예를 들어, 입법상의 행정구역에 관련된 소송 사건, 언론의 자유 혹은 교회와 국가의 분리).

여러 과정을 통해 에너지가 열로서 환경에 전달된다 할지라도 에너지는 생성되거나 소멸될 리 없다. 이러한 개념을 이해하기 위한 기초로서,
ⓐ 학생들은 열 흐름과 작동이 시스템 사이의 에너지 전달의 두 형태라는 것을 안다.

더욱 일반적으로, 우리가 좋은 설계의 핵심으로 제안하는 요소를 여러분이 이해할 때 모든 설계 준수 사항에 대한 여러분의 접근 방법이 변할 것이라고 기대한다.

여러분은 이 책을 읽으면서 두 가지 매우 다른 느낌을 경험할 것이며, 가끔 스스로에게 말할 것이다. '물론, 이것은 상식적인 것일 뿐이야! 훌륭한 설계자들이 항상 해 왔던 것을 단지 명백하게 했을 뿐이야.' 또 어떤 때는 우리가 교수, 학습, 평가, 계획에 관한 도발적이고 반직관적인 아이디어를 제안하고 있다고 느낄 것이다. 후자의 경우를 돕기 위해서 우리는 잠재적인 오해에 대한 보충자료(sidebar)를 제공하고자 한다. 우리는 그것을 '오개념 주의하기(Misconception Alerts)'라고 부른다. 여기에서 우리는 우리의 주장과 아이디어에서 발생하는 독자의 혼란을 예상하려고 한다.

이러한 특별한 보충자료는 중요한 메시지를 전달한다. 이해를 위한 교수가 효과적이라면 학습에서의 잠재적 오해와 정확히 이해하지 못하는 부분을 성공적으로 예견해야만 한다. 더욱이 우리가 제안하는 설계 접근의 핵심은 가장 그럴듯한 학생의 오개념을 예상하고, 그것을 극복할 수 있는 단시수업과 평가를 설계해야 할 필요가 있다는 점이다. 그러한 첫 번째 보충자료를 이 페이지에 제시한다.

여러분은 또한 '설계 팁(Design Tips)'이라는 보충자료를 찾을 수 있을 것이다. 이 설계 팁은 UbD

이론을 계획, 교수, 평가의 실제적 작업에 적용하여, 어떻게 바꿀 것인지에 대해 도움을 줄 것이다. 또한 여러분이 이 책에서 사용된 용어들을 파악할 수 있도록 용어 해설(Glossary)을 제공하였다. 그리고 설계자의 사고 과정이 어떻게 작용하는지에 관한 이해를 돕기 위하여, 가상의 교사인 밥 제임스(Bob James)의 사례를 제시하고 있다. 그는 영양에 관한 단원을 설계(그리고 재설계)하였다.

독자들이여, 분발하라! 여러분은 핵심 아이디어를 탐구하고 교육과정, 평가, 수업에 관한 전통적인 습관을 재고해 볼 필요가 있다. 이러한 재고는 우리가 설파하였던 것을 실제로 해 보는 것이다. 여러분이 보다시피 이해를 위한 교수—학습자가 어린 학생이거나 혹은 경력이 많고 유능한 베테랑 교육자이든지 간에—는 학습자에게 이미 습관으로 정착되었거나 명백한 것으로 인식되는 것을 반성적으로 재고할 것을 요구한다. 여러분은 설계에 따른 학생 이해를 어떻게 성취할 것인지에 대한 실제적인 단서뿐만 아니라 사고를 위한 많은 것을 찾을 수 있을 것이다.

오개념 주의하기

1. 교수와 평가에서 대안적이거나 진보적인 방법은 이해를 만들어 낼 수 있다. 이것은 내용에 반대되는 것으로 과정에 대한 모든 것이다. 어떠한 것도 진실에서 더 멀어질 수는 없다. 여러분은 교과지식 없이는 이해할 수 없다. 예를 들어, 대학 수준에서의 학습에 대한 소위 전통적인 접근은 흔히 심층적 이해에 목적을 두고 그것을 유발하는 데 성공한다. 그러한 도전은 다른 것을 배제하기 위해 이 전략이나 저 전략을 선택하는 것이 아니라, 학습목표가 암시하는 것이 무엇인지 더욱 신중하게 고려하여 우리의 교수 레퍼토리를 확장하고, 더욱 심도 있게 목표로 삼는 것(target)이다. 실제적으로, 교육철학에 관계없이 모든 교사는 전형적으로 너무나 제한된 일련의 설계 옵션에 둘러싸여 있다. 우리가 도전해야 할 것은 교사들이 그들의 철학에 관계없이 지금까지 전형적으로 해 왔던 것보다는 훨씬 더 다양한 수업의 적절한 방법을 사용하도록 하는 것이다(제9장과 제10장을 참고하라).

2. 우리는 전통적 검사에 반대하고 있다. 항상 그렇지만은 않다. 우리는 대부분의 프로그램에서 전형적으로 발견되는 목표의 다양성에 기초하여, 교실 평가에서 더욱 적절한 다양성과 타당성을 확인하기 위해 일반적인 레퍼토리를 확장하려고 한다. 우리는 각각의 평가 형식의 장점과 단점을 더 잘 이해하고, 언제, 왜, 어떤 방법을 사용할 것인지를 알아야 한다(제7장과 제8장을 참고하라).

3. 우리는 등급 통지표에 반대한다. 등급이 이해의 타당한 평가와 일치한다면, 우리가 왜 그럴까? 등급은 여기에 머물러 있고, 전반적으로 이 책에서의 어떠한 것도 등급, 성적증명서, 성적표, 대학 입학 기준과 모순되는 것은 아니다. 반대로 이 책은 교사들이 그들의 등급 시스템을 더 잘 표현하고 정당화하도록 도우며, 학생들에게 더욱 공정한 평가, 개선된 피드백, 그리고 등급이 상징하는 것이 무엇인지를 명확하게 나타내도록 한다.

제1장

백워드 설계
– 거꾸로 생각하는 교육과정 개발 –

설계하다(동사): 목적과 의도를 가지는 것, 계획하고 실행하는 것.
– 옥스퍼드 영어사전

설계 작업의 복잡성은 종종 과소평가된다.
많은 사람은 설계에 대해 많이 알고 있다고 믿고 있다.
미처 인식하지 못하였지만, 설계를 훌륭하고 세련되게 잘하려면
우리는 설계에 대해 너무나 많은 것을 알아야 한다.
– John McClean, 「프로젝트를 매끄럽게 수행하는 것을 도와주는 20가지 고려 사항」, 2003.

교사는 설계자다. 교사가 수행해야 하는 본질적인 행위는 명세화되고 구체적인 목적과 의도를 충족시키는 교육과정과 학습 경험을 정교하게 창안하는 일이다. 우리는 자신들의 교수 행위를 안내하기 위하여 학생들의 요구를 진단해 주는 평가의 설계자며, 동시에 우리 자신, 학생들 그리고 다른 사람들(학부모와 행정가들)이 우리의 목표를 성취하였는지 아닌지를 결정하도록 도와주는 평가의 설계자이기도 하다.

건축가, 엔지니어, 그래픽아트 설계자와 같은 사람들처럼 교육에서의 설계자는 수요자인 대상 고객(audience)을 염두에 두어야 한다. 이러한 분야에서의 전문성은 고객 중심이다. 설계의 효과성은 구체적인 최종 수요자를 위한 명백한 목표의 성취 여부에 달려 있다. 분명히 학생들은 우리의 중요한 고객이며, 교육과정과 평가, 그리고 수업설계의 효과성은 결국 바라는 학습의 성취로 결정되는 것이다. 우리는 설계에 대해 소프트웨어적으로 생각할 수 있다. 마치 컴퓨터 소프트웨어가 사용자들을 더욱 생산적으로 만들기 위해 의도되는 것처럼 우리의 코스웨어는 학습을 더욱 효과적으로 만들기 위해 설계된다.

모든 설계 작업처럼 기준(standards)은 우리의 일을 특징짓고, 일에 대한 지식을 제공한다. 소프트웨어 개발자들은 사용자가 최대한 사용하기 쉽도록 작업하고, 결과를 방해하는 오류를 줄이기 위해 노력한다. 건축가는 건축양식을 탐구하고, 고객의 예산과 이웃의 미적 감각을 알아본다. 설계자로서 교사도 이와 비슷하게 관련 역할이나 과제를 수행할 것을 요청받는다. 우리는 우리가 선택한 토픽을 가르치는 데 결코 자유롭지 않다. 더욱이 우리는 학생들이 무엇을 알아야 하고, 무엇을 할 수 있어야 하는지를 구체화하는 국가, 지역, 학회 등이 수립한 기준들의 안내를 받는다. 이러한 기준들은 유용한 프레임워크를 제공한다. 이 프레임워크는 우리가 교수와 학습의 우선순위를 확인하고, 교육과정과 평가의 설계를 안내하는 것을 돕는다. 이러한 외적 기준에 더하여, 학습 경험을 설계할 때 우리는 다양한 학생의 요구에서 그 요소를 찾아내야 한다. 예를 들어, 다양한 학생의 흥미, 발달 수준, 학급의 크기, 이전의 학업 성취도는 학습활동, 과제, 평가에 대한 우리의 사고에 항상 영향을 미친다.

그러나 옛 속담에서 알 수 있듯이, 가장 좋은 설계 형태는 기능(function)의 결과로서 나타난다. 다시 말해, 우리가 사용하는 모든 방법과 재료는 바라는 결과의 비전에 대한 명확한 개념에 따라 결정된다. 이것은 우리가 당면하는 제약에 상관없이, 학생이 어떠한 계획의 결과로 이해해야 하고 할 수 있어야 하는 것을 명료하게 진술해야 한다는 것을 의미한다.

'만약 당신이 어디로 향해서 가야하는지를 정확히 모른다면, 어떤 길로도 갈 수 있을 것이다.'라는 말을 알 것이다. 그러나 애석하게도 이 말의 요지는 교육에서는 심각한 의미를 지닌다. 우리는 우리가 무엇을 가르칠 것인지, 어떤 활동을 할 것인지, 어떤 종류의 자료를 사용할 것인지를 신속하게 말할 수 있어야 한다. 그러나 우리의 교수에서 바라는 결과를 분명히 하지 않는다면 우리의 설계가 적절한지 여부를 어떻게 알 수 있겠는가? 우리가 흥미 있는 학습과 효과적인 학습을 어떻게 구별할 것인가? 보다 강조해서 말하면, 우리는 내용 기준에 어떻게 부합할 것인가? 목표가 학습자의 활동과 성취를 나타내야 한다는 것을 고려하지 않는다면 학생들이 어떻게 이해에 도달하겠는가?

좋은 설계란 고작 몇 가지의 새로운 기술적인 기능을 습득하는 것이 아니다. 좋은 설계란 목표가 함의하고 있는 것에 대해 학습을 보다 깊이 있고 구체적이게 만드는 것이다.

왜 '백워드'가 최상인가

이러한 일반적인 설계의 고려 사항은 교육과정을 계획하는 일에 어떻게 적용할 수 있는가? 신중하고 목적이 뚜렷한 수업설계는 우리가 교사이면서 동시에 교육과정 계획자로서 우리의 역할과 성격에 대한 우리의 생각에 중요한 변화를 만들어 가기를 요구한다. 이 변화는 교사로서 교수·학습 활동에서 무엇을 해야 하고 무엇을 제공할 것인지에 대한 생각을 하기 전에, 우리가 추구해야 할 구체적인 학습, 학습의 증거에 대한 많은 생각을 포함한다. 비록 무엇을 가르치고 어떻게 가르칠 것인가에 대한 고려 사항이 습관적으로 우리의 생각을 지배하고 있을지라도, 우리가 받는 도전은 이러한 바라는 학습에 우선적으로 초점을 맞추어야 한다는 것이다. 적절한 교수(teaching)란 이러한 바라는 학습을 논리적으로 따르는 것이다.

우리가 가르치는 단시수업, 단원, 코스는 우리가 가장 편하게 생각하는 방법, 책, 활동들로부터 유래되는 것이 아니라 추구하는 결과들로부터 논리적으로 추론되어야 한다. 교육과정은 구체적인 결과를 성취하는 데 가장 효과적인 방법을 설계해야 한다. 이것은 여행 계획을 세우는 것에 비유된다. 우리의 프레임워크는 외국의 주요한 관광 명소로 목적 없이 떠나는 여행보다는 문화적 목표를 충족시키기 위해 신중하게 설계된 일련의 여행 스케줄을 제공하는 것에 비유된다. 요약하면, 가장 좋은 설계란 추구하는 학습, 즉 바라는 결과로부터 거꾸로 찾아들어가는 것이다.

이러한 접근법의 적절성은 이 책의 초점인 '이해'라는 교육적 목적을 고려할 때 더욱 분명해진다. 구체적으로 이해가 무엇인지 분명해져야만 우리가 이해를 위해 어떻게 가르치며, 어떤 자료를 사용하고 활동을 해야 하는지 말할 수 있게 된다. 그리고 나중에 그러한 이해가 실제로 무엇과 같은지, 혹은 어떠한 것인지를 논의할 것이다. 만일 우리가 학생들이 집으로 돌아올 때 가져야 할 특정 문화

설계 팁

안내된 학습의 우선순위를 정할 때 모든 독자의 마음속에 떠오르는 다음과 같은 질문을 고려하라.

이 책을 어떻게 읽어야 하는가? 내가 찾고 있는 것은 무엇인가? 우리는 무엇을 토의할 것인가? 그러한 토의를 위해 나는 어떻게 준비할 것인가? 나의 읽기와 토의가 효과적이라는 것을 어떻게 알 수 있는가? 나의 공부에서 우선순위를 매기고 초점을 맞추며 기록하기 위해서 이러한 읽기와 토의가 어떤 수행 목표를 지향해야 하는가? 다른 읽기와 연결되는 것으로 어떠한 빅 아이디어가 여기에서 다루어지는가? 이러한 것들은 학습에 대한 학생들의 적절한 질문이지, 교수를 위한 것은 아니다. 훌륭한 교육적인 설계는 그래픽 조직자와 기술된 안내 지침과 같은 전략과 도구를 사용하면서 학습 코스를 통해 출발점으로부터 그러한 질문에 대해 대답한다.

에 대한 이해를 명료히 한다면, 안내자로서 우리는 '여행자'인 학생들이 방문하기에 가장 좋은 '관광 명소'가 어디인지, 그리고 학생들이 짧은 시간 안에 경험해야 할 특정 문화 중 어떤 것이 가장 좋은지를 결정할 수 있다. 바라는 결과를 구체화함으로써, 우리는 그러한 결과를 달성하기에 가장 유용한 내용, 방법, 활동에 대해 초점을 맞출 수 있다.

그러나 대다수 교사들은 바라는 결과, 즉 산출(output)에서 암시하는 것으로부터 수단을 찾기보다는 교과서, 전통적인 활동, 친숙한 단시수업에 초점을 두고 그것들로부터 수업계획을 시작하는 경향이 강하다. 다르게 말하면, 대다수 교사들은 학습이 아니라 교수에 초점을 맞추고 있는 셈이다. 교사는 학습자가 학습목표를 성취하기 위해 무엇을 필요로 할 것인지를 우선적으로 고려하지 않고, 교사 자신이 무엇을 할 것인지, 어떤 자료를 사용할 것인지, 학생들에게 무엇을 하도록 요구할 것인지와 관련하여 대부분의 시간을 보낸다.

결과 중심 설계 대신 내용 중심 설계라고 부르는 것들의 전형적인 에피소드를 고려해 보자. 교사는 특정 토픽(예를 들어, 인종적 편견)을 다루는 하나의 단시수업을 기초로 하여, 자원〔예를 들어, 『앵무새 죽이기(To Kill a Mocking-bird)』〕을 선택하며, 토픽과 자원에 기초한 구체적인 교수방법(예를 들어, 영화와 TV에서 전형적인 이미지를 분석하기 위한 협동그룹을 만들고, 그 책을 토의하기 위한 Socrates식 문답법의 세미나를 실시한다.)을 선택하고, 그것에 의해 학습(몇 가지 영어 기준이나 언어과 기준에 부합하는)이 일어나기를 바란다. 마지막 단계에서 교사는 그 책에 대한 학생의 이해를 평가하기 위해 에세이식 질문이나 퀴즈를 구상한다.

이러한 접근은 우리가 아주 흔히 찾아볼 수 있는 매우 일반적인 것이다. 그런데 이 접근법에서 잘못된 것은 무엇인가? 이에 대한 간단한 대답은 목표와 관련된 기본적인 질문에 존재한다. 왜 우리는 특정한 소설을 읽도록 학생들에게 요구하는가? 다시 말해, 학생들이 그 소설을 읽는 것으로부터 어떤 학습을 하기를 원하는가? 학생들은 목표가 학생들의 공부에 영향을 주는 이유와 방법을 이해하고 있는가? 그 소설을 넘어서서 목표와 관련지어 볼 때, 학생들이 그 소설을 읽음으로써 이해해야 하는 것은 무엇인가? 보다 큰 목표에 대한 분명한 통찰력으로 설계를 시작하지 않는다면—그 소설이 그 자체로서 목표 혹은 결과가 아니라, 교육적 결과에 부합되는 수단으로서 적절하게 사고하지 않는다면—모든 학생이 그 소설과 그들이 수행해야 할 의무를 이해할 가능성은 없는 것이다. 우리가 추구하는 편견에 대해 구체적으로 자각하지 않는다면, 그리고 그 소설을 어떻게 읽고 토의해서 통찰력을 개발하도록 도울 것인가 하는 것이 분명하지 않다면, 그 목표는 너무나 막연하고 모호한 것이다. 그러한 접근은 '설계에 의한' 것이라기보다는 '희망에 의한' 것이다. 그러한 접근은 결국 다음과 같이 기술되는 것으로 끝이 난다. 즉, 몇 가지 내용과 활동들을 벽을 향해 던진 다음, 그것 중 일부가 꽂히기를 기대하는 것이다.

간혹 나이 많은 학생이 항상 질문하는(혹은 질문하고 싶어 하는) '왜?'와 '그래서 어떻다는 거야?'에 대해 대답하는 것, 그리고 교육과정 계획의 초점을 구체적인 용어로 대답하는 것이, 그것이 결국 '이해를 위한 설계 혹은 설계에 의한 이해(understading by design)'의 본질인 것이다. 많은 교사가 보기에 어렵다고 하는 것(그러나 학생들이 느끼기에는 더 쉽다고 생각하는 것)에 대해 명백하고 뚜렷한 우선순위가 없다면, 많은 학생은 매일의 공부를 혼란스러워하며 좌절할 것이다.

전통적인 설계에서의 쌍둥이 과실: 활동과 커버리지

서론에서 언급하였듯이, 일반적으로 빈약하게 이루어지는 교육설계는 유치원에서 대학원까지 교육현장의 세계에서 뚜렷하게 존재하는 두 가지의 무목적성 혹은 무의미성과 관련이 있다. 우리는 이것을 전통적인 설계에서의 '쌍둥이 과실'이라고 부른다. 활동지향 설계의 오류는 '성찰적 사고가 없는 즉각적인 실제'라고 말할 수 있다. 단지 기껏해야 통찰이나 성취에 우연히 이르게 하는 경험에 관여하는 것이다. 비록, 재미와 흥미가 있다 하더라도 그러한 활동은 어디에서도 지적인 것을 이끌어낼 수는 없다. 서론에서 대표적으로 사과 단원 사례를 통해 보았듯이, 활동지향 교육과정은 학습의 중요한 아이디어와 적절한 증거에 초점을 분명하게 맞추는 것이 결여되어 있다. 특히 학습자의 마음에서 더욱 그러하다. 활동지향 교육과정에서 학습자는 자신의 일을 단지 참가하는 것이라고 생각한다. 즉, 학습이 활동의 의미를 탐구하는 것에서 나온다고 보는 대신에, 학습이 바로 활동이라는 생각을 하도록 이끈다는 것이다.

'커버리지(coverage, 피상적 학습)'라는 이름으로 제시된 두 번째의 무목적성은 정해진 시간 안에(서론에 나온 세계사 단원의 예시처럼) 모든 실제 자료(모두 다루어야 할 내용)를 자세히 다루어야 한다는 취지에서 각 페이지마다(교사들의 강의노트에 따라) 교과서를 통해 모든 학생이 진행해 나가는 접근이다. 피상적 학습이라는 것은

오개념 주의하기

학습량 중심의 피상적 수업은 목적 있는 개요나 조사와 동일한 것은 아니다. 학생들에게 학습 분야나 훈련의 개요를 제공하는 것이 본질적으로 잘못된 것은 아니다. 문제는 목적이나 의도의 투명성과 관련되는 것이다. 학습량 중심의 피상적 수업은 부정적인 용어다(수업이나 검사가 부정적이지 않은 데 반하여). 내용이 다루어졌을 때 학생들은 끊임없는 사실, 아이디어, 읽기를 통해 이끌리기 때문에 범교과적인 아이디어, 이슈 그리고 학습목표 없이 학습에 정보를 제공할지도 모른다(제10장에서 피상적 수업과 심층적 수업에 대해 더욱 자세히 다룰 것이다).

마치 서둘러 돌아보는 유럽 여행과 같은 것이다. 즉, 어떤 소중한 목표도 여행에 관해 정보를 제공하지 않는다는 점을 알려 준, 오래된 영화 〈If It's Tuesday, This Must Be Belgium〉에서의 황급한 유럽 여행과 같은 것을 의미한다.

폭넓게 일반적으로 일어나는 활동 초점 수업은 초등학교와 중학교 수준에서 매우 전형적인 것이다. 반면에 피상적 학습은 고등학교와 대학에서 일반적으로 유행하는 문제다. 그러나 비록 사과와 세계사 수업의 두 가지 사례 중 전자에서는 많은 물리적인 활동과 수다로 이루어지고, 후자에서는 강의하고 노트를 적는 것으로 이루어져서 이 양자가 서로 다르게 보일지라도, 설계 결과는 두 가지 모두 같다. 지적인 목적과 분명한 우선순위가 학습 경험을 형성하도록 안내하지는 못한다. 어떠한 경우도 학생들은 다음과 같은 질문을 이해하거나 답할 수 없다. 무엇이 요점인가? 여기서 빅 아이디어는 무엇인가? 우리가 이해하고, 또는 이해할 수 있도록 돕는 것은 무엇인가? 이것은 무엇과 관련되어 있는가? 왜 우리는 이것을 공부해야 하는가? 그러므로 학생들은 의미가 나타날 수 있도록 희망하면서 그들이 최상으로 할 수 있는 것에 참여하려고 한다.

설계가 분명한 목적과 명백한 수행 목표를 제공하지 못할 경우에 학생들은 만족스럽게 반응할 수 없게 된다. 이와 마찬가지로 활동이나 피상적 수업을 지향하는 교사들은 주요한 설계 질문에 대한 수용할 만한 대답을 가질 수 없다. 내용의 적용과 활동의 결과로 학생들은 무엇을 이해해야만 하는가? 경험이나 강의는 학생들로 하여금 무엇을 갖추도록 하는가? 활동이나 학급 토의는 바라는 결과를 성취하기 위해 어떻게 형성되고 처리되는가? 학습자들이 바라는 능력과 통찰을 이해하는 과정에 있다는 것을 나타내는 증거는 무엇인가? 모든 활동과 자원은 학습목표가 충족되고 가장 적절한 증거가 제공되었다는 것을 어떻게 선택하고 보증하는가? 다시 말해, 명세적인 수행 목표를 충족시켜 나갈 때 학생들이 활동이나 자원의 의도와 그것의 유용성을 설계에 의해 알 수 있도록 어떻게 도움을 받을 수 있는가?

그래서 우리는 흔하고 일반적인 실제의 반대편에 서 있다. 우리는 설계자들이 더욱더 주의 깊게, 바라는 결과들을 진술하는 것으로 시작하기를 요구한다. 그리고 교육과정이 목표에서 암시되거나 요구되는 수행들에서 시작되기를 바란다. 지금까지 보아 온 많은 일반적인 실제와는 반대로, 우리는 목표를 구성한 후에 설계자들이 다음과 같은 질문을 고려하기를 요구한다. 무엇이 그러한 목표 성취의 증거로 설명할 수 있는가? 이러한 목표를 충족시키는 것은 무엇인가? 모든 교수와 학습이 지향해야 하는 것을 위해, 즉 목표 달성을 위해 평가에서 구성해야 하는

설계 팁

무목적성에 대한 우리 주장의 장점을 시험하기 위해 여러분이 수업 중에 학생들에게 다음과 같은 질문을 하기를 권한다.

• 당신은 무엇을 하고 있나요?
• 당신은 왜 그것을 하도록 요구받고 있나요?
• 당신이 할 수 있도록 무엇을 도와줄 것인가요?
• 당신이 그전에 해 왔던 것과 어떻게 적절하게 조화시킬 것인가요?
• 당신이 그것을 학습해 왔다는 것을 어떻게 보여 줄 것인가요?

수행은 무엇인가? 이러한 질문에 답한 후에야 비로소 적절한 교수와 학습 경험을 논리적으로 이끌어 낼 수 있고, 결국 학생들은 기준을 충족시키는 것을 성공적으로 수행할 수 있다. 그러므로 그러한 변화는 '우리는 무슨 책을 읽을 것인가?' 혹은 '우리는 어떤 활동을 할 것인가?', '우리는 무엇을 토의 할 것인가?'와 같은 질문으로 시작하는 것이 아니라, '우리가 사용하는 활동이나 교재가 무엇인가에 상관없이 그들이 무엇을 이해할 수 있어야만 하는가?', '그러한 능력의 증거는 무엇인가?', '어떤 교재, 활동, 방법이 그러한 결과를 최상으로 가능하게 할 것인가?'와 같은 질문으로 바뀌어야 한다. 학생들에게 이해를 가르칠 때 우리는 방관자로서 이해에 대해 말하는 사람이 아니라, 게임을 하듯 이해를 수행하는 학생들의 능력을 코치하는 것이라는 아이디어를 이해해야만 한다.

백워드 설계의 세 단계

우리는 이 세 단계를 '백워드 설계'를 계획하기 위한 접근이라고 부른다. [그림 1-1]은 가장 간단한 용어로 세 단계를 묘사한 것이다.

단계 1: 바라는 결과 확인하기

학생들이 무엇을 알아야 하고, 이해해야 하고, 할 수 있어야 하는가? 이해를 위해 어떤 내용이 가치가 있는가? 어떠한 영속적인 이해가 바람직한가? 단계 1에서, 우리는 목표를 고려하고, 설정된 내용 기준을 설명하며, 교육과정의 기대를 검토한다. 일반적으로 우리는 가능한 시간 안에 합리적으로 다룰 수 있는 것보다 더 많은 내용을 가지고 있기 때문에 선택을 해야 한다. 설계 과정의 첫 단계에서

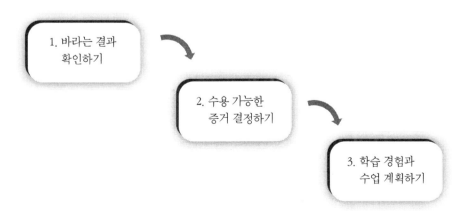

[그림 1-1] UbD: 백워드 설계의 단계

우선순위를 분명하게 할 필요가 있다.

단계 2: 수용 가능한 증거 결정하기

만약 학생들이 바라는 결과를 성취했다면, 당신은 그 사실을 어떻게 알 수 있는가? 학생들의 이해와 능숙함에 대한 증거로서 우리는 무엇을 수용할 수 있는가? 백워드 설계에서 지향하는 것은 단순히 일련의 무의미한 학습활동이나 피상적인 내용을 강조하는 것이기보다는, 오히려 문서에서 요구하는 수집된 평가 증거에 따라 우리가 단원이나 코스에 대해 생각하고, 바라는 학습이 성취되었는지 입증하기를 제안하는 것이다. 이러한 접근법은 특정한 단원이나 단시수업을 설계하기 전에 교사와 교육과정 계획자가 우선 "평가자처럼 사고하기"를 요구한다. 그리고 학생들이 바라는 이해를 얻었는지를 그들이 어떻게 결정할 수 있는지에 대해 고려하기를 요구한다.

단계 3: 학습 경험과 수업 계획하기

다음 단계는 분명히 입증된 결과와 적절한 이해에 대한 증거를 염두에 두고 가장 적절한 수업활동에 대해 충분히 생각해 보는 것이다. 이 단계에서 몇 가지 주요 질문을 고려하여야 한다. 어떤 지식(사실, 개념, 원리)과 기능(과정, 절차, 전략)들이 바라는 결과를 성취하고 효과적으로 수행하기 위해 학생들에게 요구되는가? 어떠한 활동이 학생들이 필요로 하는 지식과 기능 습득에 적합한가? 무엇을 가르칠 필요가 있고, 코치되어야 하며, 수행 목표에 비추어서 어떻게 가르치는 것이 최상인가? 어떤 자료와 자원이 이러한 목표를 성취하는 데 가장 적절한가?

수업 계획의 구체화 — 교수방법에 대한 선택, 단시수업의 계열 그리고 자료 등 — 는 바라는 결과와 평가를 분명히 한 후에야 비로소 성공적으로 할 수 있고, 바라는 결과와 평가가 무엇을 암시하는지 고려할 수 있다. 교수는 결과를 위한 수단이다. 분명한 목표를 가지는 것은 계획하기에서 중심을 분명히 하도록 돕는 것이고, 의도된 결과를 향한 유목적적인 행위를 안내하는 것을 돕는다.

다른 말로 하자면, 백워드 설계는 목적적이고 의도적인 과제 분석으로 생각할 수도 있다. 성취할 만한 가치 있는 과제가 주어진다면, 우리는 모든 사람에게 적합하게 하기 위해 어떻게 최선을 다할 것인가? 혹은 지도를 사용하여 현명한 여행 안내 책자를 만드는 것처럼 백워드 설계를 생각할지도 모른다. 목적지가 정해진

> **오개념 주의하기**
>
> 우리가 바라는 결과(desired results)의 증거에 대해 이야기할 때, 학습 단원이나 코스가 진행되는 동안 다양한 공식적이고 비공식적인 평가를 통해 모아진 증거를 언급한다. 우리는 최고의 과제나 결과 중심의 시험에 대해서만 말하고 있지는 않다. 더욱이 우리가 찾은 증거는 오랜 시간 모아진 학생들의 자기평가뿐 아니라 전통적인 퀴즈나 시험, 수행 과제, 프로젝트, 관찰 그리고 대화를 포함할 수도 있다.

다면 가장 효과적이고 효율적인 여행 수단과 방법은 무엇인가? 혹은 우리가 앞서 제안하였듯이, 가르치고 지도하기 위한 계획으로 백워드 설계를 생각할지도 모른다. 만약 효과적으로 학생들이 수행하도록 하려면 학생들은 무엇을 숙달해야만 하는가? 단순한 훈련을 통해서가 아니라 그들이 가지고 있는 지식과 기능, 이해를 가지고 수행할 준비가 되어 있고, 그것을 실제로 획득하는 현장에서의 증거로서 무엇을 고려하여야 하는가? 학습자의 능력이 활용과 피드백을 통해 개발되기 위해서 학습을 어떻게 설계할 것인가?

당신이 이러한 순서를 이해하면 백워드에 대한 모든 것이 매우 논리적이지만, 우리의 분야에서 이러한 절차는 많은 습관과 전통의 관점에서 보면 '백워드'적인 것이다. 일반적인 실제와 다른 주요 변화는 설계자들이 무엇을 어떻게 가르칠 것인지를 결정하기 전에 먼저 평가에 대해 생각하는 것이다. 백워드 설계는 우리에게 학습 단원의 결론에 가까운 평가를 창안하는 것(혹은 우리의 기준과 목표를 완전거나 적절하게 평가하지 못하는 교재 출판업자들이 제공한 시험에 의존하는 것)보다, 단원이나 코스를 계획하기 시작할 때 평가 증거라는 관점에 따라서 목적이나 기준을 명확하게 구체화하기를 요구한다.

백워드 설계의 논리는 학습목표가 무엇이든지 간에 적용된다. 예를 들어, 주 정부의 내용 기준을 가지고 시작할 때, 교육과정 설계자들은 내용 기준에서 암시하고 진술하고 있는 적절한 평가 증거를 결정할 필요가 있다. 마찬가지로 직원 역량 증진 개발자는 다양한 워크숍 활동을 계획하기 전에 직원들이 의도한 지식이나 기능을 습득했는지 나타낼 수 있는 증거를 결정해야 한다.

최종 결승전은 평가에 달려 있다. 세 명의 서로 다른 교사는 같은 내용 기준을 위해 일하고 있을지도 모른다. 그러나 만약 그들의 평가가 상당히 다를 경우 학생들이 무엇을 성취했는지를 우리가 어떻게 알 수 있는가? 학습의 증거에 관한 합의는 더 훌륭한 교육과정 일관성과 더욱 신뢰할 만한 교사의 평가로 이끌어 준다. 복잡한 기준을 충족시키는 증거로서 무엇을 고려하고, 무엇을 고려하지 않는지에 관해 교사, 학생 그리고 학부모가 장기적으로 통찰력을 얻는 것은 똑같이 중요한 것이 된다.

바라는 학습에 초점을 두는 이러한 견해는 급진적인 것도 아니며, 더욱이 새로운 것도 아니다. 50년 전 Tyler(1949)는 백워드 설계의 논리에 대해 다음과 같이 분명하고 간결하게 기술하였다.

교육 목표는 자료의 선택, 내용의 개요, 수업의 절차 개발, 시험과 검사 준비에 대한 준거가 된다. …… 목표들을 진술하는 의도는 수업활동이 이러한 목표를 획득하기 위한 방식으로 계획되고 개발될 수 있도록 하기 위해서 학생들의 변화의 종류를 나타내는 것이다(pp. 1, 45).

1945년에 초판이 출판된 유명한 책, 『문제해결법(How to Solve It)』에서 Polya는 문제를 해결하는 전략으로 '백워드로 생각하기'를 분명하게 논의하고 있다.

백워드로 작업하고, 목표에서 멀어지고, 뒤돌아보는 데 심리적인 어려움이 존재한다. ……그러나 백워드로 구체적인 문제를 해결하는 데는 천재가 필요하지 않다. 누구든지 상식적으로 그것을 할 수 있을 것이다. 우리는 바라는 결과에 집중하고, 우리가 하고자 하는 궁극적인 위치를 예상한다. 어느 위치에서 우리는 거기까지 갈 수 있을까(p. 230)?

이러한 언급은 진부한 것이다. 이 책에서 새로운 것은 계획을 위한 설계 기준과 유용한 과정, 템플릿, 도구를 제공하는 것이고, 결과로 생기는 학생들의 수행은 행운에 의해서라기보다는 설계에 의해 더욱 성공적이 될 것이다. 캐나다 앨버타에서 4학년을 담당하고 있는 한 교사는 "내가 마음속에 결과를 확실하게 새기면, 그 단원의 나머지는 제대로 들어맞게 되는 것이다."라고 말했다.

활동 중심과 피상적인 학습 중심 설계에서의 쌍둥이 과실은 백워드 설계 방법에서 목적과 의도를 통해 생각함으로써 실패를 반성하게 된다. 이러한 생각을 가지고 도입 부분에서 제시된 두 가지 가상의 사례를 다시 다루어 보자. 사과 단원 사례에서 그 단원은 구체적이고 친숙한 물체(사과)를 통해 특별한 토픽(수확 시기)에 초점을 맞추는 것 같다. 그러나 그 사례가 나타내는 것처럼 그 단원은 실제적인 깊이가 없다. 왜냐하면 학생들이 도출해 내는 영속적인 학습이 없기 때문이다. 그 수업은 마음속에서 심층적으로 다루어지는 것이 아니라 그저 실천적인 활동만 있는 것이다. 왜냐하면 학생들은 정교한 아이디어나 관련성을 추출할 필요가 없기 때문이다(실제로 그러한 학습을 도전받지도 않는다). 그들은 이해하려고 노력할 필요가 없다. 그들은 오로지 활동 참여가 필요할 뿐이다(학생들은 일반적으로 이해가 아닌 단순한 참여로 칭찬을 받는다. 참여는 필수적이지만 충분하지는 않다).

더욱이 당신이 사과 단원을 실습해 본다면 거기에는 명백한 우선순위가 없다는 것을 분명하게 알 수 있다. 활동은 동등한 가치를 나타낸다. 학생들은 교과 내용의 중심에 있는 빅 아이디어를 제대로 이해하고 있는지에 대한 확인이나 증명함이 없이 단순히 대부분의 즐거운 활동에 참여한다. 결과 중심의 교수와는 대조적으로 활동 중심의 교수는 사과 단원이 지니고 있는 약점을 가지고 있다. 설계에서 학생들이 단원으로부터 지적인 열매를 도출하기를 요구하는 경우는 애석하게도 매우 드물다. 누군가는 이러한 활동 중심의 접근법의 특성을 '서서히 이루어지는 침투를 통한 학습에서의 신뢰'로 기술할지도 모른다. 개별 학생은 사과에 관한 좀 더 흥미 있는 것을 학습할 것인가? 물론, 분명한 목표를 가진 학습 계획이 없다면, 학생들이 향후 수업에서 공유된 이해를 개발할 가능성이 얼마나 될까? 그렇게 되지 못할 것이다.

세계사 단원 사례에서 교사는 한 해의 마지막 분기인 4/4분기 동안 방대한 양의 내용을 다루어야 한다. 그러나 교재를 통해 내용을 약탈하듯이 무엇인가를 얻으려고 수업 진도를 나가는 과정에서 교사는 학생들이 자료로부터 무엇을 이해하고 적용할 것인지를 분명히 고려하지 못한다. 학생들에게 중요한 아이디어를 제시하기 위해 어떠한 종류의 지적인 스캐폴딩을 제공하였는가? 학생들은 많은 사실의 의미를 이해하기 위해 이러한 아이디어를 어떻게 사용할 것이라 예상하는가? 최대한의 효과적인 사용을 위해 코스의 목표에 이를 때까지 어떻게 기록할 것인지를 도와주는 수행 목표는 무엇인가? 학습의 양을 추구하는 피상적인 수업은 학생들이 이해했는지, 혼돈스러워 하는지와는 상관없이, 결과적으로 교사들이 토픽에 대해 점검하고, 말하고, 진도를 계속해 나가는 것이다. 이러한 접근은 '내용을 살짝살짝 언급하면서 가르치기'로 부를지도 모른다. 학습의 양을 추구하는 피상적인 수업은 전형적으로 교과서에 의존하며, 교과서가 교육 내용과 순서를 규정한다. 이와는 대조적으로, 우리는 결과 중심의 수업에서는 교과서가 실러버스가 아니라 하나의 자료로 활용되어야 한다고 제안한다.

백워드 설계 템플릿

백워드 설계 과정을 기술하면서 우리는 지금 유용한 포맷을 가지고 그것을 구성해 보려고 한다. 유용한 포맷이란 이해에 초점을 맞추는 단원의 설계에 사용되는 템플릿이다.

많은 교육자는 백워드 설계가 일반적으로 자연스러운 설계라고 생각해 왔다. 그러나 교육자들이 처음 백워드 설계를 적용하려고 시도하였을 때는 그 방법이 자연스럽지 않다는 것을 발견하였다. 이러한 방법으로 작업하는 것은 좀 멋적은 일이었고, 우리는 그 방법의 의미를 파악할 때까지 시간을 소모하였다. 그러나 이러한 노력은 가치가 없었던 것은 아니었다. 훌륭한 소프트웨어에 대한 학습 곡선이 가치가 있는 것처럼 말이다. 우리는 UbD(설계에 의한 이해)를 소프트웨어로 생각한다. 이것은 우리를 더욱 생산적으로 만드는 일련의 도구들이다. UbD의 실제적인 토대는 설계 템플릿이다. 이 설계 템플릿은 학생들이 학습해야 할 이해를 겨냥한 설계를 완성하기 위해 요구되는 것으로, 적절한 마음의 습관을 강화하는 것이고, 활동 중심과 피상적 학습 중심 설계라는 쌍둥이 과실 속의 습관을 극복하기 위한 것이다.

〈표 1-1〉은 다양한 분야에서의 핵심적인 계획 질문을 가진 1페이지 형식으로, UbD 템플릿의 예비적인 보기다. 이 포맷은 시각적으로 백워드 설계 아이디어를 전달하면서 교사를 다양한 UbD 요소로 안내한다. 다음에 이어지는 장들은 템플릿과 각각의 템플릿 영역에 관한 설명을 더욱 완성된 형태로 제시한다.

1페이지 템플릿의 버전은 매우 상세하고 구체적인 세부 사항을 제공하지는 못하지만 몇 가지 장점을 지닌다.

🔳 〈표 1-1〉 설계 질문으로 구성된 교사용 1페이지 템플릿

단계 1-바라는 결과들

설정된 목표: **G**
• 이 설계에서 어떠한 적절한 목표(내용 기준, 코스나 프로그램 목표, 학습 성과)를 다룰 수 있는가?

이해:
학생들은 다음 ……을 이해할 수 있을 것이다.
• 빅 아이디어는 무엇인가?
• 빅 아이디어에 대한 어떤 구체적인 이해를 바라는가?
• 어떠한 오해가 예상되는가?

본질적 질문: **Q**
• 어떠한 흥미 유발적인 질문이 학습의 탐구, 이해, 전이를 촉진시킬 것인가?

학생들은 다음 ……을 알 수 있을 것이다. **K**
• 이 단원의 결과로서 학생들이 필요로 하는 핵심 지식과 기능은 무엇인가?
• 학생들은 그러한 지식과 기능의 결과로서 궁극적으로 무엇을 할 수 있어야만 하는가?

학생들은 다음 ……을 할 수 있을 것이다. **S**

단계 2-평가 증거

수행 과제: **T**
• 학생들은 어떠한 진정한 수행 과제를 통해 바라는 이해를 증명할 수 있는가?
• 이해의 수행은 어떠한 준거에 따라 판단할 수 있는가?

다른 증거:
• 학생들은 어떤 다른 증거(퀴즈, 시험, 학문적인 조언, 관찰, 숙제, 정기간행물)를 통해 바라는 결과의 성취를 증명할 수 있는가?
• 학생들은 어떻게 자신들의 학습을 자기평가하고 반성할 것인가?

단계 3-학습 계획

학습활동: **L**
어떤 학습 경험과 수업이 학생들이 의도한 결과를 성취하는 것을 가능하게 할 것인가? 어떻게 설계할 것인가?
W = 단원이 어디로(where) 향하고 있는지, 무엇을(what) 기대하는지 학생들이 알도록 도와주어라.
    학생들이 어디로부터(예를 들어, 선행지식과 흥미로부터) 오는지 알도록 도와주어라.
H = 모든 학생의 주의를 환기시키고(hook), 그들의 흥미를 유지(hold)하라.
E = 학생들을 준비(equip)시키고, 핵심 아이디어를 학생들이 경험(experience)할 수 있도록 도우며,
    이슈를 탐색(explore)하도록 도와주어라.
R = 학생들의 이해와 작업을 재고(rethink)하고 개정(revise)할 수 있는 기회를 제공하라.
E = 학생들이 그들의 작업과 그것의 함축적인 의미를 평가(evaluate)하도록 허용하라.
T = 서로 다른 요구와 흥미, 학습자의 능력에 대해 맞추도록(tailor) 개별화하라.
O = 효과적인 학습뿐만 아니라 주도적이고 지속적인 참여를 최대화할 수 있도록 조직(organize)하라.

첫째, 굉장하지는 않지만 백워드 설계의 전반적인 견해, 즉 전반적인 형태(gestalt)를 제공한다.

둘째, 템플릿은 평가(단계 2)와 학습활동(단계 3)이 확인된 목표(단계 1)와 결합되는 범위에서 신속하게 계열 상태를 확인할 수 있도록 한다.

셋째, 템플릿은 교사나 지역에서 개발한 단원을 검토하기 위해 사용할 수 있다.

넷째, 1페이지 템플릿은 초기 설계 틀을 제공한다. 우리는 더욱 자세하게 계획할 수 있도록 고안된 여러 페이지 버전을 가지고 있다. 예를 들어, 여러 페이지 버전은 수행 과제 청사진, 주요 학습 사태를 열거하고 계열화하기 위해 날마다 표시할 수 있는 달력과 같은 것을 포함하고 있다. 『거꾸로 생각하는 교육과정 개발－교사연수를 위한 워크북(the Understanding by Design Professional Development Workbook)』(McTighe & Wiggins, 2004, pp. 46-51)은 더욱 자세한 계획을 수립할 수 있는 6페이지 템플릿을 포함하고 있다.

우리는 일반적으로 교사들이 UbD 템플릿을 가지고 작업함으로써 백워드 설계 과정을 내면화하기 시작한다는 것을 알고 있다. 단계 1은 설계자들에게 학생들이 이해하기를 원하는 것이 질문에 있어서 그러한 이해를 형성하는 것이 무엇인지를 고려하기를 요구한다. 이 템플릿의 단계 1 부분 중 두 가지 주요 섹션을 완성함으로써 사용자들은 특정 단원이 품고 있는 보다 큰 맥락을 성취하기 위한 이해와 본질적 질문을 확인하도록 자극과 격려를 받는다.

단계 2는 설계자가 바라는 이해의 증거를 수집하기 위한 다양한 평가 방법을 고려하도록 격려된다. 두 개의 그래픽 조직자는 단원에서 사용되는 특정한 평가를 구체화하기 위한 공간을 제공한다. 설계자들은 단일 수행 과제나 개별적인 시험이 아니라, 수집된 증거에 따라 생각할 필요가 있다.

단계 3은 주요 학습활동과 단시수업의 목록을 요구한다. 그것이 채워졌을 때 설계자는 우리가 'WHERETO' 요소라고 부르는 것을 깨달을 수 있다.

템플릿의 형식은 단원의 설계를 간결하게 나타내는 수단을 제공하며, 그 기능은 설계 과정을 안내하는 것이다. 템플릿이 완성되었을 때, 그것은 자기평가, 동료 검토를 위해 사용될 수 있고, 다른 사람들과 완성된 단원 설계를 공유할 수 있다.

〈표 1-2〉 영양 단원 사례

단계 1- 바라는 결과 확인

설정된 목표: Ⓖ

기준 6-학생들은 영양과 다이어트에 대해 필수적이고 본질적 개념을 이해할 것이다.

　　　6a-학생들은 자신들과 타인들을 위해 알맞은 규정식을 계획하려고 영양소를 이해하고 사용할 것이다.

　　　6c-학생들은 자신들의 식습관 유형과 그것이 개선될 수 있는 방법들을 이해할 것이다.

어떤 본질적 질문을 고려할 것인가?   Ⓠ

• 건전한 식사 습관은 무엇인가?

• 당신은 건전한 식사 습관을 가진 사람인가? 그것을 당신이 어떻게 아는가?

• 한 사람에게 양호한 규정식이 다른 사람에게는 어떻게 양호하지 않게 되는가?

• 미국에서 이용할 수 있는 모든 정보에도 불구하고 왜 영양 부족이 생겨나는가?

어떤 이해가 요구되는가?   Ⓤ

학생들은 다음 ……을 이해할 것이다.

• 균형 잡힌 식이 요법이 신체와 정신건강에 기여한다.

• USDA 식품 피라미드는 영양소에 관한 관련 지침을 나타낸다.

• 나이, 활동 수준, 몸무게 그리고 건강 전반에 근거하여 개인을 위한 다양한 다이어트 요구 조건

• 건강한 삶은 비록 그것이 편안하고 안정된 습관을 깨뜨린다 하더라도 개인이 좋은 영양소에 대한 가용한 정보를 준수하고 이용할 것을 요구한다.

이 단원의 결과로서 학생들이 얻게 될 핵심 지식과 기능은 무엇인가?

학생들은 ……을 알 것이다.   Ⓚ

• 핵심 용어-단백질, 지방, 칼로리, 탄수화물, 콜레스테롤

• 각 식품군에서 음식의 종류와 그들의 영양 가치

• USDA 식품 피라미드 지침

• 필수 영양소에 영향을 미치는 변인

• 영양 부족으로 생긴 일반적 건강문제들

학생들은 ……을 할 수 있을 것이다.   Ⓢ

• 식품 라벨에 있는 영양 정보를 읽고 해석하기

• 영양적 가치에 비추어 다이어트를 분석하기

• 자신과 다른 사람을 위해서 균형 맞춘 식사 계획을 세우기

2단계-수용 가능한 증거 결정하기

학생들이 이해한 것을 보여 줄 증거는 무엇인가?

수행 과제:

당신은 바로 당신이 먹는 것으로 나타난다-학생들은 건강한 삶을 위해서는 좋은 영양이 중요하다는 것을 아동들에게 가르칠 삽화를 넣은 브로셔를 만든다. 그들은 어린 학생들에게 나쁜 식습관을 없앨 아이디어를 제공한다.

식사하다(Chow Down)-학생들은 다가오는 체험학습을 준비하기 위해 3일간의 주식 및 간식 식단을 짠다. 그들은 캠프 지도자에게 그들이 짠 식단이 선정되어야만 하는 이유를 설명하는 편지를 쓴다(그 식단이 미국 농무부의 식품 피라미드 권고를 충족하고, 학생들이 먹기에 맛이 좋다는 것을 보여 줄 수 있는). 그들은 특수한 식이요법 조건(당뇨환자나 채식주의자)이나 종교적 배려를 위해 적어도 하나의 변형 식단을 준비한다.

1단계의 바라는 결과에 비추어 수집될 필요가 있는 다른 증거는 무엇인가?

다른 증거:

(예를 들어, 검사, 퀴즈, 단서, 작업 샘플, 관찰)

퀴즈-식품군과 미국 농무부 식품 피라미드
단서-불충분한 영양의 결과로서 일어날 수 있는 두 가지의 건강문제를 기술하고, 어떻게 이러한 문제를 피할 수 있는지 설명하라.
기능 점검-식품 라벨의 영양학적 정보를 해석하라.

학생 자기평가 및 반성:

1. '당신은 바로 당신이 먹는 것으로 나타난다.'라는 팸플릿을 자기평가하라.
2. 캠프 식단, 식사(Chow Down)를 자기평가하라.
3. 단원의 끝에(시작과 비교해서) 당신이 어느 정도 건강에 유익한 식사를 하는지 반성하라.

3단계 - 학습 경험 계획하기

학생들이 바라는 이해를 보증하고 개발하며 설명하기 위해 갖추어야 할 교수 및 학습 경험의 계열은 무엇인가? 계열에서 핵심 교수 및 학습 활동을 목록화하기 위해 다음 표본지를 활용하라. **WHERETO** 요소의 적절한 머리글자로 각각의 출발점을 약호화하라.

1. 출발점 질문(너희가 먹는 음식이 여드름의 원인이 될 수 있을까?)을 가지고 시작하여 학생들로 하여금 일상생활에서 영양의 영향에 대해 흥미를 갖게 한다.   **H**   **L**

2. 본질적 질문을 제시하고 궁극적인 단원 수행 과제에 대해 토론하게 한다(식사하기와 식사 실천 계획).   **W**

3. 노트: 핵심 단어는 다양한 학습활동과 수행 과제 중 필요할 때마다 제시한다. 학생들은 학습활동과 과제에 도움이 되는 건강 교과서의 해당 단원을 읽고 토론한다. 지속적인 활동으로 나중에 검토, 평가할 수 있도록 학생들의 일상적인 음식, 음료를 표로 만들어 둔다.   **E**

4. 식품군과 관련한 개념 획득의 단시수업을 제시하라. 그런 다음 학생들이 식품 그림을 적절히 범주화하는 실습을 실시한다.   **E**

5. 식품 피라미드를 소개하고 각 식품군에 들어가는 식품 확인시키기, 학생들은 각 식품군에 속해 있는 오려 낸 식품 그림을 가지고 식품 피라미드 포스터를 만들기 위해 그룹활동을 한다. 만든 포스터를 교실이나 복도에 게시한다.   **E**

6. 식품군과 식품 피라미드에 대한 퀴즈 제시하기(연결형 문제)   **E**

7. USDA(미국 농무부)에서 제공하는 영양 관련 브로셔를 검토하고 토론하기(토론 주제: 건강해지기 위해서는 모든 사람이 동일한 식사를 해야 하는가?)   **R**

8. 협동적인 그룹활동으로, 학생들에게 가상의 가족 식단을(의도적으로 불균형하게 한) 분석하고, 영양 개선을 위한 권고안을 작성하게 한다. 교사는 학생들의 작업을 관찰, 조언한다.   **E-2**

9. 식단 분석 결과를 다른 그룹과 함께 의논해 보고 학급 차원에서 토론하게 한다(주의: 교사는 수업상의 주의를 요구하는 오해를 찾기 위하여 영양 분석 자료를 모아 검토할 것).   **E, E-2**

10. 학생들은 각자 어린아이들에게 건강한 생활을 위해서 좋은 영양이 얼마나 중요한지, 그리고 나쁜 식단 때문에 어떤 문제가 생기는지를 알려 주기 위하여 영양 관련 브로셔를 만든다. 이 활동은 전적으로 학급 밖에서 이루어진다.   **E, T**

11. 각자 개발한 브로셔를 그룹별로 교환해서 보고, 준거 리스트에 따라 동료평가를 하며, 그 결과를 피드백하여 자료를 개선한다.   **R, E-2**

12. '영양과 당신' 비디오를 보여 주고 토론한다. 불충분한 식사와 관련된 건강문제를 토론한다.   **E**

13. 지역 병원의 영양사를 초빙하여 불충분한 식사로 인해 발생하는 건강문제 강의를 듣고 질문을 하게 한다.   **E**

14. 학생들은 쪽지 시험을 친다. 불충분한 식사로 생길 수 있는 건강문제 두 가지를 들고, 그것을 피하려면 영양 습관을 어떻게 해야 하는지 설명하라(교사는 쪽지 시험지를 수집하여 평가할 것).   **E-2**

15. 교사가 식품 라벨의 영양 정보를 읽고 해석하는 시범을 보인다. 그 후 기증받은 상자, 깡통, 병(비어 있을 것!)을 학생들에게 주어 실습하게 한다.   **E**

16. 학생들은 3일간의 캠프 메뉴를 각자 독립적으로 만들게 하고, 이렇게 만들어진 메뉴를 평가하고 피드백을 준다. 학생들은 지침을 이용하여 그들의 계획에 대해 자기평가, 동료평가를 실시한다.   **E-2, T**

17. 단원의 결론으로 학생들은 매일 자신들의 식사표를 검토하고, 식단과 관련하여 자신의 건강을 자기평가한다. 변화가 있었는가? 나아졌는가? 외모나 감정의 변화를 느끼는가?   **E--2**

18. 건강한 식단을 위하여 개인별 '식사 실천 계획'을 만들게 한다. 이것을 보관하였다가 학생 학부모 컨퍼런스에서 발표한다.   **E-2, T**

19. 학생 자신의 개인적 식이 습관에 대한 자기평가로 이 단원을 마무리한다. 각 개인으로 하여금 각자의 '건강한 식단'을 목표로 하는 실천 계획을 만들게 한다.   **E-2, T**

교사 설계자를 위한 템플릿의 장점을 더 잘 이해하기 위해서 완성된 템플릿을 살펴보자. 〈표 1-2〉는 영양 단원을 위해 완성된 3페이지 템플릿이다.

〈표 1-2〉에 제시된 템플릿에서는 단시수업 계획에서 일반적인 것보다 훨씬 더 장기적인 목표를 명확하게 함으로써 백워드 설계 사고를 지원한다. 그리고 우리는 일관성이 있는 설계가 되도록 하기 위해 단계 2와 3을 통해 그러한 목표를 끝까지 구현할 수 있도록 하였다. 지식과 기능의 요소들을 희생시키지 않고, 단계 1에서의 빅 아이디어에 초점을 맞추는 것은 명백하다. 결국 이해가 우리의 목표라면, 평가에서 적절하게 서로 다른 유형을 요구함으로써, 우리는 전이할 수 있는 수행에 기초한 다양한 증거와 평가를 필요로 한다.

설계 기준

UbD 템플릿과 함께 제공되는 설계 기준은 백워드 설계의 각 단계에 해당하는 일련의 설계 기준이다. 그 기준은 완전한 단원 설계의 질 관리(quality control)를 위해, 그리고 개발 과정의 질 관리를 위한 준거를 제공한다. 질문으로 구성된 UbD 설계 기준은 채점 루브릭(rubric)이 학생들을 위해 이바지하는 것처럼, 이와 동일한 방식으로 교육과정 설계자를 위해 공헌한다. 학생들이 작업하기 전에 제시된 루브릭은 학생들이 노력해야 하는 지향점이 되는 중요한 질을 확인함으로써 수행 목표를 제공한다. 이와 유사하게 설계 기준은 UbD 프레임워크에 따라 효과적인 단원의 질을 상술하게 된다. 〈표 1-3〉은 네 가지 UbD 설계 기준이다. 기준은 다음의 세 가지 방식으로 설계에 기여한다.

- 설계가 진행되는 동안의 기준점으로서: 예를 들어, 확인된 이해가 중요하고 지속적이며, 평가의 증거가 충분하다면, 교사는 학생들이 이해하였는지를 정기적으로 확인할 수 있다. 루브릭처럼, 질문은 본질적 질문에 초점을 두는 것과 같이, 포함되어야 할 중요한 설계 요소를 상기시키는 역할을 한다.
- 설계 초안에 대한 자기평가와 동료평가로 사용하기 위해: 교사와 동료들이 추상적 아이디어로 보다 깊이 있게 다루기 위해서 여러 측면(facet)을 사용하는 것처럼, 필요한 개선 사항을 확인하기 위해, 단원 초안(draft units)을 조사하는 준거를 사용할 수 있다.
- 완성된 설계의 질 관리를 위해: 기준은 다른 교사에게 배포하기 전에 설계를 검증하기 위하여 자율적인 리뷰어(예를 들어, 교육과정위원회)에 의해 적용될 수 있다.

🔲 〈표 1-3〉 UbD 설계 기준

1단계—설계는 어느 정도 목표한 내용의 빅 아이디어에 초점을 맞추고 있는가?

다음의 사항들이 ……한지 고려하시오.

• 목표로 삼은 영속적 이해는 전이 가능하고, 학문의 핵심과 심층학습의 요구는 빅 아이디어에 기반하고 있는가?
• 목표로 삼은 이해는 의미 있는 연결을 일으키고, 성실한 탐구와 깊은 사고를 자극하는 질문을 통해 구성되고, 전이를 촉진하는가?
• 본질적 질문은 자극적이고, 논증할 수 있고, 핵심 아이디어를 중심으로 탐구를 생성할 수 있는가? ('정확한' 대답보다는)
• 적절한 목표들(예를 들면, 내용 기준, 벤치마크, 교육과정 목표)은 확인되는가?
• 타당하면서도 단원에 적합한 지식과 기능들이 확인되는가?

2단계—평가는 어느 정도까지 바라는 결과를 공정하고, 타당하고, 신뢰할 수 있고, 충분하게 측정할 수 있는가?

다음의 사항들이 ……한지 고려하시오.
• 학생들은 참 수행 과제를 통해 그들의 이해를 드러내도록 요구받는가?
• 학생의 결과물과 수행을 평가하기 위해 활용하는 적절한 준거에 기준한 채점 도구는 있는가?
• 다양하고 적절한 평가 형태가 부가적인 학습 증거를 제공하기 위해 활용되는가?
• 평가는 평가 자체뿐만 아니라 학생들과 교사들의 피드백 자료로 활용되는가?
• 학생들은 자기평가를 하도록 격려받고 있는가?

3단계—어느 정도까지 학습 계획이 효과적이고 매력적인가?

학생들은 다음의 ……를 할 수 있을지 고려하시오.
• 학생들은 진행하는 곳(학습목표), 자료가 중요한 이유(내용을 학습하는 이유), 그들에게 요구되는 것(단원 목표, 수행요구, 평가준거)을 알 수 있을 것인가?
• 학생들은 빅 아이디어로 깊이 파고들기 시작함으로써(탐구, 조사, 문제 해결, 실험 등을 통하여) 이해할 수 있는가?
• 학생들은 빅 아이디어를 탐구하고 경험할 적절한 기회를 가지고 바라는 수행을 위해 그것들을 갖출 수업을 받는가?
• 학생들은 시기적절한 피드백에 근거해서 그들의 일을 다시 생각하고, 시연하고, 수정하고, 정련할 충분한 기회를 가지는가?
• 학생들은 그들의 작품을 평가하고, 학습을 반성하며, 목표를 설정할 수 있는가?

학습이 다음의 ……로 계획되는지를 고려하시오.
• 학습 계획은 모든 학생의 흥미와 학습 스타일을 이끌어 내도록 개별화되고 융통성이 있는가?
• 학습 계획은 참여와 효과성을 최대화하기 위해 조직되고 계열화되는가?

전체적인 설계— 세 단계의 요소가 모두 정렬된 상태에서 전체 단원은 어느 정도까지 일관성이 있는가?

우리는 교사가 설계한 단원과 평가를 비평적으로 검토(review)하지는 않는다. 그럼에도 불구하고 우리는 설계 기준에 따라 구조화된 동료평가가 교사와 그들의 설계 모두에게 크게 유익을 주는 것을 알았다(Wiggins, 1996, 1997). 동료평가 참여자들은 정기적으로 교육과정과 평가 설계에 대해 토의하면서 그 가치를 논의한다. 대화의 초점이 교수와 학습의 핵심에 있기 때문에 우리는 그와 같은 모임이 전문성 개발을 위한 강력한 접근 방법이라고 믿는다.

개발되고 있는 새로운 단원과 코스뿐만 아니라, 기존의 단원과 코스들을 정기적으로 검토하기 위해서는 설계 기준을 반드시 사용해야 한다. 적절한 준거에 따라 설계를 자기평가하는 습관을 가지는 것은 초보나 베테랑 교육자 모두에게 종종 어려운 일이다. 우리에게 있어 유력한 규범은 '만약 내가 열심히 계획한다면 그것은 틀림없이 좋은 것이다.'인 것 같다. UbD 설계 기준은 질 관리를 위한 수단을 제공함으로써 그 통상적인 규범(norm)을 깨트리는 것을 도와준다. UbD 설계 기준은 개선과 향상을 필요로 하는 국면을 드러내 주면서 우리가 교육과정의 장점의 정당성을 입증하는 것을 도와준다.

자기평가를 위한 UbD 설계 기준의 사용에 더하여, 교육과정 산물(단원 계획, 수행평가, 코스 설계)의 질은 교사가 다른 단원의 설계를 조사하고, 피드백을 함께하며, 향상과 개선을 제안하는 구조화된 동료평가에 참가할 때 틀림없이 강화되는 것이다. 이러한 '비평적인 친구'인 평가는 설계자에게 피드백을 제공하고, 교사들이 좋은 설계의 특성을 내면화하는 것을 도우며, 대안적인 설계 모델을 볼 수 있는 기회를 제공한다("어떡하지, 나는 문제가 있는 단원을 시작하는 것에 대해 결코 생각해 본 적이 없다. 다음 단원에서 그것을 시도할 것이다.").

설계 도구

설계 기준에 더하여, 우리는 교사와 교육과정 개발자를 지원하기 위한 포괄적인 일련의 설계 도구를 개발하고 세련되게 만들어 왔다. 이것은 어려운 작업이다! 우리는 스캐폴딩의 배열이 — 단서들, 조직자들, 아이디어 시트, 사례들 — 교육자들로 하여금 질적으로 수준 높은 설계를 할 수 있도록 도와준다는 것을 알았다. 일련의 이러한 모든 자원은 『거꾸로 생각하는 교육과정 개발－교사 연수를 위한 워크북』에서 활용된다.

훌륭한 템플릿은 지적인 도구 역할을 한다. 이것은 아이디어를

오개념 주의하기

세 단계가 설계 논리를 제시함에도 불구하고 이것이 실제에 있어서는 단계적인 절차를 따르는 것은 아니다. 우리가 제11장에서 논의한 것처럼 설계 작업의 산만한 과정으로 최종 산물의 논리를 혼란스럽게 하지 마라. 당신이 세 단계의 논리를 반영하는 일관된 설계를 끝내는 한, 당신이 시작하는 곳, 진행하는 방법은 문제가 되지 않는다. 순조롭게 진행되는 대학 강의의 최종 개요는 그 창작에 들어간 전후(반복) 사고 과정을 반영하지는 않는다.

쓸 수 있는 공간 이상을 제공한다. 템플릿은 더 높은 질적 작업을 가능하게 하기 위해 설계 과정을 통한 설계자의 생각에 초점을 맞추고 안내한다. 실제로 교육과정 설계자는 구체적인 설계 도구와 좋은 단원 설계의 수많은 사례를 지원하는 템플릿을 복사하여 작업한다. 이와 같은 방식으로, 우리는 학생들에게 가르친 그 무엇을 실천하는 것이다. 모델과 설계 기준은 시작에서부터 설계자의 수행에 초점을 두고 모두 제공된다.

그러나 우리는 왜 설계 도구, 템플릿, 설계 기준을 '지적'이라고 언급하는가? 물리적 도구(예를 들어, 망원경, 자동차 혹은 보청기와 같은)가 인간의 능력을 넓히는 것과 마찬가지로, 지적인 도구는 학습 단원의 설계와 같은 인지적 과제에서의 수행을 강화한다. 예를 들어, 스토리 맵과 같은 효과적인 그래픽 조직자는 학생들이 스토리를 읽고 쓰는 것을 강화해 주는 방식에서 이야기의 요소를 내면화하는 데 도움을 준다. 마찬가지로 템플릿과 설계 도구의 일상적인 사용을 통해 사용자들은 이 책에서 제시된 핵심 아이디어의 정신적 템플릿을 개발할 것이다. 즉, 백워드 설계의 논리, 평가자처럼 생각하기, 이해의 국면, WHERETO, 설계 기준을 개발할 것이다.

실체적인 형태(즉, 템플릿과 설계 도구들)로 UbD 요소를 구체화함으로써, 우리는 이러한 아이디어를 학습하고 적용하는 데 있어 교육자를 지원하고자 한다. 설계 도구는 안정되고 편안한 습관에 도전하는 새로운 아이디어로, 야기된 불균형이 지속되는 동안 끊임없는 영향을 제공하는 보조바퀴와 같은 것이다. UbD의 핵심 아이디어가 내면화되고 규칙적으로 적용된다면, 자전거를 타는 어린아이가 균형 감각과 자신감을 얻은 후에 보조바퀴를 빼고 타는 것과 마찬가지로 도구의 사용은 불필요하게 된다.

Bob James와 함께한 백워드 설계의 실천 사례

상황: 우리는 영양에 대한 3주분의 단원 설계를 시작한 뉴타운 중학교의 6학년 교사인 밥 제임스의 사고 과정을 들여다볼 것이다. 그의 최종 설계는 〈표 1-2〉에 제공된 단원이다. 그러나 밥은 UbD로 새롭게 설계를 하려고 하는데, 그의 설계는 오랜 시간 동안 전개되고 개정될 것이다. 밥 제임스가 템플릿 요소의 충분한 의미를 고려하였던 것처럼, 이 책을 통해 우리는 그의 생각을 보게 될 것이다.

단계 1: 바라는 결과 확인하기
템플릿은 단원 목표와 주 정부의 기준을 따르는 수단을 강조하도록 요구한다. 건강에 대한 기준을 검토하면서 연령별로 벤치마크된 영양의 세 가지 내용 기준을 찾는다.

- 학생들은 영양의 필수 개념을 이해할 것이다.
- 학생들은 균형 있는 다이어트의 요소를 이해할 것이다.

• 학생들은 그들 자신의 식사 습관과 그 패턴들이 개선될 수 있는 방법을 이해할 것이다.

출발점으로 이와 같은 기준을 사용함으로써 학생들이 학습하기를 원하는 것이 무엇인지를 결정해야 한다. 지식과 기능은 항상 초점을 두는 것이다. 식품 피라미드에 대한 지식, 가게와 집에서 영양 정보 라벨을 읽고 해석하는 능력 등등이 바로 그것이다. 비록 이해에 관해 심사숙고하지 않더라도 개념은 단원의 중요한 양상에 대한 교수와 한정된 수업시간에서 중요시되는 것을 도울 것이다.

심사숙고해 본 결과, 좋은 영양 요소에 대해 이해를 한 후 학생들은 자신과 다른 사람을 위한 균형 잡힌 식단을 계획할 수 있다. 빅 아이디어는 영양과 실행 가능한 방법으로 식단을 짜는 것과 관련된다. 중요한 질문은 다음과 같다.

• 당신을 위해 좋은 것은 무엇인가?
• 좋지 못한 것은 무엇인가?
• 당신은 어떻게 알았나?
• 바른 식사를 어렵게 하는 것은 무엇인가? (정크푸드의 맛은 균형 있는 영양 섭취를 어렵게 만든다.)

영양 메뉴의 계획은 중요하기 때문에 일생 동안 필요하며, 이 지식을 적용할 필요가 있기 때문에 이러한 아이디어는 매우 중요하다. 여전히 맥락 속에서 이해가 무엇을 의미하는지에 관해서는 불명확하다. 이해가 무엇이고, 이해가 구체적인 지식을 어떻게 뛰어넘는지, 그리고 이해의 활용에 관해서 심사숙고할 필요가 있다. 영양에 대한 기초적 개념은 꽤 간단하여 결국은 식단을 계획하는 기능(skill)이 되는 것이다. 단원에 필요한 깊이 있고 신중한 심층적 교수(uncoverage)는 무엇인가? 예를 들어, 더 깊이 심사숙고해야 하는 전형적인 오해는 무엇인가?

충분히 생각해 본 결과, 학생들이 가지는 두 가지 오개념(좋은 음식은 맛이 없다, 유명하고 인기 있는 장소에서 파는 것은 모두 좋은 것이다.)을 찾았다. 이 단원의 목표 중 하나는 학생들이 건강에 좋은 음식을 혐오하지 않고, 무의식적으로 건강에 나쁜 음식을 많이 먹는 행동을 못하도록 하기 위해서 이러한 오개념과 관련된 미신을 쫓아 버리는 것이다. 참여와 몰두 그리고 매력성(engagement)의 가능성을 고려한다면 이러한 오개념을 해결하는 데는 문제가 없다. 음식과 관련해 볼 때 열 살과 열한 살 어린이에게는 단연 음식이 승리자다. 식단짜기(비용, 종류, 맛 그리고 식사 필요량의 균형 맞추기와 같은)가 모두 당연한 것은 아니다. 단원에 대한 이러한 사고방식은 목표에 더욱 관심을 집중하도록 할 것이다.

단계 2: 수용 가능한 증거 결정하기

이것은 나에게 다소 긴장을 주는 것이다. 3, 4주 분량의 단원에서 전형적으로 한두 개의 퀴즈를 제공하거나 평가를 포함한 프로젝트를 만든다. (일반적으로 선다형 혹은 연결형 문항의 단원 시험으로 마무리된다.) 평가에 대한 이러한 접근이 등급을 더욱 쉽게 매기게 하고 정당화될지라도, 이러한 평가가 단원의 중요한 점을 고려하지 않고, 프로젝트 등급이라는 것이 빅 아이디어와는 전혀 상관없이 열심히 노력하는 것과 더욱 관련된다는 점에 대해 늘 걱정해 왔다. 영양에 관한 사실 이상의 더욱 깊이 있는 목표를 평가하는 대신에 시험치기 쉬운 것을 검사해 보려는 경향이 있다. 사실 늘 방해하고 어렵게 만들었던 것은 학생들이 학습보다는 등급에 초점을 맞추려 한다는 것이다. 아마도 학습을 형성하고 문서화하는 것을 돕는 것보다 등급 매기기의 목적을 위해 더욱 관심을 가지는 그러한 평가를 사용해 온 나의 방법은 이러한 학생들의 태도에 다소 기여한 점이 있었을 것이다.

지금 나는, 무엇이 내가 추구해 온 영속적 이해의 증거로서 기능하고 있는지에 대해 생각할 필요가 있다. 수행 과제의 몇 가지 사례를 검토하고, 동료들과 함께 '적용' 아이디어를 토의한 후에 다음과 같은 과제에 대해 결정해 보았다.

> 우리는 영양에 대해 학습해 오고 있기 때문에 야외 교육센터의 캠프 지도자는 우리가 하반기 센터에서 3일간의 여행 동안 영양학적으로 균형 잡힌 식단을 제안하도록 요구해 왔다. 식품 피라미드에 관한 지침과 식품 라벨에 쓰인 영양학적 사실을 활용하여 세 번의 식사와 세 번의 간식(오전, 오후 그리고 캠프파이어)을 포함한 3일 동안의 계획을 설계하라.
> **당신의 목표**: 맛있고 영양학적으로 균형 잡힌 식단

실제로 학생들이 무엇을 학습할 것인지를 단원에서 설명하였기 때문에, 나는 이러한 아이디어에 대해 흥분하였다. 이러한 과제는 역시 우리의 단원 프로젝트 중 하나―일주일 동안의 가설적인 가족 식단을 분석하고, 그들의 영양을 향상시킬 수 있는 방법을 제안하는 것―와도 잘 연결되는 것이다. 이러한 과제와 프로젝트를 염두에 두고, 식품 피라미드의 권고 사항과 식품군에 대한 학생들의 지식을 점검하기 위해 퀴즈를 사용할 수 있고, 영양학적으로 결핍된 식단이 건강문제에 어떤 영향을 미치는지에 대해 학생들의 이해 정도를 확인하기 위한 좀 더 오랜 시간이 필요한 시험을 칠 수 있다. 이것은 단원을 위해 내가 설계해 왔던 더욱 훌륭한 평가 계획 중 하나다. 이러한 과제는 학생들이 이해하였다는 증거를 제공할 뿐만 아니라 학생들에게 동기를 부여한다.

단계 3: 학습 경험과 수업 계획하기

이것은 단원이 학습되는 동안 학생들이 어떤 활동을 할 것인지를 결정하고, 우리가 그러한 활동을 위해 어떠한 자원과 재료를 필요로 할 것인지를 결정하는 것으로, 내가 좋아하는 계획하기의 일부분이다. 그러나 백워드 설계에 대해 학습한 것에 따르면, 학생들이 나중에 이해한 것을 수행할 수 있다는 것을 증명할 수 있기 위해 학생들이 어떤 필수적인 지식과 기능을 필요로 할 것인지에 대해 먼저 생각할 필요가 있다.

그렇다면 학생들은 USDA에서 제공한 식품 피라미드의 권고 사항을 이해하기 위해서 각 식품군에 속하는 음식의 유형과 서로 다른 식품군에 대해 알아야 할 필요가 있다. 학생들은 탄수화물, 단백질, 설탕, 지방, 소금, 비타민 그리고 무기질에 대한 영양학적인 필요성에 대해 알 필요가 있고, 그러한 영양소를 제공하는 다양한 음식에 대해서도 알 필요가 있다. 그들은 형편없는 영양 섭취로 발생되는 다양한 건강문제와 이러한 영양 요소를 위한 최소한의 하루 필요량에 대해 학습해야 한다. 궁극적인 프로젝트―캠프를 위해 건강한 식단 계획하기―를 위해 기능들이 필요하기 때문에 학생들은 영양 사실을 나타내는 상표를 읽고 해석하는 방법을 학습해야 할 필요가 있고, 조리법을 어떻게 이리저리 바꾸는지에 대해 알 필요가 있다.

지금부터는 학습 경험에 관한 것을 다룰 것이다. 나는 과거 몇 년 동안 수집해 왔던 자원을 사용할 것이다―식품군에 대해 USDA로부터 받은 팸플릿과 식품 피라미드 권고 사항들, '당신을 위한 영양'이라는 비디오, 물론 우리의 건강 교재(내가 선택적으로 사용할 계획을 가지고 있는)도 포함된다. 과거 3년 동안 가르쳐 왔듯이, 나는 지역병원의 영양사를 초대하여 식단에 대해 이야기할 것이고, 건강한 식단을 어떻게 계획하는지에 대해 다룰 것이다. 학생들은 실제로 그들이 학습하고 있는 정보의 실생활에서의 사용자에게 주의를 기울인다는 사실을 알게 되었다.

나의 교수방법은 기본적인 패턴―직접 수업, 귀납적인 방법, 협동학습 집단 작업, 개별 활동의 혼용―을 따를 것이다. 이러한 새로운 초안을 생산하기 위한 백워드 계획하기는 유용한 것이었다. 단원을 위한 목표가 주어진다면, 어떤 지식과 기능이 필수적인 것인지 진술할 수 있고, 더욱 분명히 보여 줄 수 있다. 주제의 더욱 중요한 양상을 강조할 수 있을 것이다(내가

모든 것을 커버하지 못한다는 양심의 가책을 경감할 수 있다). 비록 영양에 관한 교재의 일부 문장이 특히 유용할지라도(예를 들어, 형편없는 영양 섭취가 유발하는 건강상의 문제에 대한 기술), 다른 부분이 내가 지금 사용할(브로셔와 비디오) 다른 자원만큼 유익한 것은 아니라는 사실은 흥미롭다. 평가에 대해 말하자면, 나는 전통적인 퀴즈와 시험을 사용함으로써 무엇을 평가할 필요가 있는지를 더욱 분명히 알고, 왜 수행 과제와 프로젝트가 필요한지를 알게 되었다. 학생들이 자신들의 이해를 증명할 수 있도록 하기 위해서다. 나는 백워드 설계를 체험하고 있다.

설계 과정에 대한 코멘트

영양에 관한 단원 초안을 개발하는 과정이 백워드 설계의 네 가지 주요 양상을 드러낸다는 사실에 주목하라.

- 평가—수행 과제와 증거와 관련된 자원—는 수업이 완전히 개발되기 전에 고려되어야 한다. 평가는 학생들이 이해하고 할 수 있기를 바라는 것이 무엇인지를 매우 구체적인 용어로 정의하기 때문에, 과거 수업 계획을 수정하고 수업의 초점을 선명하게 하기 위한 교수 목표의 역할을 한다. 교수는 수행을 가능하게 하는 것이다. 이러한 평가는 실제로 필수적이지 않은 것과 강조해야 할 필요가 있는 내용이 무엇인지에 대해 결정하는 데 도움을 준다.
- 친숙하고 좋아하는 활동들과 프로젝트는 목표로 하는 기준을 평가하는 데 필요한 증거에 비추어서 더욱 충분히 수정되어야 한다. 예를 들어, 서론에서 기술하였던 사과 단원이 백워드 설계 과정으로 계획된다면, 우리는 바라는 결과를 더욱 잘 지원할 몇 가지 활동을 수정해야 한다.
- 과거에는 학생들이 기준을 충족시키면서 산출해야 하는 일을 교사들이 염두에 두고 교수 방법과 자원이 선택되었다. 예를 들어, 인기가 있는 전략이기 때문에 협동학습에 기초한 방법에 더욱 관심을 가졌는데, 백워드 설계 관점으로부터의 질문은 어떤 수업 전략이 우리의 목표에 학생들이 도달하도록 돕는 데 가장 효과적인가 하는 것이다. 협동학습은 구체적인 학생들과 기준이 주어진다면 가장 좋은 접근법이 되거나 그렇지 않을 것이다.
- 교재의 역할은 일차적인 자원에서 보조적인 자원으로 그 성격이 이동한다는 것이다. 더욱이 영양 단원을 계획하는 6학년 교사는 목표에 도달하고자 할 때 교재에만 의존하는 한계를 깨달았다. 다른 가치 있는 자원들(USDA 재료들, 비디오, 영양사들)이 주어진다면, 문자 그대로 책을 피상적으로 전부 다루어야 한다는 강요에서 벗어날 것이다.

이러한 개략적인 고찰은 설계 접근을 나타내는 큰 그림(big picture)에 대한 예비적인 스케치를 제시하려는 것이다. 밥 제임스는 이해, 본질적 질문, 타당한 평가, 관련되는 학습활동 속에서 더 훌륭한 통찰을 얻음으로써 그의 단원 계획(몇 번이나 사고의 전환을 하면서)을 세련되게 개선할 것이다.

사전 검토

〈표 1-4〉는 이 책 속에 있는 요점들의 개요와 UbD 접근의 주요 요소를 제시한 것이다. 다음 장에서 우리는 이러한 설계 과정을 '본격적으로 밝힐 것이다'. 평가의 개발과 활용을 위해 그것이 함축하고 있는 것을 시험하면서 교육과정의 조직과 계획, 그리고 교수에서의 강력한 방법의 선택을 다루면서 말이다. 그러나 표 각각의 셀에서 설명적으로 다루는 요점은 이 책에서 무엇을 다루고 있는지를 이해하도록 도와줄 것이다.

설계의 세 단계들이 실제로 어떻게 보이는지를 알기 위해서 이 표는 한 번에 한 줄씩, 왼쪽에서 오른쪽으로 읽는 것이 가장 좋다. 세 가지 기본 요소(바라는 결과, 평가 증거 그리고 학습 계획)들의 각각을 위한 설계 과정의 세 단계 개요는 첫 번째 셀에서 강조되고 있다. 따라서 주요 설계 질문으로 시작하라. 지적인 우선순위(설계 고려 사항)를 통해 가능성을 어떻게 제한하는지를 곰곰이 생각하라. 자기평가, 자기적응, 그리고 결국 적절한 준거(필터)에 대한 설계 각각의 요소를 비평하고 분석하라. 성취 목표에 비추어서 적절한 설계 기준을 충족시키는 결과물로 마무리하라(최종 설계가 완성되려면 무엇이 필요한가).

요약하면, 백워드 설계는 바라는 결과, 주요 수행 그리고 교수·학습 경험 간의 일관성을 높여 설계의 의도인 학생들의 수행을 향상시킨다.

〈표 1-4〉 UbD 설계 매트릭스

설계 질문들	이 책의 장	설계 시 고려 사항	필터(설계 준거)	최종 설계의 목표
1단계 • 가치 있고 적절한 결과는 무엇인가? • 바라는 핵심적인 학습이란 무엇인가? • 학생들은 어떻게 이해하고 알 수 있게 되는가? • 어떤 빅 아이디어가 이러한 모든 목표를 체계화(구성)하는가?	• 제3장-목표의 명료화 • 제4장-이해의 여섯 가지 측면 • 제5장-본질적 질문: 이해에 이르는 관문 • 제6장-이해를 정교화하기	• 국가 기준 • 주 기준 • 지역 기준 • 지역적인 토픽의 기회 • 교사의 전문성과 흥미	• 빅 아이디어와 핵심 도전에 초점을 두기	• 단원은 명확한 목표와 기준과 관련하여 영속적인 이해와 본질적 질문이 허용하는 범위에서 구성된다.
2단계 • 바라는 결과의 증거는 무엇인가? • 특히 바라는 이해에 적절한 증거는 무엇인가?	• 제7장-평가가치처럼 사고하기 • 제8장-평가준거와 타당도	• 이해의 여섯 가지 측면 • 평가 유형의 연속체	• 타당한(타당도) • 신뢰할 만한(신뢰도) • 충분한(충족도)	• 바라는 결과에 대해 신뢰할 만하고 증거에 근거를 두는 단원
3단계 • 어떤 학습활동과 교수가 이해, 지식, 기능, 학생 흥미, 수월성 등을 촉진시키는가?	• 제9장-학습 계획 • 제10장-이해를 위한 교수	• 학습과 교수 전략에 대한 연구 중심 레퍼토리 • 적절하고 실행 가능한 지식과 기능	매력적이고 효과적인, WHERETO 요소의 사용 • 어디를 향하고 있는가? • 학생들을 사로잡아라. • 탐구하고 갖추게 하라. • 재고하고 재검토하라. • 보여주고 평가하라. • 학생의 요구, 흥미, 스타일에 맞추어라. • 최대의 참여와 효과로 조직하여라.	• 바라는 이해, 지식 그리고 기능을 촉진시키고 발전시킬 일관된 학습활동과 교수, 그리고 흥미를 증진시키고 효율적인 수행을 보다 원활하게 해 주는 학습활동과 교수, 수행을 보다 더 훌륭하게 만들 것이다.

제2장

이해에 대한 이해

인간의 가장 독특한 정신생활은 자신을 둘러싼 세계의 여러 사건을 단순히 이해한다는 사실을 넘어서,
주어진 정보를 넘어 끊임없이 진행한다는 점이다.
—Jerome Bruner, 『주어진 정보를 넘어서(Beyond the Information Given)』,
1957, p. 218

교육: 현명한 사람에게는 자신들의 이해의 부족을 드러나게 해 주는 것이고,
어리석은 사람에게는 이를 숨기게 해 주는 것이다.
—Ambrose Bierce, 『악마의 사전(The Devil's Dictionary)』, 1881~1906

이 책은 설계(design)와 이해(understanding)라는, 서로 다르지만 관련된 두 가지 아이디어를 다루고 있다. 앞 장에서는 좋은 설계가 요구하는 것을 다루었다. 그러나 설계 문제에 대한 심층적인 논의에 들어가기 전에 다시 되돌아보면서, 이 책의 특징적인 요소인 이해를 생각할 필요가 있다. Bob James는 '이해'에 대해 약간 혼동하였다. 그의 혼동은 흔한 문제다. 우리가 워크숍에서 바라는 이해를 확인하고, 바라는 '지식'과 '이해'를 구별하기 위해 교육과정 설계자들에게 물을 때면, 그들은 종종 당황한다. 지식과 이해의 차이점은 무엇인가? 이해란 무엇인가? 그래서 중요한 것으로 간주되는 한 가지 질문을 생각해 보았다. 이해를 어떻게 잘 이해하고 있는가? 이것 혹은 저것에 대해 학생들이 이해하기를 원한다고 말할 때 우리가 최종적으로 기대하는 것은 무엇인가? 지금까지 우리는 최종적으로 기대하는 것을 우리가 충분히 이해한 것처럼 이해라는 용어에 대해 사용해 왔다. 그러나 보다시피 교사로서 학생들에게 내용에 대한 이해를 주장한다 하더라도, 우리가 이해라는 목표를 정확하게 이해하지 못한다는 것이 아이러니한 것이다. 이것은 이상한 주장으로 들릴지 모른다. 교사들은 지적으로 매일 이해를 목적으로 한다. 그렇지 않은가? 우리는 달성하고자 하는 목표로 삼고 있는 것(즉, 이해)을 어떻게 모를 수 있는가? 그러나 여러 증거에 따르면, '이해하는 것'과 '이해를 위해 가르치는 것'이 모호한 용어라는 것을 알 수 있다.

우리는 『교육목표분류학: 인지적 영역(Taxonomy of Educational Objectives: Cognitive Domain)』에서 이러한 개념적으로 불확실한 몇 가지 문제를 볼 수 있다. 이 책은 지적으로 쉬운 것부터 어려운 것까지 지적인 목표의 범위를 명료화하고 분류하기 위해 Benjamin Bloom과 그 동료들이 1956년에 집필하였다. 사실상 그것은 이해의 정도를 분류하는 것이었다. 저자들이 언급하듯이, 이 책은 검사 혹은 검사 문항 제작과 관련하여 지속적으로 제기되어 온 문제 때문에 만들어진 것이다. 검사 개발자가 사용해 왔던 무엇 무엇에 대한 '비판적 이해'와 '완전한 지식'과 같은 목표들이 의미하는 바에 대해 어느 정도 동의나 합의가 이루어지지 않았고, 그러한 목표의 의미 역시 분명하지 않은 점에 비추어 보면 교육 목표나 교수 목표가 어떻게 측정되어야 하는가?

책의 도입 부분에서 Bloom(1956)과 그 동료들은 이해라는 것을, 우리가 흔히 추구하는 것이지만, 정의하기 어려운 목표로 간주하였다.

예를 들어, 일부 교사들은 학생들이 '정말로 이해해야만 한다'고 믿고, 다른 교사들은 '지식을 내면화하기'를 바라며, 나머지 교사들은 학생들이 '핵심이나 본질을 파악하기'를 원한다. 그들 모두는 똑같은 것을 의미하는가? 특히 '정말로 이해한다.'는 학생은 무엇을 할 수 있고, 이해하지 못할 때는 무엇을 하지 못하는가? 『교육목표분류학』을 통해서 교사들은 그러한 막연한 용어를 정의할 수 있을 것이다(p. 1).

건강 과목을 가르치는 교사 Bob James가 영양 단원(제1장을 참고하라.)에 대해 생각하고 있을 때를 회상해 보자. 그는 이해가 무엇인지, 이해가 지식과 어떻게 다른지에 대해 확신하지 못하는 상태에 있다. 『교육목표분류학』에서 주의 사항으로 다루었듯이, 교육과정과 관련하여 제2세대 연구자들은 '이해하다'라는 용어를 피하려고 하였다. 예를 들어, 미국과학진흥회(AAAS)의 과학적 소양(science literacy)을 위한 벤치마크에서, 저자들은 과학을 가르치고 평가하기 위한 벤치마크를 구성할 때 직면하는 문제를 다음과 같이 간결하게 기술하고 있다.

일련의 각각의 벤치마크에 도달하기 위해서는 '아는 것(know)'과 '방법을 아는 것(know how)'을 사용한다. 그 대안으로 세밀히 등급화된 일련의 동사가 사용될지도 모른다. 이러한 동사는 '인식하다, 익숙하다, 감상하다, 파악하다, 알다, 포함하다, 이해하다'와 기타 다른 동사를 포함한다. 이들 각각의 동사는 전에 보다 훨씬 더 정교화되고 완전한 의미를 함축한다. 등급화된 시리즈의 문제는 여러 독자들이 적절한 순서가 무엇인지에 대해 서로 다른 의견을 가지는 것이다(1993, p. 312).

그러나 이해라는 아이디어와 어떤 것을 안다는 아이디어는 확실히 다르다. 우리는 종종 '그는 수학을 많이 알지만 정말로 수학의 기초를 이해하지는 못한다.' 혹은 '그녀는 단어의 의미는 알지만 그 문장을 이해하지 못한다.'와 같은 말을 한다. 게다가 Bloom 이후 50년 동안 많은 주 기준이 지식과 분리된 이해에 대해 자세히 설명하고 있다. 캘리포니아 과학 기준에서 이런 예를 생각해 보면, 지식은 보다 폭넓은 이해의 하위에 포함되는 것으로 명백하게 구분되고 있다.

뉴턴의 법칙은 대부분 물체의 운동을 예측한다. 이러한 개념을 이해하기 위한 기초로서,
ⓐ 학생들은 일정한 속도와 평균 속도를 포함한 문제를 해결하는 방법을 안다.
ⓑ 학생들은 가속도가 발생하지 않고, 힘이 균형을 이루는 때를 안다. 따라서 하나의 물체는 일정한 속도로 계속 움직이거나 정지한다(뉴턴의 제1법칙).
ⓒ 학생들은 일정한 힘을 포함한 일차원 운동문제를 해결하기 위해 F=ma 법칙을 적용하는 방법을 안다(뉴턴의 제2법칙).
ⓓ 학생들은 하나의 물체가 두 번째 물체에 힘을 쓸 때, 두 번째 물체는 늘 동등한 크기의 힘을 반대 방향으로 쓴다는 것을 안다(뉴턴의 제3법칙).

과학에서의 수준 향상과 진보는 의미 있는 질문과 주의 깊은 탐구를 함으로써 이루어진다. 이러한 개

념의 이해와 다른 네 개의 스트렌드(strands)에서 내용을 다루는 기초로서, 학생들은 그들 자신의 질문을 개발하고 조사를 수행해야 한다.

ⓐ 학생들은 검사를 수행하고, 자료를 수집하고, 자료 사이의 관계를 분석하고, 자료를 전시하기 위해 적절한 도구와 기술(컴퓨터 조사, 스프레드시트, 그래프 계산자 등)을 선택하고 사용할 것이다.

ⓑ 학생들은 불가피한 실험상의 실수의 원천을 확인하고 이야기할 것이다.

ⓒ 학생들은 실수의 원천이나 통제되지 않은 조건과 같이, 모순된 결과를 야기하는 가능한 원인을 확인할 것이다.

'의미 있는 질문을 하고 신중한 연구를 행함으로써 과학에서의 수준 향상과 진보가 이루어진다.'는 진술이 하나의 개념인지 아닌지에 대하여 의문을 가질 수도 있지만, 그 기준이 함의하는 것은 매우 분명하다. 이해는 많은 별개의 지식을 이해하기 위해 인간의 마음으로 형성되는 추상적인 정신 구조다. 더욱이 기준은 학생들이 이해한다면, 그들은 어떤 특정한 것을 알고 할 수 있다는 것을 시사한다.

유의미 추론으로서의 이해

이해와 지식은 어떻게 관련되어 있는가? '이런 개념을 이해하기 위한 기초로서'라는 말에서 그러한 기준은 여전히 애매한 관계를 나타낸다. 이해는 단순히 지식의 보다 복잡한 형식인가? 혹은 내용 지식과 분리되어 있지만 관련이 있는 것인가?

설상가상으로 일상 언어에서는 아는 것, 방법을 아는 것, 이해하는 것, 이 세 가지 용어들은 서로 바꾸어 가면서 유사하게 사용하는 것이 일반적인 경향이다. 뉴턴의 법칙은 물체의 운동을 예측한다는 것을 많은 사람이 '안다'고 말해 왔다. 그리고 '방법을 안다'와 '이해한다'의 두 가지 진술을 똑같은 말로 표현하는 것처럼, 차를 수리하는 '방법을 알고', 차를 수리하는 방법을 '이해한다'고 말해 왔다. 우리의 언어 사용 또한 발전적인 측면이 있다. 우리가 한때 '이해하려고' 애쓰던 것을 지금은 우리는 그것을 '안다'고 말한다. 이것이 시사하는 바는 이렇다. 적어도 의미를 파악하기 위하여 요구되는 일련의 추론(reasoning)은 이제는 더 이상 그렇지 않다. 즉, 우리는 단지 이해할(see it) 뿐이다.

'이해한다'와 '안다'의 단어를 서로 유사하게 사용하고자 할 경우에 우리가 지식과 이해의 차이점에 대해 논의할 때, 어떻게 이 양자의 개념을 가치있게 구분할 것인가? 〈표 2-1〉은 그 용어 사이의 몇 가지 유용한 구분을 보여 준다.

John Dewey(1933)는 『사고하는 방법(How We Think)』이라는 책에서 이러한 아이디어에 대해

〈표 2-1〉 지식 대 이해

지식	이해
• 사실 • 일관된 사실의 체계 더미 • 증명할 수 있는 주장 • 옳고 그름 • 어떤 것이 진실임을 안다. • 알고 있는 것을 가지고 단서에 반응한다.	• 사실의 의미 • 그러한 사실들에 일관성과 의미를 제공하는 '이론' • 오류를 범하기 쉬운, 형성 과정 중에 있는 이론 • 정도 혹은 정교성의 문제 • 그것이 왜 진실한지, 무엇이 그것을 지식으로 만드는지를 이해한다. • 알고 있는 것을 이용할 때와 그렇지 않을 때를 판단한다.

가장 분명하게 요약하였다. 이해는 학습자들에게 의미를 습득하게 해 주는 사실들의 결과다.

> 어떤 일, 사건, 상황의 의미를 파악하는 것은 다른 것들과의 관계에서 그것을 이해하는 것이다. 그것이 어떻게 작동하는지 또는 어떻게 기능하는지, 어떤 결과가 이어질 것인지, 원인이 무엇인지, 어떤 용도로 사용할 것인지 이해하는 것이다. 이와는 다르게 우리가 맹목적인 것으로 부르는 것, 우리에게 의미없는 것은 그것들의 관계가 파악되지 않는 것이다. ……수단과 결과의 관계는 모든 이해의 중심이고 핵심이다(pp. 137, 146).

이들 간의 유사성과 차이점을 드러내기 위한 한 가지 유추—검고 흰 타일(tiles)만으로 마루를 꾸미는 것—를 생각해 보자. 우리의 모든 사실적 지식은 타일에서 발견된다. 각 타일은 비교적 정밀하게, 그리고 많은 논의 없이도 확인할 수 있는 명확한 특성을 가지고 있다. 각 타일은 사실이다. 이해는 여러 타일을 넘어서서 볼 수 있는 특정한 패턴이다. 타일을 포함하면서 여러 다른 패턴이 제시된다. 아하! 별안간 우리는 작은 패턴이 더 큰 패턴으로 그룹화될 수 있다는 것을 안다—당장 그것은 우리에게 분명하지 않았다. 그리고 여러분은 우리가 이해한 것과는 다르게 그 패턴을 이해할지도 모른다. 그래서 우리가 이해하는 것을 기술하기 위한 가장 좋은 방법에 대해 논의하는 것이다. 그래서 그 패턴은 정말로 중요한 의미에서 '거기'에 존재하지 않는다. 우리는 그것을 추론한다. 우리는 그것을 타일에 투사한다. 타일을 붙이는 사람은 단순히 검은 타일을 흰 타일 옆에 둔다. 그는 마음속에 어떤 패턴을 가질 필요는 없다. 우리가 그것을 이해하게 된 첫 번째일지도 모른다.

이러한 유추를 지적인 삶에 적용해 보자. 특정 페이지에서 각 단어들은 하나의 스토리에 대한 '사실들'이다. 우리는 사전에서 그 단어를 찾을 수 있고, 그것을 안다고 말한다. 그러나 그 스토리의 의미는 토론과 논쟁을 위해 열려 있다. 모든 스토리의 '사실'은 합의된 세부 사항이다. 스토리에 대한 이해란 우리가 '행간 읽기'라는 말에서 의미하는 것을 뜻한다(저자는 타일의 사례에서처럼 우리가 통찰력 있게 '추론'할 수 있는 것을 '의미'하지 않을 수도 있다. 어쨌거나 어느 관점이 우세한가 하는 문제는 현대 문학비평에서 논쟁이 되고 있는 것 중 하나다). 문해력과 관련된 연구에서 잘 알려진 예가 이 점을 잘 보여 준다.

> 먼저 대상을 그룹으로 배열한다. 물론 어느 정도로 할 것인지에 따라 하나의 파일로도 충분할 수 있다. 그러나 어떤 것은 다른 것과 명확히 분리할 필요가 있다. 여기서 저지르는 사소한 실수 때문에 치르는 대가가 클 수도 있다. 동시에 너무 많은 것보다는 적은 것이 더 낫다. 절차는 오래 걸리지 않는다. 그것이 끝났을 때 당신은 대상을 다른 그룹으로 다시 배열한다. 사물은 자신이 속한 곳에 놓인다 (Bransford & Johnson, 1972, in Chapman, 1993, p. 6).

작가는 비판적 읽기 기능에 관한 책에서 다음과 같이 언급한다.

> 자신이 이해한 것을 모니터하는 독자들은 모든 낱말의 의미를 알고, 개별 문장을 이해하며, 사건에 일관된 계열이 있을지라도, 자신들이 '그것을 이해' 하지 못했다는 것을 깨닫게 된다. 이러한 개별 독자에 따라서 내용이 다양해지고 수정되는 것이 중요하다. ……이것으로부터 이해하고자 하는 비판적 독자들은 전형적으로 시간을 많이 투자하고, 빈틈없는 주의를 기울이며, 상이한 독서 전략을 시도한다 (Chapman, 1993, p. 7).

첫 번째 문단은 세탁에 대한 모호한 설명이다. 더 일반적으로 이해의 목표는 중요한 무엇인가를 찾거나 산출하기 위해 주어진 것을 획득하는 것이다. 우리가 기억하는 것을 사용하는 것이지만, 기억하는 것을 사실들과 해당 접근법을 넘어서 마음 깊이 사용하는 것이다. 이와는 대조적으로 학생들이 중세 역사의 핵심적인 사건을 '알고' 있거나, 효과적인 타이피스트가 되거나, 유능한 전문 음악가가 되기를 원할 때, 초점은 '마음의 의해 이해'되어야 하는 일련의 사실, 기술, 절차, 즉 드러나는 구절에 있다.

그러므로 이해는 사고를 위한 도전을 포함한다. 우리는 정신적인 문제, 그리고 혼란스럽거나 아무런 의미가 없는 경험에 직면한다. 우리는 이러한 문제를 해결하는 우리의 기능과 지식의 레퍼토리를 도출하기 위하여 판단을 사용한다. Bloom(1956)이 언급하였듯이, 이해는 효과적인 적용, 분석, 종합, 평가를 통해서 기능과 사실을 현명하고 적절하게 처리하는 능력이다. 그러므로 정확하게 무엇인가를 한다는 것이 그 자체로 이해의 증거가 되는 것은 아니다. 우리가 정확하게 무엇인가를 한다는 것이 우연한 것일 수도 있고, 기계적인 암기에 의한 것일 수도 있다. 이해한다는 것은 올바른 방식, 즉 특정한 기능, 접근법 혹은 지식이 특정 상황에서 왜 적절한지 아닌지를 설명할 수 있는 상태에 흔히 반영되는 방식으로 그것을 수행하고 완성하는 것이다.

전이 가능성으로서의 이해

개념에 도달하는 것에 대한 교육적 중요성을 과대평가하는 것은 불가능하다.
즉, 의미들은 차이가 있음에도 불구하고 상당히 다양하고 상이한 상황에서도
적용할 수 있기 때문에 일반적이다. ······의미란 우리가 이상하고 알려지지 않은 것에 빠져들 때,
우리의 입장이나 처지를 알게 해 주는 판단(평가) 기준이다.
이러한 개념화 없이는 새로운 경험의 더 나은 이해로 이어질 수 있는 어떤 것도 얻을 수 없다.
—John Dewey, 『사고하는 방법(How We Think)』, 1933, p. 153

재료와 이 재료들이 어떻게 작용하는지에 대한 이해 없이 빵을 굽는 것은 속임수와 같다.
······때로는 모든 것이 작용한다. 그러나 그것이 작용하지 않을 때,
여러분은 그것을 변화시키는 방법을 추측해야만 한다.
······나를 창조적이고 성공적으로 하게 하는 것이 바로 이러한 이해다.
—Rose Levy Berenbaum, 『The Cake Bible』, 1988, p. 469

어떤 사실을 언제 사용할지 안다는 것은 더 많은 다른 사실을 요구하는 일이다. 그것은 이해—본질적 요소, 의도, 대상이 되는 청중, 전략 그리고 전술 등에 대한 통찰—를 요구한다. 반복 연습과 직접 교수는 단편적인 기능과 사실을 자동적('외워서' 아는 것)으로 알게 할 수 있지만, 우리를 진실로 유능한 사람으로 만들어 줄 수는 없다.

다른 말로 하자면, 이해는 전이에 대한 것이다. 정말로 어떤 것을 유능하게 할 수 있기 위해서는 이미 학습한 것을 새롭고 가끔은 혼란스러운 상황에 전이할 수 있는 능력이 요구된다고 볼 수 있다. 지식과 기능을 효과적으로 전이시키기 위한 능력은 우리가 지식과 기능을 알고, 이것을 창조적이고 유연하며 유창하게 우리가 처한 다른 상황이나 문제에서 사용하는 것을 획득하기 위한 능력을 포함한다. 전이 가능성은 이전에 배운 지식과 기능을 단순히 연결하는 것이 아니다. Bruner의 유명한 말처럼, 이해는 '주어진 정보를 뛰어넘는 것'이다. 우리가 어떤 핵심 아이디어와 전략을 이해하면서 학습한다면, 새로운 지식을 창조하고 더 나은 이해에 도달할 수 있다.

전이는 것이 무엇인가? 왜 그것이 중요한가? 우리는 수업에서 학습한 것을 파악하도록 기대하며, 이미 학습한 것과 관련은 있지만 다른 상황에 그것을 적용하도록 기대한다. 학습을 전이하기 위한 능력을 발달시키는 것은 훌륭한 교육의 핵심이다(Bransford, Brown, & Cocking, 2000, pp. 51ff). 전이는 필수적인 능력이다. 왜냐하면 학생들이 학문의 모든 분야에서 전부가 아닌 비교적 적은 수의 아이디어, 사례, 사실, 기능들을 학습하도록 교사가 도울 수 있기 때문이다. 그래서 우리는 학습자의

학습을 여러 다른 상황, 이슈, 문제 들에 전이하도록 도와줄 필요가 있다.

　간단한 예를 스포츠에서 한번 생각해 보자. 수비나 방어에서 공격에 이용할 수 있는 공간을 차단할 필요가 있다고 생각할 때, 우리는 3 대 3 훈련에서 배운 한두 가지 포지션에 제한받지 않고, 다른 팀 선수들의 어떤 움직임에도 적응하기 위한 이해가 필요하다. 단지 익숙한 상황이 아니라 공격하는 문제에서 전체적인 경우를 다룰 수 있어야 한다. 우리가 마주치는 상황과 맥락에서 이러한 아이디어를 파악하여 적용하는 데 실패하였을 경우 그 손실은 크다.

　　(NCAA 남자 축구) 챔피언십 토너먼트의 저명한 공격수 Lavrinenko는 '내가 공을 미드필드로 가져가서 드리블하기 시작했을 때, 나는 곧바로 패스할 곳을 찾고 있었다. 그러나 나의 동료들은 공간을 만들고 있었고, 나는 계속해서 달리고 있었다. 내가 Alexei에게 패스하였을 때, 두 명의 선수가 그에게 달려들었고, 나에게는 더 많은 공간이 만들어졌다.' 라고 말했다(뉴욕타임스, 1999년 2월 13일, sec, D, p. 2).

　그리고 '공격할 수 있는 공간을 제한하기'와 관련된 빅 아이디어는 여러 스포츠에 전이할 수 있기 때문에 축구, 농구, 하키, 수구, 풋볼, 라크로스에 적용될 수 있다. 수학이나 독서에서도 적용된다. 단순한 암기와 회상(recall)을 넘어서기 위해 우리는 패턴을 보고 이해하는 능력을 학습하고 평가받아야 한다. 그렇게 함으로써, 우리는 우리가 익숙한 문제와 기술의 변형으로서 우리가 마주치는 많은 '새로운' 문제를 보게 된다. 그것은 단순히 구체적인 사실이나 방식으로 연결하기 위한 방법이 아니라, 빅 아이디어와 전이 가능한 전략을 사용함으로써 문제를 해결하는 방법에 관한 교육을 요구한다.

　빅 아이디어들은 전이의 기초를 제공하기 때문에 필수적이다. 예를 들어, 하나의 전략이 특정 동작과 설정의 모든 가능한 조합의 기초가 된다는 것을 알아야 한다. 전략은 다양한 움직임과 속임수—다른 팀이 연습했던 것이나 여러분이 연습했던 것처럼 정확하게 보이든지 말든지 상관없이—를 사용해서 여러분의 팀원에게 공격할 수 있는 공간을 주는 것이다. 다른 팀이 하는 것 혹은 여러분이 연습에서 했던 것처럼 정확하게 보이는 것과 관계없다. 학문에서 여러분은 지식과 기능을 전이하는 것을 학습해야 한다.

　　전이는 단지 사실을 기억하거나 고정된 절차를 따르기보다는 사람들이 이해하면서 학습한 정도에 따라 영향을 받는다. ……너무 많은 토픽을 너무 빨리 다루려고 시도하는 것은 학습과 뒤이어서 일어나는 전이를 방해하는 것일지도 모른다(Bransford, Brown, & Cocking, 2000, pp. 55, 58).

다음은 거의 백 년 전 Whitehead(1929)가 말한 것으로, 교육에서 '무기력한 아이디어'에 관한 그의 불평이다.

　활동적인 사고로 아동을 훈련시킬 때 무엇보다도 우리는 '무기력한 아이디어'라고 부르게 될 것을 조심해야 한다. 즉, 무기력한 아이디어란 활용되거나 검사되거나 새로운 결합으로 만들지 않고, 단지 마음에 받아들이는 것이다. ……무기력한 아이디어를 가진 교육은 단지 쓸모없을 뿐만 아니라, 무엇보다 해롭다. ……소개되는 빅 아이디어를 중요하게 다루고, 가능한 모든 결합을 만들어 보자(pp. 1-2).

독서에 있어서, 우리는 특정 작가가 쓴 특정 책을 이전에 읽어 보지 않았을지도 모른다. 그러나 우리가 '독서'와 '낭만적 시'를 이해한다면 큰 어려움 없이 선행 지식과 기능을 전이할 수 있다. 우리가 반복된 훈련과 기억만으로, 그리고 단지 독서를 해독으로만 여기고 읽기를 배운다면, 새로운 책을 이해하는 것은 엄청난 도전이 될 수 있다. 그런데 대학 수준의 고급 독자들에게도 이와 같은 경우는 사실이다. 만약 우리가 철학책 읽기를 교수(professor)가 그것에 대해 말한 것으로 보충하면서 글자 그대로 읽는 것을 배운다면, 그리고 읽은 의미에 대한 질문을 적극적으로 제기하고 그 질문에 대하여 대답하는 것을 배우지 않는다면, 이후의 책을 읽는 것은 이제 더 이상 쉽지 않을 것이다〔이 토픽에 관해 더 알고 싶은 사람은 다음을 참고하시오(Adler & Van Doren, 1940)〕.

전이는 Bloom과 동료들이 적용으로 말한 것에 해당되며, 특히 적용의 본질이라고 볼 수 있다. 이러한 도전은 기억으로부터 배운 것을 '제한적으로 연결'하는 것이 아니라, 어떤 특별한 상황에서 (필수적으로 일반적인) 아이디어를 수정하고 조절하며, 적응하게 하는 것이다.

　학생들이 수업에서 유사한 문제를 해결하는 정확한 방법이나 해결책을 기억하는 것으로는 새로운 문제나 상황을 해결할 수 없다. 새로운 수량이나 기호가 사용되지 않고, 다른 사람들이 수업에서 해결한 것과 같다면 그것은 새로운 문제나 상황이 아니다. …… 만일 학생에게 주어진 문제에 관한 수업이나 도움이 없고 다음의 것을 해야 한다면 그것은 새로운 문제나 상황이다. …… ① 문제의 진술은 그것이 착수될 수 있기 전에 어떤 방식으로 변경되어야 한다. ② 문제의 진술은 학생이 그것에 집중하기 위해 학습한 일반화를 가져올 수 있기 전에 어떤 모델의 형태로 두어야 한다. ③ 문제의 진술은 학생이 적절한 일반화를 위한 기억을 통해 탐구하는 것을 요구한다(Bloom, Madaus, & Hastings, 1981, p. 233).

지식과 기능은 이해의 필수적인 요소지만 그 자체로는 충분하지 않다. 이해는 더 많은 것을 요구한다. 즉, 그러한 '행동'을 비평하고 정당화하며 자기평가하는 능력뿐만 아니라 통찰력 있고 철저하게 그 일을 능동적으로 처리하는 능력을 요구한다. 여기에서 어떤 지식과 기능이 중요한지를 이해하고, 우리가 도전하고자 하는 것에 즉시 적용하는 것이 전이다.

한 번 더 이 점을 설명하기 위한 매력적인 전이 과제가 있다. 다음 노래를 '해석'하기 위한 불어 발음과 영시에 대한 지식을 사용할 수 있는지를 보라. 표준 속도로 크게 소리 내어 읽어 보라.

Oh, Anne, Doux　　오, 다정스러운 앤
But. Cueilles ma chou.　　나의 귀여운 사람을 데려가 주오.

Trille fort,　　힘차게 전음으로 노래하라,
Chatte dort.　　내 귀여운 고양이는 잠든다.

Faveux Sikhs,　　황선(黃癬)의 시크교도들,
Pie coupe Styx.　　Pie는 삼도내를 가른다.

Sève nette,　　맑은 정기여,
Les dèmes se traitent.　　지방은 스스로를 다스린다.

N'a ne d'haine,　　증오하지 않는,
Ecoute, fee daine.[1]　　들어라, 마술에 걸린 암사슴.

여기서 우리가 토의해 온 모든 사례는 이해가 요구되고, 이해를 불러일으키는지에 관하여 생각해 볼 수 있는 것으로, 학생들에게 그것과 관련된 실제 문제를 직면하게 하는 중요성을 설명하고 있다. 이것은 학습자들이, 분명하게 요구되는 과제에 단순 접속시키면서 많은 단서가 제공된 연습에 근거하여, 기억으로부터 단지 회상하고 받아들이는 것을 요구하는 수업과 검사를 학생들에게 제공하는 것과는 매우 다르다(정교한 이해와 의미 있는 평가에 대한 더 심도 있는 토의를 원하는 독자는 제6~8장을 참고하시오).

훌륭한 학생들조차 학습의 전이에 실패하는 경우가 여러 분야에서 드러나지만, 수학 분야에서 특히 분명하게 드러난다. 다음 검사 항목의 사례를 살펴보라. 이것들은 같은 아이디어를 검사하고 있는 것이다(각각의 경우에 대략 검사받은 학생의 2/3는 정확한 답을 하지 못했다).

〈뉴욕 주 평의원 시험〉
고등학교에서 집으로 가기 위해 Jamal은 동쪽으로 5마일을 가고 거기서 북쪽으로 4마일을 간다. Sheila는 같은 고등학교에서 집으로 갈 때 동쪽으로 8마일을 가고 다시 남쪽으로 2마일을 간다. Jamal의 집과 Sheila의 집 사이에서 가장 가깝게, 가장 짧은 거리를 재면 얼마인가? (휴대용 눈금자의 사용은 선택이다.)

〈NAEP 12학년 수학검사〉

평면 x, y에서 점(2, 10)과 점(−4, 2) 사이의 거리는 얼마인가?

☐ 6 ☐ 14
☐ 8 ☐ 18
☐ 10

〈Massachusetts에 관한 Boston Globe 논문에서 MCAS 10학년 수학 점수〉

수학에 관해 가장 어려운 문제는 단지 33%만이 정답을 맞혔는데, 두 점 사이의 거리를 계산하는 문제였다. 만일 학생들이 좌표에 따라 점을 정하고, 피타고라스의 정리를 알고, 주어진 두 변의 길이로 직각삼각형의 빗변을 계산하는 공식을 안다면, 그것은 쉬운 일이었다. 여섯 번째 어려운 수학문제는 단지 41%만이 정답을 맞혔는데, 피타고라스의 정리를 사용하는 것이었다. Braintree 공립학교 수학 교사인 William Kendall은 다음과 같이 말하였다. '피타고라스의 정리를 적용하는 것은 어린이들에게는 약점인 것처럼 보인다.', '이것들은 솔직히 피타고라스 정리에 관한 문제가 아니었다. 이러한 문제는 좀 더 다루어야 한다.' (Vaishnav, 2003)

세 문제 모두가 학생에게 피타고라스 정리에 대한 이해를 새로운 상황에 전이시키려고 한 것이다. 모든 주의 기준이 핵심적으로 바라는 결과로서 피타고라스 정리에 관한 이해를 확인하고 있다는 사실에도 불구하고, 미국 학생 대부분은 이것을 할 수 없는 것 같다.

지금까지 논의한 것에 근거하여, 우리는 이해를 큰 어려움 없이 새로운 상황에 적용할 수 있다. $A^2+B^2=C^2$ 정리는 익숙한 직각삼각형과 간단한 과제와 마주쳤을 때 계산하기 위한 규칙, 사실로서 학습되어 왔다. 그러나 일부 명백한 단서를 제거하면, 학생들은 학습에서 이해하면서 수행으로 전이할 수 없다. 학생들은 자신이 알고 있는 것을 이해하지 못한다는 것에 대하여 놀랄지도 모른다. 학생들이 각 주에서 실시하는 검사를 위해 훈련하는 것은 실패한 전략이라는 것을 일부 교육자는 인식하고 있을지도 모른다.

명사로서의 이해

'이해'라는 단어는 동사 차원과 명사 차원의 의미가 있다는 것을 재차 유의할 필요가 있다. 첫째, 토픽이나 주제를 이해한다는 것은 지식과 기능을 현명하게 효과적으로 사용(Bloom의 의미로는 '적용')할 수 있다는 것이다. 둘째, 이해는 이해하려고 시도하는 것에 대한 성공적인 결과다. 즉, 여러 단편적인(아마도 겉으로 보기에는 중요한) 지식들의 의미를 파악하는 추론 능력이며, 그 결과로 생기는 불명확한 아이디어를 파악하는 것이다.

진정한 이해는 여러 종류의 전이를 포함한다. 일찍이 Dewey가 『사고하는 방법』에서 언급하였듯이, 우리는 의미를 파악하기 위해 빅 아이디어를 사용하면서, 아는 것을 넘어서서 나아간다. 20세기 이민을 생각할 때 한 학생이 흥분해서, '오, 그것은 개척자들이 서부로 향했을 때 보았던 것과 똑같군요!'라고 깨닫는다. 그것이 바로 우리가 추구하는 전이의 한 종류다! 이러한 도전은 운이나 자연적이라기보다는 오히려 설계에 의해 가능성이 높아진다. 어떻게 전이하는가의 문제(그리고 그러한 전이를 요구하는 평가)에 관한 신중하고도 분명한 수업을 통해, 학습자는 분명한 구조나 힘이 없는 처음에 지식의 일부였던 것을 획득하고, 그것을 더 크고 더 의미 있고 더 유용한 시스템의 일부로 보게 되어야 한다. 아이디어를 삶 속으로 가져오도록 설계된 수업이 아니라면 명예, 운명 혹은 물 순환과 같은 개념은 공허한 문구로 기억되고, 학습자들은 아이디어가 힘을 가지고 있다는 것을 인식하지 못하게 된다.

설계에서의 우선순위에 대해 제1장에서 논의한 것과 학생 이해의 구체적인 목표 사이에는 서로 관련성이 있다. 빅 아이디어를 중심으로 설계를 하는 것은 학습을 더 효과적이고 능률적으로 만든다. 『학습하는 방법(How People Learn)』의 저자들은 다음과 같이 말한다.

> 보다 폭넓은 지식 분야의 기본 구조에서 맥락이나 상황을 분명하게 하지 않고 특정한 토픽과 기능을 가르치는 것은 비경제적이다. ……기초적인 원리와 아이디어의 이해는 적절한 전이에 이르는 주요한 길이 되는 듯하다. 보다 일반적인 경우의 구체적 사례로서 어떤 것을 이해하는 것은 구체적인 것들뿐만 아니라 우연히 마주치게 되는 다른 것들의 이해를 위한 모형을 학습하는 것이다(Bransford, Brown, & Cocking, 2000, pp. 25, 31).

전이는 분명히 학교에서 모든 교수(teaching)의 목적이 되고 있다— 전이는 선택이 아니다—왜냐하면 우리가 가르칠 때, 상대적으로 전 교과의 적은 샘플만을 다룰 수 있기 때문이다. 모든 교사는 수업 후 자신들에게 말했다. '아, 우리에게 좀 더 시간이 있었더라면! 그것은 지극히 작은 것이었다.' 우리는 아무리 많은 시간을 가져도 부족할 것이다. 전이는 우리의 크고 어려운 사명인데, 그것은 학생들이 우리에게서 배울 수 있는 것보다 훨씬 더 많은 것을 스스로 배울 수 있는 위치로 인도해야 하기 때문이다.

역설적으로, 전이는 '새로운' 지식의 반대 방향으로 머리를 둔다. 이해를 위한 교육은 우리가 지식이라고 주장하는 우리의 가정들을 자세히 조사할 것을 요구한다. Socrates가 그 모델이다. 그는 지식은 보다 많이 배우고 이해하기 위한 것이라는 주장에 대해 의문을 제기하였다. 우리가 어떤 질문을 하도록 도움을 받을 때―그것은 왜 그러한가? 우리는 왜 그렇게 생각하는가? 그 관점을 정당화하는 것은 무엇인가? 증거는 무엇인가? 그 논의는 무엇인가? 가정된 것은 무엇인가? 등등―우리는 다른 종류의 강력한 전이를 학습한다. 강력한 전이란 단순한 신념보다는 지식을 지식답게 만드는 것을 파악하는 능력이고, 지식과 이해를 함양하기 위해 우리를 훨씬 더 나은 위치에 있게 하는 능력이다.

전문가의 맹점

보다 폭넓은 지식의 구조에서 맥락이나 상황을 분명하게 하지 않고
구체적인 토픽과 기능을 가르치는 것은 비경제적이다.
― Jerome Bruner, 『교육의 과정(The Process of Education)』, 1960, p. 31

전이의 중요성을 이해하는 것은 우리가 Bruner처럼 전형적인 피상적 학습이 '비경제적'이라고 말하는 교육자를 이해하도록 도와주는 것이다. 그는 어떻게 이런 말을 할 수 있는가? 그것은 명백히 거짓인 것 같다. 이해를 위한 교수는 아마도 더 효과적이지만, 그것이 어떻게 더 효율적일 수 있는가? 학생들이 교재에 대해 더욱 깊이 있게 이해하도록 도울 수 있는 탐구학습을 시작하기보다는 설명적 교수와 교과서를 통한 피상적 학습을 통해 훨씬 더 많은 내용을 다룰 수는 없는가?

그러나 이것은 교수를 학습과 혼동하는 것이다. 전통적인 피상적 접근법이 왜 결국 비경제적인지에 대해 Bruner가 말한 세 가지 이유를 생각해 보라.

그러한 교수는 학생이 나중에 부딪히게 될 것을 학습해 온 것에서 일반화하는 것을 대단히 어렵게 만든다. 둘째, (그러한) 학습은 …… 지적 흥분이라는 면에서 아무런 보상도 없다. 셋째, 어떤 사람이 서로 얽어매는 충분한 구조 없이 획득한 지식은 쉽게 잊혀지게 된다. 서로 연결되지 않는 사실은 그 기억력이 가련하리만큼 짧다(Bruner, 1960, p. 31).

다시 말해, 피상적 학습이 효과가 있다고 생각할 때, 교육자로서 우리는 이해를 이해하지 못한다. 우리가 전문가의 맹점(expert blind spot)이라고 부르는 것은, 우리(혹은 교재 저자)가 말하는 것과 학습자가 의미를 파악하고 사용하기 위해 요구되는 능동적인 의미 만들기와 혼동하게 만든다. 많은 사람의 이러한 습관적인 반응은 '만약 내가 학습 내용을 분명하게 모두 다룬다면 학생들은 그것을 이해할 것이고, 앞으로 그것을 요구할 수 있을 것이다. 그러므로 내가 자세하게 다루면 다룰수록 학생들은 더욱더 많이 배울 것이고, 검사에서 더욱 좋은 점수를 받을 것이다.'라는 말을 만들어 냈다.

그러나 우리가 이 책에서 이해하기를 바라는 것은 이렇게 널리 만연된 가정이 잘못되었다는 것이다. 피상적 학습에서의 '결과'는 대부분 학생에게 매우 무기력하다.

> 30여 년 전에 의학 교육자들은 의대 1학년 학생들이 첫해의 해부학 코스에서 암기한 수천 가지의 새로운 용어를 기억하고 있는지에 관한 연구를 수행하였다. 그들은 반복해서 검사하고 다시 검사하였다. 총 해부학의 망각과 가장 밀접하게 연결되는 곡선 그래프는 1세기 전 Ebbinghaus의 무의미한 철자에 대한 고전적인 기억 연구에서 발견된 것과 같은 형태다. 이와 같은 데이터의 출판으로 이 연구는 전 세계 의학교육에서 유명해졌다. 해부학에서의 교수법은 의학 학교에서 급진적으로 변화하게 되었다 (Shulman, 1999, p. 12).

모든 학습 내용을 다루는 것은 교사가 학생들에게 이해라는 것이 단지 매 쪽에 더 많은 단편적 사실이 추가되는 것이라는 잘못된 생각을 가지게 만든다. 이 때문에 그들은 더 혼동되고 덜 분명하게 된다. 피상적 학습(coverage)은 전문가에게는 분명하게 가능할 것 같은 전체적인 감각을 잃어버리도록 한다. 가장 능력 있는 학생들이 일부 탈락하거나 소외될 것이다.

교사들은 모든 것을 피상적으로 다룸으로써 수행 및 대외적 검사에서조차도 낙관적이지 않다. 학생들은 필요 이상으로 잊어버리거나 오해한다. 결국 다시 가르치는 일(reteaching)은 학교 경험에 걸쳐 계속적으로 요구된다(얼마나 자주 학생들에게 얘기했었나요. '어머나, 전에 가르쳐 줬잖아?'). 그래서 우리는 많은 학교에서 본 것(NAEP 검사 결과로 확인된 것처럼)에 대해 결론을 내린다. 일반적으로 학생들은 낮은 수준의 과제는 해결할 수 있지만, 전이를 요구하는 높은 수준의 과제에는 보편적으로 취약하다.

학습에 관한 연구(제13장에서 더욱 자세하게 다룸)는 상식적인 진실을 지지한다. 학습이 장차 미래에 활용되기 위해 융통성 있게 적응할 수 있는 방법으로 지속된다면, 피상적 학습은 작용할 수 없다. 즉, 우리가 다룰 수 있을 것 같은 엄격한 질문에 제한적으로 관련되는 사실, 정의, 그리고 정리들을 쉽게 혼동하거나 망각하게 된다. 더욱이 우리는 그 때문에 학생들이 '비슷한' 일을 나중에 더 세련되고 유창한 방법으로 배우는 것을 더 어렵게 만들었다. 그들은 완전히 당황할 것이고, 그 이전에 학습한 지식을 다시 생각해야 한다는 필요성에 저항할 것이다. 간단히 말하여, '교수 증진을 위한 카네기센터(CCAT)'의 의장인 Shulman이 말하였듯이, 전통적인 교수는 "잘못된 학습의 세 가지 병리를 부추긴다. 우리는 망각한다. 오해한 것을 이해할 수 없고, 배운 것을 사용할 수 없다. 나는 이런 상태를 기억 상실, 환상, 무기력증이라고 이름 붙였다"(Shulman, 1999, p. 12).

그래서 우리는 건망증, 오개념, 전이 부족을 피하기 위한 이해를 위해 설계와 교수에서 세 가지 형태의 '심층적 학습(uncoverage)'에 대한 필요성을 제안한다.

- (질문, 피드백, 진단평가를 통해) 학생들의 잠재적 오해 확인하기
- 뚜렷한 논의 아래 숨겨진 질문, 이슈, 가정 그리고 애매한 상황을 심층적으로 다루기
- 초보자에게 분명하지 않은—아마도 반직관적이거나 당황스러운— 주제나 아이디어를 이해하는 데 중심적으로 다루는 핵심 아이디어 확인하기

이해의 증거

> 혁명적으로 생각하는 사람과 그렇지 않은 사람을 구별하는 것은 사실에 대해 누가
> 더 많은 지식을 알고 있는가 하는 문제가 결코 아니다. 다윈은 영국에서 유기체를 분류한
> 전문가들이 알았던 것보다 그가 Beagle 여행에서 수집한 다양한 종에 대하여 훨씬 적게 알고 있었다.
> 그러나 전문가는 다윈이 수집한 것의 혁명적인 중요성을 놓치고 말았다.
> 훨씬 적게 알고 있었던 다윈은 사실 더 많이 이해하였던 것이다.
> —Frank J. Sulloway, 『Born to Rebel』, 1996, p. 20

만약 이해가 다른 문제, 과제, 영역에 지식을 전이하고 사실에 대한 의미를 만드는 것이라면 그러한 이해(혹은 이해의 결핍)는 무엇처럼 보이는가? 학생들이 배우고 있는 것을 더 잘 이해하는지를 알고 있어야만 하는 경우에 그것은 무엇이며, 무슨 의미인가? 이런 질문을 제기하는 것은 목적에 대한 얘기에서 목적이 충족되었는지의 여부에 대한 증거와 관련된 얘기로 전환하는 것이다.

다윈에 대한 Sulloway의 논평은 한 가지 연구의 흐름을 제안한다. 우리가 이해를 기술하는 데 사용한 단어를 생각해 보라. 우리는 종종 이해를 피상적인 지식과는 반대로 '깊은' 혹은 '깊이 있게'로 기술한다. 여러분은 불명확한 '핵심적' 통찰력을 '드러내기' 위해 '표면' 아래를 '파헤쳐야' 한다. 이해는 '시간과 연습을 요한다.' 이해는 즉각적으로 이루어지지 않는 '힘든 쟁취'다. 아마도 Sulloway가 말하였듯이, 많은 지식 때문에 이해를 간과하거나 못 보게 된다. 이런 모든 함축적 의미에서 강조하는 것은 숨겨진 통찰의 보석으로, 표면 아래에서 이해된다는 것이다. 우리는 개념을 피상적으로 다룰 수 없기 때문에 개념들이 이해되기를 기대한다. 우리는 개념의 가치를 심층적으로 다루어야 한다. 즉, 개념들이 탐구와 논쟁의 결과라는 사실을 드러내야만 한다.

백워드 설계에서 이해와 관련된 다음의 두 가지 핵심적인 질문의 차이점을 주시하라.

단계 1: 학생들은 무엇을 이해해야 하는가?

단계 2: 무엇을 그러한 이해의 증거로 간주할 수 있는가?

첫 번째 질문은 내용과 배워야만 하는 것에 대한 중요한 아이디어와 관련이 있다. 그것은 학생들이 주어진 아이디어, 사실, 기능을 접하게 되었을 때 무엇을 이해해야 하는지에 대해 설계자에게 더욱 구체적이 되도록 요구한다(제6장에서 다루겠지만, 우리가 추구하고 있는 이해를 상술한다는 것은 매우 어려운 일이다). 두 번째 질문은 다르다. 그것은 배워야만 하는 것에 대해 말하지는 않는다. 그것은 수용할 수 있는 목표의 구현과 관련 있다. 즉, 적절한 수행과 산출물을 만들어 내는 것이다. 결과는 평가를 통해 결정되는 그러한 학습을 수행한 학생들에게서 나온 것이다.

실제로 두 번째 질문은 백워드 설계의 두 번째 단계를 구성하는 다음의 다른 질문을 포함한다.

- 우리는 어디서 증거를 찾아야만 하는가? 주의 기준에 따라 잘 이루어졌는지 알 필요가 있는 학생들의 학습 유형에는 어떤 것이 있는가?
- 특별한 접근에 관계없이 학생들이 이해한 정도를 판단하기 위해 학생 수행에서 우리가 특별히 찾아야 하는 것은 무엇인가?

다시 말해, 증거에 대한 첫 번째 질문은 평가 작업을 위한 설계 기준을 포함하고(즉, 타당한 과제, 검사, 관찰은 무엇인가?), 두 번째 질문은 루브릭 혹은 준거와 관련된다.

백워드 설계에 대한 논의에서—우리가 이해라는 용어를 정의할지라도—이해에 관한 증거로 간주할 만한 것에 관해 분명히 하지 않는다면, 우리는 이해에 대한 목적을 달성하지 못하게 된다. 그리고 가장 중요한 평가에 관한 질문을 하면 할수록 대부분의 교사는 그들이 이해를 적절하게 이해하지 못한다는 것을 더욱더 알게 된다.

우리는 왜 좋은 이해의 증거를 구성하는 것에 대해 분명하게 하지 않는가? 왜냐하면 더욱 쉽게 드러나는 증거가 있기 때문에 주의를 기울이지 않으면 우리는 쉽게 잘못 인도될 수도 있다. 학생들이 우리가 찾는 대답을 제공할 때 그러한 회상(recall)을 이해와 결합시키는 것은 쉽다. Bloom과 동료들(1956)은 우리에게 Dewey에 대한 유명한 스토리를 이야기하면서 그 구별을 상기시켜 주었다.

오개념 주의하기

기준(standard)은 수행지표(performance indicator)와는 다르다. 기준은 목표를 나타내고 1단계에 속한다. 주 내용 기준 하의 목록에서 종종 발견되는 것과 같은 수행지표는 가능한 평가 증거를 나타낸다. 문제를 더욱더 혼란스럽게 만드는 것은 때때로 기준이 3단계에서 다루어야 할 것 같은 학습활동을 언급하는 것이다('용어 해설'에서 기준을 살펴보라).

질문이 하나의 형태로 진술되고, 어려움이 없을 때…… 질문이 다른 형태로 진술될 때 거의 모든 사람은 회상을 포함하는 질문에 대답할 수 없었다. 이것은 Dewey가 "지구 안으로 구멍을 판다면 무엇을 발견할 것인가?"라고 어떤 학급 학생들에게 물었다는 이야기가 잘 설명해 준다. 아무런 반응이 없자, 그는 질문을 반복했다. 침묵만이 흘렀다. 교사는 Dewey를 나무랐다. "당신은 잘못된 질문을 하고 있습니다." 학급 학생들에게 그녀는 다시 물었다. "지구 중심의 상태는 어떻겠습니까?" 그 학급의 학생들은 "용암입니다."라고 일제히 대답하였다(p. 29).

이 스토리는 증거를 위한 요구 사항에서 전이 가능성을 강조할 필요성뿐만 아니라 그 증거에서 내용 목표를 구별하기 위한 필요성을 잘 설명해 주고 있다. 아이들이 질문에 대답하고, 그것이 정확하다 하더라도 아이들이 자신들의 대답을 이해했다고 말할 수는 없다. 더욱이 그 전에 다루었던 주에서 실시한 검사에서 분명히 나타나듯이, 아이들은 어떤 검사 혹은 같은 질문을 다르게 조직한 도전에서 '알고 있는' 것을 사용할 수는 없다.

이해의 증거를 얻는 것은 전이 가능성을 염두에 둔 평가를 만드는 것을 의미한다. 학생들이 학습할 수 있고, 학습한 것을 현명하게, 유연성 있게, 창의적으로 사용할 수 있는지를 발견하는 것이다. 예를 들어, 『교육목표분류학』의 저자들은 '실제(real)' 지식은 새로운 방법으로 학습을 이용하는 것을 포함한다고 말하였다. 그들은 이것을 '지적 능력'이라고 부르고, 그것을 회상(recall)과 사전 각본에 따른 기계적인 사용에 근거한 '지식'과 구별하고 있다. 유사하게도 『이해를 위한 교수(Teaching for Understanding)』라는 책에서 David Perkins는 이해를, 답에 '제한적으로 끼워 맞추기' 혹은 기계적인 암기와는 반대되는 것으로, '우리가 알고 있는 것을 유연하게 생각하고 행동하는 능력…… 융통성 있는 수행 능력'으로 정의한다(Wiske, 1998, p. 40). 이해를 하는 사람은, 요구되는 것이 단일 반응을 자극하기 위한 직접적인 단서로 구성되지 않는 애매한 도전을 다른 사람보다 훨씬 더 잘해 나갈 수 있다(회상과 관련한 검사에서 높은 점수에도 불구하고 이해가 부족하다는 것을 인정하였던 졸업생 대표와 관련하여 서론에서의 사례를 기억하라).

전이할 수 있는 이해의 증거는 학생들이 깊이 있게 지식을 사용하고, 다른 상황에서 그것을 효과적으로 활용할 수 있는—즉, 교과에 적용하는 것— 학생들의 능력을 평가하는 것을 포함한다. 『학습하는 방법(How People Learn)』(Bransford, Brown, & Cocking, 2000)의 저자는 다음과 같이 말한다.

학생들이 학습해 온 것을 새로운 상황으로 전이하는 능력은 적용력이 있고 융통성 있는 중요한 학습을 제공한다. ……수업에 대한 많은 접근은 학습을 측정하는 유일한 수단이 기억(memory)일 때 서로 대등한 의미를 가진다. ……수업상의 차이는 학습이 새로운 문제나 환경으로 얼마나 잘 전이되느냐의 관점에서 평가될 때 더욱 명백해진다(p. 235).

> 학생들은 만일 그들이 학습 경험에서 중요한 원칙과 주제를 추출하는 법을 학습한다면, 새로운 문제
> 를 해결하기 위해 그들의 지식을 언제, 어디서, 왜, 어떻게 사용할 것인지에 대한 융통성 있는 이해를 발
> 전시킨다(p. 224).

이것은 새로운 것이 아니다. Bloom과 동료들(1956)은 50년 전 『교육목표분류학』에서 '적용'에 대해 똑같은 관점을 보였다. 적용에 대한 평가는 전이를 요구하는 새로운 과제를 포함해야만 했고, 이상적으로 맥락화된 실제적인 아이디어의 이용을 포함하였다.

> 만일, 상황이 ……우리가 여기서 정의하고 있는 적용을 포함한다면, 학생에게 새롭거나 새로운 요소
> 를 포함하는 상황이 되어야 한다. ……이상적으로, 우리는 개인이 추상적인 것을 실제적인 방식으로 적
> 용하도록 학습해 온 정도를 검사할 문제를 찾고 있다(p. 125).

이해에 대한 증거는 완전히 다른 방식으로 검사되어야 한다. 우리는 이해를 '끄집어 내기' 위해서 그리고 문제 상황 혹은 수행에서, 즉 학생들이 교사나 교과서가 제시한 기초적인 원리를 연결하고 기억할 수 있는지를 단순히 아는 것과는 다른, 어떤 것에 적용하기 위해서 학생들의 능력의 증거를 알 필요가 있다.

우리는 각 영역에서 전형적인 수행에 대한 평가를 확실히 하고, 이해를 나타내는 데 성공해야 한다. 예를 들어, 화학의 필수적인 내용을 결정하기 위해서 그것을 수정하는 과학실험 설계 능력, 지역 역사의 한 시대에 대한 믿을 수 있는 내러티브를 쓰기 위해 역사에서 배운 사실과 기술을 이용하는 능력이다(우리는 이 두 사례를 연구에서 많은 '핵심적인 과제' 중 두 가지로 생각하고, 교육과정 프레임워크 와 프로그램들이 핵심 아이디어를 따라 그러한 핵심 과제를 중심으로 설계되어야 한다고 제안한다. 핵심 과제에 대한 더욱 자세한 논의를 위해서는 제7장과 제12장을 참고하라). 우리는 이해할 수 있는 능력이 제한된 학생들이 전이할 수 있는지를 알 필요가 있다. 즉, 그들의 이야기가 이런 새로운 상황에서 유용한지, 그리고 그것을 효과적으로 사용하는지를 알아야 한다. 그래서 우리는 친숙한 질문에 대해 '정확한' 답을 이끌어 내도록 의도된, 훨씬 더 적고 협소한 단서들을 사용할 것이다.

극단적인 예로 '용암'이 있으나, 문제는 우리 대부분이 알거나 인정하고 싶어 하는 것 이상으로 치명적이라는 것이다. 우리는 종종 시험에서 정확하고 지적인 답을 볼 때 이해력을 높게 평가한다. 다시 말하면 우리가 알고 있는 것 이상으로 우리를 실패하게 만드는 것이 바로 외견상의 겉치레 이해다. 그리고 이러한 어려움은 고부담 검사와 점수 매기기의 세계에서 악화되고 있는 것 같다. 교육이 위태로운 게임을 활성화하는 동안, 학생들은 학습해야만 하는 것을(학생들이 학습했는지 안 했는지와

는 상관없이) 실제로는 이해한 것처럼 꾸미고, 우리를 기쁘게 해 줄 요량으로 실제로 이해를 하였는지 알아보기 위한 평가의 도전은 더욱 급증하게 된다.

요컨대, 우리는 이해의 진정한 증거를 확인하는 데 있어서 주의를 해야 한다. 우리가 실제적인 차이를 아는 한, 아는 것과 이해하는 것의 차이를 어떻게 부르고 말하는지는 중요하지 않다. 우리가 이해라고 부르는 것은 단순히 의미론적인 문제는 아니다. 전문가적인 견해와 내면화된 융통성 있는 아이디어를 구별하는 것에 따른 개념적인 명료성의 문제다. 만일 평가가 너무 피상적이고 사실 중심적이라면 우리가 수집한 증거에서 구별할 수 없을지도 모른다. 결국 우리가 이해와 관련된 목표라고 부르는 것은 중요하지 않다. 중요한 것은 '제시된 정답을 아는 것'과 '이해하는 것'을 구별하는 것이다.

만약 우리가 어떤 학생이 실제로 이해하고 있는 학생인지를 판단(judge)하고자 한다면, 어떤 종류의 학생 과제와 평가 증거가 필요한지를 상술하는 것에 더욱 섬세해야 한다. 『과학적 소양을 위한 AAAS 벤치마크(1993)』의 저자들이 일찍이 말하기를, '여러 증거나 행동 중에서 어느 하나를 선택하는 것은 자의적'이고, 특정한 동사를 사용하는 것은 '의도하지 않은 독특한 수행을 암시하거나 제한할 것'이기 때문에, 어떤 종류의 증거가 이해를 드러내기 위해 필요한지를 분명하게 하기 위해 행위 동사나 관찰 가능한 행동을 명세화하는 것에 대해 반대하는 결론을 내렸다(pp. 312-313).

이해라는 목표를 위한 유일하거나 완전한 평가 과제란 없다고 결론을 내렸지만, 어떤 종류의 도전은 다른 것보다 더욱 적절하다. 어떤 종류의 평가가 기준을 구현하는지를 아는 것은 분명히 교사에게 필요한 것이다. 이것이 Bloom의 『교육목표분류학』이 집필된 첫 번째 이유라는 것을 상기하라. 기준을 충족시키기 위한 적절한 증거를 무엇으로 간주할 것인지에 대한 구체적인 사항이 없다면, 교사는 지식에 대한 사실적인 검사에 만족할지 모른다. 방법과 결과에 대한 복잡한 탐구와 방어만이 기준에 대한 정의(justice)를 행사할 것이다.

만약 '정확한' 답이 부적절한 이해의 증거를 만들어 낼지도 모른다면, 평가가 실제와 명백한 이해 사이를 더 잘 구별하도록 만드는 것은 무엇인가? 대답하기 전에 우선 다른 문제를 다루어야 한다. 때로는 정확한 답이 오해를 감추어 버린다. 어떻게 그것이 가능한가? 이해를 위한 평가에서 그것이 시사하는 함축적 의미는 무엇인가? 우리가 오해를 고려함으로써 이해를 위한 설계, 평가, 교수에서의 중요한 통찰을 얻을 수 있다는 것이 아이러니다.

학생들의 오해와 우리가 그 오해에서 배울 수 있는 것

아무튼 선의의, 재능이 있는, 세심한 학생들은 우리가 결코 의도하지 않은 수업에서도 목표에 도달할 수 있다. "너희는 사실을 모두 알고 있지만, 잘못 알고 있는 거야." 혹은 "너희가 얘기하는 것에 대해 깊이 생각하고 있지 않잖아."라고 학생들에게 얘기할 때 우리는 무엇에 대해 불평하고 있는 것인가? 예를 들어, 『호밀밭의 파수꾼(The catcher in the Rye)』는 미국 고등학교 영어 교과에 고정되어 나오는 이야기지만, 많은 학생은 이것을 학교를 빼먹는 예비학교 학생들의 우스꽝스러운 나날들, 즉 (최근 영화에서 타이틀을 빌려 온) 홀덴의 '최고의 모험'에 대한 책이라고 믿고 있다. 어쨌든 많은 학생은 홀덴이 감정적인 고통과 아픔—정신병원에 입원하였던 그 이야기를 말한다—에 처해 있다는 사실을 모른다. 이와 유사하게 많은 초등학생은 수학에서 문제로 제시된 수보다 더 작아지는 특이한 정답을 만들어 내는 분수의 곱셈에 대해 매우 어려워한다. 독서에 있어서도 간단한 해독과 번역이 그렇게 간단한 것이 아니다. 우리는 'lose'를 'loze'로 발음하고, 교사들은 우리가 실수한 것을 지적해 준다. 그러나 우리는 그 규칙을 이해했다고 생각했다! 'ose'의 발음이 자음과 e의 끝 단어에 대한 (예를 들어, close, doze, home) 장모음 규칙과 왜 일치하지 않는가?

오해는 무지한 것이 아니다. 그것은 새로운 상황에서 그럴듯하지만 부정확한 방식으로 작동하는 아이디어를 매핑(mapping)하는 것이다. 여기 몇 가지 예가 있다.

- 아이들 중 한 명이 묻는다. '아빠, 스페인어와 영어는 같은 단어를 사용하지만 다르게 발음하나요?'
- 그 아이들은 몇 년 후에 불평했다. '4.28과 2.72의 합이 어떻게 7인가요? 7은 소수가 아니잖아요!'
- 학생들은 고등학교 역사시간에 어느 한 단원이 끝날 때 쯤 교사에게 신중히 물었다. '그래서 루지애나가 얻은 것은 무엇이죠?'
- 어떤 초등학교 교사는 그녀가 가족과 같이 이웃 나라를 여행하였을 때 경도와 위도를 모르는 4학년 학생 중 한 명에 대해 가졌던 격앙된 분노에 대해 보고하였다.
- 과학의 고급반 코스를 받았던 경험이 있는 매우 명석하고 지적인 소년은 과학에서 '실수'는 귀납적 사고활동에 내재된 원리라기보다는 오히려 피할 수 있는 실수의 경우라고 생각하였다.

역설적으로 여러분은 어떤 것을 오해하기 위해서 전이할 수 있는 지식과 능력을 가져야만 한다. 그래서 오해의 증거는 단순히 수정해야 할 실수가 아니라, 교사에게 매우 가치 있는 것이다. 그것은 시도된, 그럴 듯하지만 실패한 전이를 의미한다. 이러한 도전은 장차 미래의 전이 시도를 약하게 하거나 실수를 반복하지 않고 이러한 노력에 보답하는 것이다. 사실 많은 교사는 학생 오해에 관한 피드백에서 그 가치를 알고 있다. 그들은 이것 때문에 다소 위협받거나 분노에 휩싸인다. 아이러니하게도 수업에서 '이해'하지 못한 학생 때문에 참을성을 잃은 교사는 이해하는 데 실패―전문가의 맹점―하고 있는 것이다. '그것을 이해'하지 못한 학생들을 위해 우리가 분명하다고 생각한 것이 실제로는 그렇지 않다는 것을 보여 주는 것이다. 일부 교사들에게는 계속되는 학생 오해가 위협적이다. 왜냐하면 그것은 우리의 방법과 암시된 목표에 의문을 가지기 때문이다. 물론 초보 교사가 간과할지도 모르는 것은 빅 아이디어가 분명하지 않다는 것이다. 실제로 그것들은 우리가 제1장에서 논의하였듯이 종종 반직관적이다. 현명한 사람들을 위해 한마디 하자면, 여러분이 수업에서 "그러나 그것은 꽤 분명하다!"라고 말한다면, 여러분은 전문가 맹점에 희생양이 될 것이다. 생각할 시간을 가져라. 여기 초보자에게 분명하지 않은 것은 무엇인가? 내가 당연한 것으로 쉽게 오해하였던 것은 무엇인가? 왜 그들은 그러한 결정을 이끌어 냈는가?

더욱 심각한 것은 과거 20년간의 연구가 이러한 현상을 놀랄 만한 폭과 깊이로 확신시킨다는 사실이다. 최고 수준의 많은 학생조차 공부한 것을 이해한 것 같지만, 이해를 시험하기 위한 추수 질문을 요구하거나 학습의 적용을 요청할 때 그들이 '학습'한 것에 대한 중요한 오해를 드러낼 수 있다. 정말로 그것은 우리의 관점일 뿐만 아니라 학생 개념과 오개념을 찾아내고, 학습 설계가 더 나은 결과의 핵심이라고 믿는 인지 연구자를 이끄는 견해라고 볼 수 있다(이해를 위한 학습과 교수 연구의 요약은 제13장에 제시된다). Howard Gardner, David Perkins 그리고 Harvard Project Zero의 동료들은 이러한 연구 결과를 지난 10년 동안 설득력 있게 철저히 요약해 왔다. 그러나 오해에 대한 연구는 1970년대 과학 교육에서 수행되었던 연구로 거슬러 올라간다. Gardner(1991)는 이 연구를 요약해서 다음과 같이 설명한다.

> 광범위한 연구문헌에서 말하는 것은 아마도 대부분의 학생이 보통 수준의 이해 정도도 일상적으로 놓치고 있다는 것이다. 새로운 맥락에서 물리학의 법칙을 적용할 수 있거나, 기하학에서 증거나, 학급에서 받아들일 수 있는 숙달을 보여 준 역사상의 개념 등을 대학생에게 기대하는 것은 당연한 것이다. 만일 검사 환경이 약간 변경되었을 때, 필요로 하는 능력은 더 이상 문서화될 수 없고, 이해는 어떤 합리적인 의미에서든 단순히 성취되지 않는다(p. 6).

만일 검사가 오해를 고려하여 설계된다면, 전통적인 종류의 검사도 이해에 관한 실패의 증거를 제공할 수 있다. 서론에서 우리는 '32, 나머지 12' 버스로 대답하였던 학생들의 NAEP 수학 사례에 주목하였다. 이 결과를 더욱더 일반적으로 고려해 보라. 대부분의 미국 십대들은 대수 Ⅰ을 공부하고 학년을 이수한다. 그러나 NAEP(1988) 결과는 단지 5%의 미국 청소년만이 대수 Ⅰ의 고차원적인 지식을 이용하는 과제를 잘 수행한다는 것이다. 국제 수학 과학 학업성취도평가(TIMSS, 1998)는 가장 철저한 연구 자료 중 하나로 과학에서도 유사한 결론을 내렸다(Trenton Times, 1997). NAEP의 최근

검사가 그랬듯이 '일반적으로 기본 원칙을 학습하기 위한 학생들의 능력과 그들이 학습한 것을 설명하거나 지식을 적용하는 능력 간의 적나라한 차이를 보여 주었다(New York Times, 1997)'. (그 검사는 선다형, 서답형, 수행 과제 질문 등을 혼합한 형태였다.)

물리학에서 구체적인 검사는 10년 이상 핵심적인 오개념을 목표로 하는 평가로 개발되었고, 활용되었다. 가장 널리 활용된 검사인 Force Concept Inventory는 가장 보편적인 (놀랍게 지속적인) 오개념을 극복하는 데 향상된 정도를 측정하기 위해 사전, 사후 검사 도구를 제공한다.

Benchmarks(1993)와 Atlas of Science Literacy(2001)에서 AAAS는 과학에서 바라는 이해의 풍부한 설명을 제공해 왔고, 그것과 연계된 핵심적인 오해를 연결해 왔다.

관계가 기호로 표현될 경우에, 수는 하나의 기호를 제외하고는 모든 것으로 대체할 수 있다. 그리고 남아 있는 기호의 가능한 값은 평가될 수 있다. 때로 그 관계는 하나의 값에 의해 만족할 수 있고, 때로는 하나보다는 그 이상의 값에 의해 만족할 수 있으며, 때로는 전혀 그렇지 않을 수도 있다.

- 학생들은 어떻게 상징이 대수에서 사용되는지를 이해하는 데 어려움을 겪는다. 그들은 종종 선택된 글자의 자의성을 인식하지 못한다. 이들의 어려움은 대수 수업 이후와 대학에 들어가서도 지속된다. 모든 연령의 학생은 등가의 상징으로서 방정식의 등호를 바라보지 않고, 계산을 시작하는 신호로 그것을 해석한다. 즉, 등호의 오른쪽은 '정답'을 보여 주어야 한다는 식으로 말이다.

두 집단 간의 자료 비교는 그것의 중간값과 그것을 중심으로 분포된 정도를 비교해야 한다.

자료가 대칭적으로 분포되지 않을 때 혹은 극히 높거나 낮은 값이 있을 때, 또는 분포가 합리적으로 순조롭지 못할 때, 자료 분포의 중간값은 잘못될 것이다.

- 평균의 개념은 모든 연령의 학생에게는, 심지어 정규 수업을 받은 이후에도 이해하기 꽤 어려운 것이다. 이러한 연구는 '대표성'의 훌륭한 생각이 평균, 중앙값, 최빈값의 정의를 파악하는 데 필요조건일 수도 있다는 것을 시사한다. 의미 있는 상황에서 동떨어져 있는 평균을 계산하기 위해 알고리즘에 대한 때 이른 도입은 학생들이 평균이 무엇인지를 이해하는 것을 방해할 것이다 (AAAS, 2001, pp. 122-123).

우리가 잘 알고 있다고 생각하는 사물을 오해하는 것이 얼마나 쉬운 것인지 알기 위해 보다 기초적인 과학 질문을 고찰해 보라. 왜 겨울에는 더 춥고 여름에는 더 더운가? 미국의 모든 학생은 천문학을 배웠다. 우리는 지구가 태양 주위를 돈다는 것과 공전궤도가 타원형이고, 지구는 남북 축이 약 20도 기울어졌다는 것을 알고 있다. 그러나 하버드 대학교의 1학년 학생들이 질문을 받았을 때(하버드-스미소니언 천체물리학센터에서 만든 현상을 오해하는 기록 비디오로서) 그 이유를 정확히 설명하는 학생은 거의 없었다(Schneps, 1994)[2]. 그들은 자기가 안다고 주장한 것을 적절히 설명하지 못하였거나, 그럴 듯하지만 잘못된 견해를 제공하였다(기온은 지구가 태양에 더 가깝거나 더 멀기 때문에 변한다).

이와 유사한 경우는 성인에게 달이 변화하는 모습을 설명하라고 했을 때도 일어난다. 교육을 잘 받은 많은 사람은 월식으로 그 모습을 기술한다. 'Minds of Their Own' 타이틀이 붙은 오개념에 관한 비디오 시리즈에서 하버드 대학교 천체물리학자들은 다음과 같이 기록하고 있다. 네 번째 등급을 주는 동일한 전기 회로 문제를 해결할 수 있고, 무엇이 발생하고 있는지를 기술할 수 있는 물리학 학생들이 질문이 새로운 방식에서 제시될 때 이해하는 데 힘들어한다는 것이다(당신은 단지 배터리와 전선만을 가지고 전구에 불을 켤 수 있는가?).

최상으로 생각해 보아도 불가피한 학습자 오해에 관한 인식은, 과학과 수학 같은 직접적이고 논리적으로 보이는 학문에서 실제적으로 아주 오래된 것이다. Plato의 대화는 이해의 탐색과 잠재의식적으로 사고를 형성하거나 억제하는 마음과 오개념의 습관 사이의 상호 작용을 생생하게 묘사한다. Francis Bacon(1620/1960)은 400년 전의 『Aristotle 논리학(Organon)』에서 의식하지 못하는 우리 자신의 지적 성향에 따라 무의식적으로 도입되는 오해에 관해 진지한 설명을 제공하였다. 그는 우리가 범주, 가정, 규칙, 우선순위, 태도 그리고 '실제'에서의 스타일의 문제를 계획하고, 우리의 본능적인 아이디어를 진실이라고 입증하는 무수한 방식을 개발한다는 것에 주목하였다. 즉, 그것이 일단 하나의 견해를 채택하였을 때 '인간 이해는 그것으로 지탱하거나 그것과 동의하기 위해 그 밖의 모든 것을 끌어낸다.'(pp. 45-49) Kant와 Wittgenstein으로부터 Piaget와 다른 현대 인지 연구자들에 이르기까지 철학자들과 심리학자들은 전형적으로 그것을 수반하는 지속적인 오해와 소박한 신념의 퍼즐을 발견하려고 시도해 왔다. 그리고 자기평가와 자기훈련은 양자를 넘어서 활용될 필요가 있다.

실제적으로 말하면, 우리는 단지 수행 능력이 아니라 개념적인 벤치마크의 필요성을 인식해서 평가를 설계하기 시작해야 한다. 우리는 빅 아이디어뿐만 아니라 그 아이디어가 Shulman(1999)이 다음과 같이 인용한 생물학 사례처럼 잘못 생각될 수 있는 가능성까지 염두에 두는 평가를 설계할 필요가 있다.

생물학 교사는 진화와 자연도태에 대하여 학생들이 지속해서 갖게 되는 오개념에 맞서 싸워야만 한다. 진화론과 자연도태를 강조한 코스의 대부분 학생은 직관력 있는 라마르크주의자로서 이들 코스에 입문한다. 그들은 한 세대를 통해 획득된 어떤 특성이 다음 세대로 전해진다는 것을 확신한다. 정규 수업에서는 그러한 점에 대한 다윈주의자의 반박을 강조한다. 이들 학생은 그들이 지금은 다윈의 관점을 이해하고 있다고 설명하면서 코스에서 A와 B학점을 받을지도 모른다. 그러나 3개월 후에 질문하면, 다시 헌신적인 직관력 있는 라마르크주의자가 된다. 정말로 우리 대부분이 그렇다. 나는 판타지아의 형태가 학생들과 대학원생들 사이에서 만연해 있다고 생각한다. 그들 다수는 결정적인 순간에 자신을 드러내기까지 몇 년을 기다린다(p.12).

일부 중요한 아이디어에 대해 흔히 볼 수 있는 오해와 그것을 극복하기 위한 이해의 사례가 있다.

- 인상주의는 화가가 풍경에서 나타난 감정이나 주관적 인상을 제공하는 예술이다. — 그 반대가 사실이다. 인상주의는 추상적으로 혹은 감정에 따라서가 아니라 장면을 사실적으로 그리기 위한 시도였다. 직접적인 감각 인상이 그런 인상들을 관념으로 위치시키는 마음과 구별되는 것임에 반해 인상주의는 철학에서의 전문적 용어를 말한다.

- 매달 달이 보이지 않을 때 월식이 있다. — 달의 상은 지구, 태양, 달의 상대적 위치에 따라 달라지는 것이다. 결국 우리는 태양을 통해 비쳐진 달의 일부를 보는 것이다. 계속되는 월식은 여러 상의 원인이 아니다.

- 과학은 원인을 찾으려 한다. — 과학자들은 상호 관계를 찾는다. 원인에 대한 논의는 너무 철학적이고 비과학적인 것으로 간주된다. 현대 과학, 경제학 그리고 의학은 통계적인 패턴을 찾는다. '원인이 무엇인가?'를 묻는 것은 의사들이 효과적인 의술을 처방하듯이 반드시 대답할 수 있는 질문은 아니다.

- 두 수를 곱할 때 답은 더 커진다. — 곱셈은 반복된 덧셈이 아니다. 곱하면 분수는 더 작아지고 나누면 더 커진다. 어떻게 그렇게 되는가? 학생들은 종종 분수와 소수를 분리된 수 체계로 알고 있다. 그것들을 '같은' 양을 나타내는 대안적 수단으로 알게 하는 학습이 이해다.

- 역사는 일어난 사실에 대한 것이다. — 역사가는 단순한 사실의 수집가나 정보 제공자가 아닌 스토리를 말하는 사람이다. 왜 학생들은 똑같은 중요한 역사에 대해 매우 다른 스토리가 있을 수 있는지를 깨닫지 못하는가?

- 여러분은 수영할 때 더 빨리 움직이려고 '물을 잡기 위해' 손을 잔 모양으로 해야 한다. — 표면 면적이 더욱 크면 클수록 더 많은 힘이 생긴다. 그래서 많은 양의 물을 끌어올리고 밀어내기 위해 평평한 손바닥으로 수영해야만 한다.

- 빛은 밝고 어둠은 어둡다. — 사실이 아니다. 정점과 바닥 사이를 가로지르는 두 빛은 서로 평형을 이루어 어둠을 일으킬 수 있다! 잡음 제거 헤드폰은 침묵을 위해 소리를 사용한다. 유사하게도 거울 상의 빛 혹은 소리의 파장은 서로 평형을 이룬다.
- 음수와 허수는 실제로 존재하지 않는 수다. — 음수와 허수는 보통 수와 마찬가지로 실수다. 그것들은 필수적으로 산수와 대수법칙에 필요한 대칭과 연속성을 제공하기 위해 존재한다.
- 진화는 논쟁적인 아이디어다. — 아니다. 진화의 원동력으로서 자연도태이론이 논쟁거리인 것이다. 진화이론은 다윈보다 수세기 앞선 것이고, 종교적 문제와 충돌하지는 않았다.
- 미국의 설립자들은 자유주의자였다. — 미국 독립전쟁은 정부가 아닌 개인이 노동(존 로크의 사유재산에 관한 관점에 기초한)을 통해 적용되는 자연권을 가진다는 점을 견지하였다. 그래서 어떤 의미에서 그들은 '보수적'이었다(예를 들어, 사유재산에 대한 권리가 기초다).
- 아이러니는 우연이다. — 비록 거의 모든 스포츠 캐스터가 그 단어를 오용하지만, 아이러니는 단순한 우연이 아니다! 아이러니는 현명한 사람이 겉보기에 현명해 보이는 사람이 보지 못하는 것을 보는 것이다. 청중들은 오이디푸스가 하지 않은 것을 보고, 오이디푸스의 자존심과 우리가 알고 있는 것이 진실이라는 것 사이의 긴장감이 드라마의 힘의 원천이다.

뿌리가 깊은 오개념의 가능성과 오해의 가능성을 고려할 때, 우리들은 평가 설계에 대해서 그리 익숙하지 않은 접근법이 요구된다. 이해를 위한 성공적인 설계를 위해서 우리는 백워드를 생각해야 한다. 이해란 무엇인가? 우리는 이해가 무엇인지, 이해를 어떻게 명백하게 할 수 있는지, 표면적인 이해(혹은 오해)가 진정한 이해와 어떻게 다른지, 어떤 오해가 발생할 가능성이 있는지(목표에 방해가 되는지), 장래 이해에 대한 주요 장애를 근절시키는 데 일을 진척시키고 있지는 않은지를 기술할 수 있어야 한다. 다시 말해, 우리가 교수와 학습을 생각하기 전에 평가를 생각해야 한다.

설계는 우리가 말했듯이 분명한 목표에 달려 있다. 그러나 문제는 외부에서 부여된 많은 목표(예를 들어, 주 내용 기준)와 자신이 선택한 목표가 복잡하게 얽혀 있다는 점이다. 우리는 우선순위를 어떻게 매겨야 하는가? 우리는 효과적이고 일관된 설계를 하기 위한 많은 요구 사항으로부터 어떻게 현명하게 선택할 것인가? 우리는 중복되는 코스와 프로그램의 목표를 끊임없이 고려하면서 일관된 단원을 어떻게 설계할 수 있는가? 우리는 이제 이러한 질문으로 넘어간다.

제3장

목표의 명료화

Alice는 Cheshire Cat에게

"어떤 방법으로 가야 하나요? 이야기해 주실 수 있나요?"라고 물었다.

"그것은 당신이 얻으려 하는 것이 무엇인지에 달려 있다."라고 Cat은 말해 주었다.

"그것이 어디인지 나는 정말로 모르겠어요." Alice는 대답했다.

"당신이 원하는 방법은 중요하지 않아." Cat은 이야기했다.

"내가 어떤 장소를 찾게 되는 한" Alice는 설명을 덧붙였다.

"오, 당신은 그것을 하려고 확신하고 있군요." Cat은 이야기했다.

"만약 당신이 충분히 오랫동안 걷는다면요."

-Lewis Carroll, 『이상한 나라의 앨리스(Alice's Adventures in Wonderland)』, 1865

삶이란 오로지 백워드로 이해할 수 있다. 그러나 삶은 포워드로 살아야 한다.

-Søren Kierkegaard, 『일지(Journals)』, 1843

백워드 설계는 목표 지향적인 활동이다. 따라서 우리는 구체적인 결과에 목표를 두고, 그것에 따라 백워드를 설계한다. 단계 1에서 바라는 결과는 단계 2에서 필요한 평가 증거의 특징에 영향을 끼치기도 하고, 단계 3에서 계획된 교수와 학습 경험의 유형을 제시하기도 한다. 구체적인 의도나 목표를 가지고 교수와 평가를 관리하는 것이 논리적이기는 하지만, 모든 학습목표가 동등한 가치를 가지지는 않는다는 것을 아는 것이 중요하다. 학습목표는 제 각각 표적으로 삼고 있는 대상의 본질, 기술(記述)의 명세성 그리고 교수와 평가에 대한 함축적 의미 측면에서 상이하다고 볼 수 있다.

UbD에서 우리는 설계와 관련하여 반복되는 두 가지 문제인 쌍둥이 과실에 발목이 잡혀 있다는 것을 상기하라. 앞에서 계속하여 언급하였듯이, 쌍둥이 과실이란 학습자의 마음에서 지적인 목표와 관련되지 않으면서 오로지 활동의 참여에만 초점을 두는 고립된 활동과 목표 없이 내용만 피상적으로 다루는 것을 말한다. 백워드 설계의 과정은 우리가 너무나 자주 저지르는 상투적인 실수를 설계자들이 피하도록 도와주는 신중한 접근법이다. 결국 UbD 템플릿은 교육자들이 바라는 결과에 대해 보다 용의주도하고 분석적이 되도록 도와주려고 설계되었다. 왜냐하면 우리의 목적이 종종 그렇게 명쾌하지 않으며, 교실에서는 다양한 종류의 목표가 동시에 일어나기 때문이다. 이러한 템플릿은 설정된 목표, 이해, 본질적 질문, 지식과 기능을 위해 특히 필요한 것이다(〈표 3-1〉 참고). 이 장에서 우리는 단계 1의 '바라는 결과'에 나오는 각각의 요소가 의미하는 것과 그것들이 왜 필요하다고 생각하는지를 간단하게 제시하고 있다.

설정된 목표(템플릿에서 간단하게 '목표'로 쓰인) 교수와 평가의 우선순위를 결정하는 바라는 결과, 즉 주의 내용 기준, 지역 수준 프로그램의 목표, 교과별 목표, 졸업 수준과 같은 형식적이고 장기적인 목표를 의미한다. 설정된 목표는 수업과 구체적 단원에 해당하는 단기적인 목표를 위한 합리적 근거를 제공하는 본래의 영속적인 목표다. 그것은 전형적으로 학문적이고 학술적인 목표를 복잡하게 혼합해 놓은 것을 말한다. 즉, 사실적이고, 개념적이며, 절차적이고, 성향적이며, 전문가 수행에 초점을 둔 것들이다(그래서 '애매성에 대한 참을성' 그리고 '큰 노력을 요하는 도전에 대한 끈기 있는 노력'과 같은 마음의 습관, 놀이터에서의 싸움을 말리기 위해 끼어드는 것과 열심히 책을 읽는 것 같은 가치와 태도는 보다 학문적이고 특정 토픽과 관련된 목표에 함께 포함된다).

계획에서는 장기적인 우선순위의 중요성을 충분히 강조할 수 없다. 무엇을 가르치고, 무엇을 포기하고, 무엇을 강조하고, 무엇을 최소화할지에 대한 정당한 결정은 졸업 수준(exit-level) 목표와 관련하여 합의된 우선순위가 있을 때만 만들 수 있다. 장기적인 목표 없이는 전망도 없다. 따라서 단기

🗂 〈표 3-1〉 단계 1-단서가 있는 핵심적인 설계 요소

단계 1- 바라는 결과 확인하기

설정된 목표:

> Ⓖ 박스에서, 우리는 설계가 목표로 하는 하나 혹은 그 이상의 목표(예를 들어, 내용 기준, 코스 혹은 프로그램 목표들, 그리고 학습 성과)를 확인한다. **Ⓖ**

어떤 이해가 기대되는가? 혹은 어떤 이해를 바라는가?

> 학생들은 ……을 이해할 것이다. **Ⓤ**
>
> Ⓤ 박스에서, 우리는 내용에 의미를 제공해 주고, 사실과 기능을 연결해 주는 전이 가능한 빅 아이디어에 기초한 영속적인 이해를 확인한다.

어떤 본질적 질문이 고려되어야 하는가?

> Ⓠ 박스에서, 우리는 내용이 담고 있는 중요한 아이디어를 밝혀내기 위하여 수업의 초점을 제공해 주고, 학생을 탐구로 안내해 줄 수 있는 본질적 질문을 구성한다. **Ⓠ**

이 단원의 결과로서 어떤 핵심 지식과 기능을 학생들이 습득할 것인가?

> 학생들은 ……을 알게 될 것이다. **Ⓚ**　　　학생들은 ……을 할 수 있을 것이다. **Ⓢ**
>
> Ⓚ와 Ⓢ의 박스에서, 우리는 학생들이 알고 할 수 있기를 원하는 중요한 지식 Ⓚ와 기능 Ⓢ를 확인한다. 목표로 삼는 지식과 기능 Ⓚ Ⓢ 에는 세 가지 종류가 있을 수 있다. 첫째, 그것들은 바라는 이해 Ⓤ 를 위한 구성 요소를 가리킨다. 둘째, 그것들은 목표 Ⓖ 에 진술되거나 암시된 지식과 기능을 가리킨다. 그리고 셋째, 단계 2에서 확인된 복잡한 평가 과제를 수행하는 데 필요한 '수단이 되는' 지식과 기능을 가리킨다.

간의 내용과 관련된 목표에 대한 교수만으로는 교사의 성향을 확인할 수 없다. 게다가 전체로 볼 때 교사의 수업 계획과 교수요목에서 가장 큰 결점은 주요한 지적 우선순위—핵심 수행 과제 능력과 전이 가능한 빅 아이디어의 깊이 있는 이해—가 없고 관련성이 없는 수많은 단편적인 지식과 기능의 요소를 개발시키는 데 소요된 수업, 단원 그리고 코스 때문에 실패하고 있다는 것이다. 그것이 (구체적인 기준의 특성과는 상관없이) 내용 기준이 존재하는 이유다. 즉, 내용 기준이 존재하는 이유는 우리의 연구에 우선순위를 정하고, 우리의 주의를 집중시키기 위한 것이며, 그리고 맥락으로부터 검사되고 '가르쳐'야 할 표면적으로 동등하고 단편적인 수많은 목표로서 우리의 목표를 정의하는 데서 나온 지적 빈곤과 모순을 막기 위해서다.

목표에 더하여, 우리는 단계 1에서의 본질적 질문을 명확히 하도록 설계자에게 요구한다. 이것들은 전형적으로 확실한 '목표'가 아니다. 어떤 사람은 이런 질문을 하는 것이 학습의 결과를 분류하는 데 실제로는 적절하지 않다고 얼버무릴지도 모른다. 그러나 우리는 본질적 질문이 설계에서 중심이 되는 빅 아이디어를 강조한다고 주장한다. 학생들은 이러한 아이디어에 초점을 맞추어 학습해야 한다고 주장한다. 사실 많은 본질적 질문은 반복되고 최종 결론을 내릴 수 없기 때문에, 그것에 '답하는 것'과는 반대되는 것으로 '진지하게 질문을 탐구하는 것'이 바라는 결과라고 말하는 것이 적절하다. 본질적 질문을 할 때 설계자들에게 피상적 학습을 피하고 진정한 탐구—필수적인 아이디어를 깊이 있게 이해하도록 하는 데 필수적인 토의, 반성, 문제 해결, 조사, 논쟁—를 하도록 격려하고 있다.

이해는 우리가 설계자로서 계획하고 설계하려고 시도하는 활동의 모든 탐구와 반성에 대한 바라는 결과로 생각될 수도 있다. 다른 말로 하면, 이해는 학생이 탐구, 수행, 반성하면서 학습과 수업을 이해해 보는 시도를 구성주의적으로 구성한 결과다. 반면에 **지식**은 학습과 교수 활동에서 얻은 비교적 직접적인 사실과 개념을 요약한 것이다. 이해(understanding)에 대해 Dewey는 진정으로 '이해되어야(comprehended)' 한다고 주장하지만, 지식은 오로지 '이해될(apprehended)' 필요가 있는 것이라고 주장한다(제5장과 제6장에서는 본질적 질문과 이해를 자세하게 논의한다).

기능은 단편적인 테크닉뿐만 아니라 복잡한 절차와 방법 등을 의미한다. 여기서 설계자는 '수학에서의 문장제를 통한 문제 해결' 혹은 '청중과 목표에 대한 비평적 글쓰기'와 같은 단원의 마지막에서 학생이 무엇을 할 수 있어야 하는지를 진술한, 실제와 가르침을 필요로 하는 결과를 약속해야 한다. 기능 관련의 목표는 수행에 통합된 다양한 기능뿐만 아니라, 많은 단원과 교수요목을 필요로 하는 복잡하고 장기적인 결과물인 '강력한 수필을 쓰는 것'과 같은 수행 목표와는 반대되는 것으로, 테크닉과 접근법(예를 들어, 원근법, 장제법, 줄넘기), 그리고

오개념 주의하기

UbD 설계 템플릿은 학습자가 아니라 교사의 관점에서 작업을 구성한다는 것에 유의하여야 한다. 학습자가 적어도 처음에는 템플릿에 따라 조직된 목표, 이해, 본질적 질문을 반드시 이해할 필요는 없다. 단계 3의 작업은 단계 1에서 교사가 바라는 결과를 효과적이고 매력적인 학습, 즉 학습자에게 이해하기 쉬운 것으로 바꾸는 것이다.

과정(예를 들어, 읽기, 조사하기, 문제 해결)에 초점을 둔다.

일반적으로 우리는 장기간의 성공적인 수행 과정에서 볼 수 있는 가능한 기능을 간과하는 많은 교사를 볼 수 있다. 예를 들어, 대학 교수들이 참여하는 워크숍에서 대부분의 참가자는 학생들의 무능력함에 대해 불만을 토로한다. 즉, 학생들은 수업에서 전이할 수 있는 능력도 없고, 새로운 이슈와 사례에 대한 독서 경험도 없다는 것이다. "여러분의 강의 요목은 아이디어를 활용하는 방법에 대한 연습, 코칭, 피드백을 어느 정도까지 주고 있나요?"라고 물었을 때, 많은 교수는 자신들의 실수를 깨달았다. 즉, 수행 요구 사항을 일일이 열거하는 것만으로는 학생들을 성공적으로 이끌지 못한다.

그러나 기능 상자(skill box)는 그저 장기간의 과정 목표라는 것 이상을 포함하는 것을 의미한다. 설계자 또한 단원 수행 목표, 이해 그리고 질문을 통해 가능한 기능을 추론하도록 요구받는다(복잡한 수행 과제는 단계 2에서 확인된다). 이런 분석을 간과하는 것은 교사들에게는 흔히 일어나는 보편적인 일이다. 예를 들어, 중·고등학교 과정 대부분이 학생으로 하여금 토론에 참여하거나 파워포인트를 사용한 발표를 하도록 요구하지만, 학습 계획은 전형적으로 이런 능력이 최종 시험에서 공정성을 보장하기 위해 어떻게 발달되거나 지지될 것인지에 대해서 최소한의 관심만을 가질 뿐이다. 우리는 학생들이 주요한 기능(학습 기능, 연설 기능, 그래픽 설계 기능, 그룹 관리 기능)들을 이미 어느 정도는 가지고 있다고 생각한다. 그래서 많은 교육자는 자신이 계획할 때 목표로 한 것보다는 학생의 부족한 기능 때문에 더 많이 불평하는 불행한 결과를 가져온다. 학생들이 '학습하는 방법을 배우도록 하는 것'과 '수행하는 방법을 알도록 하는 것'은 모두 매우 중요한 임무지만 간과되기도 하는 것이다. 단계 1의 요소에서 체계화되고 세 단계 모두에서 정리된 요구 사항 때문에 백워드 설계는 이러한 주요 능력이 성공할 가능성을 상당히 증진시켜 준다. 요컨대, '내용 숙달'은 교수의 목적이 아니라 수단이다. 내용 지식은 단계 1의 모든 측면에서 유용한, 지적 능력의 가장 적절한 재료와 도구다.

단계 1의 다양한 카테고리가 개념적으로 서로 다르다 하더라도 그 실제에서는 종종 중복된다. 예를 들어, 미술 시간에 학생들은 원근법에 대한 개념을 배우고 원근법으로 그리는 기능을 연습하면서 그 기능을 숙달하기 위해 인내력을 보여 주기 시작한다. 따라서 실제로 잃어버릴지도 모르는 구별을 상기시켜 주기 위해 템플릿이 필요하다.

이런 방식으로 학습목표를 분류하는 것은 단순한 학문적 연습 이상이라는 것을 깨닫는 것이 중요하다. 이러한 구별은 보다 나은 수업과 평가를 위해 직접적이고 실제적인 의미를 가진다. 다양한 유형의 목적은 서로 다른 교수와 평가 접근법을 요구한다. 사람들이 추상적 개념의 이해를 개발하고 심화시키는 방법은 기능을 능숙하게 하는 방법과는 근본적으로 다른 것이다. 학생들은 주어진 시간을 넘어서 빅 아이디어를 다루고, 내적인 습관을 획득하는 것과 같은 방법으로 실제적인 정보를 배우지는 않는다. 많은 양의 지식이 독서나 강의를 통해 학습될 수 있는 데 반해, 이해는 잘 설계된 유용한 경험에서 추론되어야 한다. 이 템플릿의 특징은 설계자들에게 '좋은 교수법'에 관한 다소 이상적인 가정에 있는 것이 아니라, 목적의 논리적인 결과로서 다양한 교수법이 요구된다는 것을 상기시켜 준다는 점에 있다(수업상의 결정은 제9장과 제10장에서 충분히 논의한다).

글쓰기를 생각해 보자. 우리는 학생들이 문법의 규칙(지식)을 학습하고 기억하는 것을 돕는 기억장치를 활용할 수 있고, 작가가 무엇을 이야기하는지에 대해 안내된 토론을 제공할 수 있다. 하지만 모델링이나 안내된 실제, 피드백과 같은 다른 테크닉은 쓰기 과정(기능 개발)을 가르치기 위해 사용해야 한다. 평가를 위해 우리는 문법 지식을 검사하기 위한 선택형 문항을 사용할 수 있다. 그러나 과정의 전체적인 효율성을 적절히 판단하기 위하여 수행평가—실제로 작문한 사례—를 필요로 할 것이다. 학생은 문법과 철자의 규칙을 알지도 모르지만, 글로 의사소통하는 데 효과적이지 않을 수도 있고, 그 반대일 수도 있다. 우리의 평가는 이런 차이점에 민감할 필요가 있다.

기준 운동

우리가 UbD 초판을 썼을 때 기준 운동(The Standards Movement)은 이 책에서 거의 언급되지 않을 만큼 새로운 것이었다. 지금은 물론 북아메리카의 거의 모든 주와 지역, 그 외의 대부분 국가에서 명백한 학습목표를 확인하는 데 활용되고 있다. 전형적으로 내용 기준이나 학습 결과로 알려진 이런 목표는 다양한 교과목에서 학생들이 무엇을 알아야 하고 무엇을 할 수 있어야 하는지를 명시하고 있다.

이론적으로 보면 명백하게 쓰인 기준은 교육과정, 평가(assessment) 그리고 수업(instruction)에 초점을 맞추고 있다. 그러나 실제에서는 북아메리카 전체의 교육자들은 교육 계획을 위한 기준을 사용하려고 시도할 때마다 세 가지의 보편적인 문제에 부딪혀 왔다. 하나는 '과부하 문제'라고 이름 붙일 수 있는데, 가르쳐야 할 내용 기준이 너무도 많아서 주어진 시간 안에 모두 가르칠 수 없다는 것이다. 이 양적인 문제는 Marzano와 Kendall(1996)의 연구에서 찾을 수 있다. 그들은 다양한 교과목 영역에서 160개의 국가 및 주 수준의 기준을 검토하였고, 중복되는 것을 막기 위해 자료를 통합하였으며, 학생들이 알아야 하고 할 수 있어야 하는 것을 서술해 놓은 255개의 내용 기준과 3,968개의 개별적인 벤치마크를 확인하였다. 연구자들은 만약 교사가 각각의 벤치마크를 가르치기 위해 30분의 시간을 투자한다면(학습하는 데 30분 이상 요구되는 것도 많다), 우리는 그것을 모두 가르치기 위해서는 총 15,465시간이 더 필요할 것이라고 추측하였다. 이 연구는 많은 교사가 말해 온 것—가르칠 내용은 너무 많고 시간은 부족하다—을 지지한다. 특히 기준에 포함되어 있는 지식과 기능이 단편적이고 연관성이 없다면 이 문제는 더욱 심각해진다.

이는 새로운 문제가 아니다. 다음의 글을 생각해 보라.

각각의 일반적인 목적은 수많은 구체적인 목표로 분석할 수 있다. 절차의 힘은 가능한 명확하도록 하고 모든 바람직하고 구체적인 목표를 포함하기 위해 보다 더 분석적이도록 한다. Pendleton은 영어를 위한 1,581개의 사회적 목표를 열거하고 있다. Guiler는 1학년에서 6학년까지 수학의 300개도 넘는 목표를 제시하고 있다. Billings는 사회과에서 중요하였던 888개의 통칙을 발견하였다. 7학년 사회과의 한 교수요목은 135개의 목표가 있었다. 다른 과목의 목표는 85개였다. 중학교의 한 과정은 목표로만 47쪽이 있었다.

결과적으로 교사들은 목표들에 압도당했다. 이 목록은 너무 광범위하고 복잡해서 어떠한 논리적인 수업 프로그램도 이 목표들을 중심으로 개발할 수는 없었다. 이 사실은 각각의 학생이 원하고 흥미 있어 하는 것을 고려하지 못하게 만들고, 교사들의 수업을 지나치게 제한하였다.

이러한 논평은 1935년에 교육과정에 관해 가장 광범위하게 사용된 책에서 제시되고 있다(Caswell & Campbell, 1935, p. 118).[1]

두 번째 보편적인 문제는 다소 미묘하지만 성가신 것이다. 우리는 이것을 '골디락스 원리(Goldilocks) 문제'라고 이름 지었다. 요정 이야기의 상황처럼 어떤 기준은 너무나 크다. 다음의 지리학적인 예를 보라. '학생은 아시아, 아프리카, 중앙아시아, 라틴 아메리카, 카리브 해의 지역적인 발달을 서기 1000년부터 현재까지 물질적 · 경제적 · 문화적 특징과 역사적 혁명에 관해 분석한다.' 이 기준에 따르면, 우리는 정확히 무엇을 가르쳐야 하는가? 무엇을 평가하여야 하는가? 단 하나의 목표에 전체의 학습 경험을 쏟아 부어야만 해결할 수 있다. 이것은 너무 큰 범위이기 때문에 교사와 교육과정 저자에게 도움이 될 수 없다.

반대로 어떤 기준은 7학년 역사 기준처럼 너무나 좁다. '인더스 강 지역의 파키스탄과 중국의 황하 지역의 초기 문명을 비교한다.' 이런 기준이나 벤치마크는 누군가에게는 중요한 것이 무엇인지를 알려 주지만, 모든 학생에게 필요한 경우에 다소 난해하고 자의적으로 보이는 '사실 쪼가리(factlets)'에 고정시키는 것과 같다. 이런 유형의 기준이 구체적이고 쉽게 측정할 수 있을지라도, 그것들은 일반적으로 각 교과목의 빅 아이디어를 놓치게 만들고, 학생들에게(그리고 교사들에게) 학교 학습이 회상이나 인지에 대한 검사에 통과하고 사실을 기억하는 것이라는 메시지를 전달할 위험의 소지가 있다.

세 번째 문제는 미술과의 다음과 같은 기준의 예에서 나타난다. 학생은 기술적이고 조직적이며 심미적인 요소가 '미술 작품을 통해 의사소통되는 감정과 전체적인 인상, 아이디어를 어떻게 형성하는지를 알게 된다'. 이 문장은 너무 애매해서 실제적으로 미술 교사마다 각기 다른 방법으로 해석할 수 있을 가능성이 높다. 따라서 분명하고 지속적이며 일관성이 있는 교육적 목표인 기준 운동의 의도 중 하나가 좌절되는 것이다.

기준을 자세히 밝히는 것

여러 해 동안 우리는, 주어진 내용 기준을 가지고 작업하면서 이런 문제들(너무 많거나, 너무 크거나, 너무 작거나, 너무 모호한)을 겪고 있는 교사 계획자, 교육과정 개발자 그리고 평가 설계자를 목격해 왔다. 우리는 내용 기준을 그 안에 포함된 빅 아이디어와 핵심 과제를 확인하기 위해 '자세히 밝혀야 한다'고 제안한다. 예를 들어, 세계지리 기준(학생은 아시아, 아프리카, 중앙아시아, 라틴 아메리카, 카리브 해의 지역적인 발달을 서기 1000년부터 현재까지 물질적 · 경제적 · 문화적 특징과 역사적 혁명에 관해 분석한다.)은 다음에 나오는 보다 큰 아이디어를 중심으로 재구성할 수 있다. '한 지역의 지리, 기후 그리고 자원은 주민의 생활양식, 문화, 경제에 영향을 끼친다.' 여기에 수반되는 본질적 질문은 '당신이 어디에 사느냐가 당신이 어떻게 살고 일하는가에 어떤 영향을 끼치는가?'일 수 있다. 이런 식으로 기준을 밝힘으로써 지리학적으로 어떤 지역을 오랜 시간에 걸쳐 탐구하고 다른 지역과 비교할 수 있는 보다 큰 개념적인 렌즈를 가진다. 동시에 우리는 빅 아이디어와 본질적 질문을 사용하여 보다 크고 전이 가능한 아이디어를 탐구하기 위한 두 가지의 개별적 사례로 제공한 인더스 강 유역과 중국 황하에 대해 좁은 기준(파키스탄의 인더스 강 유역과 중국의 황하 유역의 초기 문명을 비교한다.)을 확인할 수 있다.

핵심 과제와 관련하여, 대부분의 기준에 관한 문서들은 그것들이 속한 핵심 기능과 연계되어 있다. 다음 예에서 보면, 핵심 아이디어는 숫자들(1~3)이고, 수행지표는 점(•)이며, 샘플 과제는 삼각형이다. 이 예들은 각각 캘리포니아와 뉴욕의 사회과와 과학에 관한 것이다.

〈시간적 · 공간적 사고〉
① 학생들은 과거와 현재를 비교하고, 과거의 사건들과 결정의 결과를 평가한다.
② 학생들은 변화가 다른 시간에 다른 속도로 어떻게 일어나는지 분석하고, 어떤 측면은 변할 수 있지만 어떤 측면은 변하지 않는다는 것을 이해하며, 변화는 복잡하며 기술과 정치뿐만 아니라 가치관과 신념에도 영향을 미친다는 것을 이해한다.
③ 학생들은 다양한 지도와 문서를 활용하여 국내 및 국제 이주의 주요 패턴, 인구 집단 사이에서 발생하는 마찰, 아이디어의 확산, 기술 혁신 그리고 상품을 포함한 인간의 움직임을 해석한다.

〈역사적 조사, 증거와 관점〉

① 학생은 역사적 해석에서 불합리한 토론과 타당한 토론을 구분한다.

② 학생들은 역사적 해석에서 편견과 선입관을 가려낸다.

③ 학생들은 타당한 일반화와 오해의 소지가 있는 지나친 간소화 사이의 차이점과 작가의 증거 사용의 분석을 포함하는, 과거의 대안적인 해석에 관계된 역사가들 사이의 주요 토론을 평가한다.

〈과학〉

① 과학적 조사의 중요한 목표는 계속되는 창의적인 과정에서 자연적 현상에 대한 설명을 발전시키는 것이다.

학생들은,

• 매일 관찰한 것을 설명한 연구 결과를 안내하기 위해 적당한 참고자료를 가지고 문제를 독립적으로 공식화한다.

• 앞서 나온 현상의 가시적인 모델을 제안함으로써, 특히 자연현상을 위해 독립적으로 설명을 구조화한다.

• 매일 관찰한 것에 대한 제안된 설명을 나타내고 증명하고 방어하여 다른 사람이 이해하고 평가할 수 있게끔 한다.

예를 들어, 학생들이 다음을 수행할 때 그것은 증거가 될 수 있다.

△ 재활용이 될 수 있는 것과 재활용된 고체 쓰레기의 양 사이의 격차를 보여 준 다음, 소그룹으로 학습하는 학생들은 왜 이런 격차가 존재하는지 설명하도록 요구받았다. 그들은 가능한 몇 가지의 설명을 개발한 다음, 집중적인 학습을 위해 하나를 선택한다. 그들의 설명이 다른 그룹에게 평가받고 난 다음, 그것은 평가를 위해 정련화되고 제출된다. 설명은 명확함, 그럴싸함, 조사 방법을 사용한 집중적 학습의 적절성 등에 따라 평가된다.

복잡한 과정과 복잡한 수행 과제의 숙달은 이들 기준과 다른 많은 기준에 있어 중심적인 것이다. 그러나 교육자들은 학생 수행에 손해를 끼치면서, 이러한 요구 사항을 보다 친숙한 프로그램과 과정의 목표로 변형시키는 것을 더디게 진행시켜 왔다. 그리고 각각의 기준은 각 교과목에서의 빅 아이디어의 총체가 된다—성공적 수행을 강조하는 핵심 개념이다.

사실상 우리는 교사−설계자로서 우리의 우선순위에 대해 보다 나은 감각을 가지기 위해 이 문서들에서 되풀이되는 핵심 명사, 형용사, 동사를 보다 주의 깊게 볼 필요가 있다(수학의 예인 〈표 3−2〉 참고). 이러한 방식으로 내용 기준을 자세히 밝히는 것에는 두 가지 장점이 있다. 첫째는 명백히 실용적이다. 빅 아이디어와 핵심 과제를 포함하는 두 가지의 보다 넓은 개념적 우산 아래 구체적인 것을

오개념 주의하기

이 책에서 우리는 교과 영역에서 공식적으로 열거된 학습목표를 총괄적으로 언급하기 위해 기준이라는 용어를 사용하고 있다. 어떤 의미에서 기준은 오로지 내용에만 관련된 것이지만, 다른 의미에서는 '수행지표'와 동등한 것으로 사용되기도 한다(일찍이 인용되었던, 뉴욕 과학 사례가 차이점을 분명히 하고 있다). 우리의 의도에 부합하기 위해 '투입―내용―에 관련되든지, 바라는 '결과'―증거―에 관련되든지 우리는 기준이라는 용어 아래 모두 일률적으로 다룰 수 있다. 만약 지역의 설계자들이 UbD 템플릿에서 기준을 만들려고 한다면 그들은 원래 기준보다는 충족될 만한 기준의 증거에 대해 더 많이 다루기 때문에, 단계 2에서는 소위 지표, 벤치마크, 수행 목표라 부르는 것들을 다룰 필요가 있다. 사실 많은 주와 국가 수준의 문서는 이러한 중요한 차이점이 분명하지 않다. 그래서 지역 수준의 분석에서 주의 깊게 다루어야 한다.

모아둠으로써 방대한 양의 내용, 특히 단편적이고 실제적인 지식과 기초적인 기능을 다룰 수 있게 된다. 교사들은 주어진 토픽, 제시된 시간 제한과 내용 부담 때문에 결코 모든 사실과 기능을 다룰 수는 없다. 그러나 본질적 질문과 적절한 수행평가를 위주로 한 작업에서 각 교과목의 보다 작은 빅 아이디어와 핵심 과제에 초점을 맞출 것이다. 내용 기준(표준화 검사에서 종종 평가되는)으로 확인된 보다 구체적인 사실, 개념, 기능은 이런 보다 큰 아이디어와 능력을 탐구하는 맥락에서 가르칠 수 있다.

빅 아이디어는 본질적으로 전이 가능하기 때문에 단편적인 토픽과 기능을 연결하는 것을 도울 수 있다. 예를 들어, '재능 있는 작가들은 어떻게 독자를 휘어잡는가?'라는 본질적 질문은 영어나 언어학 기준(예를 들어, 다른 작가의 스타일, 문학 장르, 다양한 문학 테크닉)에서 요구되는 일련의 중요한 지식을 기능과 포괄적으로 학습하도록 한다. 수학에서는 '오류를 포함한 모든 형태의 측정 도구'라는 빅 아이디어는 통계에서 더욱 세련된 개념뿐만 아니라 자로 재는 것에 대한 기초 학습을 안내하는 데 사용된다.

이런 방법으로 내용 기준을 자세히 밝히는 것의 두 번째 정당성은 인지심리학의 학습 연구에 기인한다. 다음에 제시된 『학습하는 방법(How People Learn)』에서 요약된 결과를 보라(Bransford, Brown, & Cocking, 2000).

학습과 문학에서의 주요 결과는 보다 나은 전이를 고려하는 개념적 구조 속으로 정보를 조직하는 것이다(p. 17). 이해를 동반한 학습은 교재나 강의에서 얻은 정보를 단순히 기록하는 것 이상으로 전이를 증진하는 경향이 있다(p. 236). (관련 연구 결과에 관한 더욱 자세한 논의는 제13장에서 제시된다.)

전문가는 먼저 문제의 이해를 개발시키려고 하고, 이것은 종종 핵심 개념이나 빅 아이디어에 따라 사고하는 것을 포함한다. 초보자의 지식은 빅 아이디어를 중심으로 조직되는 경향이 훨씬 적다. 초보자는 그들의 직관에 따라 정확한 식과 꼭 들어맞는 대답을 찾으면서 문제에 접근하려는 경향이 있다(p. 49).

〈표 3-2〉 기준을 자세히 밝히는 것

설정된 목표:

모든 학생은 수학적 아이디어의 상호 관계성과 수학과 수학적 모델링이 다른 교과목과 삶에서 차지하는 역할을 이해함으로써 수학과 다른 학습을 연결시킬 수 있다.　　　　　　　　　　　　　　－ 뉴저지의 수학 기준 4.3

명사와 형용사로 진술되거나 암시된 빅 아이디어:

• 다양한 교과목과 삶에서의 수학적 모델링

동사로 진술되거나 암시된 실생활의 수행:

• 실생활 자료나 현상의 효율적인 수학적 모델링에 대한 예를 제시한다.
• 주어진 실제 상황에 적합한 수학적 모델을 비판적으로 재검토한다.

본질적 질문 아이디어:　　　　　　　　　　Q

• 패턴은 무엇인가?
• 당신의 모델(특정한 상황에서)이 좋은 것인지 어떻게 아는가?

이해 아이디어:　　　　　　　　　　　　　U

학생들은 ……을 이해할 것이다.

• 수학적 모델은 자료를 사용하여 경험을 단순화하고 추상화하며 분석하여 그것의 관계를 더 잘 이해할 수 있도록 한다.
• 수학적 모델은 그것이 우리를 잘못 이끌지 못하도록 비판적으로 검토되어야 한다.

수행 과제 아이디어:　　　　　　　　　　T

• 학생들이 많은 자료와 관계되는 다양한 모델을 가진 선택된 실제 상황(계절별 온도)을 위해 수학적 모형을 만들어 내도록 한다.
• 학생들이 주어진 상황에 적절한 수학적 모델을 비판적으로 재검토하도록 한다(두 가지 차원에서 지구를 나타내기 위한 메르카토르식 투영도법).

빅 아이디어와 핵심 과제란 정확히 무엇인가

우리가 학습 단원의 계획을 위해 백워드 설계 과정을 사용한다고 가정해 보자. 그 단원이 학생의 이해를 야기할 것이라고 확신할 수 있는가? 꼭 그렇지는 않다. 훌륭하고 강력하기 위해서 설계는 명확하고 가치 있는 지적 우선순위—우리가 '빅 아이디어'와 '핵심 과제'라고 부르는 것—에 초점을 맞추어야 하고 일관성이 있어야 한다. 이 문제를 차례로 살펴보자.

모든 토픽이 우리가 합리적으로 다룰 수 있는 것보다 대체로 더 많은 양의 내용을 포함하고 있다면, 우리는 심사숙고하여 선택하고 명확한 우선순위를 결정지을 필요와 의무가 있다. 무엇을 가르칠지(무엇을 가르치지 않을지) 결정하는 것은 학습자가 학습해야 할 우선순위가 무엇인지 알도록 우리가 도와주는 것을 의미한다. 우리의 설계는 모든 학습자가 다음의 질문에 대답할 수 있도록 우선순위를 명백히 표시해야 한다. 여기서 무엇이 가장 중요한가? 이 조각들은 어떻게 연결되는가? 무엇에 가장 주의를 기울여야 하는가? 가장 기본이 되는 우선순위는 무엇인가?

빅 아이디어는 학습자들이 학습의 우선순위를 설정하는 것에 따라 단편적인 사실과 관련지어 결론을 도출한다. 교사의 입장에서 빅 아이디어는 '개념적 접착테이프'다. 빅 아이디어들은 사실과 기능을 하나로 만들고, 이해되도록 돕는다. 이러한 도전은 각각의 주제에서 가능한 가치를 모두 가르치려는 유혹을 뿌리치면서, 몇 가지 빅 아이디어를 확인하고 그 아이디어를 중심으로 주의 깊게 설계하는 것이다. Bruner(1960)는 이렇게 말했다.

초등학교에서 배우는 모든 과목에서 성인의 지식이 과연 가치 있는 것인지 의심스럽고, 아이들을 훌륭한 성인으로 만들기 위해 과연 성인의 지식을 가르쳐야 할지 의문스럽다. 이 문제에 대해서 부정적이거나 애매하게 대답한다면 그것은 교육과정을 뒤죽박죽으로 만든다는 것을 의미한다(p. 52).

빅 아이디어는 바퀴의 고정핀(linchpin)과 같은 요체가 되는 것이다. 바퀴의 고정핀은 차축(axle)에서 바퀴를 고정시키는 장치다. 이와 같이 바퀴의 고정핀은 이해에서 필수적이다. 아이디어를 알고 내용 지식과 관련하여 '결합시키지' 못한다면, 우리에게는 어디에도 도달할 수 없는 무기력한 단편적 사실만이 남을 것이다.

예를 들어, 법문의 자구의 뜻과 법의 정신 사이의 차이점을 알지 못하고는 학생들이 헌법의 역사에 대한 많은 사실에 관한 수준 높은 식견을 가지고 있고, 분명하게 알고 있더라도, 그들은 미국의 헌법과 법적 체계를 이해하였다고 말하기는 어려울 것이다. 지속되는 가치를 지닌 빅 아이디어에 주의를 기울이지 않고서는, 학생들에게는 너무 쉽게 잊을 수 있는 '지식의 파편'이 남겨진다. 이와 같이 학생은 헌법의 모든 개정을 기억하고 주요 연방 대법원의 판결의 이름을 줄줄 외울 수도 있겠지만, 만약 학생이 합법적이고 민주적인 원리를 똑같이 다루면서 법이 어떻게 변화할 수 있는지를 설명할 수 없다면 그 이해는 불충분하다고 판단할 수밖에 없다.

다른 예로, 같은 이름으로 나온 책에서 기술된 '과학에서의 가장 큰 다섯 가지 아이디어'를 생각해 보자(Wynn & Wiggins, 1997). 저자들은 과학에서 다섯 개의 근본적인 아이디어를 체계화하는 일련의 질문을 제안한다.

> 질문: 물질의 기초적인 구성물이 존재하는가? 있다면 어떻게 생겼을까?
> 대답: 빅 아이디어# 1 – 물리학의 원자 모델
> 질문: 우주의 기초 구성물인 원자의 다양한 종류 사이에는 관련성이 있을까?
> 대답: 빅 아이디어# 2 – 화학의 주기율
> 질문: 우주의 원자는 어디에서 생겨나고 그들의 운명은 무엇인가?
> 대답: 빅 아이디어# 3 – 천문학의 빅뱅이론
> 질문: 우주의 물질은 지구 행성에서 어떻게 정렬되는가?
> 대답: 빅 아이디어# 4 – 지질학의 판 구조 모델
> 질문: 지구의 생명은 어떻게 기원하고 발전하였는가?
> 대답: 빅 아이디어# 5 – 생물학의 진화이론(pp. v–vi)

무엇이 빅 아이디어인가? Wynn과 Wiggins(1997)에 따르면, 빅 아이디어란 '어떤 현상을 설명하기 위한 힘을 가지고 있어서 특별히 선택된 것으로, 그것은 과학에 대한 포괄적인 조사를 제공한다.' (p. v) 당신이 이들의 특정한 선택에 동의하든 동의하지 않든 간에 이 저자들의 접근은 일련의 보다 작은 우선순위의 아이디어에 초점을 맞출 필요가 있으며, 교수와 평가를 구성하기 위해 우선순위의 아이디어를 사용해야 한다는 결론에 도달한다.

핵심이 되는 빅 아이디어 대 기초(용어)

우리가 어떤 아이디어가 우산 개념으로 기능한다는 점을 알리고자 한다면 그 관점에서 그 개념을 '빅 아이디어(big ideas)'라고 표현하는 것이 딱 맞다. 그러나 다른 관점에서 '빅(big)'이라는 단어는 잘못 인식될 수 있다. 빅 아이디어가 많은 내용을 포함하는 모호한 문구라는 의미에서 그것은 꼭 방대할 필요는 없다. 또한 빅 아이디어가 '기초(basics)' 아이디어는 아니다. 오히려 빅 아이디어는 교과

목에서의 '핵심(core)'이다. 그것은 심층적으로 다룰 필요가 있다. 우리는 핵심적인 것을 이해할 때까지 심층적으로 깊이 파 내려가야 한다. 반대로 기초 아이디어는 이 기초라는 단어가 의미하는 대로 다음의 심화 작업―예를 들어, 정의, 기본적인 기능, 경험 법칙― 을 위한 기초가 된다. 어쨌든 교과목에서 핵심이 되는 아이디어는 어렵게 얻게 되는 탐구의 결과이고, 전문적으로 사고하고 인식하는 방식이다. 그것은 명백하지 않다. 오히려 대부분의 전문가적인 빅 아이디어는 추상적이고 초보자에게는 반직관적이며 오해하기 쉽다.

이 관점을 보다 명확히 알기 위해 '기초 용어(basic terms)'와 대조하여 다양한 영역의 핵심 아이디어(core ideas)를 생각해 보자.

기초 용어(basic terms)	핵심 아이디어(core ideas)
• 생태계	• 자연 선택(도태)
• 그래프	• 자료의 '최적' 곡선
• 기초 사칙 연산	• 결합성과 이행성(영으로 나누어지지 않는)
• 스토리	• 스토리에 투사된 의미
• 그림의 구도	• 음의 공간(여백)
• 공격과 방어	• 공격을 위한 공간을 확보하고 방어하기
• 실험	• 실험 방법과 결과의 고유 오류 및 오류 가능성
• 사실 대 의견	• 확실한 논지

각 교과목에서 핵심이 되는 빅 아이디어는 어떤 때는 교사가 이끄는 탐구와 학생들의 반응으로 놀랄 만큼 천천히 달성된다(이 책의 말미에서 우리는 '이해'와 '본질적 질문'이 교과목의 핵심이 되는 기초적인 지식과 기능을 항상 넘어서서 다루어야 한다고 제안할 것이다).

우리 중 한 명은 Macbeth에서 핵심이 되는 빅 아이디어―명예와 충성―를 심층적으로 다루기 위해 연구하는 특별한 학생 그룹을 관찰하였다. 두 명의 교사는 연극(이해의 방법으로는 얻을 수 없는 문학적 이슈를 확실히 하기 위해 큰 소리로 읽게 하는)과 명예에 대한 학생의 경험을 묻는 것으로 능숙하게 방향을 전환하였다. 질문들은 다음과 같다.

• 우리에게 일어난 일과 우리가 일으킨 일 사이의 차이점은 무엇인가?
• 명예란 무엇인가? 명예에 값을 매길 수 있는가? 명예는 가치가 있는 것인가?
• 무엇이 충성인가?

• Macbeth에서, 우리 삶에서 명예와 충성 사이에 감도는 긴장감이 있는가?

학생들은 각각의 질문에 대한 답을 자신들의 연극이나 삶에서 찾도록 요구받았다. '왜 그렇게 명예에 의지하는가?' 교사 중 하나가 마르고 큰 친구를 느닷없이 똑바로 앉도록 하여, 그때까지 멍한 상태였던 그의 눈에 초점을 맞추고 물었다. 그 친구는 자신이 다른 친구를 지키기 위해 변호할 때 친구를 잃는 것에 대해 통렬하게 반응하였다. Macbeth에서 발생한 일은 보다 중요해 보이지만 여전히 복잡한 인간사다. 학생들은 전이할 수 있고, 통찰력을 가지게 되었다. 충성이라는 아이디어의 핵심은, 충성이 변함없이 충돌하기 때문에 벗어날 수 없는 딜레마를 포함한다는 것이다. 아이디어에 관해 무엇이 필수적인지, 핵심을 간파하지 못하는 학습은 애매하고 낯설고 재미없는 수업을 만든다. 학생들이 배우고 있는 지식을 이해하기 원한다고 말할 때, 우리는 그것의 가치, 주어진 시간과 우리가 가진 책임에 관해 불필요하고 고지식한 존재가 아니다.

수학에서의 핵심적 빅 아이디어는 '단위화 혹은 결합하기(unitizing)'—상이한 수를 나타내기 위한 수의 능력—다. 학생들이 이것을 파악하지 못한다면 자리값을 이해할 수 없다는 것이다. '결합은 학생들이 물체를 세는 것뿐만 아니라 집단을 세는 것에도 수를 사용하고, 동시에 둘 다 세는 것에도 수를 사용할 것을 요구한다. 전체는 이와 같이 수의 집단으로 보인다. 학습자에게 결합은 관점의 전환이다'(Fosnot & Dolk, 2001b, p. 11).

그러므로 빅 아이디어는 사실을 보다 이해 가능하고 유용하게 만들기 위한 개념적 앵커이고 연구 분야에서의 일관된 연관성(coherent connections)에 초점을 둔다. 우리는 다시 한번 오래된 개념을 떠올린다. Bruner(1960)는 그런 개념을 '지식의 구조'라고 이름 붙이며, 유명한 말을 남겼다.

> 교과의 구조를 이해하는 것은 많은 다른 것을 의미 있게 연결하는 방법으로 구조를 이해하는 것이다. 구조를 배우는 것은 한마디로 무엇이 어떻게 관련되는지를 배우는 것이다. ……수학의 예를 들어 보면, 대수학은 기지수와 미지수를 방정식에서 나열하여 미지수를 알 수 있도록 하는 것이다. 이때 세 가지의 요소가 포함되는데…… 이것은 교환, 분배, 결합법칙이다. 일단 학생이 세 가지 기본 요소를 통해 체계화된 아이디어를 이해한다면 그는 해결된 '새로운' 방정식이 전혀 새롭지 않다는 것을 인식하게 된다(pp. 7-8).

Phillip Phenix는 『의미의 영역(Realms of Meaning)』(1964)에서 '대표 아이디어(representative ideas)'를 중심으로 한 설계의 중요성에 대해 썼는데, 그것이 학습을 효과적이고 효율적으로 만들기 때문이다.

> 대표 아이디어는 경제적인 학습 노력에 매우 중요한 역할을 한다. 만약 그것을 나타내는 과목에서 어

면 특징적인 개념이 있다면, 이러한 아이디어의 철저한 이해는 전 교과의 지식에 동일하게 적용된다. 만약 한 교과에서 지식의 어떤 패턴에 따라 구조화된다면, 그 패턴의 충분한 이해는 그 교과의 설계에 적합한 다수의 지적인 특정 요소를 구성하는 데까지 나아갈 것이다(p. 323).

그가 말한 대로 그런 '빅 아이디어'는 흔하지 않은 특징을 가진다. 빅 아이디어는 초보 학습자에게 유용하기도 하고 새로운 지식을 산출하기도 한다.

교육평가(educational assessment)의 과정을 생각해 보라. 거기에서 어떤 빅 아이디어는 '믿을 만한 증거'가 된다. 보다 기술적이고 구체적인 개념(타당도와 신뢰도)과 보다 기술적인 기능(컴퓨터 기준편차)은 유사한 질문(그 결과는 얼마나 믿을 만한 것인가? 그 결과에서 우리는 얼마나 신뢰하고 있는가?)을 찾을 수 있는 다른 영역으로의 전이 가능성을 가지고, 이러한 아이디어로 적절히 포함될 것이다. 관련된 빅 아이디어는 모든 교육적 평가가 민법과 같아야 한다는 것이다. 우리는 학생이 제시된 목표를 달성하였다고 '판결'하기 위해 '증거의 우세'를 필요로 한다. 왜 우세인가? 각각의 측정이 원래의 오류(다른 빅 아이디어)를 가지고 있고, 각각의 검사 결과는 '평가받기'에 부적당하기 때문이다. 이런 방법에서 일반적으로 오류를 재치 있게 의논할 수 있는 능력이 없다면, 평가 과정의 학생들은 그들이 그 용어를 정확하게 정의하거나, 계수를 사용하여 계산해 낼 수 있더라도 '신뢰성'과 그것의 중요성을 이해한다고 말할 수는 없다.

Lynn Erickson(2001)은 '빅 아이디어'에 대한 유용한 정의를 다음과 같이 제공하였다.

- 넓고 추상적이다.
- 한두 단어로 표현된다.
- 적용에 보편적이다.
- 모든 시대에 적용되며 영속적이다.
- 공통 속성을 공유하는 다양한 사례를 나타낸다(p. 35).

보다 일반적으로, 빅 아이디어는 다음과 같이 생각할 수 있다.

- 어떤 학습에 초점을 맞추는 개념적인 '인식의 눈'을 제공하는 것
- 이해의 핵심으로서 제공되는 많은 사실, 기능, 경험을 연결하고 조직하는 것에 따라 의미의 폭을 제공하는 것
- 교과에 대한 전문가의 이해에 핵심에 있는 아이디어를 가리키는 것

- 의미 혹은 가치가 학습자에게 거의 명백하지 않거나 반직관적이고 오해하기 쉽기 때문에 '심층적 학습'을 필요로 하는 것
- 많은 다른 연구와 이슈를 오랜 시간 동안—교육과정과 학교 밖에서 '수평적으로'(교과목에 걸쳐) 그리고 '수직적으로'(다음 과정 학년에 걸쳐)—활용하고 중요한 전이를 가치 있게 하는 것

Bloom(1981)과 동료는 빅 아이디어의 특징과 가치에 대해 다음과 같이 말함으로써 우리의 마지막 준거인 전이는 필수적인 것으로 판명되었다.

> 각 교과목 영역마다 학자들이 배운 많은 것을 요약한 기초 아이디어다. 이 아이디어는 그들이 배운 많은 것에 의미를 주고, 그것들은 많은 새로운 문제를 다루는 데 기초적인 아이디어를 제공한다. 우리는 이런 추상적 개념을 꾸준히 조사하고, 학생들이 그것을 배우는 것을 돕는 방법을 찾고, 특히 매우 다양한 문제 상황에서 그것을 어떻게 사용하는지를 학생들이 배우도록 돕는 것이 학자와 교사의 기본적인 책임이라는 것을 믿는다. ……그런 원리를 사용하는 법을 배우는 것은 세상을 다루는 강력한 방법을 가지는 것이다(p. 235).

다시 말해, 빅 아이디어는 지적인 범위에서 단순히 '큰' 것은 아니다. 그것은 교수학적 힘(pedagogical power)을 가져야 한다. 빅 아이디어는 학습자들이 그 전에 무엇이 와야 하는지를 이해할 수 있도록 해야 하고, 새롭고 친숙하지 않은 아이디어를 보다 친숙하게 하는 데 유용해야만 한다. 이와 같이 빅 아이디어는 애매한 추상적 개념이나 단지 또 하나의 사실이 아니라 사고를 날카롭게 하고, 단편적 지식들을 연결해 주며, 학생이 전이 가능한 적용을 할 수 있도록 해 주는 개념적 도구다.

교육적 실제에서 빅 아이디어는 전형적으로 다음과 같은 유용한 것으로 나타난다.

- 개념(적응, 기능, 총량, 관점)
- 테마('악에 대항한 훌륭한 승리', '도래하는 세대', '서부로 가기')
- 지속적인 논쟁과 관점(천성 대 교육, 보수 대 자유, 수용 가능한 오차)
- 역설(자유는 한계를 가져야만 하고, 자신을 찾기 위해 집을 떠나는 것, 허수)
- 이론〔자연 선택을 통한 진화, 명백한 사명, 명백한 무작위를 설명하기 위한 분열 도형〕
- 근본적인 가정(텍스트는 의미를 가진다, 시장은 합리적이다, 과학에서의 인색한 설명)
- 반복되는 질문('그것은 공정한가?', '어떻게 아는가?', '어떻게 증명할 수 있는가?')
- 이해 혹은 원리(형식은 기능을 따른다, 독자는 그것을 이해하기 위해 텍스트에 질문을 가져야 한다, 상호 관련성이 인과관계를 확신하지는 않는다)

그렇다면 빅 아이디어는 단어, 구, 문장 혹은 질문과 같은 다양한 형태로 자신을 명백히 할 수 있다는 것을 기억하라. 핵심 개념, 본질적 질문 그리고 형식 이론은 모두 달리 표현한 빅 아이디어에 관한 것이다. 어쨌든 우리가 다음 장에서 공부할 빅 아이디어의 골격을 짜는 방법은 중요한데, 이는 단지 스타일이나 취향의 문제가 아니기 때문이다. 학습자가 빅 아이디어를 이해하기 원한다는 점에서 빅 아이디어를 구조화하는 것은 좋은 설계 작업을 위해 중요하다.

우선순위를 매기는 구조

우리는 합리적으로 다룰 수 있는 것보다 전형적으로 더 많은 내용을 가르쳐야 하기 때문에, 그리고 흔히 모든 것이 학생에게 똑같이 중요한 것처럼 제시되기 때문에 우선순위를 선택하고 구성할 의무가 있다. 빅 아이디어를 중심으로 우선순위를 설정하는 데 유용한 구조는 [그림 3-1]에서 제시하는 것과 같이 세 개의 동심원을 사용하여 나타낼 수 있다. 가장 바깥의 빈 공간은 단원이나 코스 중에 검사할 수 있는 모든 가능한 내용 영역(토픽, 기능, 자원들)을 나타낸 것으로 생각하라.

분명히 우리는 모두를 다룰 수 없다. 그래서 학생들이 친숙할 필요가 있는 지식을 확인하기 위해서는 가장 바깥의 타원으로 이동한다. 단원이나 코스를 학습하는 동안 우리는 학생이 무엇을 듣고, 읽고, 보고, 조사하고, 마주치기를 바라는가? 예를 들어, 통계학의 도입 단원에서 우리는 학생들이 벨 곡선(혹은 정규분포)의 역사와 함께 Blaise Pascal과 Lewis Terman을 포함하는 주요 역사적 인물을 이해하기를 바란다. 전통적인 퀴즈나 검사 문항을 통해 평가된 대략적인 지식은 그 단원의 서론으로 제시되기에 충분하다.

중간의 타원에서 우리는 관련성과 전이력을 가지고 있는 중요한 지식, 기능, 개념을 자세히 열거함으로써 해당되는 본 단원 내에서, 그리고 관련된 토픽에 관한 다른 학습 단원과 함께 우리의 선택을 분명하게 하고 우선순위를 매기는 것이다. 예를 들어, 우리는 학생들이 집중 경향치(평균, 중앙값, 최빈값, 범위, 4분위 편차, 표준편차)의 측정을 알고, 그래픽 표현의 다양한 형태에서 자료를 구조화하는 기능을 발전시키도록 기대한다.

그러나 중간 타원에 대하여 생각하는 다른 방식도 있다. 중간 타원은 전이 과제인 이해의 복잡한 핵심 수행을 성공적으로 달성하기 위해 학생들에게 필요한 필수적인—즉, 가능한—지식과 기능을 확인시킨다. 예를 들어, 고등학교 수학 교사는 학생들에게 다음의 수행 과제를 나타내는 통계 단원을 소개한다.

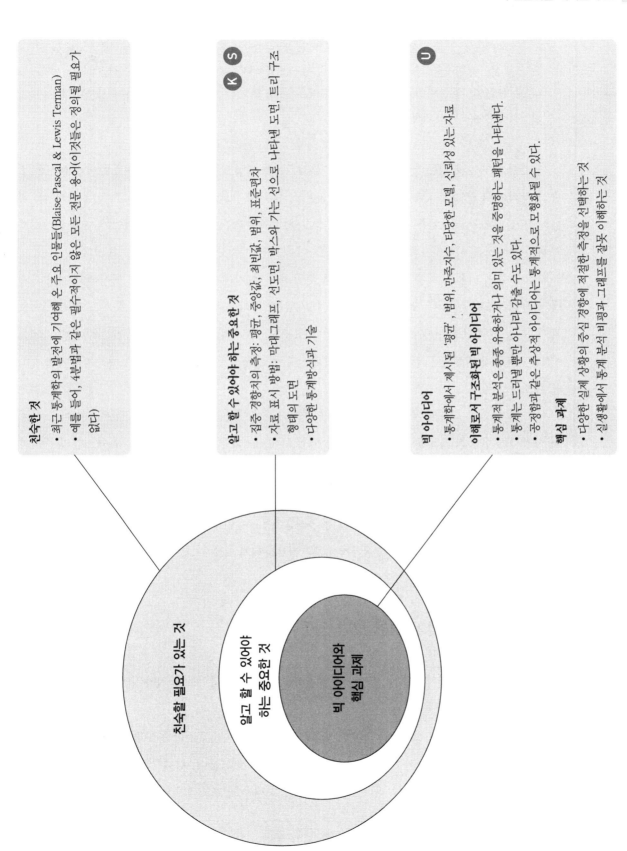

친숙한 것

- 최근 통계학의 발전에 기여해 온 주요 인물들(Blaise Pascal & Lewis Terman)
- 예를 들어, 4분범과 같은 필수적이지 않은 용어(이것들은 정의될 필요가 없다)

알고 할 수 있어야 하는 중요한 것

K S

- 집중 경향치의 측정: 평균, 중앙값, 최빈값, 범위, 표준편차
- 자료 표시 방법: 막대그래프, 선도면, 박스와 가는 선으로 나타낸 도면, 트리 구조 형태의 도면
- 다양한 통계방식과 기술

빅 아이디어

U

- 통계학에서 제시된 '평균', 범위, 만족지수, 타당한 모델, 신뢰성 있는 자료

이해로서 구조화된 빅 아이디어

- 통계적 분석은 종종 유용하거나 이미 있는 것을 증명하는 패턴을 나타낸다.
- 통계는 드러낼 뿐만 아니라 감출 수도 있다.
- 공정함과 같은 추상적 아이디어는 통계적으로 모형화될 수 있다.

핵심 과제

- 다양한 실제 상황의 중심 경향에 적절한 측정을 선택하는 것
- 실생활에서 통계 분석 비 평과 그래프를 잘못 이해하는 것

[그림 3-1] 내용의 우선순위를 명료화하기

수학 선생님은 집중 경향치— 평균, 중앙값이나 최빈값 —의 측정 방법을 여러분이 선택하도록 할 것입니다. 집중 경향치를 측정하기 위한 퀴즈, 검사, 숙제에서 여러분의 점수를 검토하는 것은 최선일 것입니다. 여러분이 왜 그 방법을 사용하였고, 성적을 얻는 데 왜 가장 '공정하고' '유익하다'고 믿는지를 설명해서 선생님에게 써 내시오.

이 수행 과제는 학생들이 단순히 용어를 정의하는 것 이상으로 질적으로 다른 방법으로 실시한 집중 경향치의 측정(그래서 학생들은 평균을 구하는 더 선호하는 방법을 결정할 수 있고 그 이유도 설명할 수 있다)을 실제로 이해하기를 요구한다. 게다가 그렇게 하는 것은 학생들에게 흥미있기 때문에 그러한 과제는 차이점을 이해하도록 원하는 데 학생들이 흥미를 가지도록 자극하는 경향이 있다.

가장 안쪽의 타원은 최종적인 주요 결정을 요구한다. 여기에서 우리는 교과의 핵심에서 전이 과제를 명확히 하고 단원이나 코스를 정착시켜 주고 있는 빅 아이디어를 선택한다. 통계 단원의 사례를 들면, 가장 안쪽의 타원에서 우리는 빅 아이디어(표본, 오차, 데이터에서의 패턴 찾기, 예견하기, 신뢰의 정도)와 핵심 수행에의 도전(일련의 데이터에 주어지는 '평균'의 의미 알기, '공정한' 해결 방법 개발하기)을 강조하고 있다.

세 개의 동심원 그래픽 조직자는 단원이나 과정의 내용에 우선순위를 매기려고 시도할 때 교사들이 사용하는 유용한 도구로 증명되어 왔다. 사실 아이디어와 과정에 비교해 볼 때 최소한의 주의와 관심을 받고 있는 것이 바깥 원으로 밀려난다면, 많은 사용자는 '항상 가르쳐 왔던' 것을 삭제할 수 있다는 것을 알게 될 것이다(그런데 이와 똑같은 도구가 교육과정 감사의 실행을 위해 거시적 수준에서 사용되었다. 다시 말해, 현재 교육과정에 반영되는 우선순위는 무엇인가? 우리가 중요하고 전이 가능한 아이디어에 집중하고 있는가? 혹은 우리의 교육과정이 많은 정보를 단지 피상적으로 다루고만 있는가?).

빅 아이디어를 찾기 위한 보다 많은 팁

세 개의 동심원 조직자에다가 교육과정 설계자들이 빅 아이디어를 확인하기 위해 다음의 전략을 고려할 것을 제안한다.

1. 주의 기준을 자세히 보라. 주 기준의 대부분은 빅 아이디어를 진술하거나 나타낸다. 특히 기준 목록에 선행하는 기술적 교재에서는 더욱 그러하다. 예를 들어, 경제학과 물리학에서 오하이오 주의 기준에 대한 설명을 보라(우리는 다양한 빅 아이디어를 드러내기 위해 강조해 왔다).

학생들은 생산자, 소비자, 저축가, 투자자, 노동자 그리고 서로 의지하면서 살아가는 시민들로서 유익한 선택을 위해서 경제의 논리적인 기능과 주요 경제 개념, 이슈 그리고 시스템의 지식을 사용한다.

> K-12 프로그램의 결과로,
>
> A. 사람들이 필수품을 충족시키기 위해 자원의 결핍을 어떤 방법으로 해결하는지 설명한다.
>
> B. 재화와 용역을 구별하고, 사람들이 재화와 용역의 구매자와 판매자 둘 다가 될 수 있는 방법을 설명한다.
>
> C. 사람들이 재화와 용역을 획득하는 방법을 설명한다.
>
> 학생들은 물리적 전달 시스템의 구성에 대한 이해와 개념, 그리고 자연세계에서 물리적인 상호 작용과 사건들을 기술하고 예견하는 원리에 관한 이해를 설명한다. 이것은 물질의 구조와 속성, 자료와 물체의 속성, 화학적인 반응 그리고 물질의 보존과 유지에 관한 이해를 설명하는 것도 포함한다. 더욱이 에너지의 본성, 전이 그리고 보존에 대한 이해도 포함한다. 즉, 운동에 영향을 미치는 움직임과 힘, 파동의 본성과 물질과 에너지의 상호 작용이다.

혹은 캘리포니아에서 나온 6학년 사회과 기준을 생각하라(다시 한번 우리는 다양한 빅 아이디어를 드러내기 위해 강조해 왔다).

학생들은 구석기 시대부터 농업혁명에 이르기까지 초기 인간의 신체적 · 문화적 발달의 고고학적인 연구를 통해 알려진 것을 기술한다.

- 불의 사용과 도구의 발달을 포함하는 수렵사회에 대해 기술한다.
- 세계에서 사람이 거주하는 주요 지역인 인간 사회의 위치를 확인하고, 다양한 환경에 인간이 어떻게 적응해 가고 있는지 기술한다.
- 동식물을 길들이고 의복과 주거지역에 대한 새로운 자원을 만들어 내는 물리적인 환경에 대한 인간의 개척과 기후 변화에 대해 토의한다.

2. 빅 아이디어를 강조하기 위해 기준이 제시된 문헌에서 반복되는 주요 명사와 핵심 과제를 확인하기 위한 반복된 동사에 동그라미를 하라. 이 간단한 테크닉은 이전에 언급하였다(〈표 3-2〉 참고).

3. 전이 가능한 개념 목록이 존재함을 언급하라. 예를 들어, 주어진 토픽의 빅 아이디어를 찾을 때 이 가능성을 고려하라.[2)]

| 풍부함/부족함 | 민주주의 | 이주 |
| 수락/거절 | 발견 | 분위기 |

적응	다양성	질서
노화/성숙	환경	패턴
균형	평형	관점
변화/계속	진화	생산
특징	탐구	증거
사회	공정함	반복
갈등	우정	리듬
연결	조화	생존
협동	명예	상징
상호 관련성	상호 작용	시스템
용기	상호 의존	공학
창의성	발명	전제정치
문화	공정	다양성/다양한
사이클	자유	부
방어/보호	충성	

4. 토픽이나 내용 기준에 관한 하나 혹은 그 이상의 다음 질문을 하라.

- ~을 왜 공부하나? 그래서 무엇을?
- ~에 관한 연구를 무엇이 '보편적으로' 만드는가?
- ~에 관한 단원이 스토리라면 그 '스토리의 도덕성'은 무엇인가?
- ~의 과정이나 기능에 함축된 '빅 아이디어'는 무엇인가?
- ~에 깔려 있는 보다 큰 개념, 이슈 혹은 문제는 무엇인가?
- 우리가 ……을 이해하지 못한다면 무엇을 할 수 없는가?
- ~이 보다 큰 세상에서 어떻게 적용되고 사용되는가?
- ~에 관한 '현실적인' 통찰은 무엇인가?
- ~을 공부하는 가치는 무엇인가?

5. 관련 있고 연상되는 짝의 결과로 빅 아이디어를 생성하라. 이것은 두 가지 면에서 유용한 접근이다.

- 반드시 해결해야 할 탐구의 종류를 나타낸다. (비교하고 대조하라.)
- 아이디어를 이해하고 유용하게 하기 위해 학습자에게 필요한 다시 생각하기의 종류를 제안한다.

흡수 / 반사	조화 / 불화	의미 / 통사론
작용 / 반작용	관용구 / 언어	국가 / 국민
자본 / 노동	중요한 / 긴급한	본성 / 양육
지속적인 / 가변적인	빛 / 어둠	힘 / 지배력
연속성 / 변화	같은 / 다른	기호 / 기표(기호로 표시된)
요소 / 결과	문자적인 / 회화적인	구조 / 기능
운명 / 자유	물질 / 에너지	합계 / 차이

많은 교과를 통해 사용되는 '운명과 자유'라는 한 쌍의 표현에 대해 고려하라. 설계를 위한 일련의 관련된 본질적 질문은 다음의 것을 포함한다. 어느 정도까지 자유이고 운명인가? 어느 정도까지 생물학적인 것이고 문화적인 운명인가? '자유'는 로맨틱하고 순진한 신념인가, 아니면 현대 사고와 행동의 기초인가? 미국 독립전쟁, 대학살 혹은 최근의 종교전쟁은 어떤 의미에서는 '운명적으로' 발생한 것인가? 혹은 어느 정도까지 그러한 패배주의자의 논쟁인가? 핵전쟁과 지구 온난화는 어떤 의미에서는 과학적 진보에 따른 운명지어진 결과인가? 수학 교과 혹은 '운명지어진' 모든 결과에 자유가 있는가(비록 현재까지 우리에게 알려져 있지는 않지만)?

교사의 새로운 옷: 벌거숭이 임금이 된 교사*

만약 빅 아이디어가 본질적으로 강력하고 의미가 있는 것이라면 교육은 훨씬 쉬울 것이다! 슬프게도 교사 혹은 전문가에게 중요한 것이 학생들에게는 종종 애매하고 활기가 없으며 혼란스럽고 부적절한 경우가 있다. 학습 분야에서 전문가에게 중요한 개념이 초보자들에게는 무의미하고 난해하며, 흥미 없는 것으로 보일 수 있다. 여기서 나타난 목록조차도 중요성을 파악하기 위해 요구되는 이해 없이는 누구에게나 마찬가지로 타성적이고 흥미 없는 것으로 보인다. 게다가 이해를 위한 수업의 도전은 주로 학습자에게 중요하다고 판단되는 분야에서 빅 아이디어를 이해하는 도전이 된다.

이것은 초보 교육자가 전형적으로 이해하고 있는 것보다 훨씬 하기 힘든 것이다. 교사에게 빅 아이디어의 힘과 수업의 중요성은 아주 명백하다! '여기 와서 나의 재미있는 이야기 좀 들어 보렴……' 학생의 관점에서 이 상황은 '벌거숭이 임금님'의 스토리와 다르지 않다. 당신은 벌거숭이 임금님의 이야기를 알 것이다. 사기꾼 재단사가 가장 좋은 금으로 된 실로 옷을 만들어 내는데, 이것

---

* 교사는 옷(좋은 아이디어)을 입었다고 생각(착각)하지만, 아이들의 눈에는 그 옷이 보이지 않음.

은 너무나 좋아서 그것을 보려면 아주 세심하게 봐야 할 것이라고 주장하였다. 이야기의 끝은 우리 모두 알고 있듯이, 왕은 벌거벗은 상태에서 걸었고 어른들이 보거나 말하지 못했던 것을 순진한 아이만이 말하였다. '하지만 그는 아무것도 입지 않았어요!' 종종 학교에서는 '좋은' 아이디어가 벌거숭이 임금님의 새 옷처럼 보일 수 있다. 교사, 교과서 저자 그리고 전문 연구자가 그 작업에 대해 감탄을 할지라도 학습자에게는 보이지 않는 것이다.

우리가 쉽게 잊어버리는 것은 현대 교과 영역에서의 핵심 아이디어가 전형적으로 추상적이고 명백하지 않으며, 종종 반직관적이라서 불가사의하다고 오해하는 경향이 있다는 것이다. 다음의 예를 생각해 보자. 지구가 인간 관찰자를 위해 나타난 것은 아니다. 우리의 존재가 영장류에서 비롯되었다는 명백한 증거는 없다. 민주주의 개발자들이 노예를 가지고 있었다는 것은 놀랍다. 햄릿은 청춘기의 공포와 좌절과는 아무런 관련이 없다. 도함수와 적분은 초보 미적분 학생에게 아무런 개념적인 이해를 심어 주지 못한다.

우리는 빅 아이디어를 파악하고 그 가치를 이해하기 위해 싸우고 있으며, 이러한 상황은 교사와 교과서가 빅 아이디어를 사실처럼 다룰 때 더 나빠진다. 일단 교사로서 우리가 빅 아이디어를 분명히 이해한다면, 우리는 빅 아이디어가 학습자들에게 명백하다고 생각하는 경향이 있다. 이해를 위한 설계와 교수에의 도전은 모순되게도 일단 아이처럼 다시 보는 것에 의존하고 있다. 결국 빅 아이디어와 그 가치가 항상 알기 쉽고 명백한 것은 아니다. 이미 언급하였던 결합에 관한 산술 아이디어가 이 도전에 대한 사례다. '10개를 하나로—한 개의 그룹으로—결합시키는 것(10진법으로 하는 단위화)은 수에 대한 최초의 아이디어를 부정하는 것이다. 이것은 학생들의 사고에서는 매우 큰 변화다. 사실 수년간 발전해 온 수학과에서의 큰 변화였다'(Fosnot & Dolk, 2001b, p. 11).

빅 아이디어는 추상적인 것이라, 설계에서 도전해야 할 것은 그런 추상성을 삶으로 가져와 그것을 생기 있게 만드는 것이다. 빅 아이디어를 중심으로 설계하는 것은 우리가 처음 생각한 것보다 훨씬 많은 도전을 필요로 한다. 학생이 오해할 것 같은 것에 주의를 기울이는 것은 설계 과정에서 보다 중요한 것이 된다. 왜냐하면 빅 아이디어는 말하기와 읽기를 통해서는 이해할 수 없고, 처음 접했을 때 오해하기 쉽기 때문이다.

학문적으로 빅 아이디어는 이해에 필수적이지만 쉽게 오해할

오개념 주의하기

'나는 기능에 주로 초점을 맞춘다. 그래서 내가 가르친 것 중에 빅 아이디어는 별로 없다.' 이것은 우리가 과거 수년간 들어 왔던 일반적인 걱정거리 중 하나다. 우리는 특히 체육, 수학, 직업 코스, 기초 단계, 기초 외국어 교사들로부터 이런 말을 들어 왔다. 이러한 신념은 빅 아이디어에 대한 오해에 기초하고 있고, 모든 학습에서 결정적인 역할을 하고 있다고 주장한다. 그러한 기능은 교사에게는 목표를 달성하기 위한 수단으로서 교수에 대한 혼란스러운 목적이 될지도 모른다. 물론 읽기, 수학, 스페인어, 파스칼 교사들이 기능 목표에 도달하려고 노력하고 있다는 것은 진실이다. 바로 언어의 유창함이다. 이러한 유창성은 수행에 사용되어 온 많은 기능으로 구성된다. 그러나 유창성은 기능 그 이상이다. 그것은 기능이 작용하는 이유와 작용하지 않는 이유, 사용하는 시기, 유창성의 가치에 대한 분명한 아이디어에 기초하고 있는 많은 기능을 현명하게 사용하는 것이다. 인지에 대한 연구와 일반 상식에 기초하여 우리가 주장하는 것은 기능을 현명하게 사용하는 것과 관련된 빅 아이디어에 대한 학습자들의 이해가 없다면 어떤 기능도 강력한 학습 내용으로 통합할 수 없다는 것이다.

수 있기 때문에, 우리의 교수설계에는 학생들이 아이디어의 핵심에 주의를 기울이고 새로운 방법으로 빅 아이디어를 지속적으로 생각하도록 한다면 가장 잘 설계될 것이다. 빅 아이디어는 똑바르게 사용되고 지적으로 정리되어 학습할 수 있는 정의와는 다르다. 그것은 우리가 보다 많은 것을 학습함에 따라 어떤 내용을 점차 세련되게 하고 잘 적응시켜 주는 '안내하는 추측(guiding conjectures)'(Bruner의 말에서)과 같다.

우리의 설계는 운동에서 배운 움직임과는 달리, 실제에서 빅 아이디어에 대해 학습자들이 묻고 또 묻는 것을 도와야만 한다. 움직임은 처음에는 잘 될지 모르지만, 결국 게임에서 활동을 그만둘 때 다시 생각되어야 한다. 한 번 실행된 것은 불충분한 것으로 보인다. 좋은 교육에서 똑같은 것은 아이디어의 진실이다. 역사와 문학에서 '선한 사람 대 악한 사람'이라는 아이디어는 성인의 인생과 문학에서 흑백논리가 아닌 중간적 입장에서 재고되어야 한다. 이것을 어떻게 하는지에 대한 인기 있고 재미있었던 사례 중 하나는 영화 〈인디아나 존스〉의 3편 '인디아나 존스와 마지막 성전' 첫 부분의 에피소드에서 잘 나타난다. 도대체 누가 좋은 사람인가? 처음 10분 동안 판에 박힌 영화에서는 생각지도 못한 모든 가정이 빠르게 연속되면서 반전된다. 보이스카우트는 도둑이 되고, 이 도둑에게는 현상금이 걸리고, 나쁜 사람은 흰색을 입고, 보안관은 나쁜 편에 서며, 아버지는 전혀 도움이 안 되고, 나쁜 사람은 젊은 인디를 존경하여 인디에게 그의 모자를 건네주는 좋은 사람이 된다.

우리의 목표와 내용 기준을 질문으로 전환시키는 것이 매우 중요한 이유가 바로 이 때문이다. 우리는 학생들에게 빅 아이디어가 무엇인지 나타내어 제시할 뿐만 아니라 평생학습자로서 그들의 일이 영원히 빅 아이디어의 의미와 가치 속에서 탐구하도록 한다. 초보자의 사고는 아이디어가 시험되고 확고해지고 세련되는 것에 따라 흥미를 유발시키는 질문과 수행 도전을 통하여, 그리고 탐구의 수단으로서 내용의 사용을 통해 더욱 정교한 사고로 발전된다.

오개념 주의하기는 교수 기능과 빅 아이디어를 연결하는 중요성을 지적하고 있다. 예를 들어, 바라는 목표가 논설문 쓰기라고 하자. 첫째, 우리는 실제와 피드백을 통해 학습된 간단한 기능에 바탕을 둔 수행만을 오로지 다룰 것이다. 그러나 그 다음에 특정한 쓰기 기능에서 분리하여 이해되어야만 하는 그 무엇인, 주요 개념적 요소를 여기에서 주목해야 한다. 학생은 그들의 글과 말이 진실로 설득력이 있다면 어떻게 작용하는지 설득을 이해하게 될 것이다. 학생들은 설득의 테크닉이 어떻게 작용하는지, 왜 작용하는지를 이해해야 하고, 청중, 토픽 그리고 효과적인 설득에서 매체의 역할을 배워야만 한다. 간단히 말

설계 팁

기능 중심의 교수요목에서 다음에 관한 빅 아이디어 찾기

- **기능의 가치**: 기능은 당신이 더욱 효과적이고 효율적으로 작업하도록 돕는다.
- **근본적인 개념**(예를 들어, 설득력 있는 글쓰기나 논쟁의 기능을 가르칠 때 '설득')
- **전략의 이슈**: 특수한 기능을 사용할 때 포함되는 효과적인 전술
- **기능은 왜 작용하는가**: 더 큰 전이가 발생하도록 하기 위한 근본적인 기능 이론

해 설득력 있게 말하는 것이나 쓰는 것을 배우는 것은 특정한 청중을 설득하는 데 어떤 전략이 가장 잘 적용되는지, 그리고 설득의 효율성을 판단하기 위한 준거와 장르의 목적을 이해해야 할 것이다. 그것은 무엇이 설득인지 아닌지에 관해 분명한 아이디어를 요구한다.

무엇이 설득인지를 이해하는 것을 명확하게 하는 방법은 글쓰기가 아닌 다른 수단을 통해 개발될 수도 있다. 그리고 어떤 유형(다섯 문장의 에세이)의 글쓰기에서 단순한 기능은 설득의 이해를 나타내지 않는다. 예를 들어, 훌륭한 설득을 하기 위해 설득을 보다 잘 이해하기 위해서는 유명한 연설문을 읽거나, TV 광고를 비평하거나, 언어와 정치에 관한 Orwell의 수필과 같은 문학 작품을 읽고 토론하도록 요구할 수 있다. 이와 같이 설득하는 글쓰기의 기능적인 목표는 이해를 필요로 하는 다양한 빅 아이디어를 포함한다.

여기 다양한 기능 영역에서 비롯된 빅 아이디어의 예가 있다.

- 요리에서 수프거리에 자투리를 사용하여 쓰레기를 최소화하고 맛을 증가시키는 것
- 수영할 때 최고 속도와 효율성을 확실히 하기 위해 물을 곧장 뒤로 차 내는 것
- 이해하기 위해 글을 읽을 때 단순히 해독하는 것이 아니라 '행간 읽기(글 속의 의미 파악)'를 연습하는 것
- 인생에서 다양한 삶의 기능(예산 세우기)의 자급자족을 개발하는 것
- 팀 운동(축구, 농구, 미식축구)에서 방어를 위한 공간과 공격 기회의 공간을 만드는 것
- 과학과 수학에서 관찰과 측정의 오류 개념을 이해하는 것

전이 과제에 비추어 목표를 체계화하기

우리는 [그림 3-1]에서 우선순위가 빅 아이디어를 중심으로 만들어질 뿐만 아니라 그 분야의 진정한 도전에서 야기되는 전이 과제를 중심으로 학업에 초점을 둠으로써도 만들어질 수 있다고 지적하였다. 핵심 과제를 통해 우리는 어떤 분야에서의 가장 중요한 수행 요구를 나타냈다. 예를 들어, 과학에서 핵심 과제는 맨처음부터 통제된 실험을 설계하고 결함을 제거하는 것이다. 연극에서 핵심 과제는 무대에서 역할에 맞춰 충분하고도 우아하게 감정이입을 하여 연기를 하는 것이다. 진정한 도전이란 과제의 맥락이 실제의 가능성과 어려움에 가급적 충실한 실제 상황을 포함한다. 역사에서 핵심 과제는 관련된 자료를 사용하여 정당한 내러티브를 만드는 것이다. 그런 과제에서 지속적인 도전은 자원이 불완전하고 갈등이 있을 가능성이 높다. 수학에서 핵심 과제는 양적으로 복잡한 현상의 모형을 만드는 것이다. 전형적인 도전은 실제 데이터가 항상 복잡하고 많은 오류가 있다는 점이다.

이러한 과제와 이런 과제가 발생하는 도전적인 상황은 장기간에 걸쳐 학생들이 해결해야 하는 빅 아이디어의 전이를 반영한다. 그것은 단순히 재미있는 평가가 아니다. 진정한 도전에서의 핵심 과제는 우리의 교육적 목적을 체계화한다. 학교교육의 목표는 단순히 좁은 시도에서 말이나 신체로 반응하는 것이 아니라 실제에서 유용하고 효율적인 수행을 하는 것이다. 이해가 다른 것에 반영이 되는 전이는 핵심 과제에 진정한 도전을 전문적으로 제기하는 것과 관련이 있으며 거기에서 내용은 수단이 된다. 그리고 대부분의 중요하고 성공적인 전이는 학생이 교사를 통해 조절되고 안내되고 지시되는 것이 아니거나 최소화된 채로 잘 수행할 수 있는가를 의미한다. 여기 그런 목표를 구체화하는 과제와 도전에 대한 상세한 예가 있다.

- 읽기에서 도전은 독자로서 경험과 제한된 도구, 가정과 편견이라는 장애에도 불구하고 그 글이 의미하는 것이 무엇인지 깊이 이해하는 것이다(다른 말로 하자면, 교재에 대해 '이해'한 독자로서 혼란스러운 '반응'을 피하는 것이다).
- 역사에서의 도전은 가능한 자료를 사용하여 신빙성 있고 유익하며, 타당한 '스토리'를 말하는 것이다. 이렇게 다양한 수행은 학습자가 잡지나 신문기사, 박물관 전시품 혹은 강의와 같은 시나리오에서 자신의 성취를 나타내는 과제를 포함한다.
- 음악에서의 도전은 수업의 복잡한 것을 전제하여 움직이고 유창한 것으로 전환하는 것이다. 그것은 단순히 기록의 합 이상이다. 음악의 특정한 작품 수행(다른 사람의 수행에 대한 비평)은 그 도전에 대한 이해를 보여 줄 것이다.
- 과학에서의 도전은 풍부한 가능성에서 가장 눈에 띄는 다양함을 분리하는 것이다. 모든 핵심 수행 과제는 특정한 실험과 성공적인 설계, 결함 줄이기나 다른 사람이 제안한 계획서를 반박하는 것에 초점을 맞춘다. 다양한 수행이 우리의 성취를 나타내는데, 예를 들어 그룹에서 지적으로 그 글에 대해 이야기하거나, 유익한 논문을 쓰거나, 책에 대한 통찰력있는 서평을 하는 것을 들 수 있다.
- 외국어에서의 도전은 단순히 각각의 단어를 번역하는 것이 아니라 관용적으로 의미를 성공적으로 번역할 수 있는가 하는 문제다. 다양한 쓰기, 말하기 과제는 구어체와 관용어의 사용이 증가하는 어려움이 있지만, 이러한 도전 속에서 수행하게 된다.
- 수학에서의 도전은 무엇이 패턴이고 무엇이 소음인지 확실하게 구분하는 데 장애가 되는 많은 변칙들이 있을 때 순수하게 양적인 용어로 복잡한 현상을 모형화하는 것이다(소음에 대해 말하자면, 연설에서의 주요 과제는 문자나 회화적인 의미에서 불가피한 '소음'에도 불구하고 바로 그 상황에서 바로 그 청중을 기쁘게 하고 정보를 제공해 주는 것이다).

전이에 대한 이러한 예를 보다 강하게 하고 싶다면 진정한 도전과 함께 참된 적용을 포함하는 것으로 알려진 평가의 설계를 자기평가와 동료평가로 사용할 수 있는 다음의 루브릭을 고려하라.

전이 요구/단서의 정도

4   과제는 친숙하지 않고, 심지어 난해하며, 어떻게 접근하거나 해결하는지에 대한 단서가 나타나 있지 않다. 성공은 내용과 상황 모두의 이해에 바탕을 둔 창의적 계발이나 지식의 적용에 달려 있다− '전이를 넘어서는 것' 과제가 무엇을 요구하고 제공하는지, 그렇지 않은지를 깊이 있게 생각해야 한다. 처음에는 명백하지 않은 추가된 질문이 이런 과정을 통해 완성되어 간다는 것을 확인한다. 결국 과제는 일부 사람들에게는 할 수 없는 것이다(비록 그 전의 학습이 효과적으로 가볍게 다루어졌을지라도 모든 사람이 해결할 수는 없다.). 모든 학생이 성공할 수는 없고, 따라서 몇몇은 포기해야 한다. 비록 그들이 이미 내용을 모두 다루었을지라도 말이다.

3   친숙하지는 않지만 단서가 제시된다. 혹은 단서들이 요구되는 접근법이나 내용(혹은 선택의 폭을 상당히 제한시킨다.)을 제안한다. 성공은 최근의 학습이 다소 애매하거나 다른 시나리오에 적용되는 것을 알아차리는가에 달려 있다− '전이에 가까운 것' 학습자의 주된 도전은 이것이 어떤 종류의 문제인가를 주어진 정보로 알아내는 것이다. 이 과제가 무엇을 요구하는지를 알아차리면 그 학습자는 그것을 풀기 위해 배운 절차를 따라갈 수 있어야 한다. 과거 검사에서 지식을 알고 기능이 있는 것처럼 보였던 학생일지라도 이 과제를 성공적으로 마칠 수 없을지도 모른다.

2   이 과제는 아이디어, 토픽 혹은 전에 배운 과제를 명확하게 언급하고 있지만, 특정한 규칙이나 공식은 나오지 않는다. 다만, 최소한의 전이가 요구된다. 성공은 학생에게 친숙한 문제 진술에 바탕을 둔, 규칙을 응용하거나 사용하도록 하고 회상해 내는 것만을 요구한다. 오로지 전이만이 최근에 배운 것 중 어떤 규칙을 적용할지 깨닫고, 교수 사례와는 다른 다양성, 카테고리 혹은 상황에 따른 세부 사항을 다룬다.

1   과제는 학생이 오로지 지시를 따르고 그것을 완성하기 위해 회상하고 논리적으로 생각하는 것만을 요구한다. 전이는 요구되지 않고, 단지 완성된 학습이나 사례와 관련된 테크닉이나 내용에 단순히 제한적으로 관련짓는다.

핵심 과제를 관련이 있는 지식과 기능의 구조를 조직하는 것으로 생각한다면 핵심 과제에 도전하는 것은 우리의 목적에 우선순위를 두는 것을 명백하게 하는 것이다. Phenix의 '대표 아이디어(representative ideas)'에 상응하는 수행이 될 것이다. 그러면 무엇이 각 영역에서 도전하고 해결해야 할 대표적인 과제(representative challenges)인가(UbD 템플릿의 단계 2: 핵심 내용과 관련하여 주요 과제를 해결하는 능력을 의미하는 주요 과제는 무엇인가)? 무엇이 '도전'과 실제 상황에서 현명하고 효과적으로 핵심 내용을 사용하는 것인가? 교과를 '다루는 것'은 무엇을 의미하는가(이 문제는 제7장에서 더욱 자세히 다룰 것이다)? 여기에 대한 훌륭한 대답 없이는 단순히 우리의 목표와 같은 많은 지식과 기능의 목록만을 가질 위험이 있고, 결국엔 빅 아이디어와 핵심 수행 능력은 최선의 주의 집중에도 불구하고 실패할 것이다.

핵심 과제는 구체적인 검사와는 다르다. 그것은 다양한 상황에서 일련의 관련된 수행 요구를 요약한 것이다. 그것은 주요 주 기준과 지역 목표를 체계화하여 단계 1과 관련된 생각 속에 적절하게 속하게 된다. 그것은 우리가 임의의 프로젝트나 검사에 초점을 맞추지 않는다는 것을 확인하기 위해 단계 2에서 달성하여야 하는, 제시된 수행평가인 상황을 상술한다. 교육과정은 진정한 수행을 위한 수단이다. 모든 분야와 성인의 삶에서 가장 중요한 과제와 도전은 무엇인가? 그것은 단계 1에서 제시되는 질문이다. 학생들이 목표를 향해 향상된 정도를 측정하기 전에 어떤 구체적인 평가 과제와 도전을 제시할 것인가? 그것은 단계 2의 구체적인 '증거' 질문과 관련된 것이다.

복잡한 핵심 과제에 대한 명확성은 우리의 목표가 지적으로 활성화되고 일관성이 있게 될 가능성을 훨씬 높여 준다. 목표가 오로지 사실과 기능의 목록으로만 간주될 때 설계와 수업은 결국 맥락을 벗어난 무기력하고 단편적인 것으로 끝나 버린다. 다른 말로 하면 전이는 목표로서 완전히 무시되는 것이다. 이런 일을 막기 위해 우리는 단순히 "어떤 지식과 기능(잠재적으로)이 중요한가?"라고 묻기보다는 '어떤 종류의 중요한 지식과 기능이 이 내용을 실질적으로 우리에게 유용하게 하는가?'라는 식으로 지식과 기능의 목표를 물어야 한다. 범교과적인 포괄적 수행 목표는 드라마, 운동, 목공 일과 같은 수행에 바탕을 둔 분야에서 발생하는 것처럼 무엇을 강조하고 무엇을 생략해야 할지를 결정하는 준거로 제공된다. 더욱이 각각의 학술적 프로그램 영역을 어떤 특정한 방법으로 사고하고 실천하

오개념 주의하기

일부 독자는 '과제 분석'에서 계속되어 온 조사와 우리의 작업을 연결하는 것이 부적절한 작업이라고 생각할지도 모른다. 그러나 단계 1에서 제시된 요소의 설명처럼 목표를 체계화하는 것은 매우 어려운 것이다. 과제 분석의 아이디어가 백워드 설계와 개념적으로 동일한 것일지라도, 우리는 단지 구체적인 목표로 '시작'하거나 신속하게 움직일 수 없다. 최근 과제 분석에 관해 저자들이 언급한 것처럼 과제 분석이 교육적 목표에서 지나치게 행동주의적이고 원자론적인 관점에 따라 오랫동안 방해받고 있고, 절차들은 맥락과 목표에 따라 다양하며, 이런 분석의 결과는 혼란스러운 것이라고 믿고 있다(Jonassen, Tessmer, & Hannum, 1999).

우리가 여기서 제안한 것처럼(수행에 관해서는 다음 장에서 더욱 분명히 다룰 것이다), 우리는 매우 복잡한 아이디어와 '산만한' 수행으로부터 백워드를 설계해야 한다. 반대로 대부분의 과제 분석은 측정 가능한 행동과 분명한 하위 기능에 비추어 우리의 목표를 다루는 과제가 타당하다고 가정한다. 목적으로서 이해를 정당하게 취급하기 위한 수업설계에서의 영속적인 실패 이유는 과제 분석이 가장 타당한 것이라기보다는 다루기 쉬운 목표에 의존하기 때문이라고 우리는 믿는다.

는 것에 대한 훈련, 그리고 해당 교과를 '실천하는' '훈련(discipline)'으로 본다면, 우리는 코치의 사례에서 처럼, 지속적인 결과('학습')에 더욱 의미 있는 주의를 기울이게 된다.

요 약

우리 목표에서 보다 큰 지적인 명확성과 일관성, 타당성에 대한 필요에 관해 일반적으로 얘기하자면, 이해에 관해 전에 이야기했던 것으로 되돌아갈 필요가 있다. 왜냐하면 우리가 '이해'라고 부르는 목표를 조사할 때 그 목표는 하나가 아니라 여러 개로 나타나기 때문이다.

Bob James와 함께한 백워드 설계의 실천 사례

단원에서 깊이 있고 계획적인 심층적 학습을 필요로 하는 것이 있는가? 분명히 있는 것 같다. 영양학적인 요구는 개인의 특성에 따라 다양하다는 아이디어를 이해하는 것은 쉽지 않다. 모든 사람에게 적합한 식단이란 없다. 예를 들어, 내가 보다 계획적으로 초점을 맞춰야 하는 전형적인 오해가 있는가? 글쎄, 내가 생각하기로는 많은 학생이 몸에 좋은 음식은 맛이 없다는 신념(오개념)을 가지고 있는 듯하다. 이 단원에서 나의 목표 중 하나는 그들이 건강한 음식에 대해 자동적인 혐오를 가지지 않도록 이런 미신을 없애는 것이다.

영양에 대한 핵심 과제 이상의 사고는 매우 유용하다. 전문가와 아마추어로서 이러한 정보를 실제로 다루는 것을 고려하기 위해 실제 음식 재료 이상을 얻는 데 도움을 주었다. 몇 가지 핵심 과제는 마음에 와 닿았는데, 우리가 건강한 식사와 균형 잡힌 식이요법을 계획하고, 음식 광고에 보다 비판적으로 임하고, 생활방식을 조정하기 위해 영양에 대한 지식을 사용하는 것이다. 이런 식의 사고는 내가 목표를 명확히 하는 것을 도와주었고, 평가에 대한 아이디어를 제공해 주었다.

내가 가르치고 있는 학생이 영양에 대해 가지고 있는 전형적 오해가 있는가? 프로젝트 2061 벤치마크가 말한 것을 보자. '초등학교 저학년 학생은…… 에너지와 힘이 영양이 아닌 운동에서 나온다고 믿을지도 모른다. 수업 후 중학교 학생은 과학적인 용어로 그들의 지식을 설명할 수 없다.' 나는 전에 첫 번째 실수를 들었다. 나는 이 오해를 짚고 넘어가기 위해 이 단원의 초기에 퀴즈를 계획할 것이다.

오개념에 관해 보다 깊이 생각함에 따라 나는 건강에 좋은 음식은 맛이 없다는 것과 그 반대에 대한 생각을 많은 학생이 품고 있다는 것을 떠올렸다. 이 단원에서 나의 목표 중 하나는 건강한 음식에 대한 자동적인 혐오를 아이들이 가지지 않도록 이런 미신을 없애는 것이다. 올해의 학생도 역시 이런 미신을 가지고 있는지 알아보기 위해 몇 가지 정보를 확인할 것이다.

제4장

이해의 여섯 가지 측면

이해를 하는 데에는 수많은 상이한 방법이 있다. 그 방법들은 서로 중복되는 것도 있지만,
서로가 환원되지는 않는다. 이에 상응하듯이 이해하도록 가르치는 방법에도
수많은 상이한 방법이 있다.

– John Passmore, 『교수의 철학(The Philosophy of Teaching)』, 1982, p. 210

LAUNCE: 당신은 참 바보군요. 당신은 그것을 할 수가 없을걸요!
나의 스태프는 나를 이해해요.
SPEED: 당신이 무엇이라고 말했죠?
LAUNCE: 아! 예, 내가 말한 거 말이죠. 당신을 보세요, 나는 단지 기댈 거예요.
그리고 나의 스태프가 나를 이해해요.
SPEED: 사실은 당신 아래 서 있어요.
LAUNCE: 밑에 서 있는 것과 이해한다는 것은 매한가지이기 때문이에요.

– William Shakespeare, 『베로나의 두 신사(The Two Gentlemen of Verona)』, c. 1593

앞에서 우리는 이해를 분석하면서 그것을 '지식'과 다른 개념으로 간주하였다. 그러나 우리가 이해와 관련된 목표를 세우기 위해서 우리가 사용하는 언어를 보다 긴밀하게 살펴보고자 할 때 여전히 문제가 생긴다. 이해라는 말은 다양한 의미를 지니고 있고, 이해의 활용은 한 가지가 아닌 여러 가지 성취를 가리키며, 동시에 여러 종류의 증거를 통해 이해의 활용 여부가 드러나기 때문이다.

이해라는 단어의 명사형에 대한 동의어로 통찰(insight)과 지혜(wisdom)가 있는데, 이 단어에 대해 얘기해 보자. 물론 이 둘은 분명히 지식과는 (다소 관련은 있지만) 서로 다른 것이다. 그러나 실질적인 이해라는 것이 단순히 '학문적인(academic)' 이해를 넘어서는 어떤 것이라고 우리의 언어가 암시하기도 한다. '지식인이나 인텔리'와 '아는 체하는 지식인'이라는 문구는 단순히 지적인 용맹을 가장한 허위의 이해일 수 있고, 너무 지나친 학습은 가끔씩 이해를 방해할 수도 있다는 것을 암시한다.

우리가 사용하는 동사들은 마찬가지로 교훈적인 것이다. 우리가 말하기를, 당신이 그것을 가르칠 수 있고, 사용할 수 있고, 증명할 수 있고, 관련지을 수 있고, 설명할 수 있고, 변론할 수 있고, 행간의 의미를 읽을 수 있다면 당신은 그것을 이해한 것이다. 사치품이 아닌 필수품으로서 수행평가에 대한 논쟁은 이러한 관습과 분명히 관련되어 있다. 학생들은 퀴즈와 단답형 검사가 학생들이 성취하도록 제시하는 것을 실제로 이해하고 있다는 것을 우리에게 확신시키기 위해 지식을 가지고 효과적으로 수행해야만 한다. 게다가 특정한 이해는 다를 수 있다. 복잡한 아이디어가 변함없이 그리고 적법하게 다양한 관점을 생성시킨다는 사실을 암시하면서 우리는 흥미 있는 관점으로부터 사물을 바라보는 것에 관하여 이야기하고자 한다.

그러나 이해라는 용어는 다른 의미도 가지고 있다. 거기에는 지적인 의미뿐만 아니라 대인관계적인 의미도 있다. 영어에서는 암시되어 있지만, 다른 언어들(예를 들어, 프랑스어 동사 savoir와 conna tre)에서는 명백하게 드러난다. 우리는 아이디어를 이해하려고 하고, 또한 다른 사람들과 상황을 이해하려고 애쓴다. 우리는 사회적 관계라는 맥락 안에서 '이해에 다가가거나', '이해에 도달하는' 데 대해 이야기한다. 특히 우리는 때때로 복잡한 문제를 이해하려고 노력한 후에 '마음을 변화시키는 것' 그리고 '변심한 것'에 대해 이야기한다.

『옥스퍼드 영어 사전』에 따르면, '이해하다'라는 동사의 의미는 한 아이디어의 '의미나 뜻을 파악하는 것(to apprehend the meaning or import)'이다. 가장 기초적으로 보면 그 아이디어는 우리가 어떤 사람의 행위의 의미나 취지를 이해하는 능력에 따라 재판을 받을 수 있는 능력을 결정(아동에 참조해야 할지, 아니면 방해받은 정신적 능력을 지니는 성인에 참조해야 할지를 결정)할 때 법률제도에서 발견된다. 우리가 보다 정교화된 의미(sense)로 의미(meaning)나 취지(import)를 생각할 때 우리는 지혜, 초보자를 넘어서는 능력, 충분히 고려되지 않았거나 분별력이 없는 미숙한 관점과 같은 아이디어를 말하는 것이다. 우리는 종종 이러한 능력을 '관점(perspective)'이라고 부르는 데, 이것은 신중함과 성찰이 최상으로 드러나도록 하기 위하여 열정(passion)과 기질이나 성향에서 벗어나는 능력이며, 어떤 순간의 지배적인 견해에서 벗어나는 능력이다.

그렇지만 우리는 때때로 '실제로 이해하는 것'과는 반대의 상황을 필요로 한다. '이보게, 네가 무엇을 하려고 했는지 나는 이해하네.'와 같이 우리는 라포(rapport)를 형성하기 위해 노력해야 한다. 전형적으로 서로에 대한 이해에 실패하는 것은 서로 다른 관점이 존재한다는 것을 고려하거나 상상하는 데 실패하는 것이다. 즉, '내 방식대로 세상을 보는 것'을 신경 쓰지 말라는 식의 실패를 말한다 (Piaget는 몇 년 전에 자기 중심적 사람들이 오로지 유일한 관점만을 가진다는 점에 대해 냉소적으로 기록하였다). 남성이나 여성이 다른 성에게 "당신은 결코 이해하지 못해요."라고 말하는 것은 이제 성과 관련한 상투적인 문구가 되어 버렸다. 대화에서 나타나는 성 차이에 관한 아주 성공적인 저서인 『You Just Don't Understand』의 저자 Deborah Tannen(1990)은 대인 간의 이해란 대화 속에서 스타일과 의도는 달리하면서 진술되고, 규정되지는 않지만 매우 실제적으로 파악할 필요가 있다고 제안한다. 이와 유사하게도 감정이입적인 이해의 부족은 상이한 문화가 교차하는 갈등 속에서 명백하게 드러난다. 마치 몇 년 전 『New York Times』에 실린 중동 지역의 분쟁에 대한 논평에서 나타나듯이 말이다.

> 양쪽 다 고대로부터 시작된 증오가 수면 위로 떠오르면서 전쟁의 굉장한 속도와 맹렬함에 허를 찔렸지만, 이 전란은 두 민족이 서로에 대한 이해 없이는 그렇게 가까운 지역에 함께 살아갈 수 없다는 것에 대한 새로운 의미를 만들어 냈다는 것을 예견한 것이었다.
>
> '우리는 피로로부터 평화라는 아이디어에 다다르게 될 것이다. 우리는 전쟁이라는 것이 우리를 그 어떤 길로도 인도하지 못한다는 매우 고통스러운 이해에서 이 아이디어에 안착하게 될 것이다.'
> (MacFarquhar, 1996, p. A1)

현명한 관점을 가지고 상호 존중하는 것에서 나온 합의와 문제에 대한 '지적인' 통찰력 간에는 서로 연관성이 있는가? 중동 정책에 대한 실패는 우리 모두의 지식이 모자라서가 아니라 공감의 결핍 때문이라고 보는 것이 아마도 그럴듯하게 들릴지도 모른다. 어쩌면 이와 같은 일이 학교 교육의 교과목에도 적용된다고 볼 수 있다. 소설, 과학 이론, 역사 속의 어떤 한 시기를 진짜로 이해하기 위해서 우리는 충분한 존경과 공감을 해야만 한다. 당신이 이해를 통해 도움을 받지 못하거나 도움이 될지도 모르는 어떤 것을 작가가 이해한다는 것에 대한 가능성에 대해 존경하고 공감을 해야 하는 것이다. 이와 같은 상황이 교실 수업의 토의에서도 적용된다. 많은 학생은 가끔씩 그들이 존경하지 않는 학생들이 만들어 놓은 공헌들에 대해 '들으려고' 하지 않는다.

간단히 말해, 이해는 가끔 냉정한 공평성(detachment)을 요구한다. 평소에 그것은 다른 사람이나 아이디어를 가지고 진정 어린 결속을 요구한다. 우리는 평소에 이해를 효과적인 실세계 적용에서 드러난 어떤 것으로 간주하지만, 가끔은 주로 이론적인 것으로 간주한다. 평소에 그것을 공감의 반응으로 간주하지만, 가끔은 냉정한 비판적 분석으로 간주한다. 평소에 그것을 냉정한 성찰을 통해 얻게 된 무엇으로 간주하지만, 가끔은 직접 경험에 의존하는 것으로 간주한다.

달리 아무것도 없다면 이러한 관찰은 더욱 신중해야 할 필요성을 암시한다. 이해란 다차원적이고 복잡한 것이다. 이해에는 서로 다른 유형, 서로 다른 방법이 있고, 서로 다른 지적 대상에 대해 개념적으로 중복이 존재하기도 한다.

이슈의 복잡성 때문에 이해의 각 측면(aspect)을 (비록, 중복되지만 이상적으로는 통합된) 별도로 확인하는 것은 의미가 있을 수도 있다. 우리는 성숙한 이해를 구성하는 다방면에 걸친 관점, 즉 이해라는 개념에 대한 여섯 측면의 관점을 개발하였다. 우리가 제대로 이해한다고 말할 경우는 우리가 다음의 것들을 할 수 있다는 뜻이다.

- **설명할 수 있다(can explain)**: 일반화나 원리를 통해 현상, 사실, 데이터에 대해 정당하고 조직적으로 설명하기, 통찰력 있게 관련짓기, 밝혀서 해명하는 실례나 예증을 제공하기
- **해석할 수 있다(can interpret)**: 의미 있는 스토리 말하기, 적절한 번역 제공하기, 아이디어와 사건에서 드러나는 역사적이거나 개인적인 차원을 제공하기, 이미지, 일화, 유추, 모델을 통해 개인적이거나 접근하기 쉬운 이해의 목표를 설정하기
- **적용할 수 있다(can apply)**: 다양하고 실질적인 맥락에서 알고 있는 것을 효율적으로 사용하고 적응시키기—우리는 교과를 적용할 수 있다.
- **관점을 가진다(have perspective)**: 비판적인 눈과 귀를 통해 관점을 보고 듣기, 큰 그림을 이해하기
- **공감할 수 있다(can empathize)**: 다른 사람이 이상하게 생각하고 이질적이며 믿기 어려워하는 것에서 가치를 발견하기, 이전의 직접 경험에 기초하여 민감하게 지각하기
- **자기지식을 가진다(have self-knowledge)**: 메타인지적 인식을 보여 주기, 개인적 스타일, 편견, 투사 그리고 자신의 이해를 형성하고 방해하는 마음의 습관을 지각하기, 우리가 이해하지 못하는 것을 자각하고, 학습과 경험의 의미를 숙고하기

이런 측면은 전이 능력을 구체적으로 나타낸 것이다. 우리는 한 가지 복잡한 수행을 판단하기 위해 여러 준거를 사용할 수 있는데, 그 과정에서 똑같은 방법으로 이해를 판단하기 위해서 다르지만 서로

관련된 측면을 사용한다. 예를 들어, '훌륭한 에세이 작문'은 설득력 있고, 잘 조직되어 있으며, 오자가 없는 완전한 문체로 구성된다. 이 세 가지 준거는 모두 충족되어야 하지만, 이들 각각은 서로 다른 것이고, 하나의 준거는 다른 두 가지 준거와는 다소 독립적이다. 작문은 완전하지만 설득력이 없을 수도 있고, 잘 조직되었지만 완전하지 않을 수도 있으며, 오로지 설득력만 가질 수도 있다.

유사하게도 학생들은 이론에서 세련된 설명은 할 수 있지만 그것을 활용하지 못할 수도 있고, 사물을 비판적인 관점으로 바라볼 수는 있지만 공감 능력이 부족할 수도 있다. 이러한 측면은 우리가 제3장에서 고려한 이해에 대한 상이한 내포를 반영한다. 평가 관점에서 이러한 여섯 가지 측면은 이해에 관한 다양한 지표(indicator)—창(window)—를 제공한다. 따라서 여섯 가지 측면은 이해를 유발하기 위한 평가의 선택과 설계를 안내할 수 있다. 더 넓은 교육적 관점에서 이러한 측면은 목표를 함축한다. 전이를 위해 가르칠 때 완전하고 성숙한 이해는 이상적으로 보면 이해의 여섯 가지 종류를 충분히 개발하는 것을 의미한다.

우리는 다음의 세 단계에 따라 이해의 여섯 가지 측면을 더욱 자세하게 논의할 것이다.

- 간단한 정의로 각 측면을 소개하기, 이해하고자 하는 사람들에게 나타나는 전형적인 것으로 한 두 가지 적절한 인용문과 질문 제공하기
- 각 측면에 해당하는 두 가지 사례 제시하기, 일상의 공공생활에서의 사례와 교실 수업 상황에서의 사례뿐만 아니라 이해가 결여된 사례 제공하기
- 각 측면을 분석하기, 이 책의 후반부에서 논의되는 수업과 평가에 대한 함의를 간략하게 훑어 보기

측면 1: 설명

설명(explanation): 정교하고 적절한 이론과 예증으로서 그것은 사건, 행위, 아이디어에 대해 식견이 있는 정당하고도 타당한 근거를 제공한다.

나를 매혹시켰던 것이 후식의 맛만은 결코 아니었으며, 매우 적은 음식 재료에서 나오는
다양한 느낌의 씹히는 감촉 역시 나를 매혹시켰다. 요리책을 쭉 읽어 보면서 나는 케이크와
버터크림의 무한한 변화와 마주쳤다. 그러나 어디에도 그 다양한 변화에 대하여
비교된 방법을 설명한 곳은 없었다. 이러한 다양하고도 무한한 조리법이
발달된 것으로부터 어떤 기본적인 방식이 있었다는 점이 나에게 점차적으로 분명해졌다.
—Rose Levy Berenbaum, 『The Cake Bible』, 1988, pp. 15-16

우리는 움직이는 어떤 것을 보고, 예상하지 못한 소리를 듣고, 특이한 냄새를 맡고, 질문한다.
즉, 그것은 무엇인가? ……우리가 그것이 뜻하는 것, 즉 달리는 다람쥐, 대화하는 두 사람,
화약의 폭발을 알아냈을 때 흔히 우리는 이해한다고 말한다.
-John Dewey, 『사고하는 방법(How We Think)』, 1933, pp. 137, 146

그것은 왜 그러한가? 그러한 사건을 설명하는 것은 무엇인가? 그러한 행위를 설명하는 것은 무엇인가? 우리는 그것을 증명할 수 있는가? 이것은 무엇과 연결되어 있는가? 예가 되는 사례로는 어떤 것이 있는가? 이 일은 어떠한가? 암시하는 것은 무엇인가?

- ✔ 어떤 요리는 약간의 머스타드를 오일에 첨가하는 이유와 식초가 머스타드와 오일을 섞이게 할 수 있다는 것을 설명한다. 머스타드는 유화제 역할을 한다.
- ✔ 9학년 물리학 학생은 도로의 경사가 다양할 때 공기통로(air track)에서 차가 가속화되는 이유에 대해 잘 논의된 설명을 제공한다.
- ✘ 10학년 학생은 중력 때문에 신체가 가속화되는 공식을 알지만, 그러한 모든 상징이 공식에서 의미하는 것 혹은 가속의 특별한 비율을 추정하기 위해 공식을 사용하는 방법에 대해서는 모른다.

측면 1에 해당되는 설명은 건전한 이론, 즉 당황하게 하고 고립된 혹은 불투명한 현상, 자료, 감정 또는 아이디어를 이해하는 설명 그 자체를 드러내고 거기서 나타나는 이해의 종류를 포함한다. 그것은 일들이 어떻게 처리되는지, 그것들이 무엇을 암시하는지, 그것들은 어디서 관련을 맺는지, 그리고 그것들은 왜 일어나는지를 분명하고, 철저하게, 그리고 교훈적으로 설명하는 수행과 산출물을 통해 나타난 이해다.

이유와 방법에 관한 지식

그래서 이해는 사실에 대한 지식이 아니라 특별한 증거와 논리—통찰력 있는 연관성과 예증들—를 가진, '왜'와 '어떻게'에 대한 추론이다. 다음과 같이 몇 가지 예가 있다.

- 우리는 피타고라스 정리를 말할 수 있다. 그러나 그 증명을 어떻게 할 것인가? 피타고라스 정리가 의존하는 어떤 공리로 할 것인가? 그 정리에서 무엇이 나오는가? 그 정리는 왜 그렇게 중요한가?
- 우리는 상이한 물체가 분명한 균일의 가속도로 땅에 떨어진다는 것을 안다. 그러나 그것은 어떻

게 그러한가? 크기는 왜 가속도에 영향을 주지 않는가? 이런 점을 이해하기 위해서는 사실과 아이디어—종종 유사하게 이상한, 반직관적인 혹은 모순된 사실과 아이디어들—를 작용하는 하나의 이론으로 연결해야 한다.

- 우리는 기타를 치고 장단에 맞게 노래를 부르는 방법을 알지만, 거기에 작용하고 있는 하모니의 원리와 물리학을 이해하지는 못한다.

Dewey(1933)가 말했듯이, 무언가를 이해하는 것은 '다른 사물과의 관련 속에서 그것을 아는 것이다. 즉, 그것이 어떻게 작용하고 기능하는지, 어떤 결과가 나오는지, 원인이 무엇인지'를 언급하는 것이다(p. 137). 우리는 하나의 이론, 즉 추론, 관련성, 연상을 만들기 위해 주어진 정보를 넘어서서 나아간다. 강력하고 통찰력이 있는 모델이나 예증은 이러한 이해의 결과물이다. 우리는 표면상 분리된 사실을 응집력이 있고 총괄적이며 규명된 설명으로 결합할 수 있다. 지금까지 우리는 찾지 못하거나 연구하지 못한 결과를 예측할 수 있고, 이상하거나 검증이 안 된 경험을 밝힐 수 있다.

작용하는 이론이 의미하는 것은 무엇인가? 첫째, 현대 물리학의 예로 성공적인 성인이론(adult theory)을 생각해 보자. Galileo, Kepler, Newton, Einstein은 사과의 낙하에서 혜성까지 모든 물리적 물체의 움직임을 설명할 수 있는 한 가지 이론을 개발하였다. 그 이론은 흐름, 행성과 혜성의 위치, 아홉 개의 공을 구멍에 넣는 방법을 예측한다.

그 이론은 분명하지 않거나 단지 사실의 목록에 대한 결과일 뿐이다. 저자들은 지구상에서는 특별한 경우인, 움직임에 대한 마찰이 없는 세계를 상상해야만 했다. 물론 그들의 비판은 지구상 모든 곳에서는 어떤 힘, 즉 중력이라는 것이 존재한다는 아이디어를 가지고 마음껏 활동하였다. 중력이라는 것이 지구상 어디에서도 어떤 거리를 두고 작용하지만, 그것은 분별할 수 없는 수단으로, 그리고 (고대 그리스인들의 관점과 일반적 상식에는 반대되는 것으로) 물체의 무게는 지구에서 하강하는 비율에 영향을 미치지 않는다는 방식으로 작용하는 것이다. 그 이론은 결국 반직관적인 요소임에도 불구하고 설명하고 지시하며 예측하는 현상에 대한 경쟁 이론보다 잘하였기 때문에 경쟁 이론에서 이겼다.

유사하게도 증기, 물, 얼음이 표면적으로 다르다 하더라도 왜 똑같은 화학 물질인지를 설명할 수 있는 중학교 학생은 설명할 수 없는 학생보다 H_2O를 더 잘 이해하고 있다. 시장 경쟁 기능으로서 구두 가격과 그들의 변동을 설명할 수 있는 대학생은 설명할 수 없는 학생보다 구두 가격에 대해 더 잘 이해하고 있는 것이다. 학습자들은 그들의 추상적 지식을, 유용한 틀과 논리를 제공하고, 그리고 주장을 지지하는 증거 역할을 하는 훌륭한 설명을 할 수 있도록 전이시킬 때 어떤 사물의 이해, 즉 경험, 교사가 이끄는 수업, 개념 혹은 개인의 수행에 대한 이해를 드러낸다.

이해는 더욱 체계적인 설명을 포함한다. 그리고 거기(체계적인 설명)에서 반응은 일반적이고 강력한 원칙 아래에 포함된다.

> 분배의 속성을 이해하는 것은 빅 아이디어다. 9×5를 깨닫는 것은 5×5와 4×5를 더함으로써 혹은 9
> 까지 더한 5개 집단의 조합이 전체적인 관계의 구조가 포함된 데 대한 이해를 포함함으로써 해결될 수
> 있다(Fosnot & Dolk, 2001a, p. 36).

측면 1은 우리가 그들이 배운 것을 이해한다는 것을 결론 내릴 수 있기 전에 그것을 지지하여 그들
이 아는 것을 설명하기 위해, 그리고 훌륭한 추론을 제공하기 위해 그것들을 필요로 하는 과제와 평
가를 부여받도록 학생들에게 요구한다.

우리 의견을 지지하기

그래서 단지 교과서나 교사의 공식적 이론(official theory)을 검사하는 것으로 돌아가는 것은 이해
의 증거가 아니다. 우리는 우리의 대답이 옳은 이유, 그 사실이 존재하는 이유, 법칙이 작용하는 이
유를 설명할 필요가 있다. 우리는 우리의 의견에 대한 지지를 제공할 필요가 있다. 평가할 때 우리는
학생들로부터 좋은 설명을 기대하고 찾는다. 이것은 '지지하다', '정당화하다', '일반화하다', '예언
하다', '입증하다', '증명하다', '구체화하다'와 같은 동사를 사용함으로써 자신들의 이해를 드러내
도록 학생들에게 요구하는 것이다.

교과 내용, 나이, 학생의 지적 교양에 관계없이 학생이 측면 1의 의미를 이해할 때 학생은 '자신의
연구를 보여 줄' 능력을 가지고 있다. 우리는 학생들이 정확한 원칙 아래에서 정보를 포함할 수 있고,
명료한 반론과 반례에 벗어나서 설명할 수 있는지를 알아보기 위해 새로운 사실, 현상 혹은 문제와
직면해야만 한다는 것을 평가에서 암시하고 있기도 하다. 이러한 설명은 Bloom의 『교육목표분류
학』에서 제시된 '분석'과 '종합'의 능력을 포함한다.

이런 점에서 가장 심층적인 이해를 가진 학생은 매우 제한적인 이해를 하는 학생보다 자료와 확고
한 관련성을 보다 잘 통제할 수 있다. 그들은 현재의 연구에서 더욱 미묘한 사례, 함의 그리고 가정
(assumption)을 이해한다. 교사들은 여전히 이해를 통찰력이 있고, 철저하며, 뉘앙스를 풍기거나,
사려 깊게 훌륭한 것(단순히 피상적이고, 고립되어 분리된, 그럴듯하고, 대강적이거나 과장된 이론과는 반
대되는 것)으로 기술한다. 이러한 이해가 결여된 설명이나 이론은 불완전하거나 서툰 것이라기보다
는 오히려 잘못된 것이다. 날씨는 바람에 따라 다르고, 모든 삼각형은 동일하며, 설탕을 줄이는 것이
체중을 감량하는 것이라고 말하는 것은 잘못된 것이 아니다. 오히려 이것들은 서툴거나 단순한 관점

을 전달하는 것이다(타당하고 데이터에 의해 지원되는 개념과는 대조적으로).

　설계의 관점에서 보면 측면 1은 문제 중심 학습과 효과적인 '실제 체험' 과학 프로그램과 '이론적인' 과학 프로그램에서 발견되었던 것 같은 이론과 설명을 학생들에게 요구하는 질문, 쟁점, 문제에 관한 단원을 만들도록 요구한다. 평가를 위한 암시는 직접적이다. 단순히 회상이 아닌 그들 자신의 설명을 제공할 것을, 더 큰 아이디어로 특별한 사실을 관련짓고 그 관계를 정당화할 것을, 단지 대답을 주는 것이 아닌 그들의 과업을 보여 줄 것을, 그리고 그들의 결론을 지지할 것을 학생들에게 요청하는 평가(예를 들어, 수행 과제, 프로젝트, 단서, 시험)를 사용하라.

측면 2: 해석

해석(interpretation): 의미를 제공하는 해석, 내러티브, 번역

> Juzo Itami의 영화는 그들이 결코 존재했던 것을 몰랐던 일본인들에게 진실을 드러냈다.
> 비록 그들이 일상생활에서 옳았다 하더라도 말이다. 영화 평론가 Jun Ishiko는
> "그는 사람들이 이해한다고 생각한 것에 대해 내부 이야기(inside story)를
> 표현할 수 있었지만 정말로 이해한 것은 아니었다."라고 말하였다.
> ―Kevin Sullivan, *Washington Post*, December 22, 1997, p. C1

> 내러티브와 내러티브에 대한 해석은 의미 속에서 교섭이 일어나고,
> 의미는 매우 복합적이다.
> ―Jerome Bruner, 『교육의 문화(Culture of Education)』, 1996, p. 90

　그것은 무엇을 의미하는가? 그것은 왜 문제인가? 그것은 어찌 되는가? 그것은 인간 경험에서 무엇을 설명하고 예증하며 밝히고 있는가? 그것은 나와 어떻게 관련이 있는가? 무슨 의미인가?

- ✔ 할아버지는 만일의 경우에 대비하여 저축의 중요성을 예를 들어 설명하기 위해 불경기에 관하여 이야기를 들려주신다.
- ✔ 대학 신입생은 『걸리버 여행기』가 어떻게 영국 지성인의 삶에 대한 풍자로서 읽힐 수 있는지를 보여 준다. 그것은 전적으로 비현실적인 이야기가 아니다.
- ✗ 중학생은 모든 스페인어 단어를 번역할 수는 있지만, 스페인어 문장의 의미를 이해하지는 못한다.

해석의 대상은 단순히 그럴듯한 설명이 아니라 의미다. 해석은 해석의 통찰을 위해서 추상적 이론이 아니라 강력한 스토리에서 교섭한다. 이런 부류의 이해는 누군가가 현재 혹은 과거 경험에서 흥미 있고 중요한 빛을 발할 때 생긴다. Bruner가 지적하였듯이, 흥미 있는 해석은 늘 논쟁의 여지가 있으며 '매우 복합적'이다. 그리고 Leon Kass가 저술한 『지혜의 시작: 독서 기원(The Beginning of Wisdom: Reading Genesis)』에 대한 두 가지 비평에서 발췌한 다음의 내용을 보면 이 점이 분명해진다.

> Mr. Kass의 난해한 책은 비상하다. 그것은 2천 년간의 주석이나 설명을 관통하면서 텍스트를 통해서 냉정히 작업하고 그 독자들로부터 그에 상응하는 상당한 노동을 요구한다. 그것을 항상 납득할 수는 없고, 가끔은 좀 더 역사적인 배경이 독자의 이해를 도울지도 모른다. 그러나 그것의 분석과 가정들이 기원(Genesis)에 대한 독자의 이해를 변화되지 않은 상태로 남기지는 않을 것이다(Rothstein, 2003, p. B7).

> 그렇다. 21세기 초에 Kass는 힘들게 집필한 가부장제에 대한 변명을 내놓았다. 이 과정에서 그는 기원을 계약의 동시대 사람들에 대한 도덕적 교훈으로 전환한다. ……가부장제에 대한 편견을 가부장적인 책 그 자체가 무엇인가 하는 문제로 가져오면서 Kass는 이미 믿는 바를 거기서 찾는다. ……색다른 도덕주의는 이 책의 곳곳에 흩어져 있고, 그 자체보다 훨씬 더 치명적인 기원의 가부장제를 만든다. …… Kass에 따르면, 기원에 대한 책은 지혜의 시작인 이 평론가를 위한 것이 아니다. 반대로 그것은 바보같이 어리석은 행동의 시작이다. 성서 연구로의 가부장적인 전환에 대한 열성으로 고무된 것이다(Trible, 2003, sec. 7, p. 28).

이해하기 위해 이야기를 말하는 것은 단지 마음을 비옥하게 만드는 것만이 아니다. Kierkegaard의 문구를 사용하자면, 이야기가 없다면 우리는 두려움과 전율에 사로잡히게 된다(Kierkegaard, in Bruner, 1996, p. 90).

우리는 훌륭한 이야기를 잘하는 사람을 당연히 소중하게 여긴다. 훌륭한 스토리는 계몽적이고 흥미를 끈다. 그것은 우리에게 어떤 것을 기억하고 연관지을 수 있도록 도와준다. 분명하고 주목하지 않을 수 없는 내러티브는 이미 추상적이거나 부적절할지도 모르는 것 속에서 우리가 의미를 찾을 수 있도록 도와준다.

> 우화의 특징(우화를 들려주어 깨우치는 것)은 그들이 효과적인 교수장치(teachnig devices)를 만드는 이유를 드러낸다는 것이다. 그들의 견고함, 특수성 그리고 내러티브 조직은 우리의 주의를 사로잡는다. 그들의 깊이—그들은 이야기 자체를 단순화하는 것 이상을 의미하는 것 같다—는 우리의 지능과 관련된다. 우리는 그 이야기가 '우리에게 말하려고 하는 것'을 이해하기를 원한다. 그래서 우리는 그것을

곰곰이 생각하기 시작한다. 그들의 불명료함—그들은 쉬운 해독이나 번역을 저지한다—은 우리에게 반성을 위한 자료를 제공한다(Finkel, 2000, p. 13).[1]

스토리는 역사, 문학, 예술 어디서든 간에 우리의 삶과 우리 주변의 삶을 이해하도록 도와준다. 물론 가장 심도 있고, 가장 뛰어난 의미는 스토리에서, 우화에서 그리고 모든 종교에 정착하고 있는 신화에서 발견된다. 스토리는 단순히 기분 전환으로 하는 것이 아니다. 가장 좋은 스토리는 우리의 삶을 더 이해할 수 있고 관심을 갖게 한다.

의미들: 이해를 전환하기

그러나 '이야기'는 언어과에서만 국한되는 것이 아닌 그 이상의 개념이다. 우리가 모든 사건, 자료 혹은 경험에 속하는 것으로 생각하는 그 의미와 패턴들은 특정 사실에 대한 우리의 이해와 지각을 전환시킨다. 이런 이해를 소유하는 학생은 사건의 중요성을 보여 줄 수 있고, 생각의 중요성을 드러낼 수 있고, 인식과 반향의 깊은 심금을 울리는 해석을 제공할 수 있다. 시민운동에 가려진 수많은 복잡한 아이디어와 감정을 구체화한 Martin Luther King Jr.의 인상적인 3월 워싱턴 연설('나에게는 꿈이 있다')을 생각해 보라. 혹은 가장 훌륭한 신문 편집자들이 어떻게 복잡한 정치적 흐름과 아이디어의 의미를 이해하는지에 대해 생각해 보라.

물론, 의미는 제 눈의 안경이다. 1963년 11월 22일(John F. Kennedy 대통령이 암살당한 날)이 1960년대에 살았던 사람들에게 의미하는 것을 생각해 보거나, 오늘날 사람들에게 2001년 9월 11일(9·11 테러)이 의미하는 것이 무엇인지 생각해 보라. 혹은 엄마, 경찰관, 화목한 집에서 자라는 청소년들은 심한 아동학대에 대한 신문 사설에 어떻게 반응할 것인지 생각해 보라. 사회사업가들과 심리학자들은 측면 1의 의미에서 아동학대에 대한 수용된 이론을 가지는 것은 당연하다. 그러나 사건의 의미, 즉 그것을 이해하는 것은 이론과 전혀 관련이 없는 것일지도 모른다. 이 경우 이론은 사건과 세계에 대하여 학대받는 사람들의 관점과 관련이 없는 단지 과학적 설명뿐일 수도 있다.

의미 형성—다른 이들의 스토리나 경험적 자료에 대한—은 넓은 의미에서 번역과 해석을 포함한다. 독일어 1을 수강하면서 고군분투하는 학생, 『리어왕』을 읽고 있는 12학년 학생, 자료에 암시된 곡선을 생각하는 6학년 학생 혹은 사해문서(Dead Sea Scrolls)에 대해 연구하는 대학원생, 은행 기록과 전화 내역에 대해 알고 있는 형사들, 이들 모두에게 도전해야 하는 과제란 똑같다. 그 도전이란 것은 전체적인 의미가 독자에게 퍼즐과 같거나 사실들이 자명한 이야기를 말하지 않을 때 '텍스트'에서의 의미를 이해하는 일이다. 역사나 고고학 같은 분야에서 우리는 역사적 기록에 의해 밝혀진 단서로부터 사건과 인공물의 의미를 재구성해야 한다. 경제학에서 의미란 가장 두드러진 소비자와 비즈니스 지표를 해석함으로써 더 넓은 경제학 흐름을 결정하기 위한 능력에 기인한다. 수학에서 해석은 한정된 자료에서 결론을 이끌어 내도록 요구한다. 이런 유형의 이해로, 교사들은 학습자들에게 이해할 것을 요구하고, 중요성을 보여 줄 것을 요구하며, 설명할 것을 요구하고, 의미 있는 이야기를 만들 것을 요구한다.

도전: 모든 '텍스트'를 삶으로 가져오기

교실에서 해석 측면은 종종 책, 예술 작품, 과거와 현재 경험의 중요성에 대한 토의에서 나타난다. 교수(teaching)에서 도전은 공부와 토의를 통해 그것이 우리의 관심사를 설명할 수 있는 방법을 보여 줌으로써 '텍스트'를 삶으로 가져와야만 한다. 예를 들어, 우리 모두는 부모와의 관계에서 분투하고 있으며, 만약 우리가 『리어왕』에 나온 도전적 언어의 의미를 해독할 수 있다면 Shakespeare는 우리에게 큰 통찰을 제공한 것이다.

이해는 논리적으로 방어할 수 있는 이론(측면 1에서)에 대한 것뿐만 아니라 결과의 중요성에 관한 것까지를 의미한다. 이런 사실은 수학에서 찾아볼 수 있는데, 유명한 프랑스 수학자 Henri Poincar (1913/1982)는 우리에게 다음과 같은 점을 상기시켜 주고 있다.

> 그것이 이해하는 것은 무엇인가? 이 이해라는 단어가 모든 세계에 대하여 같은 의미를 지니는가? 정리의 증명을 이해한다는 것은 그 정리를 구성하는 삼단논법 각각을 성공적으로 검토하고, 그 삼단논법 게임의 규칙에 대한 정확성과 일치도(conformity)를 확인하는 것인가? ……어떤 사람에게는 그럴 수도 있다. 그들이 이것을 행할 때 그들은 이해한다고 말할 것이다. 그러나 대다수 사람에게는 그렇지가 않다. 거의 모든 사람은 보다 엄격하다. 그들은 삼단논법이 왜 정확한지의 문제뿐만 아니라 삼단논법이 다른 순서가 아닌 하필 왜 이런 순서로 연결이 되는지에 대해서도 알고 싶어 한다. 삼단논법에 대해서 그것이 변덕으로 생기는 것이지, 획득되어야 할 목적을 항상 의식하는 지성(intelligence)으로 생기는 것이 아니라고 하는 한에서 그들은 이해한 것을 믿지 않는다(p. 431).

지적한 것과 같이 해석할 때 학생들은 적법하지만 다양한 해석을 찾아내기 위하여 교과서와 그들 자신의 경험 사이를 오간다. 과학적 설명의 영역과는 달리, 해석 영역에서는 동일한 '텍스트'(책, 사전, 경험)에 대한 상이한 이해가 제안될 수 있을 뿐만 아니라 가능성도 높다고 볼 수 있다. 사실 현대 문학비평은 저자의 견해조차 특권을 받지 않는다는 아이디어, 즉 저자의 의도에 관계없이 텍스트는 의도하지 않은 의미와 중요성을 가질 수 있다는 아이디어에 따라 활발하게 전개되어 왔다. 텍스트나 화자의 말은 늘 상이하고 타당한 읽기가 이루어진다. 모든 해석은 개인, 사회, 문화 그리고 그것들이 일어나는 역사적 맥락에 따라 영향을 받게 마련이다.

다른 한편으로, 단지 모든 것이 순조로운 것만은 아니다. 텍스트, 예술 작품, 사람 혹은 사건에 대한 어떤 이해는 다른 이해보다 더욱 통찰력 있거나 방어할 수 있을 정도로 타당하다. 읽기, 역사 혹은 심리학적 사례는 그것의 일관성, 철저함, 문서상의 증거 자료(조사)를 통해서 다른 것보다 더 강하다. 예를 들어, 교육에 대한 전문적 지식의 절정은 개인적인 학위논문(dissertation)이며, 그 논문에 대한 방어다.

그래서 설명과 해석은 서로 관련이 있지만, 한편으로는 서로 다른 것이다. 이론은 일반적인 것이며, 해석은 맥락적이고 특수한 것이다. 해석의 행위는 이론 구축과 검증(testing)의 행위보다는 더더욱 본래의 애매성(ambiguity)으로 가득 차 있다. 즉, 우리는 올바른 이론적 설명에 동의하는 것이 아니라 끝까지 살아남는 단 하나의 이론이 될 것을 기대할지도 모른다. 그러나 거기에는 철저한 해석자들이 존재하는 만큼이나 다수의 많은 의미가 늘 존재한다. 예를 들어, 아동학대의 경우를 이해하기 위해 애쓰는 배심원은 이론적 학문이나 과학으로부터의 일반화가 아니라 그것이 의미하는 중요성과 의도를 찾는다. 이론가들이 학대라고 부르는 현상에 대해 객관적이고 일반적인 지식을 설정하지만, 소설가나 신문기자들은 '왜'라는 곳으로 훨씬 더 심오한 통찰을 부여한다. 우리는 관련이 있는 사실과 이론적 원리를 알지만, 여전히 늘 그것이 모두 무엇을 의미하는지, 나와 우리에게 그것의 중요성은 무엇을 의미하는지를 물을 수 있고 물어야만 한다. 우리는 이러한 특별한 경우를 어떻게 이해해야 하는가?

이론이 잘 돌아가기 위해서는 진실할 필요가 있다. 즉, 이야기는 있을 법한 박진성(verisimilitude)을 가져야 하고, 계몽적인 가르침을 제공할 필요가 있다. 같은 물리적 현상에 대하여 서로 다른 경쟁적인 세 가지 이론이 존재한다는 것은 지적으로 수용할 수 없는 일이다. 그러나 이와는 대조적으로 동일한 인간 만사에 관해서는, 매우 상이하지만 그럴듯하면서도 교훈적인 여러 상이한 해석의 존재가 가능하며, 그것이 의미를 보다 풍부하게 하는 역할을 한다.

이론은 또한 여러 가지 다양한 의미를 제공한다. 가끔은 이론을 수립한 사람들의 사심 없는 공평한 개념에서 멀어지기로 한다. Sulloway(1996)는 Darwin 연구의 혁명적 양상이 사실이 아니거나 진화의 이론(그러한 다른 이론들이 제안되어 왔기 때문에)조차 아니라 예측하지 못한 (즉, '목적이 없는 무의미한') 적응(오늘날 대다수 사람의 세계관과 종교적 민감성을 위협하는 아이디어)을 통해 일어나는 진화의 개념이라는 점을 강조하고 있다.

우리가 세계와 자신에 대해 말하기 위해 배우는 이야기들은 구성주의의 진정한 의미를 가리킨다. 우리가 학생들이 그들 자신의 의미를 만들어야 한다고 말할 경우에 그것은, 학생들이 거기에 관련된 이슈를 제대로 파악하게 하지 않고 학생들에게 미리 포장된 '해석'이나 '중요성'에 대한 진술을 건네는 것은 헛된 일이라는 것을 의미한다. 어느 누구도 그 밖의 누군가를 위해 다원주의의 의미를 결정할 수 없다. 비록 진화론이라고 부르는 과학에서의 이론적 구성에 동의한다 하더라도 말이다. 이러한 해석에 대한 설교적인 교수는 진실하게 논의할 수 있는 모든 해석의 본질에 대해 학생들을 잘못 인도할 것이다.

해석을 개발하기

특정의 구체적인 텍스트, 자료, 그리고 경험들이 본질적으로 지니는 애매한 성격은 교사와 교과서 집필자들이 아니라 학생들이 해석을 개발할 수 있도록 하는 교육을 요구한다. 그뿐만 아니라 학생의 아이디어는 지속적인 검증을 받아야 하고, 그러한 검증받은 생각을 다시 바꾸어야 하는 데 필수적인 피드백을 받는다는 점을 확실하게 해 주는 교육을 필요로 한다. 학생들은 그들에게 본질적으로 모호한 문제에 대하여 전형적인 '옳은 답'을 묻는 검사보다는 훨씬 상이한 해석을 요구하는 활동과 평가를 받아야만 한다. 학교교육이란 누군가의 말이 중요하다는 것을 학습하는 것이 아니라 가능성을 보다 잘 이해하기 위해 의미 만들기를 본받거나 해석을 검증하는 것이다.

성인으로서 자율적인 지적 수행에 대해 교육받기 위해서 학생들은 학문적인 이해가 내부에서 형성되는 방법을 알 필요가 있다. 이러한 사례는 이질적인 인터뷰의 구술사를 만들고, 복잡한 자료에서 수학적 결론을 개발하고, 신중한 독서에 근거한, 동료평가를 받기 쉬운 예술적 해석을 창조하는 데 학생들을 초대하는 것을 포함한다. 간단히 말해서, 만약 학생들이 나중에 지식의 의미를 찾는다면, 학생들은 일차적으로 지식을 생성하고 정련해 온 역사에 대한 지식을 가져야 한다.

측면 3: 적용

적용(application): 지식을 새로운 상황이나 다양하고 실제적인 맥락에 효과적으로 활용하는 능력

이해가 의미하는 것은 단순하게 보면 우리가 어떤 방식으로 현재 능력이
충분히 발휘될 수 있는지, 그리고 어떤 방식으로 새로운 기능이나 지식을 요구할 수 있는지의
문제를 결정할 때 개념, 원리, 기능이 새로운 문제와 상황에 관련될 수 있도록
이들을 충분하게 파악하는 것을 말한다.
—Howard Gardner, 『The Unschooled Mind』, 1991, p. 18

그것을 사용하거나 아니면 잊어버려라.   —저자 미상

우리는 지식, 기능, 과정을 어떻게 어디서 활용할 수 있는가? 나의 사고와 행위가 특별한 상황의 요구에 직면해서 어떻게 조절될 수 있는가?

✓ 젊은 부부는 경제학(예를 들어, 복리와 신용카드의 높은 비용)에 대한 그들의 지식을 저축과 투자를 위한 효과적인 재정적 계획을 개발하기 위해서 사용한다.

✓ 7학년 학생은 자신의 통계적 지식을 활용하여 학생 자치로 운영하는 문구사의 내년 예산을 정확하게 산출한다.

✗ 물리학 교수는 깨진 램프를 진단하고 수리할 수 없다.

이해한다는 것은 지식을 활용할 수 있다는 것이다. 이것은 미국 교육에서 오래된 아이디어다. 실제로 미국 실용주의의 오랜 전통과 학문적 사고 위주의 상아탑에 대한 문화적 경멸에서 온 오래된 아이디어다. 우리는 남녀노소 누구에게나 똑같이 말한다. '여러분은 단지 말만 하는 것(talk the talk)이 아니라 실제에 적용(walk the walk)해 볼 필요가 있다.' Bloom(1956)과 동료들은 적용을 이해의 핵심으로 간주하고, 많은 교실에서 발견되는 끊임없는 끼워 맞추기(plugging-in)와 빈칸 메우기 식의 가짜 수행과는 다른 것으로 보았다.

> 교사들은 자주 말한다. '만약 학생이 정말로 어떤 것을 이해한다면 그는 그것을 적용할 수 있다…….' 적용은 지식과 단순한 이해(comprehension)와 두 가지 방식에서 다르다. 즉, 학생은 특정의 구체적인 지식을 말하도록 격려되지도 않으며, 낡고 진부한 문제를 표명하도록 자극받지도 않는다(p. 120).

지식을 맥락과 연결하기

이해는 우리의 아이디어, 지식, 행위와 실천(action)을 맥락에 연결하는 것을 포함한다. 다른 말로 이해는 William James(1899/1958)가 교수에 필요한 요령, 즉 '구체적 상황의 지식'[아동 심리학에 대한 학문적 지식과 같은 측면 1(설명)에 해당되는 이론적 이해와는 대조되는 것]을 언급하였을 때 유명해진 말인데, 이 용어의 보다 오래된 의미에서 재치나 요령(tact)을 포함한다.

적용이 교수와 평가에 대해 지니는 함의점들은 직접적이며, 지난 20년 동안의 일부분이었던 수행 중심의 개혁에서 핵심적인 위치에 있다. 우리는 그것을 사용하고 적응하며, 개인의 희망에 맞춤으로써 어떤 것의 이해를 보여 준다. 우리가 상이한 제한점들, 사회적 맥락들, 의도와 목적 그리고 청중들과 교섭을 해야만 할 때 우리의 이해를 수행 노하우, 즉 어떤 곤경하에서 훌륭하고 빈틈 없이 과제를 성공적으로 성취시키는 능력으로 드러낸다.

그래서 이해의 적용은 평가에서 새로운 문제와 다양한 상황의 사용을 요구하는 맥락−의존적 기능이다. Bloom(1981)과 동료들은 다음과 같이 매우 유사한 어떤 것을 말하였다.

문제나 과제는 새로운 것이어야만 한다는 점은 분명하다. ……만약 학생들이 자신들의 아이디어나……
혹은 경험을 그것과 관련시키고자 한다면 그들은 문제나 과제를 매우 폭넓게 정의해야 한다(p. 267).

사실 Bloom(1981)과 동료들은 우리가 완전한 책, 즉 적용된 이해에 근거하여 수행을 위한 교육이 가장 최우선이라는 책을 만들어야 한다는 점을 강조한다.

종합은 흔히 성숙한 연구자에게 기대되는 것이다. 학생들에게 그들 스스로 종합을 할 수 있는 기회를 줄수록, 학교 세계가 그들에게 기여하고, 그리고 그들이 보다 넓은 사회에서 살게 될 삶에 기여할 어떤 것을 가지고 있다는 것을 더 잘 느낄 것이다(p. 266).

실세계 문제

우리가 학생들을 위해 개발하는 문제는 학자, 예술가, 기술자 혹은 다른 전문가들이 그러한 문제를 다루고 착수하는 상황에 가능한 밀접해야 한다. 허용된 시간과 작업 조건 등이 전형적으로 통제된 시험 상황에서 가능한 멀어져야 한다. Bloom, Madaus, Hastings(1981)는 다음의 관점을 수용한다.

최종 결과물의 타당성은 세 가지에 따라 판단되어야 한다.
ⓐ 독자, 관찰자 혹은 청중에 미치는 영향이나 효과
ⓑ 과제가 성취되는 적절성
ⓒ 결과물이 개발된 과정의 적절성에 관한 증거(p.268)

혹은 Gardner(1991)가 최근에 논의한 것을 보면 다음과 같다.

이해의 검사는 학습된 정보의 반복과 숙달된 연습의 수행 둘 다를 포함하지 않는다. 오히려 그것은 새롭게 취해진 질문이나 문제에서 개념과 원리의 적절한 적용을 포함한다. ……반면에 단답형 검사와 구술시험은 학생 이해에 단서를 제공할 수 있다. 그것은 일반적으로 더욱 깊게 검토할 필요가 있다. ……이런 목적으로, 정해진 답 없이 자유롭게 생각대로 대답할 수 있는 개방형 임상적 인터뷰 혹은 주의 깊은 관찰을 통한 새롭고 익숙하지 않은 문제는 획득된 이해의 정도를 설정하는 최고의 방법을 제공한다(pp. 117, 145).

스위스 아동심리학자 Jean Piaget(1973/1977)는, 학생 이해가 적용에서 학생의 혁신에 의해 그 자체를 드러낸다고 보다 급진적으로 주장하였다. 그는 소위 수많은 적용 문제는, 특히 수학에서 실제로 새로운 것이 아니고, 그렇기 때문에 이해를 나타내는 것이 아니라고 말했다.

> 어떤 생각이나 관념 혹은 이론에 대한 실질적인 이해는 학생들이 이런 이론을 재발명하는 것을 함축한다. 일단 아동은 학습 상황에서 특정한 어떤 생각을 반복하고 이것들을 적용할 수 있기만 하면 아동은 종종 이해의 느낌을 준다. 그러나 이것이 재발명의 조건을 충족시키는 것은 아니다. 진정한 이해는 새로운 자발적 적용으로 그 자체를 분명히 한다(p. 731).

그래서 측면 3이 지니는 수업과 평가상의 함의는 수행 중심 학습, 보다 전통적인 검사로 보충된, 보다 진정한(authentic) 과제에 초점을 두고, 그리고 거기에서 최고조에 달하는 그런 학습에 대해 강조할 것을 요청한다(Wiggins, 1998; McTighe, 1996-1997을 참고).

만약 이해가 활발하다면 학생들은 분명한 수행 목표를 가질 필요가 있고, 그들이 학습하는 것으로 변함없는 관점에서 목표를 유지할 것을 요구받는다. 법학에서의 판례 연구(사례방법)와 의학에서 문제 중심 학습 방법은 이 점을 예증한다. 이런 시도에 참여함으로써 학생들은 그들이 프로젝트나 수업을 단순하게 '행하지' 않는다는 것을 배운다. 왜냐하면 그들은 열심히 공부하고, 지시 사항을 따르며, 결과물을 제출하기 때문이다. 수업과 핵심 도전 및 수행 과제를 설계할 때는 학생들에게 그들의 수행과 기준에 대한 결과물을 끊임없이 자기평가하도록 요구해야만 한다.

측면 4: 관점

관점(perspective): 비판적이고 통찰력 있는 시각

> 교육을 통해 얻은 이익은 내면으로 깊이 스며드는 차별을 만들기 위하여 제공하는 능력이다.
> ……사람은 소리와 감각 사이의 차이점, 두드러진 것과 특징적인 것 사이의 차이점,
> 뚜렷한 것과 중요한 것 사이의 차이점을 알고 있다.
> -John Dewey, in A. H. Johnson,
> 『존 듀이의 위트와 지혜(The Wit and Wisdom of John Dewey)』, 1949, p. 104

이해가 나타나는 중요한 징후는 수많은 상이한 방식으로 문제를 제시하고 표현하는 능력이며,
다양한 이점에서 그 해결에 접근하는 능력이다.
단일의 엄격한 표현은 만족할 만한 것은 아니다.
—Howard Gardner, 『The Unschooled Mind』, 1991, p. 13

누구의 관점에서? 어떤 이점에서? 분명하고 고려할 만한 필요가 있는 가정된 것이거나 암묵적인 것은 무엇인가? 정당화되고 근거가 있는 것은 무엇인가? 적합한 증거는 있는가? 그것은 합리적인가? 그 아이디어의 장점과 단점은 무엇인가? 그것은 그럴듯한가? 그것의 한계는 무엇인가? 어째서 그러한가?

- ✔ 열 살 소녀는 TV 광고에서 생산품의 판매를 촉진하기 위해 인기 스타를 활용하는 오류를 알아 차린다.
- ✔ 학생은 가자 지구의 새로운 협의안에 대한 이스라엘과 팔레스타인의 관점을 설명한다.
- ✘ 명석하지만 완고한 학생은 수학적으로 현상을 모형화하기 위한 또 다른 방법이 있다는 것을 고려하지 못한다. 그녀는 자신에게 오직 한 가지 방법만이 있다는 것을 '알고 있다.'

이런 점에서 이해한다는 것은 냉정하고 공평한 관점으로부터 문제를 바라보는 것이다. 이런 형태의 이해는 어떤 학생이 가지는 특정한 관점에 대한 것이 아니라, 복잡한 질문에 대한 대답이 하나의 관점을 전형적으로 포함하는 성숙한 인지에 대한 것이다. 그러므로 대답은 종종 많은 가능성이 있는 그럴 듯한 설명 중 하나다. 관점을 가진 학생은 연구나 이론에서 당연시되고, 가정되고, 방관적인, 혹은 그럴듯한 설명에 대해 경계하고 조심한다.

관점은 암묵적인 가정과 함의를 구체적으로 만드는 것을 포함한다. 그것은 종종 하나의 관점으로서 그것에 대하여 무엇이라고 질문하고, 해답(교사나 교재의 해답까지)을 찾는 능력을 통하여 드러난다. 이런 관점의 형태는 강력한 통찰의 형식이다. 왜냐하면 관점을 변경하고 새로운 견해에 입각하여 친숙한 아이디어를 버림으로써 사람들은 새로운 이론, 이야기, 적용을 만들 수 있기 때문이다.

관점의 이점

이 용어를 비판적 사고의 의미에서 보면, 관점을 가진 학생은 어떤 것에 대해 의문을 가지며 조사되지 않은 가정, 결론, 함의점을 밝히려고 한다. 학생이 관점을 가지거나 얻을 수 있게 되면, 그때는 조심성이 덜하고 덜 신중한 사고자를 특징 짓는 습관적이거나 반사적인 신념, 감정, 이론 그리고 호

소들로부터 비판적인 거리를 둘 수 있다.

　관점은 질문을 제기하는 훈련을 포함하는데, 예를 들어 그것은 또 다른 관점에서 어떻게 그것을 보는가, 내 비판은 그 문제를 어떻게 보는가의 훈련이다. Darwin(1958)은 자신의 자서전에서 이런 비판적 입장은 그의 논쟁적인 이론을 방어하는 데 성공의 핵심이었다고 언급하고 있다.

　　나는……　공포된 사실, 새로운 관찰이나 사고가 우연히 발견될 때마다 황금률을 따랐는데, 그것은 나의 일반적 결과와는 반대였다. 왜냐하면 나는 그러한 사실과 사고들이 호의적이고 편리한 사실과 사고보다 기억으로부터 도피하는 것이 훨씬 더 적절하다는 것을 경험에 의해 알고 있었기 때문이다. 이런 습관 때문에 적어도 내가 알아채지 못한 채 답했던 나의 견해에 대해 반대는 거의 없었다(p. 123).

　그래서 이해의 양상으로서 관점은 잘 발달된 성취, 즉 아이디어들이 다른 이점에서 바라보는 방법에 대해 얻게 된 이해를 의미한다. 단지 숙달에만 신경을 쓰는 초보 학습자들은 그들이 어떤 것에 대한 철저한 설명이 부족할 때 관점을 들추어낼지도 모른다〔'황제의 새로운 옷(The Emperor's New Clothes)'에서 소리치는 아이들을 생각해 보라〕. 그러나 정의에 따르면, 초보자들은 Gardner가 앞의 제명(epigraph)에서 지적한 대로 복합적 관점을 수용하는 능력이 부족하다.

　더욱 미묘한 관점은 교사나 교과서 발표에 감춰진 견해를 파악하는 것을 포함한다. 진실, 입증 그리고 중요한 것과 관련 있는 미국 역사와 물리학 교과서 저자의 관점은 무엇인가? 다른 저자들이 그러한 관점을 공유하는가? 다른 전문가, 교사 그리고 저자들은 다른 우선순위를 설정하는가? 만약 그렇다면 그들의 정당성은 무엇인가? 다른 사람의 관점은 어떤 장단점을 가지는가? 이런 방향으로 질문하기가 너무 난해한 것처럼 보이는 것은 교육이 우리가 학생들에게 요구되는 관점을 제공하는 것에서 얼마나 멀리 떨어져 있는지를 보여 주는 것이다.

　Bruner(1996)가 언급하기를, 한 가지 방법으로 무언가를 이해하는 것은 또 다른 방법으로 그것을 이해하는 것을 포함한다. 어떤 하나의 특별한 방법으로 이해하는 것은 단지 그것이 추구하는 것에 따라서 특별한 관점에서 '옳은' 것 혹은 '그른' 것이 된다(pp. 13-14). 미국의 독립전쟁에 관한 교과서 내용에서 발췌한 문단을 보라.

　　미국 독립전쟁의 원인은 무엇인가? 혁명이 영국 정부의 전제정치 때문에 일어났다는 것을 논의하곤 했다. 이런 간단한 설명은 더 이상 받아들이지 않는다. 역사가들은 영국 식민지들이 세계에서 가장 자유로웠고, 그곳의 사람들이 다른 제국에는 없는 권리와 자유를 누렸다는 것을 알고 있다. ……영국 정부는 미국 상황을 이해하는 데 실패하였다는 죄를 지었다.

　　심지어 인지조례(Stamp Act) 후에도 대다수 식민주의자들은 애국자들이었다. 그들은 제국과 자유를 자랑으로 여겼다. 다음 인지조례 해에 소수의 급진파들은 독립을 위해 노력하기 시작했다. 그들은 분란을 일으키는 모든 기회를 예의 주시하였다(U.S. Department of Health, Education, and Welfare, 1976, p. 38).

결정적으로 이상한 소리로 들리는가? 그것은 캐나다 고등학교 역사 교과서에서 나왔기 때문이다. 우리는 여기서 미국 학생들이 교과서에서 실제의 이해(단순히 정확한 암기와는 반대되는 것으로)를 성취하였는지를 알 수 있다. 그들은 '동일한' 역사에 대한 이러한 다른 읽기를 통해 드러난 역사적인 쟁점, 그리고 역사 편찬상의 쟁점에 부드럽고 탄력적으로 대처할 수 있다(달리 말하면 관점이란 서로 다른 그럴듯한 설명과 해석을 포함한다).

모든 사람은 신문 보도에 관점을 전달하는 문제를 인식하고서, 그것이 왜 교과서(혹은 더욱 전형적인 단행본 교과서)에 집필되지 않는가? 모든 사람은 저자의 관점이 내용, 강조, 스타일의 선택을 만들어 낸다는 것을 알면서, 왜 교육자들은 교과서를 이해하는 데 이런 언어와 기능을 사용하도록 학생들을 돕지 않는가? 어떤 질문과 가정이 교과서의 저자들에게 알려지는가? 그 문제에 대해 Euclid, Newton, Thomas Jefferson, Lavoisier, Adam Smith, Darwin 등의 창의적인 사상가들이 성취하려고 하는 것은 무엇인가? 어떤 가정에 근거하는가? 어떤 맹점을 가지고 있는가? 교과서들이 그것들을 단순화하거나 많은 대상을 만족시키기 위해 노력하는 점에서 이런 아이디어를 어느 정도로 왜곡하는가?

그래서 본질적 관점은 모든 교과학습(coursework)에서 질문하고 대답하는, 즉 무엇에 관한 것인가, 가정된 것은 무엇인가, 그 가정에서 어떤 결론이 따라오는가를 확신시키는 것들을 포함한다. 이러한 것들은 이해를 위한 교육에서 거의 관계가 없는 빗나간 질문이거나, 별도로 추가되는 성격(경품으로 하나 더 주는 그런 종류의)의 질문은 아니다. 우리의 수업과 평가 전략은 자유교육(liberal education)의 목적과 수단을 보다 강조할 필요가 있다. 즉, 학생들이 지적 삶에서 내재적이고 외재적인 가치 모두를 알 수 있는 본질적 질문과 사고를 넘어선 통제가 필요하다. 실제로 옥스퍼드 영어 사전은 '이해'라는 동사를 어떤 것의 '어떤 취지나 의미를 아는 것(to know the import)'으로 정의한다. 이 준거에 따르면, 이해를 가져오는 최고의 학교와 대학은 어떻게 성공적인가? 그들이 하는 학교 공부의 가치, 즉 학문을 배우도록 요구된 '학문'의 가치에 대해서 이해를 하고서 학교를 떠나는 학생들은 거의 없다.

측면 4는 수업은 학생들이 빅 아이디어에 관해서 대안적 이론이나 다양한 견해에 직면하게 되는 명백한 기회를 포함해야 한다는 생각을 촉진시킨다. 자신들의 견해와 상이한 다른 학생들의 견해를 듣는 기능으로서가 아니라 교과학습과 자료를 설계한 결과로서 말이다. 그것은 똑같은 아이디어에 관한 다른 관점을 제공하는 전문가들에게 보여 준다.

더 일찍이 Joseph Schwab(1978)은 관점의 변화에 기초한 대학 수준에서의 이해를 위한 교육을 제시하였다. 그는 자신이 '절충'의 예술이라고 부르는 것, 즉 학생들이 매우 다른 이론적 관점에서 똑같은 중요한 아이디어(예를 들어, 자유의지 대 결정론, 인격의 개발)를 알도록 강요하였던 코스워크(coursework)를 숙의(deliberation)하면서 신중하게 설계하는 것을 개발하였다. 만약 이해가 일어나게 하고 단순한 피상적 학습을 피하고자 한다면 '내용'에 대한 모든 토의가 그 내용의 가치와 의미에 대해서 상이한 관점에서 고려할 필요가 있다는 점을 제안하기 위해서 Schwab의 아이디어(그리고 그 전의 Dewey와 그 후의 Bruner의 연구)를 바탕으로 한다.

측면 5: 공감

공감(empathy): 타인의 감정과 세계관을 수용할 수 있는 능력

이해하는 것은 용서하는 것이다.
-프랑스 속담

중요한 사상가의 연구물이나 작품을 읽을 때 우선 텍스트에서 발견되는 분명한 모순들을 찾아라.
그리고 그 민감한 사상가가 그것들을 어떻게 저술하였는지를 자신에게 물어보아라.
거기에 대한 답을 찾을 때, 그리고 그 단락이 이해될 때
여러분은 자신들이 그 전에 이해했다고 생각한 것들(보다 핵심적인 단락들)이
그 의미들을 바꾸어 놓았다는 점을 찾을지도 모른다(p. 98의 둘째 단락).
-Thomas Kuhn, 『과학적 교재 총론(on reading scientific texts)』, in R. Bernstein,
『객관주의와 상대주의를 넘어서(Beyond Objectivism and Relativism)』, 1983, pp. 131-132

그것은 당신에게 어떻게 생각되는 것인가? 그들은 내가 알지 못한다는 것을 어떻게 아는가? 만약 이해한다면 나는 무엇을 경험할 필요가 있는가? 작가, 예술가 혹은 연기자는 자신을 느끼게 하고 알게 하기 위해 무엇을 느끼고 생각하며, 보고 시도하였는가?

✓ 한 젊은이는 자신의 노쇠한 할머니의 제한되고 구속적인 생활양식에 공감을 느낀다.
✓ 영국의 국가시험: 로미오와 줄리엣, 4장. 자신을 줄리엣으로 상상하라. 왜 그런 절박한 행위를 하여야만 했는지에 대한 생각과 감정을 글로 써 보라.

✗ 어느 천부적인 운동선수는 코치가 되어서 자신의 젊은 선수들을 종종 꾸짖는다. 그 이유는 그가 쉽게 배운 경기를 학생들은 힘들게 노력하는데, 그 학생들의 입장에서 힘겨운 투쟁과 관련지을 수 없었기 때문이다.

타인의 입장에서 생각하는 능력, 타인의 입장을 이해하기 위해 자신의 응답과 반응을 피하는 능력인 공감은 이해라는 용어를 가장 흔하게 구어적으로 사용하는 데 있어 핵심적인 역할을 한다. 타인, 사람, 문화를 이해하려 할 때 우리는 공감하기 위해 애쓴다. 그것은 우리가 통제할 수 없는 것을 넘어선 단순한 감정적인 반응이나 공감이 아니라, 타인이 느끼는 것을 느끼고, 타인이 보는 것을 보기 위한 훈련된 시도다. Babyface라는 가수의 회견 내용에서의 인용은 바로 이 점을 보여 준다.

> 한 여성이 당신에게 다가와서 "당신은 그것을 어떻게 아느냐? 당신은 그것을 어떻게 느끼느냐?"라고 말한다. 나는 묻는다. 그리고 첫째로 그는 나에게 돌아서서 바라본다. 그는 "예, 그것은 정상적인 반응이다."라고 갑자기 부끄럽지 않은 목소리로 말한다. "그것은 내가 그 밖의 누구보다 여성을 더 잘 이해한다는 것은 아니다. 그러나 나는 감정을 이해한다. ……우리가 해야 할 것은 단지 주위를 돌아서 그러한 똑같은 구두를 신고서 그 소녀가 가고 있는 것을 상상하는 것이다. 우리 모두는 똑같은 사람들이다(Smith, 1997, p. 22).

공감이란 관점을 가지고 보는 것과는 다르다. 관점은 비판적인 거리를 두면서 보고 보다 객관적으로 보기 위해서 우리 자신을 냉정하게 분리하는 것이다. 공감을 통해 우리는 타인의 세계관을 안에서 들여다 본다. 그들의 입장에서 생각한다. 우리는 포용력으로 얻은 통찰력을 완전히 받아들인다. 공감은 따뜻하다. 관점은 차갑고 분석적이고 자신의 감정과 분리된 초연함과 공평함이다.

독일의 학자 Theodor Lipps는 청중이 예술의 과업과 연기를 이해하기 위해 반드시 해야 하는 것을 기술하기 위해 20세기 전환기에 공감이라는 용어를 만들었다. 공감은 타인의 아이디어와 행위에서 그럴듯하고 분별력이 있으며, 의미 있는 것을 찾으려고 노력하는 신중한 행동이다. 비록 그러한 아이디어와 행위들이 당혹스럽고 반감을 갖게 하더라도 말이다. 공감은 상황을 재고할 뿐만 아니라 우리가 전에 이상하거나 낯설게 보았던 것을 이해하게 되듯이 마음의 변화를 가지도록 우리를 이끌 수 있다.

통찰에 이르는 방식으로서 공감

공감은 통찰의 형식이다. 왜냐하면 그것은 이상한, 낯선, 겉으로 이상한 의견들 혹은 그것들에서 의미 있는 것을 찾으려는 사람들을 뛰어넘는 능력을 포함하기 때문이다. Thomas Kuhn의 진술이 가리키는 것처럼, 우리가 우리 자신의 가정 때문에 너무 일찍 거절한 아이디어의 의미를 이해하고자 한다면 지적 공감은 필수적이고 본질적인 것이다. 모든 학자는 공감을 필요로 한다. '만약 우리가' 조상의 이론에 대해 '비웃는다면' 인류학자 Stephen Jay Gould(1980)가 말한 것처럼 우리는 '그들 세계에 대한 우리의 이해에서' 실패할 것이다(p. 149). 유사하게도 학생들이 더욱 친숙한 것과의 관련성과 그것들의 가치를 이해하려면 이상하고 불쾌하며 접근(이해)하기 어려울 것 같은 아이디어, 경험 그리고 텍스트를 열린 마음으로 받아들이는 방법을 학생들이 배워야만 한다. 우리가 습관적 반응을 극복할 때 이상하거나 '우둔한' 아이디어들이 어떻게 풍부해질 수 있는지 이해할 필요가 있고, 타인이 이해한 것에 대해 우리가 이해할 때 어떻게 방해할 수 있는지 알 필요가 있다.

공감의 필요성에 대한 단순한 예는 미국 정부 체제에서 발견된다. 미국의 상원의원들이 100년 이상 동안 선거로 뽑히지 않고 임명되었다는 것을 아는 학생들은 거의 없다. 왜 그러한 관례가 좋은 아이디어와 유사한지를 이해하는 사람은 여전히 없다. 우리의 조상이 잘못된 인식 혹은 위선자였음을 생각하는 것은 쉽다. 그러나 그러한 견해가 이상하게 보이지 않도록 하기 위해서(우리가 지금 그것들을 수락할 수 없다고 할지라도) 학생들에게 헌법의 작가로서 역할극을 하도록 과제와 평가에 대해 생각할 수 있다. 그 도전은 임명된 요직이 그 시민들의 최고의 관심이었다는 것을 시민단체에게 한 가지 사례로 만들 것이다. 이에 덧붙여, 우리는 학생들에게 현재 대중적 투표 체제에 대한 찬반양론에 관한 수필이나 저널을 쓰도록, 그리고 만약 있다면 대통령 선거인단의 가치를 고려하도록 요구할 수 있다.

심정의 변화

우리가 일찍이 언어에 대해 토의하면서 말한 것처럼 대인관계의 의미에서 이해는 단순히 마음의 지적인 변화가 아니라 심정의 중요한 변화를 시사한다. 공감은 우리 자신과 다른 사람에 대한 존중을 요구한다. 타인을 존중하는 것은 마음을 열어 두고 타인의 견해가 우리와 다를 때 그들의 견해를 조심스럽게 고려하도록 한다.

이 과제에 대해 당혹스러워 하는 것을 극복할 수 있는지를 알아보기 위해서 학생들에게 이상하거나 낯선 텍스트, 경험 그리고 아이디어와 의도적으로 마주치도록 하는 학교 공부를 가정해 보는 것은 더욱 쉬워진다. 역사 교수법에 관한 Bradley Commission은 역사의 주요 목적이 다른 장소와 시대에 살고 있는 사람들에 대한 역사적 공감을 개발하기 위해서 학생들에게 자민족주의와 현재 중심의 관점에서 벗어나도록 도와주는 것이라고 논의하였다(Gagnon, 1989). 사실 이것은 문화적 이슈를 강조하는 외국어 수업에서 흔한 활동이다.

학습에서의 보다 많은 경험

이런 종류의 이해는 누군가가 성가신 것으로 발견하는 경험적인 필요조건을 함의한다. 만약 누군가가 가난, 학대, 인종차별주의 혹은 고자세의 경쟁적 스포츠와 같은 경험을 언급하고, "여러분이 거기에 없었다면 이해할 수 없을 것이다."라고 말한다면, 여기에서 시사받을 수 있는 점은 경험으로부터의 통찰이 공감적 이해에 필요하다는 것이다. 추상적 사고의 이해를 확신시키기 위해서 학생들은 현재 대부분의 텍스트북 위주의 코스가 허용하는 것보다 훨씬 더 직접적이거나 가상적인 경험을 해야만 한다. 지적인 외부의 범위와 경계에 대해 생각해 보자. 학습은 더 많은 경험과 결정, 사고, 이론 그리고 문제들의 효과—영향력—에 직접적으로 직면하는 학생들을 향해 더 많이 조정할 것을 요구한다. 학습에서의 이러한 경험의 부재는 오개념에 관한 문헌들이 지적하듯이 여러 중요한 생각이 오해되고 그렇게 덧없는 학습이 되는 이유를 설명할지도 모른다. 평가 또한 학생들이 그들의 대답과 설명에서 자기 중심, 자기 민족 중심, 현재 중심성을 극복하는 데 더 많은 주의를 해야만 한다.

측면 6: 자기지식

자기지식(Self-Knowledge): 자신의 무지를 아는 지혜, 그리고 자신의 사고와 행동의 패턴이 어떻게 이해에 대해 선입관을 갖게 하는지와 이해를 분별하는지 아는 것

> 모든 이해는 궁극적으로 자기 이해다. ……이해하는 사람은 그 자신을 이해한다.
> 어떤 무엇인가가 우리에게 말을 걸 때 이해는 시작된다.
> 이것은 우리 자신의 편견에 대한 근본적인 보류를 요구한다.
> – Hans-Georg Gadamer, 『진리와 방법(Truth and Method)』, 1994, p. 266

> 이해할 수 없는 일들이 있고, 그러한 일들이 무엇인지를 이해하는 것이 인간 이해의 임무다.
> – Søren Kierkegaard, 『일지(Journals)』, 1854

나는 내 관점을 어떻게 형성하는가? 나의 이해의 한계는 무엇인가? 나의 맹점은 무엇인가? 편견, 습관, 스타일 때문에 내가 오해하는 것은 무엇인가?

✔ 한 어머니는 딸의 수줍음과 관련한 그녀의 좌절은 자신의 어린 시절에 근거한다는 점을 깨닫는다.

✔ 그녀의 학습 스타일에 대해 유념하면서, 한 중학생은 공부에 도움이 되는 그래픽 조직자를 신중하게 사용한다.

✘ 당신이 가진 모든 것이 망치일 때 모든 문제는 못처럼 보인다.

깊은 이해는 궁극적으로 우리가 지혜라고 하는 것과 관련되어 있다. 세계를 이해하기 위해서 우리는 먼저 우리 자신을 이해해야만 한다. 또한 자기지식을 통해서 우리가 이해하지 못했던 것을 이해해야 한다. 그리스 철학자들이 종종 말했던 것처럼 '자신을 안다'는 것은 정말로 이해하는 사람들의 격언이다. 어떤 점에서 Socrates는 이해의 창시자다. 그는 자신이 무지하다는 것을 알았던 반면, 대부분의 사람은 자신이 무지하다는 것을 깨닫지 못했다.

일상생활에서 정확하게 자기평가와 자기조절을 하는 능력은 이해를 반영한다. 메타인지는 어떻게 사고하는지와 왜 사고하는지에 대한 자기지식과 관련되어 있다. 그리고 선호하는 학습 방식과 이해 혹은 이해의 부족 간의 연관성에 적용된다. 그래서 덜 성숙된 마음은 무지하고 미숙한 것이 아니라 무분별한 것이다. 단순하고 고지식한 학생은 아무리 명석하게 배웠다 하더라도 아이디어가 차원이 다른 상황에 있거나 예측해야 할 때 자기지식이 부족하다. 아이디어가 객관적으로는 진실이지만 오로지 학생의 신념에만 적합할 때 혹은 지각에 대한 템플릿(template)이나 틀(frame)이 형성되는 방법과 학생이 어떻게 이해하고, 무엇을 이해하는지를 알아야 할 때 자기지식이 부족하다.

지적 합리화

우리의 지적인 맹점은 우리를 지적 합리화로 기울어지게 한다. 지적 합리화란 단순히 그럴듯한 것이 아니라 객관적 진실로 보이는 신념과 범주로 경험을 끊임없이 동화시키는 능력이다. 우리는 너무나도 쉽게 우리가 선호하지만 조사되지 않은 모델, 이론, 유추, 관점을 입증한다. 예를 들어, 양자택일적인 용어로 생각하는 것은 흔히 있을 수 있는 자연적 습관의 예다. 이러한 식의 자연적인 습관은 교육개혁에서 만연한 것으로 보고, Dewey가 미성숙된 사고의 저주로 본 것이다. 학생들은 종종 그런 범주를 좁은 투사(projection)로 보지 않고 이분법으로 생각한다. 그녀는 싸늘하다. 그는 바보다. 그들은 바보집단이 아닌 옳은 집단에 있다. 그 교사는 나를 좋아하고 당신을 싫어한다. 수학은 소녀들을 위해 있는 것이 아니다. 축구는 동물을 위해 있는 것이다. 이것은 사실이다. 그것은 잘못이다.

Salinger(1951)는 『호밀밭의 파수꾼(The Catcher in the Rye)』에서 이런 성향을 잘 활용하였다. 주

인공 Holden은 다른 젊은 소년과 성인을 '위선자'로 간주하고, 그의 편견은 보이는 것 이상을 숨기고 있었다. 재미있고 유능한 성인을 Lunts, 블루 피아노 연주가, 교사로 인정하는 것을 위선자들이 무시하는 것처럼 사람들에 대한 범주화를 Holden 스스로 인정할 때 우리는 Holden의 소외감에 대해 많은 것을 배운다. 성숙은 우리가 아마도 사람들과 아이디어에서 예상하지 못한 차이점, 특이성, 놀라움의 미묘한 차이를 보기 위해 극단적으로 단순화한 범주를 넘어서서 볼 때 분명해진다.

우리 교육자들 역시 사실 이후에 오랫동안 그들의 한계와 주관성을 보면서 깔끔한 범주와 눈에 띄는 은유에 종종 생각 없이 의지하고 만족한다. 정말로 두뇌는 컴퓨터와 같은가? 표준화된 검사가 과학적 실험 절차의 모델이 될 수 있도록 하기 위해 '동등한 변인과 고립된 존재로서' 아이들은 정말로 자연물 혹은 현상처럼 다루어지게 되는가? '수업 서비스의 실행'(구식 공장 모델에 대한 경제적 비유와 더욱 현대화된 변형)이나 '행동 목표'(스키너 식의 동물 훈련에 근거한 언어)를 수반하는 것으로서 교육에 대해 이야기하는 것은 은유를 사용하는 것이고, 반드시 도움이 되는 것은 아니다.

> 그 기초적 사실은 우리가 규칙을 세우는 것이다. ……그리고 우리는 그 규칙을 따를 때 어떤 일이 우리가 가정한 것처럼 판명되지 않는다. 말하자면 우리 자신의 규칙에 뒤얽혀 있다. 규칙에서의 이런 얽힘은 우리가 이해하기를 원하는 것이다(Aphorism 125). (Wittgenstein, 1953, p. 50)

거의 300년 전 Francis Bacon(1620/1960)은 우리가 우리 자신을 발견하는 데서 사고의 습관과 문화적 맥락으로 나타난 오해에 대해 철저한 설명을 제시하였다.

> 인간 이해는 본질적으로 그것이 찾는 것보다 세계에서 보다 질서정연하고 규칙적인 존재를 가정하기 쉬운 법이다. ……그것이 채택될 때 한 가지 의견은 그것에 동의하고 지지하기 위해 모든 것을 이끈다. ……그것은 부정적인 것보다 긍정적인 것을 통해 감동을 받고 흥분되는 지식인이 지니고 있는 특이하고 영속적인 과실이다. 간단히 말하여 감정이나 정서가 이해를 물들이고 영향을 미치는 방법은 가끔은 지각할 수는 없지만 수없이 많다(Book I, Nos. 45-49, pp. 50-52).

그러나 편견을 항상 잘못이나 해로운 것으로 보는 것도 선입견이다. 예를 들어, Gadamer(1994)와 Heidegger(1968)는 인간의 편견을 인간에 대한 이해에서 분리할 수 없는 것으로 간주한다. 그리고 Virginia Woolf(1929)도 편견에 관한 자의적인 설명이 통찰의 핵심이 될지도 모른다고 말했다.

> 아마도 내가 그 아이디어를 숨김없이 말한다면 편견은 이런 진술 뒤에 놓이게 될 것이다. '여성은 돈을 가져야만 하고 소설을 쓸 자신의 방을 가져야만 한다.' 당신은 그들이 여성과 소설로 향한다는 것을 발견

할 것이다. 여하튼 주제가 주로 논쟁적—성에 대한 모든 질문이 바로 그러한 것—일 때 어느 누구도 진실을 말하고자 희망할 수 없다. 사람은 단지 무슨 의견이든지 수용되는 것을 받아들일 방법을 보여 줄 수 있다. 사람은 단지 자신의 청중에게 그들이 화자의 한계, 편견, 특이성을 관찰할 때 그들 자신의 결론을 도출하는 기회를 부여할 수 있을 뿐이다. 여기서 소설은 사실보다 더 많은 진실을 포함하는 것 같다(p. 4).

자기지식이 요구하는 것

자기지식은 이해의 핵심 측면이다. 왜냐하면 만약 우리가 우리 자신을 더 잘 이해하려면—우리 자신을 넘어서서 보다 잘 볼 수 있으려면—세계를 바라보는 방법을 자의식적으로 질문할 것을 요구하기 때문이다. 그것은 우리에게 불가피한 맹점 혹은 우리의 사고에서 간과하는 점을 탐색하기 위해, 그리고 최종적으로 완전하게 보이는 효과적인 습관, 순진한 자신감, 강한 신념, 세계관 아래에 잠재되어 있는 불확실성과 불일치에 직면하여 개선할 수 있는 용기를 가지도록 훈련할 것을 요구한다. 우리가 교과 학문에 대해 말할 때 그 심층적 의미는 다음과 같은 것이다. 즉, 합리적 이해가 우리로 하여금 우리의 강한 신념에 대해 의문을 제기하고, 가끔은 혼란시키기 때문에 거기에는 용기와 인내를 요구하는 것을 포함하는 '학문'이 있는 것이다.

실제적으로 말하자면, 자기지식에 대해 많은 주의를 기울임으로써 우리가 보다 넓은 의미에서 자기반성과 성찰을 가르치고 평가하는 보다 나은 일을 해야만 한다. 어떤 의미에서 학교교육에서 우리는 잘하고 있다. 대부분의 학교 프로그램과 전략들은 학생들을 자신의 학습 양식의 메타인지와 의식을 개발시킬 수 있도록 도와주고 있다. 최고의 예술 수업을 계획하고 실행하는 것은 늘 자기반성을 강조한다. 우리가 이 책에서 노력하는 '인식론'—지식과 이해를 알고 이해하는 것을 의미하는 것과 지식이 신념, 의견과 어떻게 다른지를 언급하는 철학의 분야—아래 철학적 능력에 대한 이해를 요구할 뿐만 아니라, 우리가 여기서 표현하는 생각은 지적 수행에 대한 지속적인 자기평가에 더 많은 주의를 기울여야 한다.

교수-학습을 위한 여섯 가지 측면의 주요 함의점

여섯 가지 측면은 백워드 설계의 세 단계에 우리의 사고를 스며들게 해야 한다. 그것들은 바람직한 이해, 필요한 평가 과제, 학생 이해를 가장 진전시킬 것 같은 학습활동을 명백히 하도록 도울 수 있다. 이 이해의 여섯 가지 측면은, 이해는 사실이 아니며 학습자가 필요로 하는 의미 만들기가 일어나기 위해서는 어떤 특정한 학습 행위와 수행평가가 요구된다는 점을 상기시켜 준다.

다시 말해, 그 측면들은 우리가 "내가 그것을 이해하였기 때문에 나는 너에게 이해하라고 말하고 더 능률적인 교수와 학습이 되게 할 것이다."라고 생각하는 식의 사고의 희생자가 될 때, 활동에서 전문가 맹점을 벗어나도록 해 준다. '아, 그렇게 쉽구나!' 정보습득에서 이해를 감소시킬 때〔회상(recall)을 검사하는 평가들 혹은 '끼워 맞추기'〕 우리는 학습에 대한 오개념을 영속시킨다. 학생들은 마치 그것들이 단순한 사실들인 것처럼 그들의 임무가 나중에 회상을 위해 이해를 기억하는 것으로 잘못 믿게 된다. 다르게 보아야 한다. 만약 이해가 우리의 교수 목표라면 우리는 적극적으로 학습에 대한 이런 오해를 근절해야만 하고, 그들이 종종 지식, 즉 어떤 문제가 있고 명백하지 않은 것에서 의미를 만드는 지식을 습득하는 것 이상으로 학생들이 수행하게 될 것이라는 점을 알 수 있도록 도와줄 수 있다.

좋은 설계는 학생들이 교사가 가르치는 것을 이해할 필요성이 분명하게 존재한다는 생각을 확립하게 할 것이다. 즉, 만약 이해가 목적이라면 설계는 그럴듯한 해결이 아닌, 어떤 사실과 기능 문제의 의미를 만드는 것이어야 한다. 이것은 사고, 사실, 논쟁 혹은 경험이 동시에 어떤 일을 조명하고 문제를 야기하도록 설계될 때 일어난다.

'이해할 필요'를 보다 분명하게 만드는 단순한 사례를 고려해 보라. 우리는 책을 읽을 때 모든 단어를 알지만 이해가 되는 의미를 쉽게 도출할 수 없는 경우가 있다(예를 들어, 철학이나 시를 읽을 때 흔히 발생하는 문제다). 우리는 실험실을 통해 안내받고, 실험에서 예상하지 못한 결과에 당황하게 된다. 우리가 지금까지 수학에서 배웠던 모든 공식이 우리에게 주어진다고 가정한다면, 그것들은 우리에게는 무의미하게 보이는 자료 세트일 뿐이다. 우리는 동일한 사건의 원인과 결과에 동의하지 않는 두 가지 역사 교과서와 마주친다. 축구 코치는 우리에게 수비 선수들이 적극적으로 공격을 할 필요가 있다는 것을 말한다.

이해를 위한 교육과정 설계에서 노력해야만 하는 것은, 학생들의 임무가 단순히 '피상적인 것'을 받아들이는 것이 아니라 사실의 표면 아래에 놓여 있는 것의 '심층적인' 의미를 학생들이 깨닫게 하는 것이다. 물론 이것은 구성주의가 의미하는 것이기도 하다. 의미는 가르칠 수 없는 것이다. 그것은 교사의 매력적인 설계와 효과적인 코칭을 통해 학습자가 형성해야만 한다. 그래서 학생 이해를 발달시키기 위해 설계된 교육과정은, 학생들에게 그들의 임무가 단지 사실과 기능을 배우는 것뿐만 아니라 그것들의 의미에 대해 질문까지도 제기하는 것이라는 것을 가르친다. 심층적 학습이라는 용어는 빅 아이디어의 탐구를 안내하는 설계 철학을 요약하고 있으며, 여기에서 지식은 더욱 연결되고 의미 있으며 유용하게 구성되게 된다.

비록 추상적인 면에서 설계 작업이 결과, 빅 아이디어 그리고 이해의 여섯 가지 측면에 더욱 초점이 맞추어져 있다는 점을 확신시키는 것이 의미가 있다고 하더라도 대다수 독자에게는 아직 이것이 구체적으로 설계 작업을 분명하게 암시하는 것 같지 않다. 만약 이해가 여섯 측면으로 구성되어 있다면, 그것들은 실제에서 어떻게 구현되어야 하는가? 우리는 이해를 한 학생과 그렇지 않은 학생을 어떻게 정확하게 구별할 수 있는가? 이해를 위한 백워드 설계를 고려할 때, 우리는 이제 1단계에서 수업을 위한 빅 아이디어의 틀을 보다 면밀하게 살펴볼 준비가 되었다. 그리고 나중에 2단계에서 이해(이해하지 못한 것과 오해로부터 이해가 어떻게 다른지를 구별하는 것뿐만 아니라)를 더욱더 잘 불러일으키기 위한 평가의 틀도 살펴볼 준비가 되어 있다.

자! 이제 우선 두 단계를 가로지르는 UbD 템플릿의 요소로 돌아가 보자. 그리고 빅 아이디어를 가지고 설계 작업의 틀을 어떻게 구조화할 것인가 하는 문제, 즉 본질적 질문을 가장 쉽게 설명하고자 한다.

제5장

본질적 질문: 이해에 이르는 관문

특정한 교과 내용이나 주제 혹은 특정의 개념이 주어지면 사소한 질문을 하는 것은 쉽다.

……엄청나게 어려운 질문을 하는 것도 역시 쉽다.

여기에서 질문을 제대로 하는 비결이나 기교는 대답할 수 있고,

당신을 지적으로 긴장이 되는 어딘가로 데려다 주는 그런 수준의 중간 질문을 발견하는 것이다.

−Jerome Bruner, 『교육의 과정(The Process of Education)』, 1960, p. 40

질문을 하는 것은 열려 있다는 것을 의미하고, 개방적인 상태에 있게 되는 것이다.

의문을 품고 질문을 하는 사람만이 참된 이해에 도달할 수 있다.

−Hans-Georg Gadamer, 『진리와 방법(Truth and Method)』, 1994, p. 365

어떠한 복잡한 단원이나 교수요목(course of study)은 당연히 많은 교육 목표—지식, 기능, 태도, 마음의 습관, 이해—을 동시에 포함할 것이다. 그러나 우리가 말했던 것처럼 만일 목표가 학생들이 자신이 학습한 것을 이해하고 활용할 수 있도록 도와주는 것이라면, 설계(그리고 그에 따른 교수)는 모든 단편적 사실과 기능을 서로 관련짓고 그것에 의미를 부여하는 빅 아이디어에 분명하게 초점을 맞추어야 한다.

우리는 초점이 된 빅 아이디어에 어떻게 하면 보다 신중하게 관심을 집중할 수 있는가? 우리는 어떻게 많은 내용 지식을 가지고 와서 그것을 매력적이면서 사고를 자극하고 효과적인 작업으로 만들 수 있는가? 우리가 활동 중심(activity-based) 및 피상적 학습 중심(coverage-based) 설계라는 두 가지 과실을 어떻게 피할 수 있는가? UbD에서 그 초점은 우리가 필수 질문 혹은 본질적 질문이라고 부르는 것에 따라 목적을 형성함으로써 어느 정도 성취된다(이후의 장에서 논의된 다른 접근은 바라는 이해와 주요 수행 과제를 구체화하기 위한 것이다).

우리는 어떤 종류의 질문을 언급하고 있는가? 보통의 모든 질문이 그런 것은 아닐 것이다(질문이면 뭐든지 하려고 하는 것은 아니다). 다음 질문의 예시들을 고찰해 보고 그것들이 우리가 매일 전개하는 수업 및 교과서에서 제시되는 것들과 어떻게 다른지 주목해 보라.

- 진정한 친구는 무엇인가?
- 우리는 얼마나 정확해야만 하는가?
- 예술은 어느 정도까지 문화를 반영하는가? 아니면 그것을 형성하는가?
- 이야기는 시작, 중간, 끝을 가져야만 하는가?
- 모든 것은 수량화될 수 있는가?
- 가정법은 필요한가?
- DNA는 어느 정도까지 운명인가?
- 어떤 방식으로는 대수(algebra)가 실수이고, 어떤 방식에서는 실수가 아닌가?
- 미국의 역사는 어느 정도까지 진보의 역사인가?
- 과학적 사실, 과학적 이론과 강한 의견 사이의 차이점은 무엇인가?
- 영웅들은 완벽해야만 하는가?
- 우리가 두려워해야 하는 것은 무엇인가?

- 누가 무엇을 소유하게 되어 있으며, 어떠한 자격을 지니게 되어 있는가?
- 무엇이 글쓰기를 읽을 만한 가치 있는 것으로 만드는가?

이것들은 하나의 간단한 문장으로 단호하게 대답할 수 없는 질문들이며, 최종적으로 대답할 수 없는 성질의 것이다. 바로 그것이 이 질문들의 요점이다. 이 질문들의 목적은 단지 대답을 가볍게 하는 것이 아니라 사고를 자극하고, 탐구를 자극하며, 더 많은 질문—사려 깊은 학생들의 질문을 포함하면서—을 하는 것이다. 그 질문들은 폭넓고 전이 가능성이 풍부하다. 이와 같은 질문에 대한 탐색은 우리로 하여금 한 토픽이 지니는 실질적인 풍부함을 심층적으로 학습(uncover)할 수 있도록 해 준다. 만일 그 질문들에 대한 탐색이 이루어지지 않았더라면, 그 토픽은 텍스트에서의 그럴듯한 발표나 진부하고 판에 박힌 교사의 말로 흐릿하고 모호해졌을 것이다. 우리는 그 토픽의 경계를 뚫고 나온 질문에 대한 일단의 사실로 답할 수 있는 질문을 넘어설 필요가 있다. 심층적이고 전이 가능한 이해는 그와 같은 질문을 중심으로 작업을 구상하는 것에 의존한다.

유익한 탐구의 길로 안내하는, 사고를 자극하는 질문에 근거하고 있는 교육과정의 이점을 이해하기 위해서는 이 책 서론에서 소개된 사과 사례를 다시 검토해 보라. 만일 제안된 '재미(fun) 위주'의 활동이 지적인 초점을 흐리게 한다면, 이러한 자극적인 질문을 가진 단원을 개발함으로써 어떻게 보다 나은 전망과 깊이 있는 자극을 제공할 수 있는지를 주목해 보라. 심고, 가꾸고, 수확하는 계절들이 미국인의 삶에 어떤 영향을 주어 왔는가? 수확 기간에 아동의 역할이 시간이 흐르면서 어떻게 변해 왔는가? 다른 음식과 비교해서 사과가 당신에게 얼마나 좋은 것인가? 오늘날 사과 농사를 짓는 농부들은 경제적으로 살아남을 수 있는가?

이러한 질문들은 해당 단원에서 단지 잡다한 활동과 단편적인 지식 이상의 것을 암묵적으로 요구한다. 그 질문들은 의문이 제기되고 탐구가 발생하고 그 결과로서 언젠가는 일어나는 전이를 발생하게 하는 그 단원에서 중심이 되는 것들이다. 그것은 그 밖의 다른 '것들(stuff)'을 학습한 후에 시간이 남아서 해 보는 선택 사항이나 불필요한 것이 아니라, 심층적 학습이 우선이라는 것을 제안하는 것이다. 그래서 그 질문이 적절히 사용될 때 하나의 목표로서 이해에 관하여 모든 올바른 신호를 보낸다.

질문: 빅 아이디어로 가는 길잡이

최상의 질문은 빅 아이디어를 가리키거나 암시하며, 빅 아이디어를 강조한다. 그것들은 아마도 아직 눈에 보이지는 않지만 내용 안에 깃들어 있는 주요 개념, 주제, 이론, 쟁점 그리고 문제를 학습자들이 탐구하게 해 주는 출입구로 작용한다. 학생들의 이해를 심화시키고 흥미를 유발하는 자극적인 질문을 통하여 내용을 활발히 '탐문하는(interrogating) 과정'을 통하는 것이다. 예를 들어, '상이한 장소와 시간으로부터 나에 대한 이야기는 어떠한가?'라는 질문은 위대한 문학이 인간의 조건에 대한 보편적인 주제를 탐구하고, 우리로 하여금 스스로의 경험 안에서 통찰을 얻도록 돕는 빅 아이디어로 학생들을 이끌 수 있다. 이와 유사하게 '사람들은 어느 정도까지 미래를 정확히 예측할 수 있는가?'라는 질문은 통계학에서 빅 아이디어를 검토하기 위한 발사대로서 이바지한다(표집 변인, 예언 타당도, 신뢰도, 상관 관계 대 인과성 등).

Bruner(1996)가 언급한 것처럼 좋은 질문이란 '딜레마를 내포하고, 명백하거나 규범적인 진실을 뒤엎거나 모순 혹은 부적합한 것에 우리의 관심이나 주의를 기울이게 하는 질문이다'(p. 127). 좋은 질문은 단지 우리의 대답이 '옳은지' '틀린지'가 아니라, 흥미 있고 대안적인 관점을 이끌어 내고, 우리가 질문에 대한 대답에 도달하고 옹호하는 데 이용하는 추론에 초점을 두기 위한 필요성을 제안한다. 좋은 질문이란 이전의 수업과 생활 경험으로부터 의미 있게 수업을 연결해 주는 것이다. 그것들은 유익하기 때문에 반복될 수 있고 반복하면서 되돌아간다. 그 좋은 질문은 우리가 이해했다고 생각하는 것을 재고하도록 해 주며, 하나의 상황에서 다른 상황으로 아이디어를 전이하도록 해 준다. 그리고 하나의 상황에서 다른 상황으로 전이하기 위한 것을 재고하도록 해 준다.

사고와 탐구를 자극하는 것에 더하여, 질문은 우리의 내용 목표를 효과적으로 만드는 데 이용할 수 있다. 예를 들어, 만일 내용 기준이 학생들에게 정부의 세 개 부처에 관하여 학습하도록 요구한다면 '정부는 권력의 남용에 대항하여 어떻게 보호하는가?'와 같은 질문은 우리가 점검과 균형을 필요로 하는 이유에 관하여, 헌법을 만든 사람이 성취하기 위해 노력하였던 것과 권력의 균형을 잡기 위한 정부의 접근에 관하여 학생이 사고하도록 도와준다.

스스로 노력하라. 내용을 우리가 다루고 취급할 것으로 생각하지 말고 지식과 기능을 당신의 교과에서 주요 쟁점을 이해하는 데 중심이 되는 질문을 다루는 수단으로서 생각하라. 이 개념적인 변화는 이해가 요구하는 바로 그 구성주의자 사고에 학생들을 몰두시키면서, 중요한 내용 아이디어를 확인하기 위한 실제적인 전략을 교사들과 교육과정위원회에 제공한다.

간단히 말하자면, 최상의 질문은 특별한 주제에 관한 한 단원의 내용에 대한 이해만을 증진시키는 것이 아니라, 관련성을 야기하고 하나의 상황에서 다른 상황으로 아이디어들이 전이되도록 촉진한다. 우리는 그와 같은 질문을 '본질적' 질문이라고 부른다. 이것은 '핵심적 탐구 질문'이라고도 볼 수 있다.

질문을 본질적으로 만드는 것은 무엇인가: 핵심적 탐구 질문

어떤 의미에서 질문은 '본질적인' 것으로 간주되어야만 하는가? 최상의 질문은 우리를 사물의 핵심(본질)으로 밀어 넣는 것이다. 민주주의는 무엇인가? 이것은 어떻게 작동하는가? 작가가 의미하는 것은 무엇인가? 우리는 그것을 증명할 수 있는가? 우리는 무엇을 해야만 하는가? 그것의 가치는 무엇인가? 이와 같은 질문을 정직하게 추구하는 것은 보다 깊은 이해뿐만 아니라 더 많은 질문으로 이끈다.

그러나 본질적 질문이 그렇게 포괄적일 필요는 없다. 그것들은 특별한 주제, 문제 혹은 연구 분야의 핵심으로 나아갈 수 있다. 따라서 우리는 모든 학문 분야가 그 자체의 독특한 본질적 질문으로 정의될 수 있다는 것을 말하고 싶다. 다음의 예시들을 고려해 보자.

- 측정에서 오차가 불가피할 경우에 얼마만큼의 오차가 허용되는가?
- 어떤 방법으로 정부는 시장 체제를 조절해야 하는가?
- 우리는 작가가 진지한지를 어떻게 알 수 있는가?
- 빅뱅 이론(big bang theory) 장점과 한계는 무엇인가?
- 경기에서 '승자'는 누구인가?
- 문학에서 대중성과 위대함의 관계는 무엇인가?
- '뮤지컬'은 어느 정도까지 문화의 영향을 받는 심미적인 판단인가?
- 무엇이 수학적 주장을 설득력 있게 만드는가?
- 국가의 정부 형태와 그 국가 시민의 번영 사이의 관련성은 무엇인가?
- 요리를 할 때 정해진 절차의 조리법으로부터 언제 현명하게 벗어나야 하는가?
- '케어(care)'와 '먼저, 해를 끼치지 마시오'는 말이 건강 관련 직업에서 의미하는 것은 무엇인가?
- 우리의 조상(ancestor)에 귀 기울이는 것은 얼마나 중요한가?

이와 같은 최상의 질문은 단지 그 분야를 대표하는 상징적인 것이 아니라 실제로 작동하면서 살아 있다. 사람들은 학교 바깥에서 그것들에 대하여 묻고 논쟁한다! 학문 내용과 관련된 가장 중요한 질문은 모두—초보자와 전문가를 막론하고—에게 사고와 가능성의 문이 열려 있는 것이다. 그 질문은 탐구와 열린 마음이 전문성의 중심적인 요인이라는 것과 우리는 늘 학습자가 되어야 한다는 것을 나타낸다. 보다 실제적인 의미에서 학생들이 질문에 몰두한다면, 질문이 학생들에게 참되고 관련이 있는 것처럼 보인다면, 질문이 학생들이 학습하고 있는 것에 대한 보다 체계적이고 깊은 이해를 얻도록 그들을 돕는다면, 하나의 질문은 한 교과 안에서 생생하게 살아 움직이게 된다.

'얼마만큼의 오차가 허용되는가?'와 같은 질문은 여전히 다른 의미에서 본질적인 것이다. 그것들은 교과나 학문—측정 및 통계에서 단원과 코스뿐만 아니라 공학, 요업(pottery), 음악과 같은 다양한 교과를 연결하는—을 가로질러 전이 능력을 제공한다. 이런 의미에서 본질적 질문이란 우리가 처음 그것들과 마주치는 특별한 주제를 넘어서는 매력적이고, 넌지시 알려 주고, 심지어 전이를 요구하는 것들이다. 그러므로 본질적 질문은 개념적인 연결과 교육과정 정합성을 증진시키기 위해 여러 해 동안 반복되어 제기되어야 한다.

네 가지 의미상의 함축

제4장에서 기술된 이해에 대한 여섯 가지 측면이 이해를 특성화하는 상이한 방법을 나타낸 것처럼, 본질적 질문의 특징을 기술할 때 본질적이라는 용어에도 네 가지의 상이하지만 중복되는 의미가 들어 있다. 첫째, 본질적이라는 말의 의미는 시종일관 우리의 삶에 반복하여 지속적으로 나타나는 중요한 질문을 포함한다. 그와 같은 질문은 폭이 넓고 본질적으로 영원한 성격을 지니는 것이다. 그것들은 끊임없이 논쟁의 여지가 있다. 정의는 무엇인가? 예술은 취향(taste)의 문제인가? 아니면 원리나 원칙의 문제인가? 우리는 우리 자신의 생물학과 화학을 얼마나 간섭하여 변경해야 하는가? 과학은 종교와 양립할 수 있는가? 본문의 의미를 결정하는 데 작가의 관점에 특권이 주어지는가? 우리는 이러한 질문에 대한 이해에 도달하거나 이해하는 데 도움을 받을 수 있지만 그러한 질문에 대한 답변이 늘 잠정적이라는 것을 학습한다. 다시 말해, 우리는 삶을 살아가면서 그러한 질문과 관련된 성찰과 경험에 따라 마음을 바꾸게 된다. 그리고 마음의 변화가 기대될 뿐만 아니라 유익한 것이기도 하다. 좋은 교육은 이렇게 평생 동안 제기되는 질문에 기반을 두어야 한다. 비록 우리가 내용 숙달에 초점을 맞추는 동안 때때로 그 질문을 놓치게 되더라도 말이다. 빅 아이디어와 관련한 성찰은 교육이 단지 '정답'을 학습하는 것이 아니라 학습하는 방법의 학습이라는 것을 나타낸다.

본질적이라는 말의 둘째 의미는 학문 내의 핵심 아이디어와 탐구를 가리킨다. 이러한 의미에서 본질적인 질문은 한 교과에서 빅 아이디어의 핵심과 전문지식의 최전선을 가리키는 질문이다. 그것들은 역사적으로 중요하고 그 분야에서 매우 생생히 살아 있다. '무엇이 건강에 좋은 음식인가?'는 오늘날 영양학자, 내과의사, 식이 요법 장려자 그리고 일반 대중(영양에 관한 많은 것이 알려져 있고 이해된 사실임에도 불구하고) 사이에서 생생하게 논쟁을 초래한다. "역사가 그것을 쓴 사람의 사회적이고 개인적인 역사를 벗어나는 것이 가능한가?" 하는 문제는 과거 50년 동안 학자들 사이에서 폭넓고도

뜨겁게 논의되어 왔고, 초보자와 전문가를 막론하고 모두에게 역사적인 내러티브에서 가능한 편견을 숙고하게 한다.

본질적이라는 것의 셋째 의미는 핵심 내용을 학습하는 데 요구되는 것이다. 이런 의미에서 우리는 한 질문이 만약 학생들이 중요하지만 복잡한 아이디어, 지식 그리고 노하우(전문가들에게는 확실하지만, 학습자들은 아직 의미 파악을 못하거나 가치를 파악하지 못하는 결과에 대한 교량 역할을 하는 것)를 효과적으로 탐구하고 의미를 파악하는 데 도움을 주고 있다면 그 질문은 본질적인 것으로 고려할 수 있다. 어떤 방법으로 빛은 파동처럼 작용하는가? 최상의 작가들은 어떻게 독자를 끌어들이는가? 어떤 모형이 경기의 순환을 가장 잘 기술하는가? 이와 같은 질문을 적극적으로 탐구하는 것은 내용 지식과 기능에서 보다 큰 일관성이나 정합성뿐만 아니라 중요한 이해에 도달하도록 학습자를 돕는다. 예를 들면, 앞에서 언급한 것처럼 축구에서 선수들은 보다 명백한 질문인 '우리는 어떻게 더 많은 경기를 이길 수 있는가?'를 이끌어 내기 위해서 '공격에서 우리가 어떻게 더 많은 열린 공간을 만들 수 있는가?'(즉, 득점 기회를 높이기 위해 방어를 하고 열린 공간을 활용)라는 질문을 반복해서 하는 것의 중요성을 이해해야만 한다.

본질적인 것의 넷째 의미는 구체적이고 다양한 학습자를 가장 잘 몰입시킬 수 있는 질문을 의미한다. 어떤 성숙한 질문은 전체적인 웅장한 계획이나 시도(전문가와 교사 양쪽이 판단한 계획)에서 중요할 수도 있지만, 특정한 학생에게는 뚜렷하게 적절하지도 않으며, 의미나 흥미, 중요성을 지니지 못할 수도 있다. 이런 의미에서 질문이 당신의 학생들의 주의를 끈다면 본질적인 것이다.

따라서 질문을 '본질적'이라고 부르는 것은 애매한 것이다. 한편으로, 질문은 비록 학생들이 처음으로 그것을 들었을 때 그 질문이 지니는 힘을 파악하지 못할지라도 본질적일 수 있다. 우리가 주목해 온 것처럼 빅 아이디어는 추상적이며 명백하지 않다. 어떤 경우는 반직관적이기도 하다. 다른 한편으로, 만일 질문이 흥미롭거나 유용한 탐구와 통찰이라는 신호를 보냄으로써 학습자의 마음에 호소하지 못한다면 그 질문에 대한 협소한 초점은 비생산적이고 역효과가 날 수도 있다. 그러나 역시 주의는 필요하다. 박력 있는 질문은 당신이 가르치고 있는 학생들 사이에서 생생하게 논쟁을 불러일으킬지 모르지만 빅 아이디어와 단원의 목표를 가리키지는 못한다. 설계와 수업에서 우리가 할 도전은 본질적 질문을 이해하기 쉽고, 사고를 자극하며, 도전적이고, 중요하게 우선시되는 질문(나중보다는 차라리 바로 당장)으로 만드는 것이다. 그 도전은 다양한 방식으로 충족될 수 있다. 그것은 '본래' 본질적 질문을 초래하는 자극적인 경험 혹은 구체적인 투입(출발점) 질문을 통하여, 빅 아이디어와 쟁점의 핵심을 지적하는 토론 등을 통하여 가능하다. 그래서 실제적으로 이것은 3단계의 문제, 즉 단계 1의 바라는 결과를 가르치기 위해 '아이에게 친숙한' 용어로 번역하는 도전이다(제9장에서 이것을 위한 팁을 제공한다).

본질적이라는 말의 다양한 의미는 우리가 이후의 장에서 검토할 질문 유형의 세밀한 차이와 특징을 함의한다. 지금부터 '본질적' 측면에서 다양한 본질적 질문이 갖는 공통된 특징을 살펴보자. 만일 질문이 다음과 같은 의미가 있다면 우리는 그 질문을 본질적인 것이라고 제안한다. 본질적 질문의 여섯 가지 준거는 다음과 같다(워크북, p. 95 참조).

- 빅 아이디어와 핵심 내용에 대한 참되고 적절한 탐구를 유발한다.
- 더 많은 질문뿐만 아니라 깊은 사고, 생동감 있는 토론, 지속적인 질문 그리고 새로운 이해를 자극한다.
- 학생들이 대안을 고려하고, 증거를 평가하며, 자신들의 아이디어를 지지하고, 자신들의 대답을 정당화하도록 요구한다.
- 빅 아이디어, 가정, 선행 수업에 대하여 중요하고 지속적인 재고를 하도록 자극한다.
- 선행 학습과 개인적 경험의 의미 있는 연계를 유발한다.
- 다른 상황이나 교과에 전이를 위한 기회를 자연스럽게 반복적으로 창안하도록 한다.

의도의 중요성: 무엇을 의도하면서 질문을 던지는가?

이상에서 제안한 준거를 사용할 때는 주의 깊은 태도가 요구된다. 그 준거들이 질문 자체에 대한 내적 특성을 언급하는 것이 아니라 맥락 내에서 질문이 지니는 힘에 대해 언급한다는 점을 주목하라. 질문이 본래부터 본질적이지는 (혹은 사소하거나, 복잡하거나, 중요하지는) 않다. 질문은 모두 의도나 목적, 청중 그리고 영향력에 귀착된다. 즉, 당신은 교사-설계자로서 학생들이 질문을 가지고 무엇을 하도록 의도하는가? 그 목표가 생생한 탐구인가? 아니면 단 하나의 정답을 상기시키는 것인가? 이 여섯 가지 준거는 본질적 질문의 목적이 무엇인지를 분명하게 해 준다. 즉, 그 목적은 강력하게 탐구를 촉진하고, 더 깊은 이해와 새로운 질문으로 이끄는 것이다.

우리가 소위 본질적 질문을 제기할 때, 앞의 여섯 가지 준거가 제안하는 진술을 강조함으로써, 이해와 관련된 목표를 알리고 그 단원에 대해 함의하는 것이 무엇인지를 파악하도록 의도하는 것이다. 질문의 본질적 요소는 왜 우리가 그것을 선택해야 하는지, 학생들이 그것을 다루도록 어떻게 의도할 수 있는지, 그리고 학습활동과 성과 중심 평가를 통해 기대하는 것이 무엇인지 등에 의존한다. 우리는 '개방적인' 논점을 중심으로 논쟁이 포함된 열린 탐구를 계획하는가? 아니면 간단히 학생들에게 미리 정해진 답을 알리는 것을 계획하고 있는가? 우리의 질문이 학생들에게 본문에 대하여 학생 자신의 질문을 만들도록 촉구하고 있는가? 아니면 틀에 박힌 해석을 하도록 기대하고 있는가? 우리는 학생들이 일반적 오개념에 맞서도록 의도하고, 그릇된 생각을 '풀어헤치도록(unpack)' 노력하고 있는가? 우리의 질문은 단원이 끝난 후에도 계속 살아 있으며, 반복할 수 있는가? 아니면 단원이 끝난 후에 질문도 끝나 버리는가?

그러므로 만일 맥락 밖에서 단지 질문 자체만 본다면 그 질문이 본질적인지 아닌지를 논할 수 없다. 예를 들어, '이야기는 무엇인가?'라는 질문을 고려해 보자. 그것은 구체적이고 친숙한 대답을 추구하는 것처럼 보인다. 그러나 우리는 전체 설계를 살펴보지 않고는—특히 평가에서—이 질문이 본질적인지 아닌지를 말할 수 없다. 명백하게 만일 학생들이 '플롯, 인물, 배경, 주제'를 떠올리도록 하려는 의도에서 질문을 한다면, 그 질문(추구된 것으로서)은 여섯 가지 준거에 비추어 보면 본질적인 것이 아니라고 말할 수 있다. 그러나 그 질문이 잘 알려진 이야기 요소를 이끌어 내는 것이 우선이라면, 포스트모더니즘의 소설 학습을 통한 틀에 박힌 정의를 뒤집는 것이라면, 그 질문은 본질적인 것이라고 할 수 있다. 그것은 마치 그 질문의 강조점이 달라진 것과 같다. '그래서 이야기는 무엇인가?'

보다 일반적으로 'X는 무엇인가?'와 같은 질문은 복잡하고 탐색적인 탐구를 추구할지도 모른다. 혹은 간단한 정의를 유도하는 것일지도 모른다. '왜 y가 발생하였는가?'와 같은 질문은 높은 수준의 탐구를 추구하는 것일지도 모르며, 그 텍스트에서 시사하는 점을 고찰하기를 요구하는 것일지도 모른다. 우리가 질문에 답하고 나서, 후속적으로 잘 설계된 신중한 탐구가 없다면, 본질적인 것으로 들리는 질문일지라도 그것은 단지 수사적인 것에 그치고 만다. 이와 반대로 고립되어 평범하게 들리는 질문이 오히려 그 대답이 점점 역설적으로 됨으로써 점점 더 자극적일 수 있으며, 그래서 설계는 점점 더 깊게 파고 들어가는 것이 필수적이라는 점을 분명하게 해 준다.

형식 그 이상의 것

따라서 우리는 언어가 사용된 어구나 표현에만 근거하여 그 질문이 본질적인지 아닌지를 말할 수는 없다. 그러나 많은 교육자들은 질문은 배운 사실에 대한 회상보다는 탐구, 토론, 논쟁을 유발하는 데 목적이 있다는 점을 나타낼 수 있는 확실한 방법으로 표현되어야 한다고 배웠다. 그래서 초보 교사들은 만약 질문의 지향점이 비판적 사고와 탐구라면 예/아니요 또는 누가/무엇을/언제와 같은 질문의 공식화를 피하라는 충고를 받는다. 우리는 교사들이 학생들에게 자신의 의도를 명확하게 나타내는 것이 필요하다는 점을 인정할지라도 질문에 관한 엄격한 규칙이 핵심 쟁점이라고 생각하지는 않는다. 그보다 전체 설계를 위태롭게 하는 것은 무엇인가? 학생들의 일이 탐구임이 분명한가? 예를 들어, '빛은 입자인가 파동인가?'라는 질문은 사실에 입각하여 결정적인 하나의 답을 요구하고 있기 때문에, 교사는 그 질문을 변경하라는 충고를 받았다. 그 충고는 어느 정도 이치에는 맞을지 모르지만, 그 질문이 의도적으로 모호한 결과를 갖도록 설계된 실험을 통해 제시되었을 때 그 실제 양상은 다르게 나타난다. 그러므로 보다 심층적인 질문의 의도는 빛이 파동과 입자와 같은 행동을 모두 나타내는 역설적인 실험실 결과로 곧 드러난다.

사실 예/아니요, 이쪽이냐/저쪽이냐, 그리고 누가/무엇을/언제와 같은 식의 많은 질문은 그 질문들이 제기되는 방식과 이후에 어떠한 후속 조치를 취하느냐에 따라서 학생들에게 강한 호기심, 생각 그리고 반성을 촉발하기 위한 잠재력을 제공하기도 한다. 다음과 같은 예를 고려해 보고 생동감 있는 토론, 확증되는 생각 그리고 질문이 환기시키는 통찰을 상상해 보라.

- 우주는 확장되고 있는가?
- 유클리드 기하학은 우리가 사는 공간에 가장 훌륭한 지도를 제공하는가?
- 누가 앞장서야만 하는가?
- 『호밀밭의 파수꾼』은 코미디인가, 비극인가?
- 자유를 잠시 보류한 민주주의는 용어상 모순인가?
- '제3' 세계는 무엇인가? '제4' 세계는 있는가?
- 승리는 언제 보장되는가?
- 구두법(punctuation)은 필요한가?
- 수는 실제 존재하는가?

우리는 초점을 전환시킬 수 있다. 즉, 어떤 질문이 탐구와 논쟁을 초대하는 것처럼 보이지만 토론과 후속 조치 작업이 탐구와 논쟁을 방해한다면 거기에서 얻는 것은 별로 없을 것이다. 마치 순간적으로 참여하는 대화가 능숙한 수업을 숙달하는 데 충분한 추진력을 구축하는 것처럼, 교사들은 때때로 매우 구체적이고 재미없는 교수를 위해 계획된 장치로서 호기심을 자극하는 질문을 한다. 우리 모두는 '삼각형의 내각이 몇 도인가?' 그리고 '용납될 수 없는 행위는 무엇인가?'와 같은 질문이 구체적인 사실의 대답으로 안내하고 있다는 것을 이해한다. 그러나 '권리장전이 없다면 미국인들의 생활은 어떠할까?', '이 물은 깨끗한가?'와 같이 열려 있어 보이고 진실로 생생한 대화를 야기하는 질문은 단순히 미국 권리장전에 관한 강의 전의 워밍업으로 혹은 마치 토론이 결코 일어나지 않을 것 같아 보이는 미리 준비된 실제 과학 증명의 체험으로 의도할 수 있다. 유사하게도 넓고 다양한 반응— '어느 정도까지……?', '어떤 방법으로……?'—을 기대하는 것처럼 들리는 교사의 질문이 교과서에서 수집되어 단 한 가지 '정답'을 찾는 것으로 끝나 버릴지 모른다. 만일 질문이 사려 깊고 다양한 학생의 반응을 도출한다고 해도, 그것들이 결국 교실 수업의 방향이나 그 수업설계에 어떤 영향도 주지 못하다면, 그 질문들은 표면상 자유롭고 개방적인 형태임에도 불구하고 단지 수사적 질문일 뿐이다.

그래서 궁극적으로 그 질문을 별도로 살펴보는 것과 심지어 단계 1에서의 교사의 진술된 의도조차도 중요하지 않다. 우리는 전체 설계를 살펴보아야 하고 이것을 고려해야만 한다. 즉, 추구하고 있는 질문에 관하여 그 설계자는 얼마나 신중한가? 이것은 네 번째 UbD 설계 기준에서 고려하는 일치도(alignment)의 많은 측면 중 하나다. 우리는 질문이 본질적인지 아닌지를 결정하기 위해 항상 보다 큰 맥락―과제, 평가 그리고 계획한 사후점검 질문―을 고려할 필요가 있다.

기능 영역에서의 본질적 질문(워크북, p. 111 참조)

어떤 교사들은 본질적 질문이 역사, 영어 또는 철학 같은 특정 교과에서는 훌륭한 수행을 하지만 수학, 화학, 읽기, 체육 그리고 외국어 같은 기능이 집중된 분야에서는 그렇지 못하다고 주장한다. 심지어 몇몇 교사는 사실상 기능 영역에서는 어떠한 본질적 질문도 있을 수 없다고 언급하였다. 예전에 워크숍에서 어떤 교사가 자신의 수업에는 어떠한 빅 아이디어나 본질적 질문도 없을 것이라고 자연스럽게 말하였다. 우리는 그 수업이 무엇이냐고 물었다. 그 교사는 생활 기능(life skills)이라고 대답하였다. 우리는 그 교사가 자신의 의도나 목적을 잃어버렸다고 생각했다. 그녀의 직업은 단지 간단한 기능을 가르치는 것이 아니다. 그녀의 직업은 자족감을 발전시키기 위한 특정 기능을 가르치는 것이다. 많은 중요한 질문이 샘솟는 빅 아이디어, 예를 들어 '강한 자족감을 개발하기 위해 가장 필요한 기술은 무엇인가?', '나의 자부심을 극대화하기 위하여 무엇을 배워야만 하는가?' 등이다.

사실 빅 아이디어―중요한 질문―는 모든 기능 숙달의 기초가 되고, 이와 같은 질문을 고려하는 것은 유창하고 유연한 수행을 위한 중요한 열쇠가 된다. 우리는 본질적 질문이 기능 학습에 적절한 빅 아이디어의 네 가지 범주를 중심으로 효과적으로 구성되어 있음을 알았다. 핵심 개념, 목적과 가치, 전략과 전술, 맥락의 사용이 그것이다. 체육활동을 통해 알아보자. 야구, 골프, 테니스와 같은 긴 손잡이를 가진 도구를 가지고 공을 치는 기능을 사용하는 스포츠의 핵심 개념에는 힘, 회전력, 통제가 포함된다. 그러므로 우리는 '회전력이 어떻게 힘에 영향을 미칠까?'와 같은 생각을 탐구하기 위한 질문을 구성해야 한다. 우리가 '통제력을 상실하지 않고 가장 큰 힘으로 공을 치려면 어떻게 해야 할까?'와 같은 질문을 다룬다면, 학습자가 공을 치는 기술을 위한 전략을 발전시키는 데 도움이 될 것이다(공을 계속 주시한다). 세 번째 질문인 '우리는 언제 부드럽게 흔들어야 할까?'는 맥락과 관련이 있다.

이와 같은 범주는 읽기와 같은 기능 교과 분야에서 유용하다. '당신이 읽고 있는 것을 이해하였는지 당신은 어떻게 아는가?'(핵심 개념), '왜 읽는 사람들은 그들의 이해를 정기적으로 검토해야 하는가?'(목적과 가치), '그들이 본문을 이해하지 못하였을 때 훌륭한 독자는 무엇을 하는가?'(전략) 그리고 '우리는 언제 수리(fix-up) 전략을 사용해야 하는가?'(사용의 맥락).

우리는 질문의 본질성을 판단할 때 질문을 만드는 일의 전체 설계와 증거에서 반영된 것처럼 의도가 중요하다는 사실에 주목해 왔다. 기능 분야에서의 질문은 오직 실제 수행 도전의 맥락 내에서 물었을 때 계속되는 판단이 요구되는 곳에서만 본질적 질문이라고 하였다. 기능은 수단이지만 그게 끝이 아니다. 그 지향점은 유창하고 유연하며 효과적인 수행이다. 그것은 맥락에서 우리의 레퍼토리로부터 현명한 판단을 하는 능력을 요구하는 것이다. 우리가 복잡한 수행 도전에 직면할 때 기능은 언제, 어떻게, 왜 사용해야 하는지에 대한 이해력을 뜻한다. 예를 들어, '그 공식은 무엇이고 당신은 어떻게 아는가?'라는 질문은 수학적 사고와 문제 해결 중심의 질문이다. 그러나 만약 그 평가가 단순히 신속하게 푸는 연습과 맥락에 상관없이 간소화한 자료를 통해 단서를 내놓는 하나의 정해진 답을 요구하는 것이라면, 그것은 실제 수행 중심의 중요한 점을 무시하는 것이다. 그러므로 기능 분야에서는 본질적 질문이 존재하지 않는 것처럼 보인다. 왜냐하면 그 분야에서 사용하는 대부분의 평가는 불행하게도 전이나 판단이 없는 것을 요구하기 때문이다.

제한적인 본질적 질문 대 포괄적인 본질적 질문

문제를 더 복잡하게 만드는 것은 본질적 질문의 범위(scope)가 서로 다르다는 사실이다. 예를 들어, 교사들은 학생들에게 그 단원의 특정한 이해를 돕기 위해서 '베트남 전쟁에 대한 수업을 통해 무엇을 배울 수 있었나요?', '미스터리 작가들은 독자의 관심을 끌고 그 관심을 지속하도록 어떤 방법을 사용하나요?'와 같은 전형적인 질문을 한다. 이러한 질문은 주제(베트남 전쟁, 미스터리 등)를 구체적으로 언급하고, 단원의 목표에 고정되어—단지 일시적으로 교사의 마음속에 있으면 좋겠지만—있는 듯하다.

그러나 보다 일반적인 본질적 질문은 우리에게 특정한 주제나 기능을 넘어선 더 많은 것을 가져다준다. 이 질문들은 더 일반적이고 전이 가능한 이해를 강조한다. 그것들은 그 토픽 내용(topic content)에 대해서 언급하는 것이 아니라 단원과 코스를 초월하는 빅 아이디어를 언급한다. 예를 들어, '우리는 수업에서 외국의 종교 분쟁과 관련된 미국 군대로부터 무엇을 배웠는가? 또는 무엇을 배우지 않았는가?' 같은 질문은 더 일반적이고 본질적이며, 베트남 전쟁에 대한 질문으로 연결한다.

'훌륭한 작가와 연설자는 청중의 주의를 사로잡기 위해 어떻게 하는가?'와 같은 질문은 미스터리 작품의 그것과 연결하는 더 넓은 범위의 질문이다.

우리는 보다 구체적인 본질적 질문을 '제한적(topical)'이라 하고, 보다 일반적인 질문을 '포괄적(overarching)' 질문이라고 언급한다. 가장 좋은 단원은 이러한 질문이 모두 연결되어 구축된 것이다. 〈표 5-1〉에서는 다양한 교과 분야에서 다룰 수 있는 두 종류의 본질적 질문에 대한 대조된 사례를 제시하였다.

두 번째 칸에 제시된 질문은 단원 안에서 구체적이고 제한적인(topical) 이해를 이끈다. 그러나 첫 번째 칸의 질문은 이와는 다르다. 그것들은 단원에서 나오는 맥락의 자세한 언급이 없다. 그것들은 그 화제의 내용을 넘어선 더 넓은 내용을 향하여, 그 본문을 초월한 전이 가능한 이해이거나, 두 번째 칸에서의 단원이 암시하는 것을 강조한다. 연관된 마지막 세 줄의 질문은 어떤 영역에서 포괄적인 질문을 충분하고 효과적으로 처리하기 전에 다수의 제한적 질문이 요구될지도 모른다는 점을 나타낸다.

그러므로 포괄적 질문은 빅 아이디어 중심의 학업 코스나 프로그램(예를 들어, K-12 건강 교육과

〈표 5-1〉 포괄적(overarching)인 본질적 질문과 제한적(topical)인 본질적 질문(핸드북, p. 117 참조)

포괄적	제한적
• 예술은 어떠한 방법으로 외형뿐만 아니라 문화를 반영하는가?	• 잉카 문명에서 의식적 가면(ceremonial mask)은 무엇을 나타내는가?
• 이것은 누구의 관점에 따른 것이며, 어떤 차이를 만드는가?	• 미국 원주민들은 서부로의 '개척이나 정착'을 어떻게 보는가?
• 우리의 다양한 신체 시스템은 어떻게 상호 작용하는가?	• 음식이 에너지로 어떻게 전환되는가?
• 우리가 정부의 권력에서 어느 정도의 점검과 균형을 필요로 하는가?	• 미국 정부에서 권력 분립(세 개의 정부부처, 두 개의 의회)은 어느 정도 교착 상태를 야기하는가?
• 과학에서 본질적 오류와 피할 수 있는 오류를 구별하기 위해 사용하는 유용한 방법이 있는가?	• 이 실험에서 오류를 측정할 수 있는 가능한 요소는 무엇인가?
• 강대국의 성장과 몰락의 공통된 요소는 무엇인가?	• 마지막 실험보다 이 실험에서 오류의 가장 큰 한계가 있는가?
	• 왜 로마제국은 붕괴되었는가?
	• 왜 대영제국은 끝났는가?
	• 미국이 세계에서 두드러진 성장을 보인 것을 무엇으로 설명할 수 있는가?
• 작가는 분위기를 조성하기 위해 어떻게 다른 이야기 요소를 사용하는가?	• John Updike는 분위기를 조성하기 위해 배경을 어떻게 사용하였는가?
	• Ernest Hemingway는 분위기를 조성하기 위해 어떻게 언어를 사용하였는가?
	• Toni Morrison은 분위기를 조성하기 위해 이미지와 상징을 어떻게 사용하였는가?

정)을 구성하는 데 가치가 있다. 개념상의 기둥으로서 이러한 질문의 사용은 여러 학년 교과과정을 강화시키고, 그것을 더 응집시키고 연결되게 만든다(광대한 코스와 프로그램의 설계, 훌륭한 전이 가능성을 가진 본질적 질문에 대한 것은 제12장에서 더 자세히 다룰 것이다).

제한적인 본질적 질문이 종종 하나의 '정답'을 추구하게끔 보이기 때문에, 마치 제한적인 질문은 실제로 본질적 질문이 아닌 것처럼 보일지 모른다. 그러나 다시 말하는데, 우리는 단지 그 질문에 사용되고 표현된 언어만으로 중요성의 문제를 판단하는 것을 경계해야 한다. 만약 우리의 목적이 참된 질문이나 탐구라면, 그것은 단계 2와 3의 질문과 함께 우리가 실제로 학생들이 행하도록(또는 행하지 않도록) 요구하는 것이 반영될 것이다. 이러한 학습활동은 단순한 대답이 바로 나타나지 않는다는 점이 분명한가? 이 평가가 단순히 옳고 그른 대답에 따른 것이 아니라 설명과 정당화를 요구하는 것인가? 속담에서 '백문이 불여일견(百聞 不如一見)'이라는 말과 같다. 모든 '훌륭한' 제한적인(topical) 질문은 본질적이라고 할 수 있는가? 다음과 같은 이유 때문에 그렇지 못하다. 빠르게 사실의 최고점에 이를 수 있게 한다거나 완벽하게 고정된 결론을 갖는 질문은 본질적이 아니다. 왜냐하면 어떠한 지속적인 질문이나 탐구와의 논쟁도 의도되거나 보장되지 않기 때문이다. 우리는 때때로 그와 같은 질문을 '유도(leading) 질문'이라 부른다. 왜냐하면 그 질문의 목적은 생각이나 탐구를 기르도록 하는 것이라기보다는 우리가 학생들이 주목하길 원하는 중요점을 강조하는 데 있기 때문이다.

질문을 '유도적'이라고 부르는 것은 그것을 비난하기 위한 것이 아니다! Socrates가 『대화론(Dialogues)』에서 수차례 증명하였듯이, 유도 질문은 평가와 교수에서 그들만의 영역을 갖는다(달리 말하면 유도 질문은 단계 2와 3에 속한다). 우리는 상이한 교육 목표를 해결하기 위해 상이한 종류의 질문을 요구한다. 우리는 유도 질문—학생들이 현재 가장 많이 접하는 질문의 종류—이 이해를 위한 설계의 기초가 될 수 없다는 점에 초점을 맞춰야 한다. 왜냐하면 그 질문은 빅 아이디어에 대한 사려깊은 사용이 아니라 오로지 사실에 얽매이는 기억이나 재인(recall)을 요구하기 때문이다.

본질적 질문에 대한 정교한 검토

본질적 질문에 대한 상이한 유형을 범주화하기 위한 틀(framework)은 미리 논의된 두 가지 요소, 즉 의도와 범위의 교차점에 따라 형성되었다. 〈표 5-2〉는 본질적 질문의 네 가지 유형을 제시한다. 그것은 단원과 코스를 위해 혼합된 본질적 질문을 생성하는 설계 도구의 기능을 한다.

이 표에서 네 가지 범주(두 가지 범위×두 가지 의도)의 질문을 검토함으로써 여러 가지 중요한 통찰을 제공받을 수 있다.

- 단원을 특정 아이디어와 과정에 초점을 두는 제한적인 질문으로만 구성하는 것은 질문이 얼마만큼 촉진적이어야 하는지 혹은 핵심 내용과 얼마만큼 관련되어야 하는지의 문제와 관계없이 전이를 보증하지 않는다. 제한적인 질문은 단원에서 바라는 우선순위에 초점을 맞추는 데 있어서는 필요조건이지만, 단원을 가로질러 연관짓기 위해서 학생들이 필요로 하는 보다 넓은 이해를 산출하는 데는 충분조건이 아니다. 그래서 질문에 제한적인 성격이 주어졌다면 그러한 질문으로 하여금 우리가 추구하는 폭넓은 관련성 또는 재고해 보는 반성을 이끌어 낼 수 없을 듯하다.

- 포괄적이고 열려 있는 질문으로 단원을 구성하는 것은 내용 기준과 핵심 내용에 관련된 특정한 이해에 도달하지 못한다면 목표 없는 토론으로 표류하게 될 것이다. 대답할 수 없는 이러한 질문의 본질은 몇몇 학생들(그리고 부모들)을 좌절시킬 것이다. 특히 토론이 내용 숙달과 연결되지 못한다면 그 이상일 수도 있다. 가장 개방적이고 포괄적인 질문들만 하는 것은 전형적으로 일차적인 준거(핵심 내용과 연결시키는)를 충족시키지 못할 것이고, 따라서 결과에 초점을 두는 설계에서 정당화되기는 어려울 것이다.

- 오직 안내(guiding)를 위한 질문으로 단원을 구성하는 것은 학생들이 이해에 전념하게 되는 교육과정에서 필요로 하는 질문을 던질 수 있는 지적 자유를 누리고 지적인 초대를 받는 일을 어렵게 만들 공산이 크다. 포괄적인 것이 중요하다는 아이디어는 잃어버리게 될 것이다.

- 최상의 제한적 질문은 (그 질문이 지니는 본질성에 관해서는) 관련된 포괄적 질문과 얼마나 구체적으로 연계되어 있는가 하는 문제에 달려 있다. 이것은 학습자들에게 학습 과정은 단계와 리듬을 가진다는 것을 나타내고, 그 단계와 리듬에 따라 대답은 다른 질문을 이끌고, 새로운 탐구는 앞서 말한 대답을 다시 검토해 보아야 할 필요성을 제안한다. 보다 큰 아이디어와 질문들과 관련이 없는, 최종적이거나 난해하지 않은 답변으로 이어지는 제한적 질문은 교수의 일부로서 단계 3에서 더 적절하게 배치된다.

> **오개념 주의하기**
>
> 몇몇 독자는 우리가 여섯 가지 준거(특히 빅 아이디어들을 반복하고 강조하는 질문을 다루는 준거)를 제시할 때 제한적 질문이 본질적인지 아닌지 궁금해할 것이다. 달리 말하면 그들은 포괄적이고 개방적이어야만 하는 질문보다 본질적 질문을 명확히 하는 것을 더 선호할지 모른다. 비록 이것이 합당한 입장이라 하더라도 앞서 제공된 세 번째의 본질적 의미를 염두에 두고, 우리는 가장 제한적인 질문을 '본질적'이라고 부르기로 했다. 일부 제한적 질문은 핵심 내용을 이해하는 데 본질적이며, 그것들은 빅 아이디어를 제시하거나 암시한다.
>
> 혹은 제한적 질문이 종종 구체적인 대답을 지향하기 때문에 독자들은 모든 제한적 안내 질문이 유도성 질문이라고 말하면서 반대할지도 모른다. 그러나 유도 질문과 제한적인 (topical) 본질적 질문은 비슷하게 들릴지도 모르지만, 이들의 의도는 매우 상이하다. 유도 질문은 사실적 지식과 한정된 대답을 요구하지만, 제한적인 본질적 질문은 궁극적인 이해로 이르는 진실한 탐구를 상기시킨다. 사실에서 도출된 추론은 정말로 잠정적이지, 최종적인 것을 의미하지는 않는다. 유도적(leading) 질문은 말하거나 읽은 것을 단지 기억함으로써 답할 수 있고, 책의 어느 부분에서 답을 찾을 수 있는지 아는 것이다. 제한적인 본질적 질문은 주장의 분석, 해석, 구성을 요구한다. 달리 말하면 실제적 사고를 필요로 한다.

〈표 5-2〉 본질적 질문 차트

의도	범위	
	포괄적	제한적
Open: 반복적으로 제기되며 최종적으로 해결되지 않는 중요한 이슈들에 대해 학생들이 더 깊이 있게 창조적으로 생각하도록 하는 것 교사들은 이러한 논쟁할 만한 논의들을 학생들이 현장에 있는 전문가들처럼 생각하도록 만들어 주는 방법으로 제시해야만 한다. 정의되지 않는 대답은 기대하지 않는다.	이것들은 학문에서 개방적이고 활력 있는 포괄적이고 깊이 있는 질문들이다(아마도 영원히). 그 질문들은 하나의 단원, 코스 그리고(때로는) 교과목의 경계를 가로지를 수 있다. • 미국 역사는 어느 정도 진보하였는가? 무엇이 '진보'인가? • DNA는 어느 정도까지 운명지어지는가? • 누가 진실한 친구인가?	이러한 질문들은 탐구를 자극하고 단원 내의 중요한 아이디어에 대한 이해를 심화시킨다. 이 질문들이 단원의 목표에 따라 대답되리라 기대하지는 않는다. • 1950년대와 1960년대 미국 연방의회는 소수집단의 권리를 더 잘 보호하기 위해 어떻게 하였는가? • 우리는 모든 범죄자들로부터 DNA 샘플을 요구해야 하는가? • 개구리는 두꺼비에게 거짓말을 해야 하는가?
Guiding: 빅 아이디어에 대한 더 깊은 이해를 위해 학생들을 탐구하도록 안내하는 것 교사들은 바라는 이해를 심층적으로 학습하기 위한 수단으로서 이러한 질문을 제시한다.	이것들은 단원, 코스 그리고 교과목의 경계를 가로지르는 일반적인 질문이다. 그러나 하나 또는 그 이상의 바라는 이해를 만들어 낸다. • 미국이라는 나라가 세워진 이후 시민의 권리에서 얼마나 많은 진보가 있었는가? • 최근의 유전학의 발달은 본성(유전)과 교육(환경) 논쟁에 어떻게 영향을 미쳤는가? • '유리할 때만' 친구라는 의미는 무엇인가?	이것들은 중요한 아이디어에 대한 하나 혹은 소수의 정해진 이해에 수렴하는 단원의 특정 질문들이다. • 시민권 운동을 결정짓는 순간은 무엇이 있는가? • DNA 테스트에서 신뢰도는 어떻게 보장되는가? • 개구리는 이야기에서 어떤 방법으로 친구처럼 행동하는가?

본질적 질문: 제한적인 것과 포괄적인 것 모두 강조

이 논의에서 알 수 있듯이 단 하나의 질문으로 모든 것을 성취할 수는 없다. 우리가 설계자로서 상이한 본질적 의미와 상이한 목표를 제공받는다면, 본질적 질문에 관해 가장 유용하게 생각할 수 있는 방법은 일련의 상호 관련 있는 질문에 비추어 보는 것이다. 가장 좋은 단원은 본질적 질문을 중심으로 만들어진다. 그것은 다양하고 균형이 있을 때 가장 효과적이다. 몇 가지 예를 들어 보자.

• 제한적인 본질적 질문: Helen Keller의 자서전과 Anne Frank의 일기에서 우리는 무엇을 배우

는가? 우리는 그들의 삶을 어떻게 비교하고 대조할 수 있는가? 두 작가가 '보는 것'과 '보지 못하는 것'은 무엇인가?

- **포괄적인 본질적 질문**: 어떤 '허구'가 논픽션 속으로 들어가는가? 전기 작가들은 무엇을 볼 수 없는가? 작가들은 다른 사람이 볼 수 없는 무엇을 볼 수 있는가?

- **제한적인 본질적 질문**: 자리값은 무엇인가?

- **포괄적인 본질적 질문**: 수학적 언어의 강점과 약점은 무엇인가? 수학적 표현의 한계는 무엇인가? 모든 것이 양으로 표현될 수 있는가?

- **제한적인 본질적 질문**: 자력은 무엇인가? 전기는 무엇인가? 중력은 무엇인가?

- **포괄적인 본질적 질문**: 만약 힘을 직접적으로 볼 수 없다면 우리는 그것이 있다는 것을 어떻게 알 수 있는가? 이론을 단지 사변적인(speculative) 것과 반대되는 것으로서 '과학적'이게 만드는 것은 무엇인가? 물리적 힘은 인간의 행위에서 나오는 만질 수 없는 '힘'과 어떤 점에서 유사한가? 심리학은 물리학 혹은 역사학 중 어느 것과 더 비슷한 것인가?

이러한 질문 세트는 제한적이고 포괄적이며 안내적이고 열린 탐구 사이에서 균형을 제공하지 못한다. 일군의 질문은 좁고 넓은 탐구 사이에서, 그리고 잠정적이고 깊은 이해와 더욱더 필요한 탐구나 조사 사이에서 생생하고 반복적인 움직임을 나타내 준다. 이해를 위한 교수의 기술은 제한적이고 포괄적인 탐구뿐만 아니라 개방적이고 안내하는 정교한 혼합을 요구한다. 올바른 균형을 유지함으로써, 우리는 지적 자유와 창조력이 전문가의 가장 강력한 통찰력과 함께 가치가 있음을 보게 된다.

본질적 질문을 만들기 위한 팁(핸드북, p. 122 참조)

우리는 단원을 만들기 위해 가장 훌륭한 질문을 어떻게 구성하는가? Jeopardy 퀴즈쇼와 같은 형태를 사용해서 유용하고 제한적인 질문을 확인하기 시작할지도 모른다. 내용이 교과서—학습할 '해답들'—에서 제시된다면 교과서가 훌륭하게 요약된 해답을 위해 제공하는 빅 아이디어(그리고 그것이 제안한 관련 연구)에 관한 중요한 질문은 무엇인가? 이미 만들어진 질문의 형태에만 빠지지 마라. 단원에 속해 있는 좋은 질문의 목록을 브레인스토밍하라.

'정부의 세 개 부처' 사례로 돌아가 보자. 만일 그 문구(phrase)가 '대답'이라면, 학생들이 근본적인 아이디어와 가치를 이해하도록 돕는 좋은 질문은 무엇인가? '왜 우리는 힘의 균형을 필요로 하는가? 대안은 무엇인가?'와 같은 질문은 어떠한가? 혹은 우리는 다음과 같은 방법으로 도전해 볼 수 있다. '우리의 선조가 자신들에게 제안하도록 요구했었던 질문은 무엇인가?' 단원을 위한 좀 더 구체적인 질문은 이것일지도 모른다. '왜 연방주의자들은 힘의 균형을 옹호하였고, 다른 측면에서 논쟁은 무엇이었는가?'

우리가 하나 또는 그 이상의 제한적인 질문을 확인했으면, 우리는 흥미를 유발시키고 전이 가능성이 풍부한 방식으로 구체적인 내용을 넘어설 폭넓은 질문을 고려할 필요가 있다. 이것을 고려하라. 연방주의자의 문서를 인용하여 '모든 사람은 천사가 아니다.'라는 사실에 가장 적합한 정부 구조는 무엇일까? 만일 당신이 인간의 본성에 대한 이런 전제를 부정한다면 정부는 어떻게 될까? 이제 더 광범위하고 더 논쟁적인 부분으로 가 보자. '권력을 언제 나누는 것이 현명한가? 그것을 나누는 것을 통해 우리는 언제 그 권력을 얻거나 잃을 것인가?' 사고를 자극하고 있는 보다 포괄적인 이러한 질문은 사고를 자극하고 전이 가치를 가지고 있으며, 선행지식과 연결하고 핵심 내용을 요구한다. 다시 말해, 그것들은 우리의 준거를 충족시킨다.

또 다른 실제적인 접근은 국가나 주의 내용 기준으로부터 본질적 질문을 이끌어 내는 것이다. 기준을 검토하고 반복하며(즉, 중요한 개념들), 그것들을 기본적인 질문으로 만들어 주는 핵심 명사를 확인하라. 다음의 예에서 의문문이 평서문으로부터 어떻게 구성되어 왔는지에 대해 주목하라.

- **생활과학**: 모든 학생은 어떻게 세포가 자라고 발달하며 번식하는지를 포함하여, 다세포 유기체의 기능에 세포에 대한 이해를 적용할 것이다(미시간 과학 기준).
  - 제한적인 본질적 질문: 우리는 세포가 생물을 구성한다는 것을 어떻게 증명할 수 있는가? 만약 우리가 모두 세포로 만들어졌다면 왜 우리는 비슷해 보이지 않는가?
  - 포괄적인 본질적 질문: 과학자들은 어떻게 물질을 증명하는가?

- **춤**: 의미를 창조하고 의사소통하는 하나의 방법으로 춤을 이해하기(예술교육에 대한 국가 기준)
  - 제한적인 본질적 질문: 우리는 춤을 통하여 어떤 생각을 표현할 수 있는가? 행동이 감정을 어떻게 전달할 수 있는가?
  - 포괄적인 본질적 질문: 예술가들은 그들의 생각과 느낌을 어떤 식으로 표현하는가? 미디어는 메시지에 어떤 식으로 영향을 주는가? 예술가들은 비예술가가 할 수 없는 무엇을 할 수 있는가?

- **체육교육**(6학년): 움직임의 개념과 원리를 운동 기능의 학습과 개발에 적용하기(스포츠와 체육교육을 위한 국가위원회)
  - 제한적인 본질적 질문: 우리는 통제력을 잃지 않고 어떻게 가장 큰 힘으로 칠 수 있는가? 거리

와 속도와의 관계는 얼마나 중요한가?

– 포괄적인 본질적 질문: 어떤 종류의 연습이 '완벽하게 만드는가?' 어떤 피드백이 수행을 강화 혹은 증진시킬 것인가?

관련된 과정은 단계 1에서 확인된 영속적인 이해로부터 본질적 질문을 하는 것이다. 예를 들어, '생물은 변화하는 환경이나 위험 속에서 살아남기 위해 적응한다.'는 이해는 '어떤 방법으로 생물은 생존하기 위해 적응하는가?'라는 질문을 자연스럽게 이끌어 낸다.

단계 2에서 이해의 지표로서 그것들의 기능에 더하여 여섯 가지 측면은 호기심을 유발하는 질문을 생성하기 위한 유용한 틀이다. 〈표 5-3〉은 각 측면을 위한 질문 유발자들의 목록을 보여 준다.

분명히 학습 계획은 교육과정 설계자들에게 접근 가능한 것에서 모호한 것까지 이동할 수 있는 감각적인 진보를 보여 주는 과정을 요구할 것이지만, 단계 1에서의 도전은 백워드 설계와 관련되어 있다. 이러한 상황에서 학생들이 그러한 질문을 다룰 수 있는지 아닌지와는 상관없이, 학생들이 궁극적으로 잘 해결할 수 있기를 바라는 질문은 무엇인가? 결국 그것이 단계 1에서 본질적 질문이 포함된 이유다. 그러한 질문을 하고 심사숙고하는 능력은 단순한 책략이 아니라 바라는 결과다.

설계 팁

UbD 워크숍에서 교사들이 자주 질문하는 것은 자신들이 얼마나 많은 본질적 질문을 한 단원을 위해서 만들어야 하는가다. 우리는 해군 징집 슬로건에 대한 다양성을 충고한다. 우리는 몇 가지 훌륭한 질문을 찾고 있다. 만약 그 질문들이 진실로 본질적이라면 그것들은 우선순위를 설정할 수 있고(설정해야 하고) 모든 핵심 아이디어를 다룰 수 있도록 도울 것이다(도울 수 있어야 한다). 토의, 연구, 문제 해결 그리고 다른 방법을 통해 활발히 조사하려고 하지 않았던 질문은 언급하지 마라.

본질적 질문을 사용하기 위한 팁(핸드북, p. 113 참조)

다음의 실제적인 제안은 본질적 질문을 당신의 교실, 학교 또는 지역에서 적용하는 것을 도와줄 수 있다.

• 질문을 중심으로 프로그램, 코스, 단원, 수업을 조직하라. 질문에 대한 '내용' 대답을 만들어라.

• 질문과 명확히 연결된 평가 과제(분명히 드러나는 과제)를 선택 또는 설계하라. 그 과제 및 수행 기준은 실제 보이는 질문에 대해 수용 가능한 수행 기준은 어떻게 되는지, 그 질문에 대한 대답은 무엇인지를 명확히 해야만 한다.

• 각각의 단원에 합당한 개수의 질문(2~5개)을 사용하라. 적은 것은 더 많게 만들어라. 몇 개의 단서가 되는 질문에 명확히 초점을 맞출 수 있도록 학생들을 위해 내용에 우선순위를 매겨라.

◆ 〈표 5-3〉 이해의 여섯 측면에 기초한 질문 유발자

설명

누가? _____ 무엇을? _____ 언제? _____ 어떻게? _____ 왜? _____

_____에서 핵심 개념/아이디어는 무엇인가?

_____의 예들은 무엇인가?

_____의 특징/주요 요소는 무엇인가? 이것은 왜 그러한가?

_____을 어떻게 증명/확인/정당화할 수 있는가?

_____ 이 어떻게 _____과 연결되어 있는가?

만일 _____하다면 무슨 일이 일어나는가?

_____에 관한 일반적인 잘못된 인식은 무엇인가?

해석

_____의 의미는 무엇인가?

_____에 관해 _____이 가리키는 것은 무엇인가?

_____이_____과 얼마나 비슷한가?(유추/비유)

_____이 어떻게 나/우리와 관련되어 있는가? 왜 그런가? 왜 그것이 문제인가?

적용

어떻게 그리고 언제 우리가 이(지식/과정) _____을 이용할 수 있는가?

_____이 어떻게 더 큰 세계에 적용될 수 있는가?

(장애물, 제한, 난제)를 극복하기 위하여 우리는 _____을 어떻게 이용할 수 있는가?

관점

_____에 관한 다른 관점은 무엇인가?

이 견해가 _____의 관점으로부터 어떻게 나왔는가?

_____이 어떻게 비슷한가/다른가?

_____에 대한 다른 가능한 반응은 무엇인가?

_____의 강점과 약점은 무엇인가?

_____의 한계는 무엇인가?

_____의 증거는 무엇인가? 그 증거는 믿을 만한가? 충분한가?

공감

_____의 입장이라면 어떻게 될까?

_____에 관하여는 어떻게 생각할까?

_____에 관한 이해에 우리가 어떻게 도달할 수 있는가?

우리가 느끼도록/알도록 만들기 위해 노력하는 _____것은 무엇인가?

자기지식

내가 _____을 어떻게 아는가?

_____에 관한 나의 지식의 한계는 무엇인가?

_____에 관한 나의 맹점은 무엇인가?

내가 _____을 어떻게 가장 잘 보여 줄 수 있을까?

_____ (경험, 가정, 습관, 편견, 스타일)에 따라 만들어진 나의 _____에 관한 견해는 어떤가?

_____에 관한 나의 강점과 약점은 무엇인가?

- 조금 더 쉽게 접근하기 위해 '아동 언어(kid language)' 내에 관련한 질문을 구성하라. 그들 중 그 연령집단에서 몰두하고 자극을 줄 수 있는 질문을 편집하라.

- 모든 아동이 그 질문을 이해하고 그 질문의 가치를 알 수 있도록 보장하라. 필요하다면 그것을 입증하기 위한 정보 조사를 수행하라.

- 각각의 질문을 위해 특수하고 구체적이고 탐구적인 활동을 이끌어 내고 설계하라.

- 질문들이 서로서로 자연스럽게 이끌어지도록 계열화하라.

- 본질적인 질문을 교실에 붙여라. 그리고 공부와 노트 정리에 그 질문의 중요성을 명확히 할 수 있도록 질문을 바탕으로 노트를 조직할 수 있도록 격려하라.

- 학생들이 그 질문을 개별화할 수 있도록 도와라. 그들이 예시, 개인적 이야기, 직감을 공유할 수 있도록 하라. 살아 있는 질문을 만드는 것을 돕기 위하여 오려 낸 기사와 인공 작품을 가져오도록 격려하라.

- 학생들의 연령, 경험 그리고 다른 수업상의 의무를 염두에 두면서 문제를 '푸는 것(unpacking)'—하위 질문을 조사하고 암시를 찾는 것—에 충분한 시간을 배당하라. 질문의 관련성을 보이기 위해 질문과 개념 지도를 사용하라.

- 보다 알맞은 교과목들의 일관성을 위한 계획과 교수를 하기 위하여 동료들과 당신의 질문을 공유하라. 포괄적 질문을 학교 전체적으로 촉진하기 위해 교사들에게 교무실이나 부서 회의 및 계획 장소에 그들의 질문을 붙이라고 요구하라. 교직원 게시판 안의 질문을 활자화하여 보급시켜라. 교직원 단체와 PTSA 회의에 질문들을 제공하고 토의하라.

개방적 질문을 중심으로 질문 설정하기의 중요성

우리가 수행해 온 것으로부터 나온 하나의 답[과도한 피상적 학습(coverage)을
피하고 심도 있게 다룬 문제에 대한]을 제안하고자 한다.
그것은 두 개의 기능으로 작용하는 (수행하는) ……체계화된 추측의 용도다.
그 기능 중 하나는 명백하다. 특별한 것들로 관점을 돌린다.
둘째는 덜 명백하고 더 놀라운 것이다.
이 질문들은 종종 학생들이 어디서 익히는지, 그리고 그들이 얼마나 잘 이해했는지를
결정하는 준거로서 취급되는 것처럼 보인다.
—Jerome Bruner, 『주어진 정보를 넘어서(Beyond the Information Given)』,
1957, pp. 449-450

교육의 요지는 최소한으로 쟁점이 된 결과를 단순히 학습하는 것이 아니다. 학생들은 날카로운 질문과 논쟁이 지식과 이해를 어떻게 만들어 내는지 이해해야만 한다. 만일 전이가 이해를 위한 교수의 핵심이라면, 우리의 설계는 질문이 학생들의 더 큰 이해의 근거일 뿐만 아니라 모든 내용이 질문이라는 수단으로 축적된다는 것을 명확히 해야 한다.

다시 말해, 학교교육은 이해가 탐구, 비판, 증명을 통해 어떻게 생겨나고 테스트되고 결정되는지를 학생들이 정통하도록 해야 한다. 학생들은 방관적 입장의 관찰자보다는 잠재력 있는 수행 주체로 자신들을 취급해 주는 교육과정을 필요로 한다. 그들은 자신의 탐구와 토의가 전문가의 생각과 얼마나 '본질적으로' 일치하는지 경험해야만 한다. 그리고 심지어 지속적인 탐구의 결과로서 합의된 핵심 이해가 시간이 경과하면서 어떻게 변할 수 있는지 경험해야만 한다. 이런 방식에서 그들은 교사에 의해 교재로 학습된, 단지 '저쪽에(out there)' 있는, 현실과 동떨어진 '진리'에 반대하는 탐구의 결과로서 지식을 좀 더 깊이 이해할 수 있다.

학습자들의 질문은 종종 그들에게 중요하지 않은 것처럼 보인다. '나는 이것이 어리석게 들린다는 것을 안다……'라는 말은 종종 멋진 질문의 서두다. 왜 자기비하를 하는 것일까? 그것은 단지 발달적이거나 수줍음이 작용하는 것이 아니다. 피상적 학습을 계속적으로 하다보면, 그리고 학교가 '정답'만을 추구하는 곳이라는 생각을 하게 되면, 마치 전문가들이 질문을 가지지 않고 단지 어리석고 무지한 사람들만이 질문을 가지는 것처럼 그렇게 이상하게 보일 수 있다.

진정한 지적인 질문이, 내용을 다루어야만 한다고 주장하는 교사들에 의해 영원히 미루어진, 단지 립 서비스만으로만 이루어질 때 끔찍한 대가를 지불하게 된다. 끊임없이 쏟아지는 유도 질문은 대부분의 학생의 질문을 이러한 친숙한 극소수의 질문, 즉 이것이 검사에 나올 것인가? 이것이 당신이 원하는 것인가? 그 시험이 얼마나 오랫동안 이루어지는가 하는 질문으로 감환시킬 것이다.

그 답을 학습하는 것이 학생들의 유일한 목표일 때 수업은 밝혀진 과제―줄어든 참여와 보다 적은 이해로 끝난―에서 자연스럽게 발생하는 크고 중요한 질문을 '은폐한다.' 단지 일반적으로 믿는 것에 대한 연속적인 피상적 학습은, 철학자인 Hans-Georg Gadamer(1994)가 제시한 것처럼 결국 사려 깊은 탐구를 감출 것이다.

> 고정된 의견에 대항하기 위하여 질문하는 것은 대상과 대상의 가능성을 유동적이게 만든다. 질문의 '기교(art)'에 능숙한 사람은 질문이 지배적인 의견에 따라 억압되는 것을 예방한다. ……지배적인 의견이란 질문을 억제하는 것이다(pp. 364-365).

2003년 『New York Times』의 'Science Times' 섹션에서는 과학에서 현재 가장 중요한 25개의 질문을 강조하였다. 그중 일부 예들을 살펴보자.

우리 몸의 얼마나 많은 부분을 대체할 수 있는가?

우리는 무엇을 먹어야만 하는가?

남자가 꼭 있어야 할까? 여자가 꼭 있어야 할까?

로봇이 의식을 가지게 될까?

다음 빙하기는 언제 시작될까? (Sec. D, p. 1)

이 질문들이 전형적인 과학 교과서에 가득한 무미건조한 죽은 질문과 질적으로 얼마나 상이한지 주목하라. 앞에 있는 '생생한' 모든 질문은 K-16 과학 교육의 몇몇 수준에서 고려될 수 있다. 학교에 적절하게 힘을 실어 주려면 고려되어야 한다. 본질적 질문으로 틀이 짜인 교육과정을 언제나 학습자 앞에 놓는 것은 지식의 본질뿐만 아니라 그들의 지적 자유의 중요성과 힘에 대한 영속적인 인상을 남기는 것이다.

'심층적 학습'은 단지 교육의 좋은 전략이나 철학이 아니다. 교육과정을 형성하는 데 사용된 질문은 우리 입장에서 보면 단지 미적이거나 관념적인 것만은 아니다. 내용의 핵심 아이디어를 진짜 질문과 지속되는 질문을 통해 탐구하지 않는 것은 법정을 떠나 주장하는 것, 그리고 검증되지 않은 증거나 의심받지 않고 받아들이는 것과 같다고 말하는 사람이 있을지도 모른다. 이러한 교수는 많은 임의의 의견과 같은 생각으로 끝나는, 우선순위를 매기지 않은 아이디어와 사실들이 뒤범벅된 상태로 이끈다. 학생들이 관련성과 추론(의심하지 않고 받아들이는 교사의 주장 또는 믿을 만한 교과서와는 반대되는 것. 기억을 위한 '사실')의 결과로서 핵심적인 이해를 볼 수 있도록 하기 위해 내용에 대한 신중한 질문이 있어야만 한다.

비록 이 말이 이상하게 들릴지도 모르지만, 이는 초보자와 전문가를 포함한 우리 모두에게 이해할 수 있는 방법에 대한 중요한 사실을 알려 준다. 우리는 처음으로 이해에 도달한 학자와 동등한 지적 흥분을 경험하도록 하기 위해 학생들에게 그것이 가능하도록 하는 과제를 주어야만 한다. 그것은 결국 선구자가 미지의 것을 이해한 방법이다. 학습자와 같이 질문을 하는 것, 아이디어를 테스트하는 것이다.[1] 이것이 Piaget가 "이해하는 것은 발명하는 것이다."라고 현명하게 말했던 이유다.

일단 아동이 학습 상황에서 특정한 개념을 반복하고 적용할 수 있으면 그는 종종 이해한 것 같은 인상을 준다. 그러나 ……진정한 이해는 새로운 자발적인 적용을 통해 자기 자신을 증명한다. ……개념이나 이론의 진정한 이해란 학생의 이론의 재수정(reinvention)을 의미한다(Piaget, in Gruber & Voneche, 1977, p. 731).

이와는 대조적으로 많은 내용 기준 문서와 지역 교육과정은 직접 교수법을 통해 '학습하게' 될 사실에 가까운 문장을 내용 목표로 구성하는 실수를 범한다. 그리고 그것들은 최악의 상황에서 이처럼 '피상적 학습'을 촉진하는 위험을 무릅쓰는 것이다.[2] 그리고 나서 피상적 학습은 학생들뿐만 아니라 교사들로부터의 학습과 기준 도달에 관한 두 가지 본질적 이해를 숨긴다.

- 이해는 질문과 탐구에서 도출된다.
- 지적 기준의 충족은 전문가의 의견 수렴이 아니라 탐구, 심지어 그것들을 질문하는 것을 요구한다.

그래서 경쟁하는 개념, 이론 그리고 관점이 교과에 관한 성인의 이해와 어떤 면에서 부딪히는가? 합의에 도달하기 전에 다양한 교과서 집필자들이 어떤 질문과 주장을 가지고 있는가? 만약 학생들이 어렵게 얻은 설명의 이해와 이해할 준비가 된 지식의 이해의 차이점을 이해한다면 이 아이디어의 역사 중 일부는 본질적이다. 만일 그것들을 다루어야 하고 회상을 위해 학습될 문제가 있는 사실들이 아닌, 증거나 주장에 기반을 둔 판단이나 추리로서 이해하는 것을 학습하는 것이라면 말이다.

요컨대, Bruner가 제안한 것에 따르면, 최상의 본질적 질문은 더 큰 통찰과 관점을 제공하기 위하여 그들의 능력을 넘어서는 놀라운 이점을 가지고 있다. 만일 우리가 그것들 위에 우리의 설계 기반을 맡긴다면 말이다. 그것들은 우리의 학습에서 과정을 판단하는 것과 대비되는 준거로 이바지할 수 있으며, 우리로 하여금 단순한 대답과는 반대되는 것으로 탐구에 초점을 맞추도록 한다.

그러므로 본질적 질문은 단지 '어떤 것(stuff)'을 가르치는 것에 대한 단계 3의 책략이나 전략이 아니다. 그 본질적 질문은 목표를 구성한다. 그것들을 묻고 추구하는 것은 교사와 학생의 의무다. 이것이 바로 본질적 질문이 단계 1(좀 더 '교사다운' 질문이 단계 3에 속하는 데 반해)에 속하는 이유다. 그러므로 질문의 추구는 교사와 학생들로 하여금 활동과 과제의 교육적 힘을 테스트하도록 하고, 학습이 단순한 참여활동이나 마구잡이식의 '피상적 학습' 그 이상의 의미를 가진다는 것을 분명히 한다. 우리가 수업과 단원에서 질문에 대한 답을 할 때 진척 정도(headway)를 제시할 수 있을까(만약 그렇지 않다면 학생들과 교사는 적응해야만 한다. 마치 효율적인 코치와 운동선수가 수행 결과에 기초한 조절을 만들고, 효율적인 설계자가 그의 계획에 개정의 여지를 남겨 놓아야 하는 것처럼 말이다)?

교사(또는 학급)가 특별한 경향을 그 과제—결국 모든 좋은 질문이 실현 가능하게 탐구되진 못한다—의 초점으로 선택하는 것과는 상관없이, 명확한 것은 설계를 보다 초점 있게 하고, 학생들의 역할을 보다 더 적절히 지적이고 활동적인 상태로 만드는 제한적인 본질적 질문과 포괄적인 본질적 질문을 혼합시키는 것이다. 그러한 초점이 없다면, 학생은 관련성 없는 활동과 발전되지 않은 아이디어들—관점이 없고 명확한 지적 아젠다가 없는—의 덩어리만을 갖게 된다. 설계의 본질로서 탐구를 사용하는데 내용이 아무런 소용이 없다면, 질문을 수행할 필요가 없다면, 학생들은 의식하지 못한 채 소극적이 될 것이다. '듣고 읽고, 회상하거나 배운 것을 끼워 맞춘다.'라는 명확한 메시지가 될 것이다. 우리 자신을 본질적인 질문을 중심으로 설계된 교육과정에 맡기지 않고는 교사가 얼마나 재미있는지, 개인의 수업이 얼마나 생동감 있는지와 상관없이, 목적 없는 피상적 학습과 활동의 두 가지 과오만이 남을 것이다.

전망하기

만일 질문이 빅 아이디어를 중심으로 단원을 구성하고 포괄적인 아이디어를 위해 그것들을 넘어서서 가리킨다면 우리는 어떤 해답을 목표로 할 수 있는가? 우리는 후에 그 작업을 구성하는 질문에 비추어서 어떻게 이해할 수 있는가? '이해'를 성취한다는 것은 무엇을 의미하는가? 그리고 '지식'과 '기능'을 성취하는 것은 그것과 어떻게 다른가? 우리는 이제 이러한 질문에 대해 알아볼 것이다.

Bob James와 함께한 백워드 설계의 실천 사례

Bob James는 본질적인 질문을 한층 더 고려해 본 측면에서 자신의 최초의 계획을 재고한다.

나는 굉장히 명확한 검사나 선명한 이해를 위해 끝까지 추구하는 질문을 사용하는 동안에도 모든 과제와 더 깊은 질문을 향한 지침으로 작용하는, 본질적인 질문의 이러한 생각을 좋아한다. 내가 가르치기 시작한 이래로 나는 다음과 같은 질문을 던짐으로써 학생들이 자신의 생각을 스케치할 수 있도록 노력해 왔다. ……또 다른 예를 들어 볼까? 이것이 어떻게 그것과 관련되어 있을까? 만약 ……라면 어떤 일이 일어날까? ……에 동의하는가? 왜? 비록, 내가 이러한 일상의 질문을 제시하는 데 꽤 능숙하다고 생각했지만, 나는 영양 단원을 위해 여기서 기술되는 좀 더 넓은 종류의 질문을 더욱 심사숙고해야 할 것 같다.

　자, 나의 단원 질문인 '건강한 식습관은 무엇인가?'는 포괄적인 질문—건강한 삶은 무엇인가? 혹은 웰빙은 무엇인가?—과 분명히 연결되어 있다. 둘 다 우리의 전체 건강교육 프로그램의 탐구와 논의에 초점을 맞출 수 있다. 우리는 그것을 각각의 코스에서 계속해서 물을 수 있고, 반복되는 평가를 통해 그것을 추구할 수 있다.

　교육과정을 구성하기 위해 단원 질문을 사용하라는 이 아이디어 때문에 나는 깊은 생각에 빠지게 된다. 특히 이 개념에 흥미를 느낀다. 만약 교과서가 답을 포함하고 있다면 무엇이 질문이란 말인가? 내가 나의 교육을 반추해 볼 때 내용이 명백하게 중요한 것으로 구성되어 있고, 사고를 자극하는 질문들로 구성되어 있는 과정이라고 생각할 수 없다. 선생님들과 교수님 중 몇 분은 수업에서 사고를 자극하는 질문을 요구하였다. 그러나 이런 단원(그리고 본질적인) 질문은 상이하다. 나는 질문들이 제대로만 이루어진다면 모든 공부와 지식 숙달을 위해 초점을 제공하는 방법을 안다. 나는 지금 약간 속았음을 느낀다. 왜냐하면 나는 주제나 토픽에서 더 큰 아이디어를 가리키는 이러한 포괄적인 질문의 힘을 깨닫기 시작하였기 때문이다.

　내가 옳은 길을 가고 있는 것인지를 알기 위해서 연구실의 몇몇 다른 교사들과 점심을 먹으면서 내 생각에 대해 이야기했다. 그들은 정말로 거기에 빠져들었다. 우리는 나의 질문에 관해 매우 흥미로운 논의를 하였는데, 그것이 다른 것들까지도 이끌어 냈다. 만약 그들 자신에게 질문이 주어진다면(자신의 문제일 경우에), 아이들은 그들이 정말로 영양학적으로 필요한 것을 먹을까? 입맛은 우리가 자라면서 변할까? 더구나 더욱더 건강한 음식을 먹는 쪽으로? 만약 그렇다면 왜일까? 그렇다면 동물의 왕국에서 다른 것들은 어떤가? 어린 동물들은 자연적으로 그들에게 좋은 것을 먹을까? 정크 푸드 광고가 아이들과 어른들의 식생활 패턴에 미치는 영향은 어떠한가? 불행하게도 20분간의 점심시간이 끝났을 때도 우리는 요리를 하고 있는 중이었고, 나는 휴식을 위해 일을 그만두어야 했다. 이것에 대해 당분간은 계속 고민할 것이다.

제6장

이해를 정교화하기

만일 소개된 가설—어떤 교과라도 어떤 아이들에게나
정직한 형태(honest form)로 가르칠 수 있다—이 진실이라면 교육과정이라는 것도
사회가 구성원의 지속적인 관심의 가치로 간주하는 거대한 이슈,
원리 그리고 가치를 중심으로 구성되어야 한다.
—Jerome Bruner, 『교육의 과정(The Process of Education)』, 1960, p. 52

내용은 학문의 '대표 아이디어(representative idea)'를 나타내기 위해 선정되어야 한다.
대표 아이디어는 학문의 주요 특징에 대한 이해를 제공하는 개념들이다.
그것은 사소하거나 부수적인 아이디어가 아니다.
대표 아이디어는 학문의 본질을 보여 준다.
대표 아이디어는 중요한 전체 양상을 나타내는 교과의 요소다.
……대표 아이디어는 교과의 정수(epitomes)다.
—Phillip Phenix, 『의미의 영역(Realms of Meaning)』, 1964, pp. 322-323

제2장에서 우리는 사려 깊고 효과적인 전이로 성찰되는 빅 아이디어의 개념을 파악해야 한다고 강조하면서, '이해'에 대한 의미를 요약하여 제시하였다. 전이는 대체로 제4장에서 논의되는 이해의 여섯 가지 측면 중 한 가지 혹은 그 이상을 포함하는 수행을 통해서 명백해진다. 이제 우리는 바라는 이해의 본질을 좀 더 자세히 들여다볼 것이다. 학생들로 하여금 단원의 결과로 이해하기를 기대하는 것에 대해 구체적으로 우리는 무엇을 목표로 삼는가? 중요하지만 명백하지 않은 것들을 학생들이 깨닫도록 하기 위해서 정확히 우리는 무엇을 시도하는가? 우리는 단계 1에서 바라는 이해를 어떻게 구성해야 하는가?

즉각적인 대답을 제공하기보다는 오히려 독자들에게 설명하고 독자들이 이 질문을 중심으로 구성주의적 연구를 실행하도록 실천에 옮길 것이다. 우리의 접근은 '개념 획득(concept attainment)'이라고 알려져 있는 '이해를 위한 교수(teaching-for-understanding)' 테크닉을 이용하는 것이다. 이제 〈표 6-1〉에 제시된 일련의 사례와 비사례를 비교함으로써 이해가 무엇인지 알아보기로 하자. 첫 번째 칸에 있는 사례들은 어떤 식으로 비슷한가? 이것이 두 번째 칸의 비사례에 해당되는 것들과 무엇이 다른가?

이해의 특성을 구별하기

〈표 6-1〉을 보면서 우리가 이해에 해당되지 않는 사례와 비교하여 이해의 사례에 대해 일반화할 수 있는 것은 무엇인가?

〈표 6-1〉 이해의 사례와 이해에 해당되지 않는 사례

이해의 사례	이해에 해당되지 않는 사례
• 효과적인 이야기는 다음에 일어날 것에 관해 긴장—질문, 미스테리, 딜레마, 불확실성들을 통한—을 형성함으로써 독자를 몰두하게 한다. • 액체가 사라졌을 때 이것은 증기로 변하고 공기가 차가워지면 액체로 다시 나타날 수 있다. • 상호 관련이 인과 관계를 확신해 주지는 않는다. • 의미를 읽는 데서 디코딩(decoding)은 필요조건이지만 충분조건은 아니다.	• 청중 그리고 목적 • 물은 지구 표면의 3/4을 덮고 있다. • 사물은 항상 변하고 있다. • 밖으로 소리 내고 그림을 보는 것

- 모든 사례는 일반적인 의미의 특정 생각을 제공하는 완전한 문장으로 구성된다. 즉, 사례들은 어떤 것을 이해하기 위해 구체화한다.
- 사례들은 빅 아이디어—추상적이고 전이 가능한—에 초점을 맞추고 있다. 그것들은 마치 유용한 명언과 같고 복잡한 분야에서의 나침판과 같이 유용하다.
- 습득과 관련 있다. 그것은 학생들이 듣거나 읽는 것만으로 의미를 즉각적이고 완벽하게 이해한다는 것은 아니다. 그들은 보다 더 조사하고 더 생각하고 더 연구할 필요가 있다. 다시 말해, 이해는 심층적으로 다루어야 한다. 왜냐하면 이해는 추상적인 것이지, 즉각적으로 바로 알 수 있는 것이 아니기 때문이다.

이제 사례와 비사례의 중요한 차이점을 보다 자세히 알아보기 위해 비사례에 해당되는 것을 살펴보고, '이해의 이해(understanding of understanding)'를 분명히 해 보자. 첫 번째로 제시한 비사례(청중과 목적)는 문장이 아니라 구(phrase)다. 이것은 빅 아이디어에 관련되는 것이지, 그것에 관한 어떠한 구체적인 설명을 요구하지 않는다. 왜냐하면 그것은 구로 진술되었기 때문에 우리는 아직 설계자가 추구하는 목적과 독자에 관하여 특별한 이해가 무엇인지 알지 못한다. 두 번째의 비사례(물은 지구의 3/4을 덮고 있다)는 문장이다. 그러나 이것은 추상적이거나 전이 가능한 아이디어를 제시하고 있지 않다. 이것은 직접적인 사실을 다소 단순하게 진술한 것이다. 이해를 위한 어떤 탐구도 요구하지 않는다. 세 번째의 비사례(사물은 항상 변하고 있다)는 진리다. 우리는 학습자들이 변화하는 과정의 본질에 대해 정확히 이해하기를 원하는 것을 구체화하는 데 실패한다. 이러한 광범위한 선언(pronouncement)은 진술된 대로의 새로운 통찰이나 의미를 제공하지 않는다. 네 번째의 비사례(밖으로 소리 내고 그림을 보는 것)는 일련의 기능을 의미하지만, 어떤 유용하고 전이 가능한 원리나 그것에 관한 전략을 제공하지는 않는다. 다시 말해, 이해에서 구체적이고 개념적인 것을 제공하지는 않는다.

사례와 비사례 간의 차이를 염두에 두고 이제 다양한 교과와 수준에서 부가적인 예시를 생각해 보자. 이 사례들은 비사례에서 대표되는 문제를 제거한 반면, 앞에서 말한 특성을 충족시켰다는 사실에 주목하라.

- 어떤 매매자도 모든 소비자에게 똑같은 물건을 가지고 모든 소비자를 만족시킬 수 없고—배경 특성과 소비 선호도가 다르게 주어지면—그래서 그들은 반드시 그들이 만족시킬 수 있는 소비자를 선택해야만 한다. (대학 경영 과정)
- 살아 있는 것들은 개체로서 그리고 종으로서 살아가도록 고안되었다. 그러나 개인이나 공동체

로서의 생존은 종종 다른 살아 있는 것들의 죽음을 요구하기도 한다. ('살아 있는 것들의 기본적 요구' 중에서-2학년 단원)

- 다른 사람의 관점에서 나온 글은 우리가 세계와 우리 자신, 그리고 다른 사람을 더 잘 이해하는 데 도움이 될 수 있다. (평화재단이 개발한 교육과정, '장으로부터의 통찰' -9학년 단원)
- 정확한 수학적 답은 종종 '실 세계의' 문제에 대해서는 가장 좋은 해결책이 되지 않는다. (고등학교 수학 코스)
- 가시적인 다양성은 모든 교실의 이질성을 만든다. (대학 교육 방법 코스)
- 사진은 관점을 반영하고, 보이지 않는 것을 드러내기도 하며 호도할 수 있다. ('사진을 통해서 드러난 역사' 중에서-4학년 간학문적 단원)

이들 예시에서 알 수 있듯이, 이해는 사실과 경험에 바탕을 둔 '추구하는 교훈적 가르침'을 요약한다. 그것은 우리가 학생들이 궁극적으로 파악하기를 원하는 전이 가능한 아이디어를 요약한다. 그것은 내용을 만드는 다양한 사실에서 결론을 이끌어 낸다.

정의된 이해

이해의 구별되는 여러 가지 특성에 주목하면서 요약해 보자.

1. 이해란 중요한 추론이고, 전문가의 경험에서 도출되며, 구체적이고 유용한 일반화로 진술된다.
2. 이해란 특정의 토픽을 넘어선, 영속하는 가치를 지닌, 전이 가능한 빅 아이디어를 의미한다.

영속적인 이해는 보다 큰 개념, 원리, 과정에 초점을 맞춘 단편적인 사실과 기능을 사용한다. 그것들은 전이로부터 이끌어지고 전이를 가능하게 한다. 그것들은 하나의 주제 안에서 혹은 그 주제를 넘어 새로운 상황에 적용된다. 예를 들어, 우리는 구체적이고 역사적인 사건으로서 대헌장(Magna Carta)의 법령을 공부한다. 왜냐하면 더 큰 아이디어이자 법의 규칙인 정당한 법의 절차처럼 정부 권력과 개인 권리의 한계를 구체화하는 성문법의 중요성 때문이다. 이러한 빅 아이디어는 13세기 영국에 그 뿌리를 두고 있고, 현대 민주사회의 전환점이 되었다. 학생들은 개발도상국에서 나타나는 민주주의를 공부할 때와 같은 상황에 자신이 이해한 것을 활용할 수 있다.

3. 이해는 추상적이고 반직관적이며, 쉽게 오해 가능한 아이디어를 포함한다.

4. 이해란 교과 내용을 '실제에 적용함'으로써(즉, 실제 세계의 문제를 가지고 실재적 상황 속에서 아이디어를 사용한다), '심층적으로 다룸'으로써(즉, 이해란 귀납적으로 개발하고 학습자들이 협동적으로 구성하여야 한다) 가장 잘 획득된다.

설계자의 의도는 학생들이 추론을 이끌어 내는 데 도움을 주는 것이다. 이해란 실천가가 새로운 이해를 생성할 때 하는 것을 학생들이 모방하도록 요구한다. 말하자면 실천가들은 고려하고 제안하며, 시험하고 질문하며, 비평하고 입증한다. 이해란 믿음으로 받아들이는 것이 아니라 탐구되고 구체화되는 것을 말한다.

'심층적 학습'을 위한 최상의 후보는 가장 오해할 것 같은 개념과 원리에 있다. 이것들은 일반적으로 명백하지 않고 반직관적일지도 모른다. 예를 들어, 물리학에서 학생들은 종종 중력, 질량, 힘 그리고 운동에 관련한 아이디어를 공부한다. 대리석, 볼링공 같은 물체를 떨어뜨렸을 때 땅에 가장 먼저 떨어지는 물체를 예상하는 질문을 받으면, 많은 학생이 부정확하게 볼링공을 선택함으로써 일반적인 오개념을 지니고 있음을 드러낸다. 오해하기 쉽고 이해하기 어려운 중요한 개념과 과정은 무엇인가? 학생들은 전형적으로 무엇을 어려워하는가? 학생들이 오해를 가질 만한 빅 아이디어는 어떤 것인가? 이것들은 이해를 가르치기 위해 선택되고 발견되는 유익한 주제들이다.

5. 이해는 기능 영역에서 중요한 전략적 원리들을 요약한다.

많은 기능은 그것들이 수행에서 현명하게 사용된 유창하고 융통성 있는 레퍼토리의 일부가 되었을 때 성공적으로 숙달된다. 그것은 단순한 반복이 아닌 통찰―어떤 기능을 언제 사용할 것인지를 판단하는 능력―을 요구한다. 즉, 관련성 있고 전술적이며 전략적인 원리들을 적용하여 이해에 이른다. 예를 들어, 이해를 하며 이야기를 읽는다는 것은 작가들이 이야기가 어떤 것에 관한 것인지를 항상 진술하지는 못한다는 아이디어를 적극적으로 활용하는 것을 필요로 한다. 그 의미는 단지 문장을 읽는 것이 아니라 문장에 내포된 의미를 읽는 것(내용만을 이해하는 것이 아닌 내용 안에 포함되고 암시되어 있는 내용까지 이해해야 한다는 것)이다. 이러한 이해는 요약, 텍스트를 질문하기, 예측하기 그리고 의미를 만들기 위한 문맥 단서를 사용하는 것과 같은 구체적인 이해 전략의 사용을 위한 맥락에 놓인다.

우리는 여기서 이해에 대한 Lynn Erickson의 훌륭한 작품에 주목해야 한다. 우리의 논의와 Lynn과의 의사소통, 그리고 이 책의 첫 번째 출판 후에 그녀의 작품을 주의 깊게 읽는 것은 우리가 우리 자신의 이해를 잘 이해하기 위해 필요한 것이다! 다소 당황스럽지만, 이해가 무엇인지에 관한 우리의 생각이, 특히 사례 면에서 이 책의 초관과는 일치하지 않았다는 것을 알게 되었다. 그것은 이해의 의미에 대한 보다 일관되고 철저한 설명을 개발할 수 있었던 일반화(제3장에 언급된)에 관한 Lynn의 작업을 통해서였다.

> 일반화는 관계 속에서 진술된······ 개념으로서 공식적으로 정의된다.
> 보편적 일반화는 하나의 개념으로서 동일한 특징을 갖는다.
> • 광범위하고 추상적
> • 보편적 적용
> • 시대를 초월한 일반적인 영원성
> • 상이한 사례에 따른 재현(Erickson, 2001, p. 35)

그리고 Erickson이 이번에는 그녀의 개정판 저서에서 우리의 생각을 반영하였다.

> 일반화는 영속적인 이해이며 '빅 아이디어'다. 그리고 학습을 하는 '근본적 이유(so what)'에 대한 답이다(Erickson, 2001, p. 33).

제한적인 이해와 포괄적인 이해

제5장에서 우리는 포괄적 질문과 제한적 질문의 차이를 포함하여, 본질적 질문의 범위에서의 차이점을 논의하였다. 바라는 이해도 그와 유사하게 구별된다. 어떤 것은 포괄적이고 나머지는 좀 더 구체적이다. 여기서 우리는 포괄적인 것과 제한적인 것을 구별할 수 있다. 〈표 6-2〉에서 제시된 일련의 연결된 사례를 잘 고려해 보라.

이 사례가 나타내듯이, 이해는 추상화 혹은 일반화의 상이한 정도에 따라 자리를 잡아 간다. 첫째 칸의 이해는 둘째 칸의 이해보다 훨씬 더 일반적이다. 그것들은 학문에서의 특정한 주제나 단원을 넘어서서 좀 더 전이 가능한 지식으로 향할 것을 강조한다. 따라서 이 목표는 빅 아이디어 대한 연결 고리를 제공함에 따라 포괄적 이해로 기술할 수 있다. 포괄적 이해에 대한 서술은 일반 학생이 더 이상 큰 목적을 갖지 않은 것처럼 보이는 과제에 관하여 질문—'그래서 뭐?(So what?)'—을 던질 수 있도록 돕는다. 둘째 칸의 예들은 구체적 주제 혹은 특정한 토픽(topic-specific)에 관한 통찰력이다. 우리는 그것을 제한적인 이해라고 한다. 그것들은 우리가 구체적인 주제나 특정한 토픽에 관하여 개발

〈표 6-2〉 포괄적이고 제한적인 이해의 사례

포괄적 이해	제한적 이해
• 대통령도 법 앞에서는 평등하다. • 민주주의는 단지 자유나 압력이 아닌, 용기를 요구한다. • 현대소설은 더 진실되고 매력 있는 이야기를 담기 위해 많은 전통적 이야기의 구성 요소와 표준 양식을 완전히 바꾸어 놓았다. • 중력은 물리적인 것이 아니라 경험을 통해 발견할 수 있는, 모든 떨어지는 물체가 가지고 있는 일정한 비율의 가속도를 설명하는 용어다. • 공준은 어떤 공리적인 체제에 논리적으로 우선하지만, 종종 핵심적인 정리를 정당화 해 주는 사실 이후로 오랫동안 발전되어 왔다. 그것은 진실되지도 자명하지도 않지만 그렇다고 해서 임의적인 것도 아니다. • 자유시장경제에서 가격은 수요와 공급의 상관관계에 따라 결정된다. • 어떤 스포츠·경기에서 득점 기회의 증가는 수비를 펼치는 것과 동시에 선수들이 상대편의 방해 없이 경기하도록 하기 위해 공격 가능한 공간을 창조함으로써 가능하다.	• 워터게이트 사건은 '단순한 주거침입죄'(닉슨 기자의 진술에 따르면) 혹은 정당 사이의 단순한 거짓 선거유세가 아니라 중대한 헌정의 위기였다. • Holden Caulfield는 '뛰어난 모험심'에서 보통 아이들이 아니라 친구들과 소외된 반영웅이었다. • 수직 높이는 각도나 낙하거리가 아니라 낙하하는 우주선의 최종 '착지점'의 속도를 측정한 것이다. • 유클리드 기하학에서 평행선 공리는 다루기 어렵고 정리와 같은 성질에도 불구하고 중요한 기초가 된다. • 야구 카드의 가치는 그것의 상태나 유사하게 이용 가능한 횟수가 아니라 누가 그것을 원하는가에 따라 결정된다. • 어떤 사람에게 쓸모없는 것이 다른 사람에게는 보물이 될 수 있다는 사실에서 e-Bay의 판매 형태가 드러난다. • 활동 가능한 공간의 창조와 개척은 축구 경기에서 승리의 열쇠다. • 축구에서 수비는 공격수들이 미드필드에서 자유롭게 움직이지 못하도록 막는 것이 필요하다.

하고자 하는 특수한 이해를 나타낸다.

우리는 당신이 학습목표를 정하는 경우에 제한적인 이해와 포괄적인 이해를 상세화할 것을 장려한다(제12장에서 분명하게 논의되는 내용으로, 프로그램 설계를 논의하고, 개별 교사의 단원 설계에서 정확한 학습 우선권을 포괄적 이해와 본질적 질문을 중심으로 교육과정을 구성하는 부서와 프로그램 팀을 장려한다).[1]

제한적인 본질적 질문과 포괄적인 본질적 질문에서, 제한적이고 포괄적 이해를 구분하는 고정된 법칙은 없다. 코스 내용의 범위, 교과 우선순위, 학생들의 나이, 단원에 할당된 시간, 그리고 기타 요인들이 '목표로 삼고 있는' 이해의 폭과 깊이에 영향을 미칠 것이다. 포괄적 이해란 확고한 크기와 범위의 차이라기보다는 오히려 궁극적으로 추구하게 되는 전이 가능한 통찰력의 표현으로 보는 것이 바람직하다. 바꾸어 말하면, 당신이 바라는 구체적인 단원의 이해가 주어졌을 때 어느 정도까지 그러한 통찰력이 일반화될 수 있고, 학생들이 다른 과제를 수행할 때 계속적인 동기를 유발할 수 있는가? 다른 방법에서 보면, 당신의 코스워크를 구성하고 있어야 하는 것은 어떤 반복되는 아이디어—제한적인 이해에 따라 이 단원에서 체화된 것—인가?

이해 대 사실적 지식

이해는 사실을 바탕으로 한 주장이다. 그것은 누군가가 증거와 논리에 근거하여 내린 결론을 의미한다. 사실은 이해를 위한 거름이다. 그것은 이해를 위한 정보(data)다. 이해는 데이터나 해석에 근거한 이론을 제공한다. 앞에서 논의하였듯이, Dewey(1993)는 이해는 총체적인 이해력(comprehension)을 필요로 하는 것임에 반해, 사실은 이해(apprehension)를 필요로 한다고 주장하였다. 우리는 단어의 의미를 파악하거나 정보를 봄으로써 사실을 '얻을' 수 있다. 이해하기 '위해서는' 좀 더 많은 것이 요구된다. 종종 모든 단어나 정보의 의미가 명확하다 하더라도 우리는 그것의 중요성을 간과하게 된다. 우리는 사실에 대해서 질문을 가지고 그것들을 다른 사실과 연계해서 생각해 보는 것과 동시에, 다양한 각도에서 사실을 바라볼 수 있도록 노력해야 한다. 이해는 사실의 단순한 언급을 통해 적당히 받아들이는 것이 아니라 적절하고 유용한 결론을 통해서 완성되어 정확성을 검증받아야 한다.

이해하기 어려운 만화나 흥미를 돋우는 낱말맞추기 퍼즐도 이러한 면을 잘 보여 준다. 사실적 지식은 필요하지만, 농담이나 실마리를 '얻기' 위해서는 불충분하다. 그것은 문자 그대로의 의미 해석 과정을 뛰어넘어 관련성을 찾으며 다른 가능성을 고려하고 검사 이론이나 이유를 검증해야만 한다. 이와 같은 과정은, 하다못해 어떤 영역에서 추상적 아이디어를 이해하는 데서도 요구된다.

게다가 이해는 사실에서 도출된 추론이다. 비록, 우리가 이전부터 이러한 개념의 특징을 명백하게 설명해 왔다 할지라도 실제 문제에서는 이러한 특징을 간과하기 쉽다—특히 학생들의 경우에는 더욱 그러하다. 다음의 두 진술을 생각해 보자.

- 삼각형은 세 개의 변과 각을 가진다. (사실)
- 세 변의 길이가 같은 삼각형은 세 각의 크기도 같다. (이해)

이 두 문장은 거의 비슷한 문장으로 들릴 것이다. 그러나 두 번째 문장과 첫 번째 문장은 통사론에 따르면 유사하지만, 교사와 학습자의 관점에서 보면 꽤 다르다는 것에 주의할 필요가 있다. 두 번째 문장(이해)이 증명을 통해 타당하게 만들어진 추론을 나타내는 반면, 첫 번째 문장(사실)은 조사해 보면 정의상 진실인 것이다.

그러므로 이해는 직접 주어진 것(사실)이 아니라 주어진 사실을 통해 추론된 결론이다. 이것이 '심층적 학습'이 필요한 이유다. 학습자들은 진정한 이해를 떠올리기 전에 분석(요소나 성질에 따라 가르는 일)과 종합(학습자들 고유의 단어나 표현 방식에서의 조합)에 대한 실제적인 요구를 단순하게 받아들일지도 모른다. 우리의 교수가 어떠한 탐구 없이 단지 내용만을 가르칠 때 비난의 소지가 되는 오해와 건망증을 범하게 된다.

기능에 관한 이해(워크북, p. 126 참조)

앞에서 언급했듯이, 몇몇 교사들은 UbD가 기능의 교수에 적절하지 않다고 믿고 있다. 그들은 학습 기능은 단지 연습과 끊임없는 노력의 결과라고 믿는다. 즉, 실제적으로 이해할 수 있는 기능이라는 것은 없다는 것이다. 우리는 이러한 논쟁에 대해서 강력하게 반박한다. 일반적으로 기능 영역으로 확인된 교과들에서 제시하는 이해에 관한 다음의 사례를 고려하라.

• 충분한 활동으로 수축된 근육은 훨씬 더 강한 힘을 생성한다. (체육 코스에서의 골프 단원)
• 단어를 많이 알면 알수록 더 많은 생각을 공유하고 다른 사람의 생각을 이해할 수 있다. (시에 관한 2학년 언어 단원)
• 신체 언어는 긍정적이거나 부정적인 질문에 따라 표현이 달라질 수 있다. 그리고 진술 방식과 세기에서 강한 영향을 미친다. (세계 언어 교육과정 지도서)
• 대부분의 사람이 요리할 때 버리는 먹다 남은 것과 고명은 음식 맛을 높일 수 있는 수프 재료로 사용되어 비용을 아낄 수 있다. (고등학교 요리 코스에서 스프 만들기 단원)

이러한 예들은 이해와 본질적 질문을 위한 교수에 관하여 일찍이 만들어진 요점을 강화한다. 기능 개발에 초점을 맞춘 단원과 코스는 바라는 이해를 분명하게 포함할 필요가 있다. 바꾸어 말하면, 학습자는 기능의 잠재적인 개념, 즉 왜 기능이 중요하고, 무엇이 그것을 성취하도록 돕는지, 어떤 전략과 기술이 그것의 효과성을 극대화시키는지, 그리고 언제 그것들을 사용하는지를 이해해야만 한다. 연구와 실제가 분명해짐에 따라 이해 중심 기능 교수

오개념 주의하기

내용 기준이나 수업 구성에서 사용되는 일반적인 구(phrase)는 '학생들은 ~하는 방법을 이해할 것이다.'와 같은 것들이다. 이 구들은 UbD에서 잠재적인 혼란의 원천을 나타낸다.

종종 이러한 구는 막연히 '~하는 방법 학습하기'와 동의어로 사용된다. 사실 이때 바라는 성취는 이해가 아니라 단편적 기능(필기체로 쓰기, 파워포인트 슬라이드 창작하기 등)일 뿐이다. 이러한 단편적 지식과 기능 목표는 템플릿에서 K와 S 분야에서 일정한 위치를 차지한다.

그러나 '~방법을 이해한다.'와 같은 정련된 기능을 언급할 때는 잠재적 개념과 원칙에 따른 사려 깊은 주의 또한 요구된다. 그 다음에 우리는 이해(기능뿐만 아니라)를 다룰 수 있다. 그러한 경우에 앞에서 기술되었던 팁을 적용할 것이다.

는 기계적 학습과 엄격한 반복 및 연습 방법에 의존한 수업보다 좀 더 유창하고 효과적이며, 자율적인 능력을 계발한다(이해 중심 기능 교수를 위한 필요성에 관한 연구 결과물을 요약한 제13장을 참고하라).

내용 기준과 이해

확인된 내용 기준의 가르침에 대한 기대는 많은 교육자에게 어떻게 그 기준이 UbD와 연결될 수 있는지에 대한 궁금증을 불러일으킨다. 이상적으로 모든 주와 지방의 기준은 '빅 아이디어'의 이해로 만들어지며, 사실상 몇몇 주의 기준은 그렇게 해 오고 있다. 예를 들어, 빅 아이디어를 명백하게 반영하는 주 기준의 사례를 살펴보자.

- 모든 살아 있는 것은 생존을 위한 기초적인 필요조건을 가진다(물, 공기, 영양분, 빛 등). 식물과 동물은 성장, 생존, 번식에서 서로 다른 기능을 위해 상이한 구조를 가진다. 행동은 내부 자극(배고픔 등)과 외부 자극(환경의 변화 등)의 영향을 받는다.
- 미국, 캐나다, 라틴 아메리카에서의 인구 이동은 문화전파 현상을 야기하였다. 왜냐하면 사람들은 그들 나름의 생각과 삶의 방식을 이곳저곳으로 이동함으로써 전파하였기 때문이다.

그러나 대체로 제시된 기준에서의 방식은 같은 주 내에서 관련 분야를 거쳐 넓게 변화한다. 몇 가지 기준은 단편적인 목표 목록으로 제시되는 반면, 나머지는 광범위하게 언급된다. 소위 이해라는 것은 비교적 직접적인 사실과 기능으로 나타난다. 다음의 버지니아 주 학습 기준을 참고하라.

- 지구는 태양 주위를 공전하는 몇몇 행성 중 하나이고, 달은 지구를 공전한다.
- 학생은 세계지도에서 중국과 이집트를 찾아봄으로써 지도 읽는 기능을 발전시킬 수 있다.

그리고 다음과 같은 버지니아 주의 몇몇 기준은 너무 막연해서 어느 누구에게도 도움이 되지 않는다.

- 중요한 역사적인 인물과 집단은 캐나다와 라틴 아메리카 그리고 미국의 발전에 커다란 기여를 해 왔다.
- 소비자의 수요에 영향을 미치는 요소가 있다.

이런 문제들은 표면적으로는 교육자들이 설계한 기준을 중심으로 교육과정, 평가, 수업을 설정하기 위해 시도하는 것처럼 보일 것이다. 이러한 관심에 초점을 맞추어 몇몇 주에서는 기준에 따른 과업 수행에서의 교육자를 돕기 위해 보완적인 안내 지침서를 개발하고 있다. 그리고 몇몇 주는 내용 기준을 UbD를 통한 이해와 본질적 질문에 따라 실제적으로 재구성한다.[2] 여기에 버지니아 주(역사/사회과)와 미시간 주(과학)의 몇 가지 예가 있다.

- 학생들은 생산자들이 천연자원(물, 토양, 나무, 석탄)과 인적 자원(일하는 사람들) 그리고 상품을 생산하고 소비자들에게 서비스를 제공하는 중요한 자본(기계, 도구 그리고 건물)을 어떻게 이용하는지 설명할 수 있다.
  - 이해: 재화와 용역의 생산자들은 자연, 인간 그리고 자본의 영향을 받는다.
  - 본질적 질문: 생산자들이 재화와 용역을 제공하기 위해 자연, 인간 그리고 자본을 어떻게 이용하는가? (버지니아주 교육과정 프레임워크—교사 지도서(Teacher Resource Guide))

- 모든 학생은 세포에 대한 이해를 세포가 어떻게 성장하고 발달하며 번식하는지를 포함하여 다세포 유기체의 기능에 적용할 수 있다.
  - 본질적 질문: 세포가 생명체를 구성한다는 것을 어떻게 증명할 수 있는가? 만약 세포가 모두 만들어지는 것이라면 우리 모두는 어찌하여 비슷하지 않은가? (미시간 주 과학 벤치마크 명료화 [MICLIMB Science])

국가, 주 또는 지역의 내용 기준이 어떻게 진술되는가에 상관없이, 대부분의 교육자는 그것들에 주의를 집중할 의무를 지닌다. 다음은 영속적인 이해를 확인하기 위한 기준을 이용할 때 실제적인 방안을 제시한다.

이해를 확인하고 구성하기 위한 팁

첫 번째 예시에서 언급하였듯이, 이해는 완전한 문장의 일반화(통칙)나 명제로 구성된다. 내용 토픽이 주어진다면, 추론에 근거한 어떤 자각이나 이해가 학생들을 이해로부터 떠나게 하는가?

매우 쉽게 들리겠지만 그렇게 하기가 의외로 어렵다. 이해를 구성하는 데서 일반적인 문제는 무의식적으로 주제를 재진술하는 것이다. '나는 학생들이 남북전쟁을 이해하기를 바란다.' 혹은 '나는 학생들이 우정에 대해 진정으로 이해하기를 바란다.'는 사실상 그러한 주제에 관한 문장이다. 그러나 그것들은 바라는 이해에 관한 명제는 아니다. 다시 말하자면, 이러한 진술은 학습자들이 남북전쟁이나 우정에 관한 이해를 어떻게 갖게 되는지를 구체화하지 않는다.

이러한 충고는 분명히 충분해 보인다. 그렇지 않은가? 그러나 몇몇 교사는 '나는 학생들이 남북전쟁의 원인을 이해하기를 원한다.'와 같이 말함으로써 단순히 내용적 측면에 초점을 맞추어 응답한다. 같은 문제로 이것은 좀 더 구체적 습관 속에서 내용 목표를 학생들이 원인에 대해 파악하는 통합적 학습 모형 없이 간단하게 언급한다. 학생들이 그러한 원인에 대해 이해하기를 바라는 것은 무엇인가? 그리고 그것들이 왜 중요한가?

'아, 이제야 알겠어. 나는 학생들이 남북전쟁에 관련된 노예제의 도덕적 준거, 연방 정부의 역할에 대한 필수적으로 다른 관점, 지방 경제의 차이, 그리고 문화 충격과 같은 몇 가지 중요하고 밀접한 관계가 있는 원인을 이해하기를 바라.'

이제 전문가들의 통찰을 구체적으로 요약한 이해의 사례를 보자. 이 예들이 보여 주듯이, 과제를 해결하기 위한 실제적인 방법은 명제나 격언을 통해 이해시키는 것이다. 왜냐하면 이해는 사실이 아니라 포괄적인 결론의 요약을 통한 일반화로 정리되어, 개인 또는 교과서 집필자가 묘사한 많은 사실이나 추론에서 도출된 결과이기 때문이다.

특별히 유용하다고 증명된 간단한 단서는 설계자들에게 '학생들은 그렇게 ……이해해야만 한다.'와 같은 문장으로 끝맺을 것을 요구한다. 그러한 구는 완전한 문장으로 된 답을 확인해 주고, 설계자들이 주제 중심(남북전쟁 등)이나 내용 중심(우정 등)의 진술로만 빠지는 것을 막아 준다(이러한 이유로 우리는 설계 템플릿 Box U에서 단서를 제시하였다).

바라는 이해를 완전한 문장의 명제로 구성하는 것은 필요하지만 충분한 것은 아니다. 물론 모든 명제가 영속적인 이해를 포함하지는 않는다. '학생들은 놀랍게도 아이스크림이 미국인의 삶에서 큰 부분을 차지한다는 것을 이해해야만 한다.'와 같은 문장은 근거 없는 3주차 단원이다. '역사에는 불가사의한 일이 보인다.'와 같은 문장을 제시하여 학생들이 이해하기를 바라는 것은 적절하지 않다. 비록, 그런 진술이 약간의 흥미를 불러일으킬 수는 있으나, 그것은 단원이나 교육과정 설계를 구상하는 데 막연하고 쓸모없는 것이다. 반면에 '학생들은 역사에서 계획된 것보다 훨씬 더 우연적으로 발생한 역사적인 큰 변화에 대해서 이해해야 한다.'와 같은 진술은 사고를 자극하는 명제며, 역사에 대한 학습 동기를 유발한다.

그러므로 가치 있는 이해가 되기 위해서는 명제가 영속적이어야 한다. 이러한 조건을 위한 두 가지 함축적인 의미는 다음과 같다.

〈표 6-3〉 본질적 질문과 이해 확인하기

단서가 있는 설계 도구

주제 혹은 빅 아이디어를 걸러내기 위해, 본질적 질문과 바라는 이해를 확인하기 위해, 다음에 제시하는 질문 중 하나 또는 그 이상을 이용하라.

주제(토픽)와 빅 아이디어들:

이런 아이디어나 주제를 통해 어떤 본질적 질문들이 제시되는가?
구체적으로 아이디어 혹은 주제에 관하여
당신이 학생들에게 이해하기를 바라는 것은 무엇인가?

왜 ＿＿＿＿ 을/를 공부하는가? 그래서 무엇인가?
＿＿＿＿ 의 학습을 보편적으로 만드는 것은 무엇인가?
만일 ＿＿＿＿ 에 관한 단원이 하나의 이야기라면
그 이야기의 교훈(moral)은 무엇인가?
＿＿＿＿ 의 기능이나 ＿＿＿＿ 의 과정에서
빅 아이디어가 함축한 것은 무엇인가?
어떠한 보다 큰 개념, 쟁점 혹은 문제가 ＿＿＿＿ 의 기초가 되는가?
만일 ＿＿＿＿ 을 이해할 수 없다면 우리는 무엇을 할 수 없을까?
보다 큰 세계에서 ＿＿＿＿ 이 어떻게 사용되고 적용되는가?
무엇이 ＿＿＿＿ 에 대한 실제 세상의 통찰력인가?
＿＿＿＿ 을 공부하는 것의 가치는 무엇인가?

본질적 질문: Q

이해: U

- 이해는 시간과 문화를 초월한 영속적인 것이다. 왜냐하면 그것은 매우 중요하고 유용한 것으로 검증되었기 때문이다.
- 이해는 학생들의 마음에 영속적이어야 한다. 왜냐하면 이해는 학생들이 내용을 파악하고 핵심 아이디어로의 전이를 가능하게 만들기 때문이다. 그러므로 그것은 다음과 같은 방법으로 학습되어야 한다. 계속적으로 기억하기 위해서는 단원이 끝났을 때 완벽한 평가를 거쳐야 한다.

제시된 이해의 가치를 결정하는 실제적인 전략과 그것을 구성하는 완전한 일반화는 〈표 6-3〉에 나오는 질문을 '반추'해 봄으로써 가능하다.

이해와 발달적 쟁점

이제까지 우리는 이해의 올바른 개념에 대해 이야기했다. 그러나 몇몇 독자들은 그것이 사실의 문제만이 아니라는 것을 확실히 깨달았을 것이다. 1학년이나 이 분야의 초보자들에게는 소위 많은 사실이 모두 명확하지 않다. 초보 학습자의 무경험이나 인간 사고의 역사를 고려하여 사실과 이해 사이의 구별을 흐리게 하는 발달적 실재를 직면해야 한다. 처음에는 많은 시간을 투자하여 얻은 어려운 추론의 결과를 시간이 지나면 명백한 사실로 받아들이는 것은 무엇 때문인가? 따라서 본질적 질문에서 어떠한 진술도 본래의 사실이나 이해는 아니다. 그것은 학습자들이 누구며, 그들의 사전 경험이 무엇이었는가에 따라 결정된다.

계획된 과제는 현실을 바탕으로 하여 더 탐구적으로 만들어진다. 우리가 사실로 받아들이는 많은 것은 실제로 복잡한 이해를 바탕으로 한다. 예를 들어, 지구의 모양과 움직임에 대해 떠올려 보라. 이러한 '사실'은 일단 '이해되어' 받아들이기 전에 충분히 검토된 것이다〔덧붙여 말하면 이러한 문제를 증명하기 위해서는 상당히 심도 있는 경험이 필요하다. 예를 들어, 별을 관찰할 때의 시차, 다른 위도에서 동시에 일어나는 해돋이 타이밍 등〕. 우리가 사실로 얘기하고 알고 있는 많은 것은 결코 개인적으로 증명된 적이 없다. 우리는 그것을 '당연하게 주어지는 것'으로 받아들인다. 심지어 우리가 그것을 완전히 이해하지 못할 때도 마찬가지다. 더욱 염려스러운 것은 우리가 가르쳐야 하는 많은 빅 아이디어는 마치 나중에 회상해야 할 사실인 것처럼 우리를 가르쳐 왔다.

여기에 이해와 사실이 어떻게 구분될 수 있고, 어째서 선 경험이 중요한지를 보여 주는 실제적인 검사(test)가 있다. 다음의 것들을 사실이나 이해로 어떻게 범주화할 수 있는가?

- 색에 따라 분위기가 달라진다.
- 비유클리드 기하학에서는 유사한 도형 없이 합동인 도형만 있을 뿐이다.
- 대화는 사람 사이의 의미 교섭을 포함한다.
- 같은 문자의 조합이라 해도 상이한 소리나 단어 그리고 의미를 창조한다.
- 번역은 의사소통이 아니다.

이러한 몇 가지 진술은 뻔하고 진부한 말일지도 모른다. 다른 것들은 난해하거나 독창적인 것일지도 모른다. 만일 당신이 국어 교사라면 당신의 대답은 수학 교사와는 다를 것이다. 만일 당신이 아동을 가르친다면 당신의 대답은 성인을 가르치는 교사와는 다를 것이다. 그러므로 우리에게 본질적인 것은 학습자들이 누구며, 소위 진정한 사실이나 이해가 충분히 정돈되어 있는지를 고려해야 한다(그것이 우리가 다음 장에서 논의할 오해를 방지하기 위한 예비 테스트와 진행 상황 점검이 중요한 이유다).

제5장에서 우리는 어떠한 질문도 본래부터 본질적이거나 비본질적인 것은 없다고 말하였다. 그것은 의도에 따라 좌우된다. 이와 유사하게 어떠한 문장도 문맥 밖의 사실이나 이해로 간주된다고 단언할 수 없다. 그것은 비록 좋은 설계와 코치가 있을지라도 능동적인 학습자의 이해력을 우려하거나 깨닫게 된 설계자의 관점에 달려 있다. 추론의 결과를 바탕으로 한 주장을 더 많이 요구하고 '심층적 학습(uncoverage)'을 이해하여 일상적 오해를 극복하면 할수록 더 많이 이해할 수 있다. 학습자들이 듣기와 읽기 그리고 경험을 많이 해야 한다고 생각할수록 사실과 (만일 중요하다면) UbD 템플릿에서 지식상자(knowledge box)의 위치에 대해 더 많이 고려하게 된다.

일단 우리가 적절한 이해에 관해 이해하게 되면 학습자의 이해를 발달시키려는 목표는 깊숙이 내재된 본능을 지닌 교사의 강력한 저항—이해를 사실로서 가르치기—에 따라 달라진다. (교사나 교과서에 따라) 이해를 단지 진술하는 것은 조건을 불충분하게 인식하기 때문에 야기되는 '피상적 학습'에 대한 큰 오해—이해를 학습활동의 좋은 설계에 따라 해결된 문제로 취급하는 대신, 복잡한 추론을 간단하게 받아들이는 말로 취급하는 것—를 불러일으킨다.

종종 초등학교 교사가 다른 학교급의 교사보다 더 유리한 경우가 있다. 일반적으로 초등교사는 어른들이 '알고 있다(know)'고 느끼는 많은 것이 아이들에게는 전혀 명백하지 않거나 의미가 없다는 것을 비교적 잘 알고 있다. 가장 훌륭한 초등학교 교사는 단순한 '가르침'이 아니라 지속적인 교수를 통해 어른들의 지식을 '심층적으로 다루어야' 한다는 것을 이해하고 있다. 고학년이 될수록 일단 그것들이 제시되고 나면 전문가들이 자명하다고 알고 있는 것들을 더 잘 이해할 것이라고 가정하게 된다. 슬프게도 학생들의 오해에 대한 문헌 연구는 그러한 가정의 순진함을 드러낸다.

우리는 이 책을 통해 이러한 문제—단순한 사실의 전수가 아니라 꼼꼼히 설계된 이해를 함축하고 있는 핵심적 수업을 파악하는 데 대한 실패—를 '전문가의 맹점'이라고 부르기로 하였다. 이러한 전문가의 맹점이 작용할 때 우리는 이해에 대한 이해를 간과하게 된다. 또한 우리에게 명백한 사실도 초보자들에게는 어렵다. 그리고 우리에게 명백하지 않은 것이라 해도 우리는 이전의 관점과 노력을 잊게 된다(Piaget와 Duckworth의 연구는 아이들의 이러한 현상에 대한 자료를 제공하였다. 아이들은 자신들이 일단 주장했던 것은 잊지 않을 뿐만 아니라 자신이 주장했었다는 것조차 부정한다. 심지어 자신의 목소리를 녹음한 테이프를 들려준다 해도 말이다!).[3] 고등학교와 대학 수준의 교사는 이제 우리가 지식이라고 부르는 많은 것이 한때는 진정한 이해를 위해 탐구되고, 검증되고, 재조합되어야 할 반직관적인 아이디어라는 점을 쉽게 잊어버린다.

여섯 가지 측면에 대해 언어로 표현할 때, 전문가는 그들의 노력에도 불구하고 자주 초보자와 공감대 형성에 어려움을 겪는다. 이것이 가르치는 게 힘든 이유다. 특히 초보 교사인 그 분야의 전문가를 가르칠 때도 마찬가지다. 분명하게 말하자면, 우리가 교육자로서 성공하기 위해서는 학습자의 개념적 투쟁에 공감할 수 있도록 끊임없이 노력해야 한다.

전문가 맹점에 대한 친숙한 예로, 초보자들은 전문가들이 사용하는 모든 전문 용어에 대해 배워야 한다는 가정이다. 어휘의 의미를 제공하는 어떠한 경험도 없는 상태에서 말이다.

> 주로 간접적이고 이차적인 지식은 ……단지 문자 그대로 해석되기 쉽다. 말로 표현된 정보를 찬성한다. 대화는 필수적인 단어로 이루어진다. 그러나 정도에서 무엇이 얘기되는가는 학습자의 실제적 경험에 한정되지 않는다. 그것은 단순한 말일 뿐이다. 그것은 의미를 이해하기에는 부족하다. 게다가 그것은 기계적인 상호 작용 형성에 영향을 미친다.

> 아동들은 상징의 의미에 대한 핵심적인 것이 없이 상징을 학습한다. 학생은 자신에게 익숙한 목표와 효능의 관계를 규명하는 능력 없이 전문적인 구조를 습득한다. 학생은 종종 간단하게 특이한 용어를 습득한다. 정의, 규칙, 공식, 기타 등등에 관한 앎은 그들이 무엇을 하고 있는지에 대한 앎이 없이 그저 명목적인 부분적 앎과 같다(Dewey, 1916, pp. 187-188, 220, 223).

전문가의 관점에서 특수 용어(jargon)와 간단한 전달 구(shorthand phrase)는 쉽고 효율적인 대화를 가능하게 한다. 종종 초보자들은 그러한 이해의 어려움에 당혹스러워한다. 이해를 위한 가르침에서의 도전은 교사의 설계에 따라 나타날 수 있는 경험과 아이디어를 명백히 하는 데 도움이 되는 용어를 소개하는 것이다.

이 책에서 제시되고 있는 간단한 사례는 요점 정리에 도움이 될 것이다. 단순히 정의되고 설계된 다른 측면을 향상시키는 것으로 이 장을 시작한다면 우리는 이해를 이해할 수 있을까? 간단한 아이디어를 사용한다거나 예측 가능한 관심을 향상시키는 것, 기준을 제시하기 전에 사례와 비사례를 검토하는 것은 정의의 실마리가 된다. 준거가 필요한 이유와 어떻게 그것을 이해할 것인지에 대한 설명 없이 먼저 준거를 제시하는 것은 많은 독자를 혼란에 빠뜨릴 것이다. 당신은 이해를 정의로 이해할 수 있다. 그러나 세밀하게 만들고 평가하고 이해하기 위해 정의를 이용할 수는 없을 것이다(당신이 여전히 훌륭한 이해를 정교화시킬 준비가 되지 않았다는 사실은 이해가 수행을 통해 학습되고 숙고되어야 하는 이유에 대한 또 다른 예시다).

피타고라스 정리로 돌아감

우리는 제2장에서 피타고라스 정리를 학습할 때의 일반적인 전이의 실패에 대해 논의하였다. 따라서 좀 더 깊이 있는 빅 아이디어로 되돌아가 보자. 'A²+B²=C²는 어떤 직각삼각형에서도 참이다.'라는 것을 이해했다고 말하는 것은 무엇을 의미하는가? 왜 그것을 사실이라고 부르지 않는가? '설계를 통해' 우리가 해야 하는 것(그리고 하지 말아야 하는 것)을 함축하고 있는 이해를 무엇이라고 부르는가?

비록, 이러한 암시들이 기하학을 공부하기 전까지는 명백하지 않을지라도 이 정리는 심도 있게 응용될 수 있다(예를 들어, 거리와 함수 그래프의 기울기를 계산하거나 정확하게 어떤 범위를 그리는 것). 그러나 이렇게 친숙함에도 불구하고 그것은 정직한 사실이 아니며, 점검이나 검산에서 명백한 진실도 아니다. 실제로 직각삼각형의 그림을 단순히 본다면 전혀 올바르게 보이지 않는다. 이것은 증명의 필요성을 주장한다. 이 공식은 '만약 여러분이 삼각형의 각 변에 사각형을 그린다면 두 개의 길이가 짧은 변의 사각형 면적의 합은 가장 긴 변의 사각형 넓이와 같다. 직각삼각형의 모양이 어떠하든 상관없이 항상 그러하다.'라는 것을 포함한다. 그것은 명백하지 않고 실제적인 사용도 아니다〔만약 정리가 명백하다면 그것은 증명(proof)을 필요로 하지 않는다. 그것은 공리(axiom)다〕.

이러한 경우에 문장이 친숙하게 들리더라도 이러한 주장을 나중에 회상에서 지워야 할 사실로 다루는 것은 분명히 이해할 수 없는 것이다. 불분명한, 빅 아이디어의 이해를 사실로서 다루는 것은 우리가 제2장에서 기술한 것처럼 Shulman이 인용한 이상한 것, 무력증, 건망증 같은 종류의 것들을 훨씬 더 쉽게 이해하게 만든다. 중요성에 대한 이해 없이도 누구라도 사실로서의 정리를 진술할 수 있다. 문장에서 상징이 의미하는 것만을 아는 것─문장을 단어로 바꾸는 방법─은 그것을 이해하는 데 적절하지 않다는 것이다.

그러면 우리가 학생들이 얻기를 원하는 이해는 무엇인가? 그리고 거기에 도달하기 위해 어떠한 오개념이 극복되어야만 하는가? 여기에 수많은 상호 연결된 아이디어, 함축된 사실들을 틀에 박히지 않게 분명하게 설명하고 있다. 그러나 이 이해와 그 함의점을 파악하도록 요구되는 교과서나 교실에서는 거의 언급되지 않는 것들이다.

- 이 법칙은 모든 크기나 모양의 직각삼각형에서 참으로 성립한다.
- 사실 이러한 주장은 모든 가능성 있는 경우에 진실이다.
- 모든 가능성 있는 경우에 우리는 그것을 증명할 수 있기 때문에 모든 삼각법은 가능하며, 외관상으로 비교가 되지 않는 모양이나 영역에서도 가능성이 있다.
- 우리는 법칙을 참이라고 주장하기 위해 그래프의 이미지에 의존해서는 안 된다. 그림의 주입으로 이론이 사실인 것처럼 보이게 함으로써 그 이미지는 우리를 오도하며, 오직 논리적인 주장에 따라서만 주장은 사실이 된다.
- 다시 말해, 증명은 귀납적이 아닌 연역적이어야 한다. 여기의 결론에는 어떤 의심이나 불확실함이 없다. 그것은 우리의 공리(axiom), 논리(logic) 그리고 이전의 법칙을 따른다.

이러한 주장의 어떤 것도 명백하지 않다. 우리는 오직 증명을 하려는 시도를 통해서만 $A^2+B^2=C^2$의 이해에 다가갈 수 있고, 결론으로 옹호할 수 있고, 개념으로서 중요하게 여길 수 있는 결론에 스스로 만족하게 된다. 이해는 발명이라고 Piaget가 말한 것은 바로 이러한 의미다. 어떤 점에서 학습자는 증명(증거)으로서 증명(증거)을 '발견한다(discover)'.

목표로서의 이해

단계 1은 설계자에게 단원이나 코스의 결과로서 하나 혹은 그 이상의 바라는 이해를 구체화하도록 요구한다. 단계 1은 학습자가 아니라 설계자를 위한 것임을 다시 한번 언급하는 것이 중요하다. 문자로 기술된 이해는 학생들에게 그 형태로 이해될 수 없을지도 모른다. 본질적 질문으로 바라는 결과(1단계)에 대한 생각과 그러한 결과들(단계 3)을 유발하기 위한 학습 계획을 혼동해서는 안 된다. 요점은 학생들이 우리가 써 놓은 단어를 이해한 것을 말하게 하는 것이 아니라, 우리 자신에게(동료들도) 우리의 목표를 분명히 구성하게 하는 것이다. 이해를 '설계자'가 '계약자'에게 쓴 것으로 생각해 보라. 그것은 학습 계획 설계의 청사진이지, 완전한 설계의 재료가 아니다. 청사진을 깨닫는 것—바라는 이해를 발전시키는 것—이 설계의 목적이다. 학습자의 궁극적인 이해는 2단계에서 말을 필요로 하지 않고 다양한 수행을 통해서 그들의 언어로 가장 잘 나타나며 교수, 경험적 활동, 논의와 반성을 통해서 3단계에서 야기된다. 한 단원의 설계를 위하여 1단계에서 제안되는 다음의 이해들을 고려하라.

- 적절한 순서와 정확한 시간에 따라서 힘이 한 방향으로 적용되면 몸의 각 부분에서 생성되는 힘은 힘의 전체 합과 같다.
- 적절한 타이밍에 같은 방향으로 연속적으로 모든 힘이 적용될 때 최대한의 가속도와 힘이 달성된다.
- 내부의 힘 또는 근육의 축소는 힘을 만들어 내고 저지하며 멈출 수 있다.
- 내부의 힘 생성은 근육의 수와 크기, 반사의 지속, 근육 축소의 거리와 움직임의 속도에 의존한다. 신체는 상당한 양의 힘을 필요로 하는 움직임과 관련된다.
- 움직임의 전 범위를 통해 수축되는 근육은 더 많은 힘을 생성한다.
- 몸의 각 부분의 감속을 위해 완전히 휘두르는 것은 결과적으로 더 많은 운동량 또는 충격을 방출하고, 따라서 최대 힘의 생성의 달성 가능성은 증가한다.

대학 물리학이나 생명공학처럼 들리지 않는가? 하지만 이것들은 앞에서 인용하였던 골프 단원의 체육 교육에서 제시된 바라는 이해다. 초보 골프 선수들은 이러한 단어들로 아이디어를 재진술하기를 기대하는 것이 아니라 골프 코스, 드라이빙의 범위 그리고 미숙한 티를 벗는 등 그들의 행동과 자기평가에서 전이된 이해로서 진실을 파악한다.

우리는 이해를 위한 목표가 학습자들이 수업이 끝날 때까지 '물러서 있어야(give back)' 한다거나, 혹은 이해라는 것이 한 교과 내의 어린 학습자나 초보자에게 간단한 것이어야 한다는 진술을 나타낸다는 일반적인 오개념을 피하도록 독자에게 주의를 환기하고자 한다. 반대로 우리가 사용해 온 강력한 아이디어의 이해는 가치 있는 목표로 남는다.

이것이 진술된 이해를 언급해서는 안 된다거나 아동에게 친근한 언어로 바꾸어서는 안 된다는 것을 의미하는가? 우리는 그렇다고 말하지 않는다. 실제로 단계 3에서 당신은 전문가와 초보자 사이의 이해의 차이를 연결하기 위해 계획을 세울 것이다. 우리는 언어적(verbal) 지식이 요점은 아니라는 것만을 경고한다. 학생들이 이해를 언어로 진술했다고 이해의 증거를 얻을 수 있는 것은 아니다.

예측 가능한 오해를 인식하기

학습자들은 텅 빈 상태의 슬레이트가 아니다. 그들은 선 지식과 경험 그리고 많은 가능성과 몇 가지의 오개념을 가지고 학습 상황에 다가간다. 혼란이나 부주의에 반대되는 것으로서 그러한 오해는 선 경험과 경험에 바탕을 둔 그럴듯한 추론에서 일반적으로 제시된다. 결과적으로 이해를 개발하려는 도전은 학습자들이 좀 더 개방되고 신중하게 되도록 도와준다. 왜 그런가? 오개념의 존재가 이해의 방식 안에 있으므로 그것들이 인식되어야 하고 뿌리 뽑혀야 되기 때문이다. 새롭고 향상된 사고방식을 위해, 오래된 '사실'과 사고의 습관은 의문시되고, 때로는 다시 고쳐 배워야 한다.

이해에 다가가는 것은 새로운 골프 스윙을 개발하거나 악센트를 말하는 것 그 이상이다. 우리는 가능성 있고 성공적인 많은 학생이 오래된 것에 대한 편안함 때문에 새로운 이해에 저항하는 것을 알게 되고 놀랄지도 모른다. 사고방식에서 가장 예측 가능하지만 유용하지 않은 것을 적극적으로 밝히려는 노력 없이는, 학생의 선입견이 수업에서 다루어지지 않은 채 그대로 남겨진다.

실제적인 관점에서, 우리는 설계자에게 예상되는 오개념 또는 다가올 주제나 기능에 관한 가능한 오해를 마음속으로 검토하기를 권한다. 다음의 질문을 고려하라. 주제에 관해 학습자를 힘들게 하는 잘못된 정보는 무엇인가? 주제를 가르칠 때 최대의 노력에도 불구하고 항상 나타나는 전형적인 '서툴고 조야한 구성(rough spots)'은 무엇인가?

아이러니하게도 잠재적인 오개념을 확인하는 것은 우리가 피할 수 없는 방해물을 평가하고 목표로 삼고 있는 이해를 이해하는 데 도움을 준다. 예를 들면, 수영에 관한 예측 가능한 오해는 (때때로 부모가) 당신이 당신의 손을 '컵 모양'을 하고 물을 '잡아야' 한다는 것이다. 비록, 이것은 직관적인 이해에는 도움이 될지도 모르나, 움직임에 관한 물리학의 주요 원리를 방해하는 것이다. 즉, 우리는 물과 접촉하는 표면적을 증가시킴으로써 더 큰 힘을 생성할 수 있다. 따라서 우리는 초보 수영자들이 물을 팔로 끌어당길 때 손의 위치가 컵 모양이 되기보다는 평평함을 유지해야 한다는 것을 이해하기를 원한다.

유일한 이해가 없을 수도 있다는 점을 이해하기

　영속적인 이해에 대한 요구는 우리가 개방적 본질적인 질문과 재숙고의 필요성을 요구할 때 일관성이 없는 것 때문에 몇몇의 독자에게 의문을 유발할지도 모른다. '하지만 바라는 이해가 그것이라면, 공식적이지 않고 단일하며 합의된 이해는 무엇인가?' 그렇다면 그것은 학생들이 남겨두기를 바라는 이해다. 당신은 최종적인 이해의 부족함에 관해 더 명백히 해야 하고 더 멀리 보아야 한다. 예를 들면, '역사가들은 남북전쟁의 주요 원인에 대해 의견이 불일치한다. 몇몇은 노예제도의 사악함에 초점을 두는 반면, 다른 몇몇은 국가 권리의 쟁점에 초점을 둔다.' Grant(1979)는 자신의 강의에서 대 문학(great literature)의 논의와 독해의 해석과 연관된 이해로서 다음의 격언(aphorism)을 즐겨 사용하였다.

　　맥락이 무엇에 관한 것인지에 관한 정답은 없다. 하지만 그것이 모든 답이 동일하다는 것을 의미하지는 않는다. 정답이 없을지도 모르지만, 몇몇의 답은 다른 답보다는 낫다. 그리고 무엇을 의미하며 어떻게 그렇게 할 수 있는가를 이해하는 것은 당신들의 주요한 도전 중 하나다.

　실제로 목표를 얻기 위한 이해의 교육과정이라면, 생각의 변화의 핵심은 학습자들이 배우는 것이 권위자들이 던진 최종적 사실을 찾는 것이 아닌, 이해를 위한 끊임없는 탐구라는 것을 깨닫는 데 도움을 준다.

이해의 오류 가능성과 다원성

　'내가 이해한 것에 따르면……'이라고 말할 때 우리가 의미하는 것에 관해 생각해 보자. 우리가 생각하는 구의 좋은 점은 통찰과 오류 가능성을 적당히 함축하고 있다는 것이다. 모든 이해는 항상 누군가의 것이다. 그리고 사람들, 심지어 전문가들은 틀리기 쉽고 불완전한 지식을 가지고 작업하고 있다. 그것은 당신의 또는 그의, 그녀의 이해다. 그것은 결코 현대 민주사회의 이해는 아니다. 이해는 다를 수 있다. 실제로 21세기에 이해는 모든 부분에서 항상 그렇다. 사실 대학은 낱말의 정의상 다원적 담론의 '세계'다. 즉, 새로운 논쟁과 증거에 기초하여 동의하는 것과 동의하지 않는 것에 동의하는 공간이며, 우리의 마음을 변화시킬 뿐만 아니라 자유롭게 형성하는 공간이다. 이해란 고유의 한정된 증거에 기초한 추론이기 때문에 우리 모두는 항상 중요한 쟁점에 대해 상이한 결론에 도달할

지도 모른다.

이러한 개념은 몇몇 대중을 당연하게 괴롭힐 수 있다. 그들은 오래된 TV 쇼 Dragnet— '사실이에요. 엄마'—의 Sergeant Friday처럼 논쟁할지도 모른다. 실제로 혁명이나 Harry Potter와 같은 주제에 관한 끊임없는 정치적인 전쟁(battles)은 향수의(nostalgia) 관점—사실의 신화적 시간으로 돌아가려는 감각적인 시도, 아는 것에 관한 '정치적인 옳음'과 '상대적인' 것의 부적당한 곳을 제거하는 것—으로 여길 수 있다. 그것은 결코 현대 세계의 방식이 아니다. 모든 전문가의 주장은 숙고된 결론에 도달한 사람들에 의해 달성된, 인간의 이해로 남는다. 어떤 이론도 사실이 아니다. 이전 세대의 영양사와 현재의 대법원, Newton을 포함하여 그것은 이해다. '어려운' 과학에서 우리의 전 생애에 걸쳐 오래된 이해와 새로운 이해를 뒤집어 보라. 그것들은 바로 블랙홀, 스트링 이론, 차원 분열도형, 퍼지 이론, 원자보다 작은 입자들, 어두움의 문제, 질병의 유전적 기초 등이다. 또는 좀 더 세속적인 이해에 관해 고려해 보라. 스트레스에 의해 궤양이 발생하는가? 아니다. 박테리아 때문이다. USAD 식품 피라미드는? 어느 버전인가? 그리고 지중해 연안의 식이 요법은 어떠한가?

가치 있는 지식과 기능을 명확히 하기 위한 내용 기준을 만드는 것에 따라 교육을 합리화하는 것은 고귀한 노력이다. 하지만 영원하고 변하지 않는 일련의 '이해'에 관한 신화적 존재를 혼동하지 않아야 한다. 그러한 관점은 지적이지 않으며, 자유로운 사고와 직업으로 이루어진 세계에서는 실패로 결론이 난다. 우리는 변화에 대항하기 위한 무관심이나 무서운 파시즘을 인내하기 위한 이해는 원하지 않는다.

우리 중 어느 누가 할 수 있는 최상의 것—우리가 교사든지, 학교 또는 지역위원회이든지, 주의 표준화된 그룹이든지 간에—은 학생으로서 우리의 모든 연구가 어떻게 전개되는가 하는 것을 상기(기억)하는 것이다. 이러한 도전은 우리의 목표와 적당하고 사용 가능한 자원의 숙고에 기초하여 적합한 이해에 다가가는 것이다. 우리는 문제를 신중하게 고려해야 하고, 전문가들이 말하는 것에 주의 깊게 생각해야 하며, 우리 자신의 이해에 도달하고, 검토된 이해—예를 들면, 논문과 그것의 방어—를 따라야 한다. 그러면 우리는 새로운 강력한 주장이나 증거들이 있을 때 우리의 마음을 변화시킬 준비로 깨어 있어야 하며, 문제를 다시 고려하는 일에도 항상 열려 있는 동안에만 관점을 세울 수 있다.

그렇다. 최상의 이해는 영속적인 것이다. 그리고 전문가들이 이해한 것과 이해해 왔던 것, 그리고 우리가 그들의 교사로서 이해하게 되는 것을 학생들과 공유해야 하는 것이 우리의 일이다. 하지만 지적인 존경으로 학생들을 다루는 것도 우리의 일이다. 우리는 학생들에게 도달, 변화 그리고 이해를 비판하는 데 대한 연습의 기회를 주어야 한다. 그것이 현대 학문의 이해가 작용하는 방법이다. 우리는 주장을 강화하거나 뒤집기 위해 테스트한다. 따라서 우리는 전문가의 의견이 있는 세계에서 학습자들이 살 수 있도록 도와주어야 하지만, 전문가들 또한 자유로운 생각이 생득권인 만큼 어느 때 어느 장소에서건 논쟁할 수 있고, 그들의 마음을 바꿀 수 있어야 한다.

요 약

다음 네 가지 경험적 규칙은 이해를 정교하게 하고, 선택하며 편집하는 설계자에게 도움을 줄 수 있을 것이다.

1. 바라는 이해는 우선순위를 지닌다. 단원은 어떤 이해가 진술되어야 하는가에 관해서, 전이 가능한 빅 아이디어에 초점을 맞추어야 한다. 그렇지 않으면 그것들은 실제로 우선적이지 않다.

2. 바라는 이해는 명제적인 형태로 최상으로 진술되어야 한다. '학생들은 ……을 이해할 것이다.' 처럼 말이다.[4]

3. 비록, 일반적이고 추상적인 아이디어에 속하지만, 바라는 이해는 분명하고 명확한 용어—구체적이고 통찰력 있는 일반화(통칙)—로 진술되어야 한다.

4. 이해에는 제한적인(topical) 것과 포괄적인(overarching) 것 두 종류가 있다. 제한적인 이해는 특정 단원의 구체적인 내용을 다루고, 포괄적 이해는 (이름에 내포되어 있는 것처럼) 범위가 더 넓으며, 다른 단원과 코스 간의 연결을 가능하게 한다.

Bob James와 함께한 백워드 설계의 실천 사례

여기에서 논의된 아이디어들에 비추어 우리의 신화적인(mythical) 교사 Bob James가 '이해'에 관한 자신의 처음 접근을 재고하고 있다(제1장 끝부분에 있는 그의 원래의 생각과 비교해 보라).

나는 '알다'와 '이해하다'라는 단어를 같은 의미로 사용해 왔다. 하지만 시험에서 아이들이 지식─회상(knowledge-recall) 문제에 정확한 답을 할 수 있지만, 그것이 교재를 정말로 이해했음을 의미하지 않는다는 것을 알고 그것에 관해 다시 생각하게 되었다. 또한 많은 지식을 가지고 있는 것이 당신이 아는 것을 사용할 수 있음을 의미하지 않는다는 것을 알게 되었다. 작년에 영양 단원의 모든 퀴즈와 시험에서 좋은 성적을 얻었던 학생 두 명이 그들 가족의 메뉴 계획과 영양소 계획의 분석을 할 수 없었던 것을 기억한다(나는 또한 그들이 점심으로 대부분 정크푸드를 먹는다는 것도 알았다). 그래서 나는 아는 것, 어떻게 하는지 방법을 아는 것, 그리고 이해하는 것 사이에는 차이점이 있다고 추측한다.

더 중요한 것은 단원을 위해 내가 계획하였던 원래의 이해 목표가 적절하지 않음을 깨닫기 시작한 것이다. 나는 관심의 영역─좋은 영양소─을 확인만 하였고, 목표로 삼아야 할 충분히 설명된 주의 기준을 생각하였다. 하지만 영양소에 대한 내용 기준은 나의 학생들이 습득하기로 되어 있는 특별한 이해를 명확히 해 주지 않았다. 내용 기준은 좋은 영양소 요소를 이해해야 한다는 진술만 할 뿐이다. 그래서 나는 좀 더 명확한 것이 필요하다. 그들이 단원으로부터 영양소의 아이디어에 관해 무엇을 이해해야만 하는가? 나는 이슈들과 UbD 훈련을 통해 일해 왔기 때문에 나의 단원 목표가 구체적 명제라는 측면에서 어떻게 구성될 것인지에 관해 더욱 분명하다. 나는 이제 세 가지 중요한 이해에 초점을 맞출 것이다.

- 신체적 · 정신적 건강에 기여하는 균형 잡힌 식습관
- 영양소와 관련된 지침을 제공하는 USDA 식품 피라미드
- 나이, 활동 수준, 몸무게 그리고 몸의 전체적 상태에 기초한 개인에 따라 변화하는 식사의 요구

남자 아이들은 이것이 어렵겠지만, 이미 학생들이 이해하는 데 필요한 것이 더 명확해지는 것의 이점을 알았다. 그것은 내가 이해를 생성해 내는 평가와 수업의 설계를 마치는 것을 더 용이하게 해 줄 것이다.

제7장

평가자처럼 사고하기

우리는 학생들의 능숙하고도 융통성 있는 수행(performance)을 통해 학생들의 이해 여부를 알아차리게 된다.

……아는 것을 융통성 있게 행하고 생각할 수 있을 때 이해가 되었다고 말할 수 있다.

이와 대조적으로 학습자가 기계적인 암기나 일상적인 행동과 생각을 넘어설 수 없을 때

이것은 이해의 결핍을 의미한다. ……이해한다는 것은 융통성 있게 수행할 수 있음을 의미한다.

-David Perkins, "What Is Understanding?" in Martha Stone Wiske, Ed.,

『이해를 위한 교수(Teaching for Understanding)』, 1998, p. 42

가장 중요한 교육 방법은 ……

항상 학생들이 실제 수행을 위해 노력하는 것으로 구성되어 왔다.

-Albert Einstein, 『아이디어와 견해(Ideas and Opinions)』, 1954/1982, p. 60

단계 1에서 바라는 결과를 구성하는 방법을 명료화해 봤고, 이제 백워드 설계의 두 번째 단계로 이동한다. 여기서 우리는 평가자에게 질문함으로써 우리의 설계에 나타난 평가상의 함의점을 고려할 수 있다.

- 학생들이 바라는 결과를 얻었다는 것을 보여 줄 수 있는 증거는 무엇인가? (단계 1)
- 어떤 평가 과제와 다양한 증거가 교육과정 단원과 수업의 지침에 부합되는가?
- 학생의 이해 정도를 결정하기 위해 우리는 무엇을 찾아야 하는가?

〈표 7-1〉은 백워드 설계의 세 단계를 목록화하고 적용하는 설계 기준과 고려할 점을 나타내고 있다. 단계 2는 평가로부터 증거를 수집하려는 계획을 세울 때 고려해야 할 요소를 요약한 것이다.

백워드 설계의 2단계는 기존의 설계 관행에서 더 많이 벗어난다. 목표에서 교수로 옮기는 대신, 우리는 성공적인 학습의 증거로서 무엇을 고려해야 하는가를 묻는다. 활동을 계획하기 전에, 바라는 결과에 대한 어떤 평가가 논리적으로 단계 1을 따르는가를 먼저 물어야 한다. 그리고 명확하게 무엇이 우리가 추구하는 이해의 증거로 간주되는가를 묻는다.

이 장과 다음 장의 핵심은 교사가 아닌 평가자(혹은 사정인)처럼 사고하는 것이다. 〈표 7-2〉에서 보는 것처럼 백워드 설계의 논리를 회상해 보라. 첫 번째와 두 번째 칸을 연결하는 텍스트는 평가자처럼 생각하는 것이 무엇인지 보여 준다.

백워드 설계의 논리를 상기해 볼 때, 설계자는 점수를 산출하기 위한 수단으로써 평가에 관해 생각하기보다는 성과가 함축하고 있는 평가 증거를 고려해야 할 책임이 있다. 목표를 고려해 볼 때 그것이 충족되었다는 것을 나타내는 수행의 증거는 무엇인가? 본질적 질문을 고려해 볼 때 학습자가 깊이 있게 그것들에 관해 고려했다는 것을 보여 주는 증거는 무엇인가? 이해를 고려해 볼 때 학습자가 '이해했다'는 것을 보여 주는 증거는 무엇인가? 우리는 교사들이 평가를 계획할 때 재판이 이루어지는 상황에 비유하도록 권장한다. 좀 더 상황적인 증거들(이해, 기능 등)의 우위를 점하여 유죄가 증명될 때까지는 배심원이 피고인을 결백하다고 생각하는 것처럼 학생들을 생각하라. 기준 중심 책무성의 세계에서 이러한 접근은 매우 중요하다.

다음 실제 이야기는 필요한 증거를 신중하게 고려하지 않은 문제들을 보여 준다.

〈표 7-1〉 UbD 매트릭스: 2단계에 초점 맞추기

	설계 질문들	이 책의 장	설계 시 고려 사항	필터(설계 준거)	최종 설계의 목표
1단계	• 가치 있고 적절한 결과는 무엇인가? • 바라는 핵심적인 학습이란 무엇인가? • 학생들은 어떻게 이해하고 알 수 있게 되는가? • 어떤 빅 아이디어가 이러한 모든 목표를 체계화(구성)하는가?	• 제3장-목표의 명료화 • 제4장-이해의 여섯 가지 측면 • 제5장-본질적 질문: 이해에 이르는 관문 • 제6장-이해를 정교화하기	• 국가 기준 • 주 기준 • 지역 기준 • 지역적인 주제의 기회 • 교사의 전문성과 흥미	• 빅 아이디어와 핵심 도전에 초점을 두기	• 단원은 명확한 목표와 기준과 관련하여 영속적인 이해와 본질적 질문이 허용하는 범위에서 구성된다.
2단계	• 바라는 결과의 증거는 무엇인가? • 특히 바라는 이해에 적절한 증거는 무엇인가?	• 제7장-평가자처럼 사고하기 • 제8장-평가준거와 타당도	• 이해의 여섯 가지 측면 • 평가 유형의 연속체	• 타당한(타당도) • 신뢰할 만한(신뢰도) • 충분한(충족도)	• 바라는 결과에 대해 신뢰할 만하고 증거에 근거를 두는 단원
3단계	• 어떤 학습활동과 교수가 이해, 지식, 기능, 학생 흥미, 수월성 등을 축진시키는가?	• 제9장-학습 계획 • 제10장-이해를 위한 교수	• 학습과 교수 전략에 대한 연구 중심 레퍼토리 • 적절하고 실행 가능한 지식과 기능	매력적이고 효과적인, WHERETO 요소의 사용 • 어디를 향하고 있는가?(W) • 학생들을 사로잡아라.(H) • 탐구하고 갖추게 하라.(E) • 재고하고 제검토하라.(R) • 보여 주고 평가하라.(E) • 학생의 요구, 흥미, 스타일에 맞추어라.(T) • 최대의 참여와 효과를 위해 조직하여라.(O)	• 바라는 이해, 지식 그리고 기능을 축진시키고 발전시킬 일련된 학습활동과 교수, 그리고 흥미를 증진시키고 흥용한 수행을 보다 원활하게 해 주는 학습활동과 교수, 수행을 보다 더 흥용하게 만들 것이다.

〈표 7-2〉 백워드 설계의 논리

단계 1	단계 2
만약 바라는 결과가 학습자들이 ……하는 것이라면	그러면 당신은 ……에 대한 학습자들의 능력의 증거를 필요로 한다.

G

다음과 같은 기준을 충족시켜라.

기준 6—학생들은 영양과 식습관에 관한 본질적인 개념을 이해할 것이다.

6a. 학생들은 자신들의 건강과 타인들을 위해 적절한 식단을 계획하기 위해서 영양소를 이해하고 사용할 것이다.

6c. 학생들은 자신들의 식습관 유형과 그것이 개선될 수 있는 방법을 이해할 것이다.

U

다음의 ……를 이해하라.

· 균형 잡힌 식이 요법은 신체적·정신적인 건강에 공헌한다.

· USDA 식품 피라미드는 영양소에 대한 관련 지침을 나타낸다.

· 나이와 활동 수준, 몸무게 그리고 전체적인 건강 상태에 따라 개인에 대한 음식의 요구는 변화한다.

· 건강한 삶은 비록 그것이 편안하고 안정된 습관을 개프린다 하더라도 개인이 좋은 영양소에 관한 유용한 정보를 준수하고 이용할 것을 요구한다.

Q

다음의 ……와 같은 질문을 사려 깊게 고려하라.

· 건강한 식습관은 무엇인가?

· 당신은 건강한 식습관을 가지고 있는가? 어떻게 그것을 아는가?

· 한 사람에게 건강한 식이 요법이 다른 사람에게는 어떻게 건강하지 않을 수 있을까?

· 유용한 정보가 많음에도 불구하고 왜 미국에는 좋지 않은 식습관으로 야기된 건강상의 문제가 많은가?

K **S**

다음의 ……을 알고 할 수 있다.

· 핵심 용어 사용하기—단백질, 지방, 칼로리, 탄수화물, 콜레스테롤

· 각 식품군에 해당하는 음식의 종류와 그들의 영양 가치를 확인하기

· USDA 식품 피라미드 지침에 정통하기

· 필수 영양소에 영향을 미치는 변인을 논의하기

· 좋지 않은 식습관으로 야기되는 구체적인 건강문제를 확인하기

· 상이한 상황에서 여러 사람을 위한 식단을 계획하라.

· USDA 지침이 절대적인 것은 아니지만 '안내한다'. (메뉴상의 변수뿐만 아니라) 그리고 다른 지침이 있다는 것을 이해하라.

· 자신뿐만 아니라 다른 사람의 습관을 신중히 주목하고 분석하라. 그리고 왜 사람들이 그런 방식으로 먹는지에 관해 지지할 만한 추론을 만들어라.

T

이 제안은 ……와 같은 구체적인 과제나 테스트를 필요로 한다.

· 다양한 집단을 위한 음식을 계획하기

· 다른 사람들이 만든 과도하게 엄격하거나 혹은 느슨한 식단(dietary plan)에 반응하기

· 실제로 사람들이 무엇을 먹는지, 그리고 왜 먹는지에 관한 조사자료 만들기

OE

퀴즈: 식품군과 USDA 식품 피라미드에 관해서

단서: 좋지 않은 식습관의 결과로 나타날 수 있는 건강문제를 기술하고 이것이 어떻게 이러한 문제를 피할 수 있는지 설명하라. 자신의 식습관과 다른 사람의 식습관에 대해 숙고하기

- 한 유치원 교사가 학교 100주년을 기념하기 위해 모든 학생에게 100개의 항목이 있는 포스터 한 장을 가져오라고 한다. 평가의 정당화에 관해 질문을 받았을 때, 교사는 수의 '개념'과 공간의 가치를 언급한 주 기준을 제시한다. 하지만 학습자들은 포스터 위에 오직 100개의 아이템만을 붙여 온다. 학생들은 줄, 열 또는 형태를 사용하거나 설명하는 법을 배우지 못했다. 그래서 우리는 학습자가 기준에 따라 수행할 것으로 예상되는 공간 가치의 개념과 10진법에 기초하여 연계된 100의 이해와 같은 것이 아닌, 100을 셀 수 있는가에 대한 증거만 가지게 된다. 사실 포스터를 집에서 준비했기 때문에 우리는 학생들이 부모의 도움 없이 혼자서 수를 세었는지에 관한 적절한 증거를 가지지 못한다.

- 7학년 과학 교사는 그들의 다음 실험의 결과물을 먹게 될 것이라는 것을 알림으로써 학생들의 상상력과 에너지를 사로잡는다. 하지만 그것이 주어진 시간에 항상 효과적이고 적절한 것은 아니다. 이러한 경우에는 땅콩캔디를 만드는 것이 그 주의 실험 기간 동안 영속적인 이해와 빅 아이디어에 거의 도움이 되지 않는다.

- 한 대학교의 역사 교수는 1차적 자원을 가지고 역사'하기'가 중요한 목표로 강조되며, 그 수업의 교수요목을 위한 100개의 선다형 문항과 단답형 문항으로 기말시험을 준비한다.

이러한 모든 평가는 각각의 단시수업의 관점에서 보았을 때는 몇 가지 이점을 가지고 있을지도 모르나, 각각의 평가들은 교육과정의 목표와 좀 더 일치되고 조정될 필요가 있다. 일반적으로 목표에서부터 (그리고 명확하게는 이해되어야 할 빅 아이디어로부터) 그 목표가 함의하고 있는 관련된 평가에까지 좀 더 엄격한 설계를 통해 그러한 관련성을 제공하는 것이 좋다. 이러한 실수는 흔한 것이고 혼자만이 저지르는 것이 아니다. 사실 지난 10년간 우리는 교육자들이 타당성에 대한 적절한 이해를 거의 하지 못하였으며, 많은 교육자가 그들의 코멘트와 설계 작업에 반영된 것처럼 평가에 대한 오해를 숨겨 왔다는 사실을 관찰해 왔다.

이해에 관한 초점에서 더 나아가, 많은 교사가 실시하고 있는 테스트는 지식과 기능을 얼마나 효과적으로 사용할 것인가에 기초한 전이 가능성에 관한 증거보다도 지식과 기능의 정확성에 초점을 맞추는 경향이 있다. 일찍이 여섯 가지 측면에 대한 논의와 전이 가능성에 관한 필요성은 설계자들이 수행평가를 통한 이해의 증거를 획득해야 한다는 중요성을 시의적절하게 주의시킨 바 있다. 하지만 모든 바라는 결과가 지니는 풍부하고 복합적인 특성은 우리가 증거를 다양하게 수집할 것을 요구한다.

기초적인 세 가지 질문

평가자처럼 생각하는 것은 결국 몇 가지 기초적인 질문으로 요약할 수 있다.

첫째 질문은 '이해의 요소를 포함한, 목표들의 특징을 찾아내기 위해 우리가 필요로 하는 증거의 종류가 무엇인가?'다. 특정 검사나 과제를 설계하기 전에 내포된 수행의 일반적 형태를 고려해 보는 것은 중요하다. 예를 들어, 내용과 상관없이 이해는 빅 아이디어를 비교하고 대조하거나 요약하는 활동을 통해 자주 드러난다. 평가에서 일반적인 접근법을 구상한 후, 평가의 세부 사항을 개발한다.

둘째 질문은 바라는 결과가 어느정도 성취되는지를 결정하기 위해 우리는 어떤 학생의 반응, 결과물 혹은 수행에서의 구체적 특징을 검사해야 하는가라고 질문한다면 거기에 대해서는 어떤 특정 과제가 개발되어 왔다는 것을 가정한다. 이 지점에서 준거, 루브릭 그리고 전형적 사례들이 시행되는 것이다.

셋째 질문은 평가의 타당성과 신뢰도를 위한 검사와 관련되어 있다. 제시된 증거는 학생의 지식, 기능 또는 이해를 추론할 수 있도록 하는가? 다르게 말하면 증거(단계 2)는 목표(단계 1)와 일치하는가? 결과는 분명히 명백한가? 교사 중에서 평가가 구체화되면 자신의 평가 계획을 점검해 보는 습관을 가진 이들은 거의 없다. 하지만 자기평가와 같은 방법은 더 나은 결과와 공정성을 위한 열쇠다.

이 장에서 우리는 평가자와 같이 사고하는 세 가지 입장 중 첫째 입장을 고려해 볼 것이다. 일반적인 용어로 증거의 종류를 고려하는 것은 일반적인 다양한 학습목표와 구체적인 이해를 평가하기 위해 필요하다. 다음 장에서는 준거 및 타당도와 신뢰도의 쟁점에 관련된, 두 개의 다른 질문을 제시한다.

부자연스러운 과정

단시수업을 설계하기 전에 평가자와 같이 사고하는 것이 대부분의 교사에게는 부자연스럽고 쉽게 다가오는 일은 아니다. 우리는 목표를 염두에 두면서 활동 설계자 또는 일반적인 교사처럼 생각하는 것에 훨씬 더 익숙하다. 즉, 우리는 어떤 수행과 결과물을 가르쳐야 하는지 자문하지 않고 단계 3— 단시수업, 활동 그리고 과제의 설계—으로 무의식적으로 넘어간다.

〈표 7-3〉 평가에 대한 사고의 두 가지 접근

평가자처럼 사고할 때 우리는 ……을 질문한다.	활동 설계자처럼 사고할 때 우리는 ……을 질문한다.
• 무엇이 이해의 증거를 분명하게 드러내도록 하는가? (무엇이 충분하고 분명히 드러나는 이해의 증거인가?) • 목표가 주어졌을 때 어떠한 수행 과제가 단원에 적합하고 수업 과제에 집중하도록 하는가? • 단계 1에서 '바라는 결과'에 따라 요구되는 증거 유형에서 차이점은 무엇인가? • 어떠한 준거가 우리가 수행을 적합하게 고려하게 하고, 질적 수준을 평가하도록 하는가? • 평가들은 단지 이해하는 것처럼 보이는 사람들과 진정으로 이해한 사람들을 드러내고 구별할 수 있는가? 학습자가 실수를 저지르는 것의 이면에 있는 이유를 명백히 할 수 있는가?	• 이번 주제에서 재미있거나 흥미로운 활동은 무엇인가? • 어떠한 프로젝트가 학생들이 이번 주제에서 하려고 하고 바라는 것인가? • 내가 가르쳤던 내용에 기초하여 어떠한 검사를 제시해야 하는가? • 학생들의 등급을 어떻게 매길 것인가? (그리고 학부모에게 그것을 어떻게 정당화할 수 있는가?) • 활동들이 얼마나 잘 이루어졌는가? • 학생들은 검사에서 어떻게 수행하였는가?

백워드 설계는 우리의 자연스러운 본성과 편안한 습관을 극복할 것을 요구한다. 반면에 우리가 강조하고자 하는 설계는 좀 더 일관되고 바라는 결과에 집중된 것 같다. 기회의 결과와 학생들 능력에 더해서 말이다. 사실 UbD 템플릿의 중요한 가치와 일반적인 백워드 설계 과정은 평가의 견실성(soundness)을 간과하는 정신적 습관을 매듭짓기 위한 도구와 과정을 제공하는 것이다. 〈표 7-3〉은 두 가지 접근—평가자처럼 생각하는 것과 활동 설계자처럼 생각하는 것—이 어떻게 다른지 요약하고 있다.

첫 번째 칸의 질문은 바라는 결과에서 나온 것이고, 궁극적인 활동과 수업 전략을 가장 적절한 평가로 나아가도록 하는 것 같다. 두 번째 칸은 비록 교수와 활동 설계의 관점에서 알아낼 수 있다고 하더라도 평가가 적절하게 사용될 것 같지 않다. 사실상 우리가 단지 활동 설계자처럼 생각할 때, 우리는 앞의 서론 부분에서 기술된 사과 단원과 같이 무엇인가를 잘 끝낼지도 모른다. 일부 학생이 중요한 이해를 개발하고 결과에 맞게 기준을 충족시킬지라도, 이것은 설계보다는 운이나 우연에 따른 것일 가능성이 높다(타당성에 관한 고려 사항에 관해서는 제8장을 참고하라).

부분적인(local) 평가의 질에 집중하는 것은 공식적인 책무성이 기준에 일치된 평가를 요구할 때보다 중요하지 않다. 만약 우리가 백워드 설계 모형을 빈번하게, 그리고 조심스럽게 사용하지 않는다면, 부분적인 평가는 교수에 정보를 제공하고, 학습을 강화하기 위해 필요한 피드백을 제공해 줄 것 같지는 않다. 설계 기준에 대한 자기평가와 동료평가에 대해 보다 많은 집중을 함으로써 학교 중심 평가를 훌륭하게 향상시켜 줄 수 있을 것이다.

| 이해에 대한 비공식적 체크 | 관찰과 대화 | 검사와 퀴즈 | 학술적 단서 | 수행 과제 |

[그림 7-1] 평가의 연속체

스냅사진에서 스크랩북으로

효과적인 평가는 한 장의 스냅사진보다 기념물이나 사진들을 스크랩한 것에 더 가깝다. 교수활동이 다 끝나는 마지막 시점에서 하나의 검사 유형을 가지고 그것도 단 한 번의 검사를 하는 것보다는 오히려 효과적인 교사−평가자로서 다양한 방법과 형식을 이용하여 많은 증거자료를 모으는 것이 훨씬 낫다. 요컨대, 이해에 관한 증거를 수집하려는 계획을 세울 때, [그림 7-1]에서 보여 주는 것과 같은 연속적인 평가 방법의 범위를 고려해 보라.

이러한 평가의 연속체는 이해(가령, 구두질문이나 관찰, 대화), 전형적 퀴즈, 검사, 개방형 단서, 그리고 수행 과제와 프로젝트의 점검을 포함한다. 그것들은 범위(단순한 것에서 복잡한 것으로), 시간 구조(단기간에서 장기간으로), 환경(비맥락적인 것에서 참된 맥락 속에서), 구조(매우 직접적인 것에서 비구조적인 것으로)에 비추어 볼 때 매우 다양하다. 왜냐하면 이해는 지속적인 탐구와 숙고의 결과로 개발되기 때문에 이해에 대한 평가는 실제로 흔히 일어나는 '이벤트'−수업의 마지막에 단 한 번 잠깐 실시하는 검사−가 아닌, 충분한 시간을 들여서 증거를 수집하는 것으로 생각되어야만 한다.

이해에 초점을 맞추면 한 단원이나 코스는 수행 과제 혹은 프로젝트에 자연스럽게 부합될 수 있다. 왜냐하면 이것들은 학생들이 그들의 지식을 맥락적으로 사용할 수 있는 증거를 제공하기 때문이다. 이해에 대한 우리의 이론은 지식을 맥락적으로 적용할 수 있는지 알아보는 것이 영속적인 이해를 불러일으키고, 그런 이해를 평가하는 적절한 수단임을 주장한다. 보다 전통적인 평가(퀴즈, 검사, 학구적 단서, 문제 은행)는 수행을 하는 데 기여하는 핵심 지식과 기능을 평가할 때 사용된다. 〈표 7-4〉에 다양한 증거의 유형이 요약되어 있다.

진정한 참 수행: 장식품이 아닌 필수품이다

이해는 수행에서 드러난다. 이해는 다양한 맥락에서 도전적인 과제에 관한 빅 아이디어, 지식, 기

〈표 7-4〉 증거의 유형

수행 과제

성인들이 직면하는 이슈와 문제를 반영하는 복잡한 도전들. 단기간 과제에서 장기간 과제로 범위를 정하는 것, 다단계식의 프로젝트, 이들은 하나 또는 더 많은 명백한 결과나 수행을 야기한다. 그들은 다음의 방법에서 학술적 단서와 구분된다.

- 실제 또는 가상의 환경, 제한의 종류, 배경 '소음', 동기 그리고 성인이 유사한 상황에서 찾을 수 있는 기회를 포함하는가? (즉, 그것들은 진실한 과제다.)
- 학생들에게 확인된 청중에게 말하도록 전형적으로 요구하는가? (실제 또는 가상의)
- 청중들과 관련된 뚜렷한 목적에 기초하고 있는가?
- 학생들에게 과제를 개별화하는 더 좋은 기회를 허용하는가?
- 확실하지 않은가: 과제, 평가 준거 그리고 수행 기준은 앞서 알려져 있고 학생들의 수행을 돕는가?

학술적 단서

개방형 질문 혹은 문제는 학생들이 단지 지식을 상기시키는 것이 아니라 비판적으로 생각하도록 요구하며, 특정한 학술적 응답, 결과, 수행을 준비하도록 요구한다. 질문과 문제는 다음과 같다.

- 학교와 시험 조건 아래에서 구체적인 단서에 구성된 응답을 요구하는가?
- 단 하나의 가장 좋은 대답이나 문제를 풀기 위해 기대되는 전략 없이 '개방적'인가?
- 전략의 발전을 요구하는 것이 종종 '비구조화된' 것인가?
- 분석, 종합, 평가를 포함하는가?
- 전형적으로 주어진 대답과 이용된 방법의 설명 혹은 방어를 요구하는가?
- 준거와 수행 기준에 기초한 판단 중심 채점(judgment-based scoring)를 요구하는가?
- 확실한 것인가, 아닌가?
- 학교에서 학생들에게 요구하였던 전형적인 질문을 포함하는가?

퀴즈와 검사 문항

단순하고 내용 중심 문항으로 구성된 평가 체제에 친숙하기

- 사실적 정보, 개념, 단편적 기능을 평가하는가?
- 선택형 문항(예를 들어, 선다형, 진위형, 연결형) 또는 단답형을 사용하는가?
- 수렴적인, 전형적인, 하나의 가장 좋은 대답을 가지고 있는가?
- 정답의 핵심이나 장치를 사용하여 쉽게 점수를 얻을 수 있는가?
- 전형적으로 확실한가? (즉, 문항들은 미리 알려지지 않았다.)

이해를 위한 비공식적 체크

지속적인 평가는 수업 과정의 일부로 사용된다. 그 사례들은 교사의 질문, 관찰, 학생 작업에 대한 시험 그리고 숙고하는 것을 포함한다. 이러한 평가는 교사와 학생들에게 피드백을 제공한다. 그것들은 전형적으로 점수와 등급을 매기는 것이 아니다.

능의 전이로 드러난다. 그러므로 이해의 평가는 참 수행에 기초한 과제에 근거를 두어야 한다.

진정한 참 과제가 의미하는 것은 무엇인가? 만일 평가 과제, 문제 또는 프로젝트가 다음의 조건을 충족한다면 참이다.

- **실제적으로(realistically) 맥락화되었다면**: 과제는 한 사람의 지식과 능력이 실제 세계의 상황에서 검사되는 방법을 모방하거나 흉내 내는 시나리오를 통해 설정된다.

- **판단과 혁신을 요구한다면**: 학생들은 비교적 구조화되지 않은 문제를 풀거나, 도전을 해결하기 위해 지식과 기능을 지혜롭고 효과적으로 사용해야만 한다. 단편적 지식을 검사하는 특정한 단서 또는 암시보다는 실제적 도전이 학습자가 문제의 본질을 이해하도록 요구한다. 어떠한 지식이나 기능이 여기서 다듬어지고 있는가? 이것을 어떻게 다루어야 하는가? 목표가 아주 명확할 때조차도 학생들은 문제를 풀고 논점에 대해 말할 수 있도록 계획과 절차를 개발해야만 한다.

- **학생들에게 각 교과에서 '실천하도록' 한다면**: 배웠거나 이미 알고 있는 설명을 통한 암기, 다시 말하기나 모방하기 대신 학생들은 과학, 역사 그 외의 다른 학문을 탐구하거나 연구할 수 있도록 해야 한다. 학생들의 노력은 그 분야의 사람들이 연구한 것을 닮아 가고 흉내 낸다.

- **성인들의 일터, 도시에서의 삶, 개인적 삶에서의 진정한 '평가'를 받는 주요한 도전적 상황을 모방한다면**: 진정한 도전은 '복잡하고' 유의미한 목표를 가진 구체적 상황을 포함한다. 중요한 제한점들, '소음', 목적 그리고 행위의 대상이다. 대조적으로 대부분 모든 학교의 검사는 맥락적 상황을 포함하지 않는다(작문 단서가 목적과 청중의 감각을 연상시키려 시도할 때조차). 현실 세계에선— 학교와 같지 않은—성공에의 목표나 준거에 대해 감추는 것은 거의 없다. 더 나아가 수행자가 '시험 출제자'나 보스에게 질문을 던지는 것은 유익한 것이고, 지속적인 피드백은 동료로부터 전형적으로 유효하다. 학생들은 복잡해지는 경향이 있는 작업 현장과 또 다른 현실적 삶의 맥락에 있는 것들과 같은 과제를 수행해 보는 경험이 필요하다.

- **복잡한 다단계의 과제를 처리하기 위한 지식과 기능을 능률적이고 효과적으로 사용하는 학생의 능력을 평가한다면**: 가장 전통적인 검사 항목은 수행의 지식 또는 요소의 단편적 조각을 포함하고, 지식, 기능 그리고 게임이 요구하는 피드백의 통합적 사용과는 다른, 운동(athletics)을 반복 훈련(sideline drill)을 하는 것과 유사하다. 비록, 반복 훈련과 검사가 적절히 적용되어도 수행은 항상 반복 훈련의 합 이상이다.

- **숙달하며, 연습하고, 수단을 찾고, 계속적으로 피드백을 하거나 수행과 결과를 다듬기 위한 적절한 기회를 허용한다면**: 비록, 문제를 비밀로 지키고, 학생들로부터 자원 자료를 손대지 못하도록 하는 '안전한' 검사에 대한 역할이 있다 하더라도, 우리가 학생들의 학습이나 수행 증진에 초점을

맞춘다면, 그러한 검사 유형은 학생들의 명백한 평가에 반드시 공존해야 한다. 상업에서 도제식 모형이 검증되었듯이, 학습은 수행-피드백-수정-수행의 사이클이 공식적인 수행 기준에 의해 판단된, 양질의 산출물을 안내할 때 극대화된다. 만약 우리가 학생의 맥락 내에서 수행하려는 정보, 기능 그리고 적절한 자원을 사용함으로써 이해를 증명하기를 원한다면 '신비에 싸인 평가'란 있을 수 없다.

검사에서 보다 훌륭한 진정성 혹은 신뢰성에 대한 요구는 기준의 입장에서 볼 때 실제로 새롭거나 부적절한 것은 아니다. Bloom과 동료들은 평가와 같은 부분의 중요성을 40년 전 그들의 적용에 대한 기술과 종합에 대한 설명에서 밝혔다. '확산적 사고의 유형은 문제를 푸는 옳은 방법을 미리 설정할 수 없다'(Bloom, Madaus, & Hastings, 1981, p. 265).

진정한 과제에 근거한 평가 접근은 학생들이(그리고 교사가) 두 가지 중요한 이해로 다가갈 수 있도록 요구한다. 첫째는 학교를 벗어나 더 큰 세상에 살고 있는 성인이 학교에서 배운 지식과 기능을 실제로(really) 어떻게 사용하는지, 혹은 사용하지 않는지를 학습하는 것, 둘째는 단편적 수업이 어떻게 의미를 가지는가, 즉 그들은 고급 수행 또는 더 중요한 과제의 숙달로 어떻게 이끌어 내는가 하는 것이다. 마치 농구 선수가 끊임없는 파울 슛을 쏘는 고역을 참는 것과 같고, 플루트 연주자가 연주 범위의 단조로움을 참는 것과 같다—양자가 진정한 성취의 꿈을 가진—그리하여 반복 훈련과 퀴즈가 가치 있는 시도를 통해 더 나은 수행에의 결과를 가진다는 것을 학생들이 경험해야 한다.

단순 반복 연습이 아닌 문제 중심으로 설계하기

설계자들은 그들의 평가를 확실하게 하기 위해 농구나 플루트의 예에 포함된, 보다 일반적인 질문을 고려해 보는 것이 유용하다는 것을 알게 된다. 검사는 맥락을 벗어난 간소화된 '훈련(drill)'만을 다루어야 하는가? 혹은 평가가 실제적 이슈, 요구, 제약, 그리고 기회 등의 문제가 되는 맥락에서 지식과 기능을 가지고 학생들이 정말 지혜롭게 '수행'하도록 요구하는가? 진정한 이해의 증거를 확보하는 것은 단지 그들이 단순한 재생과 제한적으로 관련지어 끼워 맞추는 것을 요구하는 단서에 얼마나 쉽게 반응하는가를 보는 것이 아니라, 우리가 진정한 수행이 이루어지는 동안에 형성된 학습자 판단을 도출할 것을 요구한다.

다르게 말하면, 진정한 평가에서 우리는 거의 100년 전에 Dewey가 지적한 적절한 차이점을 떠올리기 위해 학습자에게 **진정한 문제**를 제시해 왔다는 것을 분명히 해야 한다.

학습을 유도하고 드러내도록 제안된 모든 상황이나 경험에 관하여 질문할 수 있는 가장 중요한 의문은 어떤 '문제의 질'이 관련되는가 하는 것이다. ……하지만 이것은 진정한…… 또는 가짜 문제를 구별하기 위해 반드시 필요하다. 다음의 질문은 그러한 구별을 하는 데 도움을 줄 것이다. ……질문은 어떤 상황이나 개인적 경험에 꾸밈없이 제안되었는가? 또는 무관심한 것은 아닌가? ……경험적 지식을 자극하거나 학교 밖에서 이루어지는 실험에 착수하고자 하는 시도의 일종인가? (또는) 만약 그것을 다루지 않는다면 요구된 점수를 얻을 수 없거나 진급할 수 없고, 혹은 교사의 동의를 얻을 수 없기 때문에 오로지 이러한 이유로 학생들에게 문제를 제시하였는가(1916, p. 155)?

Dewey의 구분이 다소 변형된 것이 모든 수행 범위에서 발견할 수 있고, 그것에 따라 우리는 반복 연습과 문제 중심의 수행을 구별한다. 연습(exercise)은 맥락에서 벗어난 '움직임'을 직접적으로 실행(execution)하는 것을 포함한다. 문제란 맥락 속에서 수행자가 직면하는 많은 선택과 도전에 대한 사고를 요구하는 수행 속에서 요구된다. 농구에서 레이업 훈련(drill)은 연습이다. 선수들은 두 줄을 만들어 한 명은 패스를 해 주는 사람이 되고, 다른 한 명은 슛을 쏘는 사람이 된다. 그리고 그들은 골대를 향해 자유로운 슛을 주고받는다. 하지만 그러한 기능(슛을 쏘거나 득점을 올리는)을 게임에서 사용하는 것은 슛을 쏘는 사람에게 다른 팀이 수비하고 방어하는 지역의 주위에서 움직일 것을 요구한다.

유사한 상황은 과학에서도 발생한다. 전형적인 과학 실험실은 문제가 아닌 연습을 제시한다. 거기에는 옳은 접근, 옳은 대답이 있으며, 그래서 우리의 이해에 내재되어 있는 퍼즐이나 도전 과제란 없다. 이와 대조적으로 혼란스러운 현상을 이해하기 위한 효과적이고 적합하며, 민감한 실험을 설계하고 결함을 수정하는 것은 진정한 문제의 풀이를 반영한다. 각 교과마다 '실천'하는 모든 것은 문제 해결을 포함한다. 그리하여 우리의 이해에 대한 평가는 반드시 실제적 문제가 기초되어야 하며, 단지 단편적 사실이나 분리되어 사용되는 기능을 요구하는 연습이 아니다.

수학과 역사는 이러한 구분을 통해서 반드시 생각해 볼 필요가 있는 프로그램이다. K-12 교육에서 거의 모든 수학과 역사 시험은 앞에서 논의된 의미에서 문제가 아닌, 연습의 나열이다. 우리는 그저 정확한 추이나 변화를 가진 단서에 대해서만 응답할 뿐이다. 주제가 분수 더하기나 시민권 운동 시기를 이해하는 것인지 아닌지, 학습자가 정답을 가지는 명백한 연습을 통해 반드시 검사되는지 아닌지는 중요하지 않다. 분수나 역사와 관련된 진정한 문

오개념 주의하기

단계 2에서 우리의 목표는 적절한 증거이지 흥미 있는 프로젝트나 과제가 아니다. 우리의 목표가 항상 평가를 흥미롭고 시사하는 것이 많도록(thought-provoking) 만들어야 하는 것일지라도(왜냐하면 우리는 그것에 따라 가장 최고로 완전한 작업을 환기시킨다), 이것이 단계 2에서의 주요 요점은 아니다. 많은 프로젝트가 재미있고 교육적이지만, 그것들은 단계 1에서 알아보았던 이해에 대한 충분한 증거를 제공해 주지는 못하는 것 같다. 특히 이 작업이 접근, 내용, 발표에서 선택의 협조와 자유를 포함한다면 말이다. 많은 연습이 복잡한 수행 과제보다 덜 매력적이지만, 때때로 그것들은 특정한 이해나 기능에 대한 더욱 결정적인 증거를 제시한다. 우리는 이 프로젝트가 학습자 마음의 흥미를 우선으로 해서 설계된 것이 아니라 우리가 필요로 하는 증거에서 설계된 백워드라는 것을 확신한다. 흥미로운 수행 과제 또는 타당한 증거를 가진 프로젝트에 대한 혼란을 주의하라. 여기에서의 요지는 제8장에서 좀 더 자세하게 다룰 것이다.

〈표 7-5〉 문제 대 연습

	문제	연습
과제의 구성	문제 진술이 명백하지만 암시나 단서가 문제를 구성하거나 해결하는 데 가장 좋은 방법을 제공하는 경우는 거의 없다.	과제(task)란 도전(challenge)의 본질이나 도전을 충족시키는 방법의 측면에서 단순화되거나 구체적 암시나 단서들에 따라 단순화된다.
접근	다양한 접근법이 가능하다. 어떠한 종류의 문제인지 아닌지를 이해하는 것은 도전 과제의 주요한 관점(aspect)이다. 즉, 전략(strategy)이 요구된다. 시행착오를 거친 논리적인(logical) 방법의 조합(combi-nation)이 요구될 수 있다.	여기에는 단 하나의 가장 좋은 접근법(비록 진술되지는 않았을 수 있지만)이 있고, 그것은 연습이 구성되는 방법에 따라 제안된다. '올바른' 전략(tactic)을 인지하고 사용하는 학습자의 능력은 연습의 주요한 목표다.
상황	현실적으로 '요란'하고 복잡하다. 상황은 일반적으로 청중, 목적, 일을 판단하기 위한 준거와 관련되거나 그 이상의 어떤 것과 연관된 가변성(variables)을 포함한다.	유일한 '변인(variables)'은 목표로 삼은 기능이나 지식이라는 것을 확실히 하기 위해 단순화된다[운동에서 사이드라인 훈련(drill) 또는 음악에서의 손가락 연습과 유사하다].
해결책	목표는 다양한 요구를 염두에 두는 적절한 해결 방법(appropriate solution)이다. 그리고 경쟁적인 가변성과 비용/편의(cost-benefit) 또한 고려한다. 그것이 정답이 될 수도 있지만 타당한 이유와 입증된 논쟁 또는 접근을 받아들인다.	목표는 정답이다. 연습은 설계에 따라 오직 하나의 정답만이 있다는 것을 보장하기 위해 형성된다. 비록, 복잡한 도전이 될지라도 수정이 거의 없는 선수지식의 상기(recall)와 끼워 맞추는 것을 통하여 찾을 수 있는 절대적인 정답은 존재한다.
성공의 증거	초점은 정답에서 접근과 해결에 관한 정당화(justifica-tion)로 옮겨진다.	응답의 정확성과 '올바른' 접근법의 선택에 있다.

제는 농구 게임을 하는 것과 똑같아야 한다. 단지 골대를 향해 방해받지 않고 슛을 쏘는 것 혹은 명백한 접근법이나 사실에 끼워 맞추는 것은 충분하지 않다. 진정한 문제 해결에서는 어떤 접근법과 어떤 사실을 언제 사용할 것인지를 결정해야 한다. 이 문제는 분수 또는 소수를 사용함으로써 가장 잘 해결되는가? 시민권[1] 운동은 종교적인 또는 비종교적인 운동으로 이해하는 것이 가장 좋은 것인가? 수학과 역사를 단지 연습으로 평가하는 것은(우리가 아주 자주 그러하듯) 그 영역에서 진정한 평가의 본질을 놓치는 것이다. 우리가 말했듯이, 진정한 수행은 항상 전이를 포함한다. 즉, 특정한 도전 과제에 비추어 지식과 기능을 유연하게 사용하는 것이다. 이때 우리는 상황이 요구하는 것을 이해하고 해결해 나가는 것을 필요로 하는데, 이것은 정답을 찾는 고도로 구조화된 연습에만 반응하는 것과는 매우 다르다. 전이 가능성은 이해가 드러나는 경우다. 교사의 단서나 암시를 단순화하지 않고, 실제 수행의 문제를 풀기 위해 어떤 지식과 기능이 필요한지를 학생들은 알아야 한다.

　〈표 7-5〉는 문제(problem)와 연습(exercies) 간의 차이를 분명하게 알도록 도와준다. 연습이란 충분한 수행의 개발에서 필요조건이지 충분조건은 아니라는 것을 명심하라. 또한 연습이 항상 수행 능력의 신뢰할 만한 지표는 아니다.

GRASPS를 사용하여 수행 과제 구성하기

진정한 수행 과제는 과제들이 지니는 특수한 특징에 의해 평가의 다른 형태와 구분된다. 수행 과제란 전형적으로 학생들에게 문제를 제시한다. 실제 세계의 목표, 도전과 가능성에 대한 실제적인 맥락 내의 설정이 그러하다. 학생들은 자신과 동일시된 청중(때때로 현실적인, 때때로 가상적인)을 위해 확실하고 명백한 결과 또는 수행을 개발한다. 평가의 준거와 수행 기준은 그 과제에 적절하며, 학생들은 사전에 알고 있다.

왜냐하면 이 요소는 진정한 평가를 특징짓기 때문에 우리는 과제를 설계하는 동안 그것들을 사용할 것이다. 우리는 수행 과제를 개발하는 데 도움이 되는 두 문자어 GRASPS를 사용한 설계 도구를 개발해 왔다. 각각의 철자는 과제 요소―목표(Goal), 역할(Role), 청중(Audience), 상황(Situation), 수행(Performance), 기준(Standards)―에 해당한다. 〈표 7-6〉은 설계자들이 수행 과제를 구성하는 데 도움을 주는 합당한 단서를 가진 각각의 요소를 제시한다. 종종 교사들은 실재하는 평가나 참여하는 학습활동을 GRASPS를 사용하여 변형시킨다.

여기에 다양하게 변할 수 있는 실험 설계에 대한 이해를 평가하기 위해 GRASPS를 이용해 구성된 과학에서의 수행 과제의 예를 소개한다(핸드북, p. 148 참조).

- **목표와 역할**: 소비자 조사 단체의 과학자로서, 당신의 과제는 네 가지 브랜드의 세제 중에서 어떤 세제가 가장 효과적으로 면직물에 있는 세 가지 다른 종류의 얼룩을 제거할 수 있는지 결정하는 실험을 계획하는 것이다.
- **청중(대상)**: 당신의 목표 대상(target audience)은 '소비자 연구'라는 잡지의 검사 부서(the testing department)다.
- **상황**: 당신은 두 가지 도전 과제를 가진다. 즉, 주요한 변수를 분리하기 위해 실험 설계를 개발하는 것과 검사 부서의 직원이 어떤 세제가 각각의 얼룩에 가장 효과적인지 결정하는 실험을 운영할 수 있도록 하기 위해 절차를 분명히 전달하는 것이다.
- **결과(산물)**: 당신은 문자로 쓰인 실험의 절차(주어진 형식에 따라) 개요의 단계를 순서대로 개발할 필요가 있다. 당신은 글로 쓰인 설명서(description)가 수반된 개요 또는 도표 형태를 포함시킬 수도 있다.
- **기준**: 당신의 실험 설계는 정확하고 완벽하게 좋은 설계를 위한 준거를 따를 필요가 있다. 주요 변수를 적절히 분리하라. 절차(검사자들을 돕기 위한 개요 또는 도표는 선택적이다)에 대해 명백하

〈표 7-6〉 GRASPS 과제 설계 단서들

목표
• 당신의 과제는 _____ 이다.
• 목표는 _____ 이다.
• 문제 또는 도전은 _____ 이다.
• 극복해야 할 방해물은 _____ 이다.

역할
• 당신은 _____ 이다.
• 당신은 _____ 할 것을 요구받았다.
• 당신의 일은 _____ 이다.

청중
• 당신의 고객은 _____ 이다.
• 목표 대상은 _____ 이다.
• 당신은 _____ 을 확신할 필요가 있다.

상황
• 당신이 스스로 찾은 상황은 _____ 이다.
• 도전은 _____ 을 다룰 것을 포함한다.

결과, 수행 그리고 목적(의도)
• 당신은 _____ 을 하기 위해 _____ 을 창조해 낼 수 있다.
• 당신은 _____ 할 수 있도록 _____ 을 개발할 필요가 있다.

성공을 위한 기준과 준거
• 당신의 수행은 _____ 을 필요로 한다.
• 당신의 작업은 _____ 에 따라 판단될 것이다.
• 당신의 결과는 다음의 기준 _____ 을 충족시켜야 한다.

고 정확하게 쓰인 설명서(description)를 포함하라. 그리고 검사 부서 직원이 어떤 세제가 각각의 얼룩에 가장 효과적인지 결정할 수 있도록 한다.

모든 수행평가가 GRASPS의 형식을 따라야 하는 것은 아니다. 하지만 우리는 이러한 방식에서 개발된 주요 단원이나 코스에서 이해를 평가하기 위해 적어도 한 가지 이상의 핵심적인 수행 과제를 제안한다. 많은 교사는 이러한 방식으로 구조화된 과제가 탈맥락적인 검사 항목 또는 학문적 단서에서는 발견되지 않는 실제 세계의 의미와 마찬가지로 명백한 수행 목표를 학생들에게 제공한다는 것을 관찰해 왔다.

수행 과제 사례

다음 사례는 학생의 이해를 평가하는 데 사용 가능하도록 하기 위해 수행 과제에 대한 간략한 설명을 제공한다. 다음의 과제가 GRASPS 요소를 어떻게 반영하고 있는지 살펴보자.

- 산에서부터 해변으로(역사, 지리, 6~8학년): 아홉 명의 외국인 학생 그룹은 국제 교류 프로그램의 일환으로 당신의 학교를 방문하고 있다(걱정 마세요. 그들은 영어로 말합니다). 방문자들이 미국의 역사와 발전에서 버지니아 주의 영향력을 이해할 수 있도록 돕기 위해 교장 선생님께서는 우리 반 학생들에게 버지니아로의 4일간 여행 계획을 짜고 예산을 세우라고 요구하였다. 방문자들에게 버지니아가 미국 발전에 끼친 영향력을 가장 잘 이해할 수 있는 장소를 보여 줄 수 있도록 당신의 여행을 계획하라. 당신의 과제는 각각의 장소가 왜 선택되었는지에 대한 설명서(explanation)를 기록한 여행 스케줄을 준비하는 것이다. 4일 간의 여행 동안 경로와 여행 예산을 기록한 지도를 제시하라.

- 정원 설계(수학, 6~8학년): 당신은 원, 직사각형 그리고 삼각형 모양을 나란히 포함한 로고를 가진 회사의 정원을 계획할 것을 요구받았다. 당신의 최종 결과물은 그 계획을 수행하기 위해 필요한 다양한 종류와 색깔을 지닌 식물의 양에 대한 목록과 그 목록을 그림으로 나타낸 도표화된 비율 그래프다.

- 문학의 명예의 전당(영어, 10~12학년): 예술과 작가협회는 유명한 작가들과 예술가들의 작품을 기리기 위해 명예의 전당을 창설한다고 발표하였다. 문학 과정 수업을 끝내고 나서 당신은 명예의 전당에 입회할 작가 한 명을 지명하도록 요청받았다. 들어갈 자격이 있다고 생각되는 작가에 대한 추천 양식을 작성해 보라. 당신의 글에는 그 작가의 문학에 대한 기여에 대한 분석과 당신이 그 작가를 명예의 전당에 포함시키려 하는 추천 이유를 포함시켜야 한다.

- 통신 판매로 주문한 친구(언어과, K-2학년): 당신이 통신 주문 판매 카탈로그를 보고 전화로 친구를 주문할 기회를 갖게 되었다고 상상해 보라. 그리고 당신은 원하는 친구의 특성에 대해 생각해 보라. 당신이 전화로 친구를 주문하기 전에 당신이 친구에게서 원하는 세 가지 특성을 요청하고, 각 특성에 따른 사례를 들어 보라. 판매원이 당신이 요구하는 것을 정확히 알 수 있도록 명료하게 충분히 큰 목소리로 말해야 한다는 것을 기억하라. 얼마나 많은 사고를 당신의 요구 사항에 끼워 넣었는가뿐만 아니라 루브릭의 명료성에 비추어 당신의 요구 사항은 녹음되어서 평가될 것이다.

- 이삿짐 서비스(수학과 작문, 6~9학년): 당신은 한 사무실 건물의 물건을 새 장소로 이전하기 위한 입찰서(bid)를 제출할 준비를 하고 있는 이삿짐센터에서 일하고 있다. 당신은 반드시 옮겨야 할 가구와 장비들의 최소량을 결정할 책임이 있다. 대표적이고 전형적인 산출물이 고려되어야 한다. 즉, 물건의 체적 가능성, 정육면체가 아닌 물건의 연결성, 가구를 보호하기 위한 덧대기, 작은 물건을 포장하기 위해 필요한 상자의 개수와 크기 등이다. 당신은 옮길 물건들의 체적 준비와 그 조사 결과의 근거, 그리고 양을 최소화하기 위해 어떻게 물건들을 옮길지를 보여 주는 표가 포함된 보고서를 준비할 것이다.

- 건식공법으로 집 건축하기(수학, 8~10학년): 토건업자가 집수리에 대한 견적서를 주었을 때 우리는 그 비용이 합리적인지 어떻게 알 수 있을까? 이러한 과제에서 당신은 그 건축업자가 정확한 정보를 주었는지, 아니면 충분한 지식이 없는 고객에게 부당한 비용을 요구하였는지를 판단해야 할 것이다. 당신은 그 방의 면적과 그에 따른 자재비와 근로수당 합계를 알게 될 것이다.

- 샤이엔 인디언 족—실제로는 무슨 일이 일어났었는가(역사, 대학교 3·4학년생): 당신은 이전에 한 번도 자세히 기술된 적이 없던 남북전쟁 기간 동안 가능했던 대량 학살에 대해 조사할 것이다. 당신의 의견을 역사책 안에 대입시키며, 의회 의사록과 다양한 직접적인 논쟁에 대해 읽게 될 것이다. 당신의 작업은 당신의 동료들이 검토하고 교과서 편집자로 활동하는 전문가들이 판단할 것이다.

- 건강 관리 계획(체육 교육과 건강, 두 번째 단계): 헬스장에서 트레이너의 역할을 해 보라. 당신은 한 명의 새로운 고객을 위해 유산소·무산소 운동과 유연성 운동으로 구성된 체력 관리 프로그램을 계획할 것이다. 그 체력 관리 계획은 고객의 생활 방식, 연령, 활동 수준 그리고 개인적인 건강 목표 등이 고려되어야 한다. 당신은 다양한 고객에 대한 자세한 설명서를 받을 것이다.

여섯 가지 측면을 평가의 청사진으로 사용하기

이해를 위한 평가의 기초적 요구는 우리가 '답'이나 해결책에 대한 학습자들의 사고 과정을 알 필요가 있다는 것이다. 즉, 그들이 왜, 무엇을 하였는가에 대한 설명, 그들의 접근이나 반응에 대한 지지, 더 깊이 있는 이해에 대한 통찰을 얻을지도 모른다는 결과에 대한 반성이다. 이유와 지지가 없는 답은 학습자의 이해를 '입증하는(convict)' 데 대체로 충분하지 않다. 이것이 바로 우리가 학위를 얻기 위해서 학위논문과 박사학위를 위한 변론을 요구하는 이유다. 이해의 평가는 우리가 구두평가와 개념 지도, 포트폴리오 그리고 학생들에게 그들의 성과와 생각을 드러내도록 허용하는 모든 유형의

〈표 7-7〉 여섯 측면을 가진 백워드 설계의 논리

단계 1		단계 2
바라는 결과가 학습자들이 ......하는 것이라면 →	......할 수 있는 학생 능력에 대한 증거를 요구한다. →	그래서 평가는 ......와 같은 것들을 필요로 한다.

단계 1

다음을 이해하라.
• 균형 잡힌 식단은 신체와 정신적 건강에 기여한다.
• USDA 식품 피라미드는 영양 섭취와 관련된 지침을 보여 준다.
• 구성식의 요구는 개인별로 나이, 활동 수준, 몸무게 그리고 진반적인 건강에 기초하여 다양하다.
• 건강한 생활은 비록 편안한 습관이 깨지는 것을 의미한다 할지라도 개인이 영양 섭취에 대한 유효한 정보에 따라 행동하도록 요구한다.

그리고 ......와 같은 질문에 대해 심사숙고하라.
• 무엇이 건강한 식단인가?
• 당신은 건강하게 먹는 사람인가? 어떻게 그것을 아는가?
• 한 사람에게 건강 식단인 것이 다른 사람에게 건강하지 못한 것일 수 있는가?
• 미국에서는 모든 유효한 정보에도 불구하고 질병되게 매음으로써 발생하는 수많은 건강문제가 왜 존재하는가?

단계 2

설명
• 균형 잡힌 식단
• 결핍된 영양 섭취의 결과
• 유효한 정보에도 불구하고 왜 우리는 영양이 부족한 식사를 하는가?

해석
• 식품 영양 라벨
• 식사 유행에서 패스트푸드의 영향력을 다른 메타티

적용
• 건강한 메뉴 계획을 해 봄으로써
• 다양한 계획과 식단을 평가해 봄으로써

~의 관점으로 보며
• 식단에 대한 신념과 습관의 측면에서 살펴본 다른 문화와 다른 지역의 사람들

공감하기
• 이학적인 조건 때문에 심각한 식단의 제한을 가지고 살아가는 사람

~에 대해 숙고(반성)
• 개인적인 식습관
• 맛은 없지만 몸에 좋은 음식은 어떤 것인가?

그래서 평가는 ......와 같은 것들을 필요로 한다.
• 균형 잡힌 식단과 결핍된 식생활에 따른 건강문제가 무엇을 의미하는지, 이런 학생들이 이해할 수 있도록 도와주는 소책자를 개발하라.
• 패스트푸드의 대중성과 오늘날 빠르게 돌아가는 세상에서의 건강한 식단으로 먹는 것에 대한 도전을 논의해 보라.
• 건강하고 맛도 좋은 간식을 포함하여 하급 파티에 메뉴를 계획해 보라.
• 다양한 식단(예를 들어, 남극 대륙, 아시아, 중동)의 건강과 장수에의 효과에 대한 연구를 수행하고 제시하라.
• 이학적인 조건 때문에 식단의 제한을 가지며 살아가는 것이 당신의 삶에 어떤 영향을 끼쳤는지(그리고 어떤 느낌이 드는지) 설명해 보라(당뇨와 같은).
• 숙고하라: 당신은 어느 정도로 건강하게 식사하는 사람인가? 당신이 더 건강한 식생활을 하는 사람이 되려면 어떻게 해야 하는가?

서답형 문항을 더 확대함으로써 향상될 수 있다. 선택형 문항—선다형, 연결형, 진위형—은 대체로 이해했는지 이해하지 못했는지에 대한 불충분한 (때때로 오도되기도 하는) 증거를 제공한다.

여섯 가지 이해 측면은 우리가 타당한 이해의 측정을 위해 필요로 하는 수행의 유형을 나타낸다. 일반적으로 그것들은 사실적 지식과 사실에 대한 이해를 성공적으로 구별해 내는 데 필요한 수행 증거의 유형을 자세하게 나타낸다. 이 측면들의 가치는 〈표 7-7〉에 나타나듯이, 우리가 그것들을 앞서 제시한 백워드 설계 그래픽에 더해 보면 더 분명해진다.

여섯 가지 측면은 일반적으로 우리가 어떻게 이해하는지를 일깨워 줌으로써 두 번째 칸을 위한 유용한 발판을 제공한다. 우리는 단계 2에서 설계 과정을 이끌어 가기 위해 각각의 측면에서 주요한 여러 가지 능력(abilities)을 사용할 수 있다. 예를 들어, 측면 1은 어떤 이의 말에서 입장을 설명하고 입증하고 혹은 정당화시키는 능력을 포함한다. '……을 실제로 이해하는 한 학생'에서 시작하자. 그리고 〈표 7-8〉에서 나타나는 것처럼, 이해의 각 측면으로부터 핵심적인 단어를 추가하는 것은 우리가 필요로 하는 평가 과제의 종류에 대한 시사점을 산출한다.

이렇게 제시된 항목은 이해를 평가하기 위한 청사진에서 유용한 출발을 제공한다. 우리의 주제나 우리가 가르치는 학생들의 연령과 상관없이 이 항목의 동사들은 우리가 어떤 학생을 이해시킬까 하는 범위를 결정하는 데 필요한 평가의 유형을 제공한다. 그리고 〈표 7-7〉의 세 번째 칸에서 우리는 어떤 유형의 과제가 전략 1에서 바라는 구체적 결과와 우리가 가르치려는 학생들에게 적합할 것인가를 질문함으로써 더 많이 구체화할 수 있다. 어떤 측면(혹은 측면들)이 구체적인 수행, 과정 혹은 요구를 산출해 내는 것과 함께 특정한 과제를 설계하는 데 가장 적절하게 안내할 것인가?

여기에 여섯 가지 이해 측면을 중심으로 이루어지는 수행 과제를 위한 출발점 아이디어들이 있다.

〈표 7-8〉 이해를 위한 평가를 수립하기 위해 여섯 가지 측면 사용하기

……을 실제로 이해하는 한 학생

측면 1. **설명할 수 있는가**—정교하게 설명할 수 있는 능력과 통찰력을 보여 준다. ……을 할 수 있는가?
　　a. 어떤 사건, 사실, 텍스트 혹은 아이디어를 설명하기 위해 복잡하고 통찰력 있고 확실한 근거들(reason)—충분한 증거와 주장에 기초한 이론과 원리들—을 제공하라. 유의미한 연관을 보여 주어라. 유용하고 확연한 정신적 모형을 사용하는 체계적인 설명을 제공하라.
　　　　• 미묘한 차이를 구별하라: 그의 의견에 적절한 권한을 주기
　　　　• 무엇이 주요한지 이해하고 논의하라: 빅 아이디어, 중요한 시기, 결정적인 증거, 핵심 질문, 기타 등등
　　　　• 훌륭한 예측하기
　　b. 일반적인 오해와 표면상 혹은 극단적으로 단순화된 견해를 피하거나 극복하기. 예를 들어, 지나치게 단순화된, 진부한 혹은

막연한 이론이나 설명 피하기

   c. 한 교과에 대한 개별적이고, 사려 깊으며, 일관된 이해를 드러내라. 예를 들어, 그녀가 알고 있는 것을 반성적이고 체계적인 통합(integration)으로 발전시킴으로써 나타나듯이 말이다. 이러한 통합은 구체적인 아이디어나 감정에 대한 중요하면서 적절한 직접적이거나 가상의 경험에 부분적으로 기초한다.

   d. 올바른 논쟁과 증거에 기초하여 자신의 생각을 입증하거나 정당화시켜라.

측면 2. 해석할 수 있는가—강력하고 의미 있는 해석, 번역, 내러티브를 제공한다. ……을 할 수 있는가?

   a. 텍스트, 자료 그리고 상황들을 효과적이고 섬세하게 해석하라. 예를 들어, 어떤 '텍스트(책, 상황, 인간 행동 등)'의 수많은 목적과 의미 중 그럴듯한 설명을 제공하고 행간을 읽는 능력으로 나타나듯이 말이다.

   b. 복잡한 상황과 사람에 대해 의미 있고 계몽적인(illuminating) 설명을 제공하라. 예를 들어, 아이디어를 좀 더 이해하기 쉽고 적절하게 만들어 주는 역사적이고 전기적인 배경을 제공하는 능력에 의해 제시된다.

측면 3. 적용할 수 있는가—맥락 속에서 지식을 사용하기. 방법적 지식을 가져라. ……을 할 수 있는가?

   a. 다양하며 참되고 실제적으로는 복잡한 맥락 속에서 자신의 지식을 효율적으로 적용하라.

   b. 새롭고 효과적인 방법이라고 알고 있는 것을 확장시키거나 적용하라(Piaget가 이해하는 것은 발명하는 것이다[1]에서 주장한 것처럼 새로운 감각으로 고안하라).

   c. 그녀가 수행할 때 효과적으로 자기 적용하라.

측면 4. 관점을 가지고 보라— ……을 할 수 있는가?

   a. 입장을 비평하고 정당화하라. 즉, 그것을 어떤 관점으로 보라. 체계적인 회의론과 이론의 검증을 구체화하는 기능과 성향을 사용하라.

   b. 맥락 속에서 사실과 이론을 확인하라. 어떤 지식이나 이론이 답이나 해결책이 될 수 있는 질문이나 문제에 대해 알라.

   c. 어떤 아이디어나 이론에 기초한 가정을 추론해 보라.

   d. 어떤 아이디어의 힘만큼이나 그 한계에 대해서도 잘 알아두어라.

   e. 편견이 있고, 당파성이 강한, 혹은 이데올로기적인 논쟁이나 언어를 통해 보라.

   f. 아이디어의 중요성이나 가치에 대하여 보고 설명하라.

   g. 비판적인 태도를 취하라. 비판과 신뢰—우리는 논리적으로, '다른 사람들이 의심할 때 믿고 다른 사람이 믿을 때 의심한다.'[2]라는 것을 더 잘 이해하기 쉽도록 도와준 Peter Elbow의 격언에 따라 요약된 능력—를 현명하게 사용하라.

측면 5. 공감을 나타내라— ……을 할 수 있는가?

   a. 자신을 다른 이의 상황, 영향, 관점에 대입시켜 인식하고 느껴 보라.

   b. 심지어 분명히 이상하거나 애매한 설명, 텍스트, 사람 혹은 일련의 아이디어가 어떤 것을 이해하기 위한 작업을 정당화하는 통찰력을 포함하고 있을지도 모른다는 가정 속에서 행동하라.

   c. 불완전하거나 흠 있는 관점들이 다소 부정확하고 구식일지라도 그럴듯하고 심지어는 통찰력 있을 때가 언제인지 살펴보라.

   d. 어떤 아이디어나 이론이 타인을 통해 얼마나 쉽게 오해할 수 있는지 살펴보고 설명하라.

   e. 다른 사람들이 알아차리지 못하는 것을 지각하도록 주의 깊게 보고 민감하게 들어라.

측면 6. 자기지식을 드러내라— ……을 할 수 있는가?

   a. 자신의 편견과 스타일 그리고 자신이 어떤 색깔로 이해하는지를 인식하라. 자기 중심성, 자기 민족 중심주의, 현재 중심성, 향수, 어느 한쪽의 사고 등을 넘어서서 살펴보라.

   b. 유용한 메타인지에 참여하라. 지적 스타일과 장점 그리고 약점을 인식하라.

   c. 자신의 신념에 대해 스스로 자문하라. Socrates가 그랬던 것처럼 정당한 지식으로부터 강한 신념과 습관을 분류하라. 지적으로 정직하라. 그리고 무지를 인정하라.

    d. 정확하게 자기평가하고 효율적으로 자기통제를 하라.

    e. 방어하지 말고 피드백과 비평을 수용하라.

    f. 스스로의 학습과 경험에서 의미를 정규적으로 반추해 보라.

---

[1] Jean Piaget. (1973). *To Understand is to Invent: The Future of Education*. New York: Grossman's Publishing Co.

[2] Peter Elbow. (1973). *Writing Without Teachers*. New York: Oxford University Press.

측면 1: 설명

설명(explanation)이란 학생들에게 그들의 언어로 '빅 아이디어'를 말하도록 요구하고, 관련짓도록 하며, 과제를 제시하고, 추리(reasoning)를 설명하며, 자료에서 어떤 이론을 이끌어 내도록 요구한다.

- 수학: 뺄셈. '뺄셈'이란 무엇에 관한 것인지를 우리 반의 새로운 학생에게 가르칠 단시수업 계획(lesson plan)을 설계하고, 정교하게 구상해 보아라.
- 사회과: 지리학과 경제학. 환경, 자연자원 그리고 다른 지역의 경제 사이의 관련성을 보여 주기 위한 그래픽 조직자(graphic organizer)를 만들어 보라.
- 과학: 전기. 전기 순환 시스템을 위한 문제 해결법을 개발하라.
- 외국어: 언어 구조. 당신은 과거 시제의 다양한 형태 사이의 차이점과 언제 반드시 쓰여야 하고, 쓰이지 말아야 하는지 설명할 수 있도록 지침서를 개발하라.

측면 2: 해석

해석(interpretation)이란 학생들이 이야기, 예술 작품, 자료, 상황 혹은 주장을 이해하도록 요구하는 것이다. 해석은 또한 아이디어, 느낌 혹은 하나의 수단에서 행하는 작업을 다른 것으로 번역하는 것을 포함한다.

- 역사: 미국 역사. 남북전쟁 이래 쓰인 미국에 관한 5~10곡의 노래를 선택하라. 다음 질문들을 탐구하기 위해 그것들을 사용하라. 우리는 우리가 이루고자 하는 국가를 건설하였는가? 어떻게 우리는 스스로를 국가로서 보아 왔는가? 어떤 태도가 변하였고, 어떤 태도가 변하지 않았는가?
- 문학: 『The Cather in the Rye and Frog and Toad Are Friends』 Holden에게 무슨 일이 있는

가? 이 질문에 대답하라. 주요 인물의 말과 행동 그리고 Holden Caulfield를 이해하는 것을 돕기 위한 다른 인물의 반응을 연구하라. 그 질문을 조사하라. 누가 진실한 친구인가? 주요 인물인 Frog와 Toad의 말과 행동을 연구하라. 당신이 그 질문에 대답하도록 돕는 패턴을 찾아라.

- **시각예술 및 행위예술**: 모든 매개물(medium). 콜라주, 춤, 악곡 혹은 다른 수단(medium)을 통하여 강렬한 정서(고통 및 희망 등)를 나타내라. 이 수단은 메시지에 얼마만큼 영향을 미치는가?
- **과학 및 수학**: 자료 유형. 어떤 복잡한 현상(기후 변화 등)에 관하여 시간을 초월한 자료를 수집하라. 패턴을 발견하기 위해 그 자료를 분석하고 나타내라.

측면 3: 적용

이해하는 학생들은 그들의 지식과 기능을 새로운 상황에서 사용할 수 있다. 새로운 장소와 환경은 실제 혹은 가상의 청중, 목적, 환경, 제한 그리고 배경잡음을 가진 진정한 맥락에서의 적용(application)을 강조한다.

- **수학**: 넓이와 둘레(2차원 도형의 주변, perimeter). 울타리 재료의 구체적인 양이 주어지면 새로운 강아지가 놀 수 있는 곳의 넓이를 극대화하기 위해 둘러싼 마당 구역의 형태를 설계하라.
- **사회과**: 지도 기능. 새로운 학생이 자신의 길 주위를 찾는 것을 돕도록 여러분의 학교의 축척선이 있는 지도를 개발하라.
- **건강**: 영양. 한정된 예산 안에서 일주일 동안 5인 가족을 위해 영양가 있는 식사와 간식을 계획하기 위한 식단을 개발하라.
- **과학**: 환경 연구. 깨끗한 물의 탄력성을 감시하고 당신의 연구 결과를 환경보호국에 제출하기 위해 지역의 냇물에 대해 화학적 분석을 실행하라.

측면 4: 관점

관점(perspective)은 학생이 상이한 관점으로 사물을 볼 수 있고, 사건의 진상(사례)의 다른 측면을 명료화할 수 있으며, 큰 그림을 볼 수 있고, 기본 가정을 인식할 수 있으며, 비판적인 자세를 취할 수 있을 때 증명된다.

- **역사**: 비교 및 대조. 미국의 독립전쟁 시대를 설명하는 영국, 프랑스, 중국의 교과서를 정밀하게 살펴라. 각 나라의 역사적인 관점을 확인하고, 모의 학교위원회에서 그것들을 교수 자원으로 사

용하라.

- 산수: 상이한 표현(representations). 소수, 분수, 백분율로 표현된 동일한 양의 상이한 관점에 대한 찬반 양론을 비교하라. 그리고 상이한 그래프식 및 상징적인 표현에서 비교하라.

- 영어 혹은 언어과: 문학적인 분석과 작문. 당신이 어떤 출판사의 편집자라고 가정하라. 있을 수 있는 표절을 위해 제출된 단편소설을 정밀하게 살펴라(교사는 학생들이 올해 공부해 온 작가 중 한 사람이 쓴 이야기를 검토하고 있다고 학생들에게 말하지 않는다). 그 다음에 이 원고의 같은 출처에 관해 정중하지만 단호한 편지를 그 작가에게 써라.

- 기하학: 세 개의 상이한 공간의 두 점 사이에서 가장 짧은 거리를 비교하라. 학교 건물에서 물리적인 회랑, 지구 표면과 유클리드 공간에 관하여 비교하라.

- 음악: 마치 당신이 편곡을 선택하기 위해 당신의 현재 스타와 함께 작업하고 있는 프로듀서처럼, 같은 노래의 세 개의 상이한 녹음 버전을 듣고 각각의 버전을 비평하라.

측면 5: 공감

지적 상상은 이해에 필수적이다. 그리고 그것은 예술과 문학에서뿐만 아니라 우리와 상이하게 생각하고 행동하는 사람들을 올바르게 인식하는 능력을 통해 보다 일반적인 분야에서도 명백하게 드러난다. 공감(empathy)의 목표는 타인의 방식을 학생들이 수용하도록 하는 것이 아니라, 세상에서 사고와 감정의 다양성을 보다 잘 이해하도록 학생들을 돕는 것이다. 그것은 다른 누군가의 입장에서 그들의 능력을 개발하는 것이다. 이런 방식으로 학생들은 어떻게 어제의 기묘한 아이디어가 오늘 평범하게 될 수 있는지를 학습할 수 있다.

- 역사: 마음의 교감(Meeting of Minds) 형식을 사용하여 다른 학생들과 함께 다양한 인물의 역할을 하는 것이고, 쟁점을 토론하거나 토의하는 것이다(명백한 사명에 관한 이주 미국인과 아메리카 원주민, 원자폭탄을 투하하기 위한 트루먼의 결정, 소비에트 연방의 붕괴를 위한 이유 등).

- 영어 혹은 언어 과목: 작문. 당신은 새로 선정된 유럽 연합의 계관시인이고 중동의 사건에 관하여 소네트(14행의 단시)를 쓰는 것을 위임받았다고 상상하라. 그것은 『Cairo Daily News』뿐만 아니라 『Jerusalem Times』에서도 발간될 것이다. 당신의 목표는 이 싸움의 양쪽에서 고통받고 있는 사람들을 위해 공감을 증진하는 것이다.

- 과학: 그럴듯하거나 '논리적인' 이론을 확인하기 위해 지구가 정지하고 있는 것이 틀림없는 이유에 대한 Ptolemy의 설명, 그리고 Lamarck의 진화의 설명 같은 전근대적이거나 또는 평판이

나쁜 과학 작품을 읽고 토론하라(그때 쓸모 있는 정보가 주어지면).

• 문학: Shakespeare. 당신이 『Romeo and Juliet』의 줄리엣이라고 상상하고 끔찍한 마지막 장(act)을 생각해 보라. 당신이 생각하고 느끼고 있는 것을 묘사하기 위해 마지막 일지를 써라(이 단서는 영국 국가시험에 사용되었다).

측면 6: 자기지식

학생들의 현재의 작품뿐만 아니라 과거의 작품을 자기평가하도록 학생들에게 요구하는 것은 중요하다. 학생들이 숙달해야 하는 과제, 증거, 기준에서 얼마나 정교하고 정확한지를 우리가 가장 완벽하게 통찰할 수 있는 방법은 오로지 자기평가를 통해서다.

단순한 전략은 전체적으로 모든 코스에 대한 필기 과제를 동일한 질문으로 만드는 것이고, 이해에서 학생들에게 향상도의 의미를 서술하도록, 자기평가 후기를 쓰도록 요구하는 것이다. 포토폴리오에서 학생 작품 샘플을 선택한 교사들은 학생들에게 그들의 포토폴리오를 검토하도록 요구하는 것에 따라 관련된 접근을 이용하고 다음과 같은 반성적 질문에 반응한다. 당신의 작품은 당신이 얼마나 향상되었는지를 어떻게 보여 줄 수 있는가? 어떤 과제 혹은 숙제가 가장 도전적인가? 그리고 그 이유는 무엇인가? 당신이 가장 자랑스럽게 여기는 것은 어떤 선택이며, 그 이유는 무엇인가? 당신의 작품은 학습자로서 당신의 장점과 약점을 어떤 식으로 설명하는가?

여기에 교과와 수준에 맞는 자기평가와 메타인지에 대한 여러 접근이 제시되어 있다.

• 여기 내가 온다! 학년 말이 되었을 때, 다음 해의 교사에게 학습자로서 자신을 설명하기 위한 편지를 써라. 당신의 학문적 장점, 요구 사항, 흥미 그리고 학습 스타일을 기술하라. 마무리하고 있는 동안 당신의 수행에 대한 자기평가에 기반을 둔 구체적인 학습목표를 설정하라(이상적으로 이 편지들은 체계적으로 수집될 것이고, 여름 동안에 수업을 받는 교사들에게 보낼 것이다).

• 내가 배워 왔던 것은 무엇인가? 당신의 접근 혹은 반응에서 장점, 약점 그리고 차이(gap)를 냉정하게 자기평가해야만 하는 코스에서 쓰인 보고서(paper)에 후기를 추가하라. 내가 지금 하는 것, 내가 다음에 다르게 해야 할 것을 알고서 질문하라.

• 내가 했던 것을 얼마나 잘했다고 생각하는가? 중학교, 고등학교, 대학교의 학생들은 작품(루브릭)을 평가하기 위해 사용된 준거를 대신하여 필기 혹은 구두식 자기평가를 제시할 수 있다. 자기평가의 정확성은 등급을 매기는 데 작은 부분을 차지한다(이것의 실제는 Wisconsin, Milwaukee의 Alverno 대학에서 모든 주요 과제에 사용된다).

이해의 여섯 측면 중에서 첫 번째 측면

우리는 일반적으로 첫 번째 측면인 설명을 다른 다섯 측면을 포함하고 있는 과제의 일부로서 생각할 필요가 있다. 우리는 학생들이 단순히 그것을 해결했다는 것이 아니라 왜 그러한 방식으로 수행하였는지, 그들이 생각하는 것이 무엇을 의미하는지, 그리고 그들의 접근방식을 어떻게 정당화하는지를 알 필요가 있다. 이해를 위한 수행 중심 평가에서, 다른 말로 하면 과제 및 수행은 가능한 증거로 만든 추론 및 논거를 가진 반성(reflection), 명확한 자기평가, 자기조정을 요구해야 한다.

평가를 위해 본질적 질문 사용하기

만일 우리가 본질적 질문을 중심으로 단원 구성을 훌륭히 개발하였다면 그 다음에 우리는 우리의 평가 아이디어의 타당성을 고찰하고 검증하기 위한 또 다른 유익한 방법을 갖는다. 그 수행들은 직접 혹은 간접적으로 학생들에게 본질적 질문을 이끌어 내도록 요구한다.

영양에 관한 반복되는 단원을 되돌아보라(〈표 7-9〉 참고). 본질적 질문이 올바른 종류의 과제가 설정될 수 있도록 하는 데 유용한 프레임워크를 어떻게 제공하는지 주목하라.

본질적 질문이 대학의 답안 책자(blue-book) 시험문제처럼 될 것이라고 가정함으로써 당신의 작업을 시작할지 모른다. 마지막 에세이 단서들로 그 질문을 생각함으로써 당신의 설계 작업을 시작하라. 그 다음에 당신은 동일한 질문이 더욱 진정한 방식에서 발표되는 GRASPS 상황을 단서(prompt)와 장치로 취할 수 있다는 것을 이해하라.

만일 GRASPS 시나리오가 고안되는 것처럼 보이거나 혹은 전통적인 작문 단서가 가장 적절한 평가를 제공한다면, 본질적 질문을 학습에 초점을 맞추기 위해 마지막 시험의 일부로 사용하라. 이런

〈표 7-9〉 수행 과제로 이끄는 본질적 질문

본질적 질문	제안된 수행 과제
• 왜 사람들은 건강한 식사에 대해서 매우 힘들어 하는가? • 당신에게 정말로 좋은 음식은 맛이 별로이어야 하는가, 그리고 맛이 별로인 음식은 건강에 좋은 것인가? • 왜 전문가들은 종종 식이 요법 지침서에 관하여 동의하지 않는가? 의견의 불일치 중에서 어떤 일치가 존재하는가?	• 학생들은 대부분의 식사를 하는 장소를 알기 위해 조사 자료를 모으고 분석한다. • 학생들은 맛과 건강상의 이점을 비교하기 위해 다양한 음식의 영양학적 가치를 조사한다. • 학생들은 포스터 전시와 구두 보고에서 절정을 이르면서 좋은 영양—미농무부(USDA), Atkins, 지중해 연안 주민—에 대한 다양한 접근을 비교하고 평가한다.

방식으로 본질적 질문을 사용하는 것은 교사와 학생에게 초점을 제공하고 평가 과정을 훨씬 덜 불가사의하고 자의적이게 한다.

증거 완성하기

평가자처럼 생각할 때 우리가 묻는 질문은 이것이다. 즉, 우리가 필요한 증거는 무엇인가? (바라는 결과가 주어지면) 우리는 그 질문에 대답하는 데 철학적 사심을 품을 필요가 없다. 우리는 적절한 경우에 단답형 단서와 선택형 퀴즈를 포함하면서 가장 훌륭한 평가를 사용해야 한다. 교사로서 너무 자주 우리는 단지 하나 혹은 두 개의 평가 유형에 의존하고, 그런 다음 가장 쉽게 검사하고 선다형 혹은 단답형으로 등급을 매기는 교육과정의 양상에 집중하는 것으로 잘못을 타협한다. 다른 한편으로, 개혁이 참평가에 너무 배타적으로 의존한다는 것은 일반적인 오해다. 이것은 단순히 그러한 경우가 아니다. 수많은 바라는 결과의 증거를 위하여, 특히 단편적인 지식과 기능, 객관적인 퀴즈, 검사, 체크리스트에 따른 관찰이면 종종 충분하다. 우리는 [그림 7-2]를 살펴봄으로써 교육과정 우선순위에 대한 다양한 평가 유형의 관계를 시각적으로 묘사할 수 있다(p. 101 참조).

매우 빈번하게 우리는 이해의 증거를 수집할 때, 특히 적합한 검사와 다른 평가 유형 간의 차이점을 고려하는 데 실패한다. 사실 이해를 목표로 두는 데서, 우리는 형식적이고 총괄적인 검사가 증거 수집을 위해 필요하다고 가정하는 데 주로 오류를 범한다. 이러한 추론은 평가되는 모든 것이 등급화되어야만 한다는 것을 가정하는 것이다.

이에 반하여 '이해를 위한 점검'과 '피드백'으로 사용되는 지속적인 형성평가는 학생들의 이해와 오해를 밝히는 데 극히 중요하다. 지속적인 이해를 평가하기 위한 하나의 간단한 장치는 '1분 에세이'다. 각각의 수업 말미에 학생들은 두 개의 질문에 대답할 것을 요구받는다. 첫째는 오늘 수업에서 배운 중요한 요점은 무엇인가, 둘째 수업을 마칠 때 주요한 질문은 무엇인가다. 이에 대한 학생 반응의 신속한 조사는 교사에게 학생들의 이해(혹은 그것으로부터의 부족) 정도에 관한 즉각적인 피드백을 제공한다. 실제로 하버드 대학교의 교수들은 이 방법을 그들의 교수(teaching)에서의 가장 효과적인 혁신 중 하나로 불렀다(Light, 2001).

우리 자신의 교수에서 우리는 매일 수업마다 질문을 써 오도록 학생들에게 요구해 왔다. 수업은 학습자들의 가장 중요한 질문을 전체 교실(수업)에 가져와 그것들을 논의하고 다시 둘 내지 세 그

오개념 주의하기

우리가 이해의 증거를 말할 때 한 단원의 공부 혹은 코스 동안에 다양한 형식적이고 비형식적인 평가를 통해 모인 증거에 대해 언급하고 있는 것이다. 우리가 단지 교수(teaching) 말미의 테스트 혹은 완결된 수행 과제만을 언급하는 것은 아니다. 오히려 우리가 추구하는 수집된 증거는 시간을 초월하여 모인 학생의 자기평가뿐만 아니라 관찰과 대화, 전통적인 퀴즈와 검사, 수행 과제와 프로젝트를 포함할 것이다.

효과적인 평가에서 평가의 유형과 형태, 그리고 바라는 결과 성취의 요구된 증거 간에 짝을 지어 본다. 만일 학생들이 기본 사실과 기능을 학습하는 것이 목표라면, 필기검사 및 퀴즈가 적절하고 효율적인 측정을 위해 일반적으로 제공된다. 그러나 심층적 이해가 목표일 때 우리는 목표 달성 여부를 결정할 보다 복잡한 수행에 의존한다. 다음의 그래프는 상이한 교육과정 목표를 위해 제공된 평가 유형과 증거 사이의 일반적 관계를 드러낸다.

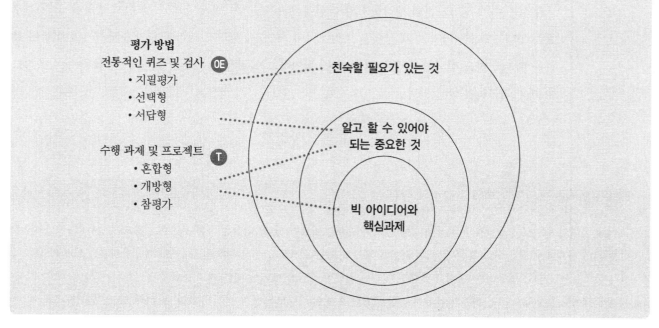

[그림 7-2] 교육과정 우선순위와 평가 방법

룹으로 나누어 그들의 질문을 토론함으로써 시작한다. 그런 다음 우리는 질문과 가능한 대답의 망을 통해 여러 유형을 찾는다. 수업 말미의 몇 분 동안 한두 명의 학생에게 그동안의 대화를 요약하고 모두가 그것을 필기하도록 한다. Perkins(1992)는 많은 다른 전략을 제안하고, 우리는 제9장에서 이해를 위한 다른 전략을 제안한다.

단계 2에서 평가 증거의 다양성에 대한 요구는 핵심 수행 과제를 위한 하나의 박스(box)와 모든 다른 증거를 위한 또 다른 박스의 설계 템플릿에서 나타난다. 평가 유형들을 균형 있게 하는 것은 교수에서 훌륭한 측정이고 현명한 실행이다.

평가를 바라볼 때 우선은 단계 1의 바라는 결과로부터 백워드를 작업함으로써 평가를 설계하는 것을 고찰해 왔다. 이해에 초점을 둘 때 우리의 증거는 단지 연습문제에 불과한 것이 아닌, 진정한 문제를 포함하는 참 수행 과제('다른 증거'에 따라 요구됨으로써 보충되는)에 기초를 두어야만 한다는 것을 강조하였다. 이러한 측면은 우리가 올바른 종류의 과제를 발견하도록 돕고, GRASPS는 진정성 (authenticity)을 확고히 하기 위해 각각의 과제를 정련하도록 돕는다. 그리고 우리는 늘 독자가 다양한 증거를 요구하도록 상기시켰다.

전망하기

우리는 이제 평가자처럼 생각하기의 핵심에 놓여 있는 두 번째 질문과 세 번째 질문을 고려할 필요가 있다. 우리는 평가할 때 무엇을 바라보아야 하는가? 우리가 제안한 평가가 단계 1에 비추어 보았을 때 타당하고 신뢰할 수 있는 추론이 된 것이라고 어떻게 확신할 수 있는가? 다음 장에서 우리는 두 개의 질문을 다룰 것이다.

Bob James와 함께한 백워드 설계의 실천 사례

이제 이해의 증거로서 실제로 이바지할 것에 관하여 생각할 필요가 있다. 이것은 나를 조금은 긴장되게 만든다. 이와 같이 3~4주 단원에서 주로 하나 혹은 두 개의 퀴즈를 제시하고, 프로젝트를 실시하며, 등급을 매기고, 단원검사(일반적으로 선다형이나 연결형)로 마무리한다. 평가에 대한 이러한 접근이 등급을 매기는 것(그리고 등급을 정당화하는 것)을 매우 용이하게 함에도 불구하고 이들 평가가 단원의 가장 중요한 이해에 관해서 충분한 증거를 항상 제공하지는 못했다는 것을 깨달아 왔다. 가장 중요한 것, 영양상의 사실 이상으로 주로 학생이 받아야 하는 이해와 태도를 평가하는 대신에 검사하기 쉬운 것을 검사하는 경향이 있다. 사실상 늘 나를 혼란시켜 왔던 것 중 하나는 아동들이 그들의 학습에 초점을 두기보다는 오히려 등급에 초점을 맞추는 경향이 있다는 것이다. 아마도 내가 평가로 사용해 왔던 방식—학습을 기록하기 위한 것보다 등급을 매기는 목적에 더—은 그들의 태도에 기여한 점이 있다.

지금 나는 영속하는 이해의 증거로서 실제로 이바지할 것에 관하여 생각하려 한다. 수행평가의 몇몇 사례를 검토하고 동료들과 아이디어를 토론한 후에 다음과 같은 수행 과제를 결정하였다.

> 우리가 영양에 관하여 학습을 해 왔기 때문에 원외 교육센터의 캠프 지도자는 올해 말 센터의 3일간의 여행을 위해 영양상 균형 잡힌 식단을 제안하도록 우리에게 요구하였다. 미국 농무부의 식품 피라미드 지침과 음식 라벨의 영양상의 사실을 이용하여 3일간의 주요 식사와 간식(오전, 오후 그리고 캠프파이어)을 포함하여 3일간의 계획을 설계할 것이다. 우리의 목표는 맛있고 영양상 균형 잡힌 식단이다.

이 과제 또한 우리의 단원 프로젝트—가상의 일주일 동안의 가족식단을 분석하고 그들의 영양을 증진하기 위한 방법을 제안하는 것—중 하나와 잘 연결된다. 이 과제와 프로젝트를 마음에 두고, 나는 지금 필수지식(식품군과 식품 피라미드 권고 사항)과 영양상 불충분한 식단이 건강문제에 어떻게 기여하는지에 대해 이해하기 위한 검사를 점검하기 위해 퀴즈를 사용할 수 있다. 이것은 단원을 위해 내가 설계하였던 가장 완전한 평가 패키지고, 나는 이 과제가 학생들의 이해에 대한 증거를 제공할 뿐만 아니라 그들에게 동기를 유발할 것이라고 생각한다.

제8장
평가준거와 타당도

평가와 피드백은 사람들이 학습하는 데 도움을 주는 중요한 것이다.
학습과 이해의 원리 및 일관성 있는 평가는 다음과 같아야 한다.
• 훌륭한 수업을 반영한다.
• 수업의 일부로서 지속적으로 일어나지만, 강제적이지는 않다.
• 학생들이 도달해야 하는 이해의 수준에 대해 정보를 제공해 준다.
—John Bransford, Ann Brown, and Rodney R. Cocking,
『학습하는 방법(How People Learn)』, 2000, p. 244

핵심적인 문제는 ……가장 널리 사용되는 학업성취도평가는
학습과 능력에 관한 매우 제한적인 신념을 기초로 하고 있다는 점이다.
—Committee on the Foundation of Assessment(평가기초위원회),
『학생들이 아는 것을 알기: 교육평가의 과학과 설계』,
2001, p. 2

제7장에서는 바라는 결과에 대한 적절한 증거를 제공하는 데 필요한 평가의 종류에 초점을 두고 다루었다. 항상 다양한 증거가 필요하다는 것과 평가 계획이 참된 수행 과제에 기초해야 한다는 것에 주목하였다. 또한 이해의 평가에서 수행평가를 필요로 한다는 것을 알고 있다. 맥락적인 면에서 학습자가 수행의 도전을 어떻게 잘 처리하는지, 그리고 학습자의 사고 과정이 어떻게 이루어지는지에 관해서 살펴볼 필요가 있다.

준거의 필요성

이해를 평가하기 위해 필요한 개방형 단서와 수행 과제의 종류가 단 하나의 정확한 대답이나 해결 과정을 가지는 것이 아니기 때문에 학생들의 활동의 평가는 준거에 따라 안내된 판단에 기초해야 한다. 분명하고 적합한 준거는 우리가 이해의 정도를 결정하기 위해서 무엇을 살펴보아야 하는지 구체적으로 상술하고, 판단에 기초한 과정에 일치하고 정당성을 부여하는 데 우리에게 도움을 준다(Wiggins, 1998, pp. 91-99). 적합한 준거를 어떻게 제안할 것이며, 학습자에게 그것들을 어떤 식으로 분명하게 만들어 줄 것인가?

적합한 준거란 단순히 관찰되기 쉽고 점수받기 쉬운 활동의 일부가 아니라, 그 활동(주어진 목적)의 가장 뜻깊고 중요한 측면을 강조하는 것이다. 예를 들어, 하나의 이야기를 읽을 때 우리는 그것에 몰두하기를 원하고, 상상력을 불러일으키거나 호기심을 유발한다. 가장 좋은 이야기는 줄거리와 인물의 효과적인 조합을 통해서 우리의 호기심을 사로잡는 것이다. 그래서 이야기를 판단하는 데 중요한 준거는 이야기에 몰두하여 참여하는 것(engagement)이다. 또 다른 중요한 준거는 효과적인 문해력 장치(literary devices)와 언어 선택의 사용에서 작가의 기술이다. 세 번째는 인물의 깊은 맛과 신뢰성 혹은 인물의 발전상(성장)과 관련되어 있다. 이야기의 준거는 임의적이지 않다. 모든 책은 사람들을 끌어들여야 하고, 잘 정교화하며, 충분히 발전되고 확실한 주인공들로 만들어져야 한다.

비록, 이러한 세 가지 준거들이 관련되어 있다고 하더라도 그것들은 또한 각기 독립적이다. 한 이야기가 만화 주인공임에도 불구하고 우리를 빠져들게 한다. 즉, 그 이야기는 줄거리의 간극이나 오타가 있어도 매력적으로 우리를 빠져들게 한다. 그래서 적절한 준거를 확인하였을 때 우리는 판단의 질에 영향을 주는 수행에서 일련의 독립변인을 분명히 해야 한다. 준거는 어떤 수행이 성공적으로 이루어지기 위해서 조건들을 상술한다. 조건들은 자동적으로 과제의 요구 사항을 분명히 한다.

많은 교사는 수행과 의도에 중심을 두지 않고 단순히 쉽게 관찰되는 준거에 의존하는 실수를 저지른다. 그래서 수많은 각주(오히려 잘 뒷받침된 연구보다)를 가지는 것 때문에 고득점을 획득하는 연구논문, 그 연설이 재치(완전한 것 대신에)가 있기 때문에 추론되는 이해, 전시물이 다채롭고 창의적(정확한 정보를 제공하는 것과 반대로)이기 때문에 효과적으로 판단되는 전시물을 보는 것은 일반적인 일이다. 우리는 그 목표와 이해로부터 평가를 도출할 필요가 있고, 목표로부터 준거를 이끌어 내야 한다.

준거에서 루브릭까지

루브릭(rubric)은 측정의 척도(4점, 6점 또는 적절한 것은 무엇이든지)와 각 득점 포인트에 피해 특성을 기술한 것으로 구성된, 준거에 기초한 채점 가이드다. 루브릭은 질, 능숙도(profi-ciency) 또는 연속체 사이에서 이해의 정도를 기술한다(만약 평가가 예/아니요 혹은 옳은/잘못된 결정의 필요성에 부합한다면, 루브릭 대신에 체크리스트를 사용한다).

루브릭은 다음과 같은 질문에 답한다.

- 어떠한 준거에 따라 수행이 판단되고 구별되어야 하는가?
- 수행의 성공을 판단하기 위해서 우리는 어디에서 찾아야 하고, 우리는 무엇을 찾아야 하는가?
- 질, 능숙도, 혹은 이해의 상이한 수준들이 어떻게 기술되고 또 다른 것으로부터 어떻게 구별될 수 있는가?

루브릭의 두 가지 일반적인 유형—총체적이고 분석적인—은 학생들의 결과물과 수행을 판단하는 데 널리 이용된다. 총체적(holistic) 루브릭은 학생들의 활동과 작품에 대한 총괄적인 인상을 제공한다. 총체적인 루브릭은 단일한 점수를 산출하거나 결과나 수행의 등급을 평정한다.

분석적(analytic) 루브릭은 결과나 수행을 뚜렷한 특징이나 차원으로 나누고 각각을 분리하여 판가름하며, 독립적으로 확인된 특징을 평가하고, 각각에 분리된 점수를 제공한다. 예를 들어, 여섯 가지 특징을 살펴볼 수 있는, 쓰기에 의한 대중적인 분석적 루브릭은, ① 아이디어, ② 조직, ③ 목소리, ④ 단어 선택, ⑤ 문장 유창성, ⑥ 문법 등이다. 학생들의 쓰기는 각 특징에 따른 수행 단계에 따라 평가된다. 예를 들어, 쓰기 작품은 아이디어 개발(특징 1)에 3점, 문법(특징 6) 활용에 4점을 받았다.

〈표 8-1〉 작문을 위한 NWREL 루브릭으로부터 상위 수준 기술자(top-level descriptors)

아이디어들의 개발: 논문은 명확하고 초점이 분명하다. 독자들의 주의를 모으고 있다. 관련된 일화와 세부 사항은 중심 주제를 풍부하게 한다.

조직: 조직은 중심 아이디어나 주제를 향상시키고 두드러지게 드러낸다. 질서(order), 구조 혹은 정보의 제시는 텍스트로부터 독자들을 매력적으로 감동시킨다.

목소리: 작가는 개인적이고(individual), 흥미를 돋우는(compelling), 매력적인(engaging) 방식으로 독자에게 직접적으로 말한다. 작가는 청중을 위한 고려와 글쓰기 의도에 대한 인식으로 글쓰기를 정교하게 만든다.

단어 선택: 단어는 정확하고 흥미롭고 자연스러운 방식으로 의도한 메시지를 전달한다. 그 단어들은 감동적이고 설득력 있으며, 매력적이다(powerful and engaging).

문장유창성: 작문은 부드러운 흐름, 리듬, 운율을 가진다. 문장은 표현적인 구두읽기로 이끄는 강력하고 명쾌하며 다양한 구조를 지니면서 잘 만들어진다.

문법: 작가들은 작문 문법 기준의 상당한 차이를 보여 주고…… 읽기 기술을 향상시키기 위해서 문법을 효과적으로 이용한다. 오류란 극히 드물기 때문에 중요하지 않은 수정들은 이 작품이 출판되는 데 아무런 영향을 미치지 않는다.

제시: 텍스트의 형식과 제시는 메시지를 이해하고 연결하기 위한 독자들의 능력을 향상시킨다. 이것은 눈을 만족시킨다.

출처: ⓒ NWREL, Portland, OR (2000). Reprinted with permission.
* 무수히 많은 유용한 지표(indicator)들이 각 수준마다 5점 평정척도로 나타난다. 더욱이 어린 학습자들을 위해 학습자 친화적인 버전들이 개발되었다. 다른 루브릭 및 루브릭을 위한 설계와 실행에 관한 총괄적인 조망을 위해서는 Arter & McTighe(2001)를 참고하라.

Northwest 지역교육연구소는 6+1이라고 부르는 6개의 준거(그리고 선택형 7번째)를 포함하여 광범위하게 수행되어 온 일련의 분석적인 루브릭을 개발하고 활용해 왔다. 각각의 준거에 해당하는 최상위 기술자(descriptor)로 평가되는 특징은 〈표 8-1〉과 같다.

총체적 루브릭은 전반적인 인상이 필요할 때 적절한 평가도구지만, 우리는 이해의 평가자로 분석적인 루브릭을 사용할 것을 제안한다. 왜냐하면 단순한 (총체적인) 득점으로 평가를 요약할 때 학생들에 대한 피드백의 질이 효율성이라는 명분으로 쉽게 타협하기 때문이다. 예를 들면, 두 개의 설득적인 에세이는 만족스럽지 못한 것으로 간주될 수 있지만, 그들의 결점은 아주 다른 것들이다. 하나의 에세이는 감정 없이 흘러가지만, 놀라운 논쟁으로 가득하다. 다른 하나의 에세이는 명확하게 쓰이고 문법적으로 옳지만, 피상적인 이유와 기대되지 않은 결론을 담고 있다. 그러나 만약 우리가 총체적 루브릭을 사용하여 단순히 점수를 지정하는 것만 해야 한다면, 우리는 뜻하지 않게 학습자와 학부모, 다른 사람들이 같은 것을 수행하고 있다고 오해하게 된다. 수행에서 독립적으로 작용하는 준거는 항상 존재하고, 특별하게 이해를 목표로 삼을 때, 우리는 여러 가지 준거와 실행 가능성 사이에서 적절한 균형을 이루도록 노력해야 한다.

이해를 평가하기 위한 루브릭

이해를 위한 루브릭과 준거에 대한 이러한 일반적인 논의를 제시하기 위해서 이해가 연속체선상에서 정도의 문제라는 것을 상기하라. 이것은 단순한 옳고 그름의 문제가 아니라 다소 초보적이거나 세련된, 다소 피상적이거나 심층적인 것을 의미한다. 그래서 이해에 대한 루브릭은 우리의 핵심 평가 질문에 정확한 해답을 제공해야 한다. 이해는 무엇처럼 보이는가? 실제에서 초보적인 이해와 세련된 이해 사이의 차이는 무엇인가? 가장 초보적이거나 간단한 것에서 가장 복잡하고 세련된 것까지의 설명의 범위가 어떻게 보여야 하는가?

'이해'를 기술하고 있는 루브릭의 두 가지 예를 살펴보자. 가장 최근의 미국 역사 과목 AP시험에서 사용된 루브릭의 일반적인 버전은 단순한 사건을 기술하는 것과 대조적으로, 논지를 지지하는 정도에 따라 독자들이 참여하도록 요구한다.

- ……핵심 구성 요소를 세련된 방식으로 다루는 분명하고, 고도로 발전된 논문(thesis)
- ……핵심 논쟁을 다루는 분명하고 발전된 논문
- ……피상적으로 모든 요소에 반응하는 일반적인 논문
- ……분석이 거의 없는 논문(Educational Testing Service/College Board, 1992, p. 25)

루브릭은, 첫째, 학생의 이해(단순한 다시 말하기와 대조적인 복잡한 분석)의 정도를 평가하기 위하여, 둘째, 그 시간 동안에 학생들이 이해한 것에 관한 작문의 질이나 사실적인 오류의 수를 혼동하지 않을 것을 판단하는 데 분명히 경고하고 있다.

여기에 있는 캐나다 주의 언어과 시험으로부터의 루브릭은 어떤 특정한 해석의 장점과 통찰 사이를 구별하는 판단에 대한 주의점을 제공한다.

5 **숙달된**(proficient): 발췌물을 읽는 것에 대한 통찰력 있는 이해는 효과적으로 설정된다. 직접적으로 진술하거나 암시하고 있는 학생들의 의견은 구체적인 세부 사항에 따라 인식되고 효과적으로 지원된다. 지지는 명확하고 사려 깊게 선택된다.

4 **능력 있는**(capable): 충분히 고려된 이해는…… 의견은 사려 깊은 것이고…… 지지는 잘 정의되고 적합한 것이다.

3 **적절한**(adequate): 그럴듯한 이해가 이루어지고 지속된다. 학생들의 의견은 관습적인 것이지만

그럴듯하게 지지된다. 지지는 일반적이지만 기능적(functional)이다.

2 한정된(limited): 몇몇의 이해는 명시적이지만 그 이해는 항상 옹호될 수 있거나 지속되는 것은 아니다. 의견은 피상적인 것이고 지지는 빈약하고 모호하다.

1 빈약한(poor): 받아들이기 어려운 추측…… 현재 학생들의 의견이 적절하지 않거나 이해될 수 없다. 지지는 적절하지 않거나 없다.

그 대답에 대한 평가는 그/그녀가 어른들이 사고하는 방식에 관해서 사고하거나 어른들이 '옳다'고 하는 대답에 일치하는 질문이 아닌, 학생이 실제적으로 어떤 것을 읽고 그것에 대해서 사고하는 증거의 중요성이라는 용어 측면에서 이루어져야 한다.

두 경우에서 루브릭은 이해의 정도를 기술하는 데 초점을 두고 있고, 특성은 점수로 매겨진다. 테크닉이나 기술(mechanics), 솜씨, 조직과 같은 그 밖의 특징은 별개로 판단되어야 한다.

우리는 서술자가 하나의 눈금에서 하나의 루브릭과 두 개의 분리된 루브릭으로 구성됨에도 불구하고 평가자가 적어도 두 가지 이상의 상이한 특징에 대해 고려해 보라고 추천하고 싶다. 우리는 그러한 이해가 드러내고 있는 것에서 '이해'를 위한 루브릭과 '수행'(적절하게 결과와 과정을 모두 포함하고 있는)의 질을 위한 루브릭을 제안한다.

준거와 루브릭으로부터의 백워드 설계

그것은 학생들이 전체의 부분에 대한 분명한 이해를 가지기 위해
전형적인 설계의 특징을 그들 스스로가 분명하게 하고자 할 때 도움을 줄 것이다.
이것은 많은 학생이 만들어 낸 것과 전문적인 작문 사례를 학생들에게 보여 주고,
무엇이 설득력 있는(혹은 빈약한) 쓰기 작품을 만드는지 정확하게 알도록 학생들에게 지침을 주며,
쓰기 기능의 필요성을 확인하고 그러한 기능을 가르치는 것을 의미한다.
학생들이 각 단원을 위해 가지고 있는 '지도(map)' 는
그 과정에 대해서 그들을 보다 열정적으로 만들고 있는 듯하다.
보다 의도적인 수업 계획과 보다 열정적인 학생들이 분명하게 정의된 단원을 가짐으로써
UbD는 더욱 재미있는 교수를 만들어 낸다!
－6학년 언어과 교사

백워드 설계는 준거와 루브릭으로 우리에게 도움을 주려는 또 다른 접근방식을 제안하고 있다. 그것이 반직관적인 것임에도 불구하고 말이다. 더욱이 특정한 과제를 설계하기 전에 단계 1에서의 명

백한 목표는 단계 2에서 요구되는 준거를 암시한다는 것이 판명되었다. 예를 들어, 펜실베이니아의 6학년 학생들이 그 주의 쓰기 기준을 충족시켰다는 것을 보여 주기 위해 그들의 쓰기에 무엇을 포함시켜야만 하는지를 숙고해 보라.

> 학생들은 분명하게 진술된 견해나 의견, 그리고 세부적인 것들을 지지하고, 필요할 때 자원을 인용하는 것을 가지고 설득력 있는 작품을 쓰게 될 것이다.

학생들이 설득력 있는 에세이, 정책보고서 혹은 편집자에게 보내는 편지를 작문하는 것과는 상관없이 다음의 준거(기준으로부터 직접적으로 이끌어 낸)가 그들의 글을 판단하는 데 사용되어야 한다.

- 분명하게 진술된 견해나 의견
- 제공된 세부 사항
- (필요에 따라서) 인용된 적절한 자원

측면과 준거

우리는 이해가 여섯 가지 측면(facets)을 통해서 드러난다고 논의하면서 이러한 것들이 이해의 정도를 평가하는 루브릭을 구성하고 준거를 명확하게 하는 데 유용하다는 것을 입증하였다. 〈표 8-2〉는 이해의 여섯 가지 측면에 기초한 적용 가능한 준거의 부분적인 리스트를 제공한다.

등급 부여를 위한 함의점

준거에 기초한 루브릭의 규칙적인 사용과 이해를 위한 다양한 점검은, 특히 중등과 대학의 단계에서 등급을 매기는 것에 함의를 가지고 있다. 많은 상위 단계의 교사들은 역효과(counterproductive)를 가져오는 두 가지의 오래된 습관을 가지고 있다. 그들은 종종 준거를 명확하게 하고, 각 준거에 적절한 비중을 두는 것 없이 일의 각 부분에 등급을 매기고, 마지막 단계에 맞추어 시간의 코스를 넘어서 그러한 단계들의 평균을 맞춘다. 이 후자의 관례(practice)는 특히 시간에 따라 목표와 루브릭을 이해하는 것에 비추어 평가할 경우에 별로 의미가 없다. 복잡한 아이디어 이해의 최종 단계에 대비한 평균적인 학습자의 초기 이해 단계는 그녀의 이해에 정확한 진술을 제공해 주지 않을 것이다(Guskey, 2002; Wiggins, 1998; Marzano, 2000 참고).

〈표 8-2〉 측면과 관련된 준거

측면 1 설명	측면 2 해석	측면 3 적용	측면 4 관점	측면 5 공감	측면 6 자기지식
• 정확한	• 의미심장한	• 효과적인	• 신뢰할 만한	• 민감한	• 자기인식의
• 일관된	• 통찰력 있는	• 효율적인	• 뜻이 깊은	• 개방적인	• 메타인지적인
• 정당화된	• 중요한	• 유창한	• 통찰력 있는	• 수용적인	• 자기 적용의
• 체계적인	• 해석적인	• 실제적인	• 그럴듯한	• 지각력 있는	• 반성적인
• 예언적인	• 설명적인	• 품위 있는	• 특별한	• 재치 있는	• 현명한

〈표 8-3〉여섯 측면의 루브릭

설명적인	의미심장한	효과적인	관점을 가지고	공감하는	반성적인
세련되고 포괄적인: 드물게 완벽하고, 명쾌하며 또는 독창적인 설명(모델, 이론, 설명), 충분히 지원된·증명된·중명되, 정당화되, 깊고 넓은, 주어진 정보를 넘어서서 잘 진행된	통찰력이 있는: 중요한 것, 의미, 이미심장에 관한 강력하고 해박하고 이해하나 분석, 충분히 지원하기, 이슈를 포함하고 있는 장기적이고 공평한 비판적인 관점 취하기	노련한: 지식과 기능을 사용할 수 있는 유창한, 단력적인, 능률적인, 그리고 다양하고 상이한 맥락에서 이해를 잘 조정하는 것-전이시킬 수 있는 능숙한 능력	통찰적이고 일관적인: 사려 깊고 신중한 관점, 효과적인 비평, 그럴듯한 기타 견해 수용하기, 이슈를 포함하고 있는 장기적이고 공평한 비판적인 관점 취하기	심사숙고한: 훈련되, 다른 사람들이 보고 느끼는 것을 보고 느끼려고 하는 것, 그리고 그럴 수 있는 것, 이상하고 신기하며 다른 것을 찾아내려고 하는 것, 그리고 그런 것에 개방적인 것, 다른 사람들에게 이상하게 보이는 텍스트, 경험, 사건들을 이해할 수 있는 것	현명한: 자신에게 다른 사람과의 이해의 경계를 깊이 인식하는 것, 자신의 편견과 심성을 인식할 수 있는 것, 이해를 행동으로 옮길 수 있는 완성과 의지를 가지는 것
체계적인: 틀에 박히지 않고 뜻이 있는 설명, 분명한 것 혹은 명쾌하게 학습한 것을 넘어서서 나아가기, 치밀한 관련짓기, 논쟁과 증거에 의한 잘 지원되, 참신한 사고의 제시	뜻이 깊은: 중대성, 이미, 중요성에 대한 사려 깊은 해석이나 분석, 통찰력 있는 이야기하기, 유용한 사실이나 메타를 제공하는 것	숙련된: 지식과 기능의 사용, 그리고 적절하게 요구된 맥락의 다양성에서의 이해를 적합하게 하는 숙함	철저한: 비판적인 관점에서 충분히 개발되고 조정된, 다른 사람들의 관점에서 그럴듯한 정당한 숙고에 따라 자기 자신의 보다 그럴듯한 관점 만들기, 적절한 비평, 구별 그리고 자격들	민감한: 다른 사람들이 보고 느끼는 것을 보고 느끼려고 하는 것, 친숙하지 않은 것과 다른 것에 개방적인 것과 다른 것에 개방적인, 다른 사람이 보지 못한 일에 가치에 대해서 볼 수 있는 것	신중한: 나와 다른 사람의 무지를 아는 것, 자기 자신의 편견을 아는 것
면밀한: 깊이 있고 개인화된 아이디어를 반영하는 설명, 학생들은 그 활동을 자신하하게 될 것으로 만들고 주어진 것 아이디어를 반영하는 것으로 만들고 주어진 것으로 만든다. 지지하는 이론이 있지만 증거나 논거가 불충분하고 부적당하다.	지각하는: 중대성, 이미 혹은 중요성에 대한 이치에 맞는 이해나 분석, 분명한 의미 혹은 교훈적인 이야기, 뜻이 깊은 사실이나 메타를 제 공하는 것	능력 있는: 제한되어 있지 만 지식과 기능의 사용에 자신적이고 적합하게 될 역신적이고 적합하게 될 수 있는 능력을 기른다.	신중한: 그가 자신의 메타에서 관점의 주요한 부분에 대한 합리적인 비평과 포괄적인 안목, 다른 사람의 임장이 그럴듯하다는 것을 분 명히 알고 있는 것	인식하는: 다른 사람들이 다르게 보고 느끼는 것과 다른 사람들이 강조한 것들을 알고 지각하는 것	사려 깊은: 그가 이해하고 이해하지 못하는 것에 대한 일반적인 인식, 자각 없 한 일반적인 인식, 지각 없 이 어떻게 편견과 심성이 이 어떻게 편견과 인식이 생기는지에 대한 인식

설명적인	의미심장한	효과적인	관점을 가지고	공감하는	반성적인
발전된: 불완전한 설명이지만 적절하고 통찰력 있는 이론이다. 학습되어야 하는 것에 대해 확장시키고 깊이를 더하는 것, 행간의 의미를 말하는 것, 설명은 지지, 논의, 데이터로 제한되고, 매강의 일반화로 한정된다. 제한된 검사와 증거에 관련된 이론이 있다.	**해석된:** 중대성, 의미 혹은 중요성의 이치에 맞는 이해나, 학습되어야 하는 것에 해나 분석, 이야기를 가지고 의미를 만든다. 사신이 나 맥락을 제공하는 것	**노련한:** 일상적인 것들의 한정된 레파토리에 의존하고 조금 친숙하거나 단순한 맥락에서 잘 수행할 수 있고, 피드백이나 상황에 대한 판단이나 반응의 사용에 한정되어 있다.	**인식하는:** 일상의 상이한 점을 알고 자신의 전체를 조망할 수 있다. 그러나 각 관점의 가치를 고려하거나 비평하는데는 약점이 있다. 특히 자신의 관점의 경우에 그러하다. 암묵적인 가정에 무비판적이다.	**탐층심적인:** 다른 사람의 입장에서 생각할 수 있는 능력이나 자기 훈련이 있지만 자기 자신의 반응이나 태도로 제한되고, 다른 지각이나 태도에 대해서는 당혹스러워 하거나 해서는 포기한다.	**지각 없는:** 자기 자신의 구체적인 무지에 대해 일반 적으로 불식하는, 편견이 이해에 어떤 영향을 주는 지 일반적으로 불식하고 있다.
초보적이고 서투른: 주상적인 설명, 분석적이거나 창의적인 것보다도 오히려 기술적인 것, 사실, 아이디어의 단적인, 혹은 개략적인 설명, 그럴듯한 일반화, 혹패논리 이 설명, 검사되지 않은 혹은 가르쳐져야 하는 느낌이나 모방된 아이디어에보다도 이론화된 것	**글자 그대로의:** 극단적으로 단순화한 혹은 피상적인 읽기, 기계적인 번역, 미흡한 혹은 해석이 없는 풀이, 폭넓은 중대성이나 중요성에 대한 지각이 없, 무엇이 가르쳐야 하는 느낌, 혹은 암혹해야 하는 지에 대한 제건술	**초보적인:** 기능, 절차 혹은 방법들에서 단 하나의 시험답안이고 '플러그 인' (알고리즘과 기계적인)에 의존하거나 교재를 통해서 만 수행한다.	**무비판적인:** 다른 사람들의 이견들을 대충 훑어보거나 무시하는 경향이 있고 관점 의 차이를 알지 못한다. 사 의 차이를 알지 못한다. 사물을 보는 다른 방식을 상 상해 보는 것이 어렵다. 그 사람의 개인적인 비평을 하 는 경향이 있다.	**자기 중심적인:** 다른 사람 들의 지적인 인식의 범위 를 넘어서서 공감하지 못 한다. 자신의 아이디어와 감정을 통해서만 사람을 보는 것, 다른 사람의 감정, 태도, 관점 때문에 혼란스 러워 하거나 다른사람의 감정, 태도 등을 무시한다.	**단순한:** 이해하기 위한 이 견과 시도들에서 편견과 상상의 역할과 자신의 이 해의 경계를 완벽하게 인 식하지 못한다.

Revised and adapted Wiggins and McTighe(1998). Reprinted with permission. © 1998 Association for Supervision and Curriculum Development.

가장 적절한 준거와 지표(indicators)는 어디에서부터 오는가? 일반적인 서술자(descriptor)에서 구체적인 서술자에 이르기까지 어떤 루브릭이 요구되는가? 그 대답은 이미 백워드 설계의 또 다른 요소를 포함한다. 적절하고 세부적이며, 유용한 서술자를 위해서 그것들은 작품의 많은 구체적인 예시를 재검토하는 것에서부터 나와야 한다. 서술자는 그 단계에 일어나는 작품의 두드러지는 특징을 반영한다. 그래서 루브릭은 학생들의 작품을 평가하는 데 사용될 때까지 결코 완전한 것이 아니었고, 작품의 다양한 단계 분석이 서술자를 뚜렷하게 하는 데 이용되었다.

그렇다면 이러한 준거가 주어질 때 이해의 측면들에 대한 제어력을 향상시키기 위해 우리는 어떻게 평가할 수 있을까? 〈표 8-3〉에서 보여 주는 루브릭은 유용한 특성과 훌륭한 판단을 만드는 일반적인 프레임워크를 제공한다. 이 루브릭은 그러한 측면들의 각각을 위해 초보적 이해(기초)에서 세련된 이해(최상위)에 이르는 적절한 연속체를 반영한다.

이처럼 루브릭이 분명해질 때, 이해란 오개념에서 통찰까지 혹은 자기의식(self-conscious)의 미숙함으로부터 자동적인 기능의 숙달에 이르는 연속체로서 간주될지도 모른다. 더욱이 그것은 개인이 다양성을 가지고 있지만, 동일한 아이디어와 경험의 타당한 이해를 가질 수 있다는 실재(reality)를 반영한다. 다시 말하면, 한 인물의 프로필은 '세련된' 만큼 일반적으로 우리가 그들 모두를 기술할 수 있을 정도로 다른 사람의 프로필과는 매우 상이하게 보일 것이다(동일한 방식으로 우리는 분석적인 특징이 포함된 상이한 패턴으로 구성된 쓰기의 수행에 대한 총체적인 점수를 제공한다).

그러한 루브릭의 준거는 쌓여 가고 있다! 이러한 복잡성을 다루는 실제적인 전략은 이해, 지식 그리고 기능의 최소한의 주요한 다른 양상의 관점에 비추어 다중 루브릭을 구성하기 위한 것이다. 수학(다섯 가지 루브릭의 각각에 단지 상위 점수를 주는 것으로 편집된)에서 일련의 다섯 가지 준거의 예시는 가장 복잡한 수학적인 수행의 주요한 차원으로 접근하는 데 사용될 수 있다.

- **수학적인 통찰력**: 교과 내용이 포함하고 있는 정교화된 이해를 보여 준다. 능숙하게 통찰에 이용되는 개념, 증거, 논의, 조건의 생성, 질문의 공유 그리고 방법 들은 이러한 경험의 단계에서 전형적으로 발견되는 높은 이해의 범위 내에서 이루어진다. 문제의 본질을 파악하고 적용하는 것이 그 문제를 해결하기 위한 가장 강력한 도구다. 그 작업은 학생들이 보다 중요하고 복잡하거나 혹은 광범위한 수학적인 원리, 공식 혹은 모델에 대해서 미묘한 특징을 만들고, 특정한 문제와 관련지을 수 있다는 것을 보여 준다.
- **추론**: 문제 해결에서 방법론적이고, 논리적이며, 철저한 계획을 제시한다. 그 방법과 대답은 명백하게 세분화되고 완전히 이치에 맞는 것이다(사용된 지식이 세련된 것이든 혹은 정확한 것이든지 간에). 그 학생들은 논의 전체의 모든 반론, 의심스러운 자료 그리고 함축적인 전제에 이르는 주장을 정당화한다.
- **결론의 효과성**: 문제에 대한 결론은 종종 효과적이고 창의력이 풍부하다. 문제, 청중, 의도 그리고 다른 맥락적인 문제의 모든 필수적인 세부 사항은 적절하고 효과적인 방법으로 충분히 이야

기되어 왔다. 그러한 결론은 정통이 아닌 방법, 충돌하는 다양한 것을 매우 현명하게 조작하는 것, 분명하지 않는 수학의 소개와 같은 방법 면에서 창의적일지 모른다.

- **활동의 정확성**: 그 활동은 시종일관 정확한 것이다. 모든 계산은 정확하고, 정밀의 적정한 정도와 측정 오차를 제공하며, 적정하게 분류된다.
- **표현의 질**: 학생들의 수행은 설득력 있고 평소와 달리 잘 제시된다. 해결되어야 하는 탐구와 문제의 본질은 청자의 주의 깊음과 표현의 의도로, 매우 매력적이고 효율적인 방법으로 요약된다. 효과적인 활용은 지원되는 자료(영화, 모델, 오버헤드 그리고 비디오)와 팀 구성원으로(적절한 장소에) 만들어진다. 청자는 표현하는 사람이 그녀가 무엇에 관해서 이야기하고 있는가와 듣는 사람의 흥미를 이해하는 데서 열정과 확신을 보여 준다.

만약, 수많은 루브릭의 특징을 사용하고 싶은 생각이 굴뚝같다면 소규모로 시작하라. 이해의 질과 수행의 질이라는 두 개의 기초적인 준거로 돌아가라. 과정에 적절한 세 번째 것과 시간과 관심이 허락한다면 다른 루브릭의 특징도 추가하라. 나중에 당신이 다중적인 특징을 확인하였을 때, 그것들을 각 문제에 적합한 집합의 일부분으로 사용하라(거시적인 설계의 논쟁에 관한 이 장에서 우리는 그러한 루브릭의 집합들이 프로그램의 수준에서 설정되어야 한다는 것에 관한 논의를 할 것이다).

학생의 작품에 기초한 루브릭의 설계와 정교화

학생들의 이해와 숙달을 평가하기 위한 중요한 준거는 단계 1에 바람직한 결론에서 처음으로 파생된다. 그러나 오개념 경계를 분명하게 하고, 루브릭을 설정하고 개정하는 과정은 학생들의 수행을 분석하는 것에 달려 있다. 다음은 학생들의 수행을 분석하기 위해 Arter와 McTighe(2001, pp. 37-44)가 제안한 6단계의 과정을 요약한 것이다.

단계 1: 바라는 이해나 최고 수준의 숙달을 보여 주고 있는 학생들의 수행의 예를 수집하라.
가능한 한 광범위하고 다양한 일련의 예를 선정하라.

단계 2: 상이한 '더미들'로 학생들이 수행한 작품들을 분류해 놓고 그 이유를 밝혀라.
예를 들어, 강한, 중간, 약한의 세 가지 더미로 학생의 활동의 예시를 정한다. 그리고 학생들의 활동이 분류하는 것에 따라서 다양한 더미로 그 부분을 위치시키는 이유를 밝혀라. 만약 그 부분이

'정교한' 더미로 놓인다면 그것의 두드러진 특징을 기술하라. 당신에게 그 작품들이 정교한 이해를 반영한다는 단서는 무엇인가? 작품의 일부분을 더미로 두는 것은 당신 자신에게 무엇을 말하고 있는가? 당신이 이러한 작품으로 돌아가는 것은 학생들에게 무엇을 말하는 것인가? 당신이 그 자질이나 태도를 확인하는 것은 중요한 준거의 지표를 나타내는 것이다. 당신의 태도 목록에 새로운 어떤 것을 추가하지 않을 때까지 분류된 작품이 되도록 유지하라.

단계 3: 그 이유를 수행의 특징들(traits)이나 중요한 차원으로 묶어라.

분류 과정은 이러한 경험에서 널리 이용되기에 '총체적'이다. 이러한 과정에 관여하는 것은 어떤 학생의 결과물이 단지 총괄적인 하나의 점수를 가지는 것으로, 상·중·하로 주석의 목록으로 만드는 것으로 이루어진다. 보통 주석을 목록화하는 동안 누군가는 그 영향에 대해 다음과 같이 말할 것이다. "하나의 특징에서는 강점을 가진 반면에 다른 것에는 약점을 가지고 있기 때문에 이 장에서 하나의 더미나 또 다른 것으로 갈라놓는 것에는 어려움이 있다." 이것은 분석적인 특징에 대한 점수 체계가 필요하다는 점을 의미한다. 다시 말하면, 각 학생의 결과물이나 수행을 하나의 차원보다도 그 이상의 차원으로 평가하는 것이다.

단계 4: 각 특징의 정의를 기술하라.

이러한 정의는 '가치중립적'이어야 한다. 그들은 그 특징이 무엇인지에 관하여 기술하는 것이지, 무엇이 훌륭한 수행인지를 기술하는 것은 아니다(그 특징에 대한 훌륭한 수행의 기술은 '최상'의 루브릭으로 등급을 매기는 것에 부합된다).

단계 5: 각 특징에 대한 각 점수(score point)를 설명하는 학생들의 수행 사례를 선정하라.

학생들 활동의 예시가 각 특징에서 강, 약 그리고 중간 정도의 범위의 수행을 설명하고 있는 것을 찾아내라. 그들이 루브릭의 정확한 단계의 예시를 제공한 이후부터 이러한 예시들은 때때로 '앵커(anchors)'라고 불렸다. 앵커(anchor)는 무엇이 '훌륭한' 것인가를 학생들이 이해할 때 도움을 주는 데 이용된다(단순한 하나의 예시 보다 더 많은 예시를 제시하는 것이 중요하다. 만약 당신이 무엇을 훌륭한 수행으로 보아야 하는가에 대한 단 한 가지의 예시만을 학생들에게 보여 준다면 그들은 그것을 모방하거나 단지 흉내 낼 것이다 – 역자 주).

단계 6: 지속적으로 정련하라.

준거와 루브릭은 사용함에 따라 발전된다. 당신이 그것을 철저히 함에 따라 변함없이 당신은 잘 활용되는 루브릭의 부분과 그렇지 않은 부분의 루브릭을 발견하게 될 것이다. 그들이 보다 정밀하게 의사소통할 수 있도록 기술을 추가하고 수정하라. 그리고 당신이 의미하는 것이 무엇인지를 설명하는 보다 좋은 앵커를 선택하라.

타당도의 도전

평가자처럼 사고하는 데서 세 번째 질문은 주로 단계 1에서 바라는 결과의 증거인, 가장 적절한 증거를 불러일으키도록 하는 데 주의를 요구한다. 단계 2에서 단지 흥미롭고 현실적인 과제를 창안하려고만 하지 않고, 단계 1에서 계획된 바라는 결과의 가장 적절한 증거를 획득하려고 한다. 이것은 타당도에 대한 도전이다.

타당도는 우리가 구체적인 증거를 만들 수 있는지 없는지에 관한 의미를 말하며, 전통적인 검사 관련 증거를 포함한다. 우리는 학생들이 운동장에서 행하는 친절한 행동을 보게 된다. 학생들의 '친절한' 경향성에 관해서 우리는 무엇을 추리해야 하는가? 그것은 타당도에 대한 도전이다. 보다 일반적인 능력에 대한 가장 효과적인 증거를 획득하기 위해서 어떤 사건이나 자료를 찾아야 하는가?

전통적인 교실에서 일어나는 최근의 도전에 대해서 생각해 보라. Carson 중학교 6학년 교사인 Mrs. Metrikos는 분수에서 20개의 검사 문제를 만들었다. Jose는 11개를 맞추었다. 교사는 Jose가 분수의 전체 범위에 대한 이해(control)가 매우 불확실하다고 추론하고 있다. 이는 타당한 결론인가? 반드시 그렇지만은 않다. 첫째, 만약 그것들이 분수문제의 모든 유형을 대표하고 있다면 우리는 검사의 항목과 평가하는 것에 관해서 주시할 필요가 있다. Jose는 최근에 타국에서 이주해서, 아마도 영어는 약하지만 수학은 강한 경향을 가지고 있어서 그 검사의 요소에서 우리가 단지 그의 수학 능력만을 볼 수 있도록 영어를 제거하였다. 실제로 영어 이해력을 알아보는 검사가 단어문제로 그렇게 부담이 되는가? 관련된 문제의 난이도는 어떠한가? 각 질문들은 동일한 것을 다른 것으로 간주하였다. 그러나 어떤 질문들이 다른 것들보다 더 어려웠다면 어찌하는가?

검사를 채점하는 데서 Mrs. Metrikos는 오로지 답의 정확성에만 초점을 두고, 각 학생들이 각각의 문제를 해결하기 위해 구성한 과정은 무시하였다. 그러나 정답은 이해를 표시하는가? 그것이 반드시 필요한 것은 아니다. 최상의 검사지라고 하는 것이 그들이 왜 그렇게 작업했는지에 대한 어떠한 이해도 없이 단지 관련된 공식의 재생만을 반영할 수 있다. 더욱이 분수에 대한 이해를 설명하기 위해서 시험지가 반환된 후에 Jose가 확인할 때 그의 실수는 '단지' 부주의 때문이었다는 것을 추론할 수 있었다. 그것이 Jose의 학년이나 Jose의 이해에 대한 우리의 이해에 영향을 끼친다면? 아마도

Mrs. Metrikos가 그날 저녁 결과를 대충 훑어볼 때, Jose는 단어 문제와 관련하여 영어에 어려움을 가지고 있을 뿐만 아니라, 분모가 분수마다 다르다는 것을 힘들어하고, 우리가 공통분모를 필요로 하는 이유와 그러한 규칙을 설명하는 것을 어려워한다고 그녀는 이해하였다. 오답을 근거로 해서 Jose가 분수를 '이해하지 못하고 있다.'라고 말하는 것은 타당하지 않은 결론이다.

이해를 강조하는 것은 평가에 도전하는 타당도에 관한 논쟁을 만들어 낸다. Jenny는 20개의 문제 중에 19개를 맞추었지만, 그녀가 틀린 문제 하나는 왜 공통분모가 필요한지를 설명하기 위해서 필요한 것이라는 것을 가정해 보라. Sara는 선다형 역사 시험에서 모든 역사적 사실을 맞혔지만, 동시대의 주요 사건을 분석하도록 요구하는, 자료에 근거한 질문에는 완전히 실패했다면? Ian은 물의 순환에서 최고의 포스터를 제시했지만 퀴즈에는 실패했다면? 이것은 우리 모두가 직면하는 도전들이다. 우리는 우리가 요구하는 수행이 특정한 이해를 추구하기 위해서 적절한 것이라고 확신을 가져야 한다. 학생들은 이해를 배제한 검사를 잘 수행할 수 있는가? 학생들이 이해했는데도 불구하고 주요 사실을 모두 뒤범벅으로 만들거나 잊어버릴 수 있는가? 물론 이러한 일들은 항상 일어날 수 있다. 우리는 학생들의 작품을 평가할 때 의심스러운 추론을 피하길 원한다. 특히 이해를 평가할 때는 더욱 그러하다.

우리가 앞에서 언급하였듯이, 이해는 정도의 문제다. 분수의 예에서 제시되었듯이, 우리는 전형적으로 정답에 너무 많은 주의를 기울이기도 하고(정답으로 평가하는 것은 평가를 보다 쉽게 만들고 외관상 '객관적'인 장치로 그것을 할 수 있다는 것 때문이다), 이해의 정도에 대해서 너무 소홀히 주의를 기울이기도 한다(누군가는 타당한 판단을 내려야만 하는 이해). 그래서 이해는 일반적인 시험과 점수 매기기의 차이 때문에 쉽게 실패로 돌아간다.

이러한 논쟁은 수행평가 설계에서의 일반적인 혼란 때문에 더욱 어려워진다. 많은 교사−설계자들은 흥미롭고 매력적인 학습활동을 수행으로부터 제시된 적절한 증거라고 혼동하고 있다. 단지 수행이 복잡하고 흥미로운 과제이기 때문에 우리가 학생들의 프로젝트 활동에서 얻을 수 있는 증거는 바라는 결과에 적합하다는 것은 따를 수 없다.

우리는 버지니아 주의 5학년 교사에 관한 이야기에서 도전 과제를 요약할 수 있다. 그녀는 남북전쟁과 관련된 기준을 학생들이 마스터하였는지를 평가하기 위해 학생들에게 디오라마(diorama)를 구성하도록 제안하였다. 그녀는 주의 기준을 진술하기 위

통찰에 대한 본질적 질문이 남아 있다

타당도에 관한 이러한 논의는 철학자나 심리학자들 사이에서 직접적으로 표현되거나 다년간의 논쟁을 불러일으키지는 않았다. 이해에 대한 행위가 수행과는 분리된 '정서적 그림(mental picture)'을 포함하든지 그렇지 않든지 간에 말이다. 인지적 연구의 본질적 질문으로서 그것을 구성하기 위해 논쟁은 다음과 같은 질문을 포함한다. 수행 능력이 정신적 모형(mental model)보다 반드시 선행해야 하는가? 혹은 이해가 성공적인 즉흥적 재즈 연주와 같은 것인가? 사전에 의도된 사고가 비평적이지 않거나 결정된 역할이 없는 데서 본질적으로 수행능력과 민감성은 있는가? 우리가 편들지 않더라도 이러한 이슈에 흥미를 가진 독자들은 다음과 같은 책들을 읽기를 바란다. Gilbert Ryle의 『The Concept of Mind』(1949), 『Teaching for Understanding』(Wiske, 1998)에서 Perkins의 장, 그리고 『The Nature of Insight』(Sternberg & Davidson, 1995).

한 창의적인 방법과 영예로운 UbD 아이디어를 발견하는 이중의 목적이 있는 워크숍에서 남북전쟁에 관한 단원을 개발하였다. 그녀는 참여적인 수행 과제의 이용을 통해서 남북전쟁의 원인과 영향력을 학생들이 이해하고 있는지 평가하고자 한다.

그녀는 프로젝트가 수행을 포함하고 평가할 만한 결과물을 생산할 때 자신이 확고하고 진실된 프로젝트('Kids love'에 대한)를 이용할 수 있는지를 물었다. 이론적으로 우리는 프로젝트가 올바른 종류의 증거를 만들어 낼 수 있다면 그러지 않을 이유가 없다고 말하였다. 그녀는 우리가 원하는 것이 무엇인지에게 관해서 확실히 하지 않았다. 그래서 우리는 그녀에게 프로젝트를 기술하라고 요구하였다. 그녀가 말하기를, 학생들은 시뮬레이션이 된 남북전쟁 박물관을 위해 남북전쟁에서 가장 큰 전투 중의 한 장면을 디

> **남북전쟁과 재건: 1860년대에서 1877년까지**
>
> USI.9 학생들은 다음에 따라서 남북전쟁의 원인과 주요 사건, 영향력에 관한 지식을 설명할 것이다.
>
> a. 국가의 분단에 영향을 끼친 한 문화적, 경제적, 제도적인 논쟁 기술하기
> b. 주의 권리와 노예제도가 어떻게 지역별 긴장 상태를 증가시키는지 설명하기
> c. 연방 정부로부터 분리된 주와 연방 정부에 남겨진 주를 지도에서 확인하기
> d. 전쟁을 야기시킨 사건들에서 그리고 전쟁 중에 발생한 사건들에서 Abraham Lincoln, Jefferson Davis, Ulysses S. Grant, Robert E. Lee, Thomas 'Stonewall' Jackson 그리고 Frederick Douglass의 역할을 기술하기
> e. 주요한 전투를 포함하여 전쟁에서의 결정적인 발전을 설명하기 위한 지도를 사용하기
> f. 연방 정부와 남부 동맹 군인들, 여자, 노예의 관점에서 전쟁의 영향력을 기술하기

오라마로 만들어야 한다고 하였다. 지도를 주고, 설명판을 세우며, 관련 인공물을 세우게 하였다. 그래서 우리는 주 기준에 대한 상세한 내용을 요청하였다.

우리는 두 가지 질문에 대해 제안된 평가 과제 설계를 자기평가하도록 그녀에게 요청하였다.

- 학생들이 수행 과제를 잘 수행하지만 실제로 당신이 추구하는 이해를 보여 주지 않는가?
- 학생들은 비록 과제를 잘 수행하지 못하지만, 그 아이디어를 중요하게 이해하고 있고 다른 방식으로 그것들을 보여 줄 수 있는가?

만약, 질문 중 하나의 대답이 '예'라면, 그때 평가는 타당한 증거를 제공하지 못할 것이다. "오, 정말이네!", "어떻게 내가 그렇게 어리석을 수가 있지? 기준의 작은 부분만을 실제로 이해한 것을 가지고 원인과 결과의 이슈는 완전히 간과해 버렸네. 어떻게 내가 그것을 놓쳤지?"라고 그녀는 재빨리 대답했다.

그녀의 실수는 흥미로운 프로젝트나 진정한 활동을 타당한 평가로 혼동하는 일반적인 사례 중 하나다. 이러한 경우 그녀는 프로젝트와 그 기준(주요 군대의 선회 지점) 사이의 작은 연결점을 취하고, 정당한 이유가 없는 증거로부터 결론을 이끌어 내기 위해서 노력하였다. 좋은 소식인가? 두 가지 타당도 질문에 대해 자기평가를 요구받았을 때, 그녀는 즉시 그 문제를 검토해야 한다. 나쁜 소식은?

대부분의 사람은 흔히 설계 기준에 대해 자신들이 제안한 평가를 자기평가하지 않는다. 그리고 그들은 종종 타당하지 않은 추론(inference)으로 결론짓는다. 단계 2에서의 목적은 매력적인 활동이 아니다. 이때의 목적은 진술된 목표에 대한 성취를 판단하기 위한 훌륭한 증거를 제시하는 것이다.

일화(anecdote)는 또한 우리에게 목표로부터 일반적인 준거를 이끌어 내는 중요성을 상기시킨다. 내용 기준은 남북전쟁의 원인과 결과에 초점을 맞추고, 교사가 구체적인 디오라마 과제를 설계하기에 앞서 기준에 관련한 적절한 준거를 고려했다면 그녀는 타당도의 문제로 전환했을지도 모른다. 인과적 추리(causal reasoning)를 평가한다는 점에서 보면, 학생들의 수행은, ① 다양한 이유를 밝히고, ② 다양한 영향력을 확인하며, ③ 역사적으로 정확해야 하고, ④ 명확한 설명이 포함되어야 할 필요가 있다. 이러한 방식의 사고는 전쟁의 다양한 원인과 영향력을 보여 주기 위한 그러한 원인-결과 포스터와 같은, 더욱 적절한 과제의 가능성 또한 제안한다.

이러한 분석은 지엽적(local) 평가를 설계하는 패러독스를 훌륭하게 설명하는 것이다. 타당도에 대한 논쟁을 다루는 것은 매우 어려운 일이다. 그러나 올바른 기준(다소 성급한 동료평가는 말할 것도 없고)에 대한 보다 잘 훈련된 자기평가를 통해서 우리가 직면하는 문제의 대부분을 해결할 수 있다.

백워드 설계, 타당도의 어려움 해결에 나서다

템플릿(〈표 7-2〉 참고)의 수평 버전을 상기해 보고, 1단계와 2단계의 논리적 연결을 고찰하도록 하는 방법을 이해하라. 〈표 8-4〉를 보고 백워드 설계가 어떻게, 여섯 가지 측면 중의 두 가지 측면을 이용하면서, 우리가 '평가자처럼 사고하도록' 어떻게 돕는지를 참고하라.

타당도에 관한 논쟁을 보다 주의 깊게 다루기 위해서 설계자는 〈표 8-5〉에서 제시한 자기평가를 현재(혹은 과거) 평가에 규칙적으로 적용하도록 관심을 갖고 신경써야 한다. 이는 질문의 맥락에 따라 확장해 나가고, 평가 설계 아이디어가 타당도를 증진시키는 데 사용된다.

당신의 대답은 물론 확실하지 않을 것이다. 타당도에는 일정한 규칙이나 방법이 없다. 때때로 우리는 사려 깊은 판단을 해야만 하고, 우리가 오류를 범하기 쉬운 것에 주의해야 한다. 그러나 설계에서의 자기평가의 힘을 과소평가하지 마라. 그것은 당신의 많

> **오개념 주의하기**
>
> 타당도는 추론(inference)에 관한 것이지, 검사 그 자체는 아니다. 타당도는 증거의 의미에 관심을 둔다. 우리가 학생들에게 하도록 요구하는 것과 우리가 마무리된 작업을 어떻게 평가할 것인지에 관한 것이다. 달리 말하자면 타당도는 결과에 대한 우리의 이해에 관한 것이지, 검사 그 자체가 아니다. 우리는 우리의 말에 좀 더 주의를 기울여야 한다. 우리 모두가 '검사'에 대한 형용사 수식어구로 '타당한' 그리고 '타당하지 않은'이라는 낱말을 주로 사용하지만, 엄격히 말하자면 이것은 정확한 표현이 아니다. 타당도는 우리가 특정한 검사 결과로부터 만들려고 하는 추론에 관한 것이다. 그러한 추론의 힘을 좀 더 다듬는 것은 더 훌륭한 평가자가 되기 위한 주요한 요소 중 하나다.

〈표 8-4〉 평가자처럼 사고하기 위한 백워드 설계 이용하기

단계 1	단계 2	단계 2
바라는 결과가 학습자들이 ……하는 것이라면	……할 수 있는 학생 능력에 대한 증거를 요구한다.	평가는 다음 ……와 같은 것들을 필요로 한다.
U 다음의 ……을 이해하라. • 통계적인 분석과 그래픽은 좋은 데이터의 패턴을 보여준다. • 패턴 인식은 예상을 가능하게 한다. • 데이터 패턴으로부터의 추론은 타당하지는 않지만 그럴듯한 것이다(타당하지는 않을 것은 아니다). • 상관관계가 인과관계를 명확하게 하는 것은 아니다. **Q** 그리고 …… 다음과 같은 질문을 사려 깊게 고려하라. • 경향은 무엇인가? • 다음에 일어날 일은 무엇인가? • 그러한 방식으로 데이터와 통계가 드러날 뿐만 아니라 호도될 수 있는가?	**적용하라:** 어떤 적용이 우리가 그들이 한숨에 온 학생의 이해를 추론할 수 있게 하는가? 어떤 종류의 수행과 결과가 이해와 단순한 화상 사이를 구별짓는 타당한 방식을 제공할 것인가? **설명하라:** 무엇이 학생들로 하여금 우리가 진실된 이해를 추론하기 위해서 그들의 활동에 관하여 설명하고 정당화하고 지원하고 혹은 대답하는 것을 정당화하게 하는가? 만약 그들이 말하거나 행한 것을 실제로 이해한다면 우리는 그들의 아이디어와 작용을 밝혀내기 위해서 어떤 검사를 할 수 있는가?	**T** • 남자와 여자의 마라톤에서 과거의 수행을 이용하여 2020년대의 남자와 여자의 마라톤 시대를 예측하라. • 자축 프로그램을 위한 다양한 시나리오의 차트를 만들어라(예를 들어, 대학, 은퇴를 위해서). 재정적인 충고를 하라. 믿기 이렇든 복합적인 이해관계를 설명하라. • 경향을 결정짓기 위한 과거 15년의 AIDS의 사례를 분석하라(데이터는 직선 적으로(linear) 줄발하지만 기하급수적(exponential)으로 된다). • 마라톤의 분석이 정확하지 않을지만 그럴듯한 이유에 관해서 편집자에게 기사나 편지를 써라. • 많은 양을 늦게 저축하는 것보다 적은 양을 일찍 저축하는 것이 더 좋다는 것을 들어서 투자자가 되기 위한 소책자를 개발하라. • AIDS 사례의 기하급수적인 특징을 설명하기 위해 그래픽을 장인설라.

🔳 〈표 8-5〉 평가 아이디어의 자기검사

단계 1	바라는 결과:

단계 2	제안된 평가:

학생이 다음의 평가에서 얼마나 잘 수행할 것 같은가?

	매우 그렇다	다소 그렇다	매우 그렇지 않다
1. 제한된 이해에 기초해서 분명한 추측을 하였는가?	☐	☐	☐
2. 정확한 재생이지만 제한된 이해나 충분한 이해 없이 학습된 것을 반복해서 따라하거나 끼워 맞추었는가?	☐	☐	☐
3. 열심히 공부하고 열정적으로 하였지만 제한된 이해에 기초하여 정직하게 노력하였는가?	☐	☐	☐
4. 훌륭한 결과물과 수행을 하였지만 제한적인 이해인가?	☐	☐	☐
5. 문제가 되는 내용을 제한적으로 이해함으로써 자연적인 능력을 정교하고 지적인 것으로 적용하는가?	☐	☐	☐

학생이 다음의 평가에서 얼마나 못할 것 같은가?

	매우 그렇다	다소 그렇다	매우 그렇지 않다
6. 빅 아이디어에 관한 깊이 있는 이해에도 불구하고 수행 목적을 충족시키는 데 실패하였는가? (예를 들어, 과제가 목적에 적합하지 않다.)	☐	☐	☐
7. 빅 아이디어에 관한 깊이 있는 이해에도 불구하고 사용된 채점하기와 등급 매기기 준거를 충족시키는 데 실패하였는가? (예를 들어, 일부 준거는 임의적이고, 이러한 과제에서 바라는 결과나 진실한 수월성과는 전혀 관계없는 것들을 부당하고 부적절하게 강조하는 것이다.)	☐	☐	☐

목표: 당신의 모든 대답을 '매우 그렇지 않다'로 만들어라.

은 문제를 해결할 수 있고, 당신이 평가자로서 더욱 자신감 있고 용기를 가질 수 있도록 할 것이다. 단지 쉽게 검토하거나 점수를 매기는 것이 아니라 실제로 중요한 것을 당신이 평가할 수 있도록 말이다.

타당도는 루브릭 설계에 역시 영향을 준다. 타당도에 대한 논쟁은 단지 과제에 대해서가 아니라 루브릭에서 발생한다. 우리가 단지 쉽게 순위와 점수를 매기는 것이 아니라 이해(혹은 어떤 다른 대상)를 판단하기 위한 올바른 준거를 확보하도록 명확하게 만드는 것이다. 이해를 평가할 때 우리는 단지 이해의 정도와 수행에서의 단순한 정확성이나 기능(예를 들어, 쓰기, 파워포인트, 그래픽 프레젠테이션)을 혼동하게 되는 것을 특별히 경계해야 한다. 평가에서 일반적인 문제는 많은 채점자는 학생들이 실수를 하거나 의사소통을 잘하지 못하는 것보다는 학생들이 모든 사실을 알거나 훌륭하게 의사소통하는 것을 보다 잘 이해한다고 가정한다. 그러나 실수투성이인 시험지가 진실된 통찰력을 나타내고, 사실에 기초하여 잘 쓰인 시험지가 피상적인 것이라면? 증거를 통해서 결론을 내리고, 그렇지 못한 것에 관해서는 명확하게 해야 한다. 항상 타당도에 관한 논쟁에서는 우리가 무엇을 채점할 것인가가 아니라 어떻게 채점할 것인가를 적용해야 한다.

실제로 두 가지 질문의 상이한 점은 준거와 루브릭의 타당도를 자기평가할 수 있도록 앞서 요청되었다. 당신이 제안하고 있는 준거와 그것으로부터 초안으로 작성된 루브릭이 주어진다면 다음을 고려하라.

- 제안된 준거가 충족되었지만 수행자(학습자)는 여전히 깊이 있는 이해를 보여 주지 못할 수 있는가?
- 제안된 준거가 충족되지 않았지만 그럼에도 불구하고 수행자(학습자)가 이해를 나타낼 수 있는가?

만약 이 두 질문에 대한 당신의 대답이 예라면, 제안된 준거와 루브릭은 여전히 타당한 추론을 제공하기 위한 준비가 되어 있지 않다.

신뢰도: 패턴에 대한 우리의 믿음

평가의 증거에 대한 적절성에 관한 논쟁은 중요하지만 충분히 이루어지지 않았다. 우리는 타당한 추론이 필요할 뿐만 아니라 신뢰할 수 있는 추론도 역시 필요하다. 우리는 패턴을 반영하는 결과에 대한 신뢰도를 필요로 한다. 아마도 Jose의 20개 중에 9개의 실수는 만약 다음날 또 다른 검사가 주어졌다면 50개 중에 9개의 실수를 할 것이다. 제안된 검사는 적절하지만, 그것에 대한 단 하나의 결과는 신뢰할 수 없거나 변칙적인 것이다. 이것은 신뢰도의 문제고, 우리가 단순한 스냅샷이 아니라 증거의 스크랩북을 만드는 것에 대해 제7장에서 주장한 이유다.

타당도의 문제를 살펴보기 위해서 당신이 좋아하는 스포츠 팀이 이기는 것을 생각해 보라. 게임에서 그들의 수행은 성취에 대한 적절한 측정임이 분명하다. 게임의 결과는, 정의에 따르면 스포츠에서 성취도에 관한 타당한 추론을 만들어 낸다. 그러나 한 번의 게임 결과가 대표성을 띠지는 않을 것이다. 역사적으로 약한 팀에게 패배한 팀을 생각해 보라. 우리가 가지고 있는 많은 결과를 토대로 볼 때 믿을 수는 없지만, 그 점수가 예상 외인 것은 그 팀이 전 시즌 동안 잘하였기 때문이다. 신뢰도 평가는 신용할 만한 패턴과 분명한 경향을 드러낸다.

다양한 판단이 서로의 동의하에 이루어지는 것은 어려운 문제라는 점을 주의하라. 그래서 항상 '상호 평정자(inter-rater) 신뢰도'라 부른다. 이러한 경우 우리는 일관된 패턴을 형성하기 위해서 다양한 판단들이 이루어지기를 원한다. 그러나 그러한 다양한 판단은 단지 한 가지 사건만을 채점하는 것으로 이루어질 수도 있다. 이러한 경우 그 판단을 신뢰할 수 있다면, 그들 모두는 똑같은 점수를 줄 것이다. 그러나 그날의 수행이 '신뢰할' 수 없거나 학생의 수행 패턴이 전형적이라면 어떻게 할 것인가?

우리가 이러한 평가('유죄로 판명날 때까지는 무고한' 것에 추가하여) 도전 과제를 구성하는 데 이용하고자 하는 두 번째 금언은 Binet의 유명한 말로, IQ 검사의 고안과 현대의 측정기법의 발견이다. '측정기법이 다양하고 많기 때문에 당신이 사용하는 검사는 중요하지 않다.' 그것이 바로 UbD에서 우리가 설계자에게 시대를 초월한 증거의 다양한 유형을 혼합하여 사용하도록 요청하는 이유다.

일반적인 지침

우리는 이해에 대한 지엽적인 평가에 대해서 일련의 균형적인 틀을 구조화할 때 고려해야 할 다음의 질문과 지침을 제공함으로써 제7장과 제8장에서 제시된 관심사를 요약할 수 있다.

1 요구된 증거는 지식과 기능을 평가하기 위한 객관적인 테스트로부터 채택된 것보다 본래부터 덜 직접적이고 보다 복잡하다. 우리는 정답의 확률을 보다 잘 살펴볼 필요가 있다. 왜냐하면 우리는 때때로 기계적인 재생, 훌륭한 테스트의 기능 혹은 추측의 결과로서 운 좋게 정답을 찾을 수도 있기 때문이다. 이해를 위한 평가에서 우리는 대답 뒤에 숨겨진 이유와 학습자가 만들어 낸 결론이 무엇을 의미하는지 탐색할 필요가 있다.

2 이해의 평가는 수행이나 결과물에서 '적용'의 증거를 필요로 하지만, 결과를 판단하는 것은 어

럽게 만든다. 복잡한 수행의 일부가 불확실하지만 그 내용에서 분명한 통찰을 깨달았을 때 우리는 무엇을 하는가? 혹은 그 결과가 좋지만, 어떠한 통찰도 프로젝트를 완전하게 하는 데 필요하지 않았다는 것을 이해하는가? 수행의 상이한 부분에 관해서 정확하게 판단하기 위해서 어떻게 수행을 설계할 것인가?

3 이해가 여섯 가지 측면을 포함하고 있기 때문에 어떤 측면이 다른 것에 우선적으로 놓이게 되는가? 어떤 수행이 어떤 상황에서 가장 중요한가? 예를 들어, 전략의 '적용'과 '설명'은 강하지만 상황의 '해석'은 약할 때, 우리가 언급할 수 있는 것은 무엇인가? 혹은 특정한 '적용'은 비효율적이지만 구두(verbal) 분석과 자기평가가 학습자들이 내용과 과정에 대한 완전한 이해를 분명하게 하는가?

4 상이한 평가 형식에서 동일한 내용에 대해 유사한 관점을 가지도록 노력하라. 다시 말해서 동일한 내용의 단순한 퀴즈로 복잡한 과제의 '복잡성'을 해결하라. 혹은 정답이 이해의 부족을 감출 수 없다는 것을 분명히 하기 위해 동일한 내용에 대한 서답형 질문을 사용하라. 가능할 때마다 바라는 결과의 증거에 대한 질을 개선하기 위해 다양한 형식으로 유사한 평가를 실시하라.

5 당신이 사용하고 있는 다른 평가 과제에도 불구하고 만약 그러한 오해가 이루어진다면, 주요 오해를 예상해 보고 재빠른 사전평가와 사후평가를 개발하라. 예를 들어, 다음의 사전평가 과제는 학생들이 과학탐구 조사의 한 부분으로서 다양한 독립 과정을 이해하는지를 나타낸다.

Roland는 두 개의 얼룩제거제 중에 어떤 것이 좋은지 결정하기를 원했다. 첫째, 그는 과일 얼룩과 초콜릿 얼룩이 묻은 티셔츠에 A얼룩제거제를 이용하였다. 다음 그는 풀 얼룩과 흙 얼룩이 있는 청바지에 B얼룩 제거제를 이용하였다. 그리고 그는 그 결과를 비교하였다. 최상의 얼룩제거제가 어떤 것인지 아는 것이 어렵다는 Roland의 계획은 문제가 있는가? 설명하라.

6 하나의 적용이나 결과가 더 큰 목표로 연결되거나 그렇지 못하다면 학생들에게 '그들의 활동을 보여 달라고' 요구하라. 그리고 답의 이유를 제시하고, 그 답변에서 더욱 큰 원리나 아이디어들의 관련성을 제시하라.

7 명료한 설명이 실제적인 이해를 가지지 않은 채, 언어적인 능력과 지식의 기능만을 가진다면 그러한 설명을 새롭고 상이한 문제, 상황, 이슈들에 '전이'되도록 학생들에게 요구하라.

8 증거를 확장할 수 있는 다양한 측면으로 활용하라. 직접적으로 적용(측면 3)해 볼 필요가 있을 때, 해석을 요구할 때(측면 2), 최종 결과물이 과대평가되지 않았다는 것을 확신하기 위해 자기평가(측면 6)를 실시할 때 활용될 수 있다. 언제든지 가능하도록 관점과 공감의 혼합을 요구하라.

끝맺기 전에

이 장에서 우리가 이해의 보다 형식적이고 총괄적인 평가에 집중해 왔다 하더라도, 일상적인 교사의 점검은 학생들이 이해하고 있는지를 우리가 모니터하기 위한 도구들이다. 이해의 반복적 특징, 혼동이나 오개념의 가능성, 상호 작용적 증거를 위한 필요성은 사실상 교사들이 그들의 교수와 요구되는 조정(adjustment)에 정보를 주기 위해 지속적인 평가의 사용 방법을 알아야 한다는 것이다. 단계 2가 총괄평가에 관한 것이기 때문에 이해와 피드백을 위한 비형식적인 점검은 단계 3에서 고려해 볼 것이다.

우리는 학습 계획의 설계처럼 가장 많이 다루고 싶어 했던 모든 연구를 이어지는 장에서 제시할 것이다. 단계 3에서 우리는 학습 계획이 성취해야 하는 것을 충분히 고민해 보고, 바라는 이해와 평가 증거뿐 아니라 학습자가 누구인지와 그들의 최상의 흥미는 무엇인지를 보여 준다.

제9장

학습 계획

가장 기초적인 아이디어는 이해가 상당히 향상된 단계에 도달할 때라야……

비로소 명시적 내용으로서 적절한 것이 된다.

대표적인 아이디어의 위치는…… 교사의 입술 위에 있는 것이 아니라,

학습 경험을 선정하는 것에서 그것을 지시하는 교사의 마음에 있는 것으로,

그가 가지고 있는 마음 안에 있는 아이디어로 설명될 것이다.

따라서 대표적인 아이디어의 시작 단계는 교사나 교육과정 입안자의 안내 지침을 위한 것이지,

직접적으로 학생을 위한 것은 아니다. 나중에 그것들은 학생들에게도 명백해질 것이고

교사에게 그랬듯이, 학생의 이해를 향상시키고 요약하는 데 유용할 것이다.

−Phillip Phenix, 『의미의 영역(Realms of Meaning)』, 1964, pp. 327−8.

나는 듣고, 잊어버렸다.

나는 보고, 기억한다.

나는 해 보고, 이해한다.

−중국의 속담

우리는 빅 아이디어에 초점을 두면서 바라는 결과에 대해 우리가 의미하는 것을 명확하게 해 왔고, 이해에 초점을 둔 바라는 결과를 적절하게 평가하는 것을 논의해 왔다. 우리는 지금 단계 3에 대해 준비를 하면서 매일의 교실 생활을 적절한 학습활동으로 계획하고자 한다. 이해와 비슷한 학습 계획은 무엇인가? 우리는 모든 사람이 보다 쉽게 이해에 이를 수 있도록 하기 위해서 어떻게 해야 하는가?

이러한 설계의 도전은 또 다른 관점에서 새로운 단계로 이르게 할 것이다. 우리는 설계의 최종 사용자인 학습자에 관해 사고하는 설계자로서 우리가 성취하고자 하는 것에 관해서만 생각하고 있고, 단계 1의 바라는 결과를 성취하기 위해서, 그리고 단계 2에서 제안된 과제를 잘 수행하기 위해서 개인적으로, 공동으로 학습자들이 필요로 하는 것에 관해서만 생각하고 있다. 소프트웨어 설계자처럼, 모든 코드와 기능이 잘 작동하는지를 확인하는 것보다 많은 것을 해야 한다. 사용자와 설계자들이 모두 함께 참여하도록 해야 한다. 설계는 사용자에게 친숙한 것이어야 한다. 다시 말하면 지적으로 방어할 수 있는 것이 되어서는 안 된다.

단계 3에서는 우리가 어떤 것을 결론적으로 총망라하여 다루는 것이 아니라 시사적으로 취급하고자 한다. 우리는 백워드 설계의 논리와 이해의 본질을 따르는 설계상의 고려 사항을 강조할 것이다. 한편으로는 이해를 위한 교수와 학습을 지원하기 위해서 많은 유용한 자원이 있기 때문에, 그리고 학습 계획이 실천하는 교사에게 보다 친숙한 것이기 때문에 이러한 접근방식을 선정하였다. 더욱이 각 단원 계획에 세부적으로 필요한 단계는 이러한 단원 설계에서 나오게 되는 매일의 단시수업 계획에서 획득되는 것보다는 적다.

단계 3에 대해 더 자세히 알아보기 위해 앞서 사용된 매트릭스를 되돌아봄으로써 이 단계를 검토해 볼 것을 제안한다(〈표 9-1〉 참고).

이 단계에서 교사-설계자가 해야 하는 것은 편안하고 친숙한 방법에 의존하고 싶은 유혹을 뿌리치는 것이다. 백워드 설계의 정수는 다음과 같은 질문에 성실하게 답하는 것이다. 바라는 결과와 목표로 정한 수행이 주어진다면 이러한 목적을 달성하기 위해서 어떤 종류의 수업 방법, 자원, 경험이 필요한가? 다시 말하면 단계 3에서 본질적 질문은 다음과 같다. 즉, 바라는 결과가 주어진다면 학습자는 무엇을 필요로 하는가? 수행의 목적이 주어진다면 교실에서 달성하는 데 필요한 최적의 시간은 무엇인가? 〈표 9-2〉에서 제시되는 이러한 질문은 우리가 이 책 전체에서 계속되고 있는 영양 단원을 위한 답변이 어떤 것인가를 보여 준다.

〈표 9-1〉 3단계에서 강조하는 UbD 매트릭스

	설계 질문들	이 책의 장	설계 시 고려 사항	필터(설계 준거)	최종 설계의 목표
1단계	• 가치 있고 적절한 결과는 무엇인가? • 바라는 핵심적인 학습이란 무엇인가? • 학생들은 어떻게 이해하고 알 수 있게 되는가? • 어떤 빅 아이디어가 이러한 모든 목표를 체계화(구성)하는가?	• 제3장-목표의 명료화 • 제4장-이해의 여섯 가지 측면 • 제5장-본질적 질문: 이해에 이르는 관문 • 제6장-이해를 정교화 하기	• 국가 기준 • 주 기준 • 지역 기준 • 지역적인 주제의 기회 • 교사의 전문성과 흥미	• 빅 아이디어와 핵심 도전에 초점을 두기	• 단원은 명확한 목표와 기준과 관련하여 영속적인 이해와 본질적 질문에 하응하는 범위에서 구성된다.
2단계	• 바라는 결과의 증거는 무엇인가? • 특히 바라는 이해에 적절한 증거는 무엇인가?	• 제7장-평가자처럼 사고하기 • 제8장-평가준거와 타당도	• 이해의 여섯 가지 측면 • 평가 유형의 연속체	• 타당한(타당도) • 신뢰할 만한(신뢰도) • 충분한(충족도)	• 바라는 결과에 대해 신뢰할 만하고 증거를 두는 단원
3단계	• 어떤 학습활동과 교수가 이해, 지식, 기능, 흥미, 학생 흥미, 수월성 등을 촉진시키는가?	• 제9장-학습 계획 • 제10장-이해를 위한 교수	• 학습과 교수 전략에 대한 연구 중심 레퍼토리 • 적절하고 실행 가능한 지식과 기능	매력적이고 효과적인, WHERETO 요소의 사용 • 어디를 향하고 있는가?(W) • 학생들을 사로잡아라.(H) • 탐구하고 갖추게 하라.(E) • 재고하고 재검토하라.(R) • 보여 주고 평가하라.(E) • 학생의 요구, 흥미, 스타일에 맞추어라.(T) • 최대의 참여와 효과를 위해 조직하여라.(O)	• 바라는 이해, 지식 그리고 기능을 촉진시키고 발전시킬 일관된 학습활동과 교수, 그리고 흥미를 증진시키고 흥미롭고 활용한 수행을 보다 원활하게 해 주는 학습활동과 교수, 수행을 보다 더 흥미롭게 만들 것이다.

〈표 9-2〉 단계 3을 포함하는 백워드 설계의 논리

단계 1	단계 2	단계 3
바라는 결과가 학습자들이 ......하는 것이라면	그러면 당신은 ......에 대한 학생들이 능력의 증거를 필요로 한다.	학습활동은 다음 ......와 같은 것들을 필요로 한다.

단계 1

G 다음과 같은 기준을 충족시켜라.
기준 6—학생들은 영양과 식습관에 관한 본질적인 개념을 이해할 것이다.
6a. 학생들은 자신들과 타인들을 위해 적절한 식단을 계획하기 위해서 영양소를 이해하고 사용할 것이다.
6c. 학생들은 자신들의 식습관 유형과 그것이 개선될 수 있는 방법을 이해할 것이다.

U 다음의 ......를 이해하라.
• 균형 잡힌 식이 요법은 신체적·정신적인 건강에 공헌한다.
• USDA 식품 피라미드는 영양소에 대한 관련 지침을 나타낸다.
• 나이와 활동수준, 몸무게 그리고 전체적인 건강 상태에 기반을 둔 개인에 대한 음식의 요구는 변화한다.
• 건강에 좋지 않더라도 비록 그것이 좋은 영양소에 관한 유용한 정보를 이용하고자 않는다 하더라도 편안하고 안정된 습관을 개트린다. 더욱 좋은 영양소에 관한 유용한 정보를 준수하라고 이용할 것을 요구한다.

Q 다음의 ......와 같은 질문을 사려 깊게 고려하라.
• 건강한 식습관은 무엇인가?
• 당신은 건강한 식습관을 가지고 있는가? 어떻게 그것을 아는가?
• 한 사람에게 건강한 식이 요법이 다른 사람에게는 어떻게 건강하지 않을 수 있을까?
• 유용한 정보가 많음에도 불구하고 왜 미국에는 심각한 식습관으로 야기된 건강상의 문제가 않은가?

단계 2

• 상이한 상황에서 여러 사람을 위한 식단을 계획하라.
• USDA 지침이 절대적인 것은 아니지만 '안내한다'. (메타상의 변수뿐만 아니라) 그리고 다른 지침이 있다는 것을 이해하라.
• 자신뿐만 아니라 다른 사람의 습관을 신중히 주목하고 분석하라. 그리고 왜 사람들이 그런 방식으로 먹느지에 관한 주론을 만들어라.

T 이 제안은 ......와 같은 구체적인 과제나 테스트를 필요로 한다.
• 다양한 집단을 위한 음식을 계획하기
• 다른 사람들이 만든 과도하거나 엄격하거나 혹은 느슨한 식단(dietary plan)에 반응하기
• 실제로 사람들이 무엇을 먹는지, 그리고 왜 먹는지에 관한 조사자료 만들기

퀴즈: 식품군과 USDA 식품 피라미드에 관하여

OE 단서: 좋지 않은 식습관의 결과로 나타날 수 있는 건강 문제를 기술하고 이러한 문제를 피할 수 있는지 설명하라. 자신의 식습관과 다른 사람의 식습관에 대해 숙고하기

단계 3

L
• 학생들이 미묘하고 흥미로운 방식으로 그룹이 삶과 다른 사람이 삶에 영양이 미치는 결과를 생각할 수 있도록 사료하라.
• 학습자가 식품 피라미드가 무엇을 이야기하는지뿐만 아니라 왜 그것을 이야기하는지, 어떻게 다양한 흥미가 그러한 방식으로 드러나지는지와 어떻게 다른 가능성이 만들어지는지를 이해하도록 도와라.
• 학생들에게 메뉴와 영양 계획이 실제적으로 어떻게 만들어지는지 정보를 제공하라.
• 학생들을 가르치고, 그들이 조사서를 만들며 행하고, 분석하는 방법에 관한 실습과 피드백을 제공하라.
• 학생들의 식습관이 건강 상태에 어떻게 관련되어 있는지에 관하여 연구하고, 분석하며, 토의를 통해서 앎아볼 수 있도록 도울 수 있는 활동을 제공하라.
• 메뉴를 개발하고 그들 자신에 대한 다른 사람이 메뉴에 대한 비평을 위해서 필요한 모든 가능과 기회를 학습자에게 갖추게 하라.
• 습관이 어떻게 작용하는지 이해하도록 학생들을 도와주고, 우리의 식습관이 학생들의 식습관보다 훨씬 낫다고 생각하는도록 도와라.

교수(teaching)라는 단어는 그래픽에만 중요성을 지니는 것이 아니라는 것을 주목하라. 대신에 우리는 단계 1과 단계 2에서 확인된 증거와 목표에 기초하여 적절한 '학습활동'을 계획해야 한다는 점을 강조한다. '교수(teaching, 직접적인 수업)'는 이러한 많은 것 중 하나일 뿐이다. 이러한 것이 단지 어려운(coy) 의미상의 이행만은 아니다. 오히려 우수한 교사가 되기 위해서 필요한 기본적인 변화를 반영한다. 우리가 서두에서 논의한 것처럼 우리가 도전할 과제는 '교수'에 관해서는 덜 생각하고 '학습'이 추구해야 하는 것에 관해서 보다 많이 고려하는 것이다. 우리의 교수력, 선호하는 양식 혹은 편안한 습관에도 불구하고 백워드 설계의 논리는 우리가 특별히 단계 1과 단계 2에 대비하여 '교수'를 포함하고 있는, 모든 제안된 학습활동을 검사하기 위해서 만들어진다(우리는 제10장에서 가장 광범위하게 다양한 교수와 그것들의 최적의 이용에 대해서 논의한다).

단계 3에서 설계자는 학습을 향상시키기 위한 주요 수단으로서 평가의 지속적인 사용, 즉 새롭고 친숙하지 않은 방식을 특히 고려해야 한다. 학습자들이 빅 아이디어를 오해하고 수행을 실수할 가능성이 있다면(형편없는 교수나 학습에 대한 표시가 반드시 필요한 것은 아니지만), 설계자들은 학습자뿐만 아니라 교사가 반성하고 재검토하고 정련할 필요가 있는 피드백을 가지도록 해야 한다. 현장에서, 무대에서, 스튜디오에서 피드백을 수행하고 피드백을 사용하는 기회는 훌륭한 학습 계획의 중요한 한 측면이다(한 워크숍의 참석자들은 평가의 형식에 대해서 '아하!' 하고 이것에 대해서 주목하였다. 나는 교실에서 보다 많은 코치를 하게 될 것이고, 그 영역에서 교사들도 그러할 것이다).

최상의 설계: 매력적이고 효과적인 설계

그러나 우리가 목표에 비추어 학습을 위한 훌륭한 계획이라고 말하고 있는 것은 정확히 무엇인가? 어떤 계획이 '훌륭한' 계획이 되기 위해서는 무엇이 되어야 하는가? 우리의 짧은 대답은 그것은 남의 마음을 끌 수 있어야 하고 효과적인 것이어야 한다는 것이다.

매력적인 설계란, 학습자들의 사고를 자극하고, 마음을 사로잡고 활력을 북돋우는 것을 의미한다. 그것은 학습자들로 하여금 교과에 보다 깊이 있게 파고들게 하고, 학습자들은 그들이 빠지게 되는 요구, 미스터리 혹은 도전의 본질에 마음을 빼앗길 것이다. 목적은 수많은 단계에서 학습자들에게 효과적이다. 그것은 학문의 내용을 객관적으로 만들 수 있지는 않지만 흥미롭고 적절한 활동, 지적으로 칭찬하지 않을 수 없고 의미 있는 것이다. 학습자들은 단지 활동을 즐겨서는 안 된다. 학습자들 각자가 지적인 노력의 가치에 마음이 끌려야 하고, 빅 아이디어와 중요한 수행의 도전에 중심이 있어야 한다.

효과적인 설계란, 학습자가 가치 있는 과제 수행에서 더 능숙하고 생산적일 수 있도록 돕는 것을 의미한다. 그것들은 높은 기준을 수행하고 일상적인 기대를 초월하는 것을 목적으로 한다. 그것들은 그들이 확인한 목적에 도달할 때 기능과 이해, 지력과 자기반성을 보다 발전시키게 된다. 다시 말하면, 설계는 가치가 추가된 학습의 실제 상황에서 성과를 가진다. 이 모든 것은 지적인 실제와 그들이 알고자 하는 것을 달성한다.

매력적인 것과 효과적인 것을 나타내는 것은 무엇인가? 이러한 특성 속에서 우리는 어떻게 '설계'할 수 있는가? 가능한 한 이해할 만하고 친절한 이러한 질문에 대해 답하기 위해 교사들을 위한 두 가지 구성주의자 워크숍 연습을 개발하였다. 교사들과 학습자들로서의 자신의 경험을 끌어내는 데, 그들은 우리와 함께 연구하였다. 이러한 워크숍 둘 다 『거꾸로 생각하는 교육과정 개발-워크북 (Understanding by Design Professional Development Workbook)』(McTighe & Wiggins, 2004, pp. 250, 281)에서 찾아볼 수 있다. 첫 번째 연습에서 우리는 두 그룹(A와 B)을 만들었다. 그리고 나서 우리는 A그룹 참가자들에게 다음과 같은 질문을 하였다. 학생들이 학교 안팎에서 가장 몰두할 때가 언제인가? 학생들을 그렇게 몰두하게 만드는 것은 무엇인가? 그리고 학생들을 계속 몰두시키는 것은 무엇인가? 이러한 전형적인 사례에서 전이 가능한 요소는 무엇인가? 그룹 B의 회원들에게는 관련 질문을 제시하였다. 학생이 언제 가장 효과적으로 학습하는가? 학습자들은 어떠한 조건 아래에서 가장 생산적인가? 어떠한 조건하에서 수준 높은 학습 결과가 만들어지는가? 학습을 가장 효과적으로 만드는 것은 무엇인가? 그리고 이러한 전형적인 사례에서 전이 가능한 요소는 무엇인가? 그리고 나서 각 그룹의 참가자들은 자신들의 사례를 공유하고 일반적 요소를 확인한다.

전형적으로 A집단은 과제가 다음과 같을 때 학습자들이 가장 몰두한다고 대답하였다.

- 실제적이고 참여적일 때
- 미스터리나 문제를 포함할 때
- 다양성을 제공할 때
- 도전을 채택, 수정 혹은 다소 개별화하는 기회를 제공할 때
- 자아와 타인 간의 협력과 경쟁의 균형을 맞출 때
- 실제 세계나 의미 있는 도전에 기초하여 만들어질 때
- 사례연구, 흉내 내기, 다른 종류의 시뮬레이션된 도전 과제와 같이 호기심을 불러일으키는 상호 작용적인 접근 방법을 사용할 때
- 실제 청중을 포함하거나 결과에 대한 '진정한' 책무성의 다른 형식을 포함할 때

집단 B는 전형적으로 학생의 학습은 다음과 같을 때 가장 효과적이라는 것을 발견하였다.

- 활동이 분명하고 가치 있는 목적에 초점을 둘 때
- 학생들이 과제 목적에 관한 것과 논리를 이해할 때
- 모델과 예시가 제공될 때
- 분명한 공식적 준거(public criteria)가 학생들의 향상 정도를 정확하게 모니터할 때
- 불공정한 처벌 없이 실수로부터 열심히 시도하고, 위험을 감수하며, 학습을 하기 위한 제안된 두려움과 최상의 격려가 있을 때
- 학생들의 경험을 교실 바깥의 세계와 연결하는 구체적이고 실제적인 활동을 통해 아이디어들이 만들어질 때
- 피드백을 기저로 한 자기평가와 자기조절의 많은 기회가 있을 때

마지막으로, 두 가지 그룹을 결합해서 각각의 반응을 비교해 보고, 전체적으로 살펴보기 위해 벤 다이어그램의 중앙치를 채워라. 다른 말로 하자면 과제가 가장 매력적이고 효과적인 것은 언제인가? 이 양자가 교차하는 부분은 뜻이 깊다. 지적인 참여(예를 들어, 의미 있는 실제 세상의 문제에 대한 참된 적용, 각 교과에서 '실천'하는 실제적 기회, 방법을 따라 유용한 피드백하기)의 중심에 있는 대부분의 많은 특성은 효과성을 증진시킨다. 그리고 그 반대인 것도 있다.

두 번째 워크숍은 우선 다양한 변화다. 우리는 사람들이 자신과 동기들을 위해 매력적이고 효과적 이었던 학습자로서의 경험에서 설계의 사례를 상기하도록 요구한다. 소그룹에서의 특이한 스토리를 공유한 후에 우리는 그들에게 일반화하도록 요구한다. 설계의 관점에서 모든 학습 경험의 일반적인 것은 무엇인가? 다음 소그룹의 아이디어에 대한 전체 그룹의 공유를 용이하게 하고 각 그룹 연설자의 정확한 언어를 사용하면서 파워포인트 문서의 답변을 기록한다. 마지막으로 우리는 그 그룹의 답변 이 지니는 객관적인 건전성과 우리 전문 직업의 상식을 강조하기 위해 이전의 워크숍에서의 반응을 보여 준다.

최상의 설계의 특징

두 번째 활동에 대한 대답은 학습을 위한 훌륭한 설계를 구성하는 것에 관한 일관되고 분명한 우리 의 전문성을 드러낸다. 여기에는 다음과 같은 가장 일반적으로 인용되는 특징이 있다.

- 유능하고 분명한 도전에 기초한 분명한 수행 목적

- 전형적인 것보다 '교수'에 비용을 덜 지불하는, 처음부터 끝까지 실제 직접 참여하는 방법

- 흥미 있고 중요한 아이디어, 질문, 이슈, 문제에 초점두기

- 학습자에게 보다 의미 있는 분명한 실제 세계의 적용

- 시행착오로부터 학습자가 기회를 기지는 강력한 피드백 시스템

- 주요한 과제를 해결하는 한 가지 방법보다 많은 개별화한 접근법과 스타일, 흥미, 요구에 따른 과정과 목적에 적응시키기 위한 교실 공간

- 분명한 모델과 모델링

- 반성에 초점을 두어 시간을 조절하기

- 방법, 그룹 짓기, 과제의 다양성

- 모험이 가능한 안전한 환경

- 촉진자나 코치와 닮은 교사의 역할

- 전형적인 교실 경험보다 열중한 경험

- 부분과 전체 사이에서 명백하게 앞뒤로 흐르도록 큰 사진을 제공하고 전체적으로 분명하게 하기

이러한 답변은 교육적 스펙트럼에서의 다양한 교육자, 즉 유치원 교사 그리고 대학 교수, 미술과 수학에서의 초임 교사와 베테랑 행정가, 수업자, 도시의 공립학교와 교외의 자율학교 교직원이 제시하였다. 우리의 개인적이고 집단적인 교육과정 설계를 향상시키는 데 입안하기 위한 '상식'이다(우연히 그 답변들이 지역 설계 준거를 설정하는 데 유용한 첫 단추가 되거나, 동료평가와 자기평가에 그것들을 사용할지도 모른다. 이러한 '기준'은 참가자들이 생성하기 때문에 그것들은 매우 적절하게 공적이고 기준 중심의 교과에 정밀한 전통적인 개인적 설계 작업을 형성하기 위한 기초로서 더욱 신뢰할 만하고 수용 가능한 것이다).

따라서 UbD는 학습활동과 그것들의 조직에 대한 우리의 권고가 이러한 일반적 감각을 반영하는 범위에서 계속 진행된다. 그것은 단지 우리가 실천하려는 것이다. 경험법칙과 설계 기준의 설계에서 일반적 감각을 구체화하는 것이다. 우리는 UbD 템플릿과 전략이 매우 명백하고 실제적인 방식으로 '우리가 이미 알고 있는' 것을 반영하는 범위에서 UbD의 설계자로 성공한다.

훌륭한 설계의 이러한 일반적 특징이 어떻게 더욱 의도적 설계로 구성되는가? UbD는 어떻게 우리의 상식을 구체적으로 개발하는가? 그것은 우리의 두 문자어 WHERETO 속에 있다.

수업 계획에서 WHERETO의 요소

우리가 어떤 수준에서 이미 알고 있는 것을 보다 충분히 고려하기 위해서 WHERETO는 다음의 핵심적인 고려 사항을 강조한다(워크북, p. 221 참조).

- **W**—학생들이 단원이 어디로 나아가고 있고, 왜 그런지를 이해하도록 확신시켜라.
- **H**—도입에서 학생들을 사로잡고 그들의 관심을 처음부터 끝까지 주의를 포착하여라.
- **E**—학생들에게 필요한 경험, 도구, 지식 그리고 수행 목적을 충족시키는 노하우를 갖추어라.
- **R**—빅 아이디어를 재고하고, 과정 속에서 반성하고, 그들의 활동을 교정하기 위한 수많은 기회를 제공하라.
- **E**—과정과 자기평가를 평가하기 위해서 학생들에게 기회를 만들어 주라.
- **T**—개인적인 재능, 흥미, 스타일, 그리고 필요를 반영할 수 있는 맞춤식으로 구성하라.
- **O**—피상적 학습에 반대되는 것으로 깊이 있는 이해를 최적화하기 위하여 조직하라.

이 장의 나머지 부분에서는 효과적이고 매력적인 계획을 창안하고 수행하기 위하여 WHERETO의 구체적인 함의점을 탐구하고자 한다.

W-단원의 방향과 목적

우리는 어디로 나아가야 하는가? 우리는 어디에서 왔는가? 왜 우리는 거기로 나아가야 하는가? 학생의 구체적인 수행의 의무는 무엇인가? 이해에 대한 학생들의 활동을 판단할 수 있는 준거는 무엇인가?

최상의 설계에 관한 활동에서 수년 동안 참여자들이 확인한 수많은 특징 중 하나는 학습자를 위한 '목표를 분명히 하는 것'이다. 이것은 단지 우리 자신의 교수 대상을 진술하고 분명히 하는 것 이상을 요구한다. 설계자는 학생에 대한 그 목적을 분명히 해야 한다. 그것은 성취를 추구하기 위해서 만들어진 빅 아이디어, 본질적 질문, 바람직한 수행, 그리고 평가 준거에 대해 완전하게 편견을 제거하는 것을 의미한다. 그것은 교사들이 바람직한 학습에 논거를 제공할 것을 요구한다. 이는 가장 중요한 것(그렇지 않은 것)과 왜 그것이 학습에서 가치 있는지를 확인하는 데 필요한 것이다.

오개념 주의하기

우리가 여기서 강조하는 것은 이해의 여섯 가지 측면과 같이, WHERETO가 설계를 어떻게 구성하는지에 대한 처방법이나 계열보다는 오히려 설계의 요소를 확인하기 위한 분석적 도구로 유용하다는 것이다(이 점에 대해서는 제11장과 제12장에서 더욱 자세히 다룰 것이다). Bloom의 『교육목표분류학(Taxonomy of Educational Objectives)』(1956)이 교수를 위한 처방된 계열이 아니라, 평가 항목과 과제를 판단함에서 인지적 어려움을 제시하였다는 점을 상기하라. 이와 유사하게 WHERETO도 단시수업과 단원을 위한 공식(formula)보다는 오히려 단시수업과 단원을 검증하는 것을 나타낸다.

스토리텔링의 유추를 사용하기 위해 스토리는 극본, 등장인물, 배경을 필요로 한다. 그것들은 스토리의 요소들이다. 마치 WHERETO가 설계 요소를 요약하고 있는 것처럼 말이다. 그러나 이러한 요소가 가장 매력적이고 효과적인 전체 속으로 어떻게 구성되어야 하는가? 수많은 가능한 시작, 중간, 결과가 있을 수 있다. 스토리텔러가 대화의 파편이나 등장인물에 대한 기술로 시작하고 극본을 향해 작업하는 것(혹은 반대로)처럼, 설계 작업 또한 수많은 상이한 경로와 계열을 따르면서 시간이 경과되면서 나타날 수 있다. 따라서 교사는 문서화된 초안처럼 예비적인 형식에서 수행된 최종 과제로 단원을 소개할 것이다.

게다가 목표를 분명하게 하고 이론적인 설명을 추가하는 것에서, W는 교사에게 다음과 같은 것을 상기시킨다. 즉, 학생들이 이해의 정도를 드러내게 될 기대되는 수행(혹은 수반되는 점수 자료, 예시 자료나 루브릭과 같은)을 염두에 두고 분명하게 하도록 교사들이 도와야 한다는 것이다. 수업이나 단원이 궁극적인 수행 책무성으로 나아가기 위해 어디로 방향을 잡고 있는지 학생들 모두가 아는 것은 아니다. 학생들이 비록 무엇이 '교수'되어야 하는지에 관해서 보다 자세히 알 필요는 없지만, '학습'이 그들에게 궁극적으로 무엇을 요구하는지에 관해서는 이해해야 한다. 각 장을 읽어서 주제를 아는 것, 그리고 각 활동을 위한 지침이나 목적에 부합하는 테스트만으로는 목적을 이해하고 충족하였다고 확신할 수 없다. 가능한 한 빨리 학습의 단원에서나 수업에서 학생들은 그들이 목적으로서 충족시켜야 하는 핵심적인 질문과 구체적인 수행(예를 들어, 과제, 테스트, 숙제, 평가 준거 그리고 수행 기준에 관련된 것)을 알아야 한다.

이러한 요구는 그것이 처음 제시되었을 때보다는 훨씬 설득력이 있다. 그것은 기대되는 활동, 그것의 목적과 최종적인 학습의 책무성이 학습자에게 모두 투영되어야 한다는 것을 의미한다. 학생들은 단원을 개발하는 것으로서 교사가 설계한 활동과 자료에 기초하여 다음 질문에 대해 구체적으로 대답해야 한다.

- 내가 단원의 목적으로서 이해해야 하는 것은 무엇이고, 그러한 이해는 무엇처럼 보이는가?
- 나의 최종적인 책무성은 무엇인가? 이러한 책무성을 충족시키고 이해와 숙련을 증명하기 위해서 숙달해야 하는 지식, 기능, 과제, 질문 들은 무엇인가?
- 나의 학습과 수행을 가능하게 하는 원천은 무엇인가?
- 나의 직접적인 과제는 무엇인가? 그것은 어떻게 나의 포괄적인 책무성을 충족시킬 수 있도록 도울까?
- 오늘날의 활동은 우리가 앞서 한 것과 어떻게 관련이 되는가? 이러한 활동에 관해서 가장 중요한 것은 무엇인가?
- 내가 나의 시간을 어떻게 할당하는가? 어떤 관점에서 현재와 미래의 할당에 초점을 두고 이루어져야 하는가? 내가 어떻게 계획을 해야 하는가? 다음에 내가 할 일은 무엇인가? 어떤 것의 전체

적인 구조에서 우선되는 것은 무엇인가?

• 나의 최종 활동은 어떻게 판단할 수 있을까? 나의 현재 수행의 장점과 단점은 어느 부분인가? 내가 발전하기 위해서 할 수 있는 것은 무엇인가?

유목적적 작업(활동)

W질문이 제시한 것처럼, 작업(활동)은 학생의 관점에서 적절하게 주의하면서 지침을 제공하기 위해서 의도적인 것이어야 한다. 빅 아이디어가 얼마나 추상적인지는 상관없이, 설계는 알기 쉽고 가능한 한 학생들이 잘 파악할 수 있는 실제적인 과제와 준거로 이러한 목적에 맞게 구성되어야 한다.

여기에는 『호밀밭의 파수꾼(The Catcher in the Rye)』이라는 소설에 인용된 한 단원에 대한 정보를 영어 교사가 어떻게 제공하는지에 관한 예를 보여 주고 있다. 활동이 어디를 향해야 하는지를 분명하게 하기 위한 본질적 질문과 수행의 도전을 가지고 단원을 어떻게 시작하는지, 학생들의 완성된 수행이 어떻게 판단되는지에 관해서 주목하라. 교사는 학생들에게 말한다.

『호밀밭의 파수꾼』의 마지막 부분에 이르러, 당신은 병원의 사례 재검토위원회로 활동하게 될 것이다. Holden은 자신의 스토리를 병원에서 말하고 있는 것이다. Holden의 말로 옮겨 볼 때 관련된 자료를 선택하는 것이 더해진다면, 당신은 병원을 위한 진단적인 보고서와 Holden에게 어떤 잘못이 있는지 Holden의 부모에게 설명하는 관례적인 편지를 쓰게 될 것이다. 이러한 과제를 위한 루브릭은 역시 첫날에 배부된다.

이러한 최고의 수행 과제와 더불어 읽기와 쓰기에 관한 세 가지 퀴즈가 당신에게 주어질 것이다. 이 읽기와 쓰기 연습에서 당신은 다른 인물의 관점에서 Holden을 기술하게 될 것이다. 다음의 각 읽기 숙제와 이어지는 수업 전에, 두 개의 질문에 대한 읽기 반응 저널에 대해 답하십시오. 소설의 이 부분에서 Holden에 관하여 당신이 배운 가장 중요한 것은 무엇인가? 소설에서 Holden에 관하여 가장 중요하게 답해지지 않은 질문은 무엇인가? 이러한 질문에 대한 당신의 대답은 시작될 것이고 매일 교실에서 토의될 것이다.

이 단원의 마지막에 당신은 매일 기록한 저널로 이 소설에 대한 당신의 이해를 향상시킬 수 있는 질문을 받을 것이다. 가장 최근에 있었던 마지막 질문은 이 책과 관련하여 당신이 Holden을 보는 방식에 어떠한 변화가 있었나? 그리고 만약 당신이 새로운 자료에 직면하였을 때 '오해는 불가피한 것'이고, 이러한 단원의 어떤 지점에서 당신의 오해가 무엇인지에 대해 몇몇 사람들이 요구할 것이다. 마지막으로 만약 당신이 이듬해에 학생들에게 이러한 소설을 가르칠 것이라면, 그들이 이 소설에 관해 단순한 몇 가지 사실을 아는 것이 아니라 소설 그 자체를 이해했다고 무엇으로 확신할 것인가?

문학에 대한 이러한 접근방식이 책 한 권을 나누어 주는 전형적인 오프닝 전략, 읽기 숙제의 실러 버스를 재검토하기, 그리고 필요한 등급을 조사하는 것과 어떻게 다른지 고려하라. 이러한 경우 학생들의 수행 도전 과제에 따라서 독서를 위한 의도와 맥락이 주어진다(즉, Holden에게 무엇이 잘못되었는지 이해하기). 처음부터 그들은 무엇이 기대되고 그들의 활동이 어떻게 판단되는가를 알게 된다. 또한 상이한 유형의 평가가 학생들의 이해 정도를 판단하기 위한 증거가 되는 '사진 앨범'을 어떤 식으로 제공하는지 주목하라. 일반적인 저널의 도입은 교사에게 포괄적인 증거를 제공할 뿐만 아니라 효과적인 독자의 전략을 적용하게 한다(예를 들어, 텍스트를 요약하고 문제들을 제시하기).

실제적인 문제에서, 처음부터 단원과 코스의 본질적 질문에 집중시키는 것은 학생들에게 우선순위를 가르쳐 주는 쉬운 방법이다. 따라서 본질적 질문과 그러한 질문이 핵심 평가문항이 된다는 것을 앎으로써 학생들은 학습하고 조사하며 기록하고 보다 더 분명하고 핵심적이며 확신에 찬 질문을 할 수 있을 것이다.

'Where to(어디로)?'와 'Where from(어디로부터)?'

W의 또 다른 차원은 설계자가 다음과 같은 질문을 요청하고 마음속에 질문을 가지고 설계하는 것을 상기시킨다. 학습자는 어디에서 오는가? 학생들이 어떠한 사전 지식, 흥미, 학습 양식, 재능을 가져오는가? 어떤 오개념이 존재하는가? 이러한 질문은 학습 계획에서 일찍이 진단평가를 포함하는 중요성을 강조한다.

오개념 주의하기

'자, 그 모든 정보를 가지고 내가 할 수 있는 것은 무엇인가? 그것은 나의 모든 계획을 파괴할 것만 같다' 우리는 워크숍에 참석한 대학 교수들로부터 이러한 비탄의 목소리를 실제로 들었다. 그 교수들은 우리의 '계획들'이 피드백에 늘 무감각할 것이라고 가정하는 실수를 범하였다. 반면에 교수 자신은 실제로 계획조차도 하지 않았다. 반대로 주택건설, 조각, 가정교육, 전쟁에서 싸우기, 경제적 안전성 혹은 축구 코치하기, 복잡한 수행 목표를 성취하는 것이 목표, 피드백 그리고 예측 가능한 문제에 비추어서 계획된 적응이나 조정을 필요로 한다.

효율적이고 효과적이며 광범위하게 이용되는 진단적인 방법은 K-W-L(Know-Want to know-Learned)로 잘 알려져 있다. 새로운 단원이나 수업의 도입부에서 교사는 학생들에게 그 주제에 대해서 이미 그들이 무엇을 알고 있는지(혹은 그들이 알고 있다고 생각하는 것) 확인하기 위해서 그들에게 질문한다. 그들의 대답은 K-W-L차트에서 목록으로 만들어진다. 이 목록은 학습자 집단의 사전 지식의 즉각적인 이해를 교사에게 제시하고, 반면에 존재할지도 모르는 기술될 필요가 있는 잠재적인 오개념을 드러낸다. 다음으로 교사는 학생들이 가지고 있는 질문을 불러일으키고, 그들이 주제에 관해서 배우기를 원하는 것을 확인하기 위해서 학생들에게 질문을 한다. 차트에 기록되고 흥미로운 영역의 지침으로 제공되는 이러한 대답은 또한 가르칠 수 있는 기회를 유도한다(때때로 학생들은 실제로 '아이들의 언어'로 본질적 질문을 유도한다. 예를 들어, 읽기와 활동으로 특징지어지는 초등학교 사회 학습 단원은 지역의 이슈와 지역의 인사들을 탐구하는 것이다. '남부인들은 실제로 북부인들과 다른가?'라는 학생들이 만들어 낸 질문 중 하나는 수업의 흥미를 유발하고 지역뿐만 아니라 상세하게 일반화된 것과 대비되는 고정관념에 관한 토론과 조사에 관여하도록 유도한다). 단원이 전개되었을 때 획득된 사실과 빅 아이디어는 주요 학습에 대한 기록을 제공하면서 L 차트에 기록된다.

모든 수행의 영역과 특수·전문 교육에서 광범위하게 이용되고 있는 보다 공식적인 접근은 분명한 사전평가와 사후평가 전략의 일부로서 등급을 매기지 않는 사전검사를 가진 단원으로 시작한다. 특히, 이 질문이 주요 오개념을 대상으로 하고 있다면 이것은 이해에서 성장에 관한 매우 귀중한 증거를 확보할 수 있다. 실제로 많은 물리 교사와 교수는 물리학에서의 빅 아이디어를 보다 심도 있게 이해하는 데 자신의 성공을 측정하는 방법으로 제2장에서 기술한 힘의 개념 목록(the force concept inventory)을 일상적으로 사용한다. 이와 마찬가지로 학습자의 태도와 학습양식에 관한 조사는 교수(teaching)에서 후에 사용하기 위한 가치 있는 정보를 만들어 낼 것이다.

이러한 구체적인 방법이 사용됨에도 불구하고 진단평가의 정보는 교사들의 학습 계획이 그들의 주요 '고객'에 기초한 지식과 필요성에 대해 잘 반응하도록 안내하고 있다. 이것은 단지 '돌보는' 교사로서 이용되는 미묘하고 전술적인 것이 아니다. 우리의 관점에서 교사는 결코 그들의 진단적인 기능이나 적응적인 계획의 증진 없이는 탁월한 결론을 성취할 수 없다.

중요한 실제적인 함의는 교사가 유용한 피드백을 수집하는 데 기초가 되는 적응(adjustment)을 위한 실러버스에 대한 여지가 있어야 하고, 피드백을 사용하기 위한 기회가 있어야 한다는 것이다. 그렇게 설정된 융통성은 효과적인 수업설계의 주요 측면이다.

H-주의 환기와 흥미 유지

빅 아이디어와 수행 과제에 모든 학생이 참여하게 하기 위해 강력한 사고를 불러일으키며 '사로잡는' 것은 무엇인가? 어떤 경험, 문제, 특이함, 이슈 그리고 상황에서 학생들이 빅 아이디어에 관해 즉시 흥미를 느끼고 정확하게 이해하며, 중요한 것을 분명하게 알도록 빠져들게 할 수 있는가? 이러한 제재(material)에 대한 어떤 접근방식이 주제와 활동 속으로 금방 흥미를 느끼게 하고 호기심을 불러일으킬까? 특히 어려움에 처했을 때 어떤 종류의 기회가 학습자의 흥미를 유지시킬 수 있는가? 위험을 최소화하고 상상하며 질문을 격려하는 것과 같은 전형적인 학교교육의 가장 당혹스러운 특징은 무엇이며, 그러한 것들은 어떻게 하면 해결될 수 있는가?

정교화된 이해를 유도하는 지적인 활동은 고도의 자기훈육, 자기 방향성 그리고 대부분의 학문적인 환경에서 만족을 지연시키기를 원한다. 그러나 많은 학생은 열심히 공부하면서도 마지못해 학교에 오곤 한다(늘 기대를 하면서 학교에 오는 것은 아니다). 그리고 많은 학생은 교사와 교재가 제공하는 정보를 단순히 받아들이고 되돌려 주는 것이 아니라 이해를 구성하는 것이 자신의 임무라고 일반적으로 오해하고 있다. 역사적으로 학교는 마치 이러한 문제의 결론이 단지 칭찬, 상, 상품 그리고 특권의 '당근'과 낮은 등급, 벌, 공개적인 창피의 '채찍'과 같은 비본질적인 수단에만 의존해 왔다.

우리는 다양한 관점을 가지고 있다. 설계에서 목적은 학생들이 좋아하는 것을 이용하는 것도 아니고, 그들에게 나쁜 결과에 대한 두려움을 야기한 것도 아니다. 설계의 도전은 보다 효과적으로 본질적인 동기를 이용하는 것이다. 오래 전에 Bruner가 이야기한 '교재에서 흥미를 이끌어 내는 최상의 방법은 앎을 가치 있도록 하는 것인데, 그것은 학습이 발생되는 상황을 넘어서서 자신의 사고를 활용할 수 있도록 지식을 획득하는 것을 의미한다'(1960, p. 31). 훌륭한 학습 상황에서의 두 개의 워크숍에 대한 우리의 토의에서 논의되었듯이, 설계의 몇 가지 특징은 다른 것보다 사고를 불러일으키고 지적으로 몰두하게 만든다는 일반적 상식의 문제로 알려져 있다. H는 교사로서의 우리의 목적을 달성하기 위해 참여(해방)에 관한 우리의 지식에 맞게 행동하기를 요청한다.

그것을 좀 더 솔직하게 드러내 보자. 학교 공부는 지루하거나 단절될 필요가 없다. 실제로 학습자를 보다 높은 지적인 기준에 도달하기 위해서 우리는 학습자들의 사고, 호기심, 동기를 불러일으키는 우리의 능력을 증진시켜야 한다. 학교 공부는 종종 쓸데없이 단조롭고 지루하며, 특히 너무 시시한 기능 중심의 학습이나 지나치게 수동적인 듣기로만 구성될 때 이러한 모든 것은 흥미로운 문제와 실제적인 문제 그리고 가치 있는 수행 과제에서 멀어진다.

호기심을 불러일으키는 질문과 도전적인 문제를 중심으로 활동을 조직하는 것은 학생들의 지속적인 참여를 불러일으키는 효과적인 방법으로 이미 알려져 왔다. 그러나 이슈란 교육자가 본질적 질문을 만들기 시작하였을 때부터 드러나게 된다. 본질적 질문이 '아이(학습자)의 언어'로 고안되어야 하는가? 혹은 성인이 토의하고 조사하며 질문을 논의하는 방법으로 고안되어야 하는가? 그들은 묻고 있다. 우리의 넉살스러운 대답은 '예'다. 우리는 제5장에서 살펴본 필수적인 것에 관한 네 가지 상이한 의미에 따라서 제시된 것 둘 다 해야 한다.

UbD 템플릿의 관점—그리고 특히 단계 1—이 성인 설계자를 지도하기 위한 것임을 명심하라. 그래서 질문들이 현장의 문제를 실제적으로 다루는 것을, 그리고 탐구가 학습자들이 빅 아이디어—본질적인 것에 관한 첫 번째 두 가지 의미—를 이해하도록 돕는 것을 분명히 하는 것은 중요한 것이다.

후에 학생들을 위한 자료와 활동을 고안할 때 설계자는 편집하고 수정하며 다른 두 가지 의미를 보다 더 충족시키기 위해서 필요에 따라서 질문을 바꾼다. 즉, 질문이란 학습자와 성인의 사고 사이에서 유용한 교량으로서 작용하고 모든 학생의 관심을 끌 것이다.

경험은 경고성 주의를 제공한다. 단지 단원의 시작에서 본질적 질문을 하는 것은 즉시적인 흥미를 유발하는 것도 아니고, 유용한 이해를 유도하는 것도 아니다. 학생들은 그러한 질문을 진술하는 데서의 필요성이나 가치를 이해하는 데 관련된 이슈에 관해서 충분히 알지 못한다(혹은 충분히 고려하지 못한다). 그것은 이 장의 서두에서 지적한 Phenix의 인용처럼, 교사나 전문가에게 필수적인 것이지 학생을 위한 것이 아니다.

때때로 사실상 최상의 도입 질문(혹은 문제들)은 매우 특별한 퍼즐, 호기심, 역할놀이와 사례연구 같은 과제에 더 관련된 것이고, 본질적 질문이란 학생들이 그러한 이슈를 가지고 충분히 경험해 본 다음 자연적으로 발생할 수 있다. 이러한 것이 어떻게 발생하는지 세 가지 예가 있다.

- 중학교 언어과 교사는 학생의 읽기, 토의 그리고 쓰기를 지도하기 위한 본질적 질문을 개발하였다. '동료집단은 이른 사춘기의 행동과 신념에 어떤 식으로 영향을 주는가?' 이 질문은 그녀의 실러버스의 일부분을 구성하는 짧은 이야기와 소설에 적합한 것이다. 그리고 아마도 이 질문은 특정한 연령집단에 적절한 것이다. 그러나 학생들은 그것을 지나치게 '설교적인' 것으로 보았기 때문에 이 질문에 그녀의 학생들이 결코 동조하지 않는다는 것을 알게 되었다. 학생들에게 그 제안을 사용하면서, 그녀는 질문을 다음과 같이 수정하였다. '그들이 집단 내에 있을 때 일부 사람들은 왜 바보스럽게 행동할까?' 그것은 성공적이었고, 학생들은 순간적으로 몰두했으며, 오랜 기간 동안 흥미가 유지되었다.

- 뉴욕에 있는 고등학교 교사는 세계사 수업의 러시아 역사 단원에서 이러한 질문을 사용하였다. '그의 나라에서 Gorbachev는 영웅인가, 반역자인가?' 이 질문은 학생들이 회의 형식에서 다양한 러시아 지도자(Gorbachev, Yeltsin, Lenin, Stalin, Marx, Trotsky & Catherine the Great)의 역할 연기를 하는 것에 대한 학습활동과 토론에 초점을 두고 있다. 이러한 질문을 몇 번의 수업에 사용한 후 교사는 그것이 혼란스러울 수 있다고 인식하고, 그래서 그는 '누가 허풍을 떨었니?'로 바꾸었다. 역할놀이 토론에 이어, 학생들은 원래 질문에 대답하기 위해서 쓰기 선택지(신문기사, 사설 혹은 에세이)를 작성하였다.

- 4학년 교사인 그녀는 학생들이 자연과 다양한 삶의 형식에 대한 가치를 인식하기를 원하였기 때문에 '곤충의 이로운 점은 무엇인가요?'라는 곤충에 대한 질문으로 과학 단원을 시작하였다. 그녀가 이러한 주제와 질문으로 수업을 하면서 주 기준에서 상위의 빅 아이디어가 '형태와 기

능', '생존'과 관계된다는 것이 분명해졌다. 그녀는 자신의 질문과 이어지는 단원 설계를 수정하였다. 즉, '어떻게 곤충의 구조와 행동의 패턴이 그들의 생존에 도움이 되는가?', '만약 단지 강한 것이 살아남는다면 얼마나 강한 곤충(다른 종들과 비교해서)이어야 하는가?' 그녀는 이 단원을 시작하기 위한 동기 유발(hook) 자료로서 최초의 질문을 잊지 않고 있었다.

'공식적인(official)' 본질적 질문의 도입은 즉시적이거나 연기할 수 있고, 직접적이거나 귀납적일 수 있다. 본질적 질문은 단원을 시작할 때 제시될 수도 있고 문제 해결, 수업 혹은 다른 학습활동에 초점을 둔 다음의 늦은 시점에서 자연적으로 발생하도록 설계할 수도 있다.

또 다른 종류의 동기 유발은 학생들을 퍼즐에 빠져들게 하고, 실제적인 세상의 문제를 해결하기 위한 그들의 도전, 그리고 다양한 관점에 대해서 적절한 이슈를 탐구하기 위한 역할 연기를 포함한다. 더욱이 Ted Sizer가 자신의 창시적인 책 『호레이스의 타협안(Horace's Com-promise)』(1984)에서 '미스터리의 전시'에 따른 졸업증서의 아이디어를 소개한 이 장은 'Incentives'로 제목이 붙여졌고, 이것은 주목할 만한 가치가 있는 것이었다.

참신한 이론, 역설, 그리고 모순을 제시하는 것은 호기심과 탐구를 자극하는 것이다. 이것은 하버드 학부 교육에 대한 다년간의 연구인, 하버드 평가 세미나의 표제 아래 Richard Light(2001)가 발견한 주요 결과였다. 즉, 가장 참여적이고 효과적인 수업은 논쟁을 중심으로 혹은 반대하는 논의를 중심으로 조직되었다. '교육은 긁어 주는 것이 아니라 가려움이어야 한다.'고 말한 교육자 Frank Lyman(1992)은 주제에 관한 최초의 호기심을 불러일으키기 위해 '기이한 사실'을 이용하라고 권유하였다. 그는 단시수업이나 단원을 '공기역학의 법칙에 따라서 땅벌이 날 수 없다는 것을 알고 있는가? (벌이 날고 있는 사진을 보여 주면서) 어떻게 이 벌이 날 수 있을까?'와 같은 예외적인 질문으로 시작할 것을 제안하였다.

미스터리는 늘 사고를 위한 훌륭한 출발점이 된다. 특히 대답이 본질적 질문을 일으킬 때는 더욱 그러하다. 이것은 19세기 중엽 서부 확장에 관한 단원을 소개하기 위해 문제 중심 학습의 수업 예시다.

당신은 도서관의 책에서 뉴욕 신문이 다루었던 매우 오래된 이슈의 앞 장에서 나온 기사에 대한 노란 복사본을 발견하였다. 단지 첫 번째 단락만 남아 있고, 날짜나 권 번호는 없었다. 그것을 읽어 보면,

시간을 돌려라.

어제 아침 지방시각 9시에 Times Telegraph사의 국장이고 서부 연방 Telegraph사의 시간을 제공하는 관리인인 Mr. James Hamblet는 서부 연방 Telegraph 빌딩 48번 방에서 그의 표준시계 진자를

멈추었다. 반짝이는 긴 막대와 무거운 원통형의 진자볼이 3분 58.38초 동안 쉬고 있었다. 시계의 미세한 기계는 처음으로 쉬고 있었다. 시계 옆 선반 위의 전기기계는 딸깍거리는 것을 멈추었고, 도시 전체의 많은 보석상점과 시계상점에서는 유사한 기계들이 짧은 순간 멈추어 있었다. 그것이 확인될 수 있는 한 그 시간의 상태는 지나간 것이고, 무거운 진자는 다시 움직였으며, 그것의 흔들림은 결코 변하지 않는 간격으로 앞과 뒤로 흔들렸다. 진자가 움직이면서 온 도시의 작은 기계의 딸깍거리는 소리가 다시 찾아왔다. Mr. Hamblet는 뉴욕 시와 주의 시간을 바꾸어 놓았다.

당신은 이 기사에 관해서 무엇을 알고 있는가? (여기에 대해 우리는 나중에 이 장에서 대답할 것이다.) 학생들은 이러한 미스터리에 즉시 빠지게 된다. 일단 그들이 이것을 알게 되면, 미국인의 서부 이주의 다른 중요한 원인과 결과를 '밝혀내기' 위해서 그들이 배웠던 것을 이용할 것이다.

미스터리의 요소는 학생들이 탐구의 힘을 일깨우고 개발할 때 중심이 되는 것이고, 학습된 것 속에서 학생들이 탐구해 나가는 것을 이해할 때 중요한 요소가 된다. 이러한 접근은 전형적인 내용 중심 코스워크가 어떤 식으로 시작하고 개발하는가 하는 것과는 첨예하게 대조되는 입장을 취한다(특히, 그 작업에서 교재가 제시되었을 때). 혹은 우리는 가장 유명한 비디오 게임을 볼 수 있다. Sims 게임은 굉장히 유명한 컴퓨터 시뮬레이션 게임이지만, 폭력성, 폭발 혹은 바람직하지 않은 게임의 다른 케케묵은 요소를 전혀 담고 있지 않다. 다만, 그 게임은 사람들을 어떻게 돌보는지와 그들의 문제를 해결하는 방법에 대한 드라마와 퍼즐이다.

또는 효과적인 영화 제작자들이 우리의 마음속에서 우리가 생각하고 궁금하게 여기는 것을 지속하는 방법으로 해답이 없는 질문을 불러일으키는 방법에 대해 생각해 보라. 예를 들어, 워크숍에서 다큐멘터리에서 이러한 질문을 불러일으키는 기술이 작용하는지 보여 주기 위해서 Ken Burns의 비디오 시리즈, 남북전쟁의 처음 10분을 보여 주었다. 여기에서 시작되는 장면은 전쟁으로 만들어진 황폐함을 개인화한 것이다. 그러나 단지 감질나고 한정된 사실이 이러한 드라마틱한 오프닝에서 묘사된 사람들에 관해 제공되고, 우리는 그렇게 압도적인 숫자 속에서 '어떻게 동료를 죽일 수 있을까?'와 같은 궁금증을 갖게 된다. 내레이터 John Chancellor에 의해 교활하고 미완성의 방식으로 묘사되는 사진 속의 사람들은 누구일까요?(예를 들어, '도망치는 노예'와 '일리노이에서 온 거친 남자'—Frederick Douglass와 Abraham Lincoln)

최상의 강의는 흥미로운 광경과 일화를 제공하고 질문을 불러일으킴으로써 우리를 지속적으로 관여하게 만든다. 사실상 공학의 출현으로 '시간에 맞추어' 학생의 흥미와 요구를 끌어내는 강의가 가능하게 된 것이다. 학생들은 배경 정보가 필요할 때 웹사이트에 들어가거나 웹을 통해 질문(WebQuest)할 수 있게 되었다. 따라서 수업시간에 교사는 촉진적인 질문과 수행 과제를 지도하는 데 보다 많은 시간을 보낼 수 있게 되었다. 이것은 학생들을 '흥미를 유발하는' 미묘한 형태지만 중요한 것이다. 강의자는 학생들의 마음속에 정보에 대한 '가려움'을 일으키는 적용 과제나 본질적 질문을 제시하기 전에 종종 너무 많은 정보를 앞서 산적해 놓는 실수를 범하게 된다.

몇 년 전 우리 중 하나가 전체적인 구조가 전기문의 계열로 된 역사 수업에 참여하였다. 각각의 학생들은 다음의 주인공을 연구하고, 자신의 연구를 발표하며, 기자 회견에 참여하였다. 기자 회견에서 네다섯 명의 다른 역할 연기자들은 교실의 나머지 학생들(기자역을 맡은)로부터 나온 질문을 재치있게 받아넘겼다. 전기문은 이 주제를 더욱 흥미롭게 하기 위해 선정되었고, 몰두할 만하고 매력적인 인물에 맞는 매치를 제공하기 위해 선정되었다. 회의 형식(the old Steve Allen TV 쇼에 기초한)은 궁극적인 기자 회견을 위한 모델이 되었다. 거기서 연구자들은 기자단 역할을 한 다른 학생들로부터 제시된 질문에 대답하면서 역할놀이를 해야 했다.

자극을 북돋우는 데 있어서 코스의 드라마틱한 전환점이란 교사가 제시한 효과적인 트릭이었다. 교사는 포함된 인물에 관한 일부 오류가 있고 질 나쁜 자료를 가진 예비 도서관을 설치하였고, 그래서 학생들은 의심을 해야만 했고, 참고문헌을 비교 검토해야만 했다. 중요하게도 이러한 교사는 결코 강의를 하지 않았다. 우리가 도서관에서 확인할 수 있도록 비디오테이프와 인쇄물로 그의 수십 번의 사전 강의를 제시해 두었음에도 불구하고 말이다(그러나 학생들은 짝 활동으로 그것들을 확인해야 했고, 다른 사람과 함께 그것에 대해 논의해야만 했다).

또 다른 예는 물리학에서 나왔다. 한 교수는 문제의 상이한 관점에 대해 여러 학생 팀이 연구하도록 요구하는 태양력-장난감-자동차 경주를 중심으로 전체적인 모듈을 만들었다(에너지 모으기, 에너지를 자동차의 힘으로 전환하기, 타이어의 미끄러짐 줄이기, 자동차 조정하기 등). 강의는 하나 혹은 그 이상의 팀이 요청하였을 때만 제공되었다.

요약하면 많은 워크숍의 참석자들은 그것을 최상의 설계에서 일어나는 것이라고 표현하였고, 학생들을 최대한 몰두시키는 학습 설계는 재미있고, 미스터리하며, 도전을 자극하는 것을 포함한다. 그러한 유혹은 외부에 있는 것이 아니라 내부에 있는 것이다. 그 연구는 이 점에 대해 분명히 밝혔고, 교사들은 학교교육이 원래부터 재미있는 것이 아니라고 말하는 것을 그만두어야 했다. 동기는 분명한 가치와 내부의 흥미, 그리고 전이를 제공할 때 증가된다. 『A Place Called School』(1984)에서의 Goodlad의 연구는 시기적절한 것이다.

학생들은 무엇을 학습해야 한다고 지각하고 있는가? 우리는 학생들에게 학교 교재에서 배워야 하는 가장 중요한 것에 대해 쓰도록 요청하였다. ……대부분의 일반적인 학생이 사실이나 주제를 나열하였다. ……지적인 능력을 획득해야 한다고 대답한 반응은 눈에 띄게 없었다.

예술, 체육, 직업교육, 신문잡지와 같은 대세가 아닌 일부 코스를 강조하는 다소 상이한 관심이 만연해 있다. 가능성이나 능력의 일종을 획득하기 위해 교과나 주제를 확인하는 주목할 만한 변화가 있었다…….

중 · 고등학교 학생들을 '매우 흥미 있게' 하는 유일한 교과목은 예술, 직업교육, 체육 그리고 외국어 다. ……학교에서 종종 가장 많이 발견되는 교실 실제의 일종으로 소수 학생들이 선호하는 것으로 이해 하기는 매우 힘들 것이다(pp. 233-236).

지난 수년 동안 730개가 넘는 기관으로부터의 반응을 포함하고 있는 NSSE(National Survey of Student Engagement)가 조사한 대학의 참여도에 관한 포괄적인 연구는 참여연구의 중요성을 드러내 고 있다.

코스는 코스 자료의 적용, 정보와 논의의 가치에 관한 판단, 그리고 교육적이고 개인적인 이익과 높게 관련된 보다 복잡한 해석과 관련성 속에서 자료들을 총괄적으로 다루는 것을 강조하고 있다. ……교직원 과 함께 관련성의 질에 대한 학생들의 지각은 교육적이고 개인적인 이익과 매우 밀접히 상호 관련되어 있다. 마치 교직원들이 피드백의 단서를 종종 제공하듯이 말이다(2003).[1]

이와 유사하게 앞에서 언급한 하버드 대학교의 Light의 연구(2001)는 외국어를 다른 많은 프로그 램과 비교하였을 때 열광적으로 재검토해야 한다고 지적하였다.

교사는 모든 학생이 부끄러워하더라도 규칙적으로 조언하고 격려해야 한다고 주장하였다. 학급의 아 웃사이더의 소수집단에 있는 학생들은 활동을 할 수 있도록 격려되어야 한다. 수업은 규칙적인 쓰기 과 제를 요구하고 ……그리고 퀴즈는 학생들에게 즉각적인 피드백을 제공하며, 그래서 그들은 반복적으로 중간 코스를 교정할 수 있다. 여기서 우리가 발견할 수 있는 커다란 메시지는 수업이 개인적인 참여와 동 료 간의 상호 작용이 극대화되어 조직될 때 학생들이 열정적으로 수업에 임한다는 사실이다(p. 80).

우리의 워크숍 참가자들은 가장 효과적이고 몰두할 만한 설계가 학습에 대한 도전적이고 의미 있 는 적용을 포함했었다는 것을 말하고 있다. 이것이 바로 공식적인 결과가 강조하는 것이다.

흥미를 넘어서서 본질적인 것으로

도전 과제란 무엇이 필수적인 것인가에 초점을 두는 것이지, 단순히 즐거운 활동을 제공하기 위한 것이 아니다. '시간을 돌려라.'라는 기사 발췌문은 미국 역사에서 중요한 아이디어와 이슈를 생성하는 데 매력적일 뿐만 아니라 효과적이어야 한다는 것이다. 실제로 핵심 질문은 발췌문이 번역되고 확인되며 논의될 때 학생들로부터 발생된다(문제 결과가 실제로 무엇을 기술하고 있는지 궁금해 본 적이 있는가? 그것은 미국을 4개의 시간 영역으로 분할하는 표준시간에서 일출과 일몰에 따른 지역 시간에서 변화된 미국의 하루에 대한 설명이다. 철도는 표준화된 국가 스케줄을 위한 요구 때문에 이러한 변화를 추진하였다).

우리의 워크숍에서 이러한 기사를 읽고 역사 수업의 학생들로 역할 연기를 보여 주었던 많은 교육자들은 굉장히 의욕적이었고, 그럴듯하지만 정확하지는 않은 이론을 제안하였으며, 흥미진진하게 논의하였다. 결과적으로 그들은 어떻게 중요한 질문과 연구 가치가 있는 이슈가 자연적으로 나타날 수 있는지에 대해, 그리고 어떻게 계획적인 설계를 통한 오개념이 도출되고 진술되는지를 직접적으로 경험하였다.

다음의 조건은 어떻게 지적인 흥미를 유발하는가에 관한 우리의 감각을 요약한 것이다.

- **질문, 문제, 도전, 상황 혹은 이야기에서의 신속한 몰입은 단지 학교 지식이 아니라 학생들의 유머를 필요로 한다.** 사고의 이러한 방식은 문제 중심 학습과 사례 방법의 중심이 된다. 예를 들어, 수학 교사는 2층 교실에서 볼 수 있는, 시의 물 타워가 실제로 페인트로 표시된 것처럼 '신선한 물을 1만 갤런을' 포함하고 있는지, 어떤지를 확인해 보는 도전 과제를 자신의 수업에서 제시하였다.

- **호기심을 유발하는 사고** 예외, 불가사의한 사실, 반직관적인 사건이나 아이디어, 그리고 본능에 호소하는 미스터리, 친숙한 것을 낯설게 하는 것과 낯선 것을 친숙하게 만드는 것이다. 한 가지 예로 수학 교사가 학생들에게 기하학의 빅 아이디어로 소개된 2차원 공간의 이야기를 읽어 주는 것이다.

- **경험적인 충격** 이러한 유형은 학생들이 감정, 장애물, 개인적인 문제에 직면하게 되는 지적인 외국 경험과 과제를 달성하기 위한 집단 경험으로 특징지을 수 있다. 수학이나 경제학에서의 주식 시장 경쟁, 식물이나 동물이 생존하는 데 필요한 것 혹은 세계 언어에 몰두하는 상황에 대한 도전은 우리가 의미하는 것의 일반적인 사례일 뿐이다.

- **개인적 관련성** 학생들은 토픽에 대해 개인적으로 관련지어 볼 기회가 주어질 때 혹은 흥미 있는 문제를 추구할 기회가 주어질 때 더욱 참여적이게 된다. 예를 들어, 식민 정착을 학습하기 위한 전조로서 초등학생들은 우리가 어디에서 왔고, 왜 사람들이 이동하는지에 대해 알기 위해서 그들의 부모와 친척을 인터뷰해야 한다. 그들이 발견한 이유는 이주와 새로운 장소로의 정착을 포함하는 보편적 주제를 더 잘 이해하기 위한 것이다.

- **이슈에 대한 관점의 차이와 다양한 시각** 심사숙고하면서 관점을 변화시키는 것은 호기심과 깊

이 있는 사고를 자극하기 위해 학생들의 주의를 환기시킬 수 있다. 예를 들어, 중학교 역사 단원은 유명한 사건들에서 놀랍도록 상이한 관점을 제공하기 위해 다른 나라의 교과서 읽기를 포함할지도 모른다.

E-탐구하고, 경험하기, 가능하게 하고 준비 갖추기

어떻게 학생들이 빅 아이디어와 본질적 질문을 탐구하는 데 관여하게 할 수 있을까? 어떤 학습활동, 수업 지침 그리고 지도가 학생들의 최종 수행을 위해서 갖추어져야 하는가? 어떤 숙제와 교실 밖의 경험이 학생들로 하여금 중요한 아이디어를 개발하고 그들이 이해를 깊이 있게 하는 데 필요한가?

학습 계획의 핵심은 여기에 있다. 학생들은 실제로 빅 아이디어를 경험할 필요가 있고, 빅 아이디어는 학생들의 최종 수행을 위해서 갖출 필요가 있다.

경험을 통해 탐구하기

일반적으로 주의할 점, 특히 고등학교와 대학 수준의 교사가 종종 학생들의 사전 경험의 부족을 충분히 고려하지 못하고, 그들이 더 많은 지식을 필요로 한다고 잘못 생각하고 있다는 것이다. 이해는 잘 설계된 경험, 그러한 경험에 대한 성찰, 그리고 경험과 목적에 맞는 수업을 대상으로 한 반복적인 혼합을 필요로 한다. 또 다른 언어로 몰입하는 다양성만큼 방법상의 본질, 수학에서 몬테소리의 실체험 교구들, 교육과 의학에서 실습 과목, 그리고 법률과 사업에서의 사례연구법에서 좋은 설계란 이해가 성장하도록 충분한 실제나 가상의 경험을 제공한다는 것이다. 다시 말해, 아이디어가 경험을 분명하게 하는 풍부한 경험을 제공하지 못할 때 빅 아이디어란 또 다른 쓸모없는 추상화라는 것이다.

다음의 사례는 어떻게 경험적인 활동과 가상실험이 삶에서 추상적 개념을 유도할 수 있는지에 대해 기술한 Steven Levy의 교수(teaching)에 관한 것이다(이러한 경우는 공감의 측면에 관한 것이다).

1992년 9월 레비의 학생들은 첫째 시간 교실에 들어가려고 했을 때 책상, 의자, 컴퓨터 혹은 책장이 없이 비어 있는 교실을 보고 놀랐다. 그들이 한 해 동안 공부하였던 Pilgrims와 같이 학생들은 그들의 필요에 맞게 새로운 환경을 만들고 싶었다. 일 년 내내 그들에게는 4학년 교육과정에서 구체화된 개념들을 경험하도록 기회가 주어졌다. 그들은 자신들의 의자와 책상을 만들었고, 협동적이었으며, 주주를 가지게 되었고, 그들의 활동에 따른 자금을 조달하기 위해 배당금을 나누어 주었으며, 빵을 굽기 위해서 밀을 키우고 수확하였고, 매트를 만들기 위해서 염색하고 털실을 가공하였다(Regional Laboratory for Educational Improvement of the Northeast & Island, n.d., p. 1).[2]

수행을 위해 준비 갖추기

단계 1에서 확인된 바라는 이해와 단계 2에서 구체화된 이해의 수행은 단계 3에서 필요한 수업의 본질과 학습 경험에 정보를 제공한다. 그래서 백워드 설계는 E의 다른 의미에 대해 다음과 같이 제안하고 있다. 즉, 교사의 일은 학습자가 최종적으로 이해하면서 수행할 수 있도록 준비하고 그것을 가능하게 하는 것이다.

준비하기(equip)와 가능하게 하기 혹은 실력 갖추기(enable)라는 용어를 사용함으로써 우리는 최종적인 전이 과제에 관해서 분명하게 하는 것과 기준에 맞추거나 결론을 도출하는 것, 좀 더 나은 설계를 하는 것과 같은 중요한 역할을 강조하고 있다. 자율성을 증가시키면서 우리는 수행을 위해 학생들을 준비시키고, 그들이 이해하면서 수행하도록 가능하게 한다. 그것은 30개의 분절된 항목을 포함하는 단원의 테스트나 주의 테스트를 위해 그들을 준비시키는 것과는 다른 것이다. 설계 활동의 이러한 맥락에서 교사는 어떤 종류의 지식, 기능, 마음의 습관이 성공적인 최종 수행 과제를 위해 필수적인 것이 되는지 스스로 질문해야 한다. 어떤 종류의 수업 활동이 학생들이 빅 아이디어에 대한 그들의 이해를 발전시키고 심화하는 데 도움이 될 것인가?

설계자가 무엇이 그들의 교수(teaching)와 지도(coaching)의 책무성을 수반하는지 알기 위해서 백워드 설계의 논리를 주의 깊게 살펴볼 때, 그들은 종종 필수적인 준비를 위해서 충분히 계획되지 않는 자신들을 발견하고 놀라게 된다. 예를 들어, 대학 교수는 종종 새로운 문제, 과제, 연구 혹은 수행으로 학생들을 가르칠 때 전이가 일어나지 않는다고 일상적으로 불평하고 있다. 그러나 당신이 전이를 위한 능력을 획득하기 위해서 관련된 모든 필수적인 것을 주의 깊게 고려하기 위해서 교수에게 물어보았을 때, 그들은 일반적으로 다양한 상황에서 지식을 어떻게 전이할 수 있는지 학습에서 학생들을 지도하기 위한 계획에 대해서는 어떠한 언급도 하지 않는다. 그리고 그 문제는 일반적으로 교수(teaching)의 부족 대신에 학습자의 결손으로 정의된다.

이와 유사하게 초등학교에서 대학교까지의 교사들은 학생들이 아이러니, 풍자, 야유, 풍유를 포함한 교재를 가지고 고군분투할 때 종종 매우 무미건조하게 읽는다는 것에 대해 우려를 표현하였다. 그러나 이러한 교사들이 수업설계를 자기평가하였을 때, 종종 두 가지 결점을 발견하게 된다. 즉, 전형적인 짧은 숙제와 평가는 충분히 여러 가지로 해석한 읽기를 포함하지 못하고, 어떻게 결정 내려야 하는지, 명확한 단서가 언제 주어지는지, 어떤 종류의 읽기가 어떤 종류의 대답을 요구하는지에 대해 학생들이 이해하기 쉽도록 설계된 수업은 거의 없었다.

많은 경우 교사들은 전이를 가르치기 위해 본질적 질문과 관련하여 아이디어들의 좀 더 구체적인 경험을 제공할 필요가 있다. 고등학교 지구과학 코스에서 기후에 관한 단원을 생각해 보라. 예를 들어, 연을 날리고 컨설팅 회사를 만듦으로써 학생들은 기후의 원인과 영향력에 대해 이해하게 될 것이다. 학생들은 적도와 극 사이의 고르지 못한 열, 지구의 자전, 육지와 해양의 분할이 기후를 결정하는 지구의 바람 패턴을 어떻게 만들어 내는지 이해하게 될 것이다. 여기에 우리가 몰두할 만한 다양한 경험에 기초한 단원이 있다.

① 날씨에 관한 단원은 최종 과제에 대한 참조를 소개한다. 즉, 일 년 동안 정확한 일기예보를 필요로 하는 다양한 사업에 대해 조언하는 것이다. 본질적 질문은 날씨의 원인은 무엇인가? 날씨는 어떻게 예견될 수 있는가? **(W)**

② 학생들은 '연을 날리러 가자.'라는 활동을 수행할 것이다. 그들은 캠퍼스에서 최상의 연날리기 좋은 장소를 찾아야 하고, 바람과 기류에 대한 지식을 참조하여 자신들의 주장을 정당화하는 도전 과제를 하게 된다. **(H)**

③ 학생들은 차별적인 가열에 따라 이러한 움직임을 설명하고 구체적인 조건하에서 공기의 움직임의 방향을 확인함으로써 순환류 다이어그램을 평가할 것이다. **(E)**

④ 기사를 읽고 일련의 실험을 수행하는 학생들은 뉴턴의 첫 번째 법칙과 구심력을 설명하고 Coriolis의 효과를 이것과 관련시킬 것이다. **(W, E, R)**

⑤ 학생들은 지도에 나타난 등압선을 분석하고 바람의 방향을 표시할 것이다(이유 설명하기). **(E)**

⑥ 학생들은 왜 태양빛의 각이 차별적인 가열을 야기하는지 연구할 것이다. 이것은 지구의 서로 다른 지역에서 적용해 볼 수 있고, 우리 지역의 다양한 계절에 따라 적용해 볼 수 있다. **(H, E, R, T)**

⑦ 학생들은 태양, 지구의 표면, 그리고 지구의 대기 사이에서 흐르는 에너지를 보여 주는 에너지 공급 그래프를 분석할 것이다. **(E)**

⑧ 학생들은 고기압, 저기압의 중심을 보여 주는 그래프를 분석할 것이고, 이 중심 사이와 주변을 흐르는 공기의 흐름을 기술할 것이다. **(E)**

⑨ 학생들은 세상의 일부분에서 일어나는 엘리뇨와 화산 활동과 같은 사건들이 세상의 또 다른 지역의 기후에 영향을 미칠 것이라고 생각할 수 있는 (교사가 제공한 기사들) 사례를 연구할 것이다. 그들은 이것이 가능한 일이라는 메커니즘을 제안할 것이다. **(W, H, E, T)**

⑩ 학생들은 프레젠테이션을 포함하여 '기후 비교하기' 제안을 완성하였다.   **(H, R, E2, T)**

⑪ 학생들은 이러한 단원에 대한 이해를 기초로 단원시험을 치를 것이다.   **(E2)**

⑫ 학생들은 각자에게 제공된 동일한 루브릭을 이용하여 자신들의 수행과 연구를 자기평가할 것이다.   **(E2)**

⑬ 학생들은 연날리기 활동으로 돌아가서 현재 그것에 대해 숙고한다.   **(W, H, R, E2)**

또한 명시적 조직자(explicit organizer)로서 〈표 9-3〉의 '사실에 추가하기'는 초등학교 학생들을 이해로 이끌기 위한 지침을 소개하고 있다. 이 조직자를 소개하고 모형화하고 나서, 교사들은 빅 아이디어를 유도하면서 개척인의 삶에 대한 '사실 추가하기'를 촉진하였다. 이러한 제안된 접근법은 학습자들이 의미를 귀납적으로 구성하도록 도와주었다. 이 조직자는 학생들에게 다양한 교과 영역

〈표 9-3〉 사실에 추가하기

일련의 사실과 자료를 함께 보기 위한 다음의 워크시트를 사용하라. 당신은 어떠한 추론을 할 수 있는가? 혹은 '사실 추가하기'를 통해서 당신은 어떤 결론을 이끌어 낼 수 있는가? 빅 아이디어는 무엇인가?

많은 개척자, 특히 아이들은 질병으로 죽었다.

많은 힘든 활동이 새로운 대륙에 정착하기 위해서 필요하다.
즉, 광야를 깨끗하게 하기, 피난처 만들기

개척자들은 식량을 얻기 위해 재배하거나 사냥을 하였다.
종종 그들은 굶어 죽기도 하였다.

정착민들은 그들이 여행하거나 정착한 땅에서 아메리카 원주민 부족의
+   공격을 받기도 하였다.

빅 아이디어:

**개척자들은 서부에서 정착하기 위해서
많은 어려운 고난에 직면하였다.**

에서 다양한 상황에 적용할 수 있도록 인지적인 도구를 제공하였고, 그러한 이해를 추구하는 것이 그들의 주요 일이라는 것을 가르쳐 주었다.

　　Donald Deshler와 동료는 Kansas 주립대학(Bulgren, Lenz, Deshler, & Schumaker, 2001)에서 인상적인 일련의 그래픽 조직자를 개발하였다. 처음에는 특별 지도가 필요한 학생들을 돕기 위한 것이었지만, 그들의 연구는 모든 학생이 조직자를 사용하는 방법을 배울 수 있도록 도와주는 다양한 자료를 제시하였다. 질문 탐색(exploration) 지침인 〈표 9-4〉는 그들의 조직자 예시이고, 학생들이 채운다〔이 저자는 우리가 '본질적인(essential)' 질문이라고 부르는 것을, '핵심적인(critical)' 것이라고 부르고, 우리가 '포괄적인 아이디어(overarching ideas)'라고 부르는 것을 '총괄적인 아이디어(overall ideas)' 라고 부른다〕. 특히 주시할 만한 것은 모든 설계가 추구해야 할 일종의 투명성을 야기하는 것으로, 학습

〈표 9-4〉 질문 탐색 지침

어떤 것이 핵심적인 질문인가?
열대우림 파괴가 어떻게 온실효과를 일으키는가?

핵심 용어와 설명은 무엇인가?

열대우림	짙은 녹색의 숲, 뜨겁고 축축한 지역
온실	식물들이 쉽게 자라게 하기 위해서 열기를 막아 두는 유리 집
온실효과	대기 중에 이산화탄소를 흡수하여 지구의 열기를 가두고 그것이 빠져나가지 못하게 하는 것

지지하는 질문과 대답은 무엇인가?

그 숲에 무슨 일이 일어났는가?	그들은 농부들이 보다 많은 곡식을 재배하기 위해서 보다 많은 대기를 얻기 위해서 산림을 태우고 있다.
중요하게 대두되는 원인은 무엇인가?	① 산림을 태우는 것이 대기 중으로 보다 많은 이산화탄소를 내보내게 되고, ② 대기 중에 숲이 제거된 곳에 이산화탄소가 차지하고 있다.
이산화탄소 증가의 영향은 무엇인가?	① 증가된 이산화탄소는 대기 중에 열기를 가두고, 온실효과를 만들어 내고, 이것이 의미하는 것은 ② 지구가 점점 따뜻해진다는 것이다.

중심 아이디어는 무엇인가?
열대우림이 태워지면서, 이산화탄소 증가의 결과로 온실효과가 발생하였다.

우리는 중심 아이디어를 어떻게 사용할 수 있는가?
대기에 미치는 영향을 감안해서 열대우림을 태우는 것보다 차라리 잘라내는 것이 어떠한가?

포괄적인 아이디어가 있는가? 실제 세상에 이용되는가?
　O.I.: 우리 모두에게 영향을 미칠 수 있는 세상의 한 부분에서 무슨 일이 일어나고 있는가?
　Use: 다른 사람들에게 영향을 주는 세상의 일부분에서 어떤 일이 일어나고 있는지…….

을 개발할 때 교사는 유사한 조직자를 이용한다는 사실이다.

우리는 종종 비계설정(scaffolding)의 필요성에 대해 교육에서 이야기한다. 그것이 바로 최상의 조직자가 하는 것이다. 비계가 제공되지 않았을 때 최종적으로 최상의 조직자들은 학습자들이 '추이 변화(moves)'의 레퍼토리를 가지고, 내면화하는 데 필요한 정신적 과정을 위한 도구를 제공한다.

다음은 그러한 비계가 제공된 수업을 위한 전형적인 계열로, 그래픽 조직자가 활용되었다(그러나 또 다른 전략에도 적용될 수 있다).

- 교사는 학생들에게 하루의 단시수업을 위해서 자신의 완전한 조직자를 보여 주었다.
- 그녀는 학생이 학습하는 데 필요한 부분적인 예시를 제공하였다.
- 그녀는 자신의 사고를 드러내기 위해 혼잣말을 하는 과정을 통해서 조직자를 사용하는 방법을 모형으로 만들었다.
- 그녀는 조직자를 사용할 때 그들의 활동에서 실습과 피드백에 대한 지침을 제공할 때 학생들을 포함하고 있다.
- 계속적으로 학생들은 조직자를 다양하고 보다 세련되게 이용할 때 독립적으로 활동한다.

질문 탐구 순서는 Deshler와 동료가 반복적인 사용을 통해서 과정이 경로가 되도록 하는 데 목적이 있기 때문에 이러한 과정을 기술하여 순서라는 용어를 사용하였다. 결과적으로 학습자들은 '순서'가 내면화되어야 할 것이기 때문이라는 단서로 물리적인 조직자를 더 이상 이용할 필요가 없을 것이다.

비계와 단서가 제거된 채 자율적인 수행을 위한 이러한 능력은 전이에 필수적인 것이고, 우리는 좀처럼 그것을 위해서 학습자들을 적절히 '준비시키지' 않는다. 수년 전 워크숍에서 한 교사가 이것을 제시하였듯이, '당신은 아이들이 어려움에 처해 있는 것을 알고 있는가? 그들이 무엇을 해야 하는지 모를 때 그들은 무엇을 해야 하는지 모른다!' 이해를 위한 교수(teaching)의 도전 과제를 요약하면 새로운 상황에 대한 지식과 기능의 지적인 전이를 위한 것이다. 그래서 우리는, 요구되는 지식과 기능은 무엇인가라는 점에 비추어 볼 때 결론은 분명하지 않고, 이슈는 혼란스럽고, 상황은 애매한 그러한 상황을 위해서 학생들을 준비시킬(그리고 평가할) 필요가 있다.[3]

R—반성하기, 다시 생각하기, 수정하기

학생들이 빅 아이디어에 대한 그들의 이해를 재고하기 위해 어떻게 안내받을 수 있는가? 학생들의 결과와 수행이 자기평가와 피드백을 기초로 한 수정을 통해 어떻게 개선될 수 있는가? 학생들은 그들의 학습과 수행을 성찰하기 위해서 어떻게 고무될 수 있는가?

포괄적인 질문과 반복되는 과제가 교육과정에 고정될 때 그것은 내용을 통한 직선적 진행이 실수라는 입장은 당연하다. 학생들이 한 번쯤 직면한다면 복잡한 아이디어와 과제를 어떻게 마스터할 수 있을까? 우리가 이전의 이해를 되돌아보지 않는다면 암울함과 이해에 대한 본질적인 관점의 변화는 어떻게 명확해질까? UbD의 주요 전제는 빅 아이디어가 즉시 고려되어야 하고 복잡한 수행은 항상 정련되어야 한다는 것이다. 그래서 단원과 코스의 흐름은 항상 반복적이고, 학생들은 현재의 단시수업의 입장에서 재고하고 변경할 필요성을 충분히 인식해야 하며, 활동은 원래의 아이디어나 테크닉으로 돌아가야 한다.

예를 들어, 1학년 수업은 우정에 관한 다양한 이야기를 읽고 친구와 그들의 경험을 토의함으로써 '우정은 무엇인가?'라는 본질적 질문을 탐구하는 것이다. 학생들은 우정이라는 이론을 개발하고 주제를 위해 개념망(concept web)을 구성한다. 교사는 '진실한 친구는 누구인가? 그리고 당신은 어떻게 알고 있는가?'로 좋은 친구에 관한 적절한 이야기를 사용하면서, 두 번째 본질적 질문을 제시함으로써 최초의 개념을 학생들이 재고해 보도록 유도한다. 학생들은 진정한 친구란 행복한 시기에 함께하는 놀이 친구가 아니라 어려운 시기에 충실한 것이라는 것을 이해하게 될 때 우정의 개념을 수정한다. 결국, 교사는 '나의 진짜 적은 나의 친구다.'와 '필요할 때 친구가 진정한 친구다.'라는 두 개의 속담을 학생들에게 제시하여 학생들의 사고에 더 큰 도전을 하게 하고, 학생들에게 이러한 아이디어에 기초를 하여 다시 우정에 대한 그들의 이론을 재검토하도록 요청하였다.

고대 문명에 대한 중학교 단원에서 잘 처리된 재고(rethinking)의 사례가 있다. 그 단원은 과거에 대한 추론을 위해 가상과 진실의 인공물을 검토하면서, 고고학자들처럼 생각하는 것을 학생들이 배우도록 해야 한다는 요구가 증가함에 따라 설계되었다. 주요 경험의 계열로 펼쳐져 있는 과정과 결과 둘 다를 다시 생각하는 방법에 주목하라.

① 본질적 질문을 사용하여 단원을 도입하라. 문명이란 무엇인가? 우리가 무엇을 알고 있는지 어떻게 아는가? 문명에 관한 간단한 정의를 학생들이 적도록 하라. 추가적인 활동으로 학생들이 문명을 상징화하는 것이라고 믿는 물체를 가져올 수 있다.

② 수업에서 학생들은 미국 동전을 관찰한다. 그들은 관찰하고 사실에 근접한 것으로 불리게 될 관찰 가능한 사실의 목록을 작성한다. 그들은 사실을 공유하고 사실에 가까운 것을 가능한 한 많이 모은다. 동전을 관찰하는 데 돋보기와 현미경으로 확대하여 볼 수 있다. 모든 학생이 사실과 사실에 근접한 것을 수집한 후에 그들은 그 모두를 작은 카드에 적는다. 사실은 분홍색이고 사실에 가까운 것은 파란색이다.

③ 학생들은 피라미드식 탑 아래에 사실과 사실에 가까운 것을 층으로 배열한다. 카드를 배열하고 재배열하고 나서, 그들은 지식이라고 주장하기 위해 사실과 사실에 가까운 것을 결합한다. 이러한 지식은 노란색 카드에 쓴다.

④ 서로 서로 주장한 지식을 공유하고 난 후에 모든 학생은 동전의 최종 해석을 내리고 그것을 녹색 카드에 적는다. 이러한 활동은 집에서 한다. 일부 학생은 그 가공물의 각 면마다 해석을 내릴 것이다. 그 다음 그들은 다른 색깔의 또 다른 카드에 최종 해석을 적을 것이고, 해석의 장점과 단점에 입각하여 저널을 쓴다.

⑤ 학생은 그들의 해석을 공유한다.

⑥ 공동으로 협력하면서 학생들은 현세기에 앞서 발견된 인공물인 Standard of Ur에 대한 밀접한 관찰을 바탕으로 사실과 사실에 가까운 것을 수집한다. 그 인공물의 이름은 학생들의 해석에 영향을 주는 것이기 때문에 학생들과 공유할 수 없다. 비슷한 색깔의 코드가 사용된다.

⑦ 집에서 모든 학생은 주장할 만한 지식을 설정하고 인공물에 대한 최종 해석을 내린다. 자료를 조직화하기 위해서 학생들은 그 탑에서 분리된 부분에서 인공물의 한 측면에 기초한 사실, 사실에 가까운 것, 주장된 지식 모두를 배열해야 한다.

⑧ 학생들은 수업에서 완성시킨 귀납적인 탑(tower)을 제시한다. 학생들은 해석에 대한 타당도에 대해 질문을 받는다.

⑨ Leonard Woolley의 『The Standard of Ur』에 대한 출판된 해석이 읽혀졌다. 집에서 학생들은 Woolley의 해석과 자신의 해석을 비교하고 대조하였다.

⑩ 학생들은 그들이 귀납적인 과정으로 배운 것을 바탕으로 하여 보다 세련된 정의를 내리려는 의도로 문명에 대한 또 다른 정의를 쓴다.

⑪ 동전에 대한 학생들의 경험, The Standard of Ur, 그리고 Woolley의 해석에 기초한 귀납적인 방법의 장점과 단점에 비추어 저널을 쓴다. '우리가 안다는 것을 우리는 어떻게 아는가?'라는 타이틀을 가진 토의로 단원을 마무리한다.

세 번째 예시는 관점의 계획된 변화를 통한 재고(rethinking)의 발생을 보여 준다. 서부 개척에 대한 그들의 연구의 일부로, 학생들은 서부 정착에 관한 상이한 관점을 제시하는 그래픽 조직자를 제공받고 다음과 같은 관점을 고려해 보도록 요구된다.

- 가족의 보다 나은 삶을 추구하는 개척자의 부모
- 친구와 친숙한 주위 환경에서 멀어진 개척자의 아이들
- 서비스의 필요를 최대한으로 끌어내기 위해 중서부로 이주하는 것을 요구하는 철도 행정관
- 정착민 때문에 '정착하지 못한' 삶을 살고 있었던 아메리카 원주민

　상위 단계의 과학에서 다른 이론적 접근법이 더 유용할지도 모른다는 것을 새로운 자료와 분석에 따라 우리가 학생들에게 하나의 이론적 접근법을 고려하도록 요구할 때 흔한 다시 생각하기가 발생한다. 예를 들어, 파동으로서의 빛과 입자로서의 빛에 대한 아이디어를 탐구하거나, '교육(nurture)'에 따른 '천성(nature)'을 탐구하는 것이다.

　이 예시에서 기술하듯이, 설계된 '다시 생각하기'는 이해를 위한 학습의 중심에 놓여 있고, 비평적이고 계획적인 설계의 요소가 된다. 우리는 학생들이 보다 일반적으로 진실한 이해의 관점에서 주의와 신중함을 요구하고, 만약 그들이 지금까지 한 단순한 사고나 이해를 넘어선다면, 빅 아이디어에 대한 앞선 이해를 즉시 재고할 수 있도록 계획해야 한다.

　다르게 말하자면, 깊이 있는 이해〔재생(recall)보다 더 적극적인 것이 필요하다는 것을 학생들에게 가르쳐 줄 뿐만 아니라〕를 개발하기 위한 대부분의 효과적인 설계는 관점, 공감, 자기이해의 측면을 강조한다. 친숙하지 않은 환경, 텍스트 그리고 등장인물에 감정이입을 요구하거나 관점의 끊임없는 변화는 A. Wolf의 『아기돼지 3형제(The Three Little Pigs)』와 『아기돼지 3형제의 실제 이야기(The Real Story of the Three Little Pigs)』를 고려할 때처럼 재고(rethinking)와 성찰(reflection)을 요구한다.

E-작품과 향상도를 평가하기

　학생들은 자기사정, 자기평가 그리고 조절에서 어떤 식으로 안내받을 수 있을까? 학습자는 남겨진 질문, 미래의 목적 설정, 새로운 학습을 향한 관점을 확인하기 위해 최종적인 자기평가에 어떻게 관여하는가? 학생들은 무엇을 배워야 하고, 더 나은 탐구와 정련을 요구하는 것에 대해 어떻게 도움을 받을 수 있을까?

　여기에서 우리는 그들의 활동 과정에 따라서 개인적이고 집합적으로, 그들의 활동에 대한 학생들

의 자기모니터, 자기평가, 자기조절을 도울 필요가 있는 수업적인 설계의 측면을 감독하는 것을 고려해야 한다. 측면 6은 자기이해로, 평생학습을 위해서 이해의 가장 중요한 측면이다. 자기이해의 핵심적인 것은 우리가 무엇을 성취하고 무엇을 남겨 두었는지, 즉 우리가 무엇을 이해하고 무엇을 이해하지 않았는지에 관해서 증가된 명확성에 기초하여 내린 정직한 자기평가다. 삶에서 가장 성공적인 사람은 단지 이러한 능력을 가진 것이 아니라, 가장 적기에 가장 효과적인 방법으로 그것을 하는 것을 학습했던 사람이다. 즉, 그들은 필요에 따라서 자기모니터와 자기조절을 하게 된다. 무엇이 작용하고 있는지, 무엇이 그렇지 않은지, 그리고 그들이 실행할 때 무엇이 더 잘 실행될 수 있는지를 미리 고려해야 한다.

이 연구는 분명히 다루어진 것이다. 학습에 대한 그들의 발견을 요약하면 『학습하는 방법(How People Learn)』의 저자는 세 가지 결과를 제시한다. 세 번째는 연구에서 제공된 것으로, 그러한 자기모니터링과 자기평가를 분명하게 가르치고 요구하는 '메타인지'의 중요한 역할과 중요성을 포함하고 있다.

> 메타인지적 기능에 대한 교수(teaching)는 다양한 교과 영역에서 교육과정을 통해 통합되어야 한다. 종종 메타인지가 내적인 대화 형식을 가지기 때문에 많은 학생은 그 과정을 교사가 명백하게 강조하지 않는다면 그것의 중요성을 인식하지 못할 수도 있다(Bransford, Brown, & Cocking, 2000, pp. 18, 21).

다음은 그러한 메타인지적 상황을 '설계한' 예시를 보여 준다.

- 이러한 질문을 생각하도록 하기 위해 탐구 중심(inquiry-based) 단시수업의 중간과 마지막에 5분을 설정하라. 우리가 결론지어야 하는 것은 무엇인가? 해결되지 않은 것과 대답되지 않는 채 남겨진 것은 무엇인가?
- 자기평가의 정확성에 대한 학생 등급의 일부분에 기초한 선택을 가지고, 모든 형식적인 결과나 수행에 자기평가가 부합되도록 요구하라.
- 강의의 마지막에 1분 에세이를 포함하고, 거기서 학생들은 두 가지 혹은 세 가지의 요지를 요약하며, 그것(교사를 위해서 다음 시간)을 위해서 질문을 남겨 둔다.
- 학생들이 질문을 통해 그 주제에 대해서 무엇을 이해하고 실제로 무엇을 이해하지 못하는지에 관해 정직해져야 한다는 점에서, 형식적인 논문과 프로젝트에 후기(postscript)를 덧붙일 것을 학생들에게 요구하라(물론 학생들은 이 고백으로 곤란해지지 않을 것이라는 사실을 알 필요가 있다).
- 학생들이 보다 정확한 동료 재검토자와 자기평가자가 되고, 또한 그들의 활동에서 보다 '평가

자처럼 생각하는' 경향을 가지게 되도록 하기 위해서 교사가 앞선 위치에 있는 독자로서 훈련 받듯이 이와 같은 방식으로 학생들에게 그들의 활동을 평가하는 것을 가르쳐라.

- 학생들의 마음속에 가장 큰 관심사인 질문에 대한 조사로 수업을 시작하라. 개인적으로 처음 제출된 색인 카드를 모으고, 이것은 소집단에서 확인된다(그 카드는 매일 밤 요구된 숙제일 것이다). 그러고 나서 끝부분에 그 질문들이 얼마나 잘 기술되었는지, 어떤 것이 남겨졌고, 무엇이 새롭게 나타났는지 확인하기 위해 마지막에 시간을 따로 떼어 놓아라(이러한 전략은 학생들이 질문과 그것의 전개된 의미를 숙고하는 규칙적인 저널 쓰기로 연결된다).

- 바라는 결과(예를 들어, 문제 해결 발견학습이나 독서 이해 전략)와 마음의 적절한 습관(예를 들어, 지속적이거나 충동적인 것을 이겨내는)에 따른 일련의 유익한 학습 전략을 확인하라. 학생들이 각각의 단계에서 서술하고 있는 시각적인 상징물이나 만화 등장인물을 창안하고, 교실 벽에 이러한 것을 전시하게 하라. 전략이 도입되는 예시를 규칙적으로 지적하고, 학생들에게 제시된 전략과 그것의 영향력에 대한 개인적인 이용을 성찰해 보도록 요구하라.

- 종종 학생들이 효과적인 전략뿐만 아니라 그것이 작용하지 않는 것(게임영화를 보면서 지도하는 것과 같은)을 보다 더 잘 인지하기 위해서 당신의 수업(예를 들어, 토론, 문제 해결, 실험 또는 논쟁을 하는 동안)에서 의도적으로 정선된 수업 상황에 대한 비디오테이프를 시청하라.

- 사례 방법이나 문제 중심 학습을 기초로 하여 코스에서 일반적으로 이루어지는 것으로, 학생들이 파트 1의 마지막에 나타나는 단서와 거기에 남겨진 주요 질문을 기초로 한 탐구(교사가 지도하는 것보다는 오히려)들을 계획하고 추구하도록 단원의 파트 2를 의도적으로 '열려진' 상태로 놓아 두라.

- 한 해의 시작에서 학생들이 학습자로서 그들의 장점과 단점에 대한 자기 프로파일을 개발하도록 하라(아마도 교사가 제공한 학습양식과 관련된 형식적 도구에 기초하여). 그들은 어떻게 최상의 방법으로 학습하는지, 어떤 전략이 그들에게 좋은 활동인지, 어떤 학습 유형이 가장 어려운 것인지, 그리고 그들이 개선하고자 바라는 것(다시 말해서 설정된 목적)은 무엇인지에 관해서 고려해야 한다. 그리고 학생들이 그들의 노력을 모니터하고, 그들의 시도와 성공에 대해서 반성하며, 그들 자신의 프로파일에 대한 편집이 가능할 때 저널 집필을 위한 주기적인 기회를 만들라.

반성과 메타인지를 자극하기 위한 전략들을 사용하는 교사는 실제적인 이점에 대해 증명하고 있다. 예를 들어, 1분 에세이 테크닉을 이용하는 하버드의 한 교수는 다음과 같은 연구를 하였다.

1분 쓰기의 중요한 이점은 학생들의 사고에 초점을 둔 수업의 마지막 부분에 학생들이 보고서를 완성하도록 요구될 것이라는 사실을 알고 있다는 것이다. 학생들은 끊임없이 스스로에게 질문한다. '여기에 있는 빅 아이디어는 무엇인가?' 와 또한 '나에게 무엇이 분명하지 않고, 내가 이해하지 못한 것을 전달하기 위해 다소 일관된 문장을 어떻게 쓸 수 있는가? 그들은 그들이 무엇을 써야 하는지에 관해서 수업을 통해서 생각하고 ……나의 동료는 (이러한 과제의 반복되는 상태가) 오랫동안 계속될 것을 추가하여 지적하였다. 그는 오해를 분명하게 하기 위한 적절한 방법 또한 제공하였다(Light, 2001, p. 67).

Wisconsin, Milwaukee에 있는 Alverno 대학은 가장 세련되고 오래 계속되는 전략을 개발하였고, 이 접근법을 교육과정을 통한 자기평가에 통합하였다. Alverno에서 자기평가는 교육과정과 평가 계획의 통합된 부분이지, 단지 수업에 대한 기술이 아니다. 예를 들어, 모든 논문이 루브릭에 대해 부합하는 자기평가를 포함하고, 자기평가의 정확성과 철저함은 등급이 매겨진다. 사실상 자기평가는 주요한 능력으로 이해된다. 이는 일찍이 많은 시도 중 복잡한 수행에서 최초의 등급은 학생들을 위한 자기평가와 개선 계획을 위해 주어진 것이지, 그 자체로 결과나 수행은 아니다. 자기평가를 보다 일반적으로 격려하기 위해서 대학은 모든 코스와 캠퍼스 전체를 위해 사용되는 발전적인 루브릭 시스템을 가지고 있다. 루브릭의 구성 요소는 관찰(observing), 해석(interpreting), 판단(judging), 그리고 계획(planning)이다.

그래서 WHERETO에서 두 번째 E는 자연스럽게 반성하는 사람이 아닌, 모든 학습자에게서 기대되는 끊임없는 반성(예를 들어, 사건들은 어떠한가? 무엇이 작용하고 있는가? 무엇이 적응을 필요로 하는가? 그래서 어떻게 되었나? 지금은 무엇인가?)을 위한 기회에 대한 의도적인 설계다. 그러한 기회는 Where에 대한 명료함을 필요로 하면서 협력하게 된다. 즉, 이러한 수행 목적에 따라 확고한 피드백 시스템을 가지는 수행 목적의 분명하고 명쾌한 시스템이다. 그렇지 않으면 반성은 강조되거나 도움이 되지 않는다.

T-학습자에 맞추기, 그리고 작품을 개별화하기

다양한 발전적인 요구와 학습양식, 선행지식 그리고 학생의 홍미에 맞추어서 우리는 상이한 수업을 어떻게 진행할 수 있을까? (바라는 결과에 정직하면서) 모든 학습자를 위한 참여와 효과성을 극대화하기 위해 학습 계획을 어떤 식으로 개별화할 수 있는가?

우리는 이 책 전체를 통해 학습자가 필요로 하는 것을 일반적으로 이야기해 왔다. 모든 상이한 학습자들이 실제로 있고, 학습자들이 우리의 계획에 따라 적응하는 것에 대해 우리는 더욱더 자세히 살펴보아야 한다는 것을 이러한 설계 요소가 상기시켜 주고 있다. 최상의 설계자는 항상 다양한 집단의 학습자들이 있다는 것에 적응하기 위해 학습 계획을 개별로 맞추게 된다. 내용, 과정, 그리고 결과에 비추어서 학습을 차별화하기 위한 몇 가지 실천적 방법에 대해 고려해 보자.

내 용

UbD 템플릿 단계 1에서 바라는 결과는 일관성을 유지해야 한다. 결국 내용 기준(바라는 목적으로 표현된)과 이해가 모든 학습자를 대상으로 한다는 것이다. 그러나 본질적 질문은(EQs) 학생들의 개방된 본성 때문에 다양한 학습자에 맞추는 자연스러운 수단을 제공한다. 다양한 수준의 선행지식과 성취를 가지고 있는 학생들은 '살아 있는 생명체가 어떻게 적응하고 생존할까?' 혹은 '무엇이 위대한 이야기를 만드는가?'와 같은 흥미를 불러일으키는 질문을 검토하는 것에 관여할 수 있다. 비록 몇몇 학생들은 좀 더 깊이 있는 대답을 할 수도 있지만, 모든 학습자는 본질적 질문을 해결하기 위해 고민하는 결과로서 그들의 이해를 잠재적으로 심화해 나간다.

단계 1에서의 지식과 기능의 요소는 학생의 요구에 따라서 내용을 맞추는 또 다른 당연한 입장을 제공한다. 진단평가(W의 부분)를 사용함으로써 교사들은 학생들이 가지고 있는 선행지식과 기능에서의 차이를 확인할 수 있다. 이러한 요구는 소집단에서 이루어지는 수업을 대상으로 하여 다룰 수 있다.

과 정

원천 자료(다양한 읽기 수준에서의 텍스트와 같은)의 다양성을 이용하고 다양한 학습양식(말로, 시각적으로 그리고 쓰기로 정보를 제시하는 것으로서)을 기술함으로써 교사들은 선호하는 학습양식과 성취수준에 대한 차별성을 기술할 수 있다. 그들이 어떻게 활동하는지(예를 들어, 혼자인지 집단인지) 혹은 그들이 자신의 학습을 어떤 식으로 의사소통하는지(말로, 시각적으로, 쓰기로)에 관해 학습자들이 선택하도록 허락하는 것은 단계 3에서 개별화하기 위한 또 다른 적절한 수단이다.

결 과

교사들은 학생들에게 숙제와 평가를 위한 결과와 수행에 대한 적합한 선택권을 줄 수 있다. 예를 들어, 개척인의 삶의 난관을 기술하기 위한 '박물관 전시'를 고안하는 초등학교 수업에 관한 것이다.

학생들은 단순한 일기 쓰기, 매일의 활동 그리기, 그리고 개척인의 인물을 역할 연기하기 등 상이한 결과와 수행을 전시하게 된다. 이러한 방법은 모든 학생이 그들의 적성과 흥미에 따라서 참여할 수 있도록 한다. 학생들이 단계 2에서 평가의 일부분으로서 결과를 선택하도록 허용될 때, 다양한 결과는 공통된 준거를 이용하여 평가되어야 한다는 것을 주목하라. 개척인의 삶에 대한 박물관 전시는 학습자가 그리기, 일기 쓰기, 일상의 삶을 실행하는데도 불구하고 우리는 역사적인 정확성, 고난에 대한 효과적인 기술, 감정이입과 장인정신 드러내기의 모든 결과를 통해 판단해야 한다. 이러한 방식으로 우리는 평가의 타당도나 채점의 신뢰도를 확보하여 적절한 다양성을 허용할 수 있다.

여기에는 상위 수준(셰익스피어의 Macbeth 공부하기)의 활동을 맞추기 위한 교사의 계획에서 학생들의 특별한 요구와 제한된 독서 능력에 이르기까지 선정된 단원 요소에 대한 예시가 있다.

① 학생들이 중세에 대해 알고 있는 것을 이야기해 볼 수 있는 브레인스토밍 활동을 하라. 집단 프로젝트로 칠판에 목록을 만들어라(기사도, 봉건제도, 명예의 코드, 무사와 전쟁 등을 조사하라). 명예와 충성에 관한 것뿐만 아니라 이러한 모든 것에 관해 읽혀진 것을 사실로 끌어들여라. **(W, H)**

② 본질적 질문을 도입하라. 무엇이 명예로운 것인가? 불명예는? 충성은? 반역은? 우리는 누구를 믿어야 하는지 어떻게 알 수 있을까? 우리의 고결한 것을 잃게 되는 것을 어떻게 하면 피할 수 있을까? **(W, H, T, E2)**

③ 명예와 충성에 관해서 토론수업을 하고 칠판에 집단토의한 아이디어를 쓰도록 하라. 그 결과는 학생들이 개인적인 에세이를 쓸 때 언급할 수 있는 아이디어, 사고, 의견, 예시에 대한 목록이다. '가르칠 만한 사건'을 찾아라. 대화에 기초하여 이러한 단어의 사전적인 정의를 찾아보는 것이 현명할지도 모른다. **(W, E)**

④ 모든 사람에게 적절한 인용문을 만드는 데 도움을 주기 위해서 요청하라. 매일 인용을 제시하라. 명예, 충성, 힘에 관한 많은 인용은 적절한 토의를 이끌어 낼 수 있다. 모든 학생은 2주 동안 두 가지를 추가한다. **(H, T)**

⑤ 집단토의에서 제시된 아이디어를 사용하면서 명예와 충성에 관한 현대적인 것과 젊은이와 관련된 충돌에 관한 사례연구를 토의하라(영화와 텔레비전 쇼에 관한 참조들을 포함한다). 칠판에 쓴 그 결과는 학생들이 본질적 질문에 대해서 개인적인 에세이를 쓰는 것에 사용할 수 있는 아이디어, 사고, 의견, 예시들의 목록이다. **(H, E, R, T)**

⑥ 그 연기와 지도에 역사적인 배경지식을 제공하라. 처음으로 드라마틱한 마법 장면을 읽어라. 멈추고 토의하라. 역설과 배경과 같은 용어를 문학에 도입하라. 개인적인 프로젝트의 장면에

서 시간이 어떻게 짜였는지 보여 주고 그것에 규칙적인 간격을 추가하라.   **(E)**

⑦ I막, ii장: 등장인물과 사건의 윤곽을 그려라—선행 조직자. 주요 장면에서 오디오와 비디오를 이용하라. 읽기와 쓰기에서 도와주는 것을 허락하라. 텍스트를 요약하고 단순화하라. 학생들에게 노트북을 주고 포트폴리오를 위해 내용을 조직하는 데 도움을 주라.   **(W, E, T)**

⑧ 학생들에게 그것이 돌아가기 전에 모든 활동을 자기평가하도록 하고 그들이 가지고 있는 명예와 충성에 대한 경험을 드러내는 본질적 질문에 대해서 반성하도록 하라.

O-효과적인 학습을 위한 내용 조직 및 계열화: 최적의 효과성을 위해 조직하기

어떤 학습 경험의 계열이 유사한 오개념을 최소화하면서 학생들의 이해를 최대한 발전시키고 심도 있게 할 것인가? 매력성과 효과성을 최대화하기 위해서 우리는 교수와 학습을 어떻게 조직하고 계열화할 것인가?

지금까지 우리는 훌륭한 설계의 분석적인 요소에 관해서만 생각해 왔다. O는 우리가 그러한 요소를 최대한 강력한 계열 속에 두도록 요구한다. '가장 강력하다'는 의미는 실제로 학생들을 위해 최대한 몰두시키고 효과적인 경험을 야기하는 계열이다.

계열은 많은 교사가 충분히 사고한 것이 아니다. 특히 교사들이 학습 단원의 적정한 분량을 곰곰이 생각한다면 말이다. 그러나 WHERETO 표시의 H와 R로서, 내용을 통해서 매치하는 전형적인 계열은 좀처럼 참여와 이해를 위한 최선의 선택이 되지 않는다. 이것은 제10장에서 우리가 더욱더 깊이 있게 다루게 될 점으로, 계열이 전형적으로 교재의 조직에 따라 기술되었다는 것은 특히 중요하다.

적어도 계열은 교사가 항상 '최상의 설계' 연습에서 지적하였던 것을 반성해야 한다. 즉, 전체-부분-전체와 학습하고-행동하고-반성하는 것에서 앞과 뒤로 끊임없이 움직이는 것이다. 그리고 R이 함의하고 있듯이, 우리가 단지 앞으로 움직여야 한다는 것이 아니라, 만약 우리가 표면적이고 단순하거나 혹은 흑백 사고를 초월하게 된다면 앞선 사실, 아이디어, 그리고 방법으로 돌아가야 한다는 것이다. 그 이유는 문제 중심 학습, 사례 방법 혹은 가상실험이 어떻게 학습이 조직되어야 하는가에 관한 전통을 깨도록 지적으로 자극하고 주목할 만한 것이라고 많은 사람이 보고하였기 때문이다.

'동기 유발'의 함의는 충분히 다루었다. 그것은 일찍이 학생들을 유혹하기 위한 우리의 관심 속에 있는 것이고, 종종 학생들의 관심과 본연의 지적인 호기심을 통해서 드러난다. 그래서 보다 나은 계열은 호기심을 자극하는 이슈, 문제, 상황 혹은 다른 경험에서 일찍이 학습자를 빠져들게 하고, 그것들은 경험의 의미를 이해하기 위해 필요할 때까지 교수(teaching)의 정의, 법칙, 이론을 미루게 된다.

전형적인 많은 학습이 어떤 식으로 쓸데없이 지루하고 당혹스러울 수 있는지를 더 잘 이해하기 위해서 공통적으로 중학교와 고등학교에서 대수학 전의 수학 교재로 이용되는 다음의 사례를 생각해 보라. 처음 80페이지는 아무것도 없지만 그것과 관련된 정의, 법칙, 기능의 반복 훈련이 제시된다. 예를 들어, 36페이지에서 우리는 수직선의 아이디어를 소개하는 다음의 사례를 볼 수 있다.

수직선에서는 짝지어진 점은 ……원점으로부터 동일한 거리에 있지만 원점에서 반대되는 지점에 있다. 그 원점은 그것들이 저절로 짝이 지어지는…….

‾4와 4 같이 짝이 지어지는 각각의 수는 다른 수의 반대로 불린다. a의 반대는 −a로 쓰인다. …… _4(낮은 마이너스 신호)와 ‾4(높은 마이너스 신호)는 같은 수로 명명된다. 그래서 _4는 ‘음수 4’ 혹은 ‘4의 반대’를 의미한다.

표기법을 단순화하기 위해서 낮은 마이너스 부호는 이 책의 나머지 부분 전체에서는 음수로 쓰일 것이다. 주의하라. −a를 ‘a의 반대수’로 읽는 것은 음수에서 불필요한 것이다. 예를 들어, 만약 a=−2 그리고 −a=v(−2)=2라는 예시를 보라(Brown et al., 2000, p. 36).

이것이 농담이기를 바라지만, 농담이 아니다. 이것이 교수법적으로 단순히 수용될 수는 없는 노릇이다. 그것은 맥락에 따라 정보를 완벽하게 제공하면서, 지나치게 기술적으로 사소한 일을 따지는 ‘일에 착수하면서’ 유용한 방법을 혼란스럽게 한다.

우리는 단순히 경험 법칙을 제공할 수 있다. 즉, ‘이해를 위한 교수는 언제고, 그 이유는? 그리고 무엇인가?’ 하는 질문은 일찍이, 그리고 종종 기술되어야 한다. 의미 있고 주목할 만한 이해를 창안하기 위해서 그 흐름은 전체−부분−전체와 학습하기−행동하기−반성하기 사이에서 앞뒤로 자유자재로 움직여야 한다. 비록, 많은 교사가 학습은 앞에 제시된 모든 가능한 ‘기초적인’ 사실과 기능을 필요로 하더라도 이것은 단순히 학습활동을 어떻게 효과적으로 지속시킬 것인가 하는 문제는 아니다〔우리는 ‘심층적 학습(uncoverage)’을 통한 이해를 위한 교수에 대해 제10장에서 이 문제에 대해 더 많이 다룰 것이다〕.

우리는 특이한 학습 경험 중 하나에 기초한 계열에서의 최종적인 사고를 제안한다. 이는 젊은 축구 선수 코치로 임명되기 위해서 필요로 하는 부분으로써 WHERETO의 모든 요소를 포함하고 있다. New Jersey MetroStars의 전문 축구팀의 한 구성원인 그 교사는 활동을 자극하고 문제를 해결하는 개념 틀을 제안하였다. 그는 우선 분명한 전체 대 부분의 논리로 모든 활동을 계획해야 한다는 중요성에 대해서 기술하였고, 구체적인 기능, 비슷한 게임, 게임 조건, 게임과 같은 모든 중요한 기능의 개발에서 모든 훌륭한 실제의 흐름을 다음과 같이 설명하였다. 예를 들어, 우선 한 발을 움직이면서 짝 활동으로 다른 사람과 맞추어 보면서 단순히 이리저리 움직이는 연습을 시작하라. 그러고 나서 동일한 작은 공간에서 짝끼리 공을 앞과 뒤로 움직이는 비슷한 게임을 실시하라. 거기에서 모든 사람에게 공을 던져 주고 시간에 맞게 패스하는 것을 요구한다. 게임의 조건을 고안하고, 각 집단을 개인이 공을 다루어 보도록 시도하라. 그리고 게임과 유사한 조건을 더 많이 요구하여 만들어 보도록 하라. 예를 들어, 패스하기 전에 두 번의 드리블을 최대화하도록 요구하라. 다음으로 게임을 하라. 마지막으로 앞서서 이루어진 좁은 공간에서 패스 기술로 돌아가서 이 시간을 보다 더 빠르고 정확한 패스하기에 초점을 두라.

게다가 교사는 모든 기능은 다음의 요소를 극대화해야 한다고 주장한다. 즉, 체력, 세트 플레이, 기술적인 기능, 팀워크 그리고 전략적인 사고를 최대화해야 한다는 것이다. 각 기능뿐만 아니라 이러한 요소를 최대화하기 위한 연습을 해야 한다. 교사는 참여자들에게 그들이 알고 있는 일반적인 축구 기능을 각각 제안하기 위해서, 그리고 필드에서 실제적인 예행연습을 유도하기 위해서 다른 참가자들을 이용하도록 요청하였다. 그 기능은 주어진 요소를 이용하여 분석되고 항상 집단에서 제안된 결과로서 최대한으로 개선된다. 사실상 이러한 경험은 참여자들이 시간에 맞춘 테스트 기능들이 끔찍하게도 효과가 없다는 결론을 만들어 내게 된다.

그리고 이질적인 집단에 관해서 이야기하라! 30명의 그 집단은 23세에서 61세까지 연령대를 포함하고 있고, 대학 대표팀에서 축구 경험이 전혀 없는 사람도 있다. 모든 사람은 그들의 삶의 학습 경험을 최대한 자극할 만한 것을 경험하였고, 전이를 위한 견고한 프레임워크를 제공하였다는 데 동의하였다. 명백히 전시되고 토의된 것보다 더 많은 기능과 연습에 대한 설계가 있었다.

설계 요소를 강력한 전체로 통합시키는 팁

비록, WHERETO의 요소들이 학습을 위한 우리의 설계를 만들고 점검하는 데 유용하다고 하더라도, 그것은 단원과 단원의 목적 전체의 관점에서 이야기되어야 한다. 가장 중요한 목표는 빅 아이디어가 활동의 구조를 만들고, 그러한 아이디어를 기초로 한 학습 전이가 달성되어야 한다는 것을 분명히 하는 것이다. 그것은 이해의 문제다. 그래서 결국 학습이 일관성 있고 의도적(고립된 일련의 '학습들'에 반대로, 비록 고립을 방어할 수 있더라도 의미 있고 견고한 지식에 추가되는 것은 아니다)이어야 한다는 것을 명확하게 해야 한다. 다시 말해, 만약 우리가 신중하지 않다면 그 설계는 수많은 분절된 사실과 기능의 성공적인 단기적 학습을 유도할 수 있지만, 이해와 전이 과제는 무시하게 된다.

그러한 빅 아이디어 중심의 전이를 요구하는 견고한 수행 과제들로부터 제시되는 백워드 설계는 그러한 실수를 방지하기 위한 주요 방법이 된다. 그러나 우리가 이해에서 빗나가는 것을 방지하는 단계 3을 통한 사고에서 가질 수 있는 다른 단계들도 있다. 특히 우리는 단계 2에서 이해를 이용하는 것과 관련된 수행 목표를 지원하기 위해서 단계 3에서 일종의 이해에 관련된 활동을 상기시켜야만 한다는 암시로 6개의 측면을 사용할 수 있다.

단계 3에서 측면을 이용하기

비록, 이해의 6개의 측면이 평가(단계 2)에 이용되기 위한 이해의 지표로 원래 인식되었더라도 그것들은 학습 설계를 위한 유용한 구조라는 것이 입증되었다. 하나의 직접적인 접근법은 여섯 개 측면의 목록을 만드는 것이고, 가능한 활동을 브레인스토밍하는 것이다(단계 1에서 물론 주의하고 바라는 결과와 단계 2에서 필요한 평가의 증거). 남북전쟁에 관한 중학교 단원의 예시가 있다.

- 설명—남북전쟁에서의 주요 사건의 주요 원인과 결과를 설명하라. 시민투쟁(strife)의 다른 사건들과 비교하라.
- 해석—『Red Badge of Courage』의 주요 인물의 눈으로 전쟁을 해석하라.
- 적용—전쟁의 합법성에 관해서 논쟁하라(그것이 끝인가? 미국에서 또 다른 남북전쟁이 일어날 수 있을까? 그때 이후로 지금까지의 '냉전 상태'가 계속되어 왔는가?).
- 관점—유럽인 관찰자, 미국의 원주민, 비옥한 땅의 소유자, 힘든 노동자, 남쪽 주민의 입장, 북쪽 주민의 입장의 관점으로 전쟁에 관해서 토의하라.
- 공감—Sherman의 군대가 파괴한 집을 가진 남쪽의 가정에 대해 감정이입(empathy)을 드러내기 위한 역할 연기를 하라. 'The Night They Drove Old Dixie Down'과 같은 다른 노래를 발견하라.
- 자기지식—반성: 당신은 싸울 만한 가치가 무엇이라고 믿고 있는가?

비록, 몇몇 측면이 다른 것보다 어떤 내용 영역에서 더 당연한 것이더라도, 많은 교사는 '새로운 사고를 하기'를 위해 이 측면을 이용함으로써 매력적이고 효과적인 활동을 개발해 왔다고 보고하였다. 예를 들어, 물리 교사는 물리학에서 공감의 가치를 초기에 제거한 후에 '전자의 주기에 대한 저널을 쓰게 하라'는 평가 과제를 생각하였다.

다음의 일반적인 질문은 설계자를 위한 유용한 아이디어가 될 것이다.

- **측면 1: 설명** 만약 학생들이 분명하지 않은 것을 이해하려 하고, 새로운 아이디어를 충족하며, 그것들을 테스트하고 증명하고, 자신의 이론이나 설명으로 정립할 수 있도록 하려면 어떤 종류의 이론화와 연계성에 직면해야 하는가?

- **측면 2: 해석** 이 활동은 학생들이 해석하고, 의미를 유도하며, 중요한 것을 탐구하고, 혹은 자료나 지식에서 중요한 의미를 찾아내도록 어떻게 요구하는가? 중요한 의미에서 충분한 이점을 가지고 해석적인 활동을 드러내는 '설계에 의해' 어떠한 교재, 사건 혹은 다른 자료들이 제공될 것인가?

- **측면 3: 적용** 이 활동은 진정한 상황, 의도 그리고 청중들이 사전 학습의 사려 깊은 전이를 요구하는 적절하고 다양한 맥락에서 자신의 이해를 학생들이 테스트할 수 있도록 어떤 식으로 요구하는가? 이 활동은 학생들이 제안하거나 자신의 학습에 새로운 적용을 창안하는 데 어떤 식으로 촉진할 수 있는가?

- **측면 4: 관점** 학생들이 다양한 관점을 이해하고 일반화할 뿐 아니라 다양한 관점을 비평적으로 평가할 수 있도록 하기 위해서 자료, 연구 과제, 경험, 토의가 어떤 식으로 제시될 것인가?

- **측면 5: 공감** 학생들이 다른 사람의 경험을 본능적으로 관련지을 수 있도록 하기 위해서는 교실에서 할 수 있는 직접적이거나 모의실험적인 경험의 종류에는 어떤 것이 있는가? 최초에 학생들을 우둔하고 매력이 없으며 이질적인 것으로 치부하였던 다른 사람들의 교재, 아이디어 혹은 경험에서 가치를 발견하기 위해 학생들이 공허한 낱말과 추상화를 넘어서도록 이 활동은 어떻게 도울 것인가? 새로운 통찰을 개발하기 위해서 그들은 어떤 경험 속으로 몰입되어야 하는가?

- **측면 6: 자기지식** 학생들이 알고 있거나 모르는 것, 그리고 이해한 것에 대해 자기평가하고 반성할 수 있도록 도와주는 경험에는 어떤 것이 있는가? 단시수업은 학생들이 이 활동에서 가지게 되는 성향과 편견을 어떻게 환기시킬 것인가?

Bob James와 함께한 백워드 설계의 실천 사례

우리는 Bob James가 앞 장에서 영양에 관한 자신의 단원을 어떻게 스케치하였는지를 보아 왔다. 그는 WHERETO에 따라서 제공되는 준거와 지침에 비추어 자신의 설계를 어떻게 추가하거나 수정하는지에 대해 고려하고 있다.

그 단원을 완성하였다고 생각한 바로 그때 영양 단원에 관한 나의 생각이 WHERETO에 따라서 확대되고 펼쳐졌다는 것을 알아차렸다. 여기에는 현재 나의 아이디어가 제시되어 있다.

- **W**: 백워드 설계 과정은 내가 이 단원에서 가지고 있는 것을 분명하게 하도록 나에게 실질적인 도움을 주고 있다. 학생들이 어디를 향해야 하는지, 왜 향해야 하는지에 대해 알도록 내가 어떻게 도울 수 있는가에 관해서 지금 생각할 필요가 있다. 본질적인 출발점 질문이 방향을 제시하는 것을 도울 것이라고 생각한다. 특히 교실의 칠판에 이러한 질문을 붙일 계획을 가지고 있다. 그러나 아마도 평가 과제, 프로젝트, 단원 초에 제시된 나의 평가 준거와 루브릭을 소개함으로써 목표를 보다 더 분명하게 만들 수 있다. 마음속에 이러한 수행 목표를 가지면서 학생들은 자신들이 배우게 될 음식군, 식품 피라미드, 음식에 표시된 영양 정보를 읽는 방법과 같은 특별한 것을 위해 이 목적을 보다 분명하게 이해하기를 희망한다.

- **H**: 나는 흥미를 유발하기 위한 제안, 즉 주제에 대해서 학생들의 흥미를 사로잡기 위한 어떤 것을 제안하기를 좋아한다. 우리의 사회과 교재는 탐구자들이 활동을 잘할 수 있는 부분을 가지고 있다. 아이들은 16세기와 17세기의 원양 항해 선원 이야기 같은 것과 미스터리한 것을 좋아한다. 그들은 여러 달의 항해 동안에 괴혈병이라고 불리는 미스터리한 질병을 만났지만, 그들이 육지에 도착하였을 때 상황은 드라마틱하게 호전되었다. 아이들은 비타민 C의 결핍으로 질병이 발생한다는 것과 신선한 과일과 채소를 섭취하는 것이 '약'이라는 것을 배웠을 때, 우리는 건강에서의 영양소의 역할을 검토해 보라고 할 것이다.

- **E**: 나의 새로운 수업이 수행 과제와 프로젝트를 위해서 학생들을 준비시킬 것이라고 생각한다. 그리고 나는 수집할 필요가 있는 평가 증거와 바람직한 이해를 통해서 내가 생각해 온 것에 더욱더 초점을 두고 가르쳐야 한다고 생각한다.

- **R**: 단원 설계의 다시 생각하기 부분은 아마도 가장 큰 노력을 필요로 할 것이다. 쓰기 과정의 일부분으로서 우리가 수정할 때보다, 나는 좀처럼 나의 학생들이 우리가 토의한 아이디어를 형식적으로 재고하기를 요구하지 않았다. 그러나 나는 그것이 얼마나 중요한지를 깨닫기 시작하였다. 두 가지 매우 흥미로운 질문은 다른 교사들과 함께 있었던 점심시간에 일어났다. 만약 아이들이 원하는 것을 먹도록 허락했다면 아이들은 균형 잡힌 식단을 먹을 수 있을까? 동물들은 영양적 요구를 위해 제공되는 음식을 먹을까? 하나 혹은 두 가지 질문은 영양적 식사에 관해서 학생들의 생각을 재정의하기 위해서 학생들이 도전할 수 있는 단원으로 가는 훌륭한 중간 단계다. 이러한 질문은 또 다른 본질적 질문을 제시한다. 어머니의 본성은 생물체가 영양적 식사를 할 수 있도록 인도하는가? 이러한 호기심을 유발하는 것은 토의와 재고를 자극하고 더 나은 조사를 위해서 흥미로운 질문을 유발한다.

- **E**: 수행 과제와 궁극의 캠프 메뉴 프로젝트는 학생들이 건강한 식사라고 이해하고 있는 것을 나에게 보여 주기 위해 여러 기회를 그들에게 제시할 것이다. 평가하기 전에 나는 학생들이 피드백을 받아들이도록 하기 위해서 협동학습 집단으로 캠프 메뉴에 대한 동료평가를 수업에 포함시킬 것이다. 그리고 최종 메뉴가 결정되기 전에 메뉴를 개정할 수 있

는 시간을 학생들에게 허락할 것이다. 마지막으로, 모든 학생이 두 가지 자기평가를 완수하도록 요구할 것이다. 한 가지는 그들 캠프 메뉴에 루브릭을 사용하는 것이고, 두 번째는 만약 학생들이 이 단원을 학습하였기 때문에 개인적인 식습관이 변화하였다는 반성에 관한 것이다. 이러한 활동은 이 단원의 결말을 효과적으로 이끌 것이다.

- T: 지난해 나는 차별화 수업(DI)에 대한 지역의 현직 연수 프로그램에 참가하였고, 다양한 학습자에게 나의 교수방법을 맞춤식으로 지도하기 위한 방법을 배웠다. 이 단원의 몇몇 DI 전략들을 적용하기 위한 방법들을 알 수 있다. 예를 들어, 자신이 선정한 교재를 읽고 이해하는 데 어려움을 가지고 있는 여섯 명의 학생이 있다. 그래서 나는 '동료들과 읽기'로 언어과에서 짝 활동을 시킬 것이다. 퀴즈를 위한 시간이 되었을 때, 나는 그러한 학생들에게 퀴즈를 말로 제시할 것이다. 영양 단원의 소책자에 나의 수행 과제는 그들이 균형 잡힌 식단을 설명하는 데 그림을 사용할 수 있기 때문에 능숙한 작가가 아닌 학생들을 적응시킬 것이라고 생각한다. 우리의 G/T 자료 교사는 어린아이들을 위한 것이라기보다는 오히려 의사 사무실에서 이용되는 영양에 관한 소책자를 학생들이 설계하게 함으로써 높은 성취자를 위해 과제를 확장할 수 있는 훌륭한 아이디어를 나에게 제공하였다. 캠프 메뉴 과제에서 나는 설명적인 편지를 학생들에게 쓰게 하기보다는 오히려 자신들의 메뉴 계획이 건강에 좋고 맛있는 이유를 나에게 말하도록 할 것이다. 향상된 학생들에게는 당뇨병, 구체적인 식이 제한, 나트륨이 낮은 식단과 같은 건강문제를 해결할 만한 대안적인 메뉴 계획을 포함하도록 요구할 것이다. 나는 향상된 학생들에게 도전 과제를 제시하면서 이러한 조절이 낮은 성취도의 학습자를 보다 성공적이게 할 수 있다고 생각한다.

- O: 나는 아주 안정된 단원 계획의 계열을 가지고 있다. 그것은 호기심을 불러일으키기 시작하였고, 다양한 학습 경험과 자원을 통해서 필요한 지식을 개발하고 지식의 참된 적용을 목적으로 하고 있다. 나는 현재 UbD 과정과 템플릿이 잘 조직된 계획에 기여한다고 알고 있다. 왜냐하면 그것들은 중요한 질문과 의미 있는 수행 과제를 중심으로 전체 단원을 구성하도록 돕기 때문이다.

나는 영양 단원이 분명하게 WHERETO에 따라서 강화되어 왔다고 생각하고, 다른 단원을 계획하는 데 이것을 이용하고자 한다. 나는 어떤 결과가 나의 학생들에게 있을 것인지 몹시 궁금하다.

다음 질문

이러한 처음의 고려 사항은 이 단원이 해야 하는 것과 '설계에 의해' 더 많이 해결할 수 있는 방법적인 경험법칙에 대해 폭넓게 다루었다. 우리는 지금 학생들의 이해를 돕기 위해서 '교실에서 교사가 해야 할 역할은 무엇인가?'라는 질문에 관해서 곰곰이 생각할 필요가 있다.

제10장

이해를 위한 교수

교사는 자신이 알고 있는 것을 말하고자 하는 유혹에 쉽게 빠진다.
……하지만 정보(그것이 이론이건 사실이건 간에)는 양이 아무리 많더라고 그 자체로는
통찰력 및 판단력을 향상시키지 못하며, 현명하게 행동할 수 있는 지혜를 키우지 못한다.
-Charles Gragg, 『지혜는 가르친다고 되는 게 아니기 때문에
(Because Wisdom Can't be Told)』, 1940

성공적인 가르침이란 효과적인 학습을 불러일으키는 가르침을 말한다.
가르침의 성패를 가르는 질문은 어떤 방법이나 절차를 도입하느냐가 아니다.
혹은 도입한 방법이나 절차가 구식이냐 현대적이냐,
검증을 거친 것이냐 실험 단계에 있는 것이냐, 전통적인 것이냐 진보적인 것이냐가 아니다.
물론 이러한 질문도 중요하다. 하지만 가장 중요한 것은 아니다.
왜냐하면 목적이 아닌 수단을 묻고 있기 때문이다.
가르침의 성공을 판단하는 궁극적인 기준은 바로 결과다!
-James L. Mursell, 『성공적인 가르침(Successful Teaching)』, 1946, p. 1

백워드 설계를 하면 마지막 단계까지 가면서 교수를 비롯한 여러 전략을 선택하는 속도가 느려진다. 백워드 설계는 수많은 교육자가 지닌 습관과 반대되지만, 지금까지 우리가 논의한 것을 보건대, 속도가 느려지는 게 잘못된 것은 아니다. 왜냐하면 원하는 결과, 암시된 평가 과제 및 목표가 요구하는 핵심 학습활동을 구체적으로 정하기 전까지는 교수 전략을 논의하는 자체가 무의미하기 때문이다. 학습이 무엇을 요구하는지를 알아야만 제대로 된 교수(teaching) 결정을 할 수 있다. 백워드 설계는 다음과 같이 묻는 안락한 교수 습관을 버리라고 종용한다. 즉, 우리가 추구하는 이해의 수행과 그런 결과가 요구하는 학습활동을 살펴본다면 우리는 교사로서 무엇을 해야 하는가?

이해시키기 위한 가르침에 대해서 장황하게 말을 늘어놓자면 한도 끝도 없을 뿐더러, 설계를 논하는 이 장의 취지에 맞지 않는다. 이미 효과적인 교수를 다룬 좋은 책과 프로그램이 많이 나와 있다. 특히 이해시키기 위한 가르침을 주제로 한 몇 권의 책은 독자가 참고할 만하다.[1] 이 장에서는 지금까지 논의된 이해를 위한 백워드 설계를 바탕으로 교사의 역할과 가장 일반적인 교수 자원을 소개하고자 한다.

피상적 교수법 대 심층적 교수법

이 장을 시작할 때 Mursell의 말을 인용하였다. 비록, 몇 년 전에 한 말이지만 여전히 참신한 느낌이 묻어난다. 아직도 교수법에 대한 논쟁이 끊임없이 이어지고 있으니 말이다. 교수는 결과에 따라 평가되어야 한다. 그렇다면 학생을 이해시키기 위한 가르침을 하려면 어떤 방법을 적용해야 할까? 이해시킬 수 있는 방법이라면 어떤 것이든 괜찮다. 여기에는 어떤 이념도 작용하지 않는다. 단계 1에서 나온 목표를 달성하기 위해서 단계 3에서는 효과가 있는 것이라면 뭐든지 실행해야 한다.

Mursell이 한 말은 본문에서 자주 언급한 '전문가의 맹점'과 관련이 있다. 이 즈음에서 가장 오래된 교육에 관한 농담 중 하나를 떠올려 보자. 바로 애완견에게 말하기를 가르쳤다고 주장하는 아이의 이야기다. 친구들이 시범을 보여 달라고 하지만, 개는 짖기만 할 뿐 아무 말도 하지 않는다. 친구들은 "말하기를 가르쳤다고 했잖아!"라고 말한다. 그러자 그 아이는 "말하기를 가르쳤다고 했지, 내 개가 말하기를 배웠다고는 안 했잖아."라고 답한다.

'나는 그것을 가르쳤지만 아이들은 그것을 학습하지 않았다.' 우리가 이 말을 얼마나 자주 이야기

하는지 놀라울 따름이다. 우리는 좌절한다. 그래서 우리는 일찍이 잊어버렸다. 즉, 학습을 유발하는
건 교수가 아니라는 것이다. '무슨 말이에요? 교수가 학습을 유발하지 않다니? 그럼 우리가 아무 쓸
모없다는 말인가요? 농담이 심하시군요.' 아니다. 우리는 지금 진지하다. 교수 자체는 절대 학습을
유발하지 않는다. 학습자가 학습하고자 하는 시도가 성공할 때만 학습이 이루어진다. 학습자가 교수
를 성공적으로 이해하였을 때만 성과가 나타난다. 이게 바로 우리가 말하고자 하는 것이다. 그렇지
않은가? 이해는 학습자가 수행하는 '구성주의적' 활동의 결과물이다. 교사는 학생을 이해시킬 수 없
다. 학생이 스스로 배워야 한다.

　잘 가르쳤다는 것은 좋은 기법을 동원했다거나 학습자에게 대답할 수 있는 여러 단어를 제시했다
는 것이 아니라 단어, 활동, 도구, 성찰 지도, 학습자의 노력 및 피드백을 통해 학습자가 이해하도록
돕는 것이다. 이는 일방적인 기능이 아니라 복잡한 쌍방향 성과다. 다시 말해, 교사는 교사의 맹점에
빠져 가르친다는 것―직접적인 교수(말하기, 가르치기, 정보 제공하기 등)―이 이해를 유발하는 한 측
면에 불과하다(이 책의 주장이 확실하다면 가장 중요한 측면도 아니다)는 것을 잊는다. 이해를 위한 설계
는 어떤 정교한 지식 공유만큼이나 혹은 그보다 더 중요하다. 아이들이 교사가 제공한 통찰을 흡수
한다고 해서 자기 것으로 만들 수는 없다. 나는 교사가 한 말을 실제로 경험하기 위해서 잘 설계된 학
습 경험―분명 교수를 포함하겠지만, 교수 이외 다른 것도 포함할 것이다―을 통해 교사가 제시한
아이디어를 '심층적으로 다루려는(uncover)' 초심자의 순수한 마음 상태를 동경한다. 학습이 성공
적으로 끝났다는 것을 보여 주기 위해서 경험, 절차 안내 및 도구(그래픽 구성 도구와 같은), 반응을 이
끌어 내는 과제, 그리고 피드백을 사용하지 않고 머리로만 교사의 말을 듣고 필요한 모든 구성주의
작업을 할 수 있는 사람은 오직 전문가(아니면 엄청난 재능을 타고난 사상가)뿐이다.

　그렇기 때문에 이 책에서는 단순한 피상적 교수법이 얼마나 해로운지, 그리고 학생 스스로가 심층
적으로 다루는 것이 얼마나 중요한지 주장하고 있다. 하지만 지금까지 독자들은 이런 주장을 잘못 이
해하고 있을지도 모른다. 심층적 교수법은 특정한 유형의 교수나 교육철학이 아니라, 교수법에 상관
없이 모든 아이디어를 실제이며 접근 가능한 아이디어로 만드는 하나의 방식이다. 지금부터 심층적
교수법과 피상적 교수법이 무슨 의미를 갖는지, 그리고 자신이 선호하는 교수법에 상관없이 왜 모든
교사가 피상적 교수법을 피하고 심층적 교수법을 추구해야 하는지 살펴보자.

　우선, 단어의 정의를 살펴보자. 명사인 cover는 침대보와 같은 표면에 있는 어떤 것을 뜻한다. 이
단어를 교수에 적용할 경우는 뭔가 피상적인 것을 뜻한다. 자료를 '피상적으로 다루었다고(cover)'
할 때(책의 머리말에 나오는 연표처럼), 그것이 의미하는 것은 깊이 들어가지 않고 표면적인 내용에만
집중하였다는 뜻이다. 학습자의 관점에서 볼 때는 교사가 제공하는 모든 것이 똑같이 중요해 보인
다. 외울 것도 많다. 중요도가 차별되지는 않는다. 즉, 중요도에는 차이가 없다. 먼저 외울 게 있는지

없는지도 모른다. 의미가 어떻게 연결되는지도 모른다.

cover의 또 다른 의미는 '가다'라는 것이다('오늘 600마일을 갔어.'처럼). 많이 갔다는 말은 멀리 갔다는 말이지, 그 '여정'에서 의미나 중요한 통찰을 이끌어 냈다는 말은 아니다. 〈If It's Tuesday, This Must Be Belgium〉이라는 영화에는 엄격한 일정에 희생된 학습 이미지가 등장한다. 간단하고 고립된 사실, 활동 및 기능을 통해 모든 것이 피상적이고 무미건조한 것으로 치부될 때, 교사의 의도가 얼마나 좋았든지에 상관없이 심층적인 이해(혹은 오래가는 기억)를 기대할 수 없다.

교육자는 흔히 '외부 기준에서 요구하니까', '교과서에서 요구하니까', 혹은 '표준화된 시험에서 요구하니까'라고 말하면서 피상적 교수법을 정당화한다. 이들의 주장(앞에서 간단하게 논의한 적이 있다. 관련 연구는 제13장에 소개되어 있다)을 반박할 수 있는 실증적인 증거를 제시하지 않더라도, 상식적으로 생각해 봐도 '사실 언급을 통한 교수(teaching by mentioning)'는 좋은 성적으로 이어지는 효과적인 학습을 유발하지 못한다. 예를 들어, 기하학 수업 후 '진도 나갈(cover)' 정리(theorem)가 너무 많아서 자세하게 들어갈 시간이 없었다고 말하는 교사는 절대 용납할 수 없는 법이다. 즉, 이와 같이 성급하게 언급한 내용은 전문가의 맹점이 작용한 또 다른 결과다. 교사가 자세하게 논의하고 학습자가 그것을 이해할 경우, 교사가 더 많이 논의할수록 학생은 더 많이 이해할 것이다. 이것이 바로 교수와 결과로 나타나는 학습이 헷갈리는 근본 논리다. 단지 작물을 심으면 수확할 수 있고, 판매 활동을 펼치면 돈을 벌 수 있다는 식이다.

이해를 시키려면 단순한 '피상적 교수법'으로는 부족하다. 이것이 바로 이 책의 전제며, 연구 결과가 뒷받침하는 주장이다. 이해에서 최종 목표, 도전 과제가 나온다. 학생이 뭔가를 이해하려면 제대로 된 경험, 논의 및 숙고를 거쳐야 한다. Dewey(1916)는 직접적인 피상적 교수법을 통해서는 어떤 진실한 아이디어도 '가르칠 수 없다.'고 말한 적이 있다. 이 말은 이해가 얼마나 힘든 도전 과제인지를 분명하게 제시한다.

> 한 사람에서 다른 사람으로 전달될 수 있는 생각이나 아이디어는 없다. 한 사람이 생각이나 아이디어를 말하면, 다른 사람은 그것을 아이디어가 아닌 주어진 사실로 받아들인다. ……아이디어는 그에 적용되는 행동으로 증명된다. 아이디어는 추가 관찰, 사고 및 실험을 안내하고 조직하는 역할을 한다(pp. 159-160).

하지만 교과서 내용을 단순히 피상적으로 다루는 게 전부인 현대에서는 이런 중요한 경고를 무시하게 된다. 따라서 교과를 이용한 가르침이 얼마나 어려운지 한 번 살펴보자. 어떻게 하면 이해라는 목적을 무의식적으로 무시하지 않고 목표에 맞도록 자원을 이용할 수 있을까?

이 질문에 답하기 위해서 cover의 또 다른 의미를 살펴보았다. cover의 또 다른 의미는 '숨기다' 혹은 '감추다'에서 쓰이는 위장이다. 위장한다는 것은 감춘다는 것이고, 이는 뭔가를 알리는 데 실패하였다는 뜻이다. 그와는 반대로 '발견한다(uncover)'는 감추기보다는 숨겨진 것에서 뭔가 중요한 것을 찾아낸다는 뜻이다. 이런 의미에서 뭔가를 발견하는 것은 조사 보도와 같이 알려지지 않을 경우, 독자에게 피해가 될 뭔가를 드러내 보인다는 것이다. 교과서를 가지고 가르칠 때 힘든 이유는 교과서가 보여 주는 것뿐만 아니라 교과서에 숨어 있는 것을 더 잘 이해해야 하기 때문이다.

교과서와 이해를 위한 교수

교과서가 '감춘다'라는 표현을 썼지만, 극악한 음모를 꾸민다는 뜻은 아니었다. 교과서에서 이루어지는 '감추기'는 대부분 의도하지 않은 것이다. 하지만 의도하지 않았다고 해서 피해를 주지 않는 것은 아니다. 교과서는 설계 측면에서 백과사전과 같이 알려진 사실을 조사하여 요약한다. 학생들의 학습 수준에 맞게 지식을 간략하게 발췌한다. 물론 그 와중에 50개 주에서 아이들을 가르치는 교사들을 비롯하여 경쟁관계에 있는 여러 이익집단의 욕구도 만족시켜야 한다. 그렇게 해서 교과서는 학생들(그리고 교사들)로부터 해당 과목의 진정한 본질 및 학문의 세계를 숨기게 되었다. 백과사전처럼 요약을 넘어 학생이 질문과 주장 그리고 판단을 할 수 있도록 도와주는 교과서는 거의 없다. 이해시키기 위한 교육이 안고 있는 가장 큰 역설은 광범위하게 조사한 끝에 탄생한 교과서라 할지라도 학생의 참여를 유도하고 사고를 자극하는 학습에 오히려 방해가 될 수 있다는 것이다. 1983년 카네기 보고서는 고등교육에 대해 다음과 같이 요약하였다.

> 대부분의 교과서는 학생들에게 고도로 단순화된 현실 관점을 제공할 뿐, 정보를 수집하고 사실을 여과하는 데 필요한 방법에 대한 통찰은 전혀 제공하지 않는다. 더욱이 교과서는 발췌 이전의 지식이 얼마나 풍부하고 흥미로운지에 대해 전혀 얘기하지 않는다(Boyer, 1983, p. 143).

그로부터 20년이 지났지만 별로 달라진 점은 없다. 미국과학진흥협회(American Association for the Advancement of Science: AAAS)는 최근 중학교 및 고등학교의 수학과 과학 교과서를 검토하고 다음과 같은 취약점을 보고하였다.

> 프로젝트 2061을 통해 인기 있는 중학교 과학 교과서를 모두 평가하였다. 그 결과 '만족스럽지 않았으며', '학생들을 교육하지도 그렇다고 학생들에게 동기도 부여하지 않는 앞뒤가 맞지 않는 사실들로만

채워져 있었다.' 가장 널리 채택되고 있는 10개의 고등학교 생물 교과서 중 엄격한 평가 결과, 높은 점수를 받은 것은 하나도 없었다.

심층 분석 결과 대부분의 교과서는 너무 많은 주제를 다룬 나머지, 제대로 그 주제들을 발전시키지 못하고 있었다. 교과서에는 핵심 과학 개념과 관계가 없거나, 기본 아이디어 이해에 도움이 되지 않는 활동들이 많았다(Roseman, Kulm, & Shuttleworth, 2001).

더욱이 고등학교 생물 교과서를 분석한 결과 다음과 같은 문제점이 추가로 발견되었다.

- 조사 결과 본질적으로 모든 학생—심지어 가장 똑똑하고 공부를 잘하는 학생—이 교과서에서 다루는 수많은 아이디어를 이해하는 데 어려움이 있을 것으로 예상하였다. 하지만 대부분의 교과서는 활동 및 질문에서 이런 어려움을 고려하지 않았다.
- 생물 교과서들은 전문용어 및 불필요한 세부 내용에 초점을 맞춘 나머지, 가장 중요한 생물 개념을 간과하거나 애매하게 제시하고 있었다. 즉, 객관식 시험에 맞는 항목으로 쉽게 전환할 수 있는 내용에만 초점을 맞추었다.
- 대부분의 생물 교과서들은 그림을 풍부하게 제공하였다. 하지만 이들 그림은 너무 추상적이거나, 쓸데없이 복잡하거나, 제대로 설명되지 않아서 별 도움이 되지 못했다.
- 장마다 몇 가지 활동이 제시되어 있었지만, 과학 개념과 관련하여 활동 결과를 해석하는 데 필요한 지침은 제시되지 않았다(Roseman, Kulm, & Shuttleworth, 2001).

이와 같은 교과서 비판은 터무니없는 것이 아니며, 과학 및 수학은 물론 인문 과목에도 적용할 수 있다. 애석하게도 미국의 교과서는 재미가 없고, 지나치게 많은 전문용어가 들어 있으며, 피상적이다.

실러버스로서의 교과서: 핵심적인 오해

궁극적으로 제대로 설계되지 않은 단원을 이유로 교과서를 비난하는 것은 타점이 나쁘다는 이유로 Ted Williams on the Science of Hitting(Ted Williams가 소개하는 타격에 대한 과학)을 비난하는 것과 같다. 문제는 교수, 교사 혹은 행정관이 교과서가 모든 학습 흐름이 시작되는 중심으로 여기는가다. 하지만 교과서는 UbD 템플릿의 1단계에 제시된 바라는 결과를 지원해 주는 자원이다. 바라는 결과 중 일부만을 달성하는 데 사용되어도 그것은 좋은 교과서다. 수많은 목적이 있고, 교사—

〈표 10-1〉 교과서 사용에서 심층적 학습 대 피상적 학습

심층적 학습	피상적 학습
• 교과서는 구체적인 목적 및 학습 결과를 바탕으로 설계된 교수요목의 자원이다. • 바라는 결과는 이해 평가를 통한 내용 활용으로 이어지는 구체적인 질문을 요구한다. • 교과서는 해당 과목에서 본질적 질문 및 수행 과제를 제시, 강조 및 탐구하는 데 사용된다. • 교수요목에 나와 있는 학습목표 및 단원의 바라는 결과를 지원할 수 있도록 교과서 부분을 읽어야 한다. • 교과서는 중요한 개념을 요약하고, 중요한 사안 및 주장을 훑는 것에서 끝나기 때문에 교과서는 1차 자료를 비롯하여 수많은 자원 중 하나다.	• 교과서는 실러버스다. 교과서가 제공하는 것을 넘어선 목적은 존재하지 않는다. • 교과서 내용에서 비롯된 명확한 지식 및 기능만을 평가해야 한다. • 학생은 교과서에 나온 내용을 알아야 한다. 읽기, 토의 및 준비를 안내해 줄 본질적 질문 및 수행 목표는 없다. • 교과서는 페이지 수에 따라 페이지별로 읽어야 한다. • 1차 자료 및 2차 자료는 거의 활용하지 않는다. 교과서 요약은 학습 대상이지, 분석, 조사, 시험 및 비판 대상이 아니다.

설계가는 그에 맞는 단원의 틀을 정하기 위해 적극적이고 창의적으로 본질적 질문, 평가 및 학습 경험을 파악한다. 이들 질문, 과제 및 활동을 소화하기 위해 교사는 교과서를 보완할 수 있는 자료를 이용하거나 필요에 따라 선택적으로 교과서를 이용한다. 교과서는 지도도 아니고 여행 일정표도 아니다. 교과서는 목적으로 향하는 여행을 돕는 안내서다.

　교과서는 오점이 많아 핵심 자원이 될 수 없다는 말을 하려는 게 아니다. 우리가 주장하는 것은 교과서는 도구이지, 실러버스가 아니라는 것이다. 주요 개념은 많은 자원과 활동을 현명하게 활용하여 찾고 의미 있게 전달되어야 한다. 따라서 교사가 할 일은 교과서가 제공하는 것을 심층적으로 다루는 것이 아니라, 학습목표를 달성하기 위해 교과서를 활용하는 것이다. 〈표 10-1〉은 교과서에 사용된 피상적 학습 대 심층적 학습의 일부 차이점을 분명히 하는 데 도움을 줄 것이다.

　따라서 교과서 설계가는 목적을 지원하는 좋은 교과서를 선택해야 할 뿐만 아니라 교과서의 장점을 활용하고 부족한 점은 보완하도록 조치를 취해야 한다. 아무리 좋은 교과서라 할지라도 정보를 구성하고 핵심 지식 및 기능을 강화하는 데 필요한 연습문제를 많이 제공하는 것 이상의 역할을 하지 못한다. 일반적으로 교과서는 주요 개념을 기반으로 지속적으로 제기되는 질문과 복잡한 평가를 바탕으로 내용을 정리하고, 다른 관점을 제시하는 데는 형편없다고 보면 된다.

　그래서 교과서 단원 및 강좌를 설계할 때는 교과서 내용이 사실을 요약하는 데는 도움이 되지만, 심층적인 이해를 방해할 수도 있다는 점을 학생들에게 주지시켜야 한다. 그렇다면 그 이유는 무엇일까? 교과서가 심층적인 이해를 방해하는 것은 무미건조한 단순화 때문에 질문, 핵심 사안, 개념 역사 및 궁극적으로 우리가 현재 알고 있는 것으로 이어지는 탐구를 숨기기 때문이다. 학습자가 이해하는

데 필요한 바로 그 과정이 숨어 버리기 때문이다. 교과서는 청소 후 남은 찌꺼기만 제공하기 때문에 초심자는 물론 전문가가 이해를 발전시키는 과정을 왜곡한다. 단순화된 사실 요약을 공부해서는 해당 과목을 '공부하거나' 깊이 이해하는 법을 배울 수 없다. 신문에 난 경기 점수를 열심히 읽는다고 해서 훌륭한 야구 선수가 될 수 없는 것과 마찬가지 이치다.

교사의 핵심적이고도 중요한 역할: 올바른 경험을 설계하기

가르침을 제대로 정의하자면 학습을 조직하는 것이라 할 수 있다. 따라서 잘 가르치려면
믿을 만한 결과가 나올 수 있도록 학습을 조직해야 한다. ……이와 같은 정의는
가르치는 것을 학습의 방향 제시 혹은 안내로 보는 일반적인 정의보다 분명히 더 바람직하다.
왜냐하면 교사가 안내를 해야 하는지, 아니면 지도를 해야 하는지를 두고
벌어지는 논쟁을 피할 수 있게 하기 때문이다. 이 논쟁은 사실 아무 쓸모없다.
교사는 그 두 가지를 다 해야 하니까.
-James L. Mursell, 『성공적인 가르치기(Successful Teaching)』, 1946, pp. 21, 23

빅 아이디어가 분명하지 않고, 때로는 직관에 반하기도 하며, 추상적인 성질을 지니고 있기 때문에 핵심 내용의 의미를 심층적으로 다룰 수 있도록 세심하게 설계된 경험을 통해 '노력'해야만 이해가 가능하다. 일련의 본질적이고 중요한 경험을 바탕으로 설계된 교과서는 거의 없다. 하지만 잘 설계된 경험은 아이디어나 개념을 실제로 만드는 유일한 통로다.

이는 교육개혁에서는 오래된 아이디어에 속한다. 200년 전 Rousseau(1979)는 『에밀(Emile)』에서 한 가공의 아이를 교육하는 과정을 묘사하였다. 동네 사람이 모두 동원되어 아이에게 정직, 재산, 수 및 천문학을 가르치는 데 적합한 상황을 만들었다. '아이에게 말로 된 수업을 해서는 안 됩니다. 아이는 반드시 경험을 통해서만 배워야 합니다.'(p. 92) 다음은 전문가의 맹점과 관련된 중요한 일화다. '우리는 어떻게 하면 아이의 입장에 설 수 있는지 전혀 몰랐습니다. 우리는 아이들의 생각은 들여다보지 않고, 우리 생각을 아이들에게 빌려 주었지요. ……진실이라는 쇠사슬로 연결한 채 우리는 아이들의 머릿속에 오직 우둔하고 잘못된 것만을 심어 주었습니다.'(p. 170) 제대로 된 경험이 없다면 이 세상이 어떻게 돌아가는지에 대한 자신의 이해와 경험을 다른 사람에게 나눠 줄 수 없다.

스승은 열정에 가득 차서 아이에게 그것을 전달하고자 한다. 그는 자신이 감동한 감각으로 아이의 관심을 돌리면 아이 역시 감동할 것으로 믿었다. 우둔한지고! ……아이는 사물을 인식하지만 그 사물 사이의 관계는 인식하지 못한다. ……왜냐하면 경험을 하지 못하였기 때문이다(pp. 168-169).

Dewey(1933)는 잘 설계된 경험을 통해 지구가 둥글다는 사실과 한 학생의 의미심장한 지구에 대한 생각을 비교하는 간단한 일화를 들려주었다. 처음에는 지구가 둥글다는 사실이 먼 추상적인 개념으로 들린다. 아무런 지적 의미도 없는 별개의 말처럼 들린다. 이 사실을 전달하려면 구형을 정의하고, 지구본을 보여 주는 것 이상을 해야 한다. 구성주의적인 활동을 통해 학생이 볼 수 있도록 돕고, 특정 경험(특히 관련된 사실 중에서 헷갈리거나 일관되지 않은 사실)을 납득하는 데 지구가 둥글다는 개념이 얼마나 중요한지 가르쳐 주어야 한다.

> 문제를 해결하기 위한 자료를 찾는 데 사용되는 도구가 아닌 개념은 진정한 개념이 아니다. ……학생에게 공이나 지구본을 보여 주고, 지구가 이들처럼 둥글다고 말해 줄 수는 있다. 더 나아가 지구의 형태와 공의 형태가 마음속에서 하나가 될 때까지 매일 그 말을 반복하라고 시킬 수도 있다. 하지만 그렇다고 해서 아이가 지구가 둥글다는 개념을 습득할 수 있는 건 아니다. …… '구형'이라는 개념을 습득하려면 먼저 관찰된 사실 중에서 혼동되는 특징을 파악하고, 혼동되는 현상을 설명하는 한 방법으로 구형이라는 개념을 전달해야 한다. 예를 들어, 바다를 떠다니는 배의 선체가 사라진 후에도 돛대가 보이는 현상이나, 일식 시 지구 그림자가 어떤 형태를 띠는지 등을 설명한다. 구형이 진정한 개념이 되려면 특정 자료가 의미를 갖도록 그것을 해석하는 한 방법으로 사용되어야 한다(pp. 133-134).

(우리의) 경험과 지식을 통해 납득되거나, 우리에게 가능성을 열어 주는 새로운 지적 능력을 제공할 때만 하나의 개념이 추상적이 아닌 '실질적인' 것이 된다.

교사는 오로지 말로만 중요한 개념에 접근하는 경향이 있다. 이 때문에 중요한 개념을 앞과 같은 방식으로 이해시키는 것이 더욱 어려워진다.

> 하나의 아이디어를 말로 전달할 경우, 그것을 전달받는 사람은 스스로 그 문제를 깨닫고 그와 비슷한 아이디어를 생각해 낼 수도 있고, 지적인 흥미가 억눌려 생각하고자 하는 시도가 좌절될 수도 있다. 하지만 직접적으로 얻는 것은 아이디어가 될 수 없다. 자신만의 방식을 찾으면서, 직접 문제의 조건과 씨름을 해야만 생각이란 걸 할 수 있다(Dewey, 1933, pp. 159-160).

오개념 주의하기

심층적 학습과 피상적 학습, 깊이와 너비, 이들은 동일한 쌍들이 아닌가? 아니다. 한 주제를 '깊이 파고든다는 것'은 사물의 '표면 아래로' 들어가는 것을 뜻한다. 그렇다면 표면 아래로 들어가는 것은 어떤 의미에서 이해하는 데 꼭 필요한가? 간단한 비유를 해 보자. 자동차를 운전하는 법을 안다고 해서 자동차가 어떻게 작용하는지 (깊이 있게) 이해하는 건 아니다. 본네트를 열고 그 안을 들여다보아야 한다. 유능한 기계공이 되려면 운전법을 알거나 연소 엔진에 대한 이론을 아는 것만으로는 부족하다. 자동차가 어떻게 작용하는지, 그리고 자동차가 작동하지 않을 때 어떻게 문제를 진단하고 해결하는지도 알아야 한다. 즉, 수많은 자동차가 어떻게 같은지, 그리고 어떻게 다른지를 이해해야 한다.

연결관계, 확장 및 더 큰 암시를 조사하기 위해서 좁은 주제에 대한 연구를 확대할 때 너비가 생긴다. 지식의 너비는 (피상적 학습에 기반을 둔 교육과는 달리) 좋은 것이다. 실제로 사전에서도 지식의 너비가 얼마나 강력한 힘을 발휘하는지 적고 있다. '지식의 너비란 하나의 관점으로서 협소하지 않은 것을 뜻한다.' 유능한 기계공이 되려면 수많은 종류의 자동차, 고객 및 진단 도구를 폭넓게 경험해야 한다. 하지만 지나치게 깊이에만 치중하면 지나치게 피상적으로 다루는 양에 집중하는 것만 못하다. 하나의 아이디어에 치중해서 똑같은 구멍을 계속해서 깊이 파고 들어가는 것은 효과적이지 않다. 훌륭한 강좌라면 중요한 사안은 물론, 다른 관련 주제와의 연결고리와 더불어 흥미롭고도 유용한 세부 내용을 제공해야 한다.

따라서 심층적 학습이란 경험을 통해 하나의 개념에 생명을 불어넣는 일이다. 학생은 빅 아이디어는 물론 그 개념이 있어야만 설명이 가능한 현상들도 경험해야 한다. 그 아이디어가 '구형', '힘의 균형' 혹은 '자리값'이든 간에 학생은 그것들이 실제로 무엇인지 직접 보아야만 이해할 수 있다. 그러니까 단순한 사실이 아니라 문제를 풀거나 더 큰 지적 능력을 주는 심적 모형이 필요하다.

이와 같은 심층적 학습은 선택이 아니라 필수여야 한다. 빅 아이디어는 하나같이 직관에 반하는 동시에 추상적이기 때문이다. 지적인 선구자든 아니면 아무것도 모르는 학생이든 간에 우리는 보이는 것 이상을 볼 수 있어야 한다. 보이는 것은 우리를 잘 속인다. 학생이 자신의 의미와 상호 관련성을 심층적으로 다루는 데 도움받지 못한다면 빅 아이디어에 대한 어떠한 효과적인 전이도 가능하지 않을 것이다.

따라서 피상적 학습은 학습을 더욱 힘들게 만든다. 우리는 내용을 '피상적으로 다룰(cover)' 때 모든 것을 기억하기 좋게 언어적인 '것'으로 만들어 버린다. 이것은 경험을 이해시키기 위해 경험과 개념 틀을 제공하는 것보다 학습자에게 더 어려운 부분이다. 빅 아이디어들이 실질적이지 않을 때 학생들이 학습을 얼마나 추상적이고 어렵게 생각하는지 이해하려면, 컴퓨터를 보거나 사용하지 않은 학생들에게 '하드웨어'와 '소프트웨어'가 무엇인지 가르친다고 상상해 보라.

간략하게 말해서 이해시키기 위한 가르침에는 언제나 '가르침(teaching)' 이전에 뭔가가 있어야 한다. 제대로 된 질문을 유도하고 개념, 지식 및 기능이 실질적이고 가치 있는 것으로 보이도록 하기 위해서는 고심 끝에 설계하고, 든든한 지원을 받는 경험을 제공해야 한다. 학생이 개념을 유용한 것으로 이해하려면 그 개념과 '놀고' 그 개념을 '활용'해야 한다. 이는 우리가 직접적인 교수를 하는 방식 및 시기에도 영향을 미친다. 경험을 제공하기 이전에 아무리 많이 가르쳐도 경험을 제공한 후에 가르치는 것만큼 효과적이지 않다.

심층적 교수법: 교과의 과정과 논쟁 안으로 들어가 살펴보기

전문지식이라 부르는 것은 대부분 시행착오, 탐구 및 논쟁의 결과다. 하지만 앞에서도 지적하였듯이, 교과서로만 가르칠 경우(교과서의 주장을 적극적으로 탐구하지 않고), 학생은 지식이란 주워 담기만 하면 된다는 오해를 하게 된다. 그러나 한 주제를 진정으로 이해하려면 관련 주장이 나오게 된 배경인 핵심 문제, 사안, 질문 및 논쟁을 심층적으로 다루어야 한다. 그러한 활동 자체가 주요 주장에 더 깊이 파고들기 위해서 질문을 명료하게 할 필요성을 점차 느껴야 한다. 다시 말해, 교과서가 유용한 요약을 제시하고 우리가 그 지식을 기꺼이 받아들일 때도 종종 있지만, 빅 아이디어를 지나치게 단순화하는 교과서에 대해서는 의문을 제기해야 한다는 말이다. 훌륭한 교사-설계가라면 학생들이 교과서에서 무엇을 지나치고, 무엇을 오해할지 정확하게 알고 있다. 또한 학생들이 교과서 설명에 숨겨진 핵심 사안, 문제, 차이, 혼란스러운 질문 및 일치하지 않는 사실 등을 파악하도록 의도적으로, 그리고 분명하게 요구하는 수업을 설계한다.

이런 작업을 쓸데없이 어렵게 만드는 주범은 탐구할 필요 없이 학생은 그저 알려진 것을 이해만 하면 된다고 주장하는 교과서 저자의 저술 양식이다. 여기에 학생의 생각을 아무 이유 없이 악랄하게 차단하는 '피상적 학습(coverage)'이 있다. 다음 글은 널리 채택되고 있는 한 미국 역사책에서 발췌한 독립전쟁 관련 문장이다. 'Washington은 겨울 막사에 있는 적에게 기습 공격을 명령함으로써 전쟁 규칙을 깼고, 대담하게 자신의 병사들을 유용하게 활용하였다.'(Cayton, Perry, & Winkler, 1998, pp. 111-112)

하지만 본문 어디에서 전쟁 규칙이 무엇인지 설명되어 있지 않다. 하지만 조금이라도 생각을 하는 학생이라면 '어? 전쟁 규칙이라고? 죽음을 다투는 총력전에 어떻게 규칙이란 게 존재하지? 기습 공격이 잘못된 것이라면 당시 병사들은 어떻게 싸웠을까? 그 이유는 무엇일까?'라는 질문을 던질 것이다. 그 본문에 대해 많은 사람이 문제를 제기해 왔다. 전쟁에서는 모든 게 정당화될 수 있는가? 그런 사건을 판단할 때 우리가 위선을 떠는 것이 아니라고 어떻게 확신할 수 있는가? 어떤 '규칙'이 존재하는가? 그리고 누가 그것을 강요하는가? 이런 규칙(그리고 범죄)은 세월이 흐름에 따라 바뀌지 않았는가? 규칙을 어길 경우, 어떤 일이 발생하는가(아니면 발생해야 하는가)? '전쟁범죄'는 합당한 도덕적 개념인가? 아니면 모순된 표현인가? 승리한 자가 진 자에 가하는 복수는 아닌가?

여기에서 중요한 심층적 학습 전략이 나온다. 즉, 수많은 주요 주제, 단원 및 강좌를 공부하는 데 필요한 본질적 질문으로 묶을 수 있는 문장을 샅샅이 찾아내는 것이다. 사실 민간인을 대상으로 하는 테러와 공격을 맹렬하게 비난하는 이들도 있지만, 그것을 하나의 전략으로 인정하는 이들도 있는 오늘날, 전쟁에 대한 질문은 더욱 절실하게 느껴진다.

여기 앞에서 소개한 미국 역사책에서 발췌한 더욱 놀라운 '피상적 학습(covering up)' 사례가 있다.

Jefferson은 대다수 대륙회의(Continental Congress) 회원들과 마찬가지로 자신과 다른 사람들에게 권력을 양도할 마음이 없었다. 그는 이론적으로는 노예제도를 비난했지만, 실제로 노예를 부리고 있었다. 그는 꿈에서라도 아프리카계 미국인이 자신과 똑같은 인간으로 대우받는 세상을 상상해 본 적이 없었을 것이다……

Jefferson은 열렬하게 인권을 옹호하였다. 하지만 그는 노예를 부렸다. 스스로도 노예제도가 잘못되었음을 잘 알고 있었지만 말이다. 백인 농장주 중에서 노예제도가 도덕적 폐해라고 주장하는 글을 그보다 잘 쓴 이는 없었다. 하지만 그가 풀어 준 노예는 두세 명밖에 되지 않는다. 농장을 가지고 있던 그는 노예노동에 생계를 걸고 있었다. 민주주의 평등이라는 원칙을 알면서도 편견을 버리고 노예를 풀어 주어, 노예노동으로 안락해진 자신의 삶을 버릴 생각은 없었던 것이다(Cayton, Perry, & Winkler, 1998, p. 149).

쓸데없이 정치적으로 결백을 강조하는 논조는 일단 접어두자. 하지만 Jefferson이 다른 '백인 농장주'와 차별되었음을 설명하는 더 나은 방법은 없었단 말인가? 이보다 이해하기 더욱 힘든 점은 최종 판결을 내리는 듯한 글의 논조다. 권위 있는 판결이 내려졌으니, 더 이상 논쟁은 필요 없다. 이것이 바로 Jefferson이 믿었던 것이다.

측면 1(설명), 측면 2(해석), 측면 3(공감)만으로도 제기되는 질문이 많다. 이 이론을 뒷받침하는 증거는 어디 있는가? 이 관점을 정당화하는 주요 근거는 무엇인가? Jefferson이 무엇을 느끼고 생각했는지 어떻게 안단 말인가? 여기 제기된 질문이야말로 역사 공부에 필요한 질문이다. 하지만 앞에 소개한 교과서는 학생들이 이 질문을 훑어 넘기고 실제로 역사를 '공부(doing)'하는 것(과거를 비판적으로 조사하는 것)이 필요 없다고 생각하도록 만들고 있다.

하지만 다른 방법도 있다. 중요한 질문을 언제나 살려 두고, 지속적으로 질문을 탐구하는 것이야말로 제대로 된 교육의 핵심이라는 점을 분명하게 보여 주는 교과서가 있어야 한다. 앞에서 제시한 글과 같은 주제에 대해 Joy Hakim이 쓴 『미국 역사(A History of Us)』의 일부분이다. 앞의 잘못된 결론과 비교해 보자.

'평등'은 무엇을 의미하는가? 우리는 모두 같은가? 주위를 둘러보라. 물론 우리는 모두 같지 않다. 남들보다 똑똑한 이들이 있는가 하면, 남들보다 운동을 더 잘하는 이들도 있다. ······하지만 이런 것은 문제가 되지 않는다고 Jefferson은 말했다. 신 앞에 우리 모두는 동등하며, 동등한 권리를 갖는다······.

Jefferson은 '인간(men)은 모두 평등하게 태어났다.'고 하였다. 하지만 여성(women)은 언급하지 않았다. 아니 여성도 포함하는 의미로 말했을까? 누가 알리. 아마도 그렇지는 않았을 것이다. 하지만 18세기 'men'과 'mankind'라는 단어는 남성과 여성 모두를 포함하였다. ······그렇다면 Jefferson이 '모든 인간(men)'이라고 하였을 때 흑인 남성은 포함시켰을까? 역사가들은 가끔 이 문제에 대해 논쟁을 벌인다. 하지만 지금 그 질문에 대한 답은 독자 여러분의 몫이다(1993, p. 101).

Hakim은 어린 학생들을 위해 논의를 단순화하면서도 단순화된 주장은 하지 않았다. 그녀는 미래의 역사학자들이 연구하고 논쟁할 수 있도록 역사적인 질문에 답을 달지 않았다(하지만 교사는 필요한 연구 자료 및 방향을 제시해야 한다. 또한 교과서만으로는 공부가 되지 않는다는 것을 보여 주어야 한다). 교사는 빅 아이디어를 비슷하게 다루고, 교과서를 통해 접근할 수 있도록 해야 한다. 더 이상 고민할 가치도 없는 막다른 골목으로 학생을 유도해서는 안 된다. 교과서는 중요한 질문을 향한 여정의 출발점이자 도착점이다. 사실 이와 같은 심층적 학습을 하게 되면 연구를 진행시키면서 자연스럽게 다른 교과서를 비롯한 다른 자원을 찾게 된다.

피상적 학습은 기하학과 같이 한결같으면서도 아무런 논쟁거리가 되지 않는 과목에서도 발견된다. 교과서에는 유클리드의 핵심 공리를 둘러싼 역사적인 논쟁은 싣지 않는다. 그 논쟁 끝에 비유클리드 기하학이 탄생하였는데도 말이다. 예를 들어, 다음 글은 한 기하학 교과서에서 발췌한 것이다. 유클리드의 핵심 공리를 처음 소개하고 600쪽이 지나서야 나온 이 글은 '이미 아는 주어진 사실들'을 시작하기 위해 필요한 아무 문제 없는 출발점으로 제시되었다.

> 제5공리(유클리드의 평행 공리)가 나머지 공리에 비해 훨씬 길고 복잡하다. 이를 고민한 수학자들은 그토록 복잡한 공리가 진리로 받아들여져서는 안 된다고 여겼다. 2,000년 동안 수학자들은 유클리드의 다른 가설을 바탕으로 제5공리를 증명하려 애썼다. ……이들의 연구는 후대 수학에 큰 영향을 미쳤다. 사상 처음으로 공리가 명확한 진리가 아닌 진리로 가정된 주장으로 여겨지기 시작하였다(Coxford, Usiskin, & Hirschhorn, 1993, p. 662).

근본적인 재고(rethinking)의 전주곡이 아니라 여담으로 제시된 마지막 문장을 어떻게 이해해야 할까? 공리가 '가정된' 진리인지 아니면 '명확한' 진리인지 고민해 봐야 한다는 말을 하려는 것인가? 어떤 학생(그리고 교사)도 마지막 문장의 중요성을 이해하지 못할 것이다. 왜냐하면 그에 대한 어떤 설명도 나와 있지 않기 때문이다. '가정된 진리'와 '명확한 진리'는 어떻게 다르단 말인가? 기하학자와 학생에게 그 차이가 왜 중요하단 말인가? 생각이 있는 학생이라면 다음과 같은 질문을 던질 것이다. '왜 이들 공리를 가정으로 치부하는 것일까? 왜 다른 공리에는 적용하지 않는 것일까? 도대체 수학 공리는 어떻게 만들어지는 것인가? 무작위적이거나 적합하지 않은 가정과는 반대인 적합한 가정은 어떤 요소를 가지는가? 유클리드 혹은 다른 수학자의 공리가 임의적이지 않다는 것을 어떻게 알 수 있는가? 수학 공리가 임의적이지 않다면 왜 그것을 가정으로 치부하는 것인가? 그리고 바보 같은 수학자들은 그 오랜 세월 동안 무엇을 한 것인가?', '공리가 진리라는 것을 증명하고자 애썼으면서' 공리가 가정에 지나지 않는다는 주장은 왜 하는 것인가?

이들 질문은 주요 기하학 개념과 그 역사에서 일어난 혁명적인 변화(수학자들은 3차원 공간을 보는 기존의 관점에 구애받지 않고 진리에서 공리 체계로 이동하였다)를 이해하는 데 기본적으로 대답이 되어야 하는 것들이다. 재고와 관점의 변화가 왜 필요한지 고민해 볼 때 공리 논쟁이 확대된 핵심 질문이 무엇인지 파악할 수 있다. 우리는 왜 우리가 하는 일을 가정하는 것일까? 우리는 언제, 그리고 왜 가정을 바꿔야 하는가? 다른 공간 세계를 설명하는 허구적인 책인 『2차원 공간(Flatland)』(Abbott,

1884/1963)은 100년 전에 쓰였지만 이런 질문들을 고민하는 데 아주 좋은 출발점을 제시해 준다.

좀 더 핵심에 접근해 보자(더불어 앞장에서 예로 든 기하학에서 변화가 왜 전부 실패하였는지 그 이유를 상기하자). 가정이 증명할 가치가 있는 수학 정리의 기본이라는 걸 이해하지 못할 경우, 유클리드 기하학이라 불리는 체계를 이해하지 못할 것이다. 일단 그것을 이해하고 나면 다른 가정은 지적일 뿐만 아니라 실용적인 가치까지 갖춘 다른 기하학으로 이어지는 놀라운 발견을 할 수 있을 것이다.

즉, 기하학을 이해시키기 위한 교육에서 가장 기본적인 목표는 학생이 예전에 '기정사실'로 인정된 공리를 '다시 생각하고' '여러 관점(앞에서 우리가 언급한 주요 개념 두 개를 살펴본다)에서 이해'하도록 돕는 것이다. 이 경우 학생은 '이제 왜 이들 공리를 가정으로 치부해야 하는지 알겠습니다……', '와! 그냥 진리로 가정하였을 때는 임의적인 것으로 보였는데, 지금은 그게 아닌 걸 알겠습니다.', '와! 이제 이 기정사실이 좀 더 분명하게 보입니다. 이것 말고도 다른 유용한 가정이 있나요?'[2] (물론 있을 수 있다, 그리고 있다.)

모든 핵심 가정(수학을 비롯한 모든 분야에서)은 어쩌다 번득이는 직관으로 탄생한 것도 아니요, 우연히 발견된 체계도 아니다. 그것은 논리적인 통찰 근거를 찾고자 하는 노력과 증명하고자 하는 근거를 바탕으로 한 오랜 연구에서 비롯되었다. 유클리드는 삼각형 내각의 합이 180도라는 것을 증명하려면 평행 공리가 있어야 한다는 사실을 알고 있었다. 교과서에서는 직관에 반하는 이런 개념을 설명하지도, 혹은 제대로 소개하지도 않고 있다. 그러니 공리와 정리라는 기본적인 구분조차도 하지 못하는 학생이 많을 수밖에 없다.

여기 이해를 위한 교수가 어떤 것인지를 보여 주는 또 다른 예가 있다. 빅 아이디어를 파악한 다음, 점점 복잡한 문제를 풀면서 그 아이디어를 활용하는 것이다. 교과서에서 그렇게 시키든 아니든 간에 말이다. 빅 아이디어(이 경우 '공리 체계')를 그냥 '피상적으로 다루는' 대신, 표면 아래 숨어 있는 진정한 문제를 '심층적으로 다루고' 계속해서 그것을 활용해야 한다. 교과서가 그렇게 만들어졌든 아니든 간에 말이다.

기하학의 예가 다소 어려운 건 인정한다. 하지만 어려울 필요가 없다! 고등학교에서 일 년 동안 기하학을 공부한 사람이라면 누구나 훌륭한 가정에는 한계가 있기 마련이며, 모든 것에 적용되는 완벽한 이론이란 존재하지 않는다는 사실을 알게 될 것이다(이것이 바로 오랜 세월에 거쳐 과학적 사고에 일어난 변화 과정을 설명하기 위해 Kuhn(1970)이 만들어 낸 'paradigm'이라는 용어가 의미하는 것이다). 처음에 적합한 것으로 여겼던 가정을 활용하지 못하는 일은 세상 모든 일에서 흔히 일어난다. 우리는 어디에서든 출발해야 한다. 하지만 모든 단순한 출발점에는 심오한 문제가 숨어 있게 마련이고, 해당 주제의 핵심에 존재하는 뉘앙스와 거기에 깔려 있는 딜레마나 타협을 제대로 이해하려면 그 심오한 문제를 활용해야 한다. 이것이 바로 우리가 '다시 생각하는' 이유다. 이것이 바로 아이가 친구에 대해 배우고, 청소년이 가치에 대해 배우고, 역사학자가 역사 기술에 대해 배우면서 얻는 교훈이다. 사실 우리는 모든 주요 개념이 확실하며, 이해하기보다는 주어진 그대로 받아들이기만 하면 되는 것처럼 가르친다. 그래서 학생들이 오해하고 교훈을 얻지 못한다. 즉, 교사의 핵심 역할 중 하나는 절묘한 경험과 토의를 통해 학생의 오해와 반복되는 수행 오류를 '발견(uncoverer)'하는 것이다. 학생은 자신의 실수가 틀렸거나 부끄럽다고 생각하기보다는 이해를 하는 데 꼭 필요한 과정이라고 배워야 한다.

지나친 단순화를 뛰어넘어: 과거 및 현재의 이해 상태에 의문 제기하기

심층적 학습의 중심에는 학습 내용에 의문을 제기하는 방법에 대한 계획된 학습이 있을 것이다. 이상하게 들릴 수도 있지만, 이해에 필요한 중요한 사실을 말하고 있는 것은 틀림없다. 가장 중요한 아이디어와 주장은 그저 언급하기만 할 것이 아니라 시험해 봐야 한다. 그래야 학생이 이해할 수 있다. 이것이 바로 교사가 의미를 생성하고 단순화된 사고를 극복할 수 있는 길이다. 의문을 제기하지 않는 내용은 법정에서 한 번도 심의를 받지 않는 주장과 같다. 그 결과는? 지식이 아닌 뒤죽박죽으로 섞인 의견과 믿음이다. 빅 아이디어가 얼마나 오해하기 쉬운지를 이해한다면 이보다 더 큰 진실은 없을 것이다.

그렇다면 '피상적 학습'은 단순한 불행에 그치지 않는다. 피상적 학습은 우리가 극복해야 하는 건망증과 오해를 악화시킨다. 교과서에 기반을 둔 실러버스가 위험한 이유는 단순화된 내용을 제기되는 의문 없이 그대로 받아들인다는 것이다. 빅 아이디어는 여러 관점에서 보거나 활용하는 대상이 아니다. 학생은 차후에 도입할 유일한 관점이 존재한다는 접근법을 통해 '배워야' 한다. 여기에는 전향적인 의문 제기 혹은 교과 내용을 '실제에 적용 혹은 행하기(doing)'할 필요도 없다.

> 학생들이 역사 보고서를 쓰면서 가장 많이 하는 질문 중 하나는 '내가 길을 제대로 들었나?' 혹은 '이것이 선생님이 원하는 것일까?' 하는 것이다. 학생들은 한 가지 옳은 답을 찾아야 한다고 생각한다. 교사는 정답과 주장을 구분하라고 재촉하지만, 학생들은 혼란에 빠질 뿐이다. 이는 교과서가 단 하나의 확실한 결과나 해결책(그리고 이들의 의미는 간단하게 평가할 수 있다.)으로 귀결되는 사실들의 연속이 역사라고 보여 주는 전형적인 방식에 깊이 뿌리 내린 문제다. 하지만 사실을 확인하는 것이 얼마나 중요한지 일단 이해하고 나면, 학생들은 주어진 사실을 해석하는 방식을 두고 역사학자들이 여러 주장을 할 수 있다는 점을 깨달을 것이다[학교 역사를 위한 전국 센터(National Center for History in the Schools), 1996, p. 26].

요약하자면 모든 교수는 단순해야 하지만, 적절히 단순화된 설명과 지나친 단순화, 탐구 결과식 피상적 학습은 분명히 다르다는 것이다. 교과서에서 흔히 볼 수 있는 후자의 방식은 주제를 이해하는 데 꼭 필요한 사실, 주장 및 미묘한 점을 숨긴다. 이런 교과서에 지나치게 의존할 경우, 주제에 대한 관심 말고는 어떤 것도 연구할 필요가 없다는 인상을 심어 주게 된다. 그와는 반대로 이해시키기 위한 가르침은 숨어 있는 질문이 이해에 꼭 필요하다고 가르친다. 시간이 부족하면 하지 않아도 되거나 공부 잘하는 학생들을 위한 것이 아니라는 말이다.

언제, 어떻게 가르쳐야 하는지에 대해 더욱 의도적이고 목적적으로 사고하기

그렇다면 교사는 어떤 역할을 해야 하는가? 학생이 이해하도록 돕는 내용을 심층적으로 다루어야 한다는 지금까지의 논의에서 어떤 교수 요건을 이끌어 낼 수 있을까? 우선, 목적에 따라 교사가 사용할 수 있는 모든 교수방식을 생각해 보자. Mortimer Adler(1984)가 자신의 저서 『파이데이아 제안(Paideia Proposal)』에서 주장한 세 가지 교수 유형은 설명식(혹은 직접) 교수법, 구성주의적 촉진 및 수행 코치하기(〈표 10-2〉 참고)가 있다.[3] 따라서 한 단원을 '가르치는 것'에 대해 얘기할 때, '교사'가 학습자 앞에서 취할 수 있는 세 가지 역할이 나오게 된다. '교수'란 오로지 직접적인 가르침을 의미하는 것은 아니다. 이것은 '선생님이 현명하게도 최소한의 수업을 하셨어.', '강사가 평가하는 데 대부분의 시간을 썼어.' 혹은 '교수님은 필요한 때만 강의를 하셨어.'라는 말을 아무런 모순도 없이 말할 수 있는 것을 의미한다('교사'라고 불리는 사람들이 UbD에 핵심적인 세 가지의 추가적인 비접촉 역할—설계자, 학생 평가자 및 자신의 효율성에 대한 연구자—을 가진다는 점을 명심해야 한다).

이 즈음에서 독자는 다음과 같은 중요한 질문을 할 것이다. 이 세 가지 역할을 놓고 볼 때 이해시키기 위한 가르침에 적절한 것은 무엇인가? 이 질문에 확실한 답은 없다. 바라는 결과와 평가를 모른 채 이 세 가지 역할의 비율을 예상할 수도 없다. 앞의 질문은 '여러 가지 부모의 역할 중 우리가 가장 많이 수행해야 하는 역할을 무엇인가?'라는 질문과 같다. 그에 대한 답은 목적은 물론 스타일, 학생 및 상황에 따라 다르다. 스타일에 치중되거나 이념적인 가르침은 바람직하지 않다. 단계 2에서 논하였던 평가 종류에 대한 이념적인 관점과 다를 것이 없기 때문이다.

목적, 증거 및 상황이 왜 그토록 중요한지 이해하려면 다음 두 가지 예를 생각해 보자. 운전 중에 길을 잃어 누군가에게 길을 물어본다면 그것은 직접적인 가르침을 원하기 때문이다. 상대방이 끝도 없이 "다른 장소가 아닌 꼭 그곳에 가려는 이유가 무엇이죠? 당신이 운전하는 것은 어떤 의미인가요? 왜 길을 잃었다고 생각하죠? 길을 잃은 게 아니라 뭔가 중요한 걸 찾았다는 생각은 안 듭니까?"

〈표 10-2〉 교수의 유형

교사가 사용하는 것	학생이 해야 하는 것
설명식 혹은 직접 교수 • 시범 혹은 모델링 • 강의 • 질문(수렴성) **촉진적 혹은 구성주의적 방법** • 개념 이해 • 협동학습 • 토의 • 실험탐구 • 그래픽 재현 • 안내된 탐구 • 문제 중심 학습 • 질문(개방형) • 상호 교수 • 시뮬레이션(예를 들어, 모의시험) • Socrates식 세미나 • 작문 과정 **코칭** • 피드백과 코칭 • 안내된 연습	**수용하고 받아들이며 반응한다.** • 관찰, 시도, 연습, 연마 • 듣기, 보기, 쓰기, 질문하기 • 답하기, 반응하기 **의미를 구성하고 조사하고 확대한다.** • 비교, 추론, 정의, 일반화 • 협동, 지원 및 교수 • 듣기, 질문하기, 고찰하기, 설명하기 • 가설 설정, 자료 수집, 분석 • 시각화, 연결, 관계도 작성 • 질문, 연구, 결론, 지원 • 문제 제기 혹은 문제 정의, 해결, 평가 • 답변과 설명, 숙고, 재고 • 명료화, 질문, 예측, 교수 • 조사, 고찰, 도전, 논쟁 • 고찰, 설명, 도전, 정당화 • 브레인스토밍, 구성, 초안 작성, 수정 **기능을 연마하고 이해를 깊게 한다.** • 듣기, 고찰, 연습, 재도전, 연마 • 수정, 재고, 연마, 재활용

라고 철학자인 척하면 곤란할 것이다. 그저 중심가로 가는 방향이 어딘지만 가르쳐 주면 되는 상황인데 말이다. 그와는 반대로 요리를 배울 경우는 문제가 달라진다. 부엌에는 발도 들여놓지 않고 요리를 '해 보지도 않은 채' 서른 개의 강좌 동안 요리에 대한 모든 면을 배워야 한다면 실망이 클 것이다. 제대로 된 가르침에 대한 고민에는 목적, 학습자의 본질 그리고 상황이 들어가야 한다.

영양 단원으로 되돌아가기

상황이 아주 중요하므로 세 가지 교수 유형에서 구체적인 사례—영양 단원—를 고민해 보자.

• **설명식/직접적:** 이 단원은 직접 교수를 필요로 한다. 지방, 단백질, 탄수화물 및 콜레스테롤에 대한 지식, 식품 피라미드, 음식 섭취, 칼로리 양 및 에너지 소비 등에 대한 지식은 교사의 명확한

강의, 학생들의 읽기, 그리고 이해 점검을 통해서 가장 효과적이고 효율적으로 가르칠 수 있다.

- **구성주의적 촉진**: 이 단원은 본질적 질문(예를 들어, '건강한 식습관'이란 무엇인가?)에 대하여 탐구하고 토의할 수 있는 수많은 기회를 제공한다. 더불어 학생은 수행 과제를 하고, 학교 메뉴를 작성하는 데 교사의 지도를 필요로 한다.
- **코칭**: 학생이 과제와 프로젝트를 하는 데 교사가 학생에게 피드백과 지도를 제공할 때 코칭을 한다고 볼 수 있다.

그 밖의 다른 강조점을 필요로 하는 단원도 있다. 일부 단원은 세 가지 교수 중 두 가지만을 필요로 하기도 할 것이다. 각 교수 유형의 비율은 단원과 교사에 따라 달라질 수 있다.

습관 및 편안함에 근거하여 자기기만을 인식하라

이해시키기 위한 가르침에 관한 가장 일반적이고 쉽게 예상할 수 있는 오해는 직접 교수 혹은 강의에 관한 것이다. 많은 교육자들이 직접 교수 혹은 강의가 나쁘고, '발견학습'이 좋다고 오해한다. 하지만 강의가 나쁘고 발견학습이 좋다는 식의 생각은 근시안적 추론일 뿐이다. 발견학습을 더 많이 하면 더 좋고, 강의를 더 적게 하면 덜 나쁘다는 것도 마찬가지다. 우리가 주장하는 것은 그 어느 것도 아니다. 백워드 설계는 목적 논리에 따른 해답으로 교사를 안내한다. 학습목표, 평가 및 주요 개념을 실질적으로 만드는 데 필요한 경험이 주어졌을 때 가장 적절한 교수법은 무엇일까?

모든 교사가 강의를 한다. Socrates식 문답법을 신봉하는 교사조차도 명백한 교수나 피드백은 피한다. 강의에서 주어진 것보다 학습목표가 요구하는 학생이 개념을 이용하고 시험하고 적용시키는(의미를 파악하기 위해) 노력이 더 많은 경우는 강의를 비판해도 좋을 것이다.

교수 유형을 결정할 때 고려해야 하는 점은 어떤 것이 편한지가 아니라 학습에 무엇이 필요한지다. 교사는 얼마만큼 얘기를 하고, 학생은 얼마만큼 '자기공부'를 해야 하는가? 교사는 얼마만큼 '강의'하고 학생은 얼마만큼 '발견'해야 하는가? 우리의 소심한 경험 법칙이 있다. 바로 습관적인 비율은 피하라는 것이다. 강의를 즐기는 교사는 강의를 너무 많이 한다고 보면 된다. 강의를 싫어하는 교사는 강의를 너무 적게 한다고 보면 된다. 모호함을 좋아하는 교사는 쓸데없이 토의를 혼란에 빠뜨린다. 직선적이고 과제 중심적인 교사는 토의에 지나치게 끼어들고, 학생의 탐구를 방해한다. 코칭을 좋아하는 교사는 연습을 너무 많이 시키고, 전환할 부분이 있음을 간과한다. 큰 그림을 좋아하는 교사는 핵심 기능 및 능력을 개발하는 데 적절한 도움을 주지 못한다. 그 결과는? 자기기만을 조심해야 한다는 것이다! 교육학적 자기이해─측면 6─는

교사가 학습 및 교수 계획을 구상할 때 적용되는 부분이다. 이해를 위한 교수에는 세 가지 교수 유형을 정기적으로 사용해야 한다. 이 과정에서 교사의 편안한 습관을 버려야 할 순간이 오기도 한다.

따라서 조건에 따라 달라진다는 결론이 나온다. 단원 목표가 기능 향상이라면 코칭이 좋다(하지만 빅 아이디어 전략에 대한 촉진적인 이해가 현명한 기능 사용의 열쇠라는 것을 명심해야 한다). 학습목표가

반직관적인 아이디어를 이해하는 것이라면 잘 설계된 경험에 대한 촉진적인 탐구를 많이 해야 한다. 그것이 비록 많은 '시간 낭비'처럼 여겨져 불안할지라도 말이다. 강의는 경험 후에 학습을 다지는 데 아주 유용하다. 간략히 말해 교수법, 교수의 양 및 타이밍은 원하는 결과를 내는 데 필요한 구체적인 학습 유형에 따라 달라진다.

특정 교수 유형을 선택할 때는 교육과정에서 우선시하는 점, 학생의 요구, 주어진 시간 및 그 밖의 다른 인자들을 고려해야 하지만, 이들을 결정하는 데 구체적으로 필요한 안내서란 존재하지 않는다. 그렇지만 일반적인 지침을 소개하자면 다음과 같다.

- 지나친 강의는 불분명한 목적과 상관관계가 있다. 교사는 학습이 설계된 목적을 분명하게 이해하고, 학생에게 분명히 이해시켜야 한다. 교사가 어떻게 이야기할 것인가는 학습 목적이 얼마나 분명한지에 따라 달라진다. 스포츠, 악기 연주 혹은 그림 그리기를 가르치는 경우를 생각해 보자. 어떤 시점이 되면 얘기를 계속하는 게 무색해진다. 그때는 학습자가 과제를 하고, 학습에 필요한 피드백을 제공해야 한다. 학습자의 '행함(doing)'에서 시작된 백워드 설계를 하지 않을 경우 지나치게 많은 강의를 하게 된다. 훌륭한 교사라면 일반 교사보다 더 적게 강의하지만, 그것이 시의적절한 경우가 더 많은 법이다. 학습자의 수행이라는 중요한 목표에 초점을 맞추기 때문이다. 그와는 반대로 구체적이고 핵심적인 도전 과제나 수행 목표가 없을 경우 교사는 지나치게 설명적으로 변한다.[4]
- '만일의 경우(just in case)'와 '알맞은 때(just in time)'를 구분해야 한다. 정보를 무조건 제공하는 횟수를 줄여야 한다. 직접 교수가 필요한 경우도 직접 교수에 필요한 모든 정보를 한꺼번에 제공해서는 안 된다. 의미 있게 활용하기 전에 한꺼번에 너무 많은 정보를 제공하면 기억하기 어렵다. 학생이 학습한 내용을 적용하고, 강의를 이해하고 받아들일 준비가 된 후에야 '중간 휴식' 및 '사후 경기 분석'을 실시한다.
- 사전 숙고와 사후 숙고를 설정하고 메타인지적인 기회를 제공해야 한다. Dewey의 말을 빌자면, 우리가 한 것을 돌이켜보지 않는다면 그 행동을 통해서 배울 수 없다. 서론에 소개한 사과의 사례가 주는 교훈을 명심해야 한다. 학습을 가능하게 하는 것은 활동 그 자체가 아니라 활동의 의미라는 것을 말이다.
- 교과서는 실러버스가 아닌 자원으로 활용해야 한다. 교과서가 코스라면, 언제 강의를 해야 하는지에 관한 논의는 지나치게 복잡해진다. 교사의 역할은 교과서를 설명하는 게 아니라 학생이 중요한 아이디어를 이해하고, 특정 수행 과제를 통해 지식과 기능을 활용하도록 돕는 자원을 선택하는 것이다. 교과서가 강의 자체인 경우 지나치게 많은 강의를 하게 된다.

• 가르치는 것을 모형화하자. 유능한 교사라면 학생이 좋고 강한 모형과 나쁘고 취약한 모형(예를 들어, 글쓰기나 그리기에서)을 조사하는 것이 좋은 결과의 가치를 깊이 이해하는 데 얼마나 중요한지 잘 알고 있을 것이다. 마찬가지로 기능을 배우는 학생은 일반적인 문제를 보여 주는 과제보다 유능한 기능을 보여 주는 현장을 관찰할 때 더 많은 것을 얻는다. 이런 식으로 모형과 사례를 이용하는 교사는 세상 이해라는 자연적인 심적 과정을 이용한다. 학습자는 좋은 모형과 나쁜 모형을 비교함으로써 점점 더 세련된 개념 및 절차를 개발할 것이다.

교수 유형과 내용 유형 연결하기

　분명하고 문제될 게 없으며 합당한 지식 및 기능에 대해서는 직접 교수 및 집중적인 코칭을 이용해야 하고, 미묘하고 오해의 소지가 많으며 개인적인 탐구, 시험 및 증명이 필요한 아이디어에 대해서는 구성주의적 촉진 유형을 역으로 이용해야 한다. 〈표 10-3〉을 보고 교수 유형이 어떤 의미를 띠는지 살펴보자. 이 표를 해석하는 방법 중 하나는 직접적 해석이다. 해당 단원의 목표가 A열에 해당하는 경우는 직접 교수가 효과적이면서도 효율적일 것이다. 학생은 교사, 활동 혹은 교과서에서 직접적인 내용을 이해해 A열에 있는 항목을 이해하게 될 것이다. 그러나 목표가 B열에 해당하는 경우 학생은 이해를 위해서 촉진된 경험, 안내된 탐구 및 '구성된 이해' 등을 시도해야 한다.

　그런데 또 다른 관점에서 이 차트를 볼 수도 있다. 바로 작은 부분과 크고 복잡한 전체 사이를 오가는 움직임을 구성하는 요소로 파악하는 것이다. 가장 효과적인 학습을 하려면 학생은 지루하거나

〈표 10-3〉 교수 내용

A열	B열
• 사실 • 단편적 지식 • 정의 • 확실한 정보 • 문자 그대로의 정보 • 구체적인 정보 • 자명한 정보 • 예상 결과 • 단편적 기능과 테크닉 • 규칙과 방법 • 알고리즘	• 개념과 원칙 • 체계적인 연결 • 암시 • 미묘함, 모순 • 상징주의 • 추상 • 반직관적 정보 • 예외적인 것 • 전략(레퍼토리 및 판단력을 활용하기) • 규칙 및 방법을 창조 • 발견적 학습

위험을 느끼지 않고 학습하기 위해 충분한 지식 및 기능이 있어야 한다. 동시에 학습에 의미를 부여하는 빅 아이디어와 도전 과제에 직면해야 한다. 즉, A와 B열로는 A열에서 오랜 기간 학습한 다음 B열로 이동해야 한다는 주장을 이해할 수 없다. 학생은 추론을 통해 이해하기 위해서 수많은 경험, 사실 및 수업을 필요로 한다. 사실과 기능을 이해하기 위해서 내용에 연관성을 부여하는 문제, 질문 및 과제를 살펴봐야 한다('최고의 설계' 부분을 떠올려 보자. 교육자들은 전체와 부분 그리고 사실과 큰 그림 사이를 반복적으로, 그리고 확실하게 앞뒤로 오고가는 그러한 설계를 항상 주목하고 있다). 따라서 이중 나선으로 이루어진 두 개의 열을 떠올려 볼 수 있다. 이 경우 각 교수 유형은 주기에 따라 반복된다.

A, B열을 보는 세 번째 관점도 있다. A열은 지금까지 잘 내면화되어 사실이 된 이전의 이해를 나타내고, B열은 이전의 이해 수준과는 상관없이 새 아이디어와 도전 과제가 어떻게 인식되는지를 나타낸다. 경험이 많고, 진도가 많이 나가거나 혹은 전문지식이 많은 학생일수록 한때 불분명하고 반직관적이며 복잡했던 것을, 이제는 분명하고 확실하며 선명한 것으로 파악할 확률이 높다. 어렵게 '이해'한 것은 '사실'이 된다. 공부를 잘하는 학생은 많은 건설적인 노력을 하지 않고도 경험이 부족하거나 능력이 떨어지는 학생이 이해하려면 코칭이 필요한 내용을 직접 교수로 이해하기도 한다.

여기 이 책에서 지속적으로 언급하고 있는 전문가의 맹점이 도사린다. 교사는 초보자 딱지를 뗀 지 이미 오래다. 아이디어, 도전 과제 및 연결 관계와 더불어 해당 주제는 이미 '분명'하다. 교사는 잠깐만 주의를 놓쳐도 오해, 혼란 및 구성주의적 학습을 공감하지 못하게 된다. 새로운 아이디어와 과제가 객관적으로 얼마나 어려운지 공감하지 못할 경우 내용을 부적절하게 강의하기가 쉽다.

타이밍이 중요하다

> 교수에서 성공의 비결은 페이스다. ……지식을 재빨리 습득하고 그것을 활용하라.
> 활용할 수 있는 지식이라면 보존하고 지속시킬 수도 있다.
> −Alfred North Whitehead,
> 『교육의 목적과 다른 에세이(The Aims of Education and other Essays)』, 1929, p. 36

이해를 위한 교수—사랑이든, 주식시장이든, 코미디든 간에—에서 가장 중요한 것은 타이밍이다. 교사가 어떤 역할을 얼마만큼 해야 하는지를 결정하는 것도 중요하지만, 그보다 더 중요하지만 자주 간과되는 요소가 있다. 바로 언제다. 이해가 목적인 경우, 언제 직접 교수를 시작하고 언제 마쳐야 하는가? 경험을 촉진한 다음 심사숙고를 하도록 해야 할까? 학생들에게 언제 수행 과제를 내주고 피드백을 제공해야 할까? 여기 그럴듯한 일반화가 있다. 즉, 비교적 광범위한 레퍼토리를 가진 교사라

해도 세 가지 역할을 모두 제대로 활용할 수 있는 타이밍을 얻기란 어렵다는 것이다. 이해를 위한 교수에서 교사가 저지르는 큰 실수는 단일 접근법에 지나치게 의존하는 것이 아니라 접근법을 이용할 때 타이밍을 고려하지 않는 것이다.

그렇다면 이해가 목적인 경우 '강의를 해야 하는가?'가 아니라 '언제 강의를 하고, 언제 하지 말아야 하는지를 내가 알고 있는가?'라는 질문을 던져야 한다.

각 역할 내에서도 이 질문은 대답하기 까다롭다. 다음을 살펴보자.

- 언제 질문에 답하고, 언제 질문을 해야 하는가?
- 언제 옹호해야 하는가? 그리고 똑같이 그럴듯한 대안을 언제 전달해야 하는가?
- 언제 내 의견을 말하고, 언제 반대 입장을 옹호해야 하는가?
- 언제 강의 목적을 말하고, 언제 학생으로 하여금 추론하도록 내버려두어야 하는가?
- 나는 언제 연구를 하고, 학생들은 언제 연구를 해야 하는가?

마찬가지로 학생들과 논의할 때 다음과 같은 질문을 던져야 한다.

- 언제 질문을 던져 논의 범위를 정해야 하는가? 언제 논의를 시작하라고 말해야 하는가?
- 나는 언제 부적절한 답에 문제를 제기하고, 언제 학생들이 부적절한 답에 문제를 제기하도록 내버려두어야 하는가?
- 의견이 무시된 참가자가 발언하도록 언제 조치를 취해야 하는가? 언제 그냥 기다리기만 해야 하는가?
- 언제 잘못된 사실 발언을 바로잡아야 하는가, 언제 그냥 내버려두어야 하는가?
- 언제 조용한 관찰자 역할을 하고, 언제 공동참가자 역할을 해야 하는가?

이와 같은 까다로운 질문에 대한 답은 1단계 및 3단계뿐만 아니라 WHERETO에서 이끌어 내야 한다. WHERETO에서 H, R 및 O가 암시하는 것은 전형적인 미국 교실에서보다 직접 교수를 덜 해야 한다는 것이다. 100년 전에 Whitehead가 한 말을 빌자면, 지식을 재빨리 활용해야 한다.

이제 현재로 눈을 돌려보자. 다음은 제3차 국제 수학 및 과학연구(Third International Mathematics and Science Study: TIMSS)의 중요한 결과다. 미국 교사는 그저 용어, 규칙 및 전술을 제시하기만 하는 반면, 성적이 좋은 나라의 교사는 문제와 토의를 통해 빅 아이디어를 개발한다([그림 10-1] 참고). 중요한 점은 우선 문제를 낸 다음 직접 교수를 한다는 것이다. 여기에서 모순이 발생한다. 과제 및 평가를 제대로 설계하고, 교수 접근법을 활용할 때 신중하고, 타이밍을 잘 맞추며, 목적에 근거할 경우는 얘기를 적게 해도 아이들이 더 잘 이해하는 법이다. 『학습하는 방법(How People Learn)』에 요약된 학습에 대한 연구와 이러한 주장을 보고한 TIMSS의 국제적 연구에 대한 자세한 내용은 제13장에 나와 있다.

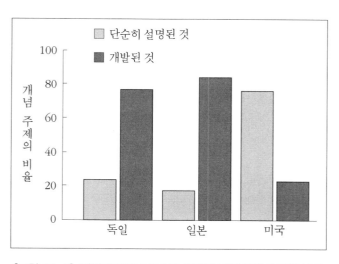

[그림 10-1] 개발되었거나 단순히 설명된 개념 주제의 평균 비율

수많은 중등교육 및 대학교 수업에서 직접 교수를 많이 볼 수 있다. 이 장이 시작되면서 인용한 「지혜는 가르친다고 되는 게 아니다」라는 논문이 많은 점을 암시한다. 이 논문은 50년 전에 발표된 것으로서 하버드 대학교 경영대학원에서 사용하는 사례 방법을 이론적으로 설명하고 있다. 사례법은 학생들이 구체적인 사업 사례를 공부하면서 의미를 이끌어 내고, 교수가 Socrates식 대화법으로 그 과정을 촉진하는 접근법이다. 현재 의대, 공과대 및 중등학교의 문제 기반 학습 단원 및 강좌에서 이 접근법을 널리 이용하고 있다.

보다 많은 형성평가의 필요성

따라서 교수 및 학습 경험을 설계하는 데 우리가 해야 하는 역할은 내용에 담겨 있는 빅 아이디어를 발견하는 것에만 그치는 것이 아니라, 학습자의 이해 및 오해를 심층적으로 다루면서 적극적으로 평가해야 하는 것이다. 그러므로 UbD는 교수가 끝난 후에 실시하는 수행 과제, 마무리 프로젝트 및 기말고사로 평가를 제한하는 대신, 지속적으로 공식적 및 비공식적인 평가를 해야 한다고 강조한다.

앞에서 논의하였듯이, 이런 향상도 평가(assessment-in-progress)는 진정한 이해를 도모한다. 학생들이 정답을 말하면 이해했다고 믿는 교사의 성향과 이해하지 못했으면서도 이해한 척하는 학생의 성향을 고려하여 교사는 좀 더 경계심을 발휘해야 한다. 재판을 할 때 유죄로 판명 나기까지는 무죄로 취급해야 한다는 말이 의미심장하게 다가온다. 8명의 학생이 '이해했다'고 해서, 그리고 아무도 질문하지 않는다고 해서 나머지 학생들도 이해한 것은 아니다. 학생들이 힌트를 받고 쉬운 질문에 답한다고 해서 스스로 그 지식을 활용할 수 있거나 힌트 없이도 잘할 수 있다는 뜻은 아니다.

그렇다면 너무 늦기 전에 학생이 '이해했는지' 알아보는 방법에는 어떤 것이 있을까? 교사들은 수년 동안 학생들의 이해 정도를 효과적이고 효율적으로 알아보기 위해 다양한 비공식적인 기법을 사

〈표 10-4〉 학생들의 이해를 알아보기 위한 기법

1. 색인 카드 요약/질문

정기적으로 색인 카드를 나눠 주고 양면에 답을 쓰도록 한다. 다음과 같은 지시 내용을 적어 둔다.

(1면) (단원 주제)에 대한 수업을 바탕으로 할 때 자신이 이해한 빅 아이디어를 쓰고, 요약문으로 설명하시오.

(2면) (단원 주제)와 관련된 내용 중에서 자신이 완전히 이해하지 못한 것을 찾아 문장 혹은 질문으로 쓰시오.

2. 수신호

학생들에게 구체적인 개념, 원리 및 과정을 이해하였는지 묻기 위해서 정해진 수신호를 하도록 한다.

- _____ 을 이해했고 설명할 수 있습니다(엄지를 든다).
- _____ 을 이해하지 못했습니다(엄지를 내린다).
- _____ 에 대해 확실하지 않습니다(손을 젓는다).

3. 1분 에세이

수업이나 읽기가 끝나면 학생들에게 빅 아이디어를 이해하였는지에 관해 알아보기 위해 내용을 짧게(1분) 요약하도록 시킨다. 에세이를 거둬서 읽어 본다.

4. 질문상자 혹은 질문판

학생이 자기가 이해하지 못한 개념, 원칙 혹은 과정에 대해 질문을 남길 수 있는 공간(예를 들어, 질문상자, 게시판 혹은 이메일 주소)을 만든다(이 기법은 다른 학생들 앞에서 자신이 이해하지 못했다는 걸 말하길 꺼려 하는 학생들에게 유용하다).

5. 유추 길잡이

정기적으로 학생들에게 유추 길잡이를 제공한다.

(정해진 개념, 원칙 및 과정)은 _____ 때문에 _____ 와 같다.

6. 시각적 표현(웹 혹은 개념지도)

학생들에게 주제나 과정의 요소를 보여 주는 시각적 표현(예를 들어, 웹, 개념지도, 플로차트 혹은 시간표)을 하도록 시킨다. 이 기법은 학생이 여러 요소 간의 관계를 이해하였는지 알아볼 때 유용하다.

7. 구두질문

학생들이 이해하였는지 알아보려면 다음에 나오는 질문과 추후 탐색을 사용하라.

_____ 는 _____ 와 어떻게 다른가 혹은 같은가?

_____ 의 특징 혹은 부분은 무엇인가?

_____ 는 어떤 다른 방법으로 설명할 수 있는가?

_____ 에서 주요 개념, 빅 아이디어 및 교훈은 무엇인가?

_____ 는 _____ 와 어떤 관계에 있는가?

_____ 에 어떤 아이디어/세부 사항을 덧붙일 수 있는가?

_____ 의 예를 들어 보자.

_____ 는 무엇이 잘못되었는가?

_____ 에서 무엇을 유추할 수 있는가?

_____ 에서 어떤 결론에 도달할 수 있는가?

어떤 질문에 답하고자 하는가? 어떤 문제를 풀고자 하는가?

_____ 에 대해 가정된 내용에는 어떤 것이 있는가?

_____ 라면 어떤 일이 발생할까?

_____ 을 판단/평가할 때 어떤 기준을 사용할 것인가?

_____ 을 지지하는 증거에는 어떤 것이 있는가?

_____ 는 어떻게 증명/확인할 수 있을까?

_____ 의 관점에서는 이를 어떻게 볼까?

어떤 대안을 살펴봐야 하는가?

_____ 에 어떤 접근법/전략을 써야 하는가?

8. 추후 탐색

- 왜?
- 어떻게 알지?
- 설명
- 동의하는가?
- _____ 는 무슨 의미인가?
- 예를 들 수 있는가?

- 더 많이 말해 주세요.
- 이유를 말해 주세요.
- 하지만 _____ 는 어떠한가?
- 책에서 그 부분을 찾을 수 있는가?
- 주장을 뒷받침하는 자료에는 어떤 것이 있는가?

9. 오개념 점검하기

설계된 개념, 원리 혹은 과정에 대해 일반적이고 예측할 수 있는 오개념을 학생들에게 보여 준다. 그들이 동의하는지 여부를 물어보고, 자신들의 반응에 대한 이유를 설명하도록 한다. 오개념 점검은 객관식이나 OX 퀴즈로도 할 수 있다.

용하였다. 〈표 10-4〉에는 많은 기법이 예로 나와 있다. 이들 평가 기법이 점수를 매기는 데 사용된 것이 아님을 명심해야 한다. 이들 평가 기법이 사용된 목적은 학생들의 개념(혹은 오개념)에 대해 적절한 때 피드백을 제공하고, 학생들의 이해를 높이는 데 필요한 수정을 하기 위해서다.

대형 강좌의 경우는 다르지 않을까? 그렇지 않다. 필요한 기술만 있으면 된다. Boston Globe에 발표된 다음 예를 살펴보자(Russell, 2003).

주요 대학에서 대형 강좌의 쌍방향성을 높이기 위해서 학생들에게 무선, 휴대용 송신기를 구입하라고 주문하는 교수들이 점점 늘고 있다. 학생은 송신기를 통해 교사에게 수업 이해 정도에 대해 즉시 피드백을 제공한다. 심지어 학생이 출석하였는지도 송신기를 통해 확인할 수 있다.

올 가을 매사추세츠 주립대학에서는 36달러짜리 이 장비가 폭발적인 인기를 끌었다. ……Amherst 캠퍼스에 다니는 학부생 중 6,000~17,500명이 수업에 이 송신기를 사용할 것으로 전망된다.

교수는 대형 강의실에서 수업을 듣는 학생들과 교감하기 위해서 강의 내내 객관식 질문을 한다. 학생들은 송신기를 클릭하고, 키보드에 있는 1~9 사이 파란색 숫자 버튼을 눌러 답을 전송한다. 그러면 교수의 노트북에 막대 그래프가 떠서 정답과 오답률을 보여 준다. 교수는 오답이 너무 많은 경우 수업 속도를 늦추거나 앞으로 돌아가기도 한다. 각 송신기는 등록되고 번호를 지정받아야 한다. 그래야만 교수는 출석 인원을 확인하고 자주 오답을 표시하는 학생들에게 수업 후 도움을 제공할 수 있다.

이 기술은 과학 및 경제학과에서 심리, 통계, 법학 및 회계학과로 전파되었다. 작년에는 심지어 미술사학도 동참하였다.

한 학생은 다음과 같이 말했다. "교수님이 '손을 드시오.' 라고 말하는 것보다 효과가 좋습니다. 우리는 옆 사람과 다르게 비치는 것을 싫어하기 때문이죠."

이런 기술을 도입할 여건이 되지 않는다고? 그렇다면 컬러 색인 카드를 사용하는 것은 어떨까? 카드에 학생 이름을 써 놓기 때문에 학생을 지명하는 데 유용하다.

이런 방법들은 단순히 유행하는 방법만은 아니다. 이 방법들은 교사와 학생들이 필요한 적응(adjustment)을 제때 이해하였는지 이해하지 못하였는지를 파악할 수 있도록 하기 때문에 읽기, 강의 혹은 토의만큼이나 교수에서 중요한 것이다. 이들 방법들은 교수(teaching)가 단순한 정보 제공 이상이라는 것을 암시한다. 즉, 이해가 비롯되는 학습 과정에 끊임없이 관심을 기울인다. 비록, 학생이 계속해서 실패하고, 교사의 피드백과 안내 역시 (초기 교수와 마찬가지로) 실패하더라도 말이다.

이해와 지식 및 기능의 사용

본 논의에서는 학생이 처음에는 수동적으로 배우고, 그 다음 지식을 적용해야 한다는 원칙에 반대한다. 이는 심리학적 오류다. 학습 과정에서는 적용이라는 활동이 꼭 있어야 한다. 사실 적용은 지식의 일부다. 뭔가를 안다는 자체가 그것을 둘러싼 관계를 안다는 것이고, 적용하지 못한 지식은 의미를 잃게 된다.

-Alfred North Whitehead,
『교육의 목적과 다른 에세이(The Aims of Education and other Essays)』, 1929, pp. 218-219

　이 책에서는 현명한 수행—빅 아이디어 전이 및 사용—이 단순한 기억재생이 아니라는 주장을 펼치고 있다. 일단 이해를 하면 중요한 것을 제대로 해낼 수 있다. 이는 상식이나 여섯 측면을 봐도 그렇다. 따라서 이해를 위한 교수는 강의(professing)보다는 코칭(coaching)에 가까워야 한다. 특히 학습활동 흐름 및 학생이 교사에게 요구하는 것을 볼 때 더욱 그러하다.

　적용을 위한 교육은 이해에서 성공의 의미를 부각시키는 구체적인 수행 목적으로부터 자신의 계열을 '거꾸로(backward)' 도출해 낸다. 여기서도 Whitehead의 '지식을 재빨리 활용하라.'라는 교훈을 얻을 수 있다. 아직 과제가 단순화되거나 단계적이지 않다 해도(예를 들어, 여섯 살짜리 꼬마에게 T-ball 혹은 작가에게 템플릿), 계획 단계에서는 바라는 수행에 대한 목표를 일찍부터 세운다. 그리고 점진적으로 수행을 이루어 나간다. 이 과정에서 기본적인 것을 계속해서 반복한다. 결국 우리는 학생들이 스스로 이해하면서 수행할 수 있는지 살펴보기 위해서 힌트, 길잡이 및 도구라는 지적인 훈련 수단을 제거한다. 이런 접근법에서는 바라는 수행으로부터 백워드로 진행하는 과제를 주의 깊게 분석하고, 이해하면서 수행하기 위해 학습에 대한 설계를 전체-부분-전체로 설계한다.

　애석하게도 교과서 위주로 돌아가는 세상에서 살아가는 학습자와 교사처럼 자신만의 경험에 익숙해진 나머지, 이런 접근법을 거부하는 교육자도 많다. 이들은 '학생은 수행하기 전에 모든 기본을 배워야 하며, 경험이 없는 학생은 복잡한 과제를 할 준비가 되어 있지 않다.'고 주장한다. 하지만 이는 백워드 설계뿐만 아니라 상식에 반하는 말이다. 음악, 연극, 운동 및 전문직에서 복합한 수행을 하려면 먼저 선형적인 규모 및 순서에 따라 교과서에서 나온 지식만 가르치면 될까? 소년 야구 리그에서 아이들에게 야구를 가르칠 때 며칠 동안 논리적 순서에 따라 규칙과 야구 기술을 설명하기만 하면 될까? 아이들이 모든 기술을 익힐 때까지 경기를 하지 않을 것인가? 물론 이해와 더불어 기술 습득이 목적이라면, 그리고 시간이 한정되어 있다면 그러지 못할 것이다. 부분에서 전체, 전체에서 부분, 이것이야말로 우리가 지식을 이해하고 활용하는 방식이다.

　내용에서 수행으로 그리고 다시 내용으로, 세심한 기술에서 전략으로, 다시 기술로 이동하는 이런 움직임은 모든 코치와 운동선수 관계와 비슷하다. 연극의 경우 대화를 몇 줄 연습한 다음, 2막 4장에서 그 대화를 다시 연습해 본다. 글쓰기의 경우도 마찬가지다. 머리말을 조정하고, 어떤지 보기 위해 전체를 읽다가 다시 편집한다. 머리말은 독자들을 혼란스럽게 하고 그래서 우리는 그것에 대해 다시 연구한다. 마찬가지로 농구를 예로 들어 보자. 먼저, 슛과 드리블을 각각 연습한 다음, 이 둘을 함께 연습하고, 모든 기술을 함께 사용할 수 있는지 연습 경기를 한다. 전체 수행의 결과에서 오는 피드백을 기반으로 오해, 나쁜 습관 혹은 잊어버린 교훈을 극복하기 위해 다시 연습한다. 우리는 구체적인 요소, 부분 수행 및 전체 수행을 통해 항상 재활용하고 있다.

법, 의학 및 공학 부문에서 정기적으로 사용되고 있는 사례연구법(case method)도 마찬가지다. 교수가 우선 해당 분야의 모든 법을 강의하는 일은 없다. 믿을 만한 사례를 제시함으로써 학생이 중요한 적용 상황에서 기본적인 것이 얼마나 중요한지 깨닫도록 한다. 이는 도전, 모형, 연습, 피드백, 연습, 수행 및 피드백의 순서를 띤다(복잡성이 높아질수록 순환을 많이 하게 된다).

이런 순환 논리의 이면에도 진실이 숨어 있다. 코치는 새 학생들이 들어올 때마다 기본 내용을 반복시킨다. 즉, 악기를 잡거나, 공을 패스하고 슛을 쏘거나, 목구멍이 아니라 횡격막에서 목소리 내기 등을 반복하게 한다. 새로 들어온 학생이 얼마나 잘하건 상관하지 않고 말이다. 코치는 '작년에 슛을 배웠으니까 올해는 배우지 말자.'라는 말은 절대 하지 않는다. 코치는 반복을 시간과 내용 낭비로 여기지 않는다. 왜냐하면 더 잘하기 위해 노력하는 과정에서 기본을 복습하면 더 좋은 결과가 나온다는 것을 잘 알고 있기 때문이다.

행함으로써 학습(learning by doing)에는 두 종류가 있는데, 이 두 종류를 절대 놓쳐서는 안 된다. 학생은 단순화된 연습을 통해 새로운 아이디어를 연습하고, 그 다음 좀 더 복잡하고 유동적인 상황에서 단편적인 기능이나 움직임을 적용해야 한다. 부분과 전체 그리고 단계적인 코칭과 시행착오 사이를 오고 가는 움직임이 있어야 한다. 우리 워크숍에 참석한 한 사람이 기억나는가? 그는 이런 움직임이 내용에 상관없이 가장 잘 설계된 학습 경험의 상징이라고 여겼다. 하지만 학생이 수행하는 도중에, 그리고 수행 후에도 수행 시도에서 이해를 이끌어 내는 한 방편으로 직접 교수를 도입하기도 한다.

즉, 내용을 다루는 방법을 배우는 논리와 내용을 전달하는 논리는 다르다는 말이다. 이는 우리가 실시하는 교수의 종류 및 순서에도 많은 내용을 암시한다(제12장에서 이 문제를 자세하게 다루었다. 또한 제12장에서는 교육과정 설계의 큰 그림이 무엇인지 논하고 있다). 직접적인 강의로는 많은 것을 학생에게 전달하지 못한다. 학생이 필요로 하는 것은 '알아야 하는 필요성'에 대한 명백한 가르침이다. 따라서 지식과 기능을 구체적인 과제 혹은 복잡한 수행을 하는 데 필요한 일련의 과제 수행에 필요한 도구로 보아야 한다.

우리 주장을 곧이곧대로 믿을 필요는 없다. TIMSS에서 나온 교육 연구 자료를 보면 미국의 전통적인 교수법에 제기된 의문점을 확인할 수 있다. 이 연구에서는 일본과 같이 최고 점수를 내는 나라의 수학 교사는 추론적으로 수학적 이해를 발달시키기 위해서 어려운 문제로 시작한다고 보고하고 있다(제13장에 TIMSS 연구 요약 및 관련 수학과 과학 연구가 나와 있다).

이제 역사로 눈을 돌려보자. 역사는 시간 순으로 내용이 서술되는 대표적인 과목이다. 교과서를 바탕으로 하는 전형적인 역사 수업에서는 시간 순서에 따라 정보를 제시한다. 그러므로 역사 과목에 좌절한 한 학생의 표현을 빌자면, '빌어먹을 사건 다음에 또 다른 사건이 나오는 것'이다. 이 경우 먼 과거부터 현대에 이르기까지, 그리고 학습자의 흥미, 대표적인 질문 및 구체적인 과제에 이르기까지 학생은 과거의 '이야기'와 현재로 전환되는 빅 아이디어를 이해하기에는 한참 부족한 역사 '공부 (doing)'를 하게 된다.

　내용을 희생하지 않으면서도 학생의 관점에서 좀 더 연관성이 높고 일관되며 흥미로운 '이야기'를 들려주는 대안적인 역사 수업법을 살펴보자. 세계 역사가 동일한 질문(한 해당 네 가지 질문 중 하나)으로 시작하고 끝난다고 가정해 보자. '역사적 관점에서 볼 때 2001년 9월 11일 테러는 왜 일어났을까? 정책 관련 자문을 해 주는 한 역사학자(아니면 박물관 큐레이터나 중동 출신의 신문기자)로서 당신은 어떤 역사적 관점에서 이 사건을 설명할 것인가? 나라의 지도자가 그 사건이 일어난 이유를 더 잘 이해하고, 기본적인 문제를 해결하도록 도우려면 말이다.' 학생들은 여러 문화적 관점을 대변하는 신문기자, 역사학자 및 박물관 큐레이터가 되어 이 질문에 초점을 맞춘 읽기, 토의, 강의 및 연구를 할 것이다. 최종적으로 학생은 글이나 구두 혹은 시각적 결과물, 또는 쌍방향 수행물을 통해 자신이 공부한 것을 발표하게 된다. 시간 순서에 따라 사건을 요약해 놓은 교과서는 하나의 자원으로 이용된다. 필요할 때만 손이 가는 자원 말이다. 교사는 과거와 미래로 시간여행을 하며, 주요 내용과 과정을 발견하여 학생들이 이 질문에 답하고 성공적으로 수행할 수 있도록 도와야 한다. 이런 이동은 시간 순서에 따르지는 않았지만 논리적인 것만은 분명하다. 간단히 말해서 수행을 목적으로 하는 이해를 하려면 대표적인 질문과 분명한 과제에 초점을 맞춘 반복적인 교육과정이 있어야 한다. 여기에 학생이 질문과 과제를 수행하는 데 필요한 다양한 교수법도 동원되어야 한다.

　지금까지 이해를 위한 교수를 살펴보았다. 하지만 우리가 살펴본 내용은 평생이 걸리는 작업의 겉 부분에 불과하다. 하지만 이 책을 통해 본질적인 질문을 제기하고, 교수 관행을 연구하고 숙고하는 데 유용한 방향을 제시하였다고 믿는다.

전망하기

　앞에서 설계의 세 단계 및 이해를 위한 교수를 논의하였으므로, 이제 설계 과정에 대해 살펴보기로 한다. 설계가는 설계를 하면서 어떤 점을 고려해야 하는가? 그 과정에서 어떤 문제와 가능성을 만날까? 지금부터 이들 질문을 비롯하여 관련 질문을 살펴보자.

Bob James와 함께한 백워드 설계의 실천 사례

이 문제를 고민하면 할수록 교수는 너무 많이 하는 대신 코칭은 너무 적게 했다는 생각이 들었다. 때로는 교수도 충분히 하지 않았다. 집단작업, 프로젝트, 발표 등이 필요한 기술인 경우는 특히 그러하였다.

내가 언제 너무 많이 가르쳤던가? 혹은 내가 언제 교과서에 있는 내용만을 말했던가? 내가 언제 충분한 코칭을 하지 않았던가? 학생들이 발표할 준비가 되었을 때 나는 아이들이 발표한 모형 및 항목에 충분한 피드백을 제공하지 않았다. 마찬가지로 이해를 하는지 충분히 점검하지도 않았다. 그 이유는 더 많은 것을 가르칠 수 있는 수업시간이 너무 많아서이거나, 그냥 프로젝트를 느슨하게 봐 준 탓이다. 앞으로 빅 아이디어를 이해시키기 위해서 더욱 향상된 퀴즈와 구두 질문을 할 생각이다. 생각하면 할수록 이해가 느린 학생에게 준 피드백이 너무 늦었던 것 같다. 발표 후에 피드백을 제공했으니 말이다. 연습에 더 많은 시간을 투자하면 좋을 것 같다. 사실 아이들이 스스로를 더 잘 평가할 수 있도록 가르칠 자신이 있다.

이 질문을 이런 식으로 생각해 본 적이 없다니 웃긴다. 아이들과 교실에서 함께하는 몇 분 동안 내 시간과 전문지식을 어떻게 하면 최대한 활용할 수 있을까? 아이들도 마찬가지다. 아이들도 우리가 함께하는 시간을 최대로 활용해야 한다. 이런 식으로 '교수'를 고민해 보니, 평가를 더 많이 하고 정보는 더 적게 제공해야 할 것 같다. 그러면 우리가 함께하는 시간을 더 잘 활용할 수 있을 것 같다. 요즘 농구 시간에는 이런 식으로 수업을 하고 있다. 내 자신에게 이런 질문—아이들과 함께하는 한정된 시간을 어떻게 하면 최대한 활용할 수 있을까?—을 계속 던지면 스스로의 가르침을 십분 활용하면서 이 본질적인 질문에 더욱 현명하게 답할 수 있을 것 같다.

제11장
설계 과정 및 절차

건축가는 설계하기 위해 인내심을 가진다. 설계자는 즉석에서 만드는 능력을 가진다.

하지만 즉석으로 하는 설계는 설계의 대용이 아니다.

설계의 목적은 예상할 수 있는 결과를 성취하는 것이다.

즉흥 설계의 목적은 작업 과정을 유지하는 것이다.

-John McClean, 『프로젝트 경영을 자연스럽게 하기 위한 20가지 고려 사항』, 2003

미국인들은 좋은 교수란 수업을 하는 동안 학생과의 예술적이고 자연스러운

상호 작용을 통해 가능하다는 개념을 가지고 있다.

……그러한 시각은 더욱더 효율적인 수업설계의 중요성을 최소화시키고,

좋은 교사는 만들어지는 것이 아니라 태어난다는 오래된 신념에 대한 믿음을 주었다.

-James Stigler and James Hiebert, 『교실 수학 수업 이해하기와 개선하기』, 1997, p. 20

만약 당신이 가상의 교사인 Bob James가 그의 설계를 통해서 어떻게 생각하고 있는지에 대한 우리의 설명을 따른다면 당신은 그가 각각의 새로운 아이디어가 제시될 때 단원 요소를 다시 생각해야 한다는 것을 알아차리게 될 것이다. 예를 들어, 그가 처음으로 한 이해는 이해처럼 틀이 짜이지 않았다. 즉, 그것들은 단순히 주제를 요약한 것이었다. 그가 한 이해의 과정은 빅 아이디어를 다시 생각하는 것을 필요로 하는 깊은 이해를 지향하는 UbD의 기본 아이디어를 설명하고, 우리가 어린 학생 혹은 노련한 교사–설계자에 대해 말하는 것이다.

좀 더 실제적으로 그것은 UbD 템플릿에 대한 중요한 수업을 강조하고 흔한 오해를 피하도록 도와준다. 템플릿은 조정된 요소를 가지고 완전하고 조직된 설계를 반영하도록 구성된다. 하지만 템플릿은 가장 좋은 설계의 방법이 박스가 나타내는 순서 안에 템플릿을 채운다는 것을 따르지 않는다. 사실 백워드 설계는 목적을 세심하게 생각하고, 목적으로부터 평가를 논리적으로 도출하고, 끝으로 적절한 학습활동을 생각할 것을 요구한다. 하지만 실제로 모든 설계는 비선형적인 과정이다. 설계자들은 그들이 단원 설계자, 작곡가 혹은 조경 건축가이든지 간에 설계의 한 면부터 또 다른 면까지 왔다갔다 한다. 비록, 최종 산물이 3단계 논리에 따라야 함에도 불구하고 진행 중인 설계 과정은 예측할 수 없는 면을 드러낸다. 결국 당신은 모든 일치된 요소와 채워진 템플릿으로 끝내야 한다. 하지만 거기에 도달하는 경로는 다르다.

UbD에서 과정과 산물이 어떻게 다른지에 관한 예처럼 요리책에서 과정과 산물 사이의 차이를 생각해 보라. 요리사는 아이디어로 일하고, 가능성을 시험하며, 결국 익숙한 단계적 형식으로 쓰인 레시피(recipes)를 만든다. 하지만 그 레시피는 순전히 순차적인 방법으로 개발된 것은 아니다. 다양한 재료, 온도, 시간을 다르게 하는 등 많은 시도를 하며 오류가 발생하기도 한다. 요리사는 신선하고 이용 가능한 제철 재료, 태국 음식을 준비하기를 원하거나, 요리를 지켜보는 특정 청중과 같이 다양한 방법 중 한 가지로 시작하도록 자극받을지도 모른다. 모든 출발점은 그 자체의 특별한 논리를 제안한다. 새로운 닭요리를 만들려고 할 때는 재료가 바로 옆에 있는 태국 요리를 만들 때와는 다른 계열의 활동을 필요로 한다.

게다가 주방장은 전형적으로 재료마다 다른 비율로 음식을 만들고, 동시에 다양한 방법으로 요리를 한다. 그들은 많은 요리 방법을 실험하고 맛을 본 후에 그 과정에서 레시피의 최종 단계와 최종 비율을 적는다. 때때로 요리사의 보조는 주방장 뒤에서 재빨리 따라하고, 요리사가 단지 맛으로 개선하고 추정한 다양한 재료의 양을 조심스럽게 측정한다. 요리를 하는 것은 순전히 뒤범벅된 과정이다!

'어수선한 혼란'은 백워드 설계를 통해 레시피로 변형된다. 만약 창안자가 아닌 다른 사람이 요리를 하려고 한다면 무엇을 해야 하고, 어떤 순서로 해야 할까? 비록, 레시피를 따라잡기 위한 과정이 혼란스럽다고 할지라도 주방장 작업의 최종 산물은 동일하고 효율적인 단계의 레시피 형식으로 가정요리책에 제시된다. 유사하게 UbD 템플릿은 자기평가와 최종 설계 '레시피'를 공유하기 위한 포맷을 제공하지만, 그 설계 작업이 시간이 지나면서 어떻게 나타나는지에 대한 이야기는 없다(혹은 모든 작업이 어떻게 진척되어야 하는지).

심지어 당신이 단계 3과 같이 어디서든 시작할 수 있다고 제안하는 것은 우리에게 이상하게 보일지도 모른다. 하지만 이것은 빈 템플릿 대신에 현재 있는 단원을 가지고 시작하는 것이 종종 자연스럽다는 실제를 단순히 인정하는 것이다. 때때로 중요한 자료(예를 들어, 교재 혹은 과학상자) 혹은 계획된 평가(예를 들어, 수학에서 풀기 위한 문제, 외국어로 대화, 기술 프로젝트)로 시작하는 것은 이치에 맞는 일이다. 당신이 설계 과정의 어디에서 시작하고 어떻게 진척시키는가는 중요하지 않다. 당신이 일관된 산출물로 끝을 맺는 것이 중요하다.

설계라는 것이 융통성 있는 것이지만, 일부 경로는 다른 경로보다 더 현명한 것이라고 판명되었다. 우리가 표면적으로 가치있다고 생각하는 텍스트(Romeo and Juliet 혹은 Charlotte's Web과 같은)를 가르친다고 확신할 때조차도 설계자는 그것을 구체적인 목적과 바라는 결과(1단계)에 연결시킴으로써 이 선택을 자의식적으로 정당화해야 한다. 왜 그것이 읽혀야 하는가? 어떤 빅 아이디어와 기준에 대한 연결이 그것을 정당화할 수 있는가?

다시 말해, 당신이 설계라는 것을 뒤돌아볼 필요가 없는 단계적인 과정으로 생각하기보다는, 아이디어를 다룰 때 백워드 설계 논리와 기준을 테스트하는 것이 더 중요하다는 것이다. 템플릿을 한 번에 채워지는 일련의 박스로 다루면 나쁜 설계가 되는데, 왜냐하면 그러한 하나의 접근은 일관된 계획을 만드는 데 필요한 일종의 개정 작업과 일치시키는 것을 포함하지 못할 것이기 때문이다.

이 장의 시작에서 제시한 인용문은 더 많은 고려 사항을 제안한다. 최종 학습은 주의 깊게 고려된 설계로만 성취될 수 있다. 지능적인 즉석 개정(improvisation)은 청사진의 기초 위에서 일어난다. 따라서 교육에서 최상의 설계자는 다음과 같은 두 가지 어려운 과제를 다룬다는 점에서 좋은 건축가, 혹은 노련한 계약자(경험 있는 설계자)와 같다. 첫째, 그들이 작업할 때 자신의 아이디어가 그 템플릿에 적합한지와는 상관없이 단원 아이디어를 창의적으로 다루는데, 결국 이것이 바로 견고한 청사진을 만들어 낸다. 둘째, 모든 것이 말해지고 행해졌을 때 그것을 해결하기 위해서 설계자는 학생들과 함께 사용하기 전에, 그리고 사용하는 동안 그 아이디어를 테스트한다. 그리고 목적은 구체적인 학습으로서 성취된다.

중요한 토픽 혹은 내용

- 어떤 빅 아이디어들이 이 토픽을 공부하는 데 기저가 되는가 혹은 그 토픽을 학습하는 것으로부터 나타나는가?
- 왜 그것이 그토록 중요한가?

설정된 목표 혹은 내용 기준

- 이 목표에 어떤 빅 아이디어가 숨겨져 있는가?
- 학생들이 이것의 실제를 학습하기 위해서 이해할 필요가 있는 것은 무엇인가?

- 학생들이 이러한 검사를 잘 수행하는 데 이해할 필요가 있는 것은 무엇인가?
- 학습의 어떤 다른 증거가 필요한가?

중요한 검사

중요한 기능 혹은 과정

- 학생들이 할 수 있도록 하는 이러한 기능은 무엇인가?
- 학생들이 이러한 기능을 효과적으로 적용하는 것을 이해할 필요는 무엇인가?

- 학생들은 어떤 빅 아이디어를 이러한 활동이나 단원의 결과로서 이해하게 되는가?
- 어떤 이해의 증거가 필요한가?

좋아하는 활동이나 친숙한 단원

단계1 – 바라는 결과

단계2 – 평가 증거

단계3 – 학습 계획

- 왜 우리는 학생들이 이러한 텍스트를 읽거나 이러한 자료를 반드시 사용하도록 하고 있는가?
- 우리는 결과로서 학생들이 어떤 빅 아이디어를 이해하도록 원하는가?

주요 텍스트나 자료

[그림 11-1] 설계 과정을 위한 출발점

설계로 가는 출입구

우리는 내용, 학습자의 본질, 유용한 시간, 설계자의 스타일과 같은 다양한 변인에 의존하는 것과 설계 과정에의 일반적인 접근과 여섯 가지 시작점을 확인하는 것이 유용하다는 것을 알았다. 어떤 접근은 빈 템플릿으로 시작하는데, 즉 다른 사람들은 당신이 현존하는 '전통적' 설계를 개정하기 위해 UbD를 사용하려고 한다고 가정한다. 취해진 접근과는 관계없이 당신은 UbD 설계 기준에 반대해서 나타나는 설계를 끊임없이 체크해야 한다. 그것이 높은 수준의 설계라는 것을 확인하기 위해서 말이다([그림 11-1] 참고)

내용 기준으로 시작하라

- 기준에서 주요 명사를 찾아라(그룹은 명사가 중요하다는 것을 더 잘 이해하기 위해서 기준과 관련된다). 그 명사들에 함축된 빅 아이디어를 생각하라.
- 내용 기준이나 벤치마크에 따라 요구되는 중요한 지식과 기능을 확인하라. 관련된 아이디어와 이해를 추측하라.
- 다음을 질문하라. 기준을 지적하거나 기준에서 나오는 중요한 질문은 무엇인가? 기준과 관련되는 중요한 논쟁과 질문은 무엇인가?
- 중요한 동사를 생각해 보라. 즉, 그것들을 중요한 수행평가를 위한 청사진으로 생각해 보라.
- 빅 아이디어를 이해하기 위한 능력을 발달시키고 수행을 가능하게 할 활동을 열거하라.
- 세 개의 단계를 모두 가로지르는 일치도를 확인하기 위해 단원을 다듬어라.

바라는 현실세계 적용을 고려함으로써 시작하라

- 내용의 궁극적 목표와 더 큰 의도를 명료화하라. 만약 당신이 그 내용을 모두 이해하면 실제 세상에서 당신이 할 수 있는 것은 무엇인가? 이 분야에서 핵심 도전 과제와 참된 수행 과제는 무엇인가?
- 이런 목표의 성취나 과제를 구체화하는 세부적이고 복잡하며 현실적인 과제를 확인하라.
- 학습자들이 성취할 필요가 있는 이해, 지식, 기능을 결정하라.
- 실행, 피드백, 충분한 수행을 가능하게 할 학습 계획을 생각하라.

- 수행자가 내용과 과제를 마스터하기 위해 노력할 때 수행자가 항상 고려할 필요가 있는 질문을 추측하라.
- 그러한 적용을 명백하게 내포하거나 참조하는 내용 기준을 확인하라.
- 필요하다면 설계 요소를 일치시켜라.

좋아하는 활동 혹은 중요한 자료로 시작하라

- 확인된 자료 혹은 '매력 있는' 활동으로 시작하라. (사고를 불러일으키는 경험이나 상황 혹은 요구되는 참신함)
- '왜'라는 질문을 생각하라. 왜 이것이 문제가 되는가? 이 자료들은 학생들이 어떤 빅 아이디어를 이해하도록 도와주어야 하는가?
- 학생들이 그러한 경험 혹은 텍스트를 생각할 때 학생들을 그러한 아이디어에 초점을 맞추게 할 본질적인 질문을 명료화하라.
- 기능, 사실을 확인하고 자료 혹은 활동을 이해하는 것은 결과를 의미한다. 관련된 내용 기준을 위치시켜라. 더 큰 의도에 내포된 중요한 개념과 질문을 추측하라.
- 그런 뒤에 평가와 학습활동을 수정하라.

중요한 기능으로 시작하라

- 다음과 같은 질문을 고려해 보라. 그런 기능을 가능하게 할 복잡하고 가치 있는 수행은 무엇인가?
- 그러한 기능을 직접적으로나 간접적으로 참조하는 기준 혹은 내용 기준을 확인하라.
- 관련된 기준에서 어떤 평가의 종류가 명확하거나 함축적인지 결정하라.
- 그러한 기능을 효과적으로 사용하는 데 도움이 되는 전략을 확인하라.
- 학습자들이 자기평가와 자기조정을 하고 맥락에서 그러한 기능을 사용하도록 할 학습활동을 고안하라.
- 그런 뒤에 일치도를 수정하라.

중요한 평가로 시작하라

- 평가(지역 혹은 주)가 주어지면 평가가 존재하기 위한 목표들을 명료화하라. 그러한 평가는 어떤

종류의 전이 가능성을 추구하는가?

- 그러한 목표들을 언급하는 기준을 확인하라.
- 그러한 기준을 충족시키고 평가에 합격하는 데 필요한 관련 있는 빅 아이디어(이해, 본질적 질문들)를 추측하라.
- 필요한 평가에 필적하는 수행평가 과제를 개발하고 다듬어라. 효율적이고 지향적인 수행을 보장할 학습활동을 만들고 수정하라.

현행 단원으로 시작하라

- 템플릿에서 요소를 위치시키고 세 단계에 걸쳐 일치도를 찾아라. 목표들은 평가와 매치되는가?
- 수업이 목표의 가장 풍부한 측면과 관련되는지 스스로에게 물어보라.
- 빅 아이디어와 기준에 관련된 장기간의 수행 목표를 명료화하라.
- 계속적으로 질문하면서 무엇이 학생을 이해와 멀어지도록 하였는지 생각해 보라.
- 개정된 단계 1 요소에 타당하도록 평가와 수업을 개선하라.
- 필요하다면 설계 기준에 맞게 설계를 개선하라.

현행 설계 개정하기

UbD는 새로운 것을 만들어 내는 것뿐만 아니라 현행 설계를 개선하기 위한 틀을 제공한다. 백워드 설계를 사용하여 개정된 두 개의 설계를 살펴보자. 첫 번째 예는 초등 수준에서 사회과 단원의 개정이고, 두 번째는 고등학교에서의 지리 단원의 개정이다.

〈표 11-1〉은 3학년 교사들의 팀이 초기에 가르치고 이해시키는 대초원에서의 삶과 서쪽으로의 팽창에 관한 단원의 중요한 학습활동과 평가를 개요화한다. 교사는 다양한 학습 스타일에 몰두하기 위해 다양한 학습 경험을 계획한다. 교사는 의도적으로 문학과 사회과 학습 내용을 통합시켰다. 평가는 다양하지만 평범하다. 모든 교사가 똑같은 평가를 사용하기 때문에 등급을 매기는 것은 모든 교실에서 더욱더 일치한다. 궁극적인 학습활동인 Prairie Day(개척자의 날)는 학생과 학부모를 위한 재미있고 흥미로운 활동을 제공한다. 끝으로 학생들은 단원에서 자신의 경험을 반성할 기회를 가지게 된다.

하지만 더 세심히 관찰해 보면 몇 가지 설계 문제점을 찾을 수 있다. 단원을 위한 틀은 그 자체, 즉 주제, 학습활동, 평가로 드러난다는 것에 주목하라. 학습활동은 문자 그대로 비유적으로 모든 것의

〈표 11-1〉 사회과 단원의 초기 버전

주제
서부로의 이동과 개척자의 삶 사회과—3학년

학습활동

1. 교과서에 제시된 '초원에서의 삶'을 읽어 보아라. 장의 끝부분의 물음에 답하여라.

2. Sarah Plain and Tall을 읽고 토론하라. 그 이야기로부터 개척자 어휘에 대한 단어 찾기 퍼즐을 완성하라.

3. 어떤 삶이 서부나 초원에서의 삶을 여행하는 어린이들을 위해 더 좋은지를 반영하는 인공물을 가진 개척자 삶의 기억상자 (memory box)를 만들어라.

4. Prairie Day(개척자의 날) 학습활동: 개척자의 옷을 입고 학습 상황을 완성하라.
   a. 버터 만들기
   b. 19세기 게임하기
   c. 봉랍(封蠟, sealing wax)을 이용하여 집에 편지 보내기
   d. '개척자 옷 입히기' 컴퓨터 게임하기
   e. 옥수수껍질 인형 만들기
   f. 퀼팅
   g. 양철 구멍 뚫기

평가

1. Sarah Plain and Tall로부터 개척자 어휘에 대해 간단한 퀴즈를 내라.

2. 개척자 삶에 대한 장의 마지막 질문에 대답하라.

3. 기억상자 내용에 대해 말하고 보여 주라.

4. Prairie Day 기간 동안 7개의 학습 과제 완성

5. 단원에 대한 학생들의 반성

중심이다. 연구를 안내할 명백하게 확인된 내용 기준 혹은 구체적 학습 목적은 없다. 즉, 학습에 초점을 두기 위한 빅 아이디어 혹은 본질적 질문과 중요한 학습, 즉 채점 기준과 같은 타당한 평가 증거가 없다.

아마도 가장 두드러지는 것은 단원에 참여하는 학습자의 실제 반성이다. 몇 가지 대표적인 샘플을 고려해 보라.

- 당신은 자신만의 설계를 만들거나 다른 설계를 따를 수 있기 때문에 나는 그릇에 구멍을 뚫는 것을 좋아했다. 당신은 구멍을 통해 햇빛을 볼 수 있다.
- 나는 당신이 편지를 썼던 그 정거장을 좋아했다. 당신이 왁스를 칠하여 봉하였기 때문에 나는 그것을 좋아했다.
- 컴퓨터를 나에게 맞게 설계하는 것을 즐거워했다.
- 나는 초원 게임을 좋아했다. 나는 점프하는 것을 좋아했기 때문에 내가 가장 좋아하는 것은 자루를 매고 경주하는 것이었다.

그렇다. 몇 가지 활동은 재미있고 매력적이었으며, 학생들과 학부모들은 Prairie Day(개척자의 날)를 좋아했다. 하지만 이런 개척자의 삶에 대한 3주간의 여행에서 얻게 되는 영속적인 이해는 무엇인가? 어떤 전이 가능한 기능이 이러한 활동을 일으키는가? 중요한 학습활동이 일어났는지를 보여 주기 위해서는 어떤 증거가 수집되어야 하는가?

우리가 근본적인 설계를 UbD 템플릿에서 제시할 때, 어떤 새로운 것도 덧붙이지 않고(〈표 11-2〉 참고) 무엇이 일어나는지 지켜보라. 이미 우리는 더욱더 명확하게 개선을 필요로 하는 영역을 살펴보았다.

이제 백워드 설계와 UbD 템플릿을 사용하는 똑같은 3주간의 단원을 생각해 보자(〈표 11-3〉 참고). 백워드 설계를 사용하는 것에 대해 다시 생각해 볼 때 우리가 주목해야 하는 것은 무엇인가? 템플릿은 비슷한 내용을 학습을 위한 훨씬 더 강한 설계로 만들기 위해 어떻게 돕는가? 여기에 몇 가지 관찰한 내용을 제시한다.

- 적절한 내용 기준은 이제 단원 학습활동과 평가에 초점을 둔다.
- 빅 아이디어는 명확하게 작업을 구성하고, 다음과 같은 본질적인 질문으로 예증된다. 왜 사람은 이동하는가? (이동) 개척자는 무엇인가? (개념적인 정의) 다른 사람들은 그렇게 하지 않는 반면에 몇몇 개척자들은 왜 생존하고 번영시켰는가? (생존, 도전)

〈표 11-2〉 UbD 템플릿에서의 사회과 단원

단계 1- 바라는 결과

설정된 목표: **G**

주제: 서부로의 이동과 개척자의 삶

이해: **U**

학생들은 ……을 이해하게 될 것이다.

본질적 질문: **Q**

학생들은 ……을 알게 될 것이다. **K**

- 초원에서의 삶에 대한 사실적 정보
- 개척자라는 어휘
- Sarah Plain and Tall 이야기

학생들은 ……을 할 수 있을 것이다. **S**

단계 2- 평가 증거

수행 과제: **T**

다른 증거: **OE**

① 기억박스와 그 내용에 대해 말하고 보여 주라. 즉, 너는 그 안에 무엇을 두었니? 왜?

② Sarah Plain and Tall로부터의 개척자라는 어휘에 대한 퀴즈를 내라.

③ 교과서 장과 Sarah Plain and Tall에 관한 사실적 질문에 대답하라.

④ 쓰인 단원 반성

단계 3- 학습 계획

학습활동: **L**

① '초원에서의 삶'이라는 교과서 부분을 읽어 보라. 장의 끝부분에 있는 질문에 답하여라.

② Sarah Plain and Tall을 읽어라. 개척자라는 어휘에 대한 단어 찾기를 완성하라.

③ 새로운 삶으로의 여행을 시작할 인공물을 가지고 개척자 삶 기둥을 만들어라.

④ Prairie Day(개척자의 날) 활동:

    ⓐ 버터 만들기

    ⓑ 19세기 게임 놀이하기

    ⓒ 봉랍(封蠟, sealing wax)을 이용하여 집에 편지 보내기

    ⓓ '개척자 옷 입히기' 컴퓨터 게임하기

    ⓔ 옥수수껍질 인형 만들기

    ⓕ 퀼팅

    ⓖ 양철 구멍 뚫기

🍃 〈표 11-3〉 백워드 설계 후의 사회과 단원

단계 1- 바라는 결과

설정된 목표:
2D-이주의 환상과 개척자의 실재를 비교하는 동안 서부에 대한 유인책을 설명하라.
5A-현재 그리고 과거에 미국에서 사람들의 대규모 이동에 대한 이해를 설명하라.

출처: 미국 역사의 국가 기준

이해:
학생들은 ……을 이해하게 될 것이다.
• 많은 개척자는 서부로의 이동에 대한 어려움과 기회에 대해 순진한 생각을 가졌다.
• 새로운 경제적 기회, 더 큰 자유 혹은 어떤 것에서 벗어나기 위한 것 등 다양한 이유 때문에 사람들은 이동한다.
• 성공적인 개척자들은 고난과 도전을 극복하기 위해 용기, 창의, 협력에 의존한다.

본질적 질문:
• 왜 사람들은 이동하는가? 왜 개척자들은 서부로 향하기 위해 자신의 고향을 떠나는가?
• 지리와 지형은 이동과 정착에 어떻게 영향을 미치는가?
• 왜 몇몇 개척자들은 다른 사람이 그렇게 하지 않는 반면에 살아남고 번영하는가?
• 개척자는 무엇인가? '개척자 정신'은 무엇인가?

학생들은 ……을 알게 될 것이다.
• 서부로의 이동과 초원에서의 개척자 삶에 대한 중요한 사실
• 개척자라는 어휘 용어
• 기초적 지리(즉, 개척자들의 여행 루트와 그들의 정착지)

학생들은 ……을 할 수 있을 것이다.
• 맥락에서 개척자라는 어휘를 사용하고 정의하고 인식하라.
• 마차 기관차와 대초원에서의 삶에 대한 것을 발견하기 위해 research skill(지침서와 함께)을 사용하라.
• 그들의 결과물을 말과 글로 표현하라.

단계 2-평가 증거

수행 과제:
• 초원에서의 정착자 가족의 삶에서 1주일을 기술하는 인공물, 그림, 일기, 박물관 전시를 만들어라(대중이 서부 정착과 개척자의 삶에 대해 오늘날 가지고 있는 일반적 오해는 무엇인가).
• '동쪽'의 친구들에게 하루 생활(한 달간의 여행을 각각 나타내면서)을 편지로 쓰라. 당신의 희망과 꿈에 대해 말하고, 어떤 개척자들에 대한 어떤 삶이 실제로 비슷한지 설명하라(학생들은 그림도 그리고 말로 설명한다).

다른 증거:
• 말이나 글로 본질적 질문 중 한 가지에 대답하기
• 개척자 삶의 어려움을 나타내는 그림 그리기
• 서쪽으로의 확장, 초원에서의 삶, 기초적 지리에 대한 사실에 관한 시험
• 맥락에서 개척자라는 어휘 사용하기
• 기억상자 내용을 설명하기

단계 3- 학습 계획

학습활동:
• 학생들의 선행지식을 평가하고 단원 학습 목적을 확인하기 위해 K-W-L을 사용하라.
• Prairie Day 학습활동을 개정하라[예를 들어, Oregon Trail 2를 '개척자 옷 입히기'를 위한 컴퓨터 시뮬레이션으로 대신하고 시뮬레이션이 플레이되는 동안 저널(journal entries)을 위해 질문하라].
• 확인된 내용 기준 혹은 이해와 관련되는 다른 허구적 독서물을 포함하라(예를 들어, Little House on the Prairie, Butter in the Well).
• 개척자 가족의 서부 여행에 대한 지도 시간 선을 만들어라.
• 다양한 읽기 수준을 수용하기 위해서 비허구적인 자료를 덧붙여라.
• 학생들이 수행 과제를 시작하기 전에 기억상자, 박물관 전시, 편지, 저널에 대한 루브릭을 점수화하는 것을 검토하라. 학생들이 이런 산물의 예를 공부하기 위한 기회를 포함하라.

- 평가 과제는 이제 더욱 참되고 높은 수준의 지식과 기능을 필요로 한다.
- 평가 증거(단계 2)는 다양해지고 효율적인 백워드 설계의 지표인 바라는 결과(단계 1)와 더욱 잘 일치된다.
- 독서(허구와 실제), 컴퓨터 시뮬레이션, 과제는 더욱더 의도적으로 목적 지향적이다.
- Prairie Day(개척자의 날) 학습활동은 남아 있지만 경험은 단원의 목표를 더욱더 지지하기 위해 연마된다.

템플릿에서 단원을 구조화하는 것은 다른 이점이 있다. 그것은 설계자들이 추방된 아메리카 원주민에 대한 중요한 관점(측면 4)을 놓치고 있다는 것을 훨씬 더 쉽게 이해시켜 준다. 그래서 단원은 더욱더 개정된다(〈표 11-4〉 참고).

다른 예를 보자. 이 예는 고등학교 지리 단원이다. 〈표 11-5〉와 〈표 11-6〉 각각은 Ubd 템플릿에서 전과 후 버전을 나타낸다. 첫 번째 예는 교과서 밖에서 가르쳐지고 평가된 단원을 보여 준다. 개정된 버전에서 설계자는 주의 내용 기준으로부터 백워드를 심사숙고해서 설계하였다. 관련된 이해와 본질적 질문을 확인함으로써, 두 가지 수행 과제로 교과서 평가를 보충함으로써, 더욱 흥미롭고 현실적인 탐구를 포함함으로써, 단원 계획의 정합성과 진실성(따라서, 유의미함)을 개선할 수 있었다.

다시, Ubd 템플릿 카테고리가 어떻게 설계자들로 하여금 빅 아이디어에 보다 분명하게 초점을 두고, 그리고 설계 요소의 일치도를 높이는 것에 대해 고민하도록 하는지를 주목하라.

- 빅 아이디어는 이제 명확하게 작업을 구조화하고, 두 개의 수행 과제와 이해에서 예증된다.
- 본질적 질문은 수학적 추론을 촉진하고 다른 수학 단원에 전이될 수 있다.
- 똑같은 지식과 기능은 핵심 내용으로 남아 있지만, 그것들은 용기에 넣기와 지도 만들기와 관련되는 더욱 의미 있는 환경에서 구체화된다.
- 교과서는 자료로서 제공되지만 실러버스는 아니다. 교과서 문제는 평가에 남아 있지만 복잡한 수행 과제와 그러한 과제를 구체화하는 빅 아이디어에 맞게 적절히 의존한다.

UbD 템플릿을 우리 연구에 대한 자기평가 지침서로 활용한다면 이것은 상당한 도움을 줄 것이다. 그것은 우리의 목적을 명료화하고 분명하게 하며, 학습자에게 목적을 더욱 명확하게 만들고, 더욱더 유의미한 우선권을 설정하도록 돕는다. 여기에서의 결과는 '똑같은' 내용일 경우 더욱 강력하고 일관성 있는 접근법이 된다.

🔹 〈표 11-4〉 사회과 단원에서 추가적인 개정

단계 1- 바라는 결과

설정된 목표: **G**

2D—학생들은 다양한 그룹 사이에서의 문화적 상호 작용을 분석한다(다양한 관점을 고려한다).

출처: 미국 역사의 국가 기준, p. 108

이해: **U**

학생들은 ……을 이해하게 될 것이다.

• 서부로의 정착은 평원에 사는 토착 아메리칸 부족의 삶의 방식과 문화를 위협하였다.

본질적 질문: **Q**

• 그것은 '누구의' 이야기인가?
• 서부의 정착에서 누가 승리자이고 누가 패배자인가?
• 문화가 충돌될 때 무엇이 일어나는가?

학생들은 ……을 알게 될 것이다. **K**

• 평원에 살고 있는 토착 아메리칸 부족과 정착자들과의 상호 작용에 대한 중요한 사실적 정보

학생들은 ……을 할 수 있을 것이다. **S**

단계 2-평가 증거

수행 과제: **T**

• '개척자'의 평원에서의 정착을 목격한 나이 든 부족 구성원이라고 상상하라. 8살 된 손녀딸에게 정착자들이 당신에게 미친 영향에 대해서 말하라(이 수행 과제는 말하거나 쓰기로 할 수 있다).

다른 증거: **OE**

• 평원에 살고 있는 토착 아메리칸 부족에 대한 정보를 퀴즈로 내라.

단계 3-학습 계획

학습활동: **L**

• 학생들이 다른 관점을 생각하게 할 하나의 수단으로서 평원에 살고 있는 토착 아메리칸 부족의 모의회의 무대

• 토론: 전쟁, 피난 혹은 이동을 위한 동의와 같은 강제 이동의 위협을 받았을 때 우리는 무엇을 해야 하는가? 행동의 각 과정이 우리 삶에 미치는 영향은 무엇인가?

〈표 11-5〉 백워드 설계 이전의 지리 단원

단계 1-바라는 결과

설정된 목표: **G**

주제: 지표 영역과 체적(지리)

이해: **U**	**본질적 질문:** **Q**
학생들은 ……을 이해하게 될 것이다.	

학생들은 ……을 알 수 있을 것이다. **K**	**학생들은 ……을 할 수 있을 것이다.** **S**
• 체적을 비교하기 위해 Cavalieri의 원리를 사용하라. • 모양을 비교하기 위해 체적과 지표 영역을 구하는 다른 공식을 사용하라.	• 체적을 비교하기 위해 Cavalieri의 원리를 사용하라. • 모양을 비교하기 위해 체적과 지표 영역을 구하는 다른 공식을 사용하라.

단계 2-평가 증거

수행 과제: **T**	**다른 증거:** **OE**
	• 516~519쪽의 전체 장의 복습에서 홀수번호의 문제들 • 515쪽의 자기 테스트에 대한 과정 • 숙제: 하위 장과 모든 탐구에서 각각 세 가지의 질문

단계 3-학습 계획

학습활동: **L**

• UCSMP 지리학에서 10장을 읽어라.
• 482쪽의 탐구 22: 작은 양을 담고 있는 용기는 그것들을 길고 날씬하게 만듦으로써 그들이 할 수 있는 것보다 더 많이 담을 수 있다는 것을 보여 주기 위해서 만들 수 있다.
• 509쪽의 탐구 25: 원뿔이나 실린더와 달리, 구의 정확한 2차원적인 망을 만드는 것은 불가능하다. 이러한 이유 때문에 지구의 지도는 왜곡된다. 메르카토르 도법은 지구를 보여 주기 위한 한 가지 방법이다. 어떻게 이 도법이 만들어졌는가?

🏷 〈표 ll-6〉 백워드 설계 이후의 지리 단원

단계 1- 바라는 결과

설정된 목표:

IL MATH 7C3b, 4b: 지표 영역과 체적을 발견하기 위한 모델과 공식을 사용하라.

IL MATH 9A: 2D/3D에서 모델을 구성하라. 투시도법 그림을 그려라.

출처: 일리노이 수학과 기준

이해:
학생들은 ……을 이해하게 될 것이다.

• 인간문제에 대한 수학적 모델과 아이디어의 적용은 주의 깊은 판단과 영향에 대한 민감성을 필요로 한다.

• 2개(혹은 세 개 위에 두 개) 위에 3차원적 지도를 그리는 것은 왜곡을 야기할 것이다.

• 때때로 가장 좋은 수학적인 대답이 실제 세계 문제에 대한 가장 좋은 해결은 아니다.

본질적 질문: Q

• 수학 모델과 실제 세계 상황이 어떻게 잘 정제될 수 있는가?

• 가장 훌륭한 수학적 대답이 문제에 대한 가장 좋은 해결책이 아닐 때는 언제인가?

학생들은 ……을 알게 될 것이다. K

• 지표 영역과 체적을 계산하기 위한 공식

• Cavalieri의 원리

학생들은 ……을 할 수 있을 것이다. S

• 다양한 3차원적 형태에 대한 지표 영역과 체적을 계산하라.

• 체적을 비교하기 위해 Cavalieri의 원리를 사용하라.

단계 2- 평가 증거

수행 과제: T

• 문제 꾸러미: 가장 효율적인 비용으로 M&M의 짐을 가게로 옮기기 위한 이상적인 용기는 무엇인가? ('최상의' 수학적 답이 이 문제를 해결하는 최상의 해결책은 아니라는 사실에 주목하라.)

• 국가연합의 컨설턴트로서 논쟁거리를 최소로 만드는 2차원적 세계지도를 제안하라. 당신의 수학적 추론을 설명하라.

다른 증거:

• 516~519쪽의 전체 장의 복습

• 515쪽의 자기 테스트에 대한 과정

• 가정학습: 하부 장과 모든 탐구에서 각각 세 가지의 질문

단계 3- 학습 계획

학습활동:

• 다양한 용기의 지표 영역과 체적의 관계를 탐구하라(예를 들어, 참치 통조림, 시리얼 박스, 프링글스, 캔디 패키지).

• 그들의 수학적 정확성을 결정하기 위해 다른 지도 도법을 탐구하라(즉, 왜곡의 정도).

− UCSMP지리학 10장을 읽어라.

− 504쪽 22번 탐구

− 482쪽 22번 탐구

− 509쪽 25번 탐구

레시피가 아니라 기준

몇몇 독자와 워크숍 참가자들은 우리가 단원 설계를 위한 단계적인 레시피와 그들이 따를 수 있는 재설계를 제시하지 않기 때문에 실망한다. 우리는 그러한 레시피는 존재하지 않는다고 확실히 믿는다. 우리는 설계 과제를 위한 플로차트를 개발하려고 노력하였지만, 그 차트는 이해하기 어렵다. 우리는 단원 설계라는 것이 요리책 레시피를 따르는 것이라기보다는 조각(sculpture) 혹은 그래픽 디자인 같은 것이라고 생각한다. 모든 설계는 다른 것이고 설계자의 흥미, 재능, 스타일, 자료 등을 반영해야 한다.

수업설계에서 과제 분석에 관한 최근 책의 저자는 이 문제를 분명하게 하였다.

> 수업설계는 확실하지 않은 지식과 다양한 해석으로 가득 차 있다. 인간 사고와 행동의 모든 면이 확인되거나 명료화될 수는 없다. 우리가 이런 불일치를 어떻게 조화시킬 수 있을까? 우리는 할 수 없고, 그래서 그것과 함께 산다. 그것은 설계 과정의 본질이다(Janassen, Tessmer, & Hannum, 1999, p. 5).

레시피에 너무 많이 의존하면 다른 문제가 생기게 된다. 레시피는 잘 짜인 계획이 반드시 작용해야 하고, 그렇지 않다면 학생의 과오가 되고 만다는 잘못된 믿음에서 교사-설계자에 대한 사려 깊은 반응을 단절시킬 수 있다. 혹은 우리가 설계하고자 하는 바로 그것을 의심하게 되는 위험에 처하게 된다. 과제 분석에서 모든 모호함을 없애려고 시도한다면, 우리는 일련의 복잡한 결정을 지나치게 절차화할 것—요리책을 개발하는 것—이다. 이 설계 과정은 설계자의 추론 능력에 주로 의존한다(Janassen, Tessmer, & Hannum, 1999, p. 5).

이 문제에 대해서 실제 요리하기는 물론 레시피를 넘어서서 진행하는 것을 포함한다.

> 그러한 유용한 것으로서 시작한 레시피는 강제적인 것이 되었고, 심지어 가장 좋은 의미의 요리책은 그것만의 장점을 확실하게 하지 못했다. 레시피에 대한 맹목적인 애착은 사람들의 뇌에서 스며 나오는 경험적 지식을 빼앗아갔다. 대부분의 요리사는 공식(formula)에 속박당하지 않는다. 그들은 자신만의 취향(taste)을 충분히 신뢰하면서 요리하였다. 오늘날 그것은 주방장이 요리사에게 가르칠 수 있는 최고의 가치 있는 수업이다(O' Neill, 1996, p. 52).

게다가 설계자가 익숙해질 필요가 있는 것은 창의적인 브레인스토밍과 아이디어를 내놓으려고 노력하는 것 사이에서 반복하는 것과 설계 기준에 반대해서 나타나는 설계에 대한 비판적이고 신중한 검사 사이에서 왔다갔다 하는 것이다. 이 장에서 다양한 출발점에 대해 설명하였듯이, 당신이 어디서 시작하는가는 중요하지 않다. 결국, 당신이 기준을 충족시키는 설계를 해야 한다는 것이 더 중요하다. 그 목적은 과정의 중요한 부분인 설계 기준에 반하여 당신이 생각한 설계에 대해 피드백(일찍 그리고 종종)하도록 한다. 교사-설계자들을 위해 이것이 유용한 또 다른 이유는 지속적인 평가가 수행 성공에 왜 꼭 필요한지를 구체적으로 설명하기 때문이다.

설계에서 피할 수 없는 딜레마

3학년 사회과 단원과 고등학교 지리 단원의 이전과 이후의 예들은 그 과정이 함의하고 있는 것을 보여 주는 데 도움을 준다. 하지만 그러한 비교를 나타내는 체중감소 광고처럼, 이러한 사례들은 표면적으로 힘든 걱정거리만을 제공할지도 모른다. 우리는 내용의 관점을 잃지 않고 빅 아이디어에 초점을 두면서 어떤 식으로 설계하거나 혹은 재설계하는가? 우리에게 그 주제를 활용하는 데 필요한 시간이 주어진다면, 우리에게 다른 의무가 주어진다면, 그러한 단원은 어떤 식으로 실행 가능한가? 우리는 그 청사진이 좋은 것인지 아닌지 어떻게 결정하고, 그것이 효율적인 학습으로 변할 수 있는지 혹은 그것이 비현실적인 꿈인지 아닌지를 어떻게 결정할 수 있을까? 자원을 활용할 수 있는 능력에 대한 건축가의 비전, 즉 '건설(construction)'하고 주 기준의 '건축 기준(building code)'을 해결할 수 있는 학생들의 능력은 어떻게 쉽게 일치할 것인가?

그러한 관심은 합리적이다. 사실 집 설계나 단원 설계에서의 긴장은 본질적이고 피할 수 없는 것이다. 수업 계획과 교육과정 설계와 관련된 피할 수 없는 딜레마 때문에 교사들은 그러한 근심거리를 표현하고 살펴보는 것에 당연히 도움을 받아야 한다. 이 작업은 단순히 요구되는 것이 아니라 본질적으로 해결되어야 할 문제다. 그것은 항상 그래 왔던 것이다! 학생이 추구하는 이해가 모든 학생에게 접근할 수 있을 것이라고 우리가 어떻게 확신할 수 있는가? 복잡한 수행 과제 혹은 어려운 아이디어에 얼마나 많은 시간과 에너지를 줄 여력이 있는가? 우리가 가르치는 학생들의 다양한 성취 수준, 관심, 학습 스타일을 어떻게 조화시킬 수 있는가? 모든 설계는 타협을 필요로 한다. 우리는 늘 찬반 양론을 저울질해야 한다.

따라서 우리는 딜레마라는 단어를 신중하게 사용한다. 사려 깊은 방법으로 설계의 모든 요소를 통해 생각해야 될 뿐만 아니라 우리의 목적을 성취하고자 한다면 모든 설계 내에 있는 본질적인 긴장을 다루어야 한다. 많은 설계 도전은 경쟁, 심지어 갈등뿐만 아니라 여러 요소를 포함한다. 예를 들어, 빅 아이디어를 진술하기에 제한된 시간 혹은 단순한 수행에 의존하지 않고 타당한 평가를 하기 위해 복잡한 적용을 해야 한다는 바람이 있을 수 있다. 당신은 이런 문제를 '해결'하지 못한다. 즉, 당신은 그것들과 조심스럽게 협상한다. 타협이 불가피하기 때문에 설계자가 완전히 만족하는 설계는 드물다.

다음은 이해를 위한 학습에 관해서 모든 설계자가 직면하는 중요한 딜레마의 목록이다. 어떻게 선택하는지에 관한 최종 생각들을 포함하고 있다.

- 빅 아이디어와 전이 대(對) 구체적 지식과 기능: 우리는 '이해'의 목적과 '사실', '기능'의 목적을 어떻게 균형 지을 수 있을까? 학생들이 본질적 지식과 해결 방법을 모른 채 내버려두면서, 너무 철학적이거나 추상적이지 않도록 하면서 어떻게 빅 아이디어에 초점을 둘 수 있을까? 반면 학생들이 배운 것을 적용하는 제한된 능력과 유의미한 학습을 하지 못한 채 고립된 기능과 분리된 정보에 지나치게 집중하는 것을 어떻게 피할 수 있을까?

- 복잡하고 현실적이고 혼란스러운 수행 대(對) 효율적이고 확실한 검사: 우리는 평가에서 맥락적인 사실주의를 언제 추구해야 하고 전통적 검사의 분명한 효율성을 언제 추구해야 하는가? 진정한 적용(수행평가)은 분명히 좋은 것이지만, 정확하게 평가하고 쉽게 실행하기에는 너무 많은 시간이 걸린다. 하지만 지식과 기능의 전통적 검사는 비록 설계하고 등급을 매기기 쉬움에도 불구하고 종종 학습자가 실제로 배운 것에 대한 도움이 되지 않는 피드백과 타당하지 못한 결과를 가져온다. 효율적이고 실행 가능하면서 동시에 훌륭하고 효율적인 평가를 어떻게 만들 수 있는가?

- 학습에 대한 교사 통제 대(對) 학습자 통제: 이슈를 만들고 학습을 안내하는 것이 전문가의 직업이 된 것이 언제인가? 대조적으로 학생들이 그들의 질문, 흥미, 접근을 추구하는 것이 현명한 것은 언제인가? 우리의 이해는 언제 설계와 수업을 추진하는가? 우리는 학생들이 그들 자신의 이해에 도달하도록 돕기 위해 언제 노력해야 하는가?

- 직접 교수법 대(對) 구성주의 접근법: 직접 교수법이 언제 학습을 도와주고 언제 학습을 방해하는가? 효율성은 명확한 교수를 언제 요구하고 우리는 언제 훨씬 더 귀납적으로 가르쳐야 하는가? (이와 유사하게 교사를 훈련시킬 때 새로운 교사는 설계자로서 언제 창의적이어야 하며, 교사가 불필요한 일을 하지 않도록 하기 위해 전문가 설계로부터 연구하도록 하는 것은 언제 더 현명한가?) 더욱 일반적으로 이해가 일어나게 하려면 불가피하게 혼란스럽고 개인화된 '의미의 구성'과 구성주의적 심층적 학습법을 이 연구는 언제 포함해야 하는가? 그리고 직접 교수법은 언제 더욱 효율적인가?

- 지식의 깊이 대(對) 지식의 폭: 교사가 직면하는 모든 요구와 제한들이 주어질 때 실행할 수 있는

실제성에 대하여 깊이 있고 철저한 이해를 제공하려는 바람을 어떻게 균형 잡을 수 있는가? 학생들에게 폭넓은 정보와 아이디어를 제시하면서 언제 우리는 자료에 대한 폭넓은 탐구를 제공할 의무가 있는가? 실제 이해에서 더 많은 주제를 더 깊이 있게 다루면서 폭(breadth)을 제한함으로써 우리는 언제 더 큰 역할을 수행하는가? 유사하게 몇몇 빅 아이디어를 둘러싼 간학문적 연구를 설계하기 위한 교육(pedagogy)은 언제 현명한가? 그리고 그러한 연구는 최소의 시간으로 최대의 효과를 이루려고 하면서 무의식중에 피상적인 학습을 야기시키는 것은 언제인가?

• 안락함과 능력의 느낌 대(對) 실제 도전: 우리는 학생들을 위한 중요한 '한계'와 안락한 학습 환경을 위한 요구 사이의 올바른 균형을 어떻게 처리할 수 있을까? 학습자들이 위험하다고 느끼지만, 여전히 성공적이라고 생각할 수 있도록 하기 위해 낮은 스트레스 상황을 언제 제공해야 하는가? 그리고 강력한 새로운 학습을 위해 언제 학생들에게 적절한 도전 과제(그것들이 스트레스를 유발할지라도)를 제시해야 하는가? 예를 들어, 우리는 학생들을 자극하고 혼란스럽게 할 것에 대해 알고 있으면서 본질적 질문을 중심으로 학습을 어떻게 구성해야 하는가? 복잡한 수행 과제가 능력이 부족하거나 쉽게 실패하는 학습자를 좌절하게 할지라도 우리는 복잡한 수행 과제를 어떻게 사용해야 하는가?

• 동일함 대(對) 개별화된 학습과 기대: 일반적으로 우리는 선행지식, 성취 수준, 학습 습관, 관심, 학습양식이 서로 다른 학생들을 가르치고 있다. 우리는 그런 경쟁적인 요구를 어떻게 관리해야 하는가? 학습자들의 개인적인 학습 스타일을 무시하지 않고, 어떻게 우리는 큰 그룹을 효과적이고 효율적으로 가르치며 설계해야 하는가? 기준을 낮추거나 사회적 약자로 학생들을 다루지 않고서 상이한 기대와 이해를 어떻게 적절히 유지하는가? 우리 스스로를 열광하게 하거나 초점을 잃어버리지 않고 어떻게 학습을 개별화시킬 수 있을까? 이해를 가르치는 데 차별화가 언제 적절한지, 그리고 그것이 언제 반생산적인지를 우리는 어떻게 아는가?

• 효과성 대(對) 단순한 매력성: 설계에 따라서 우리가 제공하는 학습은 흥미롭고도 매력적인 것이어야 하지만, 그러한 기준으로는 충분하지 않다. 설계는 목적과 기준을 효율적이고 효과적으로 진술해야 한다. 우리는 어떻게 학습자들이 기준에 따라 수행하도록 할 뿐만 아니라 학습자들을 끌어당길 수 있을까? 우리는 단순히 실제적인 것이 아니라 어떻게 하면 마음으로 열중하도록 할 수 있을까? 재미있는 학습 제공자로서 우리의 역할에 빠지지 않고 교사와 평가가로서 우리 책임을 어떻게 유지할 수 있을까? 그리고 그 반대는? 우리는 학습을 지루하고 비효율적으로 만드는 또 다른 극단으로 향하지 않으면서 목적 없는(하지만 재미있는) 활동을 어떻게 피하는가?

• 간략함 대(對) 단순함: 빅 아이디어를 간단명료하게 하지 않으면서 모든 학습자에게 빅 아이디어가 접근 가능하도록 하려면 어떻게 해야 하는가? 우리는 초점을 잃어버리지 않고서 어떻게 하면

지적인 질문과 이슈들을 진짜로 복잡하고 풍부하게 할 수 있는가? 미래 탐구와 토론을 단순하게 단절하지 않고서 어떻게 하면 복잡한 주제를 간략하게(simplify) 하는가? 이 연구를 지루하게 하지 않고서 어떻게 하면 발전적인 적합성을 확실하게 하는가?

- **잘 만들어진 계획 대(對) 적절한 융통성과 개방성**: 목표를 성취하는 것은 설계를 주의 깊게 생각하는 것을 필요로 하지만, 교실에서 일어날 가르치기 쉬운 순간과 상당한 피드백에 답하여, 우리는 계획에서 벗어남으로써 단지 우리의 목표만을 일반적으로 성취할 수 있다. 우리는 어떻게 지나친 엄격함과 비효율성을 피할 수 있는가? 반면에 우리는 모든 학생의 반응과 질문에 대하여 우리의 목표를 어떻게 하면 잃어버리지 않을 것인가? 학습 기회에 대해 우연히 발견하면서 우리의 설계 목표를 어떻게 균형 맞추는가?

- **훌륭한 개별 단원 대(對) 더 큰 목표와 다른 설계**: 우리의 의무를 구조화하는 모든 지역 프로그램 목표와 내용 기준을 이행하는 동안, 우아하고 논리적인 설계 작업으로서 그 자체를 유지하면서 어떻게 하면 모든 단원이 자연스러운 흐름을 가질 수 있는가? 훌륭한 설계 원리를 파괴하지 않으면서 요구된 내용 모두를 공부하고 교재를 사용하는 방법은 무엇인가? 우리는 이해를 위해 가르치는 동안 검사 점수를 올리려는 압력을 어떻게 다루는가? 우리가 마주치는 요구와 경쟁, 모든 차이점을 염두에 두면서 논리적 학습 계획을 어떻게 개발하는가?

딜레마를 극복하기 위한 충고

우리는 각각의 딜레마를 어떻게 다루어야 하는지에 대해 어떠한 규칙이나 일련의 처방도 제공하지 못한다. 우리가 앞서 말했듯이, 당신은 딜레마를 해결하지 못한다. 즉, 당신은 최선을 다해서 모든 설계에서 경쟁적인 요소의 균형을 맞출 수 있다. 하지만 우리는 이런 딜레마가 어떻게 작용하고 이런 딜레마에 대해 더 잘 해결할 수 있는 방법에 대해서는 일반적인 충고를 제공할 수 있다. 즉, 당신이 연구할 때 의욕적으로 피드백을 추구하라. 또한 우리가 앞에서 언급했듯이, 훌륭한 설계의 핵심은 그것이 어떻게 작용하는지 보고 조정을 하는 것이다. 말하자면 당신이 바라는 결과에 대한 피드백을 가지는 것이다(설계 기준에 대한 피드백뿐만 아니라).

모든 분야에서 규칙적인 피드백의 가치는 끊임없는 개선을 위한 핵심으로 인식된다. 교육에서 '설계, 시도, 피드백 받기, 조정'이라는 접근의 이점은 대학 교수(teaching)의 더 큰 연구에서 공식적으로 인식되었다.

우리는 단일한 변화가 학부 교수진과 학생의 현재 교수와 학습을 어떻게 개선시키는지에 대해서 질문하였다. 교수와 학생으로부터 제안된 두 가지 아이디어는 모든 다른 사람을 압도하였다. 한 가지는 구체적 주제의 세부 사항이 아니라 '큰 그림', '그 그림의 중심'을 학생이 인식하는 것에 대한 중요성이다. 두 번째는 교수(professor)가 코스 중간에 교정할 수 있도록 하기 위해서 학생들을 규칙적이고 유용하게 피드백해야 한다는 것이다(Lihgt, 1990, p. 66).

두 아이디어가 어떻게 UbD의 중심이 되는지에 주목하라. 즉, 피드백에 대하여 다시 생각하려는 모든 사람(학습자, 교사, 교육과정 설계)을 위한 요구와 빅 아이디어에 주목하는 것이다.

우리는 너무 형식적이거나 많은 것을 요구하는 피드백을 하려는 것이 아니다. 피드백을 코스의 공식적인 평가와 혼돈하지 말아야 한다. 설계가 학습자의 관점에서 어떻게 작용하는지에 관해서 그 목표는 혼하고 시기적절하며 유용하고 방해되지 않는 피드백이다. 지속적인 피드백을 얻는 것에 대한 다음의 두 가지 질문을 고려하라.

- 이번 주에 당신은 무엇을 하였는가? 간단하게 왜 그런지 말하라.
- 왜 하지 않았는가? 간단하게 왜 그런지 말하라.

우리의 이전 동료 중의 한 명은 학생 반응을 위한 색인 카드를 나눠 주고는 매주 금요일에 그의 학급 내의 모든 학생에게 이 두 가지 질문을 하였다(그는 매년 결과를 모았다). 다음 질문에 주목하라. 그들은 학생들이 무엇을 했거나 하지 않았던 것에 반대되는 것으로서 무엇이 작용하는지 관심을 가진다. 익명의 피드백(학생들의 대답에서 어떤 학생은 덜 두려워하게 하고 어떤 학생은 더 정직하게 만드는 것)에서는 개인적인 것이 아니라는 것이 명백하므로 이 대답은 전형적으로 교사-설계자에게 훨씬 더 유용하다.

더욱 철저한 탐구는, 특히 딜레마와 연결된 탐구 질문을 통해 해결될 수 있다. 전자(electronic) 혹은 문자(written) 의사소통과 교직원 회의에서 공유된 결과를 조사함으로써 그러한 탐구는 개인뿐만 아니라 교사연구 그룹, 동학년 수준의 팀, 학과 혹은 학교 전체에 걸쳐 실행될 수 있다. 〈표 11-7〉은 이런 종류의 탐구를 위해 사용될 수 있는 한 가지 형식의 예다.

오개념 주의하기

"이러한 모든 계획과 설계 작업은 교수할 만한 순간에 반응하는 즉각성과 능력을 감소시킬 것이다."라고 당신은 말할지도 모른다. 그렇지만 아니다. 사실 우리는 그 반대라고 믿고 있다. 초점에 맞는 분명한 목표와 핵심 수행을 가지는 것은 우리의 주의력을 더욱 목적성있고 가르칠 수 있는 상황으로 높여 준다.

가장 훌륭한 교사조차도 자신들이 들어보지 못한 혹은 짧은 변화를 가지거나, 흐름을 저해하는 상황에 처하면서 훌륭한 계획 속에 그럴듯하게 포장된다. 그러나 그때 그들은 진정한 목표—교수에 반대되는 것으로서 학습을 야기하는 것—를 놓친다. 반면에 수많은 교사는 '흐름을 따라가는 것(going with the flow)'이 훨씬 학생 중심적이고 철저한 계획이 필요 없는 것이라고 주장함으로써 그것을 몰아내려는 자신들의 경향을 합리화한다. 그러나 그러한 경우 우리는 학생들이 제대로 자라든 그렇지 않든 수동적 희생양이 되는 위험을 감수해야 한다. 그것은 '운 좋게 이해한 것'이지, 설계에 따른 것은 아니다.

〈표 11-7〉 주별 피드백 형식

무엇을 했고 무엇을 하지 않았는가?

1. 이번 주에 우리가 교실에서 했던 가장 재미있었던 것은 무엇이었는가? 그것이 재미있었던 이유는 무엇인가?

2. 이번 주에 우리가 교실에서 했던 가장 지루한 것은 무엇이었는가? 그것이 지루했던 이유는 무엇인가?

3. 이번 주에 이 수업에서 당신을 위해 가장 최상으로 작용했던 것은 무엇인가? 다시 말해, 어떤 구체적 활동, 수업, 기술 혹은 도구가 당신이 가장 잘 배울 수 있도록 도왔는가? 왜?

4. 이번 주에 이 수업에서 가장 작용하지 않았던 것은 무엇인가? 어떤 활동, 과제 혹은 수업이 가장 혼란스럽거나 도움이 되지 않았는가? 왜?

5. 다음의 진술문에 '예' 혹은 '아니요'로 대답하시오.

	예	아니요
학습은 거의 연결되지 않은 사실과 기능이 아니라 빅 아이디어에 초점을 두고 있었다. 우리는 중요한 것을 배우고 있었다.		
나는 학습이 사고를 불러일으키고 재미있다고 생각하였다.		
나는 단원의 목적이 무엇인지에 대해 분명히 알고 있었다. 우리는 무엇이 중요하고, 무엇이 양질의 학습이고, 우리가 할 일이 무엇이고, 단원의 목적이 무엇인지 알았다.		
우리에게 목적을 어떻게 성취할 것인가에 대해서 충분한 선택 혹은 자유가 주어졌다.		
평가는 공정했다. 우리가 하도록 요구받은 것은 우리 학습의 '타당한 테스트'였다.		

피드백은 모든 사람의 수행을 개선한다. 하지만 우리는 학생, 동료, 장학사, 부모 혹은 외부 전문가로부터 교사들이 지속적인 평가를 자발적으로 요구하지는 않는다는 슬픈 사실에 주목하고 있다. 우리는 그러한 두려움을 공감한다. 하지만 그러한 두려움은 더욱더 효율적인 것이 되는 데 반생산적인 것이다. 좋은 소식은 UbD 설계 기준이 그들 생애에서 가장 가치 있고 활동적인 경험 중 하나였다는 것에 대해 많은 교육자가 동료 검토와 자기평가를 하도록 한다는 것이다. 실제로 어떻게 그러지 않을 수 있겠는가? 일단 당신은 실제 딜레마에 직면해서 당신의 노력에 대해 말할 수 있고, 동료 전문가로부터 유용한 피드백과 충고를 받을 수 있다. 모든 건전하고 효율적인 학습 조직은 설계 기준에 대해 피드백을 가지고 규칙적인 작업, 그것에 할당된 시간을 가지고 설계에 대해 평등하게 협력할 것이다. [그림 11-2]는 지속적인 피드백 순환이 UbD의 초안을 잡고(설계) 실행하는 데 어떻게 적합한지를 설명한다.

조정하기

[그림 11-2]에서 제안하는 것처럼 학급이나 우리 동료와 동떨어져서 스스로 단원을 생각해 내는 것보다 설계하는 것이 더 바람직하다. 우리는 무엇이 작용하고 있고, 무엇이 작용하고 있지 않은지에 대해 자기평가, 동료평가, 전문가의 재검토, 학생, 우리 자신의 관찰로부터 연구와 개발의 다양한

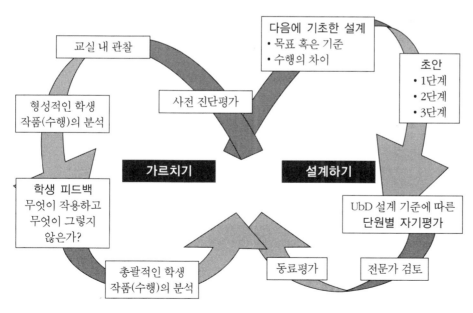

[그림 11-2] 단원 설계 사이클

국면(phases)에서 피드백을 필요로 한다. 게다가 우리는 우리가 가르칠 특별한 학생을 포함할 때에야 비로소 설계를 끝낼 수 있다. 학생들의 필요, 능력, 관심에 대한 진단적인 사전평가는 성공적인 연구의 중요한 부분이다. 만약 학습자가 누구인지, 그리고 학습자들에 관한 최근의 역사에 기초를 두고 우리의 단원을 마지막 순간에 조정하지 않는다면 WHERETO(작업을 개별화하여 맞추는 것, 즉 작업을 개인에 맞추고 차별화하는 것)에서 T를 진실로 이행할 수 없다. 더욱이 우리는 발생하는 오해, 기대되지 않은 결함, 뜻밖의 기회에 비추어서 우리의 설계를 조정할 필요가 있을 것이고, 그래서 우리의 목적을 더 잘 충족시킬 수 있다. 〈표 11-8〉은 진단적이고 형성적인 피드백에 기초해서 조정 과정에서의 단계를 제안한다.

요컨대, Pasteur의 유명한 '행운은 준비된 마음에 호의를 보인다.'는 격언이 여기에서 적용된다. 진실로 가르치기에 적절한 순간은 목표에 대해 주의 깊게 생각하고 목표를 어떻게 성취할 것인가를 심사숙고한 교사-설계자에게 훨씬 더 잘 보이고 자주 온다. 그리고 본질적인 딜레마가 주어질 때 끊임없이 피드백을 요구하는 것은 그것의 목적이 주어진 결과와 설계를 개선하는 것만 할 수 있다.

설계 과정과 그것의 선천적인 딜레마를 고려함으로써 우리는 지금까지 더 큰 설계 문제를 고려해 보았던 것을 활용할 수 있다. 그러한 단원이 단지 벽돌 쌓기로만 존재한다면 큰 건축물 전체는 어떻게 생겼을까? 단원 설계 작업에 불가피하게 영향을 미치는 포괄적 아이디어, 과제, 기준에 따라서 단원 설계는 어떻게 계발될 수 있을까? 우리는 이제 그러한 질문으로 돌아간다.

〈표 11-8〉 설계와 피드백

설계	피드백
1단계에서 요구되는 가장 큰 명료함을 가지고 첫 번째 단원 초안 작성하기	학생의 전문적 지식, 흥미, 요구에 대한 사전 단원 평가
사전평가에 기초를 두고, 사용할 준비가 된 수정된 초안	
	진행 중인 피드백: 당신의 관찰, 형성평가, 학생 피드백
피드백과 목적을 염두에 두고 단원에 맞게 조정하기	

제12장

큰 그림: 교육과정 프레임워크로서의 UbD

학습되는 모든 교과에 대한 준거로서… 교과가 충분히 개발되는 경우에, 우리는 성인의 앎이
가치가 있는지 그리고 아동으로서 성인의 앎을 알고 있는 것이 아이들을
더 훌륭한 성인으로 만드는지에 대해서 질문할지도 모른다. 만약 그 두 개의 질문에 대해서 대답이
부정적이거나 모호하다면, 그 학습자료(the material)는 교육과정을 혼란스럽게 한다.
—Jerome Bruner, 『교육의 과정(The Process of Education)』, 1960, p. 52

주어진 경험이 사전에 익숙한 분야로 이끌어 준다면 어떠한 문제도 발생하지 않을 것이지만,
반면 문제들은 사고에 자극을 준다. ……그렇게 얻은 새로운 사실들과 새로운 생각들은
새로운 문제가 존재하는 더 깊은 경험들을 위한 바탕이 된다.
그러한 과정은 끊임없는 나선형이다.
—John Dewey, 『경험과 교육(Experience and Education)』, 1938, pp. 82, 87

현재까지 우리는 단원 설계를 할 때 UbD 과정에 집중해 왔다. 이것은 다양한 이유로 합리적이었다. 단원은 교사들에게 익숙한 설계 초점으로 독립된 단시수업과 분절적인 학습을 이끌 만큼 작지 않고 또한 일상적인 교수 과정에서 어떻게 해야 하는지 모르게 만들 만큼 너무 크지 않다.

하지만 여러분은 모든 단원이 교육 초기의 실러버스나 연간 학년 수준의 교육과정, 그리고 더 큰 프로그램 프레임워크에도 적합해야 한다는 우리의 비논리적 접근(아마도 진정한 백워드조차도!)을 발견하였을 것이다. 그러면 큰 그림인 '거시적' 교육과정이 이해를 강조하는 백워드 계획을 충분히 반영하기 위해 어떻게 이해되고 실행될까?

체계적 설계에 대한 완전한 설명, 다년간의 교육과정은 이 책의 범위를 넘어서는 것이다. 대신에 우리는 개별 교사의 수준에서 생겨나는 질문에 초점을 맞춘다. 거시적 수준에서의 단원 설계를 더욱 효율적이고 일관성 있으며 효과적이게 만드는 것은 어떤 설계일까? 우리의 예상되는 대답이란 바로 백워드 설계를 사용하는 코스 실러버스와 프로그램 프레임워크에 대한 설계, UbD 단원 템플릿상에서 발견되는 유사한 핵심 요소다. 특히 우리는 프로그램과 코스가 본질적인 질문들과 영속적인 이해, 중요한 수행 과제 그리고 루브릭의 측면에서 구상되고 틀이 짜여질 것을 주장한다. 그래서 이러한 포괄적 요소는 모든 단원을 위한 청사진과 그들 사이의 관련성에 기여한다.

얼마나 커야 큰 것인가

앞장에서 우리는 질문과 이해에 대한 이상적 범위를 구체화하지 못하였고, 제한적(topical) 요소로부터 포괄적 요소를 어떻게 하면 더욱 분명히 구분하는지에 관해서도 구체화하지 못하였기 때문에 여러분은 조금 좌절했을지도 모르겠다. '얼마나 큰 것이 빅 아이디어야 하는가?'에 관한 질문은 코스와 프로그램의 목적에서 분리된 채 대답할 수는 없다. 일부 아이디어들은 다른 것들보다 분명히 '더 큰' 것이다. 이것은 개념상으로 더 일반적인 것이고, 더 중요한 전이 가능성과 영향력을 가지는 것이다. 그러한 큰 범위를 가지는 아이디어는 코스와 전체 프로그램에 부합되어야만 한다. 단 한 개의 단원이 가장 복잡한 아이디어에 정당성을 부여할 수는 없다.

빅 아이디어와 평가 과제가 일치하는 것은—지방의 교육과정 팀이거나 학교 학부나 학년 수준 팀이 수행하였는지 간에—단원 설계자의 짐을 충분히 가볍게 한다. 우리는 단원을 고립하여 설계하였

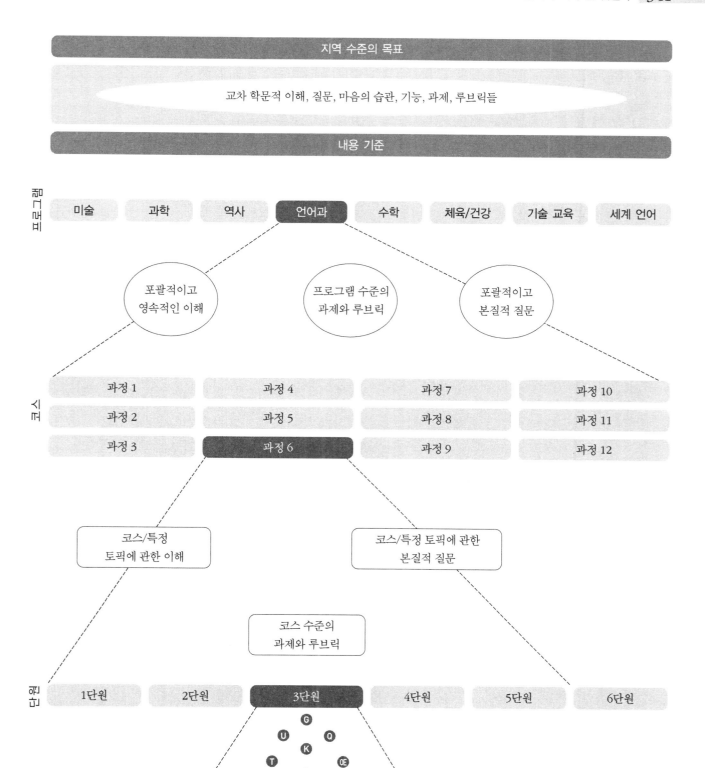

[그림 12-1] UbD 교육과정의 프레임워크: 거시적 · 미시적 프레임워크

〈표 12-1〉 UbD 교육과정 계획의 예: 단계 1

7학년 미국의 역사

코스 이해	코스의 본질적 질문	코스 기능
학생들은 ……을 이해할 것이다. • 독립선언과 헌법의 전문은 왜 우리가 정부와 정부의 의사결정을 안내해 주는 원리를 필요로 하는지에 대한 이상을 설명한다. 즉, 우리가 나라의 진보를 평가할 수 있고, 향상을 위한 수단을 제안할 수 있는 프레임워크를 제공하면서 말이다. • 진보는 종종 희생을 바탕으로 이루어진다—역사가 자신의 성공을 판단하는 것을 허락하는 정도 • 특정한 개인들, 외부에서 선출된 리더조차도 역사에 심오한 영향력을 미칠 수 있다. • 미국은 경제적으로 분리정체를 포기하였고, 지리정치학적인 관심이 변화되기 시작했으며, 새로운 도전과 책임을 가지는 지배적인 세계가 됨이 되었다. • 공교복지를 촉진시키기 위해 정부는 공익을 보호하기 위하여 규제할 필요성을 가지고 시장경제를 자유롭게 만들려는 요구에 균형을 맞추려고 시도하였다. • 지리학은 경제학, 정치학 등과 마찬가지로 우리 국가의 사회발달에 지속적으로 영향을 미치고 있다. • 미국 역사를 통해 볼 때 전쟁 시기의 공포와 안전을 위협한다는 이사이 시민 자유의 거부를 이끌어 냈다. • 미국의 문화는 미국인들의 사건들을 반영하고, 미국인들도 그룹 스스로를 인식하는 방식을 형성한다. • 헌법의 비준은 정부의 힘에 대한 많은 논쟁을 끝내지 않았다. 오히려 헌법이 의미를 넘어서는 더 많은 논쟁을 불러일으켰거나 지속적으로 논쟁을 이마를 넘어서는 더 많은 정체와, 지리와, 사회적, 이상적 긴장감 그리고 주 정부와 연방 정부 사이의 적절한 균형도 끝나지 않았다. • 시민에 대한 정부와 공약, 그리고 평등권은 향상되었다.	**1. 우리가 계획하는 대로 그런 국가가 되어 가고 있는가?** • 무엇이 진보의 대가인가? • 개인들은 어떻게 역사를 만드는가? • 미국은 어떻게 세계적인 힘을 가졌는가? • 외국의 정세에 우리를 연루시키는 것은 어떤 이슈들인가? • 왜 미국은 전통적인 외국의 분리정체를 포기하였나? • 헌법에서 이상에 대한 끊임없는 우리의 추구을 넘어 화장성되어야 하는가? • 공교복지를 증진시키기 위한 국가의 책임은 무엇인가? • 정부는 정체를 고려하기 위해 더 많은 간섭을 해야 하는가? 많아야 하는가? • 지리학은 역사에 어떤 영향을 미치는가? • 안보와 자유 사이에 왜 역사적인 투쟁이 있는가? • 미국의 문화적 주체성은 시간에 따라 어떻게 변하는가? • 주 정부의 권리와 연방 정부의 힘 사이의 투쟁은 시간이 지나면서 어떻게 전개되는가? • 정의를 구현하기 위한 정부의 공약은 시간에 따라 어떻게 변하는가? • 정의란 많이 생각가 어떻게 역사적으로 더 포괄적으로 변해 가는가?	**학생들은 다음이 ……능력을 포함하여 지라적인 가능성을 포함한 분석의 가능을 개발할 것이다.** • 미국 역사에서 사건과 삶에 대한 이해를 증대시기기 위해서 자료가 될 수 있는 일차적, 이차적 문서들을 확인하고 조사하고 해석하라. • 과거와 현재를 연결하라. • 미국 역사에서 현법이 만들어진 시기부터 현재까지 중요한 사건들을 순차적으로 계열화하라. • 다른 역사적 관점에서 아이디어와 사건들을 해석하라. • 음과 말로 논제을 평가하고 토론하라. • 지도와 다이어그램, 표, 차트와 그래프를 만들고 설명하라. • 땅의 모양, 물의 특징, 기온 특성과 역사적 사건 사이의 관계를 설명하기 위한 지도를 분석하고 해석하라. • 정치적 만화, 정치적 광고, 사진 그리고 그래픽 매체를 분석하라. • 적절한 정보와 적절하지 않은 정보를 구분하라. • 정보의 정확성을 제화인하고 의견과 사실을 구분하라. • 문제를 인식하고 해결책을 제안하라. • 자문이나 토론 또는 논쟁에서 입장을 선택하고 방어하라.

Mark Wise and the Middle School Social Studies Team, West Windsor-Plainsboro, New Jersey

을 때 야기되는 모순된 생각을 교육과정에서 제거하고자 한다. [그림 12-1]은 UbD의 거시적 관점을 설명하고 있다. 또 〈표 12-1〉는 빅 아이디어와 본질적 질문을 중심으로 하여 당 해 연도의 미국 역사 실러버스를 형성해 가는 한 지역구의 작업을 보여 주고 있다. 이에 따라 개별 단원들은 이러한 포괄적인 보호 아래 만들어진다.

코스와 프로그램 토대로서 본질적 질문

> 가장 현저한 충격은 아마도 교육과정 지도와 코스 개요를 위한
> 그 지역의 모델일 것이다. ……우리는 핵심 요소로서 영속적인 이해와 본질적 질문을
> 가지고 모든 교육과정를 그려 나간다.
> -Dorothy Katauskas, 부교육감, New hope-Solebury, Pennsylvania

포괄적이고 되풀이되는 성질의 본질적 질문은 이상적으로 프로그램과 코스의 거시적 교육과정을 형성하는 데 적합하다. 그들의 그러한 특성에 따라 본질적 질문은 전형적으로 단원에 한정되지 않는 빅 아이디어에 초점을 맞추게 된다. 그것들은 많은 단원을 통해서만 적절히 다룰 수 있고, 어떤 경우는 여러 학기 동안 다루어 질 수도 있다. 실제적으로 말하자면 본질적 질문이 개별 단원에 적합한 코스와 프로그램의 중추(backbone)를 제공하는 데 사용할 수 있다는 것을 의미한다. 다음 사례들은 전체 교육과정을 형성하기 위해 본질적 질문을 사용하는 것이 단원 설계를 어떻게 더 쉽고 학생들에게 더 일관성 있게 하는가를 잘 설명해 주고 있다.

미국 헌법을 이해하는 방법으로 두 명의 역사학자(Burns & Morris, 1986)가 제기한 일련의 본질적 질문을 고려해 보자. 미국 역사에 관한 코스가 구체적인 단원을 통해 이러한 질문을 어떻게 이끌어 낼 수 있는지에 대해서도 생각해 보자.

- 너무 많은—또는 너무 적은— 국가의 힘은? 이러한 한계가 헌법의 현실성과 집행으로 주 정부의 힘에 놓일 수 있을까?
- 연방주의가 작용하는가? 헌법이 국가와 주 정부의 힘의 균형에서 효율성과 현실성을 유지하고 있는가?
- 사법부는 너무 힘이 센가? 법원은 그들의 힘을 헌법의 해석자로서, 그리고 공공정책의 형성자로서 적절하게 행사하고 있는가?
- 자유와 안보는 균형을 유지하고 있는가? 공화국 정부가 시민의 자유를 위협하지 않고 어떻게 국

가의 안보를 제공할 수 있는가?

- '모든 사람이 공평하게 창조되었다.'는 말이 우리에게 무엇을 의미하는가? 어떤 종류의 평등이 있고 어떠한 수단과 헌법으로 보호되어야 하는가?
- 여자와 소수의 권리는 충분하게 보호받고 있는가?
- 대통령은 충분하게—또는 너무 많이—전쟁을 일으키거나 외교정책의 힘을 가지고 있지는 않은가?
- 너무나 많은 헌법적인 점검과 균형이 있지 않은가? 정부의 세 부처 간의 힘의 분리가 정부 통치를 교착 상태에 빠뜨리지는 않는가?

UbD 사고를 반영하기 위해 수정된, 대학 코스를 위한 두 개의 실러버스로부터 발췌된 것이 있다. 첫 번째는 사업법에 관한 것이고, 두 번째는 미국 역사에 관한 것이다.

학생들은 위의 내용에 대한 수업을 받는 동안 네 가지 질문에 초점을 둘 것이다.

- 왜 정부는 그런 활동을 규제하는가? 그래야만 하는가?
- 누가 정책 입안에 포함된 사람이며, 권력의 근원은 무엇으로부터 오는 것인가?
- 정부 규제는 어떻게 가해지는가?
- 정부 규제에 기초를 두는 정책을 반영하는 법의 해석에서 법과 재판관의 의견은 어느 정도까지 확장될까?

이 코스에서 우리가 할 수 있는 것은 다음 질문 중 하나 또는 그 이상을 제시하는 것이다.

- 미국의 역사란 무엇인가?
- 역사학자는 그들이 말하는 이야기를 어떻게 구성하고 평가하는가?
- 왜 역사를 공부하는가?

학습에 관한 모든 코스와 프로그램도 아마 비슷하게 조직될 것이다. 예술 프로그램을 형성하는 데 사용하기 위한 일련의 포괄적 질문이 제시된다.

- 예술가들은 사회에 어떤 식으로 영향을 미치는가? 사회는 예술가들에게 어떤 식으로 영향을 미치는가?

- 무엇이 예술을 위대하게 만드는가? 무엇이 아름다움인가? 무엇이 기호(taste)인가? 그것들은 서로 관련이 있는가? 그것들은 중요한 것인가?

- 아름다움에 대한 상이한 개념이 그 작업에 어떻게 영향을 미치는가?

- 다른 시대의 예술가들이 어떻게 비슷한 주제를 표현할 수 있는가? 예술이 시대에 따라 어떻게 변하는가? 예술가들은 자신의 아이디어를 표현하기 위해 도구와 기술과 재료들을 어떻게 선택하며 왜 선택하는가?

- 무엇이 예술가에게 동기를 부여하는가? 예술가들은 그들의 아이디어를 어떻게 어디에서 얻는가? 예술적 과정은 본질적으로 직관적인가? 예술가는 만들어지는가, 태어나는가? 예술가는 아는가, 알아야 할 필요가 있는가? 이 대답이 중요한가?

- 예술 작품을 우리는 어떻게 '이해할' 수 있는가? 예술은 의미 있게 설명될 수 있는가? 비평될 수 있는가? 예술은 설명되고 비평되는 것을 필요로 하는가 또는 그러한 시도로 망가졌는가?

- 예술가는 그들의 청중이나 사회에 대한 책임을 가지는가?

- 예술에 규칙이 있는가? 누가 그것을 만들어야 하는 것인가?

- 우리가 예술가적 표현을 비난하거나 제한할 수 있는가?

그리고 수학 프로그램을 형성하는 데 사용되는 일련의 포괄적 질문은 다음과 같이 제시된다.

- 어떤 종류의 문제인가? 우리가 당혹하게 될 때 무엇을 해야 하는가? 네가 했다는 것을 어떻게 알 수 있는가? 최고의 문제 해결사는 무엇을 하는가? 우리는 어떻게 보여 줄 것인가? 어떤 다른 방법으로? (그 밖의 다른 방법은?) 우리는 어떻게 부분/전체의 관계를 가장 잘 표현하는가? 패턴? 순서?

- 수는 무엇인가? 모든 것이 정량화될 수 있는가? 만약 우리가 수를 가지지 않거나 사용할 수 없다면 우리가 할 수 없는 것은 무엇일까? 우리는 왜 음수를 가질까? 무리수는? 허수는?

- 여기서 패턴은 무엇인가? 어떻게 확신할 수 있는가? 패턴은 어떻게 발견할 수 있는가? 패턴은 무엇을 드러낼 수 있는가? 그들이 어떻게 잘못 이해될 수 있는가?

- 수학적 모형의 장점과 한계는 무엇인가? 모형은 어떤 식으로 명백하게 되고 어떤 식으로 왜곡될까? 숫자가 어떻게 거짓이 되거나 오해할 수 있는가? 올바른 답이 문제의 최상의 해결책이 되지 않을 때는 언제인가?

- 우리가 측정하는 것이 측정하는 방법에 어떤 영향을 주는가? 측정하는 방법이 우리가 맺을 결론에 어떤 영향을 주는가? 어림하기가 셈하기보다 좋을 때와 그렇지 못할 때는? 단순화가 도움이

될 때는? 해가 될 때는? 우리가 표본을 추출해야 할 때는? 하지 말아야 할 때는? 얼마나 많아야 충분할까?

• 어떻게 확신하는가? 오차 한계는? 얼마나 정확한가? 이것은 얼마만큼의 정확성을 필요로 하는가? 증거가 무엇인가? 내가 증거를 가지고 있는가?

전통적인 교육과정 프레임워크는 단편적인 내용 지식과 기능의 목록을 강조한다. 이것은 교사들이 모르는 사이에 기계적인 일을 '피상적으로 다루게' 하고, 우리가 알고 있는 지나친 설명식 방법은 학생들을 덜 몰두하게 하고, 일관성이 없으며 비효율적이다. 내용에 반대되는 것으로, 본질적 질문을 중심으로 교육과정을 형성하는 것은 학습 경험을 중심으로 관련성이 있고, 사고를 자극하며, 반복적인 탐구를 보다 적절하게 만든다. 〈표 12-1〉에 제시된 역사 프레임워크의 발달을 이끌어 낸 사회과 장학사인 Mark Wise는 "UbD는 배우고 가르치기 위한 철학이다. 일단 당신이 그것을 이해한다면 맥락 없는 활동을 창조하거나 사실들을 피상적으로 다루는 일은 없을 것이다."라고 말하였다.

교차학문적 질문

많은 워크숍 참가자들이 주지하다시피 교차학문적(cross-disciplinary) 설계가 목적이 아닐 때조차도 본질적 질문은 종종 교육과정의 경계를 넘어서기도 한다. 앞선 목록에서 두 가지 질문을 취하면, 무엇이 패턴인가? 과정은 처음부터 직관적인가? 질문은 수학적 문제 해결과 예술적 표현 모두에 관계된다. 이것은 내용에 반대되는 것으로 질문을 중심으로 교육과정을 형성하는 가장 큰 장점 중 하나다. 좋은 질문이란 흥미를 북돋우고 유익한 관련성과 의미를 양산해 낸다.

일반성의 더 높은 수준에서조차도 본질적 질문을 고려하라. MacArthur Fellow Deborah Meier가 설립한 뉴욕에 있는 Central Park East Secondary School은 학생들이 내면화(internalize)하기 위한 핵심적인 '마음의 습관'으로서 일련의 본질적 질문망을 중심으로 전체 교육과정을 수립하였다.

모든 수업과 모든 과목에서 학생들은 다음과 같은 질문과 그에 대답하는 것에 대해 배울 것이다.

• 우리는 누구의 관점에서 보고 읽고 듣는가? 누구의 시각, 관점에서?

• 우리가 언제 알았는지를 우리는 어떻게 알까? 증거는 무엇이고 어떻게 신뢰할 수 있는가?

• 사물, 사건이나 사람들이 어떻게 서로 서로에게 연결되는가? 원인은 무엇이고 효과는 무엇인가? 그것들은 서로 서로 어떻게 조화를 이루는가?

- 무엇이 새로운 것이고 무엇이 오래된 것인가? 예전에 이러한 생각에 우연히 직면한 적이 있는가?
- 그래서 어쩌란 말인가? 왜 그게 중요한가? 그것이 의미하는 것은 무엇인가?

The Basic School에서 Carnegie Institute for the Advancement of Teaching의 전 교장이었던 Ernest Boyer는 교차학문적 '핵심 공통성'과 짝을 이루는 본질적 질문에 기초한 교육을 제안하였다. 모든 초·중등학생을 통해 조사된, 일련의 질문을 수반한 사례가 제시되고 있다.

모든 이는 다양한 그룹에서 회원의 지위를 유지한다.

- 내가 태어났을 때 어떤 그룹에 가입되었는가?
- 나는 어떤 단체에 속하는가?
- 왜 사람들은 단체에 속하는가?
- 내가 단체를 떠날 수 있는가? (1995, p. 90)

게다가 다른 사례는 International Baccalaureate Primary Years Program에서 나왔다. IB PYP 프로그램 속의 모든 단원은 다음에 제시된 것 중 한 가지 또는 그 이상의 본질적 질문을 언급해야 한다.

- 그것은 무엇인가?
- 어떻게 동작하는가?
- 왜 그 방법인가?
- 어떻게 바뀌는가?
- 그것이 다른 것들과 어떻게 연결되는가?
- 관점은 무엇인가?
- 우리의 책임은 무엇인가?
- 어떻게 우리가 알 것인가?

빅 아이디어와 본질적 질문을 중심으로 수립된 프레임워크는 인문학이나 내용 중심 교과목으로 제한할 필요는 없다. 〈표 12-2〉는 UbD 요소를 중심으로 형성된 전체 체육 교육 과정의 예다.

💿 〈표 12-2〉 UbD를 중심으로 형성된 체육교육 과정

빅 아이디어	영속적인 이해	본질적 질문	기준
지도력	한 사람이 차이를 만들 수 있다.	누가 그 힘을 가지고 있으며 그들은 그것을 어떻게 유지할까?	4b, 4c, 4d, 4e, 5c, 5d, 6b
의사소통	말은 강한 힘이 있다. 자신에 관해 친절하게 말하라.	당신은 언제 말해야 하는가?	4b, 4d, 4e, 5c, 6a, 6b
협동작업	모든 사람이 당신처럼 생각하거나 행동하는 것은 아니다.	언제 내가 팀에 있는가? 우리가 싸움을 이기거나 질 때는 언젠가?	4b, 4c, 4d, 5c, 5d, 6a, 6b
탐구	위험성을 가지는 것은 기대하지 못한 결론을 가지게 된다.	잠재적 함정이란? 함정들을 다룰 수 있는가?	1d, 5a, 6c, 6d
전략	가고자 하는 곳이 그곳에 어떻게 가는가보다 더 중요하다.	계획은 무엇인가? 어떻게 되어 가는가?	2b, 2c, 2d
규칙	규칙은 제약과 기회다.	규칙은 어떻게 당신이 수행해 나가는 방법을 바꾸는가?	1b, 1c, 2a, 4a
건강	건강은 과정이지 결과가 아니다.	건강한 사람은 무엇처럼 보이는가?	3a~f
건강관리	예방을 준비해야 한다.	당신이 당신의 몸을 나쁘게 하는가? 당신의 몸이 당신을 나쁘게 하는가?	건강: 상처와 질병예방 체육교육: 3d, 3e
스포츠맨십	무엇을 하는가가 아니라 어떻게 하는가다.	무엇이 경기를 하는 데 가치 있게 하는가?	4a, 4b, 4d, 4e, 5c, 5d, 6b
경쟁	모든 시합은 당신을 강하게 만든다.	경쟁은 어떻게 당신에게 동기를 부여하는가? 라인을 넘어설 때는 언제인가?	1a, 4b, 4e, 5b, 5d, 6c
테크닉	첫째는 신중히, 둘째는 자연스럽게	언제 그것을 취할 것인가? 그때까지 무엇을 할 것인가?	1a~d, 2a~d

수행 과제로 교육과정 형성하기

우리가 강조해 왔듯이 학생의 성취에 대해 강력한 증거를 제시하는 것은 일 년마다 한 번 있는 주시험에 따라 제공되는 것과 같은 단일한 평가(snapshot) 이상을 요구한다. 그리고 이해는 전이할 수 있는 능력에 대한 증거를 제공하는 복잡한 과제를 요구한다. 그래서 지역구의 평가 계획은 더 높은 질(quality)과 여섯 가지 측면을 중심으로 구성된 적용 중심의 수행 과제를 포함해야만 한다. 그러나 이미 대부분의 교육과정 프레임워크는 평가에 짧은 시간을 주거나 무시한다. 교육과정에 대한 구체성이 그것의 목표—평가와 루브릭—를 구체화하는 수행 목표에 관한 명확성을 필요로 하더라도 말이다.

그리고 거시적 교육과정을 형성하는 또 다른 방법은 평가를 통해서 형성하는 것이다. 학생들이 숙달해야만 하는 핵심 수행 형태나 장르는 무엇인가? 〈표 12-3〉은 중등학교 영어/언어과 교사가 일

〈표 12-3〉 글쓰기를 위한 학구 수준의 평가 계획

학년	설명력	설득력	문학적 분석	창조성/표현성
6	연구보고서	의견서	배경과 갈등에 관한 문학적 수필	원시 신화
7	자서전	정책 사정	인물에 관한 문학적 수필	개인적 집필
8	연구보고서	문제/해답의 수필	형상화에 관한 문학적 수필	서술적 소설
9	원인/효과에 관한 수필	사설	다중문학적 요소의 분석	시
10	연구보고서	사회적 이슈의 수필	비평적 렌즈 수필	역사적 인물
11	정의 수필	논쟁적인 수필	비교 장르 수필	패러디/풍자
12	연구보고서	의견서	문학적 비평의 반응	반어(풍자)

Adapted from Dpartment of Curriculum and Instruction, Greece Central School District, Greece, NY

반적 루브릭에 따라 판단된 일련의 학구 수준 전체의 분기별(연 4회) 글쓰기 평가에 동의한 Greece, New York에서 제시한 사례를 제공한다. 모든 학생은 그림에 제시된 모든 장르에 대해 두 개의 쓰기 과제를 완수한다. 학구 수준에서 제공하는 자극이나 단서(prompt)는 모든 학년의 모든 장르에 대해 하나의 과제로 사용된다. 일반적 평가에 초점을 두는 이런 조정은 학생의 수행을 개선시키는 결과를 낳으며, 쓰기를 위한 교육적인 프로그램에 보다 큰 일관성을 가져다주었다.

Alverno 대학은 전체 교육과정을 25년 이상 이러한 방법으로 설계해 왔다. 목표는 일반적인 능력의 8개의 분야에서 학문(disciplines)이나 과목(subject)으로 만들어진다. 교수(professor)는 두 가지 역할을 한다. 자신의 과목에서 코스를 설계하고 가르치는 것뿐만 아니라 8개 능력 분야에 대한 평가를 설계하는 위원으로 일한다. 이것은 두 가지 강력한 이점을 가진다. 모든 교수(professor)는 전반적 임무에 관련된 자신의 역할에 관해 보다 크게 생각하는 것을 배우고, 이러한 능력은 일반적으로 과목 중심 코스 설계의 결점에 빠지지 않도록 한다.

본질적 질문을 중심으로 교육과정을 형성할 때 좋은 점은 지역 교육과정에 부합되기 위해 올바른 종류의 높은 차원의 평가 과제를 자연스럽게 제안한다는 것이다. 가장 적합한 수행평가의 초안을 만들기 위한 실제적인 전략은 본질적 질문이 어떤 구체적인 평가를 위한 일반적인 '설계명세서(specs)'를 제공한다고 상상하는 것이다. 그리고 나서 우리가 상법과 미국 역사 수업에 대한 두 대학의 사례에서 보았듯이 우리는 모든 연령의 학생에게 다음과 같이 말할 수 있다. "이 코스가 끝나면 우리는 다양한 관점에서 이러한 질문을 고려해야 할 것이고, 당신은 다양한 프로젝트와 수행으로 그 질문에 답해야 할 것이다. 즉, 그 질문을 끊임없이 기억하고 있어야 한다."

만약 본질적 질문이 기능에 우선적으로 관심을 두는 코스에서 다소 너무 개념적이거나 철학적이라면, 그러한 기능의 현명한 사용을 요구하는 중요한 수행 도전에 관계되는 질문이나 문제를 간단히 확인하라. 수학에서 두 가지 질문— '그래서 어떤 패턴인가?' 그리고 '어떻게 이것이 모형화되었을까?'—은 만약 우리가 그 질문에 적합한, 주의 깊게 설계된 문제를 학생들에게 제공하고 바라는 기능을 요구한다면 전체 교육과정을 형성할 수 있다. 예를 들어, 〈표 12-3〉에 제시된 영어/언어과 장르처럼 수학도 학생들에게 매년 동일한 복잡한 데이터에 근거한, 같거나 유사한 문제를 제시하곤 한다. 예를 들어, '어떠한 것이 M&M을 대량으로 배에 선적할 이상적인 포장인가?'와 같은 질문에서 제안되었듯이, 동일한 기본 질문이란 다양한 수준의 수학적 궤변을 통한 대답을 요구(지지할) 것이다. 또한 그러한 도전 과제는 단편적 사실이나 기능에 근거한 평가 항목을 사용하는 것보다 학생들을 차별화하는 것이다.

계획 수립 평가 과제를 통해 코스를 형성하는 것은 특히 역사와 같이 내용 중심 코스를 다룰 때 도움이 된다. 세계사에 관해 뉴욕 주가 설계한 기준을 제시하면 다음과 같다.

① 세상에서 가장 신성한 경치를 볼 여행을 설계하라. 정확한 지도, 방문객을 위한 지역 규범, 문화, 예절을 묘사하는 안내책, 가장 효율적 비용이 드는 경로와 운송 수단의 분석, 주요 경치의 짧은 역사, 동료들에게서 흥미 있었던 것, 그리고 주석이 달린 서적 목록(다른 학생들에게 독서를 권장하는)을 포함한다.

② 아프가니스탄, 이라크, 그리고 출현하는 민주주의에서 사용되기 위한 권리장전을 써라. 과거의 시도(즉, 미국의 권리장전, UN 결의문, 국제사법재판소)와 장단점을 참조하라. 그리고 합의할 필요가 있다고 생각하는 다양한 동료와 성인집단으로부터 서명을 얻어 내라.

③ 라틴 아메리카의 국무장관에 대한 보고서를 준비하라. 라틴 아메리카의 한 나라를 선택하고, 정치적 분석과 배경에 대한 보고서를 제공하라. 우리의 현재 정책은 어떤 것이어야 하는가? 그리고 그런 나라와 함께 현재의 정책이 어떻게 하면 효과적일 수 있는가?

④ 중동 지역에 대한 미국의 정책을 바라보는 다른 나라의 견해가 인터넷에서 어떻게 회자되는지에 관한 대중매체 보고서를 수집하고 분석하라. 그러한 보고서에 대한 정확성과 영향력에 관한 논평과 함께 대통령에 대한 신문 스크랩으로 사진을 포함한 '요약 보고서'를 함께 제시하라. 중동에 관련된 최근의 미국 정책 결정에 대한 세계의 반응을 요약해 놓은 다양한 뉴스 방송에서 속보 비디오 파일을 만들라.

⑤ 미국의 이민 특성을 강조하기 위해 전 세계의 사람들이 미국으로 이민한 뒤에, 이제 와서 왜 사람들이 이민정책을 제한하라고 요구하는지에 대해 파워포인트의 그래픽을 이용하여 구술사(oral history)를 만들어라. 최근의 미국 이민자와 인터뷰해 보고, 그가 모국을 떠나서 미국으로 오게 된 이유에 대해서 기록하라. 이민정책을 제한하자고 주장하는 사람들과 인터뷰해 보고,

그들의 가족이 어떻게 미국에 왔는가에 대하여 질문하라. 그들이 생각하는 것은 동일한 것인가? 이제 다른 것인가?

⑥ 유럽 국가 간의 지리학적, 경제적, 그리고 새로운 유럽경제연합 회원의 영향력에 관한 관련성을 설명하는 시사회를 설계하라.

⑦ 아프리카를 방문하는 지도자가 제시한 미국과 아프리카 간의 관련성에 대한 연설 및 미국 국무성의 반응을 비디오테이프로 기록하고 전달하라.

⑧ 유엔의 이라크 원조, 중동에서의 미국의 역할, 지구 온난화와 같은 국제적으로 중요한 논쟁의 여지가 많은 이슈에 관한 공식적 논쟁에 참여하라.

⑨ 각 나라를 대표하는 세 명의 학생으로 이루어진 두 그룹을 형성해서 모의 유엔을 조직하라. 그리고 테러에 대한 유엔 안보리의 결의를 통과시키기 위해 노력하라.

⑩ 상원 외교위원회에 러시아의 현 상태와 지난 세기의 미국과 러시아의 관계, 그리고 미래의 우려 사항과 가능성을 요약해서 보고하라. 러시아는 아군인가? 적군인가?

⑪ 인도와 아웃소싱에 관한 보고서를 준비하라. 국제 경제가 미국에게 어느 정도까지 좋은 영향을 끼치는가? 인도에 대해서는? 인도의 이웃나라는?

수행 과제에서 루브릭에 이르기까지

핵심 수행 과제의 개발은 자연스럽게 루브릭의 선택이나 설계로 이어진다. 교사와 학생이 지역이나 학교를 통해 일관되게 사용하는 30여 개의 루브릭을 설정한 시스템의 힘을 상상해 보라. 예를 들어, 다음의 수행 준거에 대한 전반적인 채점(scoring) 루브릭을 가정해 보라.

Effective(효과적인)	Purposeful(목적성 있는)	Accurate(정확한)
Clear(명확한)	Efficient(효율적인)	Precise(정밀한)
Elegant(우아한)	Persistent(불변성의)	Supported(뒷받침되는)
Graceful(품위 있는)	(Self-)Critical(비평적인)	Verified(증명된)
Well crafted(정교한)	Thoughtful(사려 깊은)	Focused(집중받는)
Well presented(잘 표현된)	Careful(주의 깊은)	Insightful(통찰력 있는)
Organized(정리된)	Responsive(민감한)	Fluent(유창한)
Thorough(철저한)	Methodical(규칙적인)	Proficient(숙달된)

Coherent(시종일관한)   Polished(완성된)   Skilled(숙련된)

앞의 사례는, 필요에 따라 학생들이 질적 특성에 관한 지속적인 메시지를 받기 위해 더 일반적인 틀(framework)이 고스란히 유지되는 동안, 특별 과제를 위한 게시나 다른 지표를 가지고 수정될 수 있다. 다음은 포스터를 포함하는 3학년 과제를 위해 일반적인 예상이 어떻게 해석될 수 있는지를 보여 주는, '명확한(clear)'이란 준거에 대한 루브릭의 예다.

Clear

6 의사소통은 매우 명확하다. 언어는 복잡하고 정밀하다. 문장 구조가 다양하고 복잡하다. 어법은 정확하다. 메커니즘이나 철자에서 발생한 작은 오류는 논문의 유창함을 손상할 수 없다. 작업은 철저하고 논리적으로 개발되며, 의미는 모호하지 않다. 작업의 의도는 형식과 내용의 특별한 제어를 통해서 달성된다.
- 와우! 정말로 명확하다. 우리는 단지 당신이 우리에게 말하고자 하는 의미가 무엇인지를 안다. 당신이 조직하고, 색칠하고, 무엇을 쓰고, 그리고 당신이 사용한 단어를 조합하는 방식에 의해 당신이 표현하고자 하는 빅 아이디어에 우리의 관심을 환기시킨다.
- 포스터상에는 난잡함이나 혼란은 없다. 훌륭한 필적, 예술적 제작 활동, 그리고 공간의 활용.
- 철자나 문법의 오류는 전혀 없다.

5 의사소통은 명확하다. 언어는 적절하고 정밀하다. 문장 구조가 다양하다. 어법은 정확하다. 메커니즘이나 철자에서 발생한 작은 오류는 논문의 유창함을 손상시킬 수 없다. 작업은 논리적으로 개발되고 의도된 의미는 모호하지 않다. 작업은 메시지나 의미와 그것을 가장 잘 전달하는 방법을 잘 제어하는 것을 통하여 생각을 잘 나타낸다.
- 명확한 포스터로 인해 우리는 어려움 없이 당신의 메시지를 얻을 수 있다. 당신의 빅 아이디어가 무엇인가를 명확히 하기 위해 깔끔하게 잘 정리되었다.
- 철자나 문법의 오류는 전혀 없다.

4 의사소통은 거의 명확하다. 언어는 적절하나 항상 충분히 정확하지는 않다. 문장 구조가 다양하다. 어법이나 메커니즘, 철자 속에 최소 오류가 논문의 유창함을 손상하지 않는다. 모호함과 애매한 사례가 있고 또는 다른 결론 내리기 힘든 언어가 있다(특별히 더 미묘한 것이나 복잡한 아

이디어를 고려하면). 그러나 작업은 의미를 통한 생각을 암시한다.

- 꽤 명확한 포스터로 우리는 당신의 메시지를 얻을 수 있지만 우리를 혼란스럽게 하는 일들이 있을 수 있다.
- 전체적으로 당신의 견해를 뒷받침해 주는 좋은 설계지만, 무엇이 가장 중요한 것인가를 확신할 수 없는 곳이 존재할 수 있다.
- 하나 또는 두 개의 작은 철자나 문법의 오류가 있으나, 그것은 우리를 혼란스럽거나 당황하게 하지는 않는다.

3 의사소통은 다소 명확하다. 언어는 정확하지 않을지도 모른다. 항상 적합하거나 과제의 요구에 들어맞지는 않는다. 문장 구조는 거의 정확하다. 어법, 메커니즘 또는 철자에서의 오류는 논문의 유창함에 작은 영향을 미칠 수도 있다. 모호함, 애매함 또는 의미 결정이 어려운 중대한 사례가 있다. 빅 아이디어들은 전개하거나 설명하기에 불충분하다. 작업은 효과적으로 의미를 전달하기에 불충분하고, 의미를 통해서 불충분한 작업으로 암시된다.

- 다소 불명확한 포스터로 메시지를 이해하는 것은 이해되어야 하는 만큼 쉽지 않다. 왜냐하면 배치와 단어 또는 그림들이 모호하고 어수선하기 때문이다. 우리는 당신의 메시지를 이해하는 데 어려움을 겪을지도 모른다. '요점이 무엇인가?'는 아마 공통의 반응일 것이다. 아마도 목록에 너무 많이 있을 것이다.
- 조금의 철자와 문법의 오류가 당신의 요점으로부터 우리를 흩트려 놓을 것이다.

2 의사소통은 불명확하다. 문장 구조, 어법, 메커니즘 또는 논문의 유창함을 방해하는 철자의 중대한 오류가 있을지도 모른다. 많은 곳에서 의도된 의미를 우리가 분별하지 못하게 된다. 언어는 너무 정밀하지 못하고, 정확하지 못하거나 미숙해서 불충분하게 의미를 통한 사고를 제시하는 의도된 메시지나 작업을 전달하지 못한다. 빅 아이디어는 연결되지 못할 뿐만 아니라 나타나지도 않는다.

- 불명확한 포스터로 메시지의 이해가 어렵다. 왜냐하면 어수선하고 불완전한 일이기 때문이다.
- 우리는 글씨체, 철자나 문법의 오류 때문에 단어를 이해하는 데 어려움을 겪는다.

1 만약 판독하기 불가능하지 않다거나, 의도되거나 계획적인 의미의 일에 대한 증거가 없다면 의사소통이 어렵다.

- 우리는 당신의 메시지를 이해할 수 없다. 여기에는 중요한 요소가 불충분하거나, 단지 큰 혼란

이거나, 너무나 많은 혼란스런 단어, 그림 그리고 철자와 문법적 오류가 있다.

모든 루브릭을 이용한 것처럼, 만약 루브릭이 자기평가, 자기조정 그리고 교사의 마지막 판단의 이해에 유용하다면 학생들은 각각의 획득된 점수를 위한 작업의 예시를 볼 필요가 있다.

장기적인 루브릭은 시간 위에 과정을 계획하는 데 도움을 준다. Great Britain은 기준 중심의 국가 교육과정의 부분으로서 다양한 과목을 위해 그러한 루브릭의 세트를 사용한다. 여기 5~16세의 학생들을 위한 과학에서 이해의 증가 수준을 표현하는 루브릭들이 있다(School Curriculum an Assessment Authority, 1995).[1]

도달 목표 1: 과학 탐구

수준 1: 학생들은 그들이 관찰한 대상, 생물체, 사건에 대한 간단한 특징을 적절하게 기술하거나 반응한다.

수준 2: 학생들은 사물을 찾는 방법의 제안에 반응하고 질문에 대답하기 위해 자료를 수집하는 방법을 고민한다. 그들은 간단한 교재, 도움, 정보를 사용한다. 그들은 제공된 간단한 장비를 사용하고 작업과 관련된 것을 관찰한다. 그들은 대상, 생명체, 사건을 관찰하고 비교한다. 그들은 자신들의 관찰이 만족스러울 때 과학적 단어와 기록 및 간단한 표를 사용하여 그들의 관찰을 기록한다. 그들은 발생한 것이 그들이 거대한 것인지 아닌지에 대해 말을 한다.

수준 3: 학생들은 질문에 대한 답을 찾기 위해 자신들의 아이디어 제안에 대해 숙고한다. 그들은 질문에 대답하기 위한 자료를 수집하기 위해 그것이 왜 중요한지를 인식한다. 그들은 정보를 찾기 위해 단순한 교재를 사용한다. 그들은 길이, 측정, 단순한 장비의 범위의 사용과 같은 관련된 관찰과 측정치를 사용한다. 그들은 그것이 왜 공정한지에 대해 인식하고 설명하면서 공정한 시험을 수행한다. 그들은 다양한 방법으로 관찰한 것을 기록한다. 그들은 기록된 측정치의 단순한 유형을 위해 관찰을 위한 설명을 제공한다. 그들은 자신들이 발견한 것을 과학적인 방식으로 의사소통하고, 그리고 자신들의 작업에서의 개선 사항을 제안한다.

수준 4: 학생들은 과학적 아이디어가 증거에 기반을 둔다는 점을 인식한다. 자신의 조사 작업에서 그들은 질문에 대답하기 위하여 적절한 접근을 결정한다. 그들은 하나의 요소를 다양하게 하는 방법과 그들의 과제를 수행하는 방법을 기술하고 보여 준다. 적절한 경우, 그들은 예측을 한다. 그들은 제공된 자료에서 정보를 선택한다. 그들은 적합한 장비를 선택하고 과제에 적당한 관찰과 측정을 한다. 그들은 표와 차트를 사용하여 관찰, 비교, 측정치를 기록한다. 그들은 간단한 그래프의 형태를 구상하기 시작한다. 그리고 자료에서 그래프를 사용하여 패턴을 해석한다. 그들은 그들의 결론을 이런 패턴과 과학적 지식과 이해에 관련짓기 시작하고, 적합한 과학적 언어를 통해 그것들과 의사소통한다. 그들은 이유를 제공하면서 작업에서 개선 사항을 제안한다.

수준 5: 학생들은 실험적 증거와 창의적 사고가 과학적 설명을 제공하는데 어떻게 결합되는지를 기술한다. 그들이 과학적 질문에 대답하고자 할 때 적당한 접근법이 무엇인지를 확인한다. 그들은 정보의 자료의 범위에서 선택한다. 공정한 시험을 포함한 조사를 할 때 그들은 과학적 지식과 이해에 기초를 둔 예측을 한다. 그들은 과제의 범위를 위한 기계를 선택하고, 효과적으로 사용하기 위해 계획한다. 또한 과제의 정밀성을 가지고 관찰, 비교, 측정을 연속적으로 한다. 그들은 다른 간단한 설명을 제공하고 관찰, 측정을 반복한다. 그들은 관찰과 측정한 것을 체계적으로 기록하고, 선그래프로 데이터를 나타낸다. 그들은 증거와 일치하는 결론을 내리고 이것들은 과학적 지식과 이해에 관련짓기 시작한다. 그들은 작업 방법이 어떻게 개선될 수 있는지에 대해 실제적 제안을 한다. 그들은 양적 자료와 질적 자료를 상호 소통하기 위해서 적합한 과학적 언어 관례를 활용한다.

수준 6: 학생들은 수용된 과학적 아이디어에 대한 증거와 새로운 아이디어의 발전과 수용을 이끄는 과학자의 증거 해석 방법을 기술한다. 조사를 할 때는 적절한 접근법을 확인하기 위해 과학적 지식과 이해를 사용한다. 그들은 효과적으로 정보의 자료를 선택하고 사용한다. 그리고 과제를 위해 측정, 비교, 관찰을 충분히 한다. 또한 좋은 척도 구분을 가진 도구를 사용하여 정확한 양을 측정한다. 그들은 자료와 특징을 효과적으로 보여 주게 하는 그래프와 다이어그램을 위한 척도를 선택한다. 그들은 주요 패턴과 잘 맞지 않는 측정과 관찰을 확인한다. 그들은 증거와 일치하고 결론을 내리고, 과학적 지식과 이해를 사용하여 이 결론들을 설명한다. 그들은 자신들의 작업방식을 어떻게 향상시킬 수 있는지에 관한 제안을 심사숙고한다. 그들은 과학적 언어와 관례를 사용하여 양적 자료와 질적 자료의 소통을 위한 적당한 방법을 선택하고 사용한다.

수준 7: 학생들은 과학적 이론에 기반을 둔 몇몇 예측과 그와 같은 예측으로 평가된, 수집된 증거의 예를 기술한다. 작업에서 그들은 질문을 탐구하기 위한 적절한 접근법을 결정하기 위해 과학적 지식과 이해를 사용한다. 그들은 복잡한 맥락과 변인이 제어되지 않고, 적당한 절차의 계획을 가진 맥락에서 핵심적인 요인을 확인한다. 그들은 자료의 범위에서 정보를 총괄하고, 2차적인 자료의 가능한 한계를 확인한다. 그들은 폭넓은 다양한 장치를 사용하여 정확하고 체계적인 관찰과 측정을 한다. 그들은 신뢰할 만한 자료를 얻기 위해 언제 측정, 비교, 관찰을 반복할 것인지를 확인한다. 그들은 최적의 선을 사용하여 가장 적절한 곳에 자료를 그래프에 표현한다. 그들은 증거와 일치하는 결론을 내리고, 과학적 지식과 이해를 사용하여 이 결론들을 설명한다. 그들은 수집된 자료가 그들이 내린 결론에 충분한 것인지 고려하기 시작한다. 그들은 상징과 다이어그램을 포함한, 폭넓은 과학적이고 기술적인 언어와 관례를 사용하여 그들이 수행한 것을 의사소통한다.

수준 8: 학생들은 추가적인 과학적 증거에 비추어 변화된 과학적 설명이나 모델의 예를 제공한다. 그들은 자료의 범위 내에서 평가하고 종합한다. 그들은 다른 전략을 필요로 하는 다른 종류의 과학적 질문을 탐구하고, 자신의 작업에서 적절한 전략을 선택하여 과학적 지식과 이해를 사용해야 한다는 것을 인식한다. 그들은 어떤 관찰이 질적 작업에서 적절한지 결정하고 그 기록에 적합한 세부 항목들을 포함시킨다. 그들은 비교나 측정에 필요한 정확한 단계(수준)를 결정하고, 변인들 간의 관련성을 검증하게 해 주는 자료들을 수집한다. 그들은 변칙적인 관찰과 측정을 확인하고 설명하기 시작하며, 그래프를 그릴 때 이것들을 고려한다. 그들은 증거로부터 결론지을 때 과학적 지식과 이해를 사용한다. 그들은 비판적으로 그래프와 표를 숙고한다. 그들은 적절한 과학적 언어와 관례를 사용하여 연구 결과와 논의를 소통시킨다.

예외적 수행: 학생들은 후속적인 실험에 의해 변화되고 변경된 과학적 설명과 모델의 예를 제공하고 과학적 이론을 수정하는데 증거의 중요성을 설명한다. 그들은 자료의 범위에서 평가하고 종합한다. 그들은 다른 전략을 필요로 하는 과학적 질문의 다른 종류를 탐구하고, 자신의 작업에서 적절한 전략을 선택하여 과학적 지식과 이해를 사용해야 한다는 것을 인식한다. 그들은 특별히 중요한 점을 지적하면서 적절한 관찰과 비교를 기록한다. 그들은 안전한 요구로 수집된 자료와 측정에 필요한 정확한 단계를 결정한다. 그들은 변인들 간의 관련성을 시험하기 위해 자료를 사용한다. 그들은 변칙적인 관찰과 측정을 확인하고 설명하기 시작하며, 그래프를 그릴 때 이것들을 고려한다. 그들은 경향과 유형을 해석하기 위해 과학적 지식과 이해를 사용하며, 증거로부터 결론짓는다. 그들은 대안적 관점의 범위와 불확실성의 정도에 대해서 자각하면서 적절한 과학적 언어와 관례를 사용하여 연구 결과와 논의를 소통시킨다.

이해의 여섯 가지의 측면에 대한 UbD 루브릭(〈표 8-2〉 참고)은 다른 루브릭을 개발하기 위한 프레임워크로서 제공된다. 유사하게 개발된 루브릭은 이미 외국어 교과에 있었다. 예를 들어, 외국어 교수를 위한 미국의 위원회(ACTFL)은 말하기와 쓰기의 숙달을 위한 지침을 개발해 왔다(ACTFL, 1999). 다양한 루브릭 체제가 또한 읽고 쓰는 능력의 발달에 관한 차트를 만들었다. 예를 들어, 다양한 항목을 포함하는 옴니버스 체제는 일찍이 유년 시절 연구자인 Samuel Meisels이 학년의 등급에 따라 읽고 쓰는 능력의 발달을 가리키는 것으로 공동 개발되었다. 유치원 학생들은 다음의 사건을 이야기를 통해서 예상하고, 1학년은 새로운 단어를 뛰어넘고, 2학년은 친숙하지 않은 단어들로부터 의미를 만들어 내기 위해서 그림을 이용한다는 것에 주목하라. 그러한 옴니버스 체제는 유치원에서 5학년까지의 발달에 초점을 두고 있다(Jablon et al., 1994).

이해를 위한 교육과정에 스코프와 시퀀스 적용하기

> 아이들은 그들이 마주치는 것을 재정의하고, 그것을 재구성하며,
> 재배열하는 경우에 활동이나 과제를 좀처럼 제공받지 못한다. 반성적인 능력을 개발하는 것은
> 교육과정을 고안하는 경우에 직면하게 되는 커다란 문제 중 하나다.
> 즉, 학생들이 그러한 능력과 즐거움을 발견하도록 안내하는 방법은
> 되돌아보는 활동(retrospection)을 하도록 기다려 주는 것이다.
> —Jerome Bruner, 『주어진 정보를 넘어서(Beyond the Information Given)』,
> 1957, p. 449

빅 아이디어, 핵심 과제 그리고 루브릭에 대한 포괄적 프레임워크는 강력한 교육과정을 수립하기 위해 우리가 필요로 하는 중요한 것이 아닌가? Bruner의 인용에서 제시된 것처럼, 그 대답은 '아니다'다. 보다 중요한 것은 WHERETO에 대한 논의, '심층적 학습'에 대한 토의, 그리고 빅 아이디어와 핵심 수행에 대한 초점 등이다. 만약, 이해가 어느 한 단원에서 재고(rethinking)와 일정한 (재)적용을 필요로 한다면 전체 교육과정을 위해 무엇이 준수되어야 하는가? 스코프(scope)와 시퀀스(sequence)에 대한 이슈는 거시적 프레임워크에서 가장 중요하다.

스코프와 시퀀스에서 이상적인 시퀀스에 대한 질문은 추상적으로 들리지만, 제10장의 단원 조직화에 대한 논의에서 우리가 언급했던 것처럼 하나의 흐름 대(對) 또다른 흐름에 대한 영향력은 실제적이고 즉각적이다. 예를 들어, 수석 정비사가 전체 자동차 엔진을 분해하여 수리점 바닥에 각 부분을 놓고 '이 기화기(carburetor)는 무엇이 문제인가?'라는 질문에 전체 엔진과 각 부분과의 관련성에 대해 시청각적인 방법으로 이야기한다면, 초보 정비사는 그것을 이해할 수 없어 도움이 되지 않는다고 생각할 것이다. 그러나 전문가는 강의가 자동차 엔진에 관한 모든 관련 정보를 논리적이고 철저하게 취급하는 것을 제시했다고 주장할 수 있다.

다시 말하자면 내용과 수업 방법은 가장 높은 질을 요구할 수 있지만, 코스는 효과적인 학습을 양산하는 데 완전히 실패할 수도 있다. 학습을 계열화하고, 반복되는 수행과 빅 아이디어에 유의하는

것은 교육과정 요소들의 질만큼 중요하다. 만약, 학습자 참여, 이해 그리고 생산성이 시퀀스를 판단하는 준거라면 더욱 그러할 것이다. 학습자 이해의 목적이 각 주제를 일순하는 것과 관련되는 코스와 교육과정 계열에서, 즉 이해와 관계된 학습자 수행 목표와 대조적으로 분리된 내용 요소에 의해 지시된 흐름에서 위험에 처해 있다는 것을 우리는 믿는다.

빅 아이디어와 핵심 수행 과제에 대한 논의가 주어진다면 스코프와 시퀀스를 합치는 간단한 방식이 여기에 있다. 즉, 교실에서의 학습의 흐름도는 미술 스튜디오나 체육관에서와 같다. 모든 경우에 있어 목표는 이해하면서 교과를 실행할 수 있는 것이다. 즉, 그 자체를 위해서가 아니라 어느 분야에서 핵심적인 과제를 다루기 위한 수단으로써 지식과 기능을 습득하는 것이다. 그래서 물리학이나 필드하키에 관해 이야기를 하든 하지 않든 간에 현명한 수행이 목적이라면 학습의 전체적 논리는 다음과 같이 동일해야 한다. ① 학습자와 수행 결과(예를 들어, 이해의 증거)로부터의 피드백에 반응하면서 지속적으로 조정된 작업을 가지고, 명백한 수행 목표로부터의 백워드 설계, ② 수행의 요소(단편적인 지식과 기능을 학습하고 사용하기)와 학습을 우선시하고 정당화하는 전체적인 복잡한 과제 사이의 계속적이고 빈번한 움직임, ③ 가르쳐지고 학습을 가능하게 하는 것 사이의 규칙적인 전후의 움직임, ④ 계속 진행하면서 공식적으로 수행할 준비가 되기 전에 불이익 결과로부터 학습을 가능하게 하는 시퀀스.

대다수 여러분이 수행 중심 프로그램이 핵심 내용 영역과 근본적으로 다르다는 점을 직감적으로 반대할지라도 우리는 이상의 논리가 모든 분야의 모든 교육과정에 적용된다고 믿는다. 그러나 워크숍 참가자들이 앞에서 언급된 '최상의 설계' 연습에서 작업의 흐름을 기술해 보라고 요청받았을 때, 내용과 상관없이 그들은 최상의 학습은 전체적인 수행과 단편적인 지식과 기능 간의 앞뒤로의 움직임과 관련이 있으며, 그리고 명확한 수행 목표에 기초하여 내용을 지속적으로 적용하는 것에 관련이 있다고 말한 것을 상기해 보라. 교과가 무엇이든지 간에 우리는 부분-전체-부분의 학습 사이클, 반성, 조정을 통해 최상의 학습을 한다. 우리는 그것을 사용할 수 있을 만큼 충분한 내용을 학습하고, 점점 복잡한 아이디어와 수행의 측면과 씨름하면서 진보한다.

대다수의 학문적인 코스는 자동차 수리에서의 수석 정비사와 같이 조직되어 왔다. 즉, 매력성과 효과성을 손상시키면서 오래 동안 적용을 연기(delay)해 오면서 기초부터 진보된 자료에 이르기까지 내용을 통해 진행해 왔다. 어쨌든 자유교과(liberal arts)에서는 차고, 컴퓨터, 연습실, 운동장에서 일어났던 것만큼 바보스럽지 않을지도 모른다. 그러나 이러한 오래된 습관이 우리를 눈멀게 했다. 과학, 수학의 역사가 실제로 실행될 때 과학, 수학의 역사는 회상된 사실에 따라 알려진 것보다 더 많은 고려를 포함한다. 우리는 어떤 이유로 학문(discipline)이란 단어를 사용한다. 교과(subject)의 영역은 궁극적으로 교과의 실천(doing)에 관한 것이다. 즉, 체계적이고 학문적인(disciplined) 방식으로 내용을 활용하는 것이다.

게다가 전형적인 코스에 대한 전통 논리에는 역설적인 점이 있다. 내용(content)이 아무리 근대적이라 하더라도 흐름(flow)은 학습의 전근대적 관점에 기초를 두고 있다. 내용의 논리에 따라 조직된, 기지의 사실(what is known)은 인쇄술 이전에 사용되었고, 진실에 관해 깊이 있고 공적으로 지적인 인정을 받기 이전에 사용되었으며, 사용자로서 학습자의 흥미를 제공하는 것이 교육의 목적이 되기 이전에 사용된 중세의 전통이 있었다. 전근대적 관점에서 이해는 어떤 실제적 학습에서 자유교육을 구별하는 단어에서 논리적으로 조직된 진실의 숙고와 수용만을 필요로 한다.

수많은 교육과정의 구조가 지극히 부적절한 것이고, 내용이 구성되고 전달되는 방식을 향상시키는 것 또한 학습을 이해 중심으로 가는 데는 불충분한 것이다. 따라서 엄격함과 일정표라는 미명하에 우리가 '논리적으로' 제시하는 내용이 많으면 많을수록, 학습자가 시퀀스에 접근하는 전통적인 방식으로 빅 아이디어를 파악하고 핵심 과제를 해결하는 것은 점점 더 어려워질 것이다. 우리가 더욱 '현대적인' 수행 영역 내에서 발견할 수 있는 교육과정 시퀀스란(우리가 엔지니어링, 스페인어, 사업, 재즈밴드 혹은 요리하기 등 무엇을 고려하든지 간에) 사람들이 학습하는 방법과 그 이유에 대해 우리가 알고 있을 때 더욱 의미있는 것이다. 그리고 학습자의 이해가 향상된다면 모든 전통적 학문 영역에서 적용될 수 있고, 사람들이 어떻게 알고 왜 배우는지에 대한 진실을 제안한다.

내용의 논리와 내용을 이해하게 되는 논리

내용을 가지고 수행하는 것은 학습하는 논리와 내용 자체의 논리가 많이 다르다는 것을 명확히 하자. 간단한 예로 소프트웨어를 숙달하는 데 필요한 학습의 흐름을 고려해 보자. 소프트웨어를 가능한 한 빨리 생산적으로 사용하는 것이 목적이다. 많은 제조사가 '시작하기(getting started)'라고 부르는 작은 책자를 제공하기까지 한다. 'getting started'는 매뉴얼을 읽고 싶어 하지 않는 사람들이나 사실에 지나치게 천착하는 이들을 위해 설계된 것이다. 게다가 소프트웨어를 만드는 사람들은 적어도 두 개의 다른 매뉴얼을 공급한다. 하나는 매일의 일상적 상황에 맞게 작용하는 소프트웨어를 위한 것이고, 다른 하나는 필요할 때 상담받을 수 있는 모든 특징과 중재 역할을 하는 절차들을 포함하는 두꺼운 매뉴얼 책자다. 더욱 복잡한 소프트웨어는 프로그램의 주요 특징을 친숙하고 안락하게 하기 위해 직접적인 설명서(tutorials)를 제공한다. 이 두꺼운 매뉴얼은 대부분 전통적 교재이고, 인쇄된 설명 자료와는 다르게 구성되어 있다. 두꺼운 참조 매뉴얼은 하나부터 열까지 모든 특징을 설명하고 있다. 설명서(tutorial)에서 흐름은 증가하는 복잡한 적용에 맞게 내용을 활용하기 위한 학습의 논리에 따라 구술된다.

아이들이 복잡한 소프트웨어 사용을 숙달하는 반면 대학생들이 역사나 생물학을 학습하기 위해 고군분투하는 것은 우연한 일이 아니다. 자기충족적이고 생산적인 사용이 목표일 때, 내용과 시퀀스 사이의 접근은 정보 전달이라는 측면에서 드라마틱하게 변한다. 이것은 정확히 모든 학문적 학습에서 요구되는 것이다. 학습의 관점에서 우리가 '교과(subject)'라고 부르는 것이 '재료(stuff)'가 아닌 것처럼, 사용자의 관점에서 소프트 '재료(stuff)'가 모든 특징에서 강조하는 코드와 리스트는 아니다. 우리는 훈련에서 더 넓은 세계가 학습해 온 것을 이해하는 데 학문적으로 실패를 거듭해 오고 있다. 핵심은 재료(stuff)의 '학습'이 아닌 재료의 효과적 사용이 최대의 전이 가능성이라는 것이다. 수행의 요구와 우선순위는 내용을 학습하는 데 사용되는 타이밍과 접근법을 안내한다. 학습의 시퀀스는 훈련에 사용된 참조 자료의 내용표가 아니라 핵심 수행 과제에 따라 구조화된다.

이 아이디어는 새로운 것이 아니다. Whitehead(1929)는 거의 한 세기 전에 실감 나는 방식으로 언급하였다.

> 중심 아이디어는 아이들의 교육에서 많지는 않지만 중요한 것을 소개하고, 모든 가능한 조합을 그들에게 던져 주는 것이다. 아이들은 그것들을 자신의 것으로 만들고, 여기에 지금 적용된 것을 이해한다. …… 융통성 없는 탁상공론자들은 교육에서 유용한 것을 비웃는다. 그러나 교육이 유용하지 않다면, 그것은 무엇인가? 그것은 자기의 재능을 썩히는 것인가? ……물론 교육은 유용하다. ……그것은 이해가 유용하기 때문에 유용한 것이다(p. 2).

수학, 과학, 역사 교재를 보자. 활동, 연습, 그래픽의 포함과는 상관없이, 교재는 소프트웨어 참고 매뉴얼 같은 것이다. 이 프레젠테이션은 규칙에 따라 주제를 제시하는데, 의미 있는 사용이나 범교과적인 중요한 질문과는 동떨어진 것이다. 사용과 관련된 구체적 목표를 제공하는 자원으로서 취급되는 대신에, 교재는 도움이 되지 못하는 밀봉된 실러버스가 되었고, 저자와 사용자의 입장에서 형식과 내용으로서 부적절하게 여겨졌다.

이와 같은 사고의 방식은 전통적 교육과정의 기능장애적 특징을 우리가 더욱더 명백하게 이해하는 데 도움을 줄 것이다. 전통적 교육과정은 내용 중심이기 때문에, 거기에는 내용들 간에 진정한 우선순위를 밝힐 수 없다고 주장하는 것은 과장된 말이 아니다. 모든 주제는 다른 모든 주제와 동등하게 표현되고, 그 흐름은 수행의 요구나 학습자의 오해에 둔감하다. 반대로 진정한 우선순위는 핵심 수행 목표와 관련된 의문점을 회상해 볼 때 명백해진다. 다른 말로 하자면 학습의 우선순위는 교재에서 분리되어야 한다. 축구나 연기 지도가, 사용될 수도 있는 모든 원자료에서 분리되고 동떨어진 수행을 위한 목표를 구성할 때처럼 말이다. 이해, 능력 그리고 정확하고 시기적절한 회상은 우리가 단지 주제만을 다룰 때 어떤 전통적 접근인가와는 상관없이 위험한 것이다.

우리는 이러한 전형적 접근을 학습에 대한 벽돌쌓기(brick-by-brick)라고 부를 것이다. 만약 벽돌 공이 단지 시키는 대로 벽돌을 쌓으면, 이해라는 완성된 집이 따라올 것이다. 이것은 단순히 학습이 작용하는 방식이 아니다. 우리는 연구자로서 큰 그림, 즉 청사진을 가져야만 한다. 우리는 역할극을 하고 시도하며, 그 가치와 의미를 이해하기 위해 우리에게 주어진 것을 사용해야 한다. 학습은 벽돌 을 쌓아올리는 것보다 마음속의 아이디어를 조각하거나 어려운 글자 맞추기 놀이를 해결하는 것과 비슷한 것이다. 요소들을 숙달하고 요소들의 중요성에 대한 질문 사이를 오가는 활동처럼, 불가피한 재고(rethinking)처럼, 전체–부분–전체(whole-part-whole) 활동은 중요하다.

학습의 시퀀스에서 하나씩 끼워 맞추기식의 접근에 대한 우리 스스로 의식하지 못하는 폐해를 더 잘 이해하기 위해서는 전체 교육과정을, 하나의 책으로 지지받으면서 하나의 코스 속에 스며든 것으 로 간주하라. 다시 말해서, 우리가 지금 하는 것을 백과사전의 형식과 내용 모두를 다루는 학습을 조 직하는 것과 동일한 것이라고 간주하면 된다. 조직화된 요약은 우리가 특별한 질문, 호기심, 수행의 요구를 가질 때만 유용하다. 소프트웨어 작가들이 알고 있듯이, 우리가 마음속에서 의구심을 가질 때 백과사전에 관한 조직과 내용은 대부분 유용한 것이 되고, 우리가 필요로 하는 것에 대해 충분히 알아내도록 도와준다. 그러나 우리가 아직 주제(subject)를 알지 못했을 때, 높은 우선순위의 질문과 문제가 탐구를 안내하지 못했을 때, 끊임없는 흐름은 혼란스럽고, 의미의 상실을 가져오며, 당혹하 게 한다. 마치 사전의 표제어를 차례대로 읽고는 우리의 지식을 기초로 테스트받는 것처럼 말이다. 우리의 지식을 시험한 후에 백과사전을 읽기 시작하는 것이다.

결론적으로, 유치원에서 대학까지의 너무 많은 코스 속에서 의도에 관한 학습자의 가장 기본적인 질문—무엇인가? 왜 이것인가? 왜 지금인가? 그래서 어쨌단 말인가?—들은 작업 자체에 따라 끝없이 연기되고 무시된다(교사가 제공한 언어적인 논거와는 상관없이). 이해나 참여의 대가는 무엇인가? 오로 지 참아낸 학생들만이 만족을 지연시킬 수 있거나 성인을 신뢰할 수 있는 사람들이라는 것이 우리를 놀랍게 하는가? 우리가 그것을 뒤엎을 수 있겠는가? 아마도 우리의 최상은 자신의 학업에서 가치를 찾을 수 있는, 그리고 그렇게 많은 작업에 의해 제공된 의미가 부족함에도 불구하고 관철하는 학생 일 것이다.

스코프와 시퀀스를 다시 생각하기

여기에 역사적 아이러니가 있다. 스코프와 시퀀스는 교육과정 논리의 표시로 교육자들에게 알려져 있다. 그러나 대다수의 교육자는 원래의 의미를 인지하지 못하고 있다. 듀이식 진보주의자인 유명한 Hollis Caswell은 교육자 사이에서 유용하게 구조화되고 토의된 아이디어의 많은 부분을 이해하려고 시도하였다. 스코프의 원래 의미는 '사회적 삶의 중요한 기능'이고, 시퀀스는 특정 시기 학생들의 삶에서의 '흥미의 중심'이다. 주제의 적정한 시퀀스—실러버스의 '논리'—는 학습자에게 자연적으로 흥미롭게 보이는 작업의 설명에서 얻는 의미다.[2]

Caswell의 스승인 Dewey는 100년 전보다 더 명확한 이슈를 보여 준다. 그는 시퀀스와 교수법(pedagogy) 모두를 안내하는 내용 논리에 의존하는 것이 우리가 흔히 교육에서 볼 수 있는 실망스러운 결과의 주요 원인이었다는 것을 그의 저서에서 반복하여 주장한다.

> 학습의 왕도를 제공하는 완벽한 형태의 교과(subject matter) 제시의 가정은 아주 큰 유혹이다. 미숙함이 시간과 에너지를 줄일 수 있고, 유능한 조사자를 그만하게 하는 시작에서의 필요 없는 실수로부터 보호될 수 있다는 제안보다 더 자연스러운 것이 무엇인가? 성과는 교육의 역사에서 크게 쓰였다. 학생들은 전문가의 지시에 따라 주제로 조직된 교재를 가지고 공부한다. 기술적 개념과 정의는 시작할 때 소개된다. 법칙은 기껏해야 도달하는 방법의 암시를 가진 초기 단계에서 소개된다. 학생들은 의미의 핵심 없이 상징을 배운다. 그는 일상과의 관련성을 밝히는 능력이 없는 정보의 기술적 본체만을 얻게 된다—종종 그는 어휘만을 단순히 획득한다(1916, p. 220).

다른 말로 학습자의 견해에서 내용의 논리는 내용에 관해서 무엇이 중요한 것인지를 학습하는 입장에서 보면 비논리적이다. 즉 더 나은 것(예를 들어, 문제를 해결하거나 도전에 맞서 싸우는 데 당신에게 도움을 주는)을 보고 행하는 것을 도울 수 있다. 다시금 Dewey의 통찰은 가치있다.

> 교육과정에서 모든 교과는 '해부학적(anatomical)' 방법이라는 단어로 불릴 수 있는 것을 꿰뚫고 있다. 즉, 교과를 이해하는 것은 차별성을 증가시키는 것으로 이루어지고…… 그리고 분명하게 구분지어진 각각의 요소에 어떤 이름을 붙이는 것으로 이루어진다고 생각하는 단계. 정상적인 성장에서, 구체적 속성은 현재의 난점을 해결하는 데 기여하는 경우에만 강조되고 개별화된다(1933, p. 127).

동기 유발을 위한 질문하기 및 주의 환기

일부 교수요목(course of study)의 처음 몇 주간은 뚜렷히 나타난다. '기초적 사실과 요소로 시작하고 논리적으로 앞으로 나아갈 것이다. 수학에서 자명한 이치를 가지고, 역사에서 과거를 돌아보며, 과학에서는 기초적 법칙에서 시작한다. 어디에서 시작하고 어떻게 전개할 것인가?' 그렇지만 WHERETO에서 W와 H를 어떻게 존중할 것인가? 어떤 방식으로 학습자의 흥미를 일으키고 우선순위를 알아낼 것인가? 교재는 도움을 줄 수 없다. 내용의 논리에 기반한 거의 모든 것은 문제와 질문, 수행의 맥락이 제거된 정의, 규칙, 알고리즘을 통해 혼란스럽고 지루한 과정으로 시작한다.

단원의 WHERETO 요소에 대한 논의에서 주의할 점은 완전한 시퀀스의 재고를 위한 방법을 제안하는 문제와 동기 유발 질문, 이슈, 경험에 초점을 두어야 한다는 것이다. 코스나 프로그램의 맨 처음에 흥미롭고 가치 있는 내용을 만드는 질문이나 토론을 실시해야 한다. Lewis Thomas(1983)가 몇 년 전 만든 상위 수준의 과학을 위한 다음의 제안을 고려해 보자.

> 나는 모든 수준에서 과학의 개론 코스를 근본적으로 바꾸어야 한다고 제안한다. 근본, 소위 기초라는 것으로부터 잠시동안 떨어져 있어 보라. 그리고 학생의 관심을 미지의 것에 집중하라……. 거기에는 깊은 미스터리와 심오한 패러독스가 있다는 것을 일찌감치 알게 하라. 이것들은 보다 밀접하게 접근할 수 있다는 점을 알게 하고, 수학의 언어가 충분히 숙달되었다는 점을 숙고하게 하라. 어떤 근본 이전에 처음부터 우주철학의 엄청난 혼란을 가르쳐라(pp. 151-152).

혹은 수학 교수 Morris Kline(1973)의 충고를 고려해 보자.

> 수학의 전통적 접근은 누가적인 논리의 발달로서 취급된다. 새로운 접근은 흥미, 계발, 문화적 중요성으로 제시된다. 모든 주제는 동기화되어야 한다. 왜 이 자료를 학습해야 하는가라는 학생들의 질문은 온전히 정당하다(pp. 178-179).

Kline의 제안은 수학 교육에서 널리 퍼진 오해를 명확히 알게 하였다. 많은 수학 교사는 '수학은 순차적이다. 수학 교재는 단지 논리적으로 만드는 데 영향을 준다. 따라서 논리적 시퀀스에 따라 가르쳐야 한다.'고 이야기한다. 그러나 이것은 틀린 말이다. 수학적 요소는 교재의 논리적 시퀀스에 따라 조직된다. 마치 사전이 알파벳으로 조직되거나 농구 규칙 지침서가 구성되는 것처럼 말이다. 이러한 방식을 논쟁하는 많은 수학 교사는 학습의 논리와 요약의 논리를 혼돈한다. 만약 그들이 옳다면 우리는 영어를 사전과 플래시 카드로 가르쳐야 하고, 규칙의 순서에 따라 학습함으로써 농구를 가르쳐야 한다. 비록, 텍스트가 '논리적으로 조직되었다.' 하더라도 참고서적이나 교재에서 드러나는 것에서 순서에 따르는 규칙이나 낱말을 학습해야만 한다는 것은 아니다. 유사하게도 수학적 요소와 공리(theorems)는 논리적 위계 속에서 가장 잘 조직되기 때문에 각각의 교재 요약이 빅 아이디어와 의미 있고 가치 있는 관계를 학습하는 최선의 방법은 아니다.

나선형 교육과정

시퀀스에 대한 이러한 아이디어가 최선으로는 공상적이고, 최악으로는 바보스럽다고 생각할지도 모른다. 개혁자들은 Whitehead의 언급처럼 점층적(piece-by-piece) 피상적 교수의 논리에 대해 오랫동안 도전해 왔다. 스코프와 시퀀스에 대한 잘 알려진 대안적 접근법은 나선형 교육과정이다. 학습된 것을 학습하고 다시 생각하기 위한 메타포로서의 나선형 아이디어는 Dewey가 최초로 명료화하였고, 훗날 Bruner가 옹호하였다. 그러나 Piaget와 G. Stanley Hall, 발생반복학자들(recapitulationists), Kant, Rousseau, Hegel과 같은 철학자들로 거슬러 올라가 오랜 철학적 교수 전통에 뿌리 깊게 박혀 있다. 많은 아이디어가 생겨났지만, 소수의 교육과정만 구체화되었다. 아마도 우리는 지금 학습이론, 실망스런 성취 결과, 그리고 상식이 학습의 흐름에 좀 더 학습 친화적 접근을 향해 결합할 수 있는 시기에 있다.

나선형 접근은 빅 아이디어와 중요한 과제 속에서 순환하고, 깊이 있는 탐구를 중심으로 교육과정을 개발하고, 효과적이고 발달적으로 현명한 방법으로 학생들의 이해를 돕는다. 제9장에서 토의된 고고학 단원의 전개에서 나타난 것이 나선형 접근의 예다. 같은 아이디어와 학습 자료는 세련된 판단과 결과에 도달하기 위한 더 복잡한 방법으로 다시 이루어진다. 이와 유사하게 학생들은 더 친밀한 형태의 E. E. Cummings의 시와 James Joyce의 이야기와 직면한다. 그들은 형태와 수리, 영향의 이전 단원에 대한 깊은 이해를 얻는다.

Bruner(1960)는 정확하고 자극적인 가정을 가진 나선형 교육과정의 이상(ideal)을 대중화했다. '어떤 교과든지 지적으로 올바른 형식으로 표현하면 어떤 발달 단계에 있는 아동도 효과적으로 가르칠 수 있다.'(p. 33) 이것은 그가 말한 것처럼 아주 '대담한' 가설이지만, 재고(rethinking)와 궁극적인 이해를 위한 일관성 있는 교육에 핵심적인 것이다.

어떠한 교과의 기초는 몇몇 형태에서 어떤 단계의 누구에게나 가르칠 수 있을 것이다. 이러한 제안을 통해 교육과정 계획에서 멀리 바라보는 본질적인 면을 강조하는 의도가 있다. 그것은 모든 과학과 수학의 중심적인 기초 아이디어와 삶과 문학에 주어진 형태의 기초적 테마가 가능한 단순하다는 것이다. 그와 같은 기초적인 아이디어의 요구는 그들의 이해를 위해 계속적으로 심도 있는 것이 필요하다. 그러한 학습은 더 복잡한 형태의 진보가 사용된 학습을 통해서 온다. 그와 같은 기초적 아이디어가 시작될 때 균등하고 정교화된 언어적 개념으로서 형식화된다. 그들이 만약 시도할 기회를 가지고 직관적으로 이해를 하지 않는다면 어린아이들은 도달하지 못할 것이다(pp. 12-13).

Dewey(1938)는 교과(subject matter)가 깊고 넓게 증가하는 지식을 야기시키면서 문제에서 문제로 이동하는 것을 어떻게 조직하는지를 기술하기 위해 나선형 유추를 최초로 사용하였다. 이 방법으로 코스워크는 각 학문의 신선함을 통해서 목적적이고 체제적인 방법으로 학생의 사고와 흥미를 개발할 수 있었다. 과제는 알려진 것과 의문시되는 것 사이에서 앞뒤로 움직인다. 반면 '문제가 사고를 자극하는 동안에는 어떠한 문제도 발생하지 않는다'(p. 79). 교사의 과제는 학자를 위해 일하는 것처럼, 학습이 '새로운 아이디어를 생산'해 낼 수 있도록 관련 도전을 설계하는 것이다. 새로운 사실과 아이디어는 '새로운 문제가 제시되는 더 나은 경험의 지표가 된다. 과정은 연속적인 나선형이다'(p. 79 원문에서 강조).

Dewey의 학생이면서 현대 학생평가의 거장인 Ralph Tyler는 설계에 관한 세미나 책인 『교육과정과 수업에 관한 기본 원리(Basic Principles of Curriculum and Instruction)』(1949)에서, 바라는 결과의 관점과 학습자 요구로부터 교육과정 문제를 생각할 필요가 있다고 강조하였다. 게다가 누구보다도, Tyler는 백워드 설계의 기본 원리를 제시하였다. 그는 교육과정 논리가 전문가의 감각이 아닌, 학습자의 감각에 적합하는 방법을 보여 주기 위해 효과적인 조직의 세 가지 준거―계속성, 계열성 그리고 통합성―를 제안하였다.

중요한 조직 원리를 확인할 때, 그 조직 준거인 계속성, 계열성, 통합성은 학습자의 경험에 적용된다는 점을 언급할 필요가 있다. 그 조직 준거는 이런 조직 문제들이 학습될 요소를 이미 구사할 수 있는 사람에 의해 조망되는 방식에 적용되는 것은 아니다. 그래서 계속성은 이런 특정한 요소에 기초한 학습자 경험의 반복적인 강조를 의미한다. 계열성은 학습자 발달의 넓고 깊이 있는 증가를 제공한다. 통합성은 관련된 요소와 관계되는 증가된 행동의 통일성을 제공한다(p. 96).

이전의 토의에 대하여 Tyler는 역사에서 내용 연대기를 통한 전형적인 계열적인 접근은 지적인 계속성의 시험을 통과하지 못한다고 경고한다.

왜 지속된 내용 논리에 기반을 두는 점차적 학습을 지나치게 사용해 왔는가? 핵심 요소는 교재나 다른 수업 자료에 지나치게 의존하는 것이다. 이는 내용을 중심으로 조직되는 경향이 있다. 실러버스가 주장하는 것처럼, 교재에 왜 그렇게 지나치게 의존하는가? 여기에 답이 있다.

이러한 절차가 왜 그렇게 오랫동안 지속되었는지에 관한 많은 이유가 있다. 아마도 지배적인 이유는 절차가 적용되기 쉽고 논리적이라는 것이다. 그것은 교육과정 작업자, 교사, 관리자의 작업을 간단하고 구체적으로 만든다. 능력 없는 교사는 교재에서 페이지를 할당하고 학생들이 낭송하는 것을 들을 수 있다. 그는 주어진 많은 페이지를 피상적으로 다룸으로써 자신의 일을 수행하였다는 증거를 제공할 수 있다. 게다가 그는 학생들의 낮은 성취를 비난하기 때문에 실패에 대한 알리바이를 가지고 있다. 관리자의 관점에서 보면 학교의 일을 분리하는 것, 모든 학생이 공부를 해야 하는 장소를 분명히 말하는 것, 그리고 자연스럽게 작동하는 것으로 보이는 체계적 조직을 가지는 것은 쉬운 일이다. 30년 동안 절차에 대한 기본가정이 교육이론에서 점차 도전받고 있을지라도, 그것은 미국 학교에서 작업(work)의 범위를 결정하는 중요한 수단이다(Caswell & Campbell, 1935, p. 142).

'Plus ça change' 이 마크는 1935년에 만들어졌다! 그렇다면 상황은 1930년대보다 지금이 더 나쁘다. 예를 들어, 미국에서 대학 수준의 과학 코스를 통한 대다수의 유치원 교재는 실러버스다. 그러나 『Prism』 잡지의 온라인 버전의 기사에서 Project 2061의 이전 감독자인 George Nelson을 통해 AAAS에 의해 만든 비평을 다시 고려해 보자.

Nelson이 말하는 교재에 반영된 주요 문제 중 하나는 과학의 교육 공동체의 이해는 사실과 단어를 대량으로 공급하는 것이다. 예를 들어, 과학의 Glencoe의 삶은 각 장의 시작에 있는 한계에서의 과학적 단어다. 우리가 알지 못하고 알 필요도 없는 다른 영역의 잘 교육된 과학자들의 용어가 많이 있다. 기생식물, Punnet 광장, 옥신, 랑게르한스 섬, 공생, 침엽수림대 등은 학생들이 완수해야 할 생물학의 17단계의 용어들이다. 과학의 Macmillan/McGraw-Hill의 삶은 식물, 가래세포, 외피세포, 목질세포, 혀끝 분열세포, 말뚝세포, 형성층을 제공한다. 연습은 이와 같은 단어와 정의보다 각 장에서의 빈번한 것을 포함한다.

교재의 모순은 AAAS와 전문가의 비평의 중심에서 더 깊은 단계에서 발생한다. 교재에 사용된 일반적인 것들에서 흐트러진 책 중 하나는 학생들을 혼란시키는 개념과 용어가 뒹구는 기준이 되는 모든 책과 같다. 그것은 교훈을 가진 첫 몇 장의 원소에서 야기된다. 대다수 학생은 아마 '구체적 원리에 따라 흥미를 느끼는 다양한 무게의 원소에 속하는 문제'의 이해할 수 없는 주장을 야기한다(Budiansky, 2001).

교육과정에서 더 나은 시퀀스를 위한 이 같은 요구는 교재의 내용과 페이지 수의 독립에서 비롯되는데, 이는 새로운 수준에서의 백워드 설계의 아이디어다. 우리는 학습 목적과 관련된 기준에 기반을 두고 스코프와 시퀀스 그 자체를 다시 설계해야만 한다.

물론, 전통의 역사들이 쉽게 사라지지는 않는다. 그러나 변화는 내용보다는 수행에 따라 스스로 정의하는 영역 속에서 진행 중이다. 백 년 전에 '쓰기'는 학습 문법, 통사론, 어구, 그림의 문장, 훌륭한 글 읽기를 통해 가르쳐졌다. 우리는 쓰기의 '논리적' 요소를 처음 학습함으로써 쓰는 것을 학습하였다(학생들에게 쓰는 것을 요구하지 않고 기준화된 검사에서 '쓰기' 능력을 검사하는 것은 20년 전에나 가능한 것이었다). 심지어 스포츠도 추상적, 분석적, 점층적(piece-by-piece) 접근에 의존한다. 스키를 잘 타는 베테랑들은 Stem(스키의 뒷부분을 넓혀 제동을 거는 동작) Christie(스키를 평행하게 하여 스키회전을 완전히 하는 것)과 점층적 접근을 회상(recall)할 것이다. 지금 스키의 초보에게는 짧은 스키와 완만한 경사에서 시작하는 평행 스키의 총체적 과정을 즉시 소개시켜 주어야 한다. 그리고 오늘날 쓰기 과정은 그들이 아직 모든 기능을 완성하지 못했더라도 시작에서 학생들이 바로 갈 수 있기 때문에 좋은 쓰기의 목적은 더욱 믿음을 준다.

많은 대학원도 역시 변화를 경험하였다. 오늘날 사례연구법으로 가르치는 것은 단순한 법칙과 비즈니스만이 아니다. 놀랍게 짧은 시간 안에 의학, 공학, 설계, 다른 프로그램은 더 많은 전이에 중점을 두는 교육과정 설계의 전체 접근을 개정한다.

만약 우리가 교과 영역을 전문가가 수행하는 '일(stuff)'보다 전문기술(expertise)로 수행하는 '학문(discipline)'으로 생각한다면, 우리는 핵심 학문 영역에서 스키, 소프트웨어 개발, 쓰기, 의학, 공학을 학습하는 단시수업을 쉽게 적용할 수 있을 것이다. 우리가 해야 할 것은 각 영역의 핵심 수행 과제에 동의하는 것이고, 그것들로부터 백워드된 프로그램과 실러버스를 설계하는 것이다. 마치 '자료(stuff)'가 명령한 시퀀스에서 맥락 없는 많은 단순한 자료의 첫 학습보다 스캐폴딩에 따라 아이들은 게임을 할 때 실제 축구 경기처럼 한다.

핵심 학문 영역이나 교재에서 왜 시퀀스에 대한 더 많은 실험이 없었겠는가? 오래된 습관은 계속된다. 그것은 더 높은 교육에서 뿌리를 찾기 위해 선택된 체제를 위해 30년 이상이 걸렸다. 교재의 창의적 조직은 시장에서는 종종 찾기가 어렵다. 간단히 대답해 보면 아마도 많은 교사가 다른 가능성에 대해서 생각하지도 않았고, 다른 시퀀스를 경험하지도 못했기 때문이다.

더 나은 실러버스를 향하여

우리는 많은 연구가 오랜 기간의 교육과정 시퀀스에 대해 더 많은 효과적인 접근을 찾을 필요가 있다는 사실을 염두에 두면서 실제적 해결책을 제공한다. 시퀀스는 일단 처리할 수 있는 수준, 즉 코스(혹은 초등학교에서 학년 수준별 교과별 연간 계획)에서 더욱 주의 깊게 생각된다. 우리는 코스 실러버스가 K-12학년의 모든 교사에게도 필요한 것이고, 대학 교수에게도 마찬가지로 필요한 것이라고 제안한다. 그리고 대학의 경우처럼 실러버스는 공적인 문서로서 학생, 학부모 그리고 동료에게 가용한 것이어야 한다.

많은 장소에서 현재의 실제와 다른 것은 실러버스를 위한 공적 기준과 단원을 위한 기준과의 병행, 사례의 지원에 있다. 형식은 다양하지만 템플릿, 내러티브, 카렌더, 자료는 적어도 다음의 요소에 따라 상술되어야 할 것이다.

- 교과의 중심에 있는 본질적 질문과 핵심적 문제
- 모든 작업을 형성하고 모든 학습을 암시하는 핵심 수행과 도전
- 사용된 루브릭과 채점 체제
- 평가의 요약과 정당화, 학년 정책, 규정된 목적과 주의 기준을 참조하기
- 간단한 주별 카렌더에 주요 '학습목표들'(토픽들의 목록과는 반대되는 것)을 요약하기
- 학생 수행과 이해에 기초한 피드백에 적용할 수 있는 실러버스를 보충하기 위해 설정된 융통성

교수요목이 그 사용(수단으로서의 내용과 함께)과 관련된 빅 아이디어와 수행 목표에서의 백워드로 조직되어야 한다는 것을 우리가 이해할 때까지, 교육적 결과는 계속해서 실망스러울 것이고, 이해는 수업에서 무시되어 수포로 돌아갈 것이다.

요약하면 시퀀스는 물리학 교재의 논리(문법적 논리)보다는 스키를 배우는 실러버스의 논리를 더 선호한다. 스스로 문법의 논리보다는 쓰기를 학습하는 연표를 더 선호한다. 질서 정연한 시간표를 학습하는 것보다는 스프레드시트를 만드는 것을 어떻게 하면 더 향상시킬 수 있는지를 학습하는 것을 더 선호한다. 유클리드 정리를 통한 행진(marching)보다 앞마당에 복잡한 타일을 붙이는 것을 설계하는 것에 점차 더 관심을 가진다.

오개념 주의하기

우리가 각각의 학습자의 실제적인 미래의 수행 요구를 예상할 수 없다는 것은 요지를 벗어나는 것이다. 대부분의 학생들이 전문적인 예술가, 음악가 혹은 축구선수가 될 것 같지는 않다. 그런데도 우리는 어떻게 하면 사람들이 가장 효과적으로 학습하는지와 관련해 수행 숙달을 중심으로 시퀀스를 조직한다.

'적절한 시기'의 교수는 맥락 없는 내용의 전달인 '적절한 경우'와는 반대되는 것으로, 핵심이 될 것이다. 내용의 의미를 항상 연기하는 교육과정은 이해, 최대 회상을 양산할 수 없거나, 스스로 자신의 학습을 기꺼이 할 수 있다고 믿는 학생을 제외하고는 학습을 위한 열정도 만들어 낼 수 없다(또한 전문가의 맹점은 많은 교사가 그들을 위해 연구된 것이 대부분의 다른 사람에게도 괜찮은 연구일 거라는 잘못된 믿음을 야기시킨다).

　우리는 학습의 논리 대신에 내용의 논리를 중심으로 프레임워크를 구성하는 우리의 나쁜 습관을 확인해야만 한다. 이 문제를 솔직하게 말해 보자면, 대부분의 프레임워크와 코스는 교재 속에서의 내용의 조직만을 반영하는 것이지, 이해하려고 하는 학습자들의 요구를 반영한 것은 아니다. 교육과 정의 개선은 적당한 장소—수업자료처럼—에 교재를 제시해야 하고, 수행에서 이해를 하면서 빅 아이디어를 효과적으로 사용하기 위해 본래의 반복적이고 비선형적인 최적의 흐름을 중심으로 실러버스와 프로그램을 구성해야 한다.[3]

제13장

오해와 이해: "예, 그러나……"

그 작업(일)은 어렵기 때문에 끊임없는 개혁을 필요로 한다.
이 일은 자신들의 전문 세계에서 앞서 이루어진 실제를
'고쳐서 배워야' 하는 교사들에게는 특히 어려운 것이다.
—Mark Wise, 『사회과 장학사』, West Windsor—Plainsboro, NJ

이제 속박과 어리석음으로부터의 해방과 치료는 ……와 유사하다는 것을 고려하라.
석방되면서 갑자기 일으켜 세워진 사람은 그의 목을 돌려 불빛을 바라보았다.
……그는 더욱이 이러한 모든 것이 고통스러웠고 눈이 부셨기 때문에 그가 전에 보았던
무지개를 볼 수가 없었다. ……그리고 만약 그가 억지로 그 빛을 보려고 했다면
그의 눈에 상처를 입고 달아났을지도 모르겠다. ……그리고 만약 어떤 사람이
그를 비탈진 오르막으로 몰아세워 끌었다면 그는 괴롭거나 고통스럽지 않았을까?
그는 그러했을 것이다.
—Plato, 『공화국(The Republic)』, c. 360 B.C.E.

이 책에서 우리는 이해를 위해 계획하는 것을 중심으로 주의 깊게 설계된 의미 있는 교육과정, 평가, 수업 개혁을 향한 비전과 방향(길)을 설명해 왔다. 우리의 개혁 비전은 매우 독창적인 것도 아니고, 그렇다고 매우 급진적인 것도 아니다. 그것은 지난 세기의 많은 교육자, 연구자, 개혁자의 비전과 유사하다.

그럼에도 불구하고 개혁의 아이디어가 제공될 때마다 선의의 교사와 관리자로부터 '맞아, 그런데……'라는 발언을 듣는다. 제안된 개혁은 이런 좋은 개혁의 아이디어들이 오늘날의 주 기준과 고부담 검사에 제대로 기능할 수 없다는 반박으로 인해 마지못해 환영받고 칭찬받고는 있지만, 결국 거부당하고 비난을 받고 있는 실정이다. 어떤 개혁자들은 좋은 교수법과 주 기준, 그리고 시험은 선천적으로 양립할 수 없는 것이라고 믿고 있다. 많은 교육자는 아무리 상식적인 것이라도 우리의 논의를 지원하는 연구에 대한 기초 자료와 지식이 없는 것에 대해 걱정한다.[1]

우리는 교육자들이 직면해 있는 책무성의 압력이 주어진다면, 교사의 마음 기저에 깔려 있는 이런 비탄과 걱정을 강조한다. 아직도 반복되는 많은 논쟁은 학습, 평가, 표준화 검사, 빅 아이디어를 이해시키기 위한 교수, 그리고 지역적 교수법과 주 기준과의 관련성에 대한 오해에 기초한다. 이 장에서 우리는 종종 총체적인 개혁을 억제하거나 저해하는 세 가지 주요 오개념을 검토하면서 우리의 관점을 지원하는 논의와 연구를 제공한다. 우리는 '맞아, 그런데……'라는 관심사에 깔려 있는 암묵적이고 의심스러운 가정들을 '풀어헤침으로써' 각각이 오개념인 이유를 설명하고, 그리고 우호적이지만 확고하게 반박을 하고자 한다.

오개념을 진술하면 다음과 같다.

- '맞아, 그런데…… 우리는 주와 국가 수준의 시험에 맞추어 가르쳐야 해.'
- '맞아, 그런데…… 우리는 가르칠 내용이 너무 많아.'
- '맞아, 그런데…… 교육과정과 평가 작업은 너무 어려워. 그리고 시간이 없어.'

오개념 1: '맞아, 그런데…… 우리는 시험에 맞추어 가르쳐야만 해.'

주, 지역, 국가의 내용 기준과 상반되는 검사 프로그램은 학교가 결과에 대한 책무성을 가지게 함으로써 지역 교육과정과 수업이 학생 성취를 격려하는 데 초점을 두려는 의도로 전 세계적으로 제시되고 있다. 아이러니하게도 외부에서 실시하는 고부담 검사의 사용과 같은 기준 중심 개혁 전략에서의 핵심 수단은 뜻하지 않게 교사들에게 잘 가르쳐야 한다는 필요성, 즉 깊이 있는 이해를 위해 가르쳐야 한다는 필요성을 회피하거나 최소화하려는 데 합리성을 부여해 왔다.

많은 교육자의 경우, 이해를 위한 수업과 평가는 주의 지시 사항과 표준화된 검사와는 양립할 수 없는 것으로 생각되어 왔다. 연구가 이렇게 종종 들어온 주장을 거의 지지하지는 않더라도 학교의 교직원들은 그들의 의지와는 상관없이 시험에 맞추어 가르치는 데 전념한다는 사실은 분명하다. 만약, 가능하다면 그들은 이해를 위해 가르칠지도 모른다. 여기에 함축되고 암시된 가정이 핵심이다. 즉, 시험 점수를 지키거나 올리기 위한 유일한 방법은 지역의 평가가 주의 평가를 모방하도록 함으로써 검사 양식(전형적으로 선다형 혹은 간단한 서답형)을 '예행 연습해 보고' 시험 보는 내용들을 '포함하여 다루는' 것이다. 함축적으로 보면 빅 아이디어를 학생들이 심도 있게 이해하거나 개발하는 데 초점을 두는, 깊이 있게 몰두하는 수업을 할 시간이 없고, 수행평가를 위한 시간도 없다는 것이다.

이와 같은 견해는 너무 광범위해서 우리가 교육의 실제 세계에 대해서 오해(혹은 근시안 혹은 서투름)를 품는(숨기는) 사람들이라고 많은 독자가 생각할지도 모른다. 우리가 고차적인, 빅 아이디어에 초점을 두는, 수행 중심 접근법을 버리고 시험에 맞추어 가르쳐야 한다는 게 사실은 아니지 않은가? 아마도 많은 사람이 그렇게 생각하고 말하며, 그것에 따라 행동할 것이다. 비록, 우리가 내용 기준에 맞게 가르쳐야 한다고 할지라도 그러한 기준을 충족시키는 최상의 방법은 피상적이고 흐트러진 교수를 통해 모두 규정된 내용을 우연히 피상적으로 다루고 모든 지역 시험에서 주의 시험 형식을 모방하는 것이다.

일반적인 불평과 마지못해 하는 해결책이 오해에 기초하고 있는 이유를 더욱 자세히 설명하기 위해, 학습의 깊이를 희생하면서 시험 문항에 초점을 두는 이유를 다시 생각해 보자. 화자(speaker)는 시험 점수를 올리는 유일한 방법은 보다 형편없이 가르친다는 것을 믿도록 요구한다. 물론 이것은 화자가 보통 어떻게 처리하고 언급하는가가 아니고 논쟁의 내용과 양상에 따른 문제다. '나는 이해를 위한 교수를 사랑한다. 그러나 할 수는 없다. 소용없다. 나는 단편적인 사실과 기능을 가르치는 것이 더 유익하다고 본다. 마치 학생들이 평가되는 방식이 '그렇죠, 그러나……'와 같은 첫번째 반응이 실제로 의미하는 것이다.

이러한 방식이 눈살을 찌푸리게 한다. 실제로 둘 중에 하나인가? 시험 점수를 올리기 위해 수업이 효과적이고 매력적인 형태를 피해야만 하는가? 더욱 수동적이고 단편적이며 피상적 교수가 학생의 흥미와 수행을 더욱 최대화할 것 같은가? 우리는 시험을 보는 일련의 과정이 어떻게 이루어지는가에 대한 오해에 근거해서 볼 때 이러한 이론은 잘못되었다고 생각한다.

의사의 신체검사와 유사성

이와 같은 추론의 논리에 비추어서 결점을 심층적으로 다루기 위해 하나의 비유를 고려해 보자. 일 년에 한 번 우리는 신체검사를 위해 의사에게 간다. 그와 같은 검사를 특별히 즐기는 사람은 없다. 그러나 우리의 건강에 대한 객관적인 (그러나 피상적으로) 측정을 위해 장기간의 흥미를 가진다는 것은 이해된다. 사실 간호사와 연구실 기술자들은 짧은 기간에 많은 검사를 수행하기 때문에(혈압, 맥박, 체온, 콜레스테롤에 대한 혈액의 작용) 오히려 감사(audit)에 가깝다. 신체검사는 유용한 건강 상태 지표(indicator)들을 보여 주는 간단한 검사 중 하나다. 그것의 타당도와 가치는 그 결과들이 우리의 건강 상태를 제안하는 사실로부터 나온 것이지, 신체검사 자체가 건강(healthfulness)을 정의하는 것은 아니다. 우리는 비교적 빨리, 그리고 신속하게 신체검사를 경험한다. 그래서 다양한 지표가 더 나은 정밀검사를 성가시게 요구하는 신호로서 검토될 수도 있다.

지금 우리가 최종 숫자(예를 들어, 몸무게와 혈압)에 대해 대단히 관심을 가진다면 그 숫자들은 개인의 건강보험 수가와 궁극적으로 연결된다. 해마다 실시되는 신체검사에 앞서 전전긍긍하는 상태에서 우리가 할 수 있는 것은 그 검사를 위해 '실제로 연습하고 실습'하는 것이다. 즉, 신체검사에서 우리의 모든 에너지를 불어넣는 것이다(신체검사의 지표가 제시하는 것과 반대되는 것으로). 만약 의사가 우리의 행동을 잘 안다면 그들의 반응은 분명히 다음과 같을 것이다. '와! 당신은 그것을 백워드로 해야 한다. 신체검사를 통과하는 최선의 방법은 운동, 체중 관리, 저지방 섭취, 섬유질 섭취, 충분한 수면, 금연과 같은 것을 규칙적으로 함으로써 건강한 삶을 유지하는 것이다. 당신은 좋은 결과를 야기하는 대신에 지표들에 집착하고 있다.'

왜? 진정한 건강의 요소—식이 조절, 체력 양생법—는 신체검사에서 직접 검사되는 것이 아니기 때문이다. 의사는 혈압, 몸무게, 안색을 포함하는 요소를 통해 간접적으로 당신의 건강을 감사(audit)한다. 게다가 '정상 혈압'과 '정상 체중'은 오로지 전반적인 건강과 체력을 나타내는 지표이지, 전반적인 건강을 혼란스럽게 하는 것은 아니다. 신체검사는 정확한 지표를 가지고, 재빨리 평가하는 것을 포함한다. 그래서 지표 자체의 혼란은 빈약한 정책이다. 일상의 식이 요법에서 그 밖의 모든 것을 배제하는 것처럼, 당신의 체중에만 집중하면 할수록 오랜 기간 동안 건강할 확률은 적어진다.

의사처럼 주 교육 대행 기관은 학생들의 지적 건강에 대한 간접적 증거—주 검사—를 살펴봄으로써 일 년에 한 번 학생들에게 '건강진단'을 제공한다. 신체검사와 같은 검사는 주 기준과 관련된 감사(audit)다. 신체검사처럼 주에서 실시하는 검사는 우리의 건강에 대한 간접적 지표를 제공한다. 혈압과 몸무게에서 볼 수 있는 것이 일상의 실제 체력과 건강 '검사'로 대용되는 것처럼, 시험 항목은 '일상의 식이 요법'의 질을 간접적으로 평가한다.

우리는 질이 나쁜 지표들로부터 우리의 처방(식이 요법)의 엄격함에 대한 좋은 정보를 얻을 수 있다. 어떠한 좋은 검사—학교에서든지 검사실에서든지—도 우리가 매일 종사하는 핵심 수행을 포함할 필요는 없다. 학교에서는 지표들이 기준에 대한 타당한 참조를 만들어 낸다는 것이 중요할 뿐이다. 앞 장에서 보았듯이—일련의 관련된 복잡한 지표를 쉽게 포함하는 것과 바라는 결과 사이의 관련성을 설정하는 것—이것은 검사 타당도의 본질이다.[2]

건강해지는 방법으로서 신체검사를 위해 실제로 연습해 보는 것은 바보 같은 생각일지 모른다. 그러나 이 같은 실수는 북미의 모든 학교에서 너무 자주 볼 수 있다. 지역 교육자는 지표에 초점을 맞추면서 결과에 두려워하고 있을 뿐, 행복한 결과를 야기하는 것은 아니다.

이와 같은 설명이 우리가 단 한 번의 외부 시험(종종 부적절하게 조사된 검사들에서 비밀로 행해지는 것)에 주로 의존하고 있는 현재의 실정이나 혹은 모든 구체적인 시험 문제를 승인한다는 것이 아니라는 점을 이해하기 바란다. 사실 주의 기관과 정책 입안자가 종합적인 주(state) 책무성 체제에 대해서 지역평가 부분을 만들지 않음으로써, 그리고 더욱 투명한 책무성(피드백과 공정성을 위하여 일단 검사가 관리되기 시작하면 모든 검사와 결과를 공개하는 것처럼)을 설계하는 노력을 더 많이 하지 않음으로써 지역의 실제와 주 검사 간의 관련성에 관한 혼란이 존속되도록 허용한 책임감을 가져야 한다고 강하게 느낀다.

지역 개혁을 위해 중요한 것은 이상의 비유가 의미하는 핵심 문제를 알아야 한다. 즉, 우리는 건강을 위해 책임이 있지, 주를 위해서는 아니다. 주의 일은 우리가 집에서 실천해야 하는 매일의 식이 요법을 제공하는 것이 아니라 신체검사가 하는 것과 같이 감사를 하는 것이다. 게다가 높은 비용과 외부 검사의 방해 요소를 제한하고자 하는 바람 때문에 우리 모두가 그것을 원할지라도 주는 진정한 방법으로 가치의 모든 것을 평가할 수는 없다. 의사들은 비슷한 문제에 당면한다. 즉, 모든 환자가 의학 실험실에서의 여러 날의 종합적인 체력 프로그램과 정밀검사를 요구하는 것은 과도한 시간 낭비와 비용(우리의 보험회사가 지불하게 되는 것이 가망 없음은 결코 신경 쓰지 않는)을 들일지도 모른다는 것이다. 그래서 지표들이 타당하지 못한 참조들을 만들어 낸다는 것을 보여 주는 자료가 없다면, 그러한 과제는 시험 예습(test prep)이 아니고 지역의 엄격함에 초점을 맞춘다.

무엇이 야기되고 무엇이 수행 획득에서 효과적인지에 관한 오해는 검사 개발자들이 그것을 명명하는 것처럼, 검사들의 '안면 타당도'에 관한 오해와 관련될 것이다. 교육자는 검사 형식과 내용 모두를 검토해야 할 것이고, 검사가 이해를 위한 교수를 보상해 주는 것도 아니고 수행 중심의 지역평가도 아니라는 것으로 결론지을 것이다. 그러한 관점은, 이해될 수는 있지만 잘못된 것이다. 타당도는 객관식 검사, 검사 결과와 지역 실제 사이의 경험적 관련성이다. 이것이 바로 참되지 못한 검사가 적당히 설계되었을 때 타당한 추론(예를 들어, 어휘 검사들은 종종 학문적인 성공의 훌륭한 예측도구가 된다)을 만들어 낼 수 있는지, 그리고 수행 중심 프로젝트가 빈약한 결과(제9장에서 논의된 디오라마 사례처럼 그러한 프로젝트는 종종 주의 기준과는 결국엔 관계없어지기 때문에)를 만들어 내는 이유다. 설상가상으로 많은 교사는 수업의 실제가 다소 검사 형식에 따라 지시되고, 그래서 교사들은 임의적이고 피상적으로 내용을 조사하도록 가르친다. 즉, 학생의 학습이 효과적이고 매력적일 수 없게 만드는 것이다.

실수를 설명하는 상이한 비유(analogy)를 논리적으로 끌어내기 위해서 주의 기준은 건축 코드(building codes)와 같은 것으로 생각해 볼 수 있다. 즉, 지역 수업설계는 우리의 건축물이다. 건축 설계의 목표가 독창성 없는 방식으로 빌딩을 짓고 구역화하는 것은 아니다. 목표는 빌딩을 짓고 구역화를 하면서 실제적이고 즐겁고 독창적인 것을 설계하는 것이다.

사실 교육과 관련된 상황은 많은 가정보다 훨씬 더 낫다. 대부분의 주 기준은 지식, 기능 그리고 이해가 나타나는 핵심적인 복잡한 수행들과 장르에 대한 숙달과 깊이 있는 이해의 중요성을 강조한다. UbD(그리고 다른 프로그램들과 개혁 접근법들)는 빅 아이디어의 초점, 강력한 평가 그리고 일관된 학습 계획이 주의 기준을 언급하고 충족시키는 방식을 제공한다.

연구의 기반

이와 같은 논리적 논의에 경험적인 기초가 있다는 것이 최상의 뉴스다. 1990년대 중반에 Newmann(1996)과 다른 연구자들은 초등학교, 중학교, 고등학교 수준에서의 학교개혁의 연구를 수행하였다. 이와 같은 야망에 찬 연구는 개혁이 잘된 24개 학교들이 수학과 사회과에서 참된 교수법(authentic pedagogy)과 참된 학업 수행 접근을 어떻게 수행하였는지를 측정하였고, 높은 수준의 참된 교수법과 학업 수행을 가진 학교들이 낮은 수준의 학교에서 측정된 것보다 성취도를 증가시켰다는 것을 측정하였다. 참 교수법과 수행은 더 높은 사고, 깊이 있는 지식 접근, 교실 이면의 세계와의 관련성을 포함하는 일련의 기준에 따라 측정되었다. 선택된 교실은 각 학교마다 학년(보통 9월에서 6월까지) 중에 네 번에 걸쳐 관찰되었다. 연구자는 504개의 단시수업을 관찰하였고, 234개의 평가 과제를 분석하였다. 그들은 또한 학생들의 작업(work)도 분석하였다.

참 교수법과 수행의 높고 낮은 수준의 교실에서의 학생들을 비교해 본 결과는 놀라웠다. 참 교수법과 수행의 높은 수준의 교실에서의 학생들은 그들이 높거나 낮은 성취를 보인 학생들이든지 아니든지 간에 충분히 도움을 받았다. 다른 중요한 발견은 높고 낮은 수행을 보인 학생들 사이의 불평등은 일반적으로 낮은 수행을 보인 학생들이 참 교수법과 수행 전략들, 그리고 평가들을 사용할 때 굉장히 감소하였다는 것이다.

이 연구는 참 교수법과 평가들이 모든 학생의 향상된 학문적 성취에서 성과를 거두었지만, 특별히 낮은 수행을 보인 학생들에게는 해당되는 않는다는 확실한 증거를 제공한다. 이러한 연구는 UbD 접근법을 지지하는 것으로, 그것은 깊이 있는 지식과 이해, 활동적이고 반성적인 교수와 학습을 강조하는 것을 증진시키는 참된 수행평가와 교수법의 사용을 강조한다.

학생들의 성취에 영향을 주는 요소에 관한 최근의 두 가지 연구는 시카고 학교 연구의 컨소시엄을 통해 시카고 공립학교에서 수행되었다. 첫 번째 연구에서 Smith, Lee와 Newmann(2001)은 초등학교에서 수업과 학습의 상이한 형태 사이에서의 관련성에 초점을 맞추고 있다. 2~8학년 10만 명 이상의 학생들에게서 얻은 검사 점수들과 384개 시카고 초등학교의 5천 명 이상의 교사들에게서 나온 조사(surveys)들이 검토되었다. 이 결과들은 교사들이 사용하는 수업 접근의 본질이 많은 학생이 읽기와 수학에서 학습하는 방법에 영향을 미친다는 강력한 경험적 지지를 제공한다. 더욱 구체적으로, 이 연구는 상호적인 교수 방법이 두 교과에서의 학습을 더 깊이 있게 연관지었다는 강력하고 일관된 증거를 제공하였다.

Smith, Lee와 Newmann(2001)의 연구의 목적은 상호적인 수업을 특징짓기 위한 것으로 다음과 같다.

교사의 역할은 안내자나 코치로서 중요하다. 이와 같은 수업에서 교사의 사용은 학생들이 질문하고, 문제 해결을 위한 전략을 개발하고, 다른 학생들과 상호 작용하는 상황을 창조하는 것이다. 학생들은 그들이 도달할 성과에서 대답과 토의를 설명하기를 기대한다. 이와 같은 교사는 토의, 프로젝트, 설명하거나 확장된 쓰기를 요구하는 시험을 통한 지식의 완성을 학생들에게 평가한다. 내용 숙달 외에도 대답 개발 과정은 학생들 작업의 질적 평가에서 중요하게 보인다.

교실에서 상호 작용 수업, 이야기를 통한 아이디어 토의와 대답, 교사나 다른 학생과의 논쟁을 강조한다. 학생들은 주어진 주제의 새롭고 깊은 이해를 개발하는 자료의 적용이나 해석의 작업을 한다. 이와 같은 과제를 완수하는 데 며칠이 걸린다. 상호 작용 수업에서 학생들은 교사가 설계한 수업 단원을 공부하기를 원하는 질문이나 주제의 선택을 격려한다. 다른 학생들은 같은 학기 동안 다른 과제를 학습할 것이다(p. 12).

수업의 유형은 학생 이해를 개발하고 평가하기 위한 UbD가 주창한 학생 성취 비교법을 강화하게 된다. Smith, Lee와 Newmann(2001)은 다음과 같이 결과를 요약한다.

상호 작용적인 교수의 긍정적인 효과는 읽기와 수학에서 학생들의 기초 기능의 성취에 손해가 되는 공포를 가라앉혀야 한다. 반대로, 연구 결과는 낮은 성취, 경제적으로 불리한 학생들은 설교적 방법과 복습을 강조함으로써 최상의 서비스를 받는다는 가정에 심각한 의문을 제기한다. 우리의 결과는 정확히 그 반대로 제안한다. 즉, 기초 기능의 숙달을 향상하기 위하여 상호 작용적 수업은 증가되어야 하고 설교적 수업과 복습은 적당해야 한다(p. 33).

관련 연구(Newmann, Bryk, & Nagaoka, 2001)는 표준화된 검사 수행에서 교실 과제(assignments)의 본질에 관한 관련성을 검토하였다. 연구자들은 3년간의 코스를 통해 무작위로 선택되고 통제된 학교에서 3학년과 6학년, 8학년의 쓰기와 수학 과제를 체계적으로 수집하고 분석하였다. 이에 더하여 다양한 과제로 생성된 학생 작업(work)을 평가하였다. 마침내 연구자들은 교실 과제의 본질, 학생 작업의 질, 표준화된 검사에서의 점수 사이의 상호관계를 조사하였다. 과제는 연구자들이 다음과 같이 기술한, '참된' 지적인 작업을 요구하는 정도에 따라 평가된다.

참된 지적 작업은 사실과 절차의 일반적 사용보다는 오히려 지식과 기술의 원래의 적용을 포함한다. 그것은 학교에서 성공의 이면에 있는 의미와 가치를 가지는 특별한 문제나 결과의 세부 항목 속에서 학술적 탐구를 수반한다. 우리는 학교 이면의 가치를 가지는 토의, 결과물, 수행을 생산하기 위해 학술적 탐구를 통해 지식의 구조로서 참된 지적 작업의 구별되는 특징을 요약한다(pp. 14-15).

이 연구는 다음과 같은 결론을 내렸다.

더 많은 지적 도전 작업을 필요로 하는 과제를 받은 학생들은 읽기와 수학에서 기초 기능에 대한 아이오와 시험에서 얻는 평균보다 더 높은 성취를 보이고, 일리노이의 목표 평가 프로그램에서 읽기, 수학, 쓰기에서 더 높은 수행을 보여 준다. 그러한 기대들과는 대조적으로, 매우 불리한 조건을 가진 시카고 교실에서 높은 수준의 과제를 발견하였고, 이러한 수업에서 모든 학생은 도움을 받았다. 더욱 참된 지적 작업을 요구하는 과제들이 실제로 관습적 시험에서 학생들의 점수를 향상시킨다는 결론을 내렸다(p. 29).[3]

독자들은 UbD와의 유사성을 바로 인식할 것이다. 학생 성취를 증가시키는 것으로 알려진 수업 방법은 3단계 계획 모델에서 교수법의 기본적 요소들이다. 참된 지적 작업에 대한 연구자의 개념처럼 UbD 수업 접근은 학생들이 학문적 탐구를 통하여 의미를 구성하도록 요구한다. 이해의 평가는 학생들에게 참된 맥락 속에서 그들의 학습을 활용하도록 요구하고, 학생들의 작업을 정당화하고 설명하도록 요구한다.

당신은 '시험에 맞추어 가르치는 것'에 더 많이 합의된 노력을 하는 것이 점수를 더욱 낮추는 것이라고 말하는 것인가요라는 질문을 받았고, 우리는 아니라고 대답했다. 시험에 맞추어 가르치는 것은 분명히 몇 가지 효과를 가진다. 특히 그러한 실제에 앞서 일반적 기준에 관심을 가지지 않고 결과에 대해 초점을 두지 않을 때는 더욱 그러하다. 학교나 지역이 일반적 목표에 더욱 주의 깊은 관심을 가질 때 점수는 단기간 내에 증가한다. 여기서는 놀랄 필요도 없다. 결과에 큰 관심을 가지는 것은 어떤 측정에서는 수행을 향상시킬 것이다. 그러나 일단 특별한 검사가 알려지고, 학생들이 검사 형식과 검사 숙달 기능에 익숙해지면 오랜 기간의 향상은 거의 없다. 더욱 불길하게 점수는 검사가 개정되거나 규준이 다시 만들어 질(re-normed) 때 전형적으로 떨어진다.[4]

마지막으로, 우리의 주장을 위해 상식적인 증거를 고려해 보라. 낮은 수행의 학교에서 '이해를 위한 평가와 교수'를 볼 수 있는가? 높은 성취를 보이는 대다수 학교의 학생들이 주와 국가 수준 검사에서 맹목적 실행에 더욱 관련이 깊다는 것을 이해하는가? 이에 반하여 미국과 캐나다(그 나라 최고의 공립과 사립학교 몇몇을 포함하고 있는)의 수백 개의 학교와 지역에 관한 지난 15년간의 연구에서 우리는 높은 수행을 보이는 학교에서 더 깊이 있는 교수와 과도한 평가를 관찰해 왔다. 반대로 낮은 수행을 보이는 학교에서 우리는 더 의미 있는 학습과 지속적인 수행 획득을 종종 희생하여 표준화된 검사 점수를 올리기 위해 표면적으로 설계된 반복 훈련의 지향을 알게 되었다.

감사(audit)가 아닌, 기준의 언어에서 반영된 복잡한 평가의 종류를 개발하고 기준에 맞추어 가르쳐야 한다.

오개념 2: '맞아, 그런데…… 우리는 가르칠 내용이 너무 많아.'

유치원에서 대학원까지의 학생들을 가르치는 교사들은 '정보화 세대'와 '지식 폭발'이라는 친밀한 단어로 기술되는 실재들과 씨름하고 있다. 그들은 매일매일 도전에 직면한다. 거기에서는 너무 많은 정보가 있고, 급속히 팽창하고, 모든 걸 '다루기(cover)'를 희망한다.

이론상으로 이러한 기준 운동은 교육과정의 우선순위를 확인함으로써 적재된 정보의 문제 해결을 약속했다. 내용 기준은 학생들이 알고 행하는 데 가장 중요한 것을 구체화하려고 하였고, 게다가 교육과정, 수업, 평가를 위해 많이 요구되는 초점과 우선순위를 제공하고 있다. 실제적으로 국가, 주, 그리고 지역 수준에서의 내용 기준 위원회는 학문을 위해 야망에 찬 필수 사항의 목록을 생산하기 위해 종종 분리되어서 작업하였다. 교육과정의 흐름보다는 오히려 많은 주에서 이루어진 과도한 기준이 과도한 문제를 야기하였다.

이러한 스트레스는 교수(teaching)의 의무로서 교재를 다루는 많은 교사의 경향에 따라 불필요하게 강조되었다. 그와 같은 교사들은 기본적인 오해를 가지고 있고, 우리는 그것을 바르게 교정할 수 있다. 그들은 교재를 실러버스가 아닌, 학습 자료로써 사용할 필요가 있다. 코스는 수행 목적과 이해로 구성된 확실한 우선순위를 가지고 있다. 교재에 있는 모든 것이 교실에서 교수되거나, 모든 학생들이 학습하여야 한다고 가정하는 것은 이치에 맞지 않다. 미국 교재 출판업자들은 50개의 주 교재 채택위원회, 국가 수준의 교과 영역 조직, 다양하고 구체적인 흥미 그룹을 만족시키기 위해 빠짐없이 논의하곤 한다. 그 결과 전문가 지식의 전체 배열이 늘 피상적으로 취급된다.

과중한 교재와 내용 기준의 긴 목록을 보는 것은 많은 내용을 피상적으로 다루는 일을 하는 많은 교사의 입장에서는 기초적인 오개념을 이끈다. '피상적으로 다루는' 것에 대해 인지된 필요성은 우리가 잘 찾지 못한다고 생각하는 두 개의 암시적 가정에 전형적으로 기초하고 있다. 첫째, 만약 그것을 '가르칠' 수 있다면(예를 들어, 그것에 관해서 이야기하고 그것에 관한 몇몇 활동을 할당하는) 그것은 검사를 위해 충분히 학습되어야 할 것이다. 둘째, 만약 내가 설명식 방법으로 그것을 말할 수 없다면 그것은 학습될 수 없다.

우리가 이 책을 통해 지적해 왔듯이, 전문가의 맹점은 여기에서 기능하기 어렵다. '언급함으로써 가르치는 것(teaching by mentioning)'은 초심자의 회상, 더 적은 이해, 교과의 빅 아이디어와 과정을 책임질 것 같지 않다. 정보를 피상적으로 다루고 상호 연결하지 못하는 교수는 어떤 검사에서도 최적의 결과를 만들어 낼 수 없을 것이다. 우리는 교수와 학습을 다시금 혼동하고 있는 것이다.

흥미롭게도 교사들이 교재와 실러버스(학생의 이해 정도와 학습의 결과에 상관없이)를 통하여 진전될 필요가 있다고 주장할 때, 그들은 관리자에게서 외부 압력에 대한 보고서를 인용한다. 우리는 그와 같은 명령(edit)이 이슈화되기를 요구하는 장학관을 찾을 수 없고, 행정 자료에서 그러한 보고서를 찾을 수도 없었다. 그와 같은 주장 속에서 우리의 탐구로 드러난 결과는 교사들이 하나의 전략으로서 교재와 검사 준비에 밀접히 관련되고 암시된 요청처럼 교장이나 장학관이 검사 점수에 관심을 기울인다고 해석하고 있다는 것이다.

주 내용 기준의 책무(obligation)는 주 기준과 국가적으로 팔린 교재나 상업적 자료 사이를 적합하게 간주하는 중요한 질문을 떠오르게 한다. 상호관계의 정도를 결정하는 주나 지역의 내용 기준에 대한 교재를 검토하도록 교사에게 요구하라. [그림 13-1]은 기준과 교재 사이의 관련성을 보여 준다.

교재와 실러버스 사이에 완전한 상관관계가 없다면 교재는 실러버스가 아니라 많은 자료 중 하나로 제공된다. 숫자 2와 3이 나타내는 도표는 교재 내용의 부분이 기준을 학습하는 데 공헌하는 것이 아니라 (학습될 필요가 없는) 다른 자료가 필요하다고 제안하는 것이다.

더 많은 혼란을 야기하는 연습은 교재를 소수가 독립적으로 검토하는 것이다. 가장 철저한 검토들은 American Association for the Advancement of Science(AAAS)의 2061 프로젝트에서 나왔고,

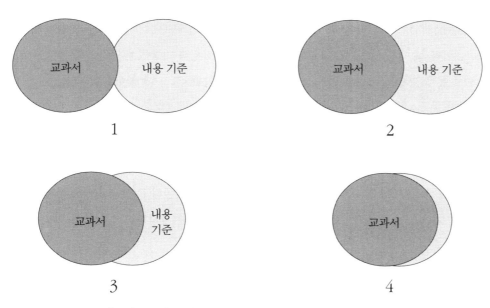

[그림 13-1] 교과서와 기준 사이의 상관관계(correlation)

고등학교 생물학, 중학교 과학, 대수의 교재와 관련된다. 그 결과는 놀랄 만하다.

오늘날 고등학교 생물 교재는 이해할 만한 중요한 생물 아이디어를 얻지 못한다. 국가과학학술원 원장은 "슬프게도 우리의 교재는 사실의 전체 범위를 포함하는 상업적 교재 때문에 계속해서 왜곡되고 있다. 그것 때문에 진정한 이해를 통한 학생들의 기회가 충분한 깊이의 중심 개념으로 취급될 기회가 희생된다."라고 말한다.[5]

중학교 과학 교재에 사용된 내용도 만족스럽지 않다. "우리 학생들은 교육적이지도 동기도 없는 연결되지 못하는 사실로 가득한 두꺼운 교재와 집에서 씨름하고 있다."라고 2061 프로젝트의 George Nelson 박사가 말한다. "이 연구는 비평적인 중간 단계의 교육된 아이들에게 자료에 관한 낮은 공표를 확신한다."[6]

심지어 좋은 교재가 사용될지라도, 교사의 일이 그 교재를 가르치는 것이라고 주장하는 것은 솔직히 오해다. 설계, 수업, 평가에서 내용 기준, 지적 우선순위, 명백한 목적 성취를 위한 학생의 요구와 흥미를 고려하여 실러버스를 만들어야 한다. 게다가 교재는 기준을 충족시키는 많은 것 중 하나의 학습 자료로 제공되어야 한다. 교재는 참고서적이다. 그것의 목적은 지식을 요약하는 것으로 백과사전과 다르지 않다. 교재를 실러버스로 다루는 것은 전반적인 설계의 목적과 일관성의 부족을 책임지는 것이다. 교재를 교수요목으로 취급하는 것은 A에서 Z까지의 백과사전을 통한 진행과 유사하다. 논리적이고 충분한가? 그렇다. 목적적이고 효과적인가? 아니다.

왜 이 같은 오개념이 더 분명하게 이해되지 않는가? 아마도 학교 시스템이 교직원을 고용하고 관리 감독하며 평가할 때 '나의 일은 무엇인가?'라는 본질적 질문에 적절히 대답하지 못하였기 때문이다. 수행 중심의 직무 내용 설명서를 갖추고 있는 시스템은 거의 없다. 중학교나 고등학교에서의 대다수 교육과정에서 가정하는 교재는 실러버스다. 전형적으로 학교 교직원은 가용한 자리(3학년에 미국 역사)를 채울 기본적인 신임장(credential)을 근거로 해서 고용된다. 그래서 더욱더 명료하게 처리하지 못하면, 교재가 처리해야 할 일이라는 생각 속에 빠지기 쉽다. 이렇게 명료하지 못할 때조차도, 교사의 해결해야 할 일이 교재 페이지를 최대한으로 모두 다루는 것이라고 상술하는 교육청의 계약은 볼 수가 없다. 우리는 50개 중 49개의 주가 내용 기준을 확립하고 교사들은 그것들을 가르치기를 기대한다는 것을 안다.[7]

국제적 연구에서 우리가 배우는 것

1995년에 수행된 The Third International Mathematics and Science Study(TIMSS)는 이 관점을 지지한다. 연구자는 3개 학년의 수준(4학년과 8학년, 그리고 12학년)에서 42개국의 학생들의 수학과 과학 성취를 검사하였다. TIMSS는 더 커졌고, 가장 포괄적이고 엄격한 평가가 실시되었다. 미국의 학생들이 대부분의 다른 산업화된 국가들의 학생들보다 훨씬 우수했다는 TIMSS의 결과는 잘 알려졌지만(Martin, Mullis, Gregory, Hoyle, & Shen, 2000), 동료들이 공동으로 수행하는 TIMSS 교수연구에 대해서 널리 알려지지 않은 결과는 교재에서 내용을 피상적으로 다루는 이슈와 관련된 흥미 있는 설명적 통찰을 제공한다. 요컨대, 작은 교재가 지지하는 문제 중심 접근법을 사용하는 이해를 위한 깊은 교수가 전형적으로 내용이 지나치게 많은, 과부하된 교재 중심(overloaded-textbook-focused)의 미국식 접근보다 훨씬 더 나은 결과를 가져온다는 것이다.

미국, 일본, 독일에서 가르치고 있는 교실을 철저히 분석해 본 결과에 따르면 연구자들은 최적화된 수행에서 이해를 위한 교수의 장점에 관한 현저한 증거를 보여 준다. 예를 들어, TIMSS 검사와 수업연구에서의 자료는 일본인 교사들이 수학의 몇몇 주제를 가르치더라도 학생들은 더 나은 결과를 성취한다는 것을 분명히 보여 준다. 많은 단편적 기능을 무작위로 다루는 것보다는 오히려 일본의 교사들은 자신들의 주요 목적이 학생들의 개념적 이해를 발달시키는 것이라고 진술한다. 그들은 깊이 대(對) 피상적인 학습법을 강조한다. 비록, 일본에서 교사들이 단편적 주제나 교재의 페이지를 훨씬 적게 다루더라도, 그들은 규칙과 정리가 학생들이 도출하고 설명하는, 그래서 더욱 깊이 있는 이해로 이끄는 문제 중심 학습을 강조한다(Stigler & Hiebert, 1999).

일본의 수학 교사들이 보다 적은 주제를 다룬다는 사실에도 불구하고 그들의 학생들은 검사에서 더 나은 결과를 획득한다. 일본의 교사들은 그들의 목적이 많은 단편적 기능의 발달이라고 말하는 것보다는 차라리 자신들의 목적이 개념적 이해이고, 그들의 교수 실제는 이러한 목적을 반영하며, 그것은 미국 교사들이 자신의 직업에서 가지는 관점과는 분명히 대조되는 것이라고 보고한다. 일본에서 단시수업의 목적은 학생들의 수학적 사고를 발달시키기 위함이다. 반면 다른 나라에서의 목적은 구체적인 수학적 절차를 얻는 것이다. 연구자는 일본, 독일, 미국에서 전형적으로 일어나는 8학년 수학과 단시수업의 차이점을 다음과 같이 요약하고 있다.

이해의 강조는 일본 8학년 수학 단원의 전형적인 단계에서 명백하게 드러난다.

교사는 복잡하고 사고를 발생시키는 문제를 제기한다.
학생들은 이러한 문제와 씨름한다.
다양한 학생에게 아이디어나 해결책을 제시한다.
교사는 학생들의 결론을 요약한다.
학생들은 유사한 문제를 연습한다.

반대로 기능 습득을 강조하는 것은 대부분의 미국과 독일의 수학과 단시수업의 일반적 단계에서 명백히 드러난다.

교사는 개념이나 기능을 학생들에게 수업한다.
교사는 문제의 예를 해결한다.
학생들은 교사가 개개인을 돕는 동안 자신의 과제를 연습한다(U.S. Department of Education, 1999).

일본의 교사들은 단지 훈련(drill)을 통해 진술되거나 강화되는 것이 아닌, 규칙과 정리(theorem)가 종종 도출되는 문제 중심 학습을 강조한다. 8학년 수학 교실의 42%는 미국의 8%와는 대조되는 것으로 문제에 관한 가능한 대안적 해결책을 학생들이 제시하였다. 일본 학생 중 44%는 문제에서 학습된 아이디어를 귀납유추(induce)하려고 하였고, 미국의 학생들은 기능에서 1%도 더 소비하지 않는다. 반대로 미국 교실의 95%는 학습된 절차를 연습하는 데 시간을 소비하였고, 일본에서는 단지 40%만이 소비되었다.

이와 관련된 결과에서 연구자는 미국 교사는 다른 나라 교사보다 수학과 과학에서 훨씬 더 많은 주제를 다룬다는 것을 주목하였다. 미국 교사들은 다른 단시수업과의 관련성이 훨씬 더 적었다. 이는 미국의 교사 중 40%만이 다른 단원과 관련을 맺고 가르친 것과는 비교되는 것으로, 일본의 중학교 교사들 96%가 관련맺고 가르치고 있었다.

일관성을 측정하는 하나의 방법은 일관성에 대한 위협을 찾는 것이다. 즉, '설계'를 설계하는 것을 어렵게 하고 부드럽게 전개되는 스토리를 유지하는 것을 어렵게 하는 수업의 특징을 탐색하는 것이다. 이런 위협들에는 주제를 자주 바꾸거나 외부의 침입에 의해서 중단되고 방해되는 것들과 같은 것이 포함된다. 우리는 미국의 단시수업이 일본의 단시수업보다 더 중요하게 주제를 포함한다는 사실을 찾았다. 그리고 독일과 일본보다 주제에서 주제를 더 많이 바꾼다는 사실도 알아냈다(Stigler & Hiebert, 1999, p. 61).

일본 교사는 미국 교사보다 더 깊이 있게 나아간다.

우리는 개념이 소수의 문장이나 간단한 예로 설명되거나 묘사되는 경우까지를 포함하여 그것을 매우 충분히 '개발되었다'고 정의하였다. 미국 수업에서 주제들의 1/5은 개발된 개념을 포함하는 반면, 4/5는 단지 언급된 개념만을 포함한다고 알고 있다. 이러한 구분은 일본에서 반대가 되었다(p. 60).

우리가 미국의 교수를 '학습 용어들과 연습(복습) 절차'라고 칭하는 이유 중 하나는 미국에서 단시수업이 용어의 정의로 더욱더 강조되고 근본적인 논거의 입장에서는 강조되지 않기 때문이다. 모든 단시수업에서 제시된 정의 수를 헤아린다면, 독일이나 일본보다 미국에서는 약 두배나 많이 발견할 수 있다(p. 58).

교수 대(對) 학습

정의들에 관한 논의가 암시하듯이, '피상적으로 다루어야 필요'에 종종 숨겨진 가정은 다음과 같은 생각에 놓여 있다. 즉, 우리가 학습되기를 원하는 모든 것은 가르쳐야만 하고, 그 주요 사실을 가르치는 것은 학습을 야기시키도록 하는 것이다. 학생연구, 토의 그리고 실제적 수행(교과 내용을 실천하기 위해 사실을 사용하기)에 기초한 과제에 관해 어느 순간 반성을 해 보면 이것은 단순히 옳지 않다. 학생들이 학습해야 한다고 우리가 목표로 잡는 대부분은 학생이 이해(아마도 화가, 운동선수 그리고 컴퓨터 과학자를 주시함으로써)를 위한 노력으로서 잘 설계된 작업으로부터 얻게 된다. E. D. Hirsch의 연구에 대한 많은 비평은 잘못 이해되고 있다. 즉, 그는 그 어디에서도 핵심적 사실의 직접 교수법을 옹호하지 않고, 높은 수준의 지적 수행에서 요구되는 문화적 문해력(cultural literacy)을 갖출 때만 학생들은 필수 사실을 학습한다(Understanding by Design은 정치적인 스펙트럼의 반대되는 목적에서 대안적인 프로젝트 기반 학교뿐만 아니라 Hirsch의 연구에 기반을 둔 Core Literacy 학교에 성공적으로 이용되어 왔다)고 주장하였다. Hirsch(1998)는 사실의 중요한 목록이 모두 중요하거나 설명식으로 교수되어야 한다고 말하지는 않는다.

광범위한 교육과정은 매우 형식적인 전통적 학교나 비형식적인 진보적 학교에서 가르친다. 어떠한 종류의 학교에서든 과정에서 최소의 내용이 들어가는 방법을 찾아야만 한다. 집중적인 교육과정은 비록 상이하지만 모두 동일하게 본질적이다. 심층적 연구는 한 교과에 대해서 충분히 개발된 이해를 촉진시키고 그 교과에 대한 지식을 통합적이고 체계적으로 만들어 준다. 단편적이고 분리된 사실을 어느 정도 체계적인 방식으로 통합시키는 것을 이해하기 위하여 우리는 그 사실들이 통합되고 체계화되는 방법에 대한 정신적 모형을 항상 습득해야만 한다. 그리고 이런 도식이 상세하고 집중적인 연구와 경험에서 나오게 되는 것이다(pp. 128-129).

우리가 이해에 관해 논의하면서 주목하였듯이, 빅 아이디어를 회상되어야 하는 정보로서 가르치는 것은 반드시 실패하게 되었다. 정의, 무리수, 반어법과 같은 빅 아이디어는 본래 추상적이거나 서투른 학습자에게는 반직관적(counterintuitive)이다. 그들은 집중적이고 심도 있는 학습(intensive study)과 같은 심층적 학습을 필요로 한다. 사실 우리가 보기에 설명식 교수는 이전 장에서 기술된 학생의 오해를 야기시키는 주요 이유가 된다.[8]

그래서 여기서는 가르치는 일은 가치 있는 것을 학생이 학습하는 것을 최적화하는 것이라고 말하는 것은 확실히 논쟁거리가 되지 못한다. 학습을 최적화하는 것은 단순히 책을 '피상적으로 다루는' 것도 아니고, 결과에 상관없이 '가르치고, 검사하며, 그리고 최상의 희망을 바라는 것'도 아니다. 우리는 교재의 레이아웃(layout)이 아닌, 내용과 수행 기준(그리고 그들이 함축하고 있는 평가)에서 나온 백워드 설계가 우리의 책임을 존중하는 최선의 방법이라고 생각한다.

우리 자신의 비형식적 연구 결과는 여기에서는 적절하다. 최상의 수업설계의 질을 숙고할 때 교육자에 의해 주어진 가장 일반적 대답을 회상하라.

- 진정한 구체적 도전에 기초를 둔 명확한 수행 목표
- 실제적이면서 실천적으로 접근하기: 전형적 교수보다는 훨씬 덜 앞에서 장착하는 교수방식(front-loaded) 활용
- 흥미와 빅 아이디어, 질문, 이슈, 문제에 초점을 두기
- 실제 세계에 대한 구체적 적용을 통해서 학습자들에게 의미 제공
- 시행착오로부터 학습할 기회를 가진 강력한 피드백 시스템
- 주요 과제를 실행하기 위한 여러 다양한 방식을 가지고, 과정이나 목적을 학습자의 스타일, 흥미와 요구에 적응시키는 개별화 접근
- 명확한 모델과 모델링
- 초점화된 반성을 위해 별도로 설정된 시간

- 다양한 방법, 그룹화, 과제
- 위험을 감당할 만큼 안전한 환경
- 촉진자와 코치로서 교사의 역할
- 전형적인 교실 경험보다 더 많은 몰입의 경험
- 부분과 전체 사이에서 투명한 앞뒤의 흐름을 지니고 있는 전체적으로 명확히 제공된 큰 그림

학습에서 형식적 연구는 교육자들의 상식을 지지한다. 최근 몇 년 동안 수행해 온 학습에 관해 가장 철저하게 요약한, 『학습하는 방법(How People Learn)』의 저자는 피상적 학습이 많을수록 많은 학습이 이루어지는 것은 아니라는 점을 분명히 하였다. 이 책에서 기본적인 세 가지 형태를 발견하였다.

- 학생들은 선입견을 가지고 교실에 온다. 만약 그들이 처음에 이해를 가지지 않는다면 새로운 개념과 정보를 얻는 데 실패할 것이다.
- 탐구 영역에서 능력 개발을 위해 학생들은, 첫째 사실적 지식의 깊은 토대를 가지고, 둘째 개념적 구조의 맥락 속에서 사실과 아이디어를 이해하고, 셋째 인출과 적용을 촉진하는 지식을 조직한다.
- 수업의 메타인지적 접근은 성취상의 진보를 모니터하고 학습목표를 정의함으로써 그들이 학습을 통제할 수 있도록 도움을 줄 수 있다.

간단히 말해 '세 가지 주요 원리가 가르치는 데 함께 작용하면 학생의 성취가 향상된다는 것이 이 연구에서 나온 증거다'(Bransford, Brown, & Cocking, 2000, p. 21).

설계와 수업을 위한 주요 함의점은 무엇인가? 전이와 이해에 관해서 저자가 제안한 몇 가지가 여기서 강조될 것이다.

학교 교육의 주요 목적은 새로운 문제와 상황에서 유연하게 적응하기 위해 학생들을 준비시키는 것이다. 학생들이 학습한 것을 새로운 상황에 전이하는 능력은 적합하고 유연성 있는 학습에 중요한 지표를 제공한다(p. 235).

연결되지 않는 사실 더미에 대한 지식은 충분하지 않다. 탐구 영역에서 능력을 개발하기 위해 학생들은 이해를 위한 학습 기회를 가져야만 한다. 교과에 대한 깊은 이해는 사실적 정보를 가용한 지식으로 전환시켜 준다. 문헌에서 조사된 주요 연구 결과는 다음과 같다. 즉, 개념적 틀로 정보를 조직함으로써 보

다 많은 전이를 가능하게 한다(pp. 16, 17).

이해가 수반되는 학습이란 단순히 정보를 기억하는 것보다는 전이 능력을 증진하는 것이다. 많은 교실활동이 원인과 결과에 관한 더 큰 주제보다는 오히려 사실이나 세부 사항에 초점을 맞춘다.

만약 그들이 학습 경험으로부터 근본적인 주제와 원리를 얻기 위한 방법을 학습한다면 학생들이 새로운 문제 해결을 위해 언제, 어디서, 왜, 지식을 사용할 것인지에 대한 융통성 있는 이해를 개발한다. 지식을 언제, 어떻게 사용할 것인지 이해하는 것은 전문가적 의견의 중요한 특징이다. 다양한 맥락에서의 학습은 전이의 이러한 측면에 영향을 미친다(p. 236, 추가된 강조 사항).

모든 주제에 관한 피상적 학습은 이해되어야 할 해당 교과의 주요 개념을 허용하는 보다 적은 주제에 관한 깊이 있는 학습으로 대체되어야 한다(p. 20).

시험(test)에 맞추어 가르쳐야 하는 전형적인 미국 교육의 중점와 두려움에도 불구하고 피상적 학습—각각의 작은 사실이나 하위 기능에 동등한 주의를 기울이면서(사실과 하위 기능에 의미를 제공하는 아이디어와 수행 도전에 초점을 두는 것과는 상반되는 것으로)—이 단순히 검사 점수를 최대화하도록 작용하는 것은 아니다.

오개념 3: '맞아, 그런데…… 이 작업은 너무 어려워. 그리고 단지 시간이 없을 뿐이야.'

심지어 우리가 교육자들을 확신시킨다고 하더라도 첫 번째와 두 번째의 '맞아, 그런데……'는 세 번째 논쟁 때문에 대부분 잘못 이해되고 유지된다. 이 모든 작업을 하는 데 필요한 시간은 현재 유용하지 않다. 우리는 부분적으로는 동의한다. 이러한 진술을 표면적으로만 보면 오개념은 아니다. 그렇다. 주 기준을 가지고 교육과정을 일치시키는 것(aligning), '빅 아이디어를' 확인하는 것, 본질적 질문을 만드는 것, 더욱 참된 평가를 설계하는 것, 흥미를 끄는 방식으로 이해를 위해 가르치기 위한 계획을 개발하는 것, 학생 작업의 결과를 분석하는 것, 그리고 실행연구(action research)를 타당한 중재로 수행하는 것은 매우 도전적인 작업이고, 여기에는 충분한 시간이 주어져야 한다. 개개의 교사가 이 어려운 작업(만약 그것이 잘 수행되려면)에 요구되는 모든 시간을 가질 필요는 없다. 그러나 우리는 더 똑똑하게 일할 필요가 있는 것이지, 단순히 그저 열심히 해서는 안 된다.

더 똑똑하게 일하기 위해서 우리는 많은 다른 오해가 다소 무의식적인 가정으로서 잠복해 있다는 것을 깨달아야 한다. 첫째, 각각의 교사, 학교, 지역은 이 높은 산을 혼자 올라가야 한다. 둘째, 필요한 시간은 이미 짧게 제공된(우리가 동의한) 교수 시간으로부터 직접 나와야 한다. 셋째, 각 기준과 벤치마크는 출발점부터 설계된 수많은 단원에서 분리되어 다루어야 한다. 넷째, '열심히 하면서도 시간을 소비하는 것'은 나쁜 일이다.

지속적인 협동연구와 개발을 직무로 구축하기

최상의 설계에 대한 연습이 제안하듯이, 보다 심층적인 교사 이해는 지역적인 스터디 그룹과 실행연구를 통해 가장 잘 개발될 수 있다. 우리는 교사 이해에 관해 이 책과 목록이 제안하는 것을 활용해야만 한다. 학습에서 빅 아이디어에 대한 심층적 탐구는 중요한 것이고, 학교는 학습이 전문성 개발과 직무 내용 설명서(description)에 있어 더욱 중심이 되도록 만들어야 한다. 이러한 수많은 문제의 핵심은 교사의 전문가 맹점의 변형이라는 것이다. '나는 가르쳤다. 그래서 그들은 그것을 학습해야만 했다. 만약 더 많은 자료(stuff)로 가르친다면 그들은 더 많이 학습해야 할 것이다.' 아니다. 우리 자신에게 남겨진 피상적 학습의 습관은 실상의 모습보다 항상 더 많이 방어하는 것처럼 보인다. 우리는 학습을 더 훌륭히 이해해야 한다. 우리는 '관점'을 개발해야 하고, 우리 작업에 관한 교육적 연구의 정당한 이론적 '설명'과 '해석'을 더 잘 '활용'하도록 배워야 한다.

교사, 팀, 부서 그리고 전체 교직원은 매년 그들 자신에게 요구해야만 한다. 우리의 습관과 태도와는 상관없이 교육과정 설계, 교수, 평가에 관한 어떠한 접근이 실제적으로 학생의 학습을 가장 최상으로 만들어 내겠는가? 우리는 UbD가 이해에 관해 말하는 것을 전문성 개발 연습에서 다루고 있는 그러한 질문에 답변을 해 옴으로써 배운다. 우리는 지속적인 탐구와 토의를 통해 빅 아이디어를 피상적으로 다루는 것이 아니라 심층적으로 학습해야 한다.

그러나 시간에 관한 실재적 이슈와 심층적인 연구의 필요성을 염두에 두고, 지역 연구에 관해 범위는 작지만 깊이 있는 것으로 다루어 보자. 즉, 일년에 하나의 단원에만 초점을 두는 것이다. 다른 사람과 협력하여 설계한 이 단원은 학생 연구의 집중 분석으로 1년에 몇 시간씩 시도하고 조정된다. 이와 같은 과정은 매일의 서비스와 팀미팅을 위해 할당된 시간을 가질 수 있다. 처리방식의 실행 가능성과 가치 모두를 알아보기 위해 이와 같은 방식으로 유추해 보자. 즉, 얼마나 많은 바쁜 교육자들이 학기 중에 매일 저녁 미식가의 식사를 준비하는가? 우리는 다시 생각해 보아야 한다. 우리 중에 욕심 많은 요리사라 할지라도, 그에 맞는 충분한 시간이나 에너지를 가지지 못한다. 그러나 1년 동안 몇 시간은, 전형적인 일상 식사보다는 광범위한 계획, 준비 시간, 프레젠테이션에 주의 기울이기를 보다 많이 필요로 하는 정교한 저녁 만찬에 참여한다. 교수(teaching)에 필요한 일은, 1년 동안 미식가 단원이 개발되고 수집되며 검토되고 공유되어야 한다(이제부터 10년 이후에 학교나 지역의 '요리책' 교육과정의 결과를 상상해 보라).

우리가 배울 수 있는 설계 개발의 예에 기초한 이러한 점증적 접근(incremental approach)은 The Teaching Gap에서 나온 주요 권고 사항이다. 일본과 미국의 교사가 수업에서 다른 점을 추가해 보면, 두 나라 사이에는 지속적인 교사 교육에서 다른 중요한 차이점이 있다. 일본에서 교사 교육은 넓이가 아닌 깊이, 단순 학습이 아닌 심층 학습, 새로운 기능의 '교수'가 아닌 직무 현장 학습(learning on the job)이다. 10년 동안 일본 교사들은 단시수업 연구로 알려진 과정을 사용해 왔고, 그것에 따라 그들은 일 년간 하나의 연구 수업(one research lesson)을 개발하고 가르치며 정련하는 작은 팀을 구성해 정규적으로 작업하였다. 그들은 스태프 미팅에서뿐만 아니라 지역에서 개최되는 단시수업 경진대회에서 동료들과 함께 그들의 실행연구와 부수적인(concomitant) 단시수업 설계의 결과를 공유하였고, 그래서 다른 교사들은 그들의 통찰로부터 정보를 얻을 수 있었다.

우리는 교사를 위한 전문성 개발을 개혁하는 것이 모든 교사 중에서 기준 실제와 전문성을 향상시키는 유일한 보증된 방법이라는 것을 강조한다.

> 단시수업 연구에 대한 협동적 본질의 또다른 중요한 이점은 교사가 자신의 기능을 측정하는데 사용할 수 있는 벤치마킹 과정을 제공하는 것이다. 이와 동시에, 개선된 교수가 결합 과정이라는 아이디어와 함께 단시수업 연구의 협동적 본질은 자기비평을 균형 있게 하는 것이다. 나타나는 문제들은 집단이 설계한 단시수업에 일반적으로 기인한다. 그것은 게다가 교사의 비평을 가능하게 한다(Stigler & Hiebert, 1999, p. 125).[9]

협동 단원, 단시수업 설계, 정련화 그리고 지역의 공유 과정은 UbD 동료평가 과정에서 반영된다. 구체적 정보, 지시 사항, 사례들은 『거꾸로 생각하는 교육과정 개발-워크북(Understanding by Design Professional Development Workbook)』에 있다(McTighe & Wiggins, 2004).

시간이 없다는 불평은 그것이 부분적으로는 사실이다. 모든 학교 시스템은 적어도 1년에 12시간은 전문성 개발에 충당하고, 교직원, 학년 수준 그리고 부서별 미팅에 약 16시간을 보낸다. 현직 연수 날짜뿐만 아니라 부서별 미팅 스케줄과 학년별 미팅 스케줄에서 구체화되는 직무요구(job requirement)로서 요구되는 단시수업 연구의 몇몇 형식 중에서 그들 중 반은 충당하고 그 시간을 재고해 봄으로써 수행될 수 있다는 것을 상상하라. 시간이 지남에 따라, 실행연구는 직면한 성취 대상, 처리된 연구와 개발, 발견된 결과, 미래를 위한 제안된 새로운 탐구로서 이슈화된 연차 보고서(annual reports)를 토대로 모든 팀과 기관의 책임이 된다.

이와 같은 접근을 어떻게 수행하는지에 관해 다음의 사례를 고려해 보라. 당신의 학교나 지역에서 교사들이 3년마다 한 번씩 지역 하계 교육과정 설계 워크숍에 참여한다고 상상해 보라. 그들은 가르쳐야 하는(물론 주나 지역의 내용 기준과 관련된) 최상의(예를 들어, 가장 흥미 있고 효과적인) 단원을 이끌도록 초대받는다. 그들은 비슷한 단원 주제를 확인한 같은 교과나 학년의 한두 명의 교사와 함께 작업할 것이고, '미식가' 단원을 준비하는 내용 전문가에 관한 지침서로 작업에 임한다. 진행 중인 그들의 작업은 일련의 교육과정 설계 기준(UbD의 기준처럼)에 따라 검토되고, 동료와 전문가들로부터 수용된 피드백에 기초하여 적응해야 한다. UbD 개정판에서 나타난 것처럼, UbD 단계 3 백워드 설계 템플릿과 같은 동의된 형식으로 가장 훌륭한 자신들의 아이디어를 컴퓨터에 입력한다(http://ubdexchange.org).

이어지는 학기 동안 그들은 향상된 단원을 현장 검사하고, 학생들의 작업을 결과의 증거로서 수집한다. 그들은 학생의 작업을 집단적으로 평가하기 위해 학기 동안 만나야 하고, 단원 설계에 필요한 조정을 해야 한다. 그들의 완성된 설계는 내용 전문가의 지역 검토(학생 작업의 결과와 설계 기준에 기초한)에서 바람직하게 될 것이다. 전형적이라고 생각되는 그와 같은 단원은 전자 데이터베이스를 통해 다른 교육자들이 이용할 수 있는 유용한 것이 될 것이다. 우리는 지난 5년 동안 이와 같은 시스템을 많은 학교가 개발하도록 도움을 주었다.[10]

그와 같은 협력방식(지역의 문화에 따라 부분적으로 촉진된, 거기에서의 교사들은 서로 서로 역기능으로 고립되어 있다)에서의 오개념은 교실에서 분리된 각 교사에 의해, 차례로 협소하게 목표로 정한 단시수업을 통해, 우리는 흔히 내용 기준과 벤치마크가 단편적으로 진술될 필요가 있다는 것을 가정한다. 그것은 이해 가능하게 우리 중 누군가가 그 작업을 다루기에는 너무 많다는 느낌을 낳는다. 그러나 그 전제(premise)는 흠집이 나게 된다. 이 같은 혼란은 우선 '맞아, 그런데······.' 논의와 주 검사의 안면 타당도 문제와 관련된다. 표준화된 검사는 전형적으로 탈맥락화된(적절히 명명된) '항목'을 통해 차례로 기준의 견본을 만든다. 게다가 검사의 외관과 느낌, 그리고 기준의 목록은 마치 각 기준, 벤치마크 그리고 지표가 똑같이 중요한 것처럼 한 번에 하나씩 차례대로 기준을 가르쳐야 한다고 잘못 제안한다.

이와 반대로 우리는 UbD의 시작으로 되돌아간다. 3개의 원 그래픽에 따라 우리는 기준들에서 도출된 빅 아이디어와 핵심 과제를 중심으로 우선순위를 설정한다. 그런데 단원이 풍부하고 깊은 작업, 복잡한 수행에서 절정에 달할 때 수많은 기준은 학습자 관점에서의 더 많은 일관성과 동시에 적절한 위계적 질서로 다루어진다. 지역 수준에서의 도전은 지표에 따라 단시수업을 설계하는 것이 아니라 모든 기준을 궁극적으로 언급하고 학생 우선순위에 분명하게 표시하는 풍부한 단원을 설계하는 것이다. 이것은 기준, 교육과정 쓰기, 지도 그리기 그리고 자료 수집에서 더 잘 풀어헤침으로써

(unpacking) 해결할 수 있는 문제다.

우리는 그러한 모든 실행연구가 네 가지 구별되는 이점을 만들어 낼 것이라고 주장한다.

- **말한 것을 실천하기**: 기준들을 우리의 전문 작업에 활용함으로써 교육과정과 평가 설계의 질은 향상된다. 학생들이 즐거워하는 활동들을 포함하거나, 우리가 열심히 일하였기 때문에 우리의 설계가 올바르다고 가정하는 것 대신에, 설계들은 설계 기준에 대해 타당성을 인정받아야 한다. 기준을 충족시키고 학생 학습을 야기하는 교육과정 설계는 전형적 모범으로 설계되고, 미래 교육과정 작업의 높은 기준을 설정한다.

- **정신적 모형 틀을 개발하기**: 백워드 설계의 논리는 학습활동을 확인하거나 학습 자료를 선정하기 전에 바라는 결과와 요구된 평가 증거에 관한 명료성을 요구한다. 교사들이 교육과정 단원을 설계하기 위해 백워드 설계 템플릿을 사용할 때 그들은 활동 중심과 피상적 학습 중심이라는 교육과정의 두 가지 문제점을 피하는 것을 도울 수 있는 계획을 하기 위해 생산적 정신모형을 개발한다. 그와 같은 설계 과정은 선호하는 활동 파일을 아직 개발하지 않았거나, 교재에 관한 신뢰에 따라 완전히 유혹당하지 않은 새로운 교사들에게는 특히 가치 있는 것이다.

- **공학을 보다 현명하게 사용하면서 작업하기**: 대다수의 교육자는 주의 내용 기준에 따라 가르칠 의무가 있다. 그렇다면 왜 기준을 주 전체로 공유하면 안 되는가? 다양한 학문에서 주의 기준이 유사하기 때문에, 이러한 공유가 국가적 수준으로 확장될 수는 없는가? 우리는 그렇게 믿는다. 각 교사, 학교, 지역이 같은 바퀴를 불필요하게 재발명하는 것보다는 오히려 이와 같은 접근이 타당성을 인증받은 단원을 검색할 수 있는 데이터베이스를 활용함으로써 더 똑똑하게 일하기 위한 메커니즘을 제공한다. 우리는 매일 미식가에게 식사를 제공하지 않는다고 죄의식을 느낄 필요는 없다. 모범적인 사례(요리법이나 교육과정 설계들)에 규칙적인 초점을 두는 것은 모두를 위해 좋다. 우리는 한 두 개의 수준 높은 단원을 개발하는 데 우리의 에너지를 쏟아 부을 수 있고, 우리가 작업해야 하는 점차 수준 높은 기준과 더욱 정련된 설계 기능을 개발할 수 있다. 그리고 요리책처럼 모든 사람에게 입증된 처방법이 모두에게 이로울 수 있도록 하기 위해서 우리의 설계를 공유하는 것이 더 현명하다.

- **전문가적 대화 향상하기**: 양질의 교육과정 생산물에 추가하여, 공유된 설계 과정은 풍부한 전문가적 발달을 제공한다. 여러 학구가 참여한 설계 팀(지역과 주 협회의 일부로서)에서 연구하는 교사들의 반응은 경험이 가치 있었다고 확신하였다. 일반적 주제에서 원사이즈 방식의(one-size-fits-all) 스태프 개발 시간과는 달리, 이 설계 작업은 구체적인 내용 주제를 교수하고 평가하는 독특한 양상을 강조하고, 교사들에게 즉시 가치 있는 확실한 결과물을 이끌어 낸다. 대화들은 전문

가의 입장에서 문제를 다룬다. 학생들이 이해하기를 원하는 빅 아이디어는 무엇인가? 학생들이 진짜로 학습되었다는 것을 우리는 어떻게 아는가? 이와 같은 기준을 충족시킨다는 것은 무엇을 의미하는가? 어떤 교수와 학습 경험이 가장 즐겁고 효과적인가? 우리의 교육과정과 수업의 장점과 약점에 관해 학생들의 작업은 무엇을 나타내는가? 전문적 개발을 위한 이용 가능한 한정된 시간이 주어진다면, 외부 화자가 교육적 경향을 피상적으로 다루는 것과는 대조적인 이런 방식에서 결과 중심적이 되는 것은 피할 수 없는 것이다.

시간을 열심히 소비하는 작업은 나쁜 것이 아니다. 이 장의 시작 부분에서 제안한 Plato의 『공화국(Republic)』에서 발췌한 인용처럼 유익하고 중요한 것이다. 진정한 학습은 항상 어렵다. 그것은 항상 오래된 학습을 뒤집어 놓고, 불균형과 저항을 이끈다. 우리는 많은 교사가 학습에서 역설적으로 저항한다는 것을 알고 있다. 특히 교사들은 무엇이 가장 중요한지, 자신들의 습관과 공간에서 발생하는 모든 것을 부드럽게 조절하려는 생각을 하며, 혼자 일하곤 한다. 아마도 지속적인 협력연구를 중심으로 학교를 재설계하려는 최상의 이유는 습관을 변화시키는 것, 실험에 관한 두려움, 그리고 비평과 실패에 대한 두려움에 교사들이 저항하는 것을 극복하는 것이 유일한 방법이다. 그것은 큰 용기다. 그리고 개별적이고 수집하는 실제를 연구하는 데 교사 그룹이 함께 작업할 때, 큰 용기를 얻고 학습하는 동료로부터 도움을 얻는다.

여섯 개의 측면은 여기에 포함된다. 교사가 학습을 야기하는 방법을 진실로 이해하고자 한다면 큰 공감과 자기이해를 개발할 수 있는 작업이 필요할 것이다. 모든 학습의 고통에서 우리에게 숨겨진 맹점은 학생의 오개념의 가능성이나 개인차, 학습자의 요구만이 아니다. 우리는 교사가 아니다. 우리는 학습하는 학생들이고 학습하는 원인들이다. 그 일이란 우리 자신에게 그것이 실제로 얼마나 어려운 일인지를 끊임없이 상기하기 위해 우리가 학습이 어떻게 작용하는지를 '내부적으로' 이해하는 것을 필요로 한다. 학교는 교사들이 실행연구를 하도록 요구해야 한다. 그래서 교사들은 무엇이 학습될 것 같은지 항상 느낄 수 있도록 해야 하고, 진정한 학습이 늘 놀랍고 좌절스러우며 나이나 재능에 관계없이 자기 의심을 일으킨다는 것을 일깨워야 한다. 만약 일과 스케줄이 모델 학습자(model learners)가 아닌 교사로서만 생각하게 한다면 우리는 모든 사람, 성인 그리고 아이들을 위해 교육을 더 정직하고 고무적이며, 자기 교정적으로 변화될 수 있는 중요한 기회를 잃게 된다. 이 작업을 위해 필요한 시간은 남는 시간으로 처리될 것이 아니라 반드시 확보되어야 할 필수적인 것이다.

결 론

　　우리는 외부에서 요구되는 책무성의 세계에서 이해를 위한 설계, 교수, 평가의 장애물에 관한 매우 폭넓은 관점을 고려해 보았고, 그것들의 근본적인 오개념을 드러내기 위해 시도해 왔다. 우리는 UbD에서 제안된 아이디어가 교직원과 학생을 위한 지적인 참여를 유지하는 동안 외부의 측정에서 수행을 향상시키는 것에서 핵심이 되는 것이라고 제안하였다. 즉, 핵심적인 교과 영역의 과제를 숙달하고 빅 아이디어를 이해하기 위해 가르치고 평가하기, 설계 기준을, 해당 직무에(in the job) 내장된 지속적인 지역 연구와 개발의 일부로서 지역 교육과정과 평가를 검토하고 정련화하는데 적용하기가 바로 그것이다.

　　우리는 우리를 이해하라고 요구하거나 기대하지는 않는다. 우리는 습관과 오해가 피상적 학습에 의해, 이러한 논쟁에 따라 좀처럼 극복되지 못했다는 것을 경험으로 알고 있다! 그러나 그러한 주장이 지역적 토대에서 받아들인다면(혹은 거절된다면) 이 책 전반에서, 그리고 이 장에서 제기된 우리의 주장을 여러분이 지역에서 심층적으로 다루고 토의하며 검사하고 논의하며 검토할 필요가 있다. 『The Teaching Gap』의 저자가 도출한 미국 학교 개혁에 관한 중요한 결론도 마찬가지다.

　　　　교수는 복잡하기 때문에, 교수의 향상이 교사가 가르치고 학생이 학습하는 교실에서 발달된다면 그것은 대다수 성공할 것이다. 한 교실에서 작용하는 것이 다른 교실에서 될 수도, 안 될 수도 있다. 우리가 예를 들어 일본에게서 배운 것을 포함하여 멀리서 유래하는 개선을 위한 아이디어는 우리의 지역 교실에서 적용되고 시험될 필요가 있다(Stigler, & Hiebert, 1999, p. 134).

　　우리는 여러분이 무엇을 이해하고, 무엇을 이해하지 못하는지, 이해를 위한 최상의 가르침은 어떤 것인지, 그리고 이해를 위한 최상의 평가는 무엇인지를 조사해 보라고 권장하고 싶다. 이 모든 것은 특정한 기준, 검사, 그리고 학생들에게 적용되는 것이다. 만약 여러분의 학생과 교실 수업 상황에서 이것을 이해할 수 없다면 이 모든 연구는 의미가 없다. 이 책에서의 이해는 이 책의 아이디어를 시도해 보려는 연구를 수행할 때 의미 있는 것이다. 그것은 단시수업 연구가 진행 중인 바 그대로다.

　　종종 들리는 이런 비관적 주장을 분석함으로써 자기 자신과 힘든 일을 필요한 존재로 인식하고 찾아내는 상황과는 상관없이, 학습을 향상시키기 위해 여러분이 할 수 있는 것을 향해 학교 교직원과 지역의 지도자가 미리 대책을 강구하는 전향적인 자세를 격려할 것이라는 것이 우리의 희망이다. 이 연구 결과물들이 용기를 북돋아 줄 것이다. 우리가 제어할 수 없는 학생, 학교, 사회에 관한 모든 것과는 상관없이, 우리가 제어할 수 있는 것—설계, 수업, 피드백을 제공하는 일—은 여전히 성취에 중요하게 영향을 줄 수 있다는 것이다.

후기: 시작하기

교사들로 하여금 잠시 멈추어서 생각하게 하고, 자신들의 활동과 수업의 레퍼토리를 분류하고
조사하는 것은 본래, 그리고 저절로 상당한 패러다임의 전환이다.
교사들은 그들이 가르치고 있는 것에 대해서 생각하고 있었다.
그들은 타당성을 보증하기 위해서 모든 과제(assignment)와 사정(assessment)을,
그리고 이들 각각을 평가하고 있었다.
교사들은 의도한 결과와 일치되지 않은 유서 깊고 인기 있는 단원과 활동을 내놓았다.
이것은 대단한 것이었고, 실제로 그러했다.
–Angela Ryan, 『수업촉진자(Instructional Facilitator)』, Hershey, Pennsylvania

그냥 시도해 보라!
–Nike Corporation Advertising Slogan

UbD의 빅 아이디어, 논거, 연구 기반을 설명한 후에 우리는 UbD와 함께 효과적으로 시작하기 위해 몇 가지 증명된 아이디어를 제공함으로써 실제적인 노트로 결론을 짓는다.

설계를 만드는 것은 자연적인 출발점이다. 대부분의 교사에게 우리는 교육과정 단원으로 시작할 것을 권고했다. 전형적으로 교사들은 UbD 요소를 중심으로 재구성하기 위해 비슷한 것을 선택했다. 대안적으로 새로운 주제를 위해 설계하는 교사들은 종종 그것이 백워드 설계와 UbD 템플릿을 사용하는 것에 입각하는 것으로부터 새로운 단원을 설계하는 데 유용하다는 것을 발견했다. 연습지, 연습, 예시, 설계 팁을 가진 『거꾸로 생각하는 교육과정 개발 워크북(Understanding by Design Professional Development Workbook)』(Mctigh & Wiggins, 2004)은 설계 작업을 지원하는 데 유용하다.

관리자를 위해 우리는 UbD의 아이디어를 적용하기 위한 두 가지 옵션을 제안한다. 하나는 확인된 내용 기준을 중심으로 교육과정을 함께 설계하기 위해 교사와 함께 작업하고, 나머지는 성인 학습자를 위해서 전문적인 개발 워크숍 혹은 코스를 설계하기 위해서 UbD 템플릿과 백워드를 사용하는 것이다. 많은 교육자는 그들이 실제 교육과정 설계에 UbD를 적용하고 동료의 피드백을 받을 때 UbD를 완전히 평가하거나 이해할 수 있다고 말한다. 어떤 빅 아이디어와 함께 있다면, 적용과 반성 후에 이런 프레임워크의 뉘앙스와 미묘함을 완전하게 이해하는 데 보다 쉬울 것이다.

『거꾸로 생각하는 교육과정 개발-워크북』을 사용하는 것에 더하여, 설계 토픽과 상관없이 우리는 다음의 특징을 제공하는 UbD 웹 사이트(http://ubdexchange.org)를 조사해 보라고 충고하였다.

- 백워드 설계의 세 단계에 기초한 전자적 설계 템플릿을 특징으로 하는 온라인 교육과정 설계 환경. 공통의 형식은 지역적인 교육과정 설계의 일관성과 스탭들 사이에서의 공유의 용이성을 제공한다. 수많은 지지를 받는 웹 사이트와의 핫 링크들은 다양한 템플릿 분야와 연결되어 있다. 예를 들어, 단계2는 수행평가와 루브릭에 대한 다양한 사이트에 즉각적인 접근을 제공한다.

- 일반적인 포맷에서 교육과정 설계를 탐색할 수 있는 데이터베이스. 상호 관련된 데이터베이스는 단원, 수행 과제, 채점 루브릭을 포함한다. 그것은 규칙적으로 더해지는 새로운 것과 함께 5,000개 이상의 설계를 포함한다. 다양한 탐색 변수는 사용자들이 프로그램, 과목, 코스 타이틀, 주요어, 학년 단계, 지역, 학교, 설계자, 단원 타이틀, 이런 것들의 모든 결합에 따른 설계를 두도록 한다. '내가 가장 좋아하는' 북마크(book-marking) 특징이 포함되어 있다.

- UbD 설계 기준에 기초한 온라인상의 동료평가(review) 프로토콜. 이 접근은 설계자들이 설계 내용 기준에 따라서 그들의 작업을 스스로 평가하고, 피드백을 주거나 받기 위해 다른 사용자들과 상호 작용하도록 한다. 설계 내용 기준은 교육과정 설계에 대한 지속적인 개선 철학을 촉진하는 동안 질적 통제 절차를 확립한다. 설계자들은 상세화된 온라인 피드백을 제공하는 내용 영역 전문가와 UbD 팀의 전문적인 검토를 요구할지도 모른다.
- 사용자를 지원하기 위한 상호 작용적 자기평가와 온라인 안내, 설명서. 기술적 지원과 '저자에게 물어보라(Ask The Authors).' 포럼은 온라인으로 이용할 수 있다.
- 다양하고 전문화된 관리 기능. 이런 것들은 그것들의 기부를 관리하는 데 지역 혹은 학교 관리자를 지원하는 것에 포함된다.

협력을 통해서 노력을 향상시키기

교육과정 단원(이상적으로 UbD 교류 웹 사이트를 통하여)의 개발과 협력하여 우리는 강하게 자기평가와 동료평가를 위해서 UbD 설계 내용 기준을 규칙적으로 사용할 것을 적극적으로 권장한다. 내용 기준은 효율적인 UbD 설계의 질을 명료하게 하고, 교사 반성과 개정을 격려한다.

UbD 프레임워크의 가치는 그것이 동료, 학교 혹은 전체 지역의 협력적인 태도에서 적용되고 채택될 때 강화된다. 여기에 학년 단계 혹은 팀 부서, 학교 기능 혹은 전체 지역 스태프가 UbD와 함께 앞으로 이동하고, 시작하기 위해 받아들일 수 있는 몇 가지 실천적인 행동이 있다.

- UbD(Expanded 2nd Ed.) 부분을 읽고 토론하기 위한 연구 그룹을 형성하라.
- '이해란 무엇인가?' 그리고 '백워드 설계 사용하기'라는 ASCD 비디오들을 검토하고 토론하라.
- 교사 팀과 관리자의 대표자를 지역 혹은 국가 UbD 워크숍 혹은 회의에 보내라.
- 당신의 지역 혹은 학교에서 UbD 입문 워크숍을 후원하라.
- 교수진 혹은 팀 미팅에서 UbD와 관련된 중요한 질문을 탐구하라(예를 들어, 우리가 모든 이런 내용 기준을 효율적인 방법으로 어떻게 가르칠 수 있을까? 우리가 가르친 것을 학생들이 실제로 이해했다는 것을 어떻게 아는가? 우리가 연습 시험에 집착하지 않고 어떻게 성취를 상승시킬 수 있을까?)
- UbD를 사용하는 지역에서 학교 혹은 지역을 방문하기 위하여 스카우트 팀을 보내라. 그리고 당신의 학교 혹은 지역에 대한 잠재적인 이점에 대해 다시 보고하라.
- 학교 혹은 지역의 학구내에서 UbD 노력을 최우선하기 위해서 교사와 행정가의 요원을 확인

하라.

- 지역적 혹은 국가적 UbD 기관에 3~5일까지 요원을 보내라.
- UbD 단원을 설계하고 공유하는 요원을 위한 시간(그리고 다른 인센티브)을 제공하라.
- UbD 설계 기준을 사용하여 지역적으로 설계된 단원에 대한 동료 검토를 하라.
- 핵심 요원을 위해 ubdexchange.org 웹 사이트에서 회원권을 구입하고, 그들을 가르친 주제에 대한 UbD '블루리본' 단원을 탐색하고 공유하도록 하고, UbD 설계 기준을 사용하여 웹 사이트상에 있는 현행 단원을 검토하고, 온라인 단원을 설계하고 전문가 검토를 요청하라.
- 내용 기준을 해석하기 위해 학년 수준 혹은 교과별 그룹에서 연구하라(예를 들어, 이해와 중요한 질문을 확인하라).
- 세 가지 타원형 연습지를 사용하는 교재 내용과 내용 기준 우선순위를 정하기 위해서 학년 수준 혹은 교과별 그룹에서 연구하라(3장의 [그림 3-1] 참고).
- UbD에 기초를 둔 학교 혹은 지역 수준 교육과정을 만들어라(예를 들어, 이해, 중요한 질문, 핵심 수행 과제 등을 포함하는).
- 교실에서 본질적 질문을 게시하라. 동료 미팅을 하는 동안 예를 공유하라.
- 핵심 수행 과제(이해의 여섯 국면에 기초하여)와 공동의 채점 루브릭을 개발하라.
- 핵심 수행 과제에 대한 학생 작업을 검토하고 평가하기 위해 학년 수준 혹은 교과별 그룹에서 연구하라. 루브릭을 위해서 학교 전체 혹은 지역 전체의 '앵커'를 선정하라.
- 학생의 잘못된 이해의 영역을 확인하고, 중재 계획을 개발하기 위해서 외부의 성취검사 데이터와 학생의 연구를 분석하라.
- 실행 문제 영역을 중심으로 현장 연구와 단원 연구를 설정하고 실행하라.
- 신임 교사에게 UbD를 소개하기 위해서 실행 프로그램을 개발하고 실행하라.
- 백워드 설계를 다양한 학교와 지역 내 학구의 이니셔티브를 설계하는 데 적용하라.
- UbD 실행을 지원하기 위해서 주, 연방, 재단 기부금을 요구하라.

말한 것을 실천하기

어떤 길도 UbD에 대한 이해와 UbD를 활용한 설계의 능숙성을 발달시키기 위해 개인 혹은 팀을 안내하거나 지도하지는 않는다. 하지만 우리는 교육자들이 UbD를 어떻게 사용할 것인지에 대한 계획에서 백워드를 사용하고 '실천하고' 있다는 것을 정말로 충고하고 싶다.

부록

부록 1: 6페이지 템플릿
부록 2: 대학교에서 활용 가능한 백워드 설계 기반 강의계획서(일반과목)

부록: 6페이지 템플릿

여러분이 자신의 UbD 단원을 설계할 경우에, 다음의 완성된 6페이지짜리 템플릿을 사용하라.

단원 커버 페이지(Unit Cover Page)

단원 제목: 당신은 바로 당신이 먹는 것으로 나타난다.   **학년**: 5학년

교과/주제 영역: 건강과 영양

핵심 단어: 영양, 건강 상태, 건강, 규정식, 음식 피라미드

설계자: Bob James   **기간**: 3주

학구: Montgomery Knolls P.S.   **학교**: Cheshire Cat 초등학교

단원의 주요 요약(교육과정 맥락과 단원 목표 포함):

이런 건강 교육과정을 소개하는 단원에서 학생들은 영양 요구, 음식 그룹, 다양한 음식의 영양 이점, USDA 음식 피라미드 지침, 그리고 영양 부족과 연관된 건강문제에 대해 학습할 것이다. 교사들은 가상의 식이 요법을 분석하기 위해 협동집단에서 연구하고, 그들의 영양 가치를 개선하기 위한 방법을 추천하며, 나쁜 식사 습관에서 기인한 건강문제에 관해 연구를 착수하면서 건강한 삶을 위한 영양의 중요성에 대해 학생들을 가르치려고 설명된 영양 소책자를 설계할 것이다.

수행 과제를 완결하는데 있어 학생들은 3일 앞으로 다가온 외부 교육 프로그램을 위해 제안된 식단표를 개발하고 보여 준다. 식사와 간식을 위한 학생들의 식단표는 USDA 식품 피라미드 기준을 충족시켜야만 한다. 그 단원은 학생들의 개별 식사 습관을 평가하는 자신들과 자신들이 건전하게 먹는 범위까지를 결정짓는다.

단원 설계 상태: ☑ 완성된 템플릿 페이지—1, 2, 3단계

☑ 각 수행 과제에 대한 완성된 청사진   ☐ 완성된 루브릭

☐ 학생과 교사에게 주는 지시 사항   ☐ 자료 및 자원 목록

☐ 제안된 권고 사항   ☐ 제안된 부가물

상황: ☐ 초안 (날짜 3/12)   ☑ 개정안 (날짜 7/14)

☑ Peer reviewed   ☑ Content reviewed   ☑ Field tested   ☐ Validated   ☐ Anchored

1단계-바라는 결과 확인

설정된 목표:

> 기준 6-학생들은 영양과 다이어트에 대해 필수적이고 본질적 개념을 이해할 것이다.　**G**
>
> 　　6a-학생들은 자신들과 타인들을 위해 알맞은 규정식을 계획하려고 영양소를 이해하고 사용할 것이다.
>
> 　　6c-학생들은 자신들의 식습관 유형과 그것이 개선될 수 있는 방법들을 이해할 것이다.

어떤 본질적 질문을 고려할 것인가?

> - 건전한 식사 습관은 무엇인가?　**Q**
> - 당신은 건전한 식사 습관을 가진 사람인가? 그것을 당신이 어떻게 아는가?
> - 한 사람에게 양호한 규정식이 다른 사람에게는 어떻게 양호하지 않게 되는가?
> - 미국에서 이용할 수 있는 모든 정보에도 불구하고 왜 영양 부족이 생겨나는가?

어떤 이해가 바람직하게 요구되는가?

> 학생들은 다음 ……을 이해할 것이다.　**U**
> - 균형 잡힌 식이 요법이 신체와 정신건강에 기여한다.
> - USDA 음식 피라미드는 영양소에 관한 관계된 지침을 나타낸다.
> - 나이, 활동 수준, 몸무게 그리고 건강 전반에 근거하여 개인을 위한 다양한 다이어트 요구 조건
> - 건강한 삶은 비록 그것이 편안하고 안정된 습관을 깨뜨린다 하더라도 개인이 좋은 영양소에 대한 가용한 정보를 준수하고 이용할 것을 요구한다.

학생들은 이 단원의 결과로서 어떤 핵심 지식과 기능을 얻게 될 것인가?

> 학생들은 ……을 알 것이다.　**K**
> - 핵심 용어-단백질, 지방, 칼로리, 탄수화물, 콜레스테롤
> - 각 식품군에서 음식의 종류와 그들의 영양 가치
> - USDA 식품 피라미드 지침
> - 필수 영양소에 영향을 미치는 변인
> - 영양 부족으로 생긴 일반적 건강문제들

> 학생들은 ……을 할 수 있을 것이다.　**S**
> - 식품 라벨에 있는 영양 정보를 읽고 해석하기
> - 영양적 가치에 비추어 다이어트를 분석하기
> - 자신과 다른 사람을 위해서 균형 맞춘 식사 계획을 세우기

2단계-수용 가능한 증거 결정하기

어떤 증거가 학생들이 이해했다는 것을 보여 줄 것인가?

수행 과제: **T**

당신은 바로 당신이 먹는 것으로 나타난다—학생들은 건강한 삶을 위해서는 좋은 영양이 중요하다는 것을 아동들에게 가르칠 삽화를 넣은 브로셔를 만든다. 그들은 어린 학생들에게 나쁜 식습관을 없앨 아이디어를 제공한다.

식사하다(Chow Down)—학생들은 다가오는 체험학습을 준비하기 위해 3일간의 주식 및 간식 식단을 짠다. 그들은 캠프 지도자에게 그들이 짠 식단이 선정되어야만 하는 이유를 설명하는 편지를 쓴다(그 식단이 미국 농무부의 식품 피라미드 권고를 충족하고, 학생들이 먹기에 맛이 좋다는 것을 보여 줄 수 있는). 그들은 특수한 식이요법 조건(당뇨환자나 채식주의자)이나 종교적 배려를 위해 적어도 하나의 변형 식단을 준비한다.

1단계 바라는 결과에 따라 수집될 필요가 있는 다른 증거는 무엇인가?

다른 증거: **OE**

(예를 들어, 검사, 퀴즈, 단서, 작품 샘플, 관찰)

퀴즈—식품군과 미국 농무부 식품 피라미드
단서—불충분한 영양의 결과로서 일어날 수 있는 두 가지의 건강문제를 기술하고, 어떻게 이러한 문제를 피할 수 있는지 설명하라.
기능 점검—식품 라벨의 영양학적 정보를 해석하라.

학생 자기평가와 반성:

1. '당신은 바로 당신이 먹는 것으로 나타난다.'라는 팸플릿을 자기평가하라.   **SA**
2. 캠프 식단, 식사(Chow Down)를 자기평가하라.
3. 단원의 끝에(시작과 비교해서) 당신이 어느 정도 건강에 유익한 식사를 하는지 반성하라.

평가 과제 청사진

어떤 이해나 목표들이 이 과제를 통해 평가될 것인가?　　　　　　　　　　　　　　**G**

> 학생들은 그들 자신과 타인들을 위해 알맞은 규정식을 계획할 것이다.

특별한 과제와 상관없이 기준과 이해에서 암시되는 준거는 무엇인가? 기준이 충족되었다는 것을 나타내기 위해 학생들의 작업은 어느 정도의 질적 수준을 설명해야만 하는가?

- 영양학적으로 양호하다.
- 맛의 비교와 영양
- 실현 가능한

학생들의 이해를 증명하는 참 수행 과제는 무엇인가?

> **과제 개관(overview):**　　　　　　　　　　　　　　**T**
>
> 우리가 영양에 대해 학습한 이후로, 외부 교육센터의 캠프 지도자가 우리에게 올해가 지난 후 센터에서 3일간 여행을 위해 영양적으로 짜인 식단표를 제안할 것을 요청하였다. USDA 식품 피라미드 지침과 식품 이름에 관한 영양 사실을 사용할 때 세 끼 식사와 간식을 포함해서 3일간의 계획을 설계하라. 여러분의 목표는 맛있고 영양적으로 짜인 식단표다. 식단표에 더하여, 캠프 지도자에게 여러분의 식단표가 USDA 영양 지침과 관련 있음을 설명하는 편지를 준비하라. 지방, 단백질, 탄수화물, 비타민, 미네랄, 칼로리의 분해를 보여 주는 표를 준비하라.

바라는 이해의 증거를 제공하는 학생 결과물과 수행은 무엇인가?

> 영양 가치의 차트를 가진 식단표

> 캠프 지도자에게 편지 쓰기

어떤 준거에 따라서 학생 결과물과 수행을 평가할 것인가?

- USDA 지침을 충족시키는 식단표
- 영양 가치 차트는 정확하고 완전하다.
- 식단표는 청중과 상태를 설명해 준다.

- 영양 가치의 효과적인 설명과 제안된 식단표의 맛 호소
- 알맞은 편지 형식
- 정확한 철자와 협약

3단계-학습 경험 계획하기

WHERETO

학생들이 바라는 이해를 보증하고 개발하며 설명하기 위해 갖추어야 할 교수 및 학습 경험의 계열은 무엇인가? 계열에서 핵심 교수 및 학습 활동을 목록화하기 위해 다음 표본지를 활용하라. **WHERETO** 요소의 적절한 머리글자로 각각의 출발점을 약호화하라.

1. 출발점 질문(너희가 먹는 음식이 여드름의 원인이 될 수 있을까?)을 가지고 시작하여 학생들로 하여금 일상생활에서 영양의 영향에 **L** 대해 흥미를 갖게 한다.   **H**

2. 본질적 질문을 제시하고 궁극적인 단원 수행 과제에 대해 토론하게 한다(식사하기와 식사 실천 계획).   **W**

3. 노트: 핵심 단어는 다양한 학습활동과 수행 과제 중 필요할 때마다 제시한다. 학생들은 학습활동과 과제에 도움이 되는 건강 교과서의 해당 단원을 읽고 토론한다. 지속적인 활동으로 나중에 검토, 평가할 수 있도록 학생들의 일상적인 음식, 음료를 표로 만들어 둔다.   **E**

4. 식품군과 관련한 개념 획득의 단시수업을 제시하라. 그런 다음 학생들이 식품 그림을 적절히 범주화하는 실습을 실시한다.   **E**

5. 식품 피라미드를 소개하고 각 식품군에 들어가는 식품 확인시키기, 학생들은 각 식품군에 속해 있는 오려 낸 식품 그림을 가지고 식품 피라미드 포스터를 만들기 위해 그룹활동을 한다. 만든 포스터를 교실이나 복도에 게시한다.   **E**

6. 식품군과 식품 피라미드에 대한 퀴즈 제시하기(연결형 문제)   **E**

7. USDA(미국 농무부)에서 제공하는 영양 관련 브로셔를 검토하고 토론하기(토론 주제: 건강해지기 위해서는 모든 사람이 동일한 식사를 해야 하는가?)   **R**

8. 협동적인 그룹활동으로, 학생들에게 가상의 가족 식단을(의도적으로 불균형하게 한) 분석하고, 영양 개선을 위한 권고안을 작성하게 한다. 교사는 학생들의 작업을 관찰, 조언한다.   **E-2**

9. 식단 분석 결과를 다른 그룹과 함께 의논해 보고 학급 차원에서 토론하게 한다(주의: 교사는 수업상의 주의를 요구하는 오해를 찾기 위하여 영양 분석 자료를 모아 검토할 것).   **E, E-2**

10. 학생들은 각자 어린아이들에게 건강한 생활을 위해서 좋은 영양이 얼마나 중요한지, 그리고 나쁜 식단 때문에 어떤 문제가 생기는지를 알려 주기 위하여 영양 관련 브로셔를 만든다. 이 활동은 전적으로 학급 밖에서 이루어진다.   **E, T**

11. 각자 개발한 브로셔를 그룹별로 교환해서 보고, 준거 리스트에 따라 동료평가를 하며, 그 결과를 피드백하여 자료를 개선한다.   **R, E-2**

12. '영양과 당신' 비디오를 보여 주고 토론한다. 불충분한 식사와 관련된 건강문제를 토론한다.   **E**

13. 지역병원의 영양사를 초빙하여 불충분한 식사로 인해 발생하는 건강문제 강의를 듣고 질문을 하게 한다.   **E**

14. 학생들은 쪽지시험을 친다. 불충분한 식사로 생길 수 있는 건강문제 두 가지를 들고, 그것을 피하려면 영양 습관을 어떻게 해야 하는지 설명하라(교사는 쪽지시험을 수집하여 평가할 것).   **E-2**

15. 교사가 식품 라벨의 영양 정보를 읽고 해석하는 시범을 보인다. 그 후 기증받은 상자, 깡통, 병(비어 있을 것!)을 학생들에게 주어 실습하게 한다.   **E**

16. 학생들은 3일간의 캠프 메뉴를 각자 독립적으로 만들게 하고, 이렇게 만들어진 메뉴를 평가하고 피드백을 준다. 학생들은 지침을 이용하여 그들의 계획에 대해 자기평가, 동료평가를 실시한다.   **E-2, T**

17. 단원의 결론으로 학생들은 매일 자신들의 식사표를 검토하고, 식단과 관련하여 자신의 건강을 자기평가한다. 변화가 있었는가? 나아졌는가? 외모나 감정의 변화를 느끼는가?   **E--2**

18. 건강한 식단을 위하여 개인별 '식사 실천 계획'을 만들게 한다. 이것을 보관하였다가 학생 학부모 컨퍼런스에서 발표한다.   **E-2, T**

19. 학생 자신의 개인적 식이 습관에 대한 자기평가로 이 단원을 마무리한다. 각 개인으로 하여금 각자의 '건강한 식단'을 목표로 하는 실천 계획을 만들게 한다.   **E-2, T**

3단계 – 학습 경험 계획하기(계속)

WHERETO 요소들을 고려하라.

금요일	**5** (ET) 10. 소책자에 관해 사정하고 피드백을 주라. 학생들을 순가의 목록을 사용하는 소책자를 자기평가와 동료평가하도록 하라라.	**10** (E) 15. 영양 가치를 위한 음식 이름 정보를 해석할 방법을 만들라. 학생들에게 음식 이름을 해석하는 연습을 하게 하라.	**15** (ET) 20. 학생들이 개별 식습관과 관련해서 학생 자기 평가를 가지고 단원을 결정하라. 각 학생들에게 건강한 식습관 목표를 위한 개별 행동 계획을 개발하게 하라.
목요일	**4** (ET) 8. '영양과 당신'이라는 비디오를 보고 토의하라. 9. 학생들에게 건강한 삶을 위해 좋은 영양이 중요성에 대해 어리 학생들을 가르칠 설명된 영양 소책자를 설계하게 하라.	**9** (ET) 14. 학생들에게 영양 부족에서 기인한 건강문제에 관한 연구를 수행하게 하라. 학생들에게 그들이 그룹의 발견을 공유하는 방법을 선택하도록 제공하라.	**14** (ET) 19. 학생들에게 식습관 변화를 찾도록 그룹이 음식 일기를 검토하게 하라. 각 학생은 개선된 영양에 관한 한 일련의 개별 목표를 가지게 하라.
수요일	**3** (ET) 6. 식품 피라미드에 관한 수업을 전개하고 각 그룹에서 음식들을 확인하라. 7. 건강 교과서에서 관련 있는 선택을 읽고 토의하라.	**8** (E) 13. 학생들이 영양 부족으로 생긴 건강문제에 대해 중요하게 글을 기울이게 하라.	**13** (E) 18. 캠프 식단표에 관해서 평가하고 피드백을 주라. 표체를 사용하면서 학생들에게 자기평가와 동료평가를 하게 하라.
화요일	**2** (E) 4. 식품군에 관한 개념 학득 수업을 하고 음식들을 범주화하라. 5. 학생들에게 USDA 영양 소책자를 읽고 토의하게 하라.	**7** (R) 12. 집단 검토를 이행하고 규정식 분석과 관련해서 피드백을 주라. 개정을 받아들여라.	**12** (E) 17. 학생들이 자신들의 식단표를 작성하도록 관찰하고 지도하라.
월요일	**1** (HW) 1. 학생들을 식습관의 토의로 묶어 두라. 2. 본질적 질문과 핵심 어휘를 소개하라. 3. 학생들에게 그들의 일상적 식습관을 기록하는 음식일기를 쓰도록 하라.	**6** (E) 11. 협동집단에서 공부하면서, 학생들에게 탄수화물 규정식을 분석하고 개선된 영양을 추천하도록 하라.	**11** (E) 16. 학생들이 준거를 이해하기 위해 캠프 식단표를 검토하라.

부록 2: 대학교에서 활용 가능한 백워드 설계 기반 강의계획서(일반과목)

다음에 제시하는 설계 양식은 대학교에서 활용 가능한 것이다. 대학교의 특성에 맞게 적절하게 응용할 수 있다.

과목코드		이수구분	
교과목명(영문)		학점	
주 수강대상			
추천 선수과목			
담당교수		연구실	전화번호	
강좌유형	이론( ), 실험 · 실습( )	수업진행 방식	대면( ), 비대면( ), 블렌디드( )
유연학사제도	적용 학사제도:	수업 운영 기간:	

개요 단계: 교과목과 전공능력(핵심역량)과의 관련성 확인하기

	전공능력(핵심역량) 매핑	교과목과 전공능력(핵심역량)과의 관련성
교과목 역량 매핑	1.	
	2.	
	3.	
교과목 개요 및 성격	1. 교과목의 학문적 구조나 본질에 기반하여 진술하기 2. 1단계의 이해와 본질적 질문과 연계되도록 명제 형태로 진술하기 3. 활동이나 내용 중심보다는 교과목이 기대하는 이해 목표와 역량중심으로 진술하기	
키워드	(핵심내용 5~10개 제시)	

1단계: 기대하는 학습성과 명확히 하기

수업목표 설정하기	1. 이해의 여섯 가지 측면 고려하여 진술하기 2. 학교에서 강조하는 역량과 관련하여 진술하기

기대하는 학습성과	이해(Understand)		본질적 질문(Essential Questions)	
	(학생들은 무엇을 이해하게 될 것이다) 1. 2. 3.		1. 2. 3.	
	지식(Knowledge)		기술(Skill)	
	(학생들은 무엇을 알게 될 것이다) 1. 2. 3.		(학생들은 무엇을 할 수 있을 것이다) 1. 2. 3.	

2단계: 수용 가능한 평가 증거 결정하기

	수행과제(GRASPS)	여러 평가 증거의 활용
기대하는 학습성과	(기대하는 학습성과의 성취하도록 돕는 효과적인 수행과제의 개발) 1. 2.	(수업 운영 및 학습활동의 과정 중에 활용할 여러 평가들을 제시. 출석, 퀴즈, 학습과제, 활동참여도, 동료 및 자기평가, 기말시험 등) 1. 2.

	구분	평가내용 및 주안점	배점	기타
평가계획	출석			
	참여, 동료평가			
	학습활동지			
	수행과제			
	…			

3-1단계: 수업 운영 전략 및 학습활동 계획 수립하기

유연 학사제도	(집중이수제 등 유연학사제도를 적용한 경우에 작성. 제도 적용 목적과 필요성, 활용 방법, 수업 운영 기간, 주차별 시수 등)
주요 수업 방법	☐ 강의　　☐ 팀티칭　　☐ 토의·토론　　☐ 학생발표　　☐ 프로젝트기반학습(PJBL) ☐ 플립드러닝(FL)　　☐ 문제기반학습(PBL)　　☐ 사례기반학습(CBL)　　☐ 팀기반학습(TBL) ☐ 액션러닝(AL)　　☐ 디자인씽킹　　☐ 실습　　☐ 현장연계　　☐ 하브루타　　☐ 기타(직접입력)

수업 운영 전략 및 방법	(효과적인 한 학기 수업의 운영 전략과 방법, 절차 등을 제시. 대면/비대면 수업 운영 방법을 포함) 1. 가급적 이해기반 수업방법 및 전략 설계 2. 심층적 이해중심 수업 전략 설계 3. 학습자 활동이나 내용보다는 역량기반 수행능력 중심 방법 설계하기 4. 기타.

3-2 단계: 주차별 수업 운영 및 학습활동 계획

주차	학습주제 (1. 빅 아이디어 중심 2. 토픽보다는 테마 3. 사실보다는 진실 등)	수업 내용 (1. 반드시 가르쳐야 하는 내용 중심 2. 전이 가능한 지식 등 3. 영속적 이해)	학습활동 계획		방식
			학습활동	WHERTO	
1				W, T	대면
2					실시간비대면
3					현장실습
4					
5					
6					
7					
8	중간고사				
9					
10					
11					
12					
13					
14					
15					
16	기말고사				

학습자료					
구분	자료명	저자	출판사(출처)	출판년도	활용
도서	현장교사를 위한 교육	홍길동	율곡출판사	2014	주교재
도서	스토리텔링 학습	허균	조선출판사	2008	참고교재
동영상	이야기의 힘	BCC다큐			수업자료
동영상		유아인			수업자료
인터넷자료			http://학부모맘		수업자료
사진					수업자료
기타					참고자료
준비 및 유의사항					
기타 안내					

|미주|

제1장

1) 인지적 도구에 대해 추가적인 정보와 사례를 얻고 싶으면 McTighe & Lyman을 참고하라(1988).

제2장

1) 이것은 프랑스 단어가 악센트가 있는 영어의 숫자에 관한 유사한 리듬을 구성하는 것에 익숙해진 fake song이다. 힌트: 이 책은 *Mots d'Heures: Gousses, Rames*로 불린다(Luis d'Antin Van Rooten이 지었고, Penguin Books, 1980; Grossman Publishers(1967)에서 첫 출판되었다).

2) 과학교육 프로젝트에 관한 정보는 60 Garden Street, Cambridge, MA 02138의 천체물리학을 위한 하버드 스미스 소니언센터에서 유용한 것이다. http://cfa-www.harvard.edu/.

3장

1) 우리는 오래전부터 이 책을 추천하였다. 지금까지 출판되어 온 교육과정 구성에 관한 문제를 가장 분명하고 유용하게 분석해 놓은 것 중 하나라고 제안한다. 특히 저자 중 한 명이 진보주의 교육의 주요 인물이었기 때문에 *Understanding by Design*에서 제시된 거의 모든 아이디어를 존중하려고 시도

하는 실제적 경험을 제공하고 있다. 이 책은 예를 들어 온라인 도서관 www.questia.com과 같은 인터넷의 다양한 곳에서 찾을 수 있다.

2) 추가 자료를 원한다면 Erickson(1998), Tomlinson et al.(2001), 주요 개념들에 기초한 multivolume 참고서적, *Dictionary of the History of Ideas*, Adler(1999)를 참고하라.

제4장

1) 인지와 학습에서의 내러티브의 중요성에 관해 Schank (1990)와 Egan(1986)을 비교하라.

제5장

1) 이것은 수업의 발견적 접근을 요구하는 것은 아니다. 오히려 빅 아이디어를 이해하는 것이 우리가 여기에서 기술한 적극적인 탐구, 토의, 적용을 전형적으로 요구하는 것임을 주목할 뿐이다. 수업의 시퀀스에 관한 문제를 다룰 때 더욱 총괄적으로 바라보려면 제9장을 참고하라.

2) 다양한 국가 수준의 기준과 문서의 한계점과 질문과 이해에 관해 더욱 분명히 할 필요가 있다는 점을 철저히 논의하기 위해서는 Erickson(1998)의 제1장을 보라.

🎲 제6장

1) Lynn Erickson이 '개념적' 일반화라고 부르는 것을 강조한 다는 것을 주목하라. 그것에 따라 우리가 제한적 이해를 오히려 사실에 가까운 것으로 부른다. 우리는 이해의 두 가지 종류 모두가 사실로부터의 추론(inference)을 요구하기 때문에, 사실과는 반대되는 것으로 제한적이고 포괄적인 이해를 구별하기를 선호한다.

2) 과학(Michigan: http://www.miclimb.net)과 역사/사회과 (New York: http://www.emsc.nysed.gov/ ciai/socst/ ssrg.html; Virginia: http://vastudies.pwnet.org/sol/ c_framework.htm; Texas: http://www.tea.state.tx.us/ resources/ssced/toolkits/ html/toc_ubd.htm)에 있는 보충 자료를 참고하라.

3) Piaget(1973, 1973/1977)를 참고하라.

4) 우리의 목표가 학생들이 '어떻게 ……하는지 이해하도록' 하는 것이라고 생각할 때도 이것은 진실이다. 심지어 우리가 주요 과정이나 수행의 초점을 둔다면, 우리는 여전히 학생들이 수행을 향상시키기 위해 구체적인 통찰을 이해할 거라고 기대한다. Erickson(1998)의 83쪽을 참고하라. '개념 중심 교육과정'에 관한 제2장을 Erickson(2001)과 비교하라.

🎲 제7장

1) civil right: 공민으로서의 흑인, 여성, 소수민족 등에게 주어져야 할 평등권, 공민권(역자 발췌)

🎲 제9장

1) National Survey of Student Engagement(NSSE)의 2003년도 연차 보고서에 따라 http://www.iub.edu/~nsse/html/ report-2003.shtml을 활용하라. NSSE의 다른 연구들은 http://www.iub.edu/~nsse/에서 이용하라. Kuh(2003) 또한 참고하라.

2) 교수에 대한 설명을 위해 Levy(1996)를 보라.

3) 학습의 전이를 개발하기 위한 가장 유용한 목록인 '전이를 위한 10가지 도구들'을 검토하기를 독자들에게 권고한다. Fogarty, Perkins, & Barell(1992)을 보라.

🎲 제10장

1) 예를 들어, Blythe & Associates(1998), Battoms & Sharpe (1996), White & Gunstone(1992), Saphier & Gower (1997), Marzano & Pickering(1997)을 보라.

2) 교육적 역사와 친숙한 독자들은 학습이 이것과 다른 예에서 지식의 역사를 '요약하기(recapitulate)' 위해 설계되었다는 아이디어의 반향을 들을 것이다. 우리가 올바른 교육적 이론으로서 요약(recapitulation)의 아이디어에 동의하지 않더라도, 학생들이 참된 탐구와 때로는 재창조의 경험을 하거나 지식이 어떻게 개발되었는지를 모방한다는 아이디어는 심층적 학습에 의해 우리가 의미하고자 하는 것이다. 요약에 관한 더 많은 자료가 필요하면 Egan(1997), Gould(1977), Wiggins(1987)를 참고하라.

3) 독자들은 세 개의 칼럼을 위한 근본적 이유에서의 더욱 심오한 통찰을 위해, 그리고 어떤 종류의 교수가 목표로 하는 것에 가장 적합한지를 어떻게 결정할 것인지를 위해 Adler (1984)와 follow-up volumes을 참조하라.

4) Finkel(2000)을 보라.

🎲 제12장

1) 각 점수를 위한 학생의 작업과 과제 샘플을 포함하는 모든 루브릭과 다른 유용한 평가 관련 정보를 위해 http://www. ncaction.org.uk를 참고하라.

2) Kliebard(1987)의 223-224쪽을 보라. Kliebard는 교육과정을 흥미 중심으로 만들겠다는 아이디어가 Kilpatrick과 같은 '활동 중심 교육과정' 주창자들이 의도한 더욱 급진적인 (radical) 접근법에서 다소 변질되어 왔다는 것을 빈정대고 있다. Kliebard는 토픽에서 제안된 시퀀스가 '어린이들의 흥미를 실제로 나타낸다.'거나, 토픽들을 어떻게 순서 지을 것인지에 관해, 온당하지만 여전히 임의적인 성인 개념을 질문에 개방적인 것(open to question)으로 나타낸다.

3) 탐구의 논리를 주도하는 배경을 위해서는 Collingwood (1939), Gadamer(1994), Bateman(1990)을 보라.

제13장

1) 예를 들어, Kohn(2000)을 보라.

2) 간접적 검사들에서 과도한 신뢰를 받고 있는 것에 관해 우리가 제시한 다년간의 문서화된 반대들인, 이와 같은 방식으로 논의하는 것이 많은 독자에게 놀랄 만한 일일지라도, 여기에서 이러한 이슈는 검사 타당도에서 더욱 엄밀하게 다루어야 한다. 수많은 논쟁이 교육적 검사에서의 더욱 훌륭한 수행평가를 위해서 제시될 수 있지만, 여기에서 다루어지는 이슈는 반대다. '참되지 않은' 간접적 검사들은 타당도 추론(inference)을 만들어 낼 수 있다. 마치 '참된' 과제들이 타당하지 않은 추론을 만들어 낼 수 있는 것처럼 말이다.

3) 완전한 연구 보고서들은 http://www.consortium-chicago.org/publication/p0001.html에서 이용된다.

4) 게다가 현재 연구들은 그들이 야기한 점수에서의 획득에 관한 SAT-pre 회사들이 제기하는 과도한 주장에 의구심을 가져 왔다.

5) http://www.project2061.org/about/press/pr000627.htm으로부터. American Association for the Advancement of Science(http://www.aaas.org)의 프로젝트 2061은 미국의 수학과 과학 교재들에 관한 평가를 수행하였다. http://www.project2061.org/publications/articles/textbook/default.htm.을 참고하라.

6) http://www.project2061.org/about/press/pr990928.htm으로부터.

7) 주 수준의 기준들을 발표하지 않은, 아이오와는 지역 기준과 평가를 개발하는 school districts를 필요로 한다. 이러한 지역적 노력에 더하여, 많은 district들이 Iowa Test of Basic Skills을 사용한다.

8) Gardner(1991)의 8장, Bransford, Brown, & Cocking(2000), p.10ff을 참고하라.

9) 이 연구에 대한 부가적인 정보는 TIMMS 웹 사이트(http://nces.ed.gov/timss/)에서 찾을 수 있다. 보다 더 많은 단시수업 연구들을 보려면 Lewis(2002)를 보라.

10) 우리의 Understanding by Design Exchange (Http://ubdexchange.org)는 Association for Supervision and Curriculum Development(ASCD)와 협력하여 2001년 이래로 활동해 오고 있다. 이것은 UbD 템플릿의 전자 버전에서 설계된 천 개 이상의 단원을 포함하고 있다. The Exchange는 모든 구독자를 위해 단원들의 창조, 공유, 동료 검토를 위한 건전한 포럼을 제공한다. 그것은 같은 주제를 가르치는 동료와 함께 단시수업과 평가에 관한 아이디어들을 공유해 볼 기회를 교사들에게 제공하는 것이다. 그리고 그것은 세련된 연구 가능성, 교육과정 지도화하기 그리고 지역 설계에 관한 전문가 검토를 포함하는 학교와 지역의 행정가들을 위해 일련의 학습 자료를 제공한다.

| 용어 해설 |

간접적 검사(indirect test) 규범적인 맥락 이외에서 수행을 측정하는 검사. 정의에 따르면, 어떤 복잡한 수행(읽기, 쓰기, 문제 해결)의 다지선다형 검사는 간접적이다. ACT와 SAT의 결과는 신입생 성적의 평균과 관련되어 있기 때문에 대학에서 시험 합격자에게 적당한 간접적인 평가방식이다. 정의에 따르면, 간접적 검사는 직접적 검사보다 진정성이나 신빙성이 적다. 그러나 수행의 간접적 검사는 타당할 수 있다. 즉, 간접적 검사에 관한 결과가 직접적 검사 결과와 관련된다면 간접적 검사는 정의상 타당하다.

개념(concept) 단어나 구에 의해 표현되는 정신적인 구인이나 범주. 개념은 실체적인 사물(예를 들어, 의자, 토끼) 및 추상적인 아이디어(예를 들어, 민주주의, 용기)를 모두 포함한다. 중요한 포괄적 이해는 개념에서 도출된다.

개방적 질문(open-ended question) 유일한 하나의 정답을 유도하지 않는 질문이나 과제를 기술하기 위해 사용되는 용어. 이것은 모든 대답이 동일한 가치를 가지고 있다는 것을 함의하지는 않는다. 오히려 수용 가능한 많은 차별적인 대답이 가능하다는 것을 함의한다. 그래서 그러한 대답은 '정당화'되거나 '그럴듯한' 것이나 '잘 정의된' 것으로 '올바른' 것과 대비를 이룬다. 예를 들어, 에세이 검사 질문은 개방형인 반면, 선다형 검사는 그렇지 않다.

결과(result), 바라는(desired) **바라는 결과**를 참고하라.

결과로서 생기는 지식과 기능(resultant knowledge and skill) 학습 단원에서 나오도록 의도된 지식과 기능. 목표로 삼은 이해에 더하여 교사들은 다른 바라는 성과(예를 들어, '듣기에서 기능')를 확인한다. 결과로 생기는 지식과 기능은 **선수 지식 및 기능**과 차이가 있으며, 그것은 단원 목표가 된다. 선수 지식은 '단원의 목표를 달성하기 위해서 요구되는 것이다. 예를 들어, 역사적인 역할 연기를 강조하는 단원에서, 선수 지식은 묘사되는 사람들의 전기적인 사실과 관련되며, 선수 기능은 역할 연기를 할 수 있는 능력이다. 설계자는 UbD를 이용하여 단계 1에서 결과로 생기는 지식과 기능을 확인하고, 그 선수 지식을 학습 계획인 단계 3으로 엮는다.

공감(empathy) 이해의 여섯 **측면** 중 하나. 공감이란 '다른 사람의 입장에서' 이해하는 능력으로, 타인의 감정을 파악하는 데 자신만의 감정적 반응을 피하기 위한 것이며, 이해라는 용어를 가장 흔한게 구어적으로 사용하는데 핵심적인 것이다. 다른 사람, 민족 혹은 문화를 '이해하고자' 할 때, 우리는 공감하고자 애쓴다. 공감은 단순한 감정적 반응이 아니고, 연민이나 동정이 아니다. 누군가의 관점으로부터 세상(혹은 텍스트)을 이해하기 위한 학습된 능력이다. 다른 사람들이 보고 느끼는 것처럼 보고 느끼기 위해서 자신의 상상력을 이용하는 훈련으로, 다른 어떤 것이 가능하도록, 심지어는 바람직한 것이 되도록 상상하는 것이다. 공감은 **관점**(perspective)과 동일한 용어가 아니다. 관점을 가지고 어떤 것을 보는 것은 보다 더 객관적으로 보기 위해서 자기 자신과 냉정하게 거리를 두고 비평적으로 보는 것을 포함한다. 공감은 통찰, 경험, 그리고 주관적이거나 미적인 실제를 기초로 한 감정을 포함하여 다른 사람의 세계관 안에서 보는 것을 포함한다. 이 용어는 20세기 전환기에 청중이 예술 작품이나 예술의 수행을 이해하기 위해 해야 하는 것을 기술한 독일 학자 Theodor Lipps가 만들었다. 공감은, 비록 그들이 당혹스럽거나 어리둥절하게 보일지라도, 다른 사람의 아이디어나 행동을 그럴듯하고 분별 있거나 의미 있는 것으로 발견하는 신중한 행동이다. **적용, 설명, 해석, 관점, 자기지식**을 참고하라.

과정(process)　평가의 맥락에서 학생들이 평가에 의해 구체화된 최종 수행이나 결과물에 도달하는 중에 학생들이 밟게 되는 중간 단계. 그러므로 과정은 주어진 과제를 완전하게 하는 데 이용되는 모든 전략, 결정, 부가적인 기능, 미완성된 초안, 그리고 리허설을 포함한다. 최종 수행이나 산출을 유도하는 과정을 평가하도록 요청받았을 때 평가자는 때때로 학생들의 중간 단계나 최종 결과로부터 그들의 과정에 대해서 나타낼 수 있는 독립된 것을 분명하게 판단하도록 요청한다. 예를 들어, 집단 내에서 활동하기 위한 학생들의 능력을 평가하거나, 집단이나 개인 필자의 결과물을 산출하는, 최대한 독립적인 연구 프로젝트의 선행쓰기(prewriting)의 요소로서 개요를 준비하는 것이다. 강조할 점은 어떻게 학생들이 거기에 도달하는지 상관없이 최종 산출이나 수행이 설정된 기준에 맞아야 한다는 것에 있다.

관점(perspective)　이해의 여섯 **측면** 중 하나. 그럴듯한 다른 관점을 보는 능력이다. 이것은 이해가 어느 순간의 관점과 열정에 사로잡히지 않도록 하는 것이며, 사람이 알고 있는 것에서 멀어지도록 하는 것을 함의한다. **적용, 공감, 설명, 해석, 자기지식**을 참고하라.

교육과정(curriculum)　문자 그대로 '달리기 위한 코스'다. UbD에서 이 용어는 내용과 수행기준에 기초한 프레임워크를 수행

하기 위해 개발된 구체적이고 포괄적인 계획을 말한다.

기준(standard)　'기준은 무엇인가?'의 물음은 숙달되거나 효과적인 것으로 간주되어야 하는 내용을 기초로 한 과제의 종류에서 학생들이 어떻게 잘 수행해야 하는지를 질문하는 것이다. 이런 식으로 상이한 질문을 각각 기술하는 세 가지 종류의 기준이 있다. 내용 기준은 '학생들이 알아야 하고 할 수 있는 것은 무엇인가?'라는 질문에 대한 대답이고, 수행 기준은 '어떻게 학생들이 그들의 활동을 잘하는가?'라는 질문에 대한 대답이며, 설계 기준은 '학생들은 어떤 가치 있는 작업(work)과 직면하게 되는가?'라는 질문에 대한 대답이다. 대부분의 주의 문서는 단지 내용 기준만을 확인하였다. 또한 몇몇 주에서는 모범적이거나 적절한 것(전형적으로 표준화검사를 통해서 측정되는)으로 간주되는 성취 단계나 구체적인 결과로 수행 기준을 확인한다. 또한 UbD는 교사가 확실한 단원과 불확실한 단원을 구별하는 것으로 기준과 준거로, 과제 자체의 질과 관련된 **설계 기준**을 확인하고 강조한다.

기준의 다양한 종류 때문에 많은 혼동이 있을 수 있다. 더욱 혼돈스러운 것은 기준이라는 단어는 때때로 높은 기대(high expectations)의 동의어로 사용된다는 것이다. 다른 경우에는 어떤 사람이 성취할 수 있는 최상의 수행이나 산출로, 벤치마크를 위한 동의어로 사용된다. 그리고 대규모 검사에서 기준은 종종 암암리에 최저의 합격선을 말하는 최소한의 기준을 의미한다. 또한 우리가 종종 듣는 기준은 마치 그들이 일반적인 지침이나 원리인 것처럼 논의된다. 마지막으로 기준은 일상적으로 수행을 판단하기 위한 준거와 혼동된다(많은 사람은 루브릭이 평가를 위해 충분하다고 그릇되게 믿고 있다. 그러나 종종 모범 작품이나 보기에 따라서 실제적으로 만들어지는 분명한 수행 기준은 필수적이다).

기준 중심의 교육에 관해서 이야기할 때 교사들은 다양한 관점을 고려해야 한다. 첫째, 일반적인 의미에서 그들은 기대와 기준이 혼동되지 않도록 주의해야 한다. 수행 기준은 시도하는 모든 사람과 잘 훈련된 모든 사람이 도달할 수 있는 필수적인 것을 뜻하지는 않는다. 수행 기준은 기대(expectation)로 간주되는 경우가 더 낫다. 기준은 극소수의 사람이나 어떤 사람이 그것을 충족시키든 그렇지 않든 간에 가치 있는 것으로 남겨진다. 그것은 만약 그들이 교사(높은 기대를 가지고 있는)로부터 훌륭한 교수를 지속하여 가지게

된다면, 훌륭한 구성원의 학생들이 그것을 충족할 수 있을 뿐만 아니라 충족해야 한다는 것으로, 높아지거나 '도달하는' 것이 일어나는 기대와는 매우 다르다.

둘째, 평가에서 수행 기준은 '전형적인(exemplary)' 앵커 수행이나 어떤 상세화 혹은 컷 오프 스코어(cut-off score)에 의해 설정된다. 4분 마일, Malcolm Baldrige Award winning compaies, Hemingway의 작품, Peter Jenning의 구두 발표인 광범위한 세상의 벤치마크를 고려하라. 비록, 있다해도 극소수의 학생 수행자(performer)들이 그러한 기준을 충족하게 되겠지만, 그들은 여전히 프로그램과 평가를 구성하기 위한 가치 있는 대상이다. 학교 검사는 좀처럼 그러한 전문적인 벤치마크를 사용한 수행 기준을 설정하지 않는다(비록, 그러한 보기가 **루브릭**을 위한 **준거**의 자원으로서, 교수 모델로서 제공되더라도). 전형적으로 학교 기준은 '이정표'나 '연령에 적절한' 기준으로 불리는 동료 중심의 앵커(모범 작품)나 수행의 본보기(exemplar)의 선택을 통해서 설정된다. 그러한 활동 샘플의 보기를 선택하는 것은 사실상 기준을 설정하는 것이다.

그래서 주요한 평가의 질문이 생긴다. 어디에서 학생 작업(work) 혹은 작품의 샘플이 생겨야 하는가? 무엇이 앵커의 타당한 선정이 되도록 하는가? 그리고 어떻게 교사들이 학교의 기준을 보다 넓은 세계와 성인의 기준과 관련짓는가? 전형적으로 교사들이 수행하는 것은 평가받는 전체 학생들로부터 가용한 최상의 작업을 선택하는 것이다. (그러나 UbD의 제안자들은 유용하고 보다 장기적인 범위의 목표로 기능하고 지속적인 피드백을 안내하기 위해, 보다 향상되고 경험 있는 학생들에게서 나오는 앵커(모범 작품)가 학생들에게 제공될 필요가 있다고 믿는다.)

셋째, 기준은 수행을 판단하기 위해서 사용된 준거와는 다르다. 높이뛰기나 설득적인 에세이를 위한 준거는 학생의 나이나 능력을 문제 제시하지 않고 다소 고정되어 있다. 성공이 되도록 하기 위해서는 모든 높이뛰기는 바를 높여야 하는 동일한 준거를 충족시켜야 한다. 쓰기에서, 모든 설득적인 에세이는 적절한 증거와 효과적인 이유를 사용해야 한다. 그러나 바가 얼마나 높이 있어야 하는가? 얼마나 정교하고 엄격하게 논쟁이 이루어져야 하는가? 그것은 기준에 관한 질문에 있다(전형적으로 루브릭에서 상이한 단계에 대한 기술자(descriptor)는 준거와 기준 둘 다를 포함하고 있다).

그러나 기준은 비록 규준들이 시대에 적절한 기준을 결정하기 위해

서 사용되더라도 규준이 아니다. 전통적으로 수행 기준은 소위 cut off, 혹은 cut, score를 통해서 최소한으로 수용 가능한 수행 수준을 고정시킴으로써 실행되어 왔다. 전형적으로 교실에서의 등급 매기기와 주에서 실시하는 검사들에서 60점은 수행의 최소한의 기준으로 간주된다. 그러나 검사 설계자들은 방어할 수 있는 통과 점수(defensible cut score)를 설정하도록 좀처럼 요구받지는 않는다. 최초에 60은 통과이고 59는 실패하는 것으로 지정하는 것은 임의적인 것으로, 소수의 검사들은 59와 61은 중요하고 질적인 차이가 나타나도록 하기 위해서 설계되었다. 그래서 기준을 구분점(cutoff point)으로 생각할 때, 그것은 너무나 쉬워서 준거-참조 채점 시스템인 것이 규준-참고 채점 시스템으로 변화될 수는 없다.

그래서 내용 기준을 개선하는 것은 수행 기준을 반드시 끌어올리지 못한다. 내용은 투입을 의미하고 수행은 산출을 의미한다. 내용 기준은 학생들이 마스터해야 하는 특정한 지식을 진술한 것이다. 수많은 현재의 개혁은 투입이 산출을 필수적으로 개선시키게 될 것이라는 것을, 개선을 가정하고 있다. 그러나 이것은 분명한 거짓이다. 우리는 큰 노력을 요하는 힘든 교수요목에서 학생들로부터 여전히 형편없는 수준의 작품을 받을 수 있다. 사실, 단기간에 내용 기준만을 올림으로써 더 형편없는 수행을 획득하기를 기대하는 것은 합당한 일이다. 교수 내용에 대한 난이도에서 단지 보다 높은 수준의 기준만을 설정하는 것은, 만약 다른 요인들(교수와 그리고 작업에 소요되는 시간)이 변함이 없으면, 학생들로부터 더 많은 좌절을 야기할 것이다.

타당하고 유용한 수행 기준을 설정하는 것에서 물어야 하는 핵심 질문은 항상 학생들이 어느 정도의 수행 수준에서 '적절하게 자격이 갖추어지거나 인정되게 되는가?'이어야 한다. 그래서 기준을 적용하고 시행하기 위한 효과적인 해결책은 내부 교사와 학교 기준을 외부 세계, 즉 폭넓은 벤치마크에서 어느 정도 동등하고 가치 있는 성취 수준과 동일하다고 보는 것이다. 따라서 채점을 하는데 실질적인 내용과 안정성, 신뢰성을 제공하게 된다. 이것은 직업적이고, 음악적인, 신체적인, 그리고 다른 수행 중심의 학습 형태에서 볼 수 있는 공통적인 특징이다.

내용 기준(content standard)　　**기준**을 보라.

단서(prompt)   **학술적 단서**를 참고하라.

단원(unit)   간략하게 말하자면, '학습 단원(unit of study)'이다. 단원은 날이나 주를 교차하여 코스나 스트랜드에서 통일된 작업(work)의 덩어리를 나타내는 것이다. 한 가지 예로, 살아 있는 생물의 일생(코스), 3학년 과학(교과), 과학(프로그램)에 해당하는 것으로 이것들은 자연 환경과 적응에 관한 단원이다. 비록, 무엇이 하나의 단원인지를 의미하는 정확하고 고정된 준거가 없지만, 교사들은 일반적으로 길이에서 볼 때 단시수업과 전체 교수요목 사이의 범위에 위치하는 교재(subject matter)의 체계로 단원을 생각하고 있다. 즉, 주요 주제(예를 들어, 미국의 독립전쟁)나 과정(예를 들어, 과정연구)에 초점을 두며, 적어도 며칠이나 몇 주 사이에서 지속되는 것이다.

루브릭(rubric)   판단자가 학생 작품에 관해 신뢰할 수 있는 판단을 하고 학생이 자기평가를 할 수 있도록 해 주는 준거 중심의 채점 가이드. 루브릭은 한 가지 이상의 수행의 특성을 평가하며, '확인된 결과에 대한 이해나 숙달도는 무엇처럼 보이는가?'에 대한 질문에 대답한다. **분석적 특성의 채점 혹은 분석적 루브릭**을 참고하라.

명제(proposition)   두 가지 혹은 세 가지 이상의 개념 간에 관련성을 기술하는 문장이다. UbD는 목표로 삼는 이해가 단지 주제가 내용 기준을 언급하는 말이 아니라 이해되어야 하는 구체적인 명제로서 구성되어야 한다는 것을 제시하고 있다. 명제는 원리, 일반화, 원칙이나 공리, 법칙을 포함한다.

모범 작품 혹은 앵커(anchors)   작품이나 수행의 샘플은 루브릭의 각 수준에 대한 구체적인 수행 기준을 설정하는 데 이용된다. 예를 들어, 쓰기에서 6단계의 수행을 기술하는 단락에 첨부된 것은 6단계 수행을 묘사하는 두 개 혹은 세 개의 쓰기 예시가 된다(최고 점수에 대한 앵커를 종종 '모범 사례(exemplar)'로 불리기도 한다). 모범 작품은 채점 신뢰도에 중요한 기여를 한다. 모범 작품이 없는 루브릭은 전형적으로 너무 애매해서, 판단자와 수행자와 같이 분명한 기준을 설정할 수가 없다. '정교하고 설득적인' 혹은 '통찰력 있는 수학적인 결론'과 같은 표현은 만약 교사들이 명확하고 안정된 정의를 제공하는 작품의 사례를 가지고 있지 않다면 별로 의미가 없다. 모범 작품은 구체적인 양질의 작품 모델을 제공함으로써 학생들을 지원해 준다.

목표(target), 성취(achievement)   **성취 목표**를 참고하라.

바라는 결과(desired result)   명세적인 교육 목표와 성취 목표. UbD에서 단계 1은 모든 바라는 결과로 요약된다. 흔한 동의어로 표적(target), 목표(goal), 명세 목표(objectives)와 의도된 성과(intended outcome)를 포함한다. 교육에서 바라는 결과는 일반적으로 다섯 가지가 있다. 첫째, 사실적이고 규칙에 기초한 선언적인 지식(예를 들어, 명사는 사람, 장소 혹은 사물의 명칭이다), 둘째 기능과 과정(예를 들어, 원근법을 표현하기, 주제를 연구하기), 셋째 아이디어, 사람, 상황 그리고 과정 속의 추론으로부터 도출된 통찰과 같은 이해(예를 들어, 가시광선은 전자 스펙트럼 안에서 매우 작은 선으로 보인다), 넷째 마음의 습관(예를 들어, 고집, 애매함에 대한 인내), 다섯째 태도(예를 들어, 가치 있는 여가시간을 추구하는 것과 같은 읽기의 감상)다. 비록, 앞의 다섯 가지 종류가 복잡한 학습을 포함하고 있지만, 바라는 결과는 측정 가능한 용어로 만들어야 한다. 다시 말해서, 타당한 평가는 학습자의 작업이 그 목표를 도달하는지에 대한 정도를 측정하기 위해서 설계된다. **성취 목표**를 참고하라.

반복적인(iterative)   앞에서 이루어진 작업을 지속적으로 다시 살펴보고 재검토하는 것을 요구하는 것. 지속적인 개정을 필요로 한다. 그래서 반복적인 접근은 직선이나 단계적인(step-by-step) 과정과 반대된다. 동의어로는 순환적인, 순회하는, 연속적인 것이 있다. 교육과정의 설계 과정이 항상 반복적이라는 것은 설계자가 설계의 각 요소로 활동을 하면서 그들이 후에 무엇을 할지, 어떻게 그것을 평가할지, 그리고 어떻게 그들이 그것을 가르칠지에 관해서 그들의 처음 아이디어를 지속적으로 재검토하는 것이다. 그들은 학습에서 발생하는(혹은 발생하지 않는) 최근의 설계와 결과의 관점에서 앞선 단원과 수업을 재고하는 것이다.

백워드 설계 혹은 역방향 설계(backward design)   최종 결과를 염두에 두고 시작해서 그 마지막을 향해 설계하는 것으로 교육과정이나 단원을 설계하는 접근방식. 비록, 이러한 접근방식이 논리적인 듯하지만, 많은 교사가 최종 목적(내용 기준이나 이해 등과 같은 목표로 삼은 결과)에서 단원 설계를 하는 것보다는 교과서나 좋아하는 수업방식, 그리고 전통적 활동 등과 같은 수단으로 단원 설계를 하기 때문에 백워드로 간주되는 것이다. 우리는 바라는 결과에서 시작해서 그 결과가 성취되었다는 것을 결정하기 위해 필요한 증거를 확인하는 방식으로 기존의 관습을 바꿀 것을 주장한다. 분명하게 구체화된 결과와 평가에서, 설계자는 필수적인 지식과 기능, 그리고 학생이 수행을 위해 갖출 필요가 있는 교수만을 결정하게 된다. 이러한 입장은 새로운 것이 아니다. Ralph Tyler(1949)는 50년 전에 분명하고 간명하게 백워드 설계의 논리를 기술하였다.

> 교육 목표는 선정된 자료, 개략적인 내용, 발전된 수업 절차와 준비된 테스트와 시험에 따른 준거들이다. ……목표의 진술 의도란 수업활동이 이러한 목표를 획득하는 것과 유사한 방식으로 계획되고 발전되기 위해 유도된 일종의 변화를 학생들에게 지시하는 것이다(pp. 1, 45).

벤치마크(benchmark)   평가 시스템에서, 발달적으로 적합한 기준, 때때로 '이정표(milepost)' 기준으로 불린다. 예를 들어, 많은 주 전체의 시스템에서 4, 8, 10 그리고 12등급으로 벤치마크를 설정하였다. 많은 주의 내용 기준에서 벤치마크는 기준에 대한 보다 구체적인 지표를 제공한다.

벤치마크는 하부 기준으로 작용한다. 운동경기와 산업에서, 그 용어는 종종 수행의 가장 높은 단계인 모범 사례(exemplar)로 기술된다. 동사로 사용된 벤치마크는 특정 목표를 위한 최상의 수행이나 성취에 대한 설명서를 찾아내는 것을 의미한다. 결과로서 생기는 벤치마크(명사)는 최상의 가능한 수행 기준, 궁극적인 목표를 설정하는 것이다. 그래서 이러한 의미로 벤치마크는 교사들이 자신들의 평가를 최상의 가능한 작품 사례(일반적인 학구에서 나오는 예시들에 부합하는 것에 비교하여)들에 의해 앵커되도록 원할 경우에 사용된다. 또 다른 의미로, 벤치마크에 부합하는 평가는 결과에 대한 예측 가능한 결과의 곡선을 만들어 낸다고 기대되는

않는다. 기준은 합리적인 기대와는 다르다(기준을 참고하라). 극소수의 산출이나 수행 혹은 심지어 산출이나 수행이 전혀 없는 것은 벤치마크 수행과 조화를 이룰 것이다.

분석적 특성 채점(analytic-trait scoring) 혹은 분석적 루브릭   학생의 산물과 수행을 평가하기 위한 몇 가지 특징적인 준거를 사용하는 채점의 유형. 사실상 수행은 매번 분리된 준거의 렌즈를 이용하여 여러 번 평가된다. 예를 들어, 에세이의 분석적인 채점에서 우리는 조직, 세목의 사용, 청중에 대한 주의, 설득력, 그리고 규약의 다섯 가지 특징을 평가한다. 분석적인 채점은 단일한 것으로 구조를 판단하는 **총체적인 채점 혹은 총체적 루브릭**(holistic scoring)과 대조를 이루는 것으로, 수행에 관한 종합적인 인상이다. **루브릭**을 참고하라.

본질적 질문(essential question)   교과나 교육과정(사소하거나 선도적인 것 둘 다에 반대되는 것으로서)의 중심에 놓이거나 교과의 탐구와 **심층적 학습**을 촉진시키는 질문이다. 그래서 본질적 질문은 직접적인 대답을 산출하는 것이 아니라(유도 질문하는 것처럼) 사려 깊고 식견이 있는 사람들이 동의하지 않는 상이한 그럴듯한 대답을 산출한다. 본질적 질문은 범위상 범교과적으로 포괄적이거나 제한적(단원 특정적)일 수 있다(이것은 앞의 UbD 자료를 통해 언어의 사용에서의 변화를 제시하고 있다는 것을 주목하라).

블룸의 분류학(Bloom's Taxonomy)   가능한 지적 목표의 범위를 분류하고 명료화한 시스템에 대한 일반적 명칭이다. 이는 인지작용에서 쉬운 것부터 어려운 것에 이르기까지, 특히 이해에 대한 정도를 분류해 놓은 것이다. 40년 전 Benjamin Bloom과 그의 동료들은 검사와 측정에서 이러한 도식을 개발하였다. 이는 학생들의 평가를 설계하면서 가장 단순한 회상(recall)의 형식에서부터 가장 정교한 지식의 이용에 이르기까지 이 과정을 구별 짓기 위한 것이었다. 이들의 연구는 『교육목표분류학: 인지적 영역』이라는 제목으로 도처에 널려 있는 교재에 요약되어 있다. 저자들이 주로 언급하듯이, 이 책의 집필은 테스트에 대한 지속적인 문제에서 도출되었다. 테스트 개발자들이 전형적으로 사용하는 문구인 '비평적 이해에 대한 것' 그리고 '완전한 지식에 대한 것'과 같은 목표의

의미에 관해 분명한 동의가 없다고 가정한다면 교육자들은 교육 목표나 교사 목표가 어떤 식으로 측정되어야 하는지 알 필요가 있었다. 분류학의 도입 부분에서, Bloom과 동료들은(1956) 흔하게 추구하는 것이지만 잘 정의되지 않은 목표로서 '이해'를 언급하였다.

> 예를 들어, 몇몇 교사들은 그들의 학생들이 '실제로 이해해야' 한다고 믿고, 다른 사람들은 그들의 학생들이 '지식을 내면화'하기를 희망하며, 여전히 다른 사람들은 그들의 학생들이 '핵심적이거나 필수적인 것을 이해'하기를 원한다. 그들은 이 모든 것을 동일한 것으로 의미하는가? 구체적으로 학생들이 '실제로 이해하면' 무엇을 하고, 그들이 이해하지 못하였을 때 어떤 것을 할 수 없는가? 분류학의 참조를 통하여…… 교사들은 그러한 불투명한 용어를 정의할 수 있게 될 것이다(p. 1).

그들은 여섯 개의 인지적 단계를 확인하였다. 지식, 이해, 적용, 분석, 종합 그리고 평가로, 흔히 마지막 세 개는 '고차적 차원'으로 언급된다. 이러한 구조에서 주목할 만한 것은 고차적 차원의 사고는 그것이 정의하듯이 '적용'을 포함하지 않는다. 학생들이 더 효과적으로 지식을 활용하게 하는 것에 관한 참 평가를 지지하는 많은 옹호자가 표현하는 관심과 겉으로 나타나는 적용에 대한 복합적인 요구가 주어진다면 이것은 이상하게 들릴 것이다. 그러나 이것은 Bloom과 동료들이 적용에 관해 의미하는 것은 아니다. 문장을 구성하거나 수학 단어 문제를 해결하는 것처럼 학생들이 시험 환경에서 단편적 지식과 기능을 사용해야만 한다는 더욱 협소한 사례에 관하여 언급하였던 것이다. 즉, 복잡하고 다양한 측면을 가지며 맥락화된 문제를 해결하기 위한 레퍼토리에 의존하여 보다 정교하게 도출된 행동을 언급하지는 않았다. 그래서 종합(synthesis)에 대한 저자의 기술은, 그러한 목표가 '학생들의 독특한 산출'을 요구하는 것에 대해서 강조하기 때문에, 특히 UbD에서 사용되는 적용의 의미와 일반적으로 수행평가의 운동에 보다 적합하다.

비구조화된(ill-structured) 답하거나 해결하기 위한 비법이나 분명한 방법을 결여하고 있는 질문, 문제 혹은 과제를 기술하는 데 사용된다. 비구조화된 과제나 문제는 성공을 유도하기 위해 보장된 구체적인 전략이나 접근방식을 제시하거나 함의하지 않는다. 종종 그 문제는 희미해서 해결책이 제공되기 전에 보다 더 정의되거나 분명하게 될 필요가 있다. 그래서 그러한 질문이나 문제는 그들이 훌륭한 판단과 상상을 요구하는 지식보다 많은 것을 요구한다. 모든 훌륭한 시험의 질문, 과학적인 문제 혹은 설계 도전은 비구조화되어 있다. 비록, 목표가 이해되거나 기대가 분명할 때 절차는 그 방식에 따라서 개발되어야 하는 것이 틀림없다. 변함없이 비구조화된 과제들은 단지 단순한 지식 전이의 적용이 아니라 성실한 자기 평가와 개정을 필요로 한다. 삶에서 대부분의 실제적인 문제는 비구조화되어 있다. 그런데 보통 대부분의 검사 항목은 그렇지 않다. 검사 질문은 단일하고 애매하지 않은 옳은 대답이나 분명한 해결 절차를 가지는 것에서 잘 구조화되어 있다. 그러한 항목들은 학생들이 지식을 이용하기 위한 능력을 판단하기에는 적절하지 않지만, 지식의 요소를 타당하게 평가하는 것에는 적합하다. 다시 말해서, 지식과 기능을 사용하기 위한 것이 언제인지를 어떻게 판단할 것인지다(야구에 비유해 보면 그 특징을 분명하게 알 수 있다. 야구에서 각각의 기능을 '검사'하는 것은 수행에서 게임이 잘되는지를 '검사'하는 것과는 다르다. 그 기능은 예측 가능하게 구조화되어 있다. 게임은 예측 불가능하고 활자로 쓸 수 없다).

산출(product) 실체적(tangible)이고 안정적인 수행 결과와 그 결과를 이끌어 내는 과정들이다. 산출을 일으키는 데 성공하거나 실패하는 학생들의 지식 범위를 평가하기 위해 타당한 산출은, 첫째 교수되고 평가된 지식을 반영하고, 둘째 코스에서 자료가 상대적으로 중요한 전체 교육과정에서 나온 적절한 샘플이 된다.

유도 질문(leading question) 지식을 가르치고, 명확하게 하며, 평가하는 데 사용되는 질문이다. **본질적 질문(essential questions)**과 달리, 유도 질문은 옳고 즉시적인 대답을 가진다. 질문을 '유도하는 것'이라고 말하는 것은 비난하기 위한 것이 아니다. 즉, 유도 질문이 이해를 위한 교수와 체크에서 유용한 역할을 가진다. 그러나 그 질문의 목적은 본질적 질문의 목적과 매우 다르다.

설계(design) 어떤 것의 형태와 구조나, 패턴, 혹은 예술 작품의 모티브를 계획하는 것. 교육에서 교사들은 두 가지 의미에서 설계자다. 첫째, 의도적이고 일관성 있으며, 효과적이고 참여적인 단시수업, 단원 그리고 교수요목을 개발하는 것을 목표로 하고 있기 때문이며, 둘째 확인된 결과를 성취하기 위해 평가를 수반하기 때문이다. 어떤 것이 설계에 따라서 일어난다는 것을 말하는 것은 우연에 따라서나 '즉흥적인 연기'에 따른 것과 반대되는 신중한 계획을 통해서 일어나는 것을 말하는 것이다. UbD의 실제에서 보면, 설계란 교사가 교실에서 성취하기 전에 발생한 것이 교실 내부에서 진행되는 교수만큼 중요하거나 더 중요하다는 아이디어다.

설계 기준(design standards)　단원 설계의 질을 평가하는 데 사용되는 구체적 기준이다. 단지 훌륭한 의도의 기능과 어려운 활동으로서 설계를 다루는 것보다는, 오히려 학생들의 활동이 루브릭과 모범 작품(anchors)에 대해서 평가되는 동일한 방식으로 교사의 활동이 평가되는 방식의 기준과 동료 검토 과정을 제공한다. 설계 기준은 이중의 목표를 가지고 있다. 첫째, 설계의 장점과 부족한 개선을 확인하여 자기평가와 동료 검토에 지침을 주는 것과, 둘째 교육과정 설계의 타당성을 인정하는 의미로, 질적인 제어를 위한 메커니즘을 제공하는 것이다.

설명(explanation)　이해의 여섯 **측면** 중 하나. 이해는 정보를 단지 알고 있는 것보다 많은 것을 포함하고 있다. 이해를 하고 있는 사람은 단순히 그 사실을 진술하는 것이 아니라 그것이 왜 그런지에 대해서 설명할 수 있다. 그러한 이해는 잘 개발되고 뒷받침된 이론과 자료, 현상, 아이디어 혹은 감정의 의미를 만드는 설명으로 나타난다. 이해는 그것이 어떻게 활동하는지, 그들이 무엇을 함의하고 있는지, 그들이 어디에 관련되고 그들이 왜 일어났는지를 분명하고 철저하게, 그리고 교육적으로 설명하는 수행과 결과물을 통해서 보여 주게 된다. 이러한 의미에서 이해는 단지 정당한 의견 (어떻게 학생들이 거기로 가고, 왜 그것이 옳은지를 정당화하기 위한)을 제공하기 위한 '옳은' 대답으로 되돌려지는 것을 초월한다. 정당화하다, 일반화하다, 지지하다, 증명하다, 입증하다, 그리고 성립시키다와 같은 동사들은 무엇이 필요한지를 확인하는 것이다. 내용이나 학생의 나이, 정교성에 상관없이 이러한 의미에서 이해는 '당신의 작품을 보여 주고', 왜 대답이 옳은지를 설명하고, 보다 일반적이고 강력한 원리 아래에 놓인 현재의 작품을 포함하고, 관점에 대한 논의와 타당한 증거를 포함시키기 위해서, 그리고 그러

한 관점을 지지하는 능력에서 자체적으로 나타난다. **적용, 공감, 해석, 관점, 자기지식**을 참고하라.

성과(outcome)　교육에서 '수업의 의도된 성과들'을 나타내는 약칭이다. 의도된 성과는 교사들이 관여하게 되는 구체적인 목표인 **바라는 결과**다. UbD는 성취 목표와 목표라는 용어를 사용하여 그러한 의도를 기술한다. 만약 성과들이 획득되었다는 것을 결정하기 위해서는 평가 과제, 준거 그리고 기준인 구체적인 측정에 대한 동의를 요구한다. 성과에 기초한 교육에 대해 지난 수년간의 논쟁에도 불구하고 성과라는 단어는 특정한 종류의 목표나 교육철학을 함의하지 않는 불분명한 것이다. 그것은 교육과정이나 교육적인 프로그램의 우선순위를 언급한다. 성과에 기초한 접근법은 투입(내용이나 방법)이 아니라 바라는 산출에 초점을 둔다. 주요 질문은 투입(우리는 어떤 수업 방법과 자료를 이용할 것인가?)에 기초하기보다는 결과에 귀착하는(학생들이 수업의 결과로서 무엇을 알아야 하고 무엇을 알 수 있는가?) 것이다.

수행(performance)　**수행 과제**를 참고하라.

수행 과제(performance task)　소위 '수행'이라고 부른다. 효과적으로 작용하기 위해서 지식을 이용하거나 복잡한 산출을 실현하기 위해 이용된 과제는 지식과 전문적인 기술을 보여 준다. 음악 독창회, 구두 발표, 미술 작품 전시, 그리고 자동차 정비 대회는 동일한 의미에서 수행이다. 수많은 교사는 그들이 실제로 '수행검사' (**평가하다, 평가**를 보라)를 의미하고자 할 때 '수행평가'라는 용어를 잘못 사용한다. 수행평가는 수행의 단일한 검사보다 많은 것을 포함하고 있고, 평가의 다른 형태로 이용될 수 있다(조사, 수행자의 인터뷰, 관찰 그리고 퀴즈).
수행의 검사는 참이거나 그렇지 않건 간에 다중선다형이거나 짧은 검사와는 다른 것이다. 수행의 검사에서 학생들은 비구조화된 맥락인, 일상의 판에 박힌 것이거나 예측 불가능한 문제나 도전에 모든 것을 함께 놓아 두어야 한다. 이와는 대조적으로 대부분의 형식적인 짧은 대답이나 선다형 검사는 수행의 검사보다는 스포츠에서의 훈련에 더 가깝다. 실제적인 수행자들은(운동선수, 토론자, 댄서, 과학자 그리고 배우들) 그들의 지식뿐만 아니라 그들의 판단을

받아들이고 사용하여 배운다. 대조적으로 선다형 검사 항목은 단지 학생들이 한 번에 하나씩 지식이나 기술을 재생하고, 인지하거나 독립된 '제한적인 관련짓기'나 구별하는 것을 요청하지 않는다. 수많은 수행의 유형은 하루밖에 못 가는 행동이기 때문에 공정하고 기술적으로 좋은 평가는 전형적으로 산출물의 창안을 포함한다. 이러한 것은 수행을 채점하는 것에서 적절한 문서화와 적합한 재검토와 감독의 가능성을 보장한다.

수행하다(perform)　실천하고 일을 완성하는 것이다. **수행 과제**를 참고하라.

선수 요건 지식과 기능(prerequisite knowledge and skill)
지식과 기능은 성공적으로 궁극적인 수행 과제를 수행하거나 이해의 목표를 달성하는 것을 요구한다. 전형적으로 지식과 노하우를 보다 잘 구분하여 확인하는 선수 조건은 모든 것을 함께 의미 있는 최종 수행으로 두는 것을 요구한다. 예를 들어, USDA 식품 피라미드 지침의 지식은 한 주 동안 건강하고 균형 맞춘 식사 계획의 과제에 필수적으로 고려되어야 한다. **결과로서 생기는 지식과 기능**을 참고하라.

성취 목표(achievement target)　바라는 결과, 학습 성과, 그리고 교육적으로 최종적으로 추구하는 것과 관련된 유사한 용어들과 동의어다. **바라는 결과**를 참고하라.

수행의 장르(genre of performance)　지적인 수행이나 산출의 유형이나 범주다. 예를 들어, 공통적으로 사람들이 쓰거나(내러티브, 에세이, 편지) 말하기(세미나 토론, 공식적인 연설, 지시하기)의 장르를 말하는 것이다. 그래서 장르는 구두, 필기, 전시인 지적인 수행의 세 가지 주요한 형태의 부분집합이다.

신뢰도(reliability)　측정이나 검사에서 채점의 정확도다. 이것은 오류에서 충분히 벗어났는가? 만약 그 검사가 다시 이루어지거나 동일한 수행을 그 밖의 다른 사람이 재채점한다면 채점이나 등급이 불변하다는 가능성은 무엇인가? 오류는 피할 수 없는 것이고, 최상의 선다형 검사를 포함한 모든 검사는 100퍼센트 신뢰도가 부족하다. 참을 수 있는 단계까지 오류를 최소한으로 하는 것이 목적이다.

수행평가에서의 신뢰도의 문제는 전형적으로 두 가지 형식으로 나타난다. 첫째, 일반적으로 학생들이 수행할 수 있을 것 같은 한 개나 작은 수의 수행을 어느 정도까지 우리는 일반화할 수 있는가? 둘째, 상이한 판단이 똑같은 방식에서 똑같은 수행을 볼 수 있다는 가능성은 무엇인가? 두 번째 질문은 '상호 평정자(inter-rater) 신뢰도'라고 부르는 것을 포함한다.

채점 오류는 검사를 만드는 사람의 방법에서 반드시 결점이 아니며, 첫째 어떻게 외생 요인이 불가피하게 수검자 혹은 판단자에게 영향을 미치는가? 둘째, 한 번에 질문이나 과제의 소규모 샘플을 사용하는 제한점과 관련되어 있는 통계적 사실이다. 학생들이 단지 하나의 과제가 아니라 수많은 과제를 가졌을 때 보다 많은 신뢰도를 획득할 수 있다는 것으로, 동일한 산출을 위한 여러 과제가 있다는 것을 보장함으로써 신뢰도를 충분히 획득하는 것이 가능하다. 또한 채점 신뢰도는, 분명한 루브릭과 구체적인 모범 작품 페이퍼나 수행으로 작업하면서, 잘 훈련받고 지도받은 판단 차에 의해 평가가 수행되었을 때 개선된다(이러한 절차는 대규모 쓰기평가와 고등 직업 프로그램에서 오랫동안 이용되어 왔다).

심층적(uncoverage) 교수-학습　이해와 관련한 모든 문제에 대해 요구되는 교수 접근법이다. 어떤 주제(subject)를 '심층적'으로 다룬다는 것은 그것을 '피상적'으로 다루는 것과 반대가 되는 것으로, 보다 깊이 있게 나아간다는 것이다. 전형적으로 내용의 세 가지 유형은 그러한 심층적인 것을 요구한다. 그러한 내용은 만약 그것들이 감지할 수 있고 그럴듯한 것으로 유일하게 학생이 의미를 가지기 쉬운 원리, 법칙, 이론 혹은 개념이 될 수 있다. 즉, 학생들은 탐구와 구성을 통해서 그러한 내용을 증명하고, 유도하고 정당화한다. 그 내용은 직관에 반하고, 뉘앙스를 띠고, 미묘할 수 있고, 그렇지 않으면 중력, 진화, 허수, 아이러니, 텍스트, 공식, 이론이나 개념처럼 아이디어를 쉽게 오해하게 된다. 내용은 어떤 기능(예를 들어, 글쓰기에서 설득력이나 축구에서 '공간을 만들기'), 개념적이고 전략적인 요소가 될 수 있다. 그러한 심층적 교수-학습은 효과적이고 효율적인 수단과 주어진 기능의 목적을 분명하게 하는 것, 보다 큰 유목적성과 기능을 덜 부주의하게 사용하는 것으로 유도하는 것을 포함한다. **피상적**인 것과 대조를 이룬다.

영속적인 이해(enduring understandings)   **빅 아이디어**에 기초하고 있고, 교실을 초월하여 지속적인 가치를 지니고 있는 구체적 추론이다. UbD에서 설계자는 특히 학생들이 주제에 관해서 이해해야만 하는 것을 기술하는 완전한 문장으로 영속적 이해를 작성하도록 장려된다. '학생들은 ……이해하게 될 것이다.'라는 문장은 이해를 확인하기 위한 실제적인 도구를 제공한다. 단원이나 코스를 위한 영속적인 이해에 관한 사고에서, 교사들은 '학생들이 세부 사항을 잊어버린 후에, 지금부터 수년간 이해하고 사용할 수 있기를 바라는 것이 무엇인가?'를 질문하도록 격려되었다. 영속적인 이해는 학문에서 핵심적인 것이며 새로운 상황에서 전이 가능한 것이다. 예를 들어, 법률의 법칙에 관해서 학습하는 것에서 학생들은 '성문법은 합법적 절차로 정부의 권력의 제한점을 구체화하고 개인의 권리를 분명히 말한다.'는 것을 이해하게 된다. '권리'와 '합법적 절차'와 같은 빅 아이디어를 기초로 한 사실에서 이러한 추론은 개발도상국에서 Magna Carta의 중요성을 인식하는 것뿐만 아니라 민주주의의 출현을 검토하는 것을 통해서 개념적으로 하나로 통합되는 렌즈를 제공한다. 그러한 이해가 일반적으로 추상적이고 분명하지 않기 때문에, 그들은 단 한 번만으로 완전히 **피상적**인 것보다는 계속적으로 유지되는 질문을 통한 **심층적**인 것을 필요로 한다. 학생들은 작업의 결과로서 아이디어를 이해해야 하거나 아이디어를 파악하는 데 도움을 받아야만 한다. 만약 교사들이 사실처럼 이해를 다룬다면 학생들은 그것을 이해할 것 같지 않다.

오디트 테스트(audit test)   주나 국가 수준의 표준화 검사에 사용되는 용어. 회계감사나 의사의 신체검사와 같은 것은 중요하고 복잡한 것을 더 단순한 지표를 사용함으로써 평가하는 간단한 검사다. 테스트의 질문은 보다 중요한 목표와 기준을 위한 대표의 성질을 띤다. 이것은 혈압측정기가 전반적 건강에 대한 즉각적인 진단을 주는 것과 동일한 방식이다. 표준화 검사에 대한 목표와 조망이 보다 직접적인 평가에 대한 목표와 조망과는 많이 달라서, 오디트 테스트에만 집중하는 것이 의미가 별로 없음을 독자에게 상기시키는 것이 중요하다. 오히려 오디트(audit)는 '건강'이 지엽적으로 수반되는 정도까지 진행될 것이다. 직접적 검사(direct test)와 대조

해 보라.

이해(understanding)   다양하고 적절한 수행에서 명백히 나타난 아이디어, 사람, 상황, 그리고 과정에 대한 통찰을 말한다. 이해한다는 것은 무엇을 알고 있는지 뜻을 이해하고, 왜 그것이 그런지 알 수 있고, 다양한 상황과 맥락에서 그것을 사용할 수 있는 능력을 가지는 것이다.

자기지식(self-knowledge)   이해의 여섯 **측면** 중 하나. 측면 이론의 맥락에서 논의된 것으로, 자기지식은 선호하는 탐구 양식, 습관적 사고방식, 검증되지 않은 신념 때문에 자신의 이해에서 편견의 인식과 자기평가의 정확성에 대해 언급하는 것이다. 이러한 경우에 자기평가의 정확성은 학습자가 정확성과 구체성으로 이해하지 못하는 것이 무엇인지를 이해하는 것을 의미한다(Socrates는 이러한 능력을 '지혜'라고 얘기하였다). 또한 자기지식은 편견에 대한 인식 정도와 관련이 있으며, 이 편견들이 주제가 어떻게 이해되어야 하는지에 관한 사고, 인식, 그리고 신념에 어떻게 영향을 주는가 하는 문제를 포함하고 있다. 사람은 이해를 다시 받아들이지 않는다(눈을 통한 이미지처럼). 다시 말해서, 사고와 범주화의 방식은 이해를 불가피하게 형성하는 방식으로 상황에 투영된다. **적용, 공감, 설명, 해석** 그리고 **관점**을 참고하라.

적용(application)   이해의 여섯 측면 중 하나이고 이해에 대해 알아볼 수 있는 척도다. 다양한 상황에서 지식과 기능을 적용하기 위한 능력은 학습자 이해에 대한 중요한 증거를 제공한다. 이 아이디어가 UbD에서는 새롭거나 구체적이지 않다. Bloom과 동료들(1956)은 적용을 이해(understanding)의 중심으로 보았고, 수많은 교실에서 발견할 수 있는 제한적으로 관련짓기(plugging-in)나 빈칸 메우기식의 활동과는 다른 것으로 간주하였다. "교사들이 흔히 이야기하는, 만약 학생들이 어떤 것을 실제로 이해한다면 그는 그것을 적용할 수 있다. ……적용은 지식과 단순한 이해(comprehension)의 두 가지 방식에서 차이를 가진다. 학생들에게 구체적인 문제나 시대에 뒤떨어진 문제를 주어서 자극할 수 없다." **공감, 설명, 해석, 관점, 자기지식**을 참고하라.

전이 가능성(transferability)   최초로 배운 것에서 새롭거나 상이한 맥락에서 적절하고 효과적으로 지식을 이용하기 위한 능력이다. 예를 들어, '균형 잡힌 식단'의 개념을 이해하는 학생은 그들의 영양 가치에 대한 가상적인 식단을 평가하고 식품 피라미드의 장점을 충족하는 영양적인 메뉴를 짜는 것을 통해서 이해하는 것으로 전이를 한다.

빅 아이디어(big idea) 혹은 주요 아이디어   UbD에서 교육과정, 수업 그리고 평가의 초점으로 제공되어야 하는 핵심 개념, 원리, 이론, 그리고 과정들이다. 정의에 따르면, 빅 아이디어는 중요하고 영속적인 것이다. 빅 아이디어는 특정한 단원의 스코프를 초월하여 전이 가능한 것이다(예를 들어, 적용, 비유, 미국인의 꿈, 중요한 인물). 빅 아이디어는 이해라는 건축물의 재료가 되며, 하나의 지식을 다른 단편적 지식과 연결할 수 있게 하는 의미 있는 패턴이다. 이러한 아이디어는 광범위한 개념, 원리 혹은 과정에 초점을 두기 위해서 단편적 사실이나 기능을 초월한다. 이러한 것은 새로운 상황이나 그 주제를 초월하여 적용할 수 있다. 예를 들어, 빅 아이디어와 법칙의 중요성 때문에 학생들이 구체적 역사 사건으로 Magna Carta 법률 제정을 학습한다. 그리하여 성문법은 정당한 법 절차와 같은 정부의 권력과 개인의 권리의 한계를 구체화한다. 이러한 주요 아이디어는 13세기 영국의 법 원류로 거슬러 올라가고, 현대 민주주의 사회의 초석이 된다. 빅 아이디어는 또한 '핵심(linchpin)'[1] 아이디어로 기술할 수 있다. 그래서 이 중요한 아이디어는 이해를 위한 필수적인 것이다. 이는 학생들이 어디에도 갈 수 없다는 것이 아니다. 예를 들어, 법률의 문자와 정신 사이의 특징을 파악하지 않고서, 학생들은 비록 그들이 역사의 사실에 관해서 식견이 있고 유기적으로 관련시키더라도 미국의 헌법과 법률 체제를 이해할 수 없다. 지속적인 가치를 가지고 있는 빅 아이디어에 초점을 두지 않고서 학생들은 쉽게 지식의 부분을 잊어버리게 될지도 모른다.

준거(criteria)   기준에 맞추어 측정하기 위해 특정 작업이나 활동이 충족되어야 하는 (질적) 특성이다. '준거란 무엇인가?'라고 질문하는 것은 '학생들의 결과물이나 수행이 성공적이라는 것을 알기 위해 우리가 무엇을 요구해야만 하는가? 우리가 수용 가능한 작업을 어떻게 결정할 수 있는가?'를 묻는 것과 동일하다. 준거는 구체적인 수행 과제를 설계하기 전에 고려되어야 한다(비록, 이것이 초보 설계자에게 이상할지 모르지만). 비평적 사고를 측정하는 과제를 설계한다는 것은 그러한 사고의 지표가 학생들이 수행을 통해 특성을 증명하기 위해, 그 과제를 설계하고 있다는 것을 미리 알도록 요구하는 것이다. 평가는 또한 각각의 준거가 얼마나 많은 비중으로 다른 준거를 상대적으로 받아들여야 하는지를 결정해야 한다. 그래서 교사들이 철자법, 구조, 아이디어의 발전이 작문을 판단하는 데 모두 중요한 것이라고 동의한다면, '동일하게 중요한 것인가?'를 질문해야만 한다. 만약 그렇지 않다면, '우리는 몇 퍼센트를 각각에 할당해야 하는가?'를 질문해야 한다. 테스트 그 자체와 유사하게, 수행을 판단하는 데 사용된 준거는 타당하거나 타당하지 않을 수 있고, 참되거나 참되지 않을 수 있다. 예를 들어, 교사는 학생들에게 근본적인 역사 연구(참 과제)를 부여할 수 있지만, 단지 네 가지 자원이 사용되었다거나 보고서가 5페이지 분량이라는 것만을 등급 매길 수 있다. 그러한 역사 연구에 대한 작품이 그러한 두 가지 준거를 쉽게 충족할 수 없기 때문에 그러한 준거는 타당하지 않겠지만 여전히 훌륭한 연구일 수는 있다. 준거는 솜씨가 능숙한 수행의 질에 해당한다. 많은 수행평가는 소위 순간적인(impact) 준거로 가치절하된다[준거의 이러한 유형에 관하여 더 자세한 것은 Wiggins(1998), 제5장과 제6장을 참고하라].

종단적 평가(longitudinal assessment)   고정된 채점 연속체를 사용함으로써 기준을 향하여 나아가면서 향상도를 나타내기 위해, 수많은 시간에 거쳐서 이루어진 동일한 수행에 대한 평가를 말한다. '발달적 평가'라고 부르기도 한다. 예를 들어, NAEP는 4, 8, 12학년을 넘어서 수학적인 수행에서의 증가를 측정하기 위해서 고정된 등급을 사용한다. 유사하게 외국어 교수에 대한 미국 위원회(ACTFL)는 학생들이 모든 언어의 향상도를 수년을 걸쳐서 차트로 만들기 위한 초보자-전문가의 연속체를 이용한다. 지역적으로나 주 전체에서 이루어지는 대부분의 학교 검사는, 그 검사가 일회성 채점 시스템으로 된 일회적인 사건으로 되어 있기 때문에 종단적이 아니다. 평가 체제를 제안한 UbD는 등급과 과제를 채점하는 데 이용되고, 종단적 평가를 제공하기 위한 수많은 등급을 교차하여 이용할 수 있다.

지능형 도구(intelligent tool)   추상적인 아이디어나 과정을 실체적이고 명백한(tangible) 형태로 두는 도구다. 지적인 도구는 학습 단원의 설계하는 것과 같이 인지적인 과제에 대한 수행을 향상시킨다. 예를 들어, 효과적인 그래픽 조직자는 학생들이 스토리를 읽고 쓸 수 있도록 강화하는 방식으로 스토리의 요소를 내면화하도록 돕는 스토리 맵을 선호한다. 마찬가지로 일상적으로 단원 설계 템플릿 및 UbD 도구와 같은 지능형 도구를 사용하면 사용자가 UbD의 빅 아이디어에 대한 템플릿을 개발하는 데 도움이 된다. **템플릿**을 참고하라.

직접적 검사(direct test)   수행이 이루어질 것이라고 기대되는 맥락에서 목표로 하는 수행의 성취를 측정하는 테스트다(예를 들어, 도로 주행 테스트에서의 평행 주차). 비교하자면, **간접적 검사**는 맥락의 외부에서 동일한 수행을 측정하는 것으로 의도적으로 단순화된 방식을 사용한다(예를 들어, 운전자 검사에서의 필기시험). 직접적 테스트는 정의에 따르면 간접적 테스트보다 참된 것이다. **오디트 테스트**와 대조해 보라.

질문(question)   **출발점 질문, 본질적 질문, 유도 질문, 개방형 질문**을 참고하라.

참 평가(authentic assessment), 참 과제(authentic task)   중요한 실제 세계의 도전을 흉내 내거나 모방하기 위해 설계된 수행 과제와 활동으로 구성된 평가다. 참 평가의 정신은 학생들이 진정한 의도, 청취한 내용, 그리고 상황적 다양성으로 실제 세상의 방식대로 지식을 이용할 수 있도록 학생들에게 요청하는 실제적인 수행을 기초로 한 검사다. 그러므로 평가의 맥락은 그 과제 자체만이 아니라 수행을 기초로 하거나 직접적 수행이든지 간에 그러한 작업과 활동을 참되게 만드는 것이다(예를 들어, 문제의 '번잡함', 피드백과 교정을 추구하는 능력, 적절한 자원에 접근하는 것). 참 평가는 단순한 '테스트'보다도 많은 것을 의미한다. 즉, 주제를 '실제로 행하는 것이' 어떠한 것이며, 어떤 종류의 수행적 도전이 현장이나 직장에서 가장 중요하게 고려되는지를 학생과 교사에게 지도해야 한다. 과제는 현장에서의 실무자들이 직면하게 될 본질적 질문과 도전을 대표하기 때문에 선택된다.

참 검사(authentic test)는 가치 있는 수행에 기초하여 학생들을 직접적으로 측정한다. 대조적으로 선다형 검사는 수행에 대한 간접적 측정이다(예를 들어, 운전면허증을 얻기 위해 이루어지는 도로 주행시험 대 필기시험이다). 측정의 분야에서, 참 테스트(authentic test)는 '직접적' 검사라고도 부른다.

채점 가이드(scoring guide)   **루브릭**을 참고하라.

채점 척도(scoring scale)   수행을 사정하는 데 이용되는 동일하게 나누어진, 연속적인 수직선(number line)이다. 스케일(scale)은 얼마나 수많은 상이한 채점이 이용될 것인지를 확인한다. 전형적으로 수행평가는 표준화 검사보다 채점에서 더 작은 스케일을 이용한다. 오히려 100이나 그 이상의 스케일보다 대부분의 수행은 4 혹은 6포인트 스케일을 사용한다. 두 가지 관련되는 이유는 이것이 채점 포인트의 작은 수를 사용하고 있는 것을 설명하고 있기 때문이다. 그 척도에 놓여 있는 각각은 임의적인 것이 아니라(규준 참조 채점처럼) 구체적인 준거나 활동의 질에 해당된다는 것을 의미한다. 두 번째 이유는 실제적인 것으로, 단편적인 수많은 척도를 사용하는 것은 채점 신뢰도를 줄이는 것이기 때문이다.

출발점 질문(entry question)   단시수업이나 단원을 시작할 때 간단하게 제시되는 사고 촉진적 질문이다. 그것은 종종 접근하기 쉬운 방식으로 핵심 아이디어나 이해를 소개한다. 효과적인 출발점 질문은 단원과 본질적 질문을 끌어들이는 것으로서 공통된 경험, 호기심을 유발하는 이슈나 복잡한 문제에 관한 토론을 불러일으킨다. 출발점 질문은 최대한 단순하게 구성되어야 하고, 학생들에게 친숙한 언어로 말하여야 한다. 또한 호기심을 불러일으키는 가치를 지니고, 보다 광범위한 단원과 본질적 질문에 초점을 둔다. 설계 도전은 출발점 질문, 문제, 그리고 활동으로부터 자연스럽게 발생하는 본질적 질문과 단원 질문을 가능하게 한다.

총체적인 채점(holistic scoring) 혹은 총체적 루브릭   수행이나 산출의 질의 종합적인 인상을 제시하는 것이다. 총체적인 채점은 각각 분리된 준거에 사용된 분리된 루브릭에서 **분석적인 특성의 채점**과 구별되는 수행의 양상을 결정한다. 그러나 다양하고 총체적인 채점은 몇 가지 기준이 포함된 다양한 측면의 수행 과제를 위해서 가능하다. 예를 들어, 분리된 총체적인 채점은 이러한 채점을 각각의 방식으로 분석적인 요소를 분류하는 것 없이 동일한 과제의 부분이 되는 구두로 제시하는 것과 필기 보고서로 응용할 수 있다 (예를 들어, 구두 수행의 조직과 명확성).

측면(facet), 이해의 측면   사람들의 이해의 방식을 그 자체로 명백하게 목록화한 방식이다. UbD가 확인한 이해의 여섯 가지 측면은 **적용, 공감, 설명, 해석, 관점** 그리고 **자기지식**이다. 그러므로 진실한 이해는 다음의 능력에 따라서 드러난다.

- 설명: 현상, 사실 그리고 데이터의 전체적이고, 지지하고 정당화 할 수 있는 설명을 제공한다.
- 이해: 의미 있는 이야기를 말하고, 적절한 번역을 제공하고, 역 사적이나 개인적인 측면을 아이디어와 사건으로 보여 주는 것을 제공하고, 이미지, 일화, 유추나 모델을 통해서 어떤 개인적인 것이나 접근 가능한 것을 만든다.
- 적용: 다양한 맥락에서 지식을 효과적으로 이용하고 적합하게 한다.
- 관점: 비평적인 눈과 귀로 관점을 가지고 바라보며, 복잡한 문제 에 대한 전체상을 가진다.
- 공감: 내부로 들어가서 이해하고, 다른 사람들이 발견할 수 있는 이질적이고 이상한 것에서 가치를 발견하고, 앞선 직접적인 경 험에 기초하여 감각적으로 지각한다.
- 자기지식: 개인적 양식, 편견, 투영 그리고 이해를 형성하고 방 해하는 마음의 습성을 지각한다. 무엇이 이해되지 않고 왜 그것 이 이해하기 어려운 것인지 알아차린다.

이해의 측면을 이야기하는 것은 이해(혹은 이해의 부족)가 그 자체로 상이하게 서로 강화하는 방식으로 나타나는 것을 함의한다. 다시 말해서, 학생들이 동일한 아이디어에 대해 다양한 관점을 설명하고 적용하고 제공할수록 학생들이 그 아이디어를 이해하는 것은 더욱 수월해진다. 그래서 측면은 수행평가에서 학습양식보다는 준거와 보다 유사하다. 이것은 학습자의 능력이나 선호도에 호소하기 위한 교사들의 필요보다 이해가 제시되는지의 여부를 교사들이

어떻게 판단하는지에 대해 더 언급하고 있다. 동일한 방식으로 에 세이는 효과적이고, 설득적이고 논리적인 것이 되기 위해서(사람이 그들의 특성이나 가치를 가지는지 어떤지 간에), 그리고 측면들이, 학생들이 이해하고 있는지를 교사들이 결론 내리고자 한다면 교사들이 볼 필요가 있는 것이 무엇인지를 제시하였다. 이것은 여섯 개의 모든 국면이 항상 어떤 특정한 이해의 문제에 포함된다는 것을 함의한다는 것을 뜻하지는 않는다. 예를 들어, 자기지식과 공감은 종종 학생의 수많은 수학적인 개념의 이해 증거를 추구하는 것이 문제가 되지는 않는다. 측면은 할당된 몫을 제시하는 것이 아니라 이해를 더 잘 개발하고 측정하는 단시수업과 평가를 설계하기 위해 준거나 프레임워크를 제시하는 것이다.

퀴즈(quiz)   단편적인 지식과 기능을 평가하기 위한 단일한 목 적의 선택된 반응이나 단답형 검사(구두나 필기)다. **학문적인 단서** 와 **참 평가**와 대조된다.

타당도(validity)   평가 결과에 기초한 학생의 학습에 대해 우리가 확실하게 도출해 낼 수 있는 추론들이다. 그 테스트는 그것이 측정하고자 하는 것이 무엇인지를 제대로 측정하고 있는가? 그 검사 결과는 교사들이 타당하다고 고려하는 다른 수행의 결과와 관련짓고 있는가? 질문이나 과제의 사례(sample)가 만약 배운 모든 것에 대해서 테스트된다면 학생들이 무엇을 하였는지와 정확하게 관련짓고 있는가? 그 결과는 예측 가능한 가치를 가지는가? 다시 말해서 그들은 질문 안에 그 주제에서 미래의 좋은 결과와 유사하게 관련짓고 있는가? 만약 이러한 질문에 대해 몇몇이나 전체가 '네'라는 대답을 가진다면 테스트는 타당하다. 대부분의 테스트가 학생들의 수행의 표본을 제공하기 때문에 스코프와 표본의 성질은 타당한 결론을 이끌어 낼 수 있는 것에 대한 범위에까지 영향을 미친다. 학생들이 전체적인 영역을 제어하는 구체적인 과제에 대한 수행에서 정확하고 신뢰할 수 있는 예측이 가능한가? 과제의 한 유형은 과제의 다른 유형에 대한 추론을 가능하게 하는가? (말하자면 쓰기의 한 장르를 다른 모든 장르로) 아니다. 그래서 전형적으로 적은 수의 과제는 일반화하기 위한 부적합한 기본 원리를 종종 제공하는 수행평가에 사용된다. 한 결론은 총괄평가의 한 부분으로, 일 년 넘게 수집된, 비슷한 유형이나 장르의 다양한 학생활동을 이용하는

것이다. 정확하게 하기 위해서는 테스트 자체가 타당하지 않지만 교사들이 그 테스트의 결과로 만들 수 있도록 요구할 수 있는 추론이어야 한다. 그래서 그 테스트의 목적은 타당도를 평가하였을 때 고려할 수 있어야 한다.

선다형 읽기 테스트는 만약 그들이 다른 거대 모집단에 비교하여 학생들의 이해 능력을 테스트하거나, 지역 모집단의 학년별 읽기 능력을 모니터하는 데 이용된다면 타당할지도 모른다. 그들은 제자의 읽기 전략의 레퍼토리와 텍스트에 대한 적절하고 통찰력 있게 구성하는 능력을 측정하는 것으로 타당해지지 않는다. 그 테스트의 형식은 판단을 그르치게 할 수 있다. 즉, 신뢰성이 없는 테스트는 기술적으로 여전히 타당할 수 있다. 그것은 비록 하찮은 과제라도 신뢰할 만한 평가를 기초로 하고 있지 않음에도 불구하고 주제 영역에서 적절한 샘플을 조사하고 정확하게 미래의 수행을 예상한다. 대학 입학 테스트인 SAT와 Otis-Lennon School Ability Test 같은 것은 이러한 보다 한정된 의미에서 테스트를 만든 사람들이 이야기한다. 그들은 유용한 예언자로서 제공되는 효율적인 대용물들이다. 반대로 참 평가의 과제는 타당하지 않을지도 모른다. 채점 체제는 타당도에 대한 다른 질문을 만들어 낸다. 수행 과제가 타당한지 어떤지를 질문하기 위해서는, 가령 그 채점이 대부분 용이하게 채점되는 것과 대조적으로 수행의 가장 중요한 면을 목표로 하고 있지만, 실행 가능한 한도 내에서 질문해야 한다. 가장 적절한 준거가 인정되고, 그 루브릭이 질적인 면에서 가장 적절한 차별성 위에 만들어졌는가? 혹은 단지 쉽게 계산되고 채점되는 것에만 초점을 두어 채점되었는가? 다른 의미로 신뢰도를 위해서 타당도를 단념해 왔는가?

템플릿(template)   설계자를 위한 지침이나 틀 구조를 말한다. 일반적으로 구조를 언급하는 용어로 종이, 나무 또는 철판으로 만든 어떠한 구조를 말한다. 그것의 가장자리는 특정한 모양을 자르는 데 지침을 제공한다. UbD에서 단원 설계 템플릿은 학습 단원을 개발하고 개선하는 데 **백워드 설계**의 다양한 요소를 적용하기 위한 개념적인 지침을 제공한다. 그 템플릿의 각 페이지는 주요한 질문을 담고 있는데, 그 질문은 사용자가 백워드 설계의 특정 요소를 고려하도록 하고, 그래픽 조직자가 설계의 아이디어를 기록하기 위한 구조를 포함하도록 촉진한다. **지능형 도구**를 참조하라.

평가(assessment)   구체적인 목표와 준거에 대한 학생의 성취도를 분석하기 위해 사용된 기술이다. 테스트는 평가의 한 가지 유형이다. 다른 것들은 임상적인 인터뷰(피아제의 연구에서처럼), 관찰, 자기평가, 조사를 포함한다. 훌륭한 평가는 한정되고 오류가 발생하기 쉬운 각각의 기술 때문에 기술의 균형을 맞추는 것이 필요하다. 단지, '테스트' 대신에 '평가'에 대해서 언급하는 것은, assess라는 단어의 라틴어원이 함의하고 있는 것처럼 학생과 '회담하는' 것 같은 방법과 태도의 특징(distinction)이다. 그 함의는 평가에서 교사가 사려 깊은 관찰과 공평한 판단을 하게 하고, 분명하고 유용한 피드백을 제공한다는 것이다. 비록, 일반적 용도가 다르더라도 평가(assess)는 때때로 평가(evaluation)와 동의어로 간주된다. 교사는 수행에 가치나 등급을 두는 것 없이 학생의 장점과 단점을 평가할 수 있어야 한다. **수행 과제, 표준화**를 참고하라.

평가하다(assess)   구체적인 목표와 준거에 대한 학생들의 성취도를 철저하고 방법적으로 분석하는 것이다. 라틴어의 assidere에서 온 이 단어는 '비교하여 두다'는 의미를 가진다. **수행 과제**를 참고하라.

포트폴리오(portfolio)   한 사람의 작업의 결과를 드러내는 수집물을 말한다. 단어의 어원이 제시하듯이(그리고 예술에서의 샘플처럼), 작업의 샘플은 특정한 목적에 맞추고 열람이나 전시를 위해서 다양한 곳에서 실행된다. 학문적인 교과 영역에서 포트폴리오는 종종 뚜렷한 두 가지 목적을 제공한다. 즉, 학생들의 작업에 대한 문서 증거 자료(서류)를 제공하고, 장시간에 걸친 향상도나 작업에서 작품을 평가하기 위한 기초로서 기능한다.

모든 주요한 영역, 기술, 장르 그리고 코스나 프로그램의 주제를 걸쳐서 학생들의 통제를 보여 주고, 학생들이 그들의 최상의 활동을 반성하고 드러내 보이는 것을 허용하고, 어떻게 활동이 전개되고 정련되는지에 대한 증거를 제공한다.

표준화(standardized)   행정 조건과 프로토콜(규약 사항)이 모든 학생에게 획일적으로 일정하다는 검사나 평가를 기술하는 데 사용된 용어다. 다시 말해서, 학생들이 논리적, 시간적, 자료적인 유사성과 피드백의 지침과 강제에 직면하게 된다면 그 검사는 표준화된 것이다. 표준화 검사는 다음과 같은 세 가지 공통된 오류를 유발한다.

- '선다형 검사'와 '표준화 검사'는 동의어다. 예를 들어, 운전면허 시험이나 올림픽을 위한 자격을 충족하는 검사로서 행정적으로 획일적인 수행 과제는 표준화 검사다.
- 표준화 검사는 항상 객관적(즉, 도구)으로 채점된다. 심사원들이 채점에 앞서 실시된 에세이 시험과 모든 주의 쓰기 검사는 그들 행정당국 내에서 표준이 된다.
- 유일하게 국가의 규준참조검사나 준거참조검사(SAT와 같은)는 표준화될 수 있다. 고등학교에서 실시하는 일부 시험 또한 표준화 검사다.

그런데 중요한 함의점은 모든 형식적인 검사는 표준화 검사라는 것이다. 그러나 이것은 진정한 평가가 아니다. 평가에서 관리자들은 그 결과가 공정하고 타당하고 신뢰할 수 있다는 확신이 들게 하는 데 있어서 질문, 과제, 과제의 배열, 그리고 시간의 할당을 다양하게 할 여지를 준다. 이것은 Binet의 '검사 방법'에 반대되는 것으로, Piaget의 '처방적인 방법'으로 만들어진 논의다. **평가**를 참고하라.

표집(sampling)   모든 단원과 검사 설계는 가능한 지식, 기능, 그리고 과제의 방대한 영역으로부터 표집한 행동을 포함한다. 갤럽 조사처럼 표집은 평가자가 만약 활동이나 대답의 샘플이 적절하고 정당화된다면 한정된 질문에서 타당한 참조를 이끌어 내는 것이 가능해진다. 단원과 검사 설계는 두 가지 상이한 종류의 샘플을 이용한다. 모든 가능한 교육과정의 질문, 주제, 그리고 과제의 보다 폭넓은 것으로부터 표집과 모든 사람을 검사하는 대신에 전체 학생 집단의 일부분을 평가하는 것을 포함하는 표집이다. 이 두 가지 종류의 표집은 매트릭스 표집을 구성하기 위한 대규모 검사 시스템을 결합하는 것으로, 가능한 지식의 영역만큼을 망라하기 위한 상이한 검사를 사용하여 수많은, 혹은 모든 학생을 검사할 수 있다. 구체적인 과제를 통한 단원에서 교과 내용 영역을 표집하기 위한 교사들의 시도는 과제나 질문의 어떤 실행 가능하고 효과적인 샘플이 우리가 학생들의 최종적인 수행에 관해서 타당한 참조를 만들도록

가능하게 할 것인가를 요구해야 하는가? (왜냐하면 우리는 가르치고 배운 모든 것에 대해서 학생을 가능하게 검사할 수 없다.) 교사들이 검사에 대해서 보다 효과적이고 비용 효율이 높은 방법으로 구성하기 위해서 집단의 일부분을 이용하고자 할 때, 그들이 여론 조사원에게 질문하고 있는 것은 무엇이 우리가 모든 학생이 샘플로부터 결과를 이용하는 모든 학생의 전반적 수행(systemwide performance)에 관한 결론을 타당하게 추론하기 위해서 어떤 학생의 소규모 샘플을 구성하여야 하는가에 대한 물음이다.

프로젝트(project)   오랜 기간에 걸쳐 일어나는 것으로, 일련의 복잡한 지적인 도전이다. 전형적으로 프로젝트는 학생의 산출과 수행에서 궁극적인 것인 광범위한 학생의 질문을 포함한다. 단원은 단일의 프로젝트로 구성될 수 있으나 다른 형식의 평가 증거(퀴즈, 검사, 관찰)를 포함한다.

피상적(coverage) 교수-학습   학생들의 이해와 참여에 관계없이 내용 지식을 표면적으로 가르치고 테스트하는 교수 방법이다. 일반적으로 이 용어는 부정적인 것을 함축하고 있다. 그 목적이 구체적인 시간의 구조 내에서 교재의(종종 교과서)의 전체를 다루는 것을 목표로 진행된다는 것을 함의한다. (반어적으로 피상적이라는 용어는 '모호한' 것이다.) 교사들은 종종 교육과정 프레임워크('나는 우리가 내용을 피상적으로 다루는 것은 아니지만 보다 심도 있게 나아가고자 한다.')나 외부 테스트('그러나 학생들은 ……에 테스트될 것이고, 그 결과는 논문으로 출판되어야 한다.')의 요구에 관련된 변명에 이 용어를 연결한다. **심층적(uncoverage)**인 것과 대조해 보라.

학술적 단서(academic prompt)   참 수행 과제 그리고 단답형 검사나 퀴즈 사이에 놓여 있는 평가의 형식이다. 학술적인 단서들은 개방형 쓰기 수행 검사들이다. 학술적이라는 단어가 제시하는 것은, 학교나 시험 상황에서 발생하는 것만을 검사한다는 의미다. 검사자는 특정한 인용, 아이디어 혹은 수행을 위한 요구에 대한 반응을 유발한다. 그러한 단서들은 전형적인 학교의 제약들이 과제, 자료, 시간 할당에 대한 접근, 다른 사람들과 이야기하기 위한 기회에 놓여 있기 때문에 참된 것이 되지 않는다(비록, 그들이 수

행을 유발하더라도). **참 평가, 퀴즈**와 대조해 보라.

해석(interpretation)　　　이해의 여섯 **측면** 중 하나. 해석하는 것은 인간의 경험, 데이터 그리고 텍스트에서 의미, 의의, 뜻 혹은 가치를 발견하는 것이다. 훌륭한 이야기는 사설이나 논설을 통해서 강력한 은유나 또렷한 아이디어를 제공하는 것을 말한다. 그래서 해석은 설명에 포함된 이론화나 분석보다 본래 가지고 있는 주관적이고 잠정적인 것들로 가득 차 있다. 그것이 질문할 필요가 있는 관련된 사실들과 이론적인 원리를 알고 있다면 그것은 모두 무엇을 의미하는가? 그것의 중요성은 무엇인가?—사실상 이해(understand)라는 용어의 사전적인 정의는 '……대한 중요성을 아는 것'이다.—아이들이 오용하는 것을 이해하기 위한 심사는 이론적으로 과학적인 것에서 정확한 일반화가 아니라 의미와 의도를 추구한다. 이론가들은 소설가들이 유일한 사람의 정신적인 삶으로 질문을 통해서 많은 혹은 더 많은 통찰을 제공하는 것이 아니라 오용이라고 부르는 그 현상에 관한 객관적인 지식을 구성한다고 주장한다. 이러한 내러티브를 구성하는 것은 구성주의의 참된 의미다. 교사가 '학생에게 자신의 의미를 만들어야' 한다고 말하였을 때, 그들은 학생들이 다른 사람들보다 보다 타당한 것으로서 설명과 해석을 통해서 그것을 연구하고 보게 되는 것 없이, 학생들이 의미의 해석이나 관념을 미리 포장하는 것은 엉터리 이해(understanding)를 유도하는 것을 의미한다. 순수하게 해석을 가르치기 위한 설교식(didactic) 교수는 피상적인 것을 유도하기 쉽고 지식을 쉽게 잊어버리고, 본래부터 가지고 있는 모든 해석 논의의 여지가 있는 것에 관해서 학생들을 그릇되게 인도할 수 있다. **적용, 공감, 설명, 관점, 자기지식**을 참고하라.

확실한(secure)　　　준비하기 위한 목적으로 교사나 학생들에게 접근할 수 없는 질문으로 구성된 테스트를 기술하는 데 사용된 용어다. 대부분의 선다형 검사는 확실해야 하거나 그것의 타당도가 절충되어야 한다. 왜냐하면 그것들은 적은 수의 단순한 질문에 달려 있기 때문이다. 그러나 수많은 타당한 수행평가는 확실하지 않다. 예를 들어, 야구 경기나 운전면허증을 얻기 위한 도로주행시험이 있다. 평가 받아야 하는 학생들은 사전에 음악 작품, 토론 주제, 구두시험 질문 혹은 학기시험 주제를 종종 알고 있고, 교사들은 적절하게 수행에 대해서 검사해야 할 것을 가르친다.

WHERETO　　　어디(Where)로 나아가고 있는가? 학생들의 **주의를 환기**(hook)시키고 **탐구**(explore)하고 갖추어라. **재고**(rethink)하고 개정하라. **전시**(exhibit)하고 평가하라(evaluate). 학생들의 요구, 흥미 그리고 스타일에 **맞추어라**(tailor). 최적의 참여와 효과성을 위해서 **조직하라**(organize)에 대한 약어다. WHERETO를 구성하는 다음의 성분이 상세한 부분에서 고려되어야 한다.

* **W.** 그 활동이 추구하는 곳은 어디인가? 왜 그것으로 향해야 하는가? 학생이 목표 도달 기준으로 충족해야 할 최종 수행은 무엇인가? 학생의 수행이 적합한지를 평가하는 모범 기준은 무엇인가? 학생의 활동이 이해에 대해서 판가름하게 되는 준거는 무엇인가? (이것은 학생이 질문한다. 학생이 이러한 질문에 앞선 대답을 알도록 도움을 주어라.)

* **H.** 학생은 도입부에서 매력적이고 자극적인 것을 통해서 주의를 환기시켜라. 사고를 자극하고 경험, 이슈, 기이한 이야기, 문제 그리고 도전의 초점은 본질적 질문, 빅 아이디어, 그리고 최종적인 수행 과제를 지향한다.

* **E.** 탐구하고 갖추어라. 학생들이 빅 아이디어와 본질적 질문을 탐구하도록 허용하는 학습 경험에 참여하게 하라. 그것은 학생들이 본보기나 모범 사항을 추구하도록 야기하고, 아이디어를 연구하고 테스트하며, 일을 끝까지 해내도록 하는 것을 야기하는 것이다. 학생의 수업에 지침을 제공하고 필요한 기능이나 지식을 코치하는 것으로 최종 수행을 갖추어라. 그들이 그 아이디어를 실제로 만들기 위한 경험을 하도록 하라.

* **R.** 재고하고와 개정하라. 이슈(이해의 사실을 통한)에 있는 아이디어로 더 깊이 파고들어라. 필요에 따라서 개정하고, 연습하며, 세련되게 하라. 자기평가와 자기적응에서 학생을 가이드 하는 것은 탐구, 결과 그리고 토의로부터의 피드백을 기초로 한다.

* **E.** 이해를 평가하라. 최종 수행과 결과물을 통해서 무엇이 이해되었는지를 드러내라. 남은 질문을 확인하고, 미래의 목표를 설정하고, 새로운 단원과 단시수업을 향해 있는 최종 자기평가에 학생을 포함시켜라.

* **T.** 최적의 흥미와 성취를 확실하게 하는 활동에 (개인별적으로)

맞추어라. 사용되는 방법을 차별화하고, 모든 학생이 참여하고 효과적으로 되는 것처럼 최대한 만들 수 있도록 충분한 옵션과 (절충하는 목표 없이) 종류를 제공하라.

- O. 최적의 매력성과 효과성, 바라는 결과를 위해서 학습을 조직하고 계열화하라.

| 참고문헌|

Abbott, E. (1884/1963). *Flatland: A romance of many dimensions.* New York: Barnes & Noble Books. (Original work published 1884)

Adler, M. (1982). *The Paideia proposal: An educational manifesto.* New York: Macmillan.

Adler, M. (1984). *The Paideia program; An educational syllabus.* New York: Macmillan.

Adler, M. (1999). *The great ideas: A lexicon of Western thought.* New York: Scribner Classics.

Adler, M., & Van Doren, C. (1940). *How to read a book.* New York: Simon & Schuster.

Alverno College Faculty. (1979). *Assessment at Alverno College.* Milwaukee, WI: Averno College.

American Association for the Advancement of Science. (1993). *Benchmarks for science literacy.* New York: Oxford University Press.

American Association for the Advancement of Science. (1995). *Assessment of authentic performance in school mathematics.* Washington, DC: Author.

American Association for the Advancement of Science. (2001). *Atlas of science literacy.* New York: Oxford University Press.

American council on the teaching of Foreign Languages. (1999). *ACTFL proficiency guidelines—speaking.* (Report). Alexandria, VA: Author. Available: .

American Council on the Teaching of Foreign Languages. (2001). *ACTFL proficiency guidelines—writing.* (Report). Alexandria, VA: Author. Available: .

Anderson, L. W., & Krathwohl, D. R. (Eds.). (2001). *A taxonomy for learning, teaching, and assessing: A revision of Bloom's taxonomy of educational objectives.* New York: Longman.

Andre, T. (1979). Does answering higher?level questions while reading facilitate productive learning? *Review of Educational Research, 49,* 280-318.

Arendt, H. (1963). *Eichmann in Jerusalem: A report on the banality of evil.* New York: Vikin Press.

Arendt, H. (1977). *The life of the mind.* New York: Harcourt, Brace, Jovanovich.

Arter, J., & McTighe, J. (2001). *Scoring rubrics in the classroom: Using performance criteria for assessing and improving student performance.* Thousand Oaks, CA: Corwin Press.

Ashlock, R. B. (1998). *Error patterns in computation* (7th

ed.). Upper Saddle River, NJ: Merrill.

Association for Supervision and Curriculum Development. (1997). Planning *integrated units: A concept? based approach*[video]. Alexandra, VA: Producer.

Bacon, F. (1620/1960). In F. Anderson (Ed.), *The new organon (Book I)*. New York: Bobbs-Merrill. (Original work published 1620)

Barell, J. (1995). *Teaching for thoughtfulness*. White plains, NY: Longman.

Barnes, L., Christensen, C. R., & Hansen, A. (1977). *Teaching and the case method*. Cambridge, MA: Harvard Business School Press.

Baron, J. (1993, November). *Assessments as an opportunity to learn: The Connecticut Common Core of Learning alternative assessments of secondary school science and mathematics*. (Report no. SPA-8954692). Hartford: Connecticut Department of Education, Division of Teaching and learning.

Baron, J., & Sternberg, R. (1987). *Teaching thinking skills: Theory and practice*. New york: W. W. Freeman & Co.

Barrows, H., & Tamblyn, R. (1980). *Problem?based learning: An approach to medical education*. New York: Springer.

Bateman, W. (1990). *Open to question: The art of teaching and learning by inquiry*. San Francisco: Jossey-Bass.

Beane, J. (Ed.). (1995). *Toward a coherent curriculum: The 1995 ASCD yearbook*. Alexandria, VA: Association for suervision and Curriculum Development.

Berenbaum, R. L. (1988). *The cake bible*. New York: william Morrow Co.

Bernstein, R. (1983). *Beyond objectivism and relativism: Science, hermeneutics, and praxis*. philadelphia: University of Pennsylvania Press.

Bloom, B. S. (Ed.). (1956). *Taxonomy of educational objectives: classification of educational goals. Handbook 1: Cognitive domain*. New York: Longman, Green & Co.

Bloom, B., Madaus, G., & Hastings, J. T. (1981). *Evaluation to improve learning*. New York: McGraw-Hill.

Blythe, T., & Associates. (1998). *The teaching for understanding guide*. San Francisco: Jossey-Bass.

Bottoms, G., & Sharpe, D. (1996). *Teaching for understanding through integration of academic and technical education*. Atlanta, GA: Southern Regional Education Board.

Boyer, E. (1983). *High school: A report on secondary education in America by the Carnegie Foundation for the Advancement of Teaching*. New York: Harper & Row.

Boyer, E. L. (1995). *The basic school: A community for learning*. New York: Carnegie Foundation for the Advancement of Teaching.

Bransford, J., Brown, A., & Cocking, R. (Eds.). (2000). *How people learn: brain, mind, experience, and school*. Washington, DC: National Research Council.

Brooks, J., & Brooks, M. (1993). *In search of understanding: The case for constructivist classrooms*. Alexandria, VA: Association for Supervision and Curriculum Development.

Brown, R., Dolcani, M., Sorgenfrey, R., & Cole, W. (2000). *Algebra: Structure and methof book I*. Evanston, IL: McDougal Littell.

Brown, S., & Walter, M. (1983). *The art of problem posing*. Philadelphia: Franklin Institute Press.

Bruner, J. (1957/1973a). *Beyond the information given: Studies in the psychology of knowing*. J. Anglin (Ed.). New York: W. W. Notron. (Original work published 1957)

Bruner, J. (1960). *The process of education*. Cambridge, MA: Harvard University press.

Bruner, J. (1965). Growth of mind. *American psychologist, 20*(17), 1007-1017.

Bruner, J. (1966). *Toward a theory of instruction*. Cambridge, MA: Harvard University press.

Bruner, J. (1973). *The relevance of education*. Cambridge, MA: Harvard University Press.

Bruner, J. (1990). *Acts of meaning*. Cambridge, MA: harvard university Press.

Bruner, J. (1996). *The culture of education*. Cambridge, MA: Harvard University Press.

Budiansky, S. (2001, February). The trouble with textbooks. prism Online. Available: http//.

Bulgren, J. A., Lenz, B. K., Deshler, D. D., & Schumaker, J. B. (2001). *The question exploration routine*. Lawrence, KS: Edge Enterprises.

Burns, J. M., & Morris, R. (1986). The Constitution: Thirteen crucial questions. In Morris & Sgroi (Eds.), *This constitution*. New York: Franklin Watts.

Carroll, J. M. (1989). The Copernican plan: Restructuring the American high school. Andover, MA: Regional Laboratory for Educational Improvement of the Northeast Islands.

Caswell, H. L., & Campbell, D. S. (1935). Curriculum development. New York: american book Company.

Cayton, A., Perry, E., & Winkler, A. (1998). *America: Pathways to the present*. Needham, MA: Prentice-Hall.

Chapman, A. (Ed.). (1993). *Making sense: Teaching critical reading across the curriculum*. New York: College Entrance Examination Board.

Coalition for Evidence-Based Policy. (1992, November). *Bringing evidence-driven progress to education: A recommended strategy for the U.S. Department of Education*. Washington, DC: Author.

College of William and Mary, Center for Gifted Education. (1997). The *Chesapeake Bay: A problem?based unit*. Dubuque, IA: Kendall Hunt.

Collingwood, R. G. (1939). *An autobiography*. Oxford, UK: Oxford?Clarendon Press.

Committee on the Foundations of Assessment. Pellegrino, J. W., Chudowsky, N., & Glaser, R. (Eds.) (2001). *Knowing what students know: The science and design of educational assessment*. Washington, DC: National Academy Press.

Content Enhancement Series. Lawrence, KS: Edge Enterprises.

Costa, A. (Ed.). (1991). *Developing minds: A resource book for teaching thinking*. Vol. 1 (Rev. ed.). Alexandria, VA: Association for Supervision and Curriculum Development.

Covey, S. R. (1989). *The seven habits of highly effective people: Powerful lessons in personal change*. New York: Free Pree.

Coxford, A., Usiskin, Z., & Hirschhorn, D. (1993). *Geometry: The University of Chicago school mathematics project*. Glenview, IL: Scott Foresman.

Darling-Hammond, L., Ancess, J., & Falk, B. (1995). *Authentic assessment in action: Studies of schools and students at work*. New York: National Center for Restructuring Education, Schools and Teaching (NCREST), Teachers College, Columbia University.

Darling-Hammond, L., et al. (1993). *Authentic assessment in practice: A collection of portfolios. performance tasks, exhibitions and documentation*. New York: National Center for Restructuring Education, Schools and Teaching(NCREST), Teachers College, Columbia University.

Darwin, C. (1958). *The autobiography of Charles Darwin*. New York: W. W. Norton.

Delisle, R. (1997). *How to use problem-based learning in the classroom*. Alexandria, VA: Association for Supervision and Curriculum Development.

Desberg, P., & Taylor, J. H. (1986). *Essentials of task analysis*. Lanham, MD: university press of America.

Descartes, R. (1628/1961). Rules for the direction of the mind. In L. LaFleur (Ed. and Trans.), *Philosophical essays*. Indianapolis, IN: bobbs-Merrill. (Original work published 1628)

Detterman, D. K., & Sternberg, R. J. (Eds.) (1993). *Transfer on trial: Intelligence, cognition, and instruction*. Norwood, NJ: Ablex publishing Corporation.

Dewery, J. (1916). *Democracy and education: An introduction to the philosophy of education.* New York: Macmillan.

Dewey, J. (1933). *How we think: A restatement of the relation of reflective thinking to the educative process.* Boston: Henry Holt.

Dewey, J. (1983). *Experience and education.* New York: Macmillan/collier.

Diamond, J. (1997). *Guns germs, and steel: the fates of human societies.* New york and London: W.W. Norton.

Dillon, J. T. (1988). *Questioning and teaching: A manual of practice.* New York: Teachers College Press.

Dillon, J. T. (1990). *The practice of questioning.* New York: Routledge.

Drucker, P. F. (1985). *Innovation and entrepreneurship.* New York: Harper & Row.

Duckworth, E. (1987). *"The having of wonderful ideas" and other essays on teaching and learning.* New York: Teachers College Press.

Educational Testing Service/College Board. (1992). *Advanced placement United States history free-response scoring guide and sample student answers.* Princeton, NJ: Ateacher's guide to performance-based learning and assessment. Alexandria, VA: Association for Supervision and Curriculum Development.

Egan, K. (1986). *Teaching as story-telling: An alternative approach to teaching and curriculum in the elementary school.* Chicago: university of Chicago Press.

Egan, K. (1997). The educated mind: How cognitive tools shape our *understanding.* Chicago: University of Chicago Press.

Einstein, A. (1954/1982). *Ideas and Opinions.* New York: Three Rivers Press (Original work published 1954)

Elbow, P. (1973). *Writing without teachers.* New York: Oxford University Press.

Elbow, P. (1986). *Embracing contraries:* Explorations in learning and teaching New York: Oxford University Press.

Erickson, L. (1998). *Concept-based curriculum and instruction: Teaching beyond the facts.* Thousand Oaks, CA: Corwin Press.

Erickson, L. (2001). *Stirring the head, heart, and soul: Redefining curriculum and instruction* (2nd ed.). Thousand Oaks, CA: Corwin press.

Fink, L. D. (2003). *Creating significant learning Experiences: An integrated approach to designing college curses.* San Francisco: Jossey-Bass

Finkel, D. L. (2000). *Teaching with your mouth shut.* Portsmouth, NH: Heinemann.

Fogarty, R., Perkins, D., & Barell, J. (1992). *How to teach for transfer.* Palatine, IL: Skylight Publishing.

Fosnot, C. T., & Dolk, M. (2001a). *Young mathematicians at work: Constructing multiplication and division.* Portsmouth, NH: Heinemann.

Fosnot, C. T., & Dolk, M. (2001b). *Young mathematicians at work: Constructing number sense, addition, and subtraction.* Portsmouth, NH: Heinemann.

Freedman, R. L. H. (1994). *Open-ended questioning: A handbook for educators.* Menlo Park, CA: Addishon-Wesley.

Frome, P. (2001). *High school that work: findings from the 1996 and 1998 assessments.* Triangle park, NC: Research Triangle Institute.

Gadamer, H. (1994). *Truth and method.* New York: Continuum.

Gagnon, P. (Ed.). (1989). *Historical literacy: the case for history in American education.* Boston: Houghton-Mifflin.

Gall, M. (1984). Synthesis of research on teacher questioning. *Educational Leadership, 42*(3), 40-46.

Gardner, H. (1991). *The unschooled mind: How children think and how schools should teach.* New York: Basic Book.

Goodlad, J. (1984). *A place called school.* New York:

McGraw-Hill.

Gould, S. J. (1977). *Ontogeny and phylogeny*. Cambridge, MA: Harvard University Press.

Gould, S J. (1980). Wide hats and narrow minds. In S. j Gould (Ed.), *The panda's thumb*. New York: W. W. Norton.

Gragg, C. (1940, October 19). Because wisdom can't be told. *Harvard Alumni Bulletin*.

Grant, G. et al. (1979). *On competence: A critical analysis of competence-based reforms in higher education*. San Francisco: Jossey-Bass.

Greece Central School District. (n.d.). www.greece.k12.ny.us/instruction/ela/6-12/writing

Greenberg, M. J. (1972). *Euclidean and non-Euclidean geometries: Development and history*. San Francisco: W. H. Freeman Co.

Griffin, P., Smith, P., & Burrill, L. (1995). *The American literacy profile scales: A framework for authentic assessment*. portsmouth, NH: Heinemann.

Gruber, H., & Voneche, J. (1977). *The essential Piaget: An interpretive reference and guide*. New York: Basic Book.

Guillen, M. (1995). *Five equations that changed the world: The power and poetry of mathematics*. New York: MJF Books.

Guskey, T. (2002). *How's my kid doing? A parent's guide to grades, marks, and report cards*. San Francisco: Jossey-Bass.

Hagerott, S. (1997). physics for first graders. *Phi Delta kappan, 78*(9), 717-719.

Hakim, J. (1993). *A history of us from Colonies to country*. New York: Oxford University Press.

Halloun, I., & Hestenes, D. (1985). The initial knowledge state of college physics students, *American Journal of Physics, 53*, 1043-1055.

Halpern, D. F. (1998). Teaching critical thinking across domains: Disposition, skills, structure training, and

metacognitive monitoring. *American psychologist, 53*(4), 449-455.

Hammerman, E., & Musical, D. (1995). *Classroom 2061: Activity-based assessments in science, integrated with mathematics and language arts*. Palatine, IL: IRI/Skylight.

Haroutunian-Gordon, S. (1991). *Turning the soul: Teaching through conversation in the high school*. Chicago: University of Chicago press.

Harvard-Smithsonian Center for Astrophysics. (1997). *Minds of our own* (videotape). Available through learner. org, Annenberg CPB.

Hattie, J. (1992). Measuring the effects of schooling. Australian Journal of *Education, 36*(2), 99-136.

Heath, E. (1956). *The Thirteen books of Euclid's elements* (Vols. 1-3). New york: Dover.

Heath, T. (1963). *Greek mathematics*. New York Dover.

Hegel, G. W. F. (1977). *Phenomenology of spirit* (A. V. Miller, Trans.). London: Oxford University Press.

Heidegger, M. (1968). *What is called thinking?* (J. Gray, Trans.). New York: Harper.

Hestenes, D., & Halloun, I . (1995). Interpreting the FCI. 1992. *The physics Teacher, 33*, Hestenes, D., Wells, M., & Swackhamer, G. (1992. March). Force Concept Inventory, *The Physics Teacher, 30*, 141-158. The revised Force Concept Inventory can be found at: . asu. edu/R&E/Research. html.

Hirsch, E. D., Jr. (1988). *Cultural literacy: What ever American needs to know*. New York: Vintage Books.

Hunter, M. (1982). *Mastery teaching*. Thousand Oaks, CA: Corwin Press.

Jablon, J. R., et al. (1994). *Omnibus guidelines, kindergarten through fifth grade* (3rd ed.). Ann Arbor, MI: The Work Sampling System.

Jacobs, H. H. (Ed.). (1989). *Interdisciplinary curriculum: Design and implementation*. Alexandria, VA: Association for Supervision and Curriculum Development.

Jacobs, H. H. (1997). Mapping the big picture: Integrating curriculum and assessment K-12. Alexandria, VA: Association for Supervision and Curriculum Development.

James, W. (1899/1958). *Talks to teachers on psychology and to students on some of life's ideals*. New york: W. W. Norton. (Original work published 1899)

Johnson, A. H. (Ed.). (1949). *The wit and wisdom of John Dewey*. Boston: Beacon Press.

Jonassen, D., Tessmer, M., & Hannum, W. (1999). *Task analysis methods for instructional design*. Mahwah, NJ: Lawrence Erlbaum.

Kant, I. (1787/1929). *The critique of pure reason* (N. Kemp smith, Trans.) New York: Macmillan. (Original work published 1787)

Kasulis, T. (1986). Questioning. In M. M. Gilette (Ed.), *The art and craft of teaching*. Cambridge, MA: Harvard University Press.

Kliebard, H. (1987). *The struggle for the American curriculum, 1893-1958*. New York: Routledge & kegan Paul.

Kline, M. (1953). *Mathematics in Western culture*. Oxford: Oxford University Press.

Kline, M. (1970, March). Logic vs. pedagogy. American Mathematical *Monthly, 77*(3), 264-282.

Kline, M. (1972). *Mathematical thought from ancient to modern times*. New York: Oxford University Press.

Kline, M. (1973). *Why Johnny can't add: The failure of the new math*. New York: Vintage Press.

Kline, M. (1980). *Mathematics: The loss of certainty*. Oxford, UK: Oxford University Press.

Kline, M. (1985). *Mathematics and the search for knowledge*. New York: Oxford University Press.

Kobrin, D. (1996). *Beyond the textbook: Teaching history using documents and primary sources*. Portsmouth, NH: Heinemann.

Koestler, A. (1964). *The act of creation: A study of the conscious and unconscious in science and art*. New york: Macmillan.

Kohn, A. (2000). *The case against standardized testing: Raising the scores, ruining our schools*. Portsmouth, NH: Heinemann.

Krause, E. (1975). *Taxicab geometry: An adventure in non?Euclidean geometry*. New York: Dover Publications.

Kuh, G. (2003, March 1). What we're learning about student engagement from NSSE. *Change 35*(2), 24-32.

Kuhn, T. (1970). *The structure of scientific revolutions* (2nd ed.). Chicago: University of Chicago press.

Levy, S. (1996). *Starting from scratch: One classroom build its own curriculum*. Portsmouth, NH: Heinemann.

Lewis, C. (2002). *Lesson study: A handbook of teacher?led instructional change*. philadelphia: Research for Better Schools.

Lewis, N. (1981). *Hans Christian Andersen's fairy tale*. Middlesex, UK: Puffin Books. l

Light, R. (1990). *The Harvard assessment seminar: Explorations with students and faculty about teaching, learning, and student life* (Vol. 1). Cambridge, MA: Harvard University Press.

Light, R. J. (2001). *Making the most of college: Students speak their minds*. Cambridge, MA and London: Harvard University Press.

Liping, M. A. (1999). *Knowing and teaching elementary mathematics: Teachers' understanding of fundamental mathematics in China and the United States*. Mahway, NJ: Lawrence Erlbaum.

Lodge, D. (1992). *The art of fiction*. New York: Viking.

Lyman, F. (1992). Think-pair-share, thinktrix, and weird facts. In N. Davidson, & T. Worsham (Eds.), *Enhancing thinking through cooperative learning*. New York: Teachers College Press.

MacFarquhar, N. (1996, September 27). For Jews, a split over peace effort widens. *New York Times*, p. A1.

Mansilla, V. B., & Gardner, H. (1997). of kinds of disciplines and kinds of understanding. *Phi Delta Kappan, 78*(5), 381-386.

Martin, M., Mullis, I., Gregory, K., Hoyle, C., & Shen, C. (2000). *Effective schools in science and mathematics: IEA's Third international Mathematics and Science Study.* Boston: International Study Center, Lynch School of Education, Boston College.

Marzano, R. J. (2000). Analyzing two assumptions underlying the scoring of classroom assessments. Aurora, CO: Mid-continent Research for Educational Learning.

Marzano, R. J. (2003). *What works in schools: Translating research into action.* Alexandria, VA: Association for Supervision and Curriculum Development.

Marzano, R., & Kendall, J. (1996). *A comprehensive guide to designing standards-based districts, schools, and classrooms.* Alexandria, VA: Association for Supervision and Curriculum Development.

Marzano, R., & pickering, D. (1997). Dimensions of learning teacher's manual (2nd ed.). Alexandria, VA: Association for Supervision and Curriculum Development.

Marzano, R., Pickering, D., & McTighe, J. (1993). *Assessing student outcomes: Performance assessment using the dimensions of learning model.* Alexandria, VA: Association for Supervision and curriculum Development.

Marzano, R., pickering, D., & pollock, J. (2001). *Classroom instruction that works: Research-based strategies for increasing student achievement.* Alexandria, VA: Association for Supervision and Curriculum Development.

Massachusetts Department of Education. (1997a). *English language arts curriculum framework.* Boston: Author.

Massachusetts Department of Education. (1997b). *History curriculum framework.* Boston: Author.

McCarthy, B. (1981). *The 4-Mat system.* Barrington, IL: Excel.

McClean, J. (2003, Spring/Summer). 20 considerations that help a project run smoothly. *Fine Homebuilding. Annual Issue on Houses,* 24-28.

McCloskey, M., Carramaza, A., & Green, B. (1981). Naive beliefs in "sophisticated" subjects: Misconceptions about trajectories of objects. *Cognition, 9*(1), 117-123.

McGuire, J. M. (1997, March). Taking a storypath into history. *Educational Leadership, 54*(6), 70-72.

McKeough, A., Lupart J., & Marini, Q. (Eds.). (1995). *Teaching for transfer: Fostering generalizations in learning.* Mahwah, NJ: Lawrence Erlbaum.

McMillan, J. H. (1997). *Classroom assessment: Principles and practice for effective instruction.* Boston: Allyn & Bacon.

McTighe, J. (1996, December-1997, January). What happens between assessments? *Educational Leadership, 54*(4), 6-12.

McTighe, J., & lyman, F. (1988). Cueing thinking in the classroom; The promise of theory-embedded tools. *Educational Leadership, 45*(7a), 18-24.

McTighe, J., & Wiggins, G. (2004). *Understanding by design professional development workbook.* Alexandria, VA: Association for Supervision and Curriculum Development.

Meichenbaum, D., & Biemiller, A. (1998). *Nurturing independent learners: Helping students take charge of their learning.* Cambridge, MA: Brookline Books.

Milgram, S. (1974). *Obedience to authority.* New York: Harper.

Milne, A. A. (1926). *Winnie the pooh.* New York: E. P. Dutton.

Mursell, J. L. (1946). *Successful teaching: its psychological principles.* New York: McGraw-Hill.

Nagel, N. G. (1996). *Learning through real-world problem solving: The power of integrative teaching.* Thousand Oaks, CA: Corwin Press.

National Assessment of Educational progress. (1988). *The mathematics report card: Are we measuring up? Rends* and achievement based on the 1986 national assessment. Washington, DC: U.S. Department of Education.

National Center for History in the Schools, University of California. (1994). *History for grades k-4: Expanding children's world in time and space.* Los Angeles: Author.

National Center for History in the schools, University of California. (1996). *National standards for united States History: Exploring the American experience, Grades 5-12*(Expanded Version). Los Angeles: Author.

National Center for Research in Vocational Education. (2000). *High schools that work and whole schol reform: Raising academic achievement of vocational completers through the reform of school practice.* Berkeley, Ca: University of California at Berkely.

National Center on Education and the Economy. (1997). *Performance standards: English language arts, mathematics, science, applied learning.* Pittsburgh, PA: University of Pittsburgh.

National survey of Student Engagement. (2001). *Improving the college Experience: Using effective educational practices.* Bloomington, IN: Indiana University Center for Post-secondary Research.

National Survey of Student Engagement. (2002). *From promise to progress; How colleges and universities are using engagement results to improve collegiate quality.* Bloomington, IN: Indiana university Center for postsecondary Research.

National Survey of Student Engagement. (2003). *Converting data into action: Expanding the boundaries of institutional improvement.* Bloomington, IN: Indiana University Center for postcecondary Research. Available: http://www.iub.eud/~nsse/html/report-2003.shtml.

Newmann, F. N., & Associates. (1996). *Authentic achievement: Restructuring school for intellectual quality.* San Francisco: Jossey-Bass.

Newmann, F., Bryk, A., & Nagaoka, J. (2001). *Authentic intellectual work and standardized tests: Conflict or coexistence?* Chicago: Consortium on Chicago School Research. Available: .org/publications/p0001.tmal.

Newmann, F., marks, H., & Gamoran, A. (1995, Spring). Authentic pedagogy: Standards that boost student performance. Issue Report No. 8. Madison, WI: Center on Organization and Restructuring of Schools.

Newmann, F. N., Secada, W., & Wehlage, G. (1995). *A guide to authentic instruction and assessment: Vision, standards and scoring.* Madison: Wisconsin Center for Education Research.

New York State Department of Education. (1996). Learning standards for the arts. Albany, NY: Author.

New York Times (2003, November 11). *Science Times.* p. D1.

Ngeow, K. Y. (1998). Motivation and transfer in language learning. ERIC Digest ED427318 98.

Nickerson, R. (1985, February). Understanding understanding. *American Journal of Education, 93*(20), 291-239.

Nickerson, R., perkins, D., & smith E. (1985). *The teaching of thinking.* Hillsdale, NJ: Lawrence Erlbaum.

O'Neill, M. (1996, September 1). *New York Times Sunday Magazine.* p. 52.

Osborne, R., & Freyberg, P. (1985). *Learning in science: The implications of children's science.* Aukland, NZ: Heinemann.

Parkes, J. (2001). The role of transfer in the variability of performance. *Educational Assessment, 7*(2).

Passmore, J. (1982). *The philosophy of teaching.* Cambridge, MA: Harvard University Preaa.

Peark, L. et al. (1996). *Pursuing excellence: A study of U.S eighth grade mathematics and science teaching, learning, curriculum, and achievement in international context* (NCES 97-198). Washington, DC: U.S. Department of Education, National Center for Education

Statistics.

Perkins, D. (1991, October). Education for insight. *Educational Leadership, 49*(2), 4-8.

Perkins, D. (1992). *Smart schools: From training memories to educating minds.* New York: Free Press.

Perkins, D. N., & Grotzer, T. A. (1997). Teaching intelligence. *American psychologist, 52*(10), 1125-1133.

Perry, W. (1970). *Forms of intellectual development in the college years: A scheme.* New york: Holt, Rinehart & Winston.

Peters, R. S. (1967). *The concept of education.* London: Routledge & Kegan Paul.

Phenix, P. (1964). *Realms of meaning.* New York: McGraw-Hill.

Plaget, J. (1965). *The moral judgment of the child.* New York: Humanities Press.

Plaget, J. (1973). *To understand is to invent: The future of education.* New York: Grossman's Publishing Co.

Plaget, J. (1973/1977). Comments on mathematical education. In H. Gruber, & J. Voneche (Eds.), *The essential piaget.* New York: Basic Books. (Original work published 1973)

Poincar, H. (1913/1982). Science and method. In *The foundations of science* (G. B. Halstead, Trans.) Washington, DC: University Press of America. 9Original work published 1913)

Polya, G. (1945). *How to solve it: A new aspect of mathematical method.* princeton, NJ: Princeton University Press.

Popper, K. (1968). *Conjectures and refutations.* New york: Basic Books.

Pressley, M. (1984). synthesis of research on teacher questioning. *Educational Leadership, 42*(3), 40-46.

Pressley, M. et. al. (1992). Encouraging mindful use of prior knowledge: Attempting to construct explanatory answers facilitates learning. *Educational psychologist, 27*(1), 91-109.

Redfield, D. L., & Rousseau, E. W. (1981). A meta-analysis of experimental research on teacher questioning behavior. *Review of Educational Research, 51,* 237-245.

Regional Laboratory for Educational Improvement of the Northeast & islands. (undated). *The voyage of pilgrim ' 92: A conversation about constructivist learning* [newsletter].

Roseman, J. E., Kulm, G., & Shuttleworth, S. (2001). Putting textbooks to the test. *ENC Focus, 8*(3), 56-59. Available:/articles/articles/enc.htm.

Rothstein, E. (2003, August 2) Shelf life: A bioethicist's take on Genesis. *New York Times,* p. B7.

Rousseau, J. (1979). *Emile, or education.* (A Bloom, Trans.). New York: Basic Books.

Ruiz-Primo, M. A. et al. (2001). On the Validity of cognitive interpretations of scores from alternative concept-mapping techniques. *Educational Assessment, 7*(2).

Russell, J. (2003, September 13). On campuses, handhelds replacing raised hands. *Boston Globe.*

Ryle, G. (1949). *The concept of mind.* London: Hutchinson House.

Salinger, J. D. (1951). *The catcher in the rye.* Boston: Little Brown.

Sanders, N. (1966), *Classroom questions; What kinds?* New York: Harper & Row.

Saphier, J., & Gower, R. (1997). *The skillful teacher: Building your teaching skills* (5th ed.). Carlisle, MA: Research for Better Teaching.

Schank, R. (1990). Tell me a story: *Narrative and intelligence.* Evanston, IL: Northwestern University Press.

Schomoker, M. (1996). *Results: The key to continuous school improvement.* Alexandria, VA: Association for Supervision and Curriculum Development.

Schneps, M. (1994). *"A private universe" teacher's guide.* Washington, DC: The Corporation for Public Broadcasting.

Schoenfeld, A. (1988). Problem solving in context(s). In R.

Charles, & E. Silver (Eds.), *The teaching and assessing of mathematical problem solving*. Reston, VA: National Council on teachers of Mathematics/Erlbaum.

Sch, D. A. (1989). *Educating the reflective practitioner: Toward a new design for teaching and learning*. San Francisco: Jossey-Bass.

School Curriculum and Assessment Authority. (1995). *Consistency in teacher assessment: Exemplifications of standards (science)*. London: Author.

School Curriculum and Assessment Authority. (1997). *English tests mark scheme for paper two(Key stage 3, Levels 4-7)*. London: Author.

Schwab, J. (1971). The practical: Arts of eclectic. *School Review, 79*, 493-542.

Schwab, J. (1978). The practical: Arts of eclectic. In *science, curriculum, and liberal education: Selected essays*. Chicago: university of Chicago Press.

Senk, S., & Thompson, D. (2003). *Standards-based school mathematics curricula: What are they? What do students learn?* Mahwah, NJ: Lawrence Erlbaum.

Serra, M. (1989). *Discovering geometry: An inductive approach*. Berkeley, CA: Key Curriculum Press.

Shattuck, R. (1996). *Forbidden Knowledge: From Prometheus to pornography*. New York: St. Martin's Press.

Shulman, J. (1992). *Case methods in teacher education*. New York: Reachers College Press.

Shulman, L. (1999 July/August). Taking learning seriously, *Change, 31*(4), 10-17.

Singh, S. (1997). *Fermat's enigma: The epic quest to solve the world's greatest mathematical problem*. New York: Walker & Co.

sizer, T. (1984). *Horace's compromise: The dilemma of the American high school*. Boston: houghton MIfflin.

Skemp, R. R. (1987). *The psychology of learning mathematics: Expanded American edition*. Hillsdale, NJ: Lawrence Erlbaum.

Smith, J., Lee, V., & Newmann, F. (2001). *Instruction and achievement in Chicago elementary schools*. Chicago: Consortium on Chicago School Research. Available: http//.org/publications/p0001.htmal.

Smith, R. J. (1997, January 5). The soul man of suburbia. *New York Times Sunday magazine*, sec. 6, p. 22.

Southern Regional Educational Board. (1992). *Making high schools work*. Atlanta, GA: Author.

Spiro, R. et al. (1988). *Cognitive Flexibility theory: Advanced knowledge acquisition in ill-structured domains*. Hillsdale, NJ: Lawrence Erlbaum.

Stavy, R., & Tirosh, D. (2000). *How students (mis-)understand science and mathematics: Intuitive rules*. New York: Teachers College Press.

Steinberg, A. (1998). *Real learning, real work: School-to-work as high school reform*. New York: Routledge.

Steinberg, A., Cushman, K., & Riordran, R. (1999). *Schooling for the real world: the essential guide to rigorous and relevant learning*. San Francisco: Jossey-Bass.

Stepien, W., & Gallagher, S. (1993, April). Problem-based learning: As authentic as it gets. *Educational Leadership, 50*(7), 23-28

Stepien, W., & Gallagher, S. (1997). *Problem-based learning across the curriculum: An ASCD professional inquiry kit*. Alexandria, VA: Association for Supervision and Curriculum Development.

Stepien, W., & Pyke, S. (1997). Designing problem-based learning units. *Journal for the Education of the Gifted, 20*(4). 380-400.

Stepien, W., Gallagher, S., & Workman, D. (1993). Problem-based learning for traditional and interdisciplinary classrooms. *Journal for the Education of the Gifted, 16*(4), 338-357.

Sternberg, R., & Davidson, J. (Eds.). (1995). *The nature of insight*. Cambridge, MA: MIT Press.

Stiggins, R. J. (1997). *Student-centered classroom assessment*. Upper Saddle River, NJ: Prentice-Hall.

Stigler, J. W., & Hiebert, J. (1997, September). Understanding and improving classroom mathematics instruction: an overview of he TIMSS video study. *Phi Delta Kappan, 79*(1), 14-21.

Stigler, J. W., & Hiebert, J. (1999). *The teaching gap: Best ideas from the world's teachers for improving education in the classroom.* New York: Free Press.

Stone, C. L. (1983). A met analysis of advance organizer studies. *Journal of Experimental Education, 54,* 194-199.

Strong, M. (1996). *The habit of thought: From Socratic seminars to Socratic practice.* Chapel Hill, NC: New View.

Sullivan, K. (1997, December 22). Japanese director commits suicide. *Washington Post,* p. C1

Sulloway, F. (1996). *Born to Rebel: Birth order, family dynamics, and creative lives.* New York: Pantheon Press.

Tagg, J. (2003). *The learning paradigm in college.* Bolton, MA: Anker Publishing Company.

Tanne, D. (1990). *You just don't understand: Women and men in conversation.* New York: Ballantine Books.

Tharp, R. G., & Gallimore, R. (1988). *Rousing minds to life: teaching, learning, and schooling in social context.* Cambridge, UK: Cambridge University Press.

Thier, H. D., with Daviss, B. (2001). *Developing inquiry-based science materials: Guide for educators.* New York and London: Teachers College press.

Thomas, L. (1983). *Late night thoughts on listening to Mahler's ninth Symphony.* New York: Viking Press.

Tishman, S., & Perkins, D. (1997). The language of thinking *Phi Delta Kappan, 78*(5). 368.

Tomlinson, C. A., Kaplan, S. N., Renzulli, J. S., Purcell, J., Leppien, J., & Burns, D. (2001). *The parallel curriculum: A design to develop high potential and challenge high-ability learners.* Thousand oaks, CA: Corwin Press.

Trible, P. (2003, October 19) Of man's first disobedience, and so on. *New York Times,* sec. 7, p. 28.

Tyler, R. W. (1949). *Basic principles of curriculum and instruction.* Chicago: University of Chicago Press.

U.S. Department of Education, National Center for Education Statistics (NCES). (1998). *Third international math and science study* [online]. Available: .

U.S. Department of Education, National Center for Education Statistics (NCES). (1999, February). The TIMSS videotape classroom study: Methods and findings from and exploratory research project on eighth-grade mathematics instruction in Germany, Japan, and the united States, NCES 99-074, by james W. Stigler, patrick Gonzales, Takako kawanaka, Steffen Knoll. and Ana Serrano. Washington, DC: U.S. Government Printing Office. Available: .

U.S Department of Health, Education, and Welfare. (1976). *The American Revolution: Selections from secondary school history books of other nations*(HEW Publication No. OE 76-19124). Washington, DC: U.S. Government printing office.

Vaishnav, A. (2003, August 3). MCAS's most onerous questions revealed *Boston Globe.*

Van de Walle, J. A. (1998). *Elementary and middle school mathematics: Teaching developmentally.* New york: Longman.

Vanderstoep, S. W., & Seifert, C. M. (1993). Learning "how" versus learning "when": Improving transfer of problem-solving principles. *Journal of the Learning Sciences, 3*(1), 93-11.

Van Manen, M. (1991). *The tact of teaching: The meaning of pedagogical thoughtfulness.* albany: State University of New York Press.

Von Hippel, E. (1988). *The sources of innovation.* New York: Oxford University Press.

Weil, M. L., & Murphy, J. (1982). Instructional precesses. In H. E. Mitzel (Ed.), *Encyclopedia of educational research.* NY: Free Press.

Wenglinsky, H. (1998). *Does it compute? The relationship*

between educational technology and student achievement in mathematics. New Jersey: Educational Testing Service.

White, R., & Gunstone, R. (1992). *Probing understanding.* London: Falmer Press.

Whitehead, A. N. (1929). *The aims of education and other essays.* New York: Free Press.

Wiggins, G. (1987 Winter). Creating a thought?provoking curriculum. *American Educator, 11*(4), 10-17.

Wiggins, G. (1987). *Thoughtfulness as an educational aim* (unpublished dissertation: Harvard university Graduate School of Education).

Wiggins, G. (1989, November). The futility of teaching everything of importance. *Educational Leadership, 47*(3), 44-59.

Wiggins, G. (1993). *Assessing student performance: Exploring the prepose and limits of testing.* San Francisco: Jossey-Bass.

Wiggins, G. (1996, January). Practicing What we preach in designing authentic assessments. *Educational Leadership, 54*(4), 18-25.

Wiggins, G. (1997, September). Work standards: Why we need standards for instructional and assessment design. *NASSP Bulletin, 81*(590), 56-64.

Wiggins, G. (1998). *Educative assessment: Designing assessments to in form and improve performance.* San Francisco: Jossey-Bass.

Wiggins, G., & McTighe, J. (1998). *Understanding by design* (1st ed.). Alexandria, VA: Association for Supervision and Curriculum Development.

Wilson, J. (1963). *Thinking with concepts.* London: Cambridge University Press.

Wiske, M. S. (1998). *Teaching for understanding: Linking research with practice.* San Francisco: Jossey-Bass.

Wittgenstein, L. (1953). *Philosophical investigations.* New York: Macmillan.

Wolf, D. (1987, Winter). The art of questioning *Academic connections.*

Woolf, V. (1929). *A room of one' own.* New York: Harcourt Brace & World.

Wynn, C. M., & Wiggins, A. W. (1997). *The five biggest ideas in science.* New York: John Wiley & Sons.

| 찾아보기|

☀ 내 용

저자 소개

Jay McTighe는 수행평가를 만들고 공유하며 전문성 개발을 제공하기 위해 주의 학교들이 함께 협동하여 작업하는, 메릴랜드 평가 컨소시엄의 회장으로 활동하였다. 그리고 메릴랜드 주 교육청에서 학교 향상 프로젝트에 참여하는 등 교사, 자원 전문가, 그리고 주 정부의 기숙학교 강화 프로그램의 지도자로 일해 왔다. 교육적 저널과 책을 이끄는 수많은 논문을 출판하였고, 『교실에서의 학습평가(Assessing Learning in the Classroom)』의 공동저자이기도 하다(McTighe & Ferrera, 1998).

Grant Wiggins는 뉴저지, 페닝톤에 있는 비영리 목적의 교육 조직인 학습, 평가 그리고 학교 구조를 위한 연구회(CLASS)의 회장이다. CLASS는 학교, 지역, 주 교육부의 다양한 개혁 이슈에 대해 상담하고, 국제적 회의와 워크숍을 조직하며, 비디오, 소프트웨어를 개발하고, 평가와 교육과정의 변화에 대한 자료를 인쇄하여 배부한다. 『Educative Assessment』 『Assessing Student Performance』를 저술하였다. 그의 많은 논문은 『Educational Leadership』 『Phi Delta Kappan』 등의 저널에 소개되었다.

역자 소개

강현석
경북대학교 사범대학 교육학과 졸업
경북대학교 대학원 교육학 석 · 박사 졸업
Univ. of Wisconsin-Madison 박사후 연구원
한국대학교육협의회 선임연구원 역임
순천대학교 교수 역임
현재 경북대학교 교육학과 교수

이지은
청주교육대학교 졸업
대구교육대학교 교육대학원 졸업(교육학 석사)
경북대학교 대학원 교육과정 및 방법 전공(교육학 박사)
현재 대구교육대학교 강사

유제순
청주교육대학교 졸업
청주교육대학교 교육대학원 졸업(교육학 석사)
경북대학교 대학원 교육과정 및 방법 전공(교육학 박사)
현재 청주교육대학교 조교수

김필성
동국대학교 사회학과 졸업
경북대학교 대학원 문화인류학 졸업(문학 석사)
경북대학교 대학원 교육과정 및 방법 전공(교육학 박사)
동국대학교, 경주 동국대학교 교수학습개발센터 연구교수 역임
경북대학교 고등교육혁신 정책 연구
현재 조선대학교 교육과정 및 성과관리센터 연구교수

거꾸로 생각하는 교육과정 개발 – 교과의 진정한 이해를 위한 백워드 설계의 이해

Understanding by Design(expanded 2nd ed.)

2008년 11월 25일 1판 1쇄 발행
2024년 11월 20일 1판 11쇄 발행

지은이 • Grant Wiggins & Jay McTighe
옮긴이 • 강현석 · 유제순 · 이지은 · 김필성
펴낸이 • 김 진 환
펴낸곳 • (주)**학지사**

　　　　04031 서울특별시 마포구 양화로 15길 20 마인드월드빌딩 5층
대표전화 • 02) 330-5114　　　팩스 • 02) 324-2345
등록번호 • 제313-2006-000265호

홈페이지 • http://www.hakjisa.co.kr
인스타그램 • https://www.instagram.com/hakjisabook

ISBN 978-89-93510-11-9 94370
　　　 978-89-93510-10-2 (set)

정가 **18,000원**

역자와의 협약으로 인지는 생략합니다.
파본은 구입처에서 교환하여 드립니다.

이 책을 무단으로 전재하거나 복제할 경우 저작권법에 따라 처벌을 받게 됩니다.

출판미디어기업 **학지사**

간호보건의학출판 **학지사메디컬** www.hakjisamd.co.kr
심리검사연구소 **인싸이트** www.inpsyt.co.kr
학술논문서비스 **뉴논문** www.newnonmun.com
원격교육연수원 **카운피아** www.counpia.com
대학교재전자책플랫폼 **캠퍼스북** www.campusbook.co.kr